21世纪经济学管理学系列教材

全国普通高等学校优秀教材一等奖

经济预测与决策技术

第六版

TECHNOLOGY OF ECONOMIC FORECAST
AND DECISION MAKING

冯文权 傅征 编著

武汉大学出版社

21世纪经济学管理学系列教材编委会

顾问
谭崇台　郭吴新　李崇淮　许俊千　刘光杰

主任
周茂荣

副主任
谭力文　简新华　黄　宪

委员（按姓氏笔画为序）
王元璋　王永海　甘碧群　张秀生　严清华
何　耀　周茂荣　赵锡斌　郭熙保　徐绪松
黄　宪　简新华　谭力文　熊元斌　廖　洪
颜鹏飞　魏华林

总　　序

　　一个学科的发展，物质条件保障固不可少，但更重要的是软件设施。软件设施体现在三个方面：一是科学合理的学科专业结构，二是能洞悉学科前沿的优秀的师资队伍，三是作为知识载体和传播媒介的优秀教材。一本好的教材，能反映该学科领域的学术水平和科研成就，能引导学生沿着正确的学术方向步入所向往的科学殿堂。作为一名教师，除了要做好教学工作外，另一个重要的职能就是，总结自己钻研专业的心得和教学中积累的经验，以不断了解学科发展动向，提高自己的科研和教学能力。

　　正是从上述思路出发，武汉大学出版社准备组织一批教师在两三年内编写出一套《21世纪经济学管理学系列教材》，同时出版一批高质量的学术专著，并已和武汉大学经济与管理学院达成共识，签订了出版合作协议，这是一件振奋人心的大事。

　　我相信，这一计划一定会圆满地实现。第一，合院以前的武汉大学经济学院和管理学院已分别出版了不少优秀教材和专著，其中一些已由教育部通过专家评估确定为全国高校通用教材，并多次获得国家级和省部级奖励，在国内外学术界产生了重大影响，对如何编写教材和专著的工作取得了丰富的经验。第二，近几年来，一批优秀中青年教师已脱颖而出，他们不断提高教学质量，勤奋刻苦地从事科研工作，已在全国重要出版社，包括武汉大学出版社，出版了一大批质量较高的专著。第三，这套教材必将受到读者的欢迎。时下，不少国外教材陆续被翻译出版，在传播新知识方面发挥了一定的作用，但在如何联系中国实际，建立清晰体系，贴近我们习惯的思维逻辑，发扬传统的文风等方面，中国学者有自己的优势。

　　《21世纪经济学管理学系列教材》将分期分批问世，武汉大学经济与管理学院教师将积极地参与这一具有重大意义的学术事业，精益求精地不断提高写作质量。系列丛书的出版，说明武汉大学出版社的同志们具有远大的目光，认识到，系列教材和专著的问世带来的不只是经济效益，更重要的是巨大的社会效益。作为武汉大学出版社的一位多年的合作者，对这种精神，我感到十分钦佩。

序

在科学技术飞快进步和社会经济频繁变革的 21 世纪，由于不确定性激增，经济预测与决策变得越来越困难，恰又显得越来越重要了。这好比人走夜路时，前方一片漆黑，十分茫然，如能借助随身携带的手电筒，哪怕发出一丝微弱的灯光，就会格外明亮，令人安然自得。人们对当前行动的判断与决策，对未来发展的洞察与把握，总是会增强信心和能力的。

互联网发展和应用到今天，特别是第 5 代（5G）移动通信将于 2020 年实现商业应用后，不仅人与人之间已能互联互通，而且人与物之间、物与物之间的互联互通也将成为现实。由于大数据与云计算强劲发展和广泛应用，经济预测的方法和手段增多了，决策的方式和程序改进了。随着经济学和管理学不断推进，经济预测与决策的水平比以前提高了。经济预测与决策的今天好于昨天，而经济预测与决策的明天更会胜过今天。这种同发展形势相适应的经济预测与决策的前进步伐，自会加快而不会停下来。

我的挚友冯文权教授，耄耋之年，仍笔耕不止，他又一次应武汉大学出版社的约请，为他那本 1983 年至 2008 年长达 26 年连出 5 版的跨世纪著作《经济预测与决策技术》一书，与时俱进地充实新的内容，进行修改和完善。时隔 10 年之后该书新的第 6 版即将问世。这一切可谓是我国数量经济学界同类教科书破纪录的创举。我曾先后为该书每一版做序，那 5 篇序文集中收录于中国计划出版社 2010 年出版的《乌家培文库》第 10 册《与时俱进的经济学与管理学》一书第 150 页至 160 页《为〈经济预测与决策技术〉做序》一文内。现在冯文权教授又要我为他第 6 版新书写序，尽管我近来双目处于准失明状态，我依旧欣然同意，以示对他的祝贺与支持。

无论经济预测还是决策，都是科学与艺术的统一。就经济预测与决策的科学层面而言，人工智能（AI）将大有用武之地。基于云计算、大数据和计算机新算法的人工智能，已有 60 年的科研史，正转向推广应用阶段。经济预测与决策必将因人工智能的应用进一步科学化和精准化。就经济预测与决策的艺术层面而言，由于人工智能还没有人的意识和意志，仍需依靠人的智能（HI），凭借人们积累的丰富经验，来从事经济预测与决策。未来的经济预测与决策有赖于人工智能与人的智能相互结合和共同进化。我的预言是否正确，有待历史检验。是为序。

乌家培
2018 年 1 月 20 日

第 五 版 序

作为知识产品的教科书，同物质产品一样，是有生命周期的。有些教科书所出的第一版，往往也是最后一版，经过一定的年限就较快地过时了。而有些教科书一版复一版地出下去，其内容与时俱进，不断更新，就大大地延长了有效的使用期。例如，美国的萨缪尔森教授主编的《经济学》教科书，在2001年就出到了第17版。在我国像经济预测与决策这类教科书，能如冯文权教授编著的由武汉大学出版社出版的《经济预测与决策技术》教科书，从1983年第一版至今，在25年的时间内，连续出了五版，据我所知，是很难见到的。教科书还与软件相类似，有版或代的问题，代的修改比版的修改更大，常常是结构性的根本变动。由于市场需求旺盛，它们的经营商为获取足够的盈利，经常推延新一代产品的出笼。因此，可以设想《经济预测与决策技术》这本教科书由于教学需求经久不衰，它那可能的修订再版次数（或周期）定会大（或小）于现实的修订再版次数（或周期）。

冯文权教授是我在中国数量经济学界的一位挚友。记得20世纪80年代中期，中国数量经济学会决定率先编写和出版经济预测、经济计量学两门课程的高校教材，其中经济预测方面教科书的编写任务，就是由冯文权教授出色地完成的。尽管后来国内出版的经济预测方面著作还有不少，但作为教科书，唯冯文权教授的《经济预测与决策技术》独占鳌头，富有生命力。

随着我国经济的市场化、社会化、全球化的深入发展和广泛扩充，由于不确定性和风险不断增大，经济预测与决策变得更加重要和更加复杂。在这种情况下，个体的预测与决策日益为群体的预测与决策所取代，单项的预测与决策技术日益为组合的预测与决策技术所取代。在互联网越来越普及的信息时代，任何预测与决策以及它们的方法与技术，更需要依靠数据、信息、知识和智慧。

2008年是我国国民经济和社会发展第十一个五年规划完成的第三年。为实现新的五年规划，贯彻落实科学发展观，建设和谐社会和奔向全面小康，需要培养大批擅长预测和善于决策的各类人才。在这方面，新增补修订的第五版《经济预测与决策技术》教科书将会发挥更大、更重要的作用。这是包括我在内的广大读者的殷切期望。是为序。

乌家培
2008年3月15日

第 四 版 序

人类已告别20世纪，迎来了新的世纪和新的千年。在这历史转折的关键时刻，讨论经济预测与决策，不能不考虑世纪之交世界经济形势变化的新特点。

这些特点主要有：经济全球化进程加快，国际资本流动加快，国际经济结构重组加快，作为经济发展主推动力的科技进步加快。

上述四个"加快"，一方面使经济预测与决策日趋复杂化，要研究的因素越来越多，不确定性、随机性增加，不可预测和非可控的成分有增无减。但另一方面，随着现代信息技术的发展和现代科学的进步，也使经济预测与决策的方法、手段不断翻新，更为现代化。例如，预测有电脑模拟实验室，决策有人、机结合的智能化集成系统。

"工欲善其事，必先利其器。"为使复杂的经济预测与决策能被更多的人所掌握和应用，就必须讲授和传播多种先进的、科学的经济预测与决策的方法、技术。同时，还要善于根据经济预测与决策的特定需要，对多样化的方法、技术进行选择和组合。有时，合适的方法、技术不一定是最先进的方法、技术，而组合的方法、技术往往胜于单一的方法、技术。

冯文权教授编著的《经济预测与决策技术》，自1983年出版以来，几乎每隔5年再版一次，并多次获奖，有优秀教材奖、优秀图书奖、科技进步奖等。这说明，这本教材提供的经济预测与决策的方法、技术是深受广大师生欢迎的，也说明该教材的内容随着时代前进在不断更新。现在，《经济预测与决策技术》又要修改增订出第四版了，真令人可喜可贺。

据冯文权教授告诉我，他在该书的第四版中将对经济预测的基本技术和经济决策的基本技术这两部分进行较大的调整，删去一些不大常用的方法，增添一些预测要素、决策准则、对策论及其应用等新内容。这样的调整，有利于使读者所学的预测方法和决策方法，既能适应社会主义市场经济发展的实际需要，又能体现现代经济科学和管理科学的主要进展。

我在本书第三版的序中曾指出："根据科研的进展与教学的实践，每隔几年修订一次，发扬优点，克服缺点，使教科书的内容不断完善和更加充实，这无疑是一个值得肯定的经验，也是一条通向成功的途径。"对此，我要补充一句："教科书出的版数越多，其生命力越强，越有可能持续再版。"我祝愿《经济预测与决策技术》一书的发展实践能应验此言。

当然，经济预测与经济决策的任何方法或技术，需在预测、决策的实践中加以检验、完善，并从预测科学、决策科学的研究中汲取营养和求得理论指导，进而得到发展，再在这一基础上，把预测与决策的方法或技术和知识系统化，形成教材，用以培训人员，提高从事经济预测与经济决策的工作者的素质,进而提高我国经济预测与经济决策的水平。由此可见,教材在实践与理论相互促进的整个环节中起着很重要的作用。广大读者同我一样将会从新版的《经济预测与决策技术》中获益,并会与我一起希望该书对促进我国经济预测与经济决策的发展发挥更大的作用。

乌家培
2001 年 8 月 20 日

第 三 版 序

欣闻高等学校文科教材《经济预测与决策技术》将由武汉大学出版社付印第三版。我想，这反映了当前社会主义市场经济发展过程中对经济预测与经济决策的教学需求。

全国八届人大一次会议通过的宪法修正案，已明确规定我国实行社会主义市场经济。在市场经济的条件下，为了减少或排除不确定性对经济活动的影响，经济预测与决策也就变得更加重要了。无论是政府、企业还是居民，面对规模日益扩大，变化日益加剧的市场，都不得不依靠科学的预测来指导自己的行为，通过正确的决策来谋取自己的利益。以我国计划部门为例，过去不大重视预测，甚至不很了解预测，现在在计划观念更新和计划职能转变中，已把预测放在突出重要的位置上，还提出要像其他市场经济国家那样搞预测性计划。以我国社会舆论为例，过去不大重视咨询，甚至不认为咨询业是一个重要的第三产业部门，现在咨询服务已扩展到科技、工程、管理、社会、经济、生活等各个领域，并且正在朝着商品化、产业化的方向发展。咨询与咨询业的发展，说明决策过程开始社会化了。决策是决策研究与决策形成的统一，咨询既是决策研究的主要组成部分，又是决策形成的重要参考依据。

预测与决策的质量、效果在很大程度上取决于预测与决策的方法、技术。尽管预测与决策有时采用相同的调查方法（如特尔斐法）或数学方法（如主观概率法），但由于要解决的问题和解决问题的方式并不相同，预测技术与决策技术还是不能混淆的。本书既讲预测技术，包括通用的基本技术和专门的高级技术，又讲决策技术，包括确定型决策技术和非确定型决策技术。

冯文权教授编著的这本教科书，第一版是 1983 年出版的，书名叫《经济预测与经济决策技术》，分上下两册，介绍了 30 多种国内外常用的预测与决策方法。第二版是 1989 年出版的，书名改为《经济预测与决策技术》。在这两版之间，1986 年还出版过冯文权教授主编的《经济预测的原理与方法》。根据科研的进展与教学的实践，每隔几年修订一次，发扬优点，克服缺点，使教科书的内容不断完善和更加充实，这无疑是一个值得肯定的经验，也是一条通向成功的途径。

希望本书的编著者和广大读者，以及有关的老师和同学，都来关心经济预测与决策技术的普及与提高，为推动预测决策工作和预测决策科学的发展作出更大的贡献。

乌家培

1993 年 5 月 23 日

第 二 版 序

预测与决策是管理的两个主要的组成部分。管理的关键在于决策，而决策的前提则是预测，这一关系对任何管理都是适用的。在经济管理中，经济预测与经济决策以及它们同经济管理的关系亦是如此。

十年前，经济预测及其技术在我国还是停留于书本上的知识，且不说没有转化为日常工作的实践，流传的书本也不多见，其中有不少还是译本。现在情况大不一样了，从国家计划委员会和国家信息中心1988年9月2日至4日在北京召开的全国首届经济预测会议的盛况看，经济预测已普遍地成为经济计划的前期工作和经济管理的重要部分，它有助于计划工作的科学化，能降低经济发展的不确定性及其影响。各种各样的经济预测技术，已为广大的实际工作者所掌握，被用于预测和分析经济活动的变化趋势。

从"六五"初期开始，特别在"七五"期间，我国的经济预测工作进展顺利，成绩显著。这表现在月度经济监控、季度经济预测都已经正常化，半年度地区经济预测逐步规范化，年度经济预测报告有较高的精确性，还表现在市场预测工作全面展开，约有20多个省、市对10大类16种产品的供求作了预测。经济预测的机构和队伍正在不断加强和壮大中。他们运用和发展了多种经济预测技术，从简单的到复杂的，常见的就有专家意见法、时间序列法、指标分析法、因素分析法等，而在因素分析法中所运用的模型就有投入产出模型、经济计量模型、线性规划模型、系统动力学模型等。

在经济预测及其技术发展的同时，经济决策及其技术也有不同程度的发展。随着决策民主化与科学化过程的推进，不同类型的决策所采用的不同技术日益受到人们的重视，直觉决策法、模糊决策法、模型仿真法、系统分析法等，较多地被用于决策过程中。

无论是经济预测，还是经济决策，既是艺术，又是科学。作为一门艺术，经济预测与经济决策需要通过人们亲身的实践，凭借预测者与决策者不断积累的经验和技巧才能得到发展；作为一门科学，经济预测与经济决策有它们自己的原理与方法，需要人们通过学习加以掌握，越来越多的数学方法，越来越先进的计算手段，用于越来越复杂的预测和决策中，这向人们提出了系统学习的要求。

冯文权同志新编的这本书，为人们系统学习经济预测和经济决策技术提供了一部好教材。与他四年前主编的《经济预测的原理与方法》一书相比，本书增添了许多新的内容。例如，在经济预测的基本方法中，扩展了市场调查的预测方法，把原来一节的内容充实为一章的内容，增加了数据处理技术；回归分析的预测方法从一章增加为四章，内容比原来丰富多了；其他如时间序列分析、经济计量模型等预测方法的内容，也有所增加。除经济预测的基本方法外，还增加了经济预测的高级方法。其中，传递函数模型的预测方法及其发展——干预分析模型的预测方法，在国外也是比较新的。干预分析模型对分析政策变化给未来经济发展所带来的影响是很有用的。本书还把经济决策技术包括进来，并使它与经济预测相联系，辟专章说明主观概率在经济预测与经济决策中的应用。

本书保留和发扬了《经济预测的原理与方法》一书的优点，即在介绍每一种预测技术时，更多地辅以预测实例，使读者能在每一章学完时，复习和巩固全章所学过的原理、方法等内容。

我把这本教科书看做是《经济预测的原理与方法》的增订本，并非想否定这两本教科书同时独立存在的价值，而是想说明任何一本教科书都应在吸收新的科学研究成果的基础上，根据教学实践的反馈信息，不断加以修改和完善。希望几年以后，本书又有自己的增订本。果真如此的话，这将是本书的教学价值的再一次体现。

乌家培
1988 年 9 月

第 一 版 序

预测就是"鉴往知来",借对过去的探讨,而得对未来的了解。事物从过去、现在到将来的发展,总是有内在规律的。我们惟有发现和掌握事物发展过程固有的规律性,才能真正搞好预测,把预测置于科学的基础上。

预测与计划都与未来有关,但预测不同于计划。计划是对未来行动的部署,预测是对未来事件的陈述。预测要说明的问题是,将来会是怎样,即在一定的条件下,如果不采取措施和行动,估计将会发生什么样的变化。计划要说明的问题是,要使将来成为怎样,即应当采取什么措施和行动,来改变现存的条件,对未来作出安排和部署,达到预期的目的。如果说,统计是从事后来考核计划,预测则是在事先来评审计划。它的作用在于:(1)帮助我们认识和控制不确定性,使对未来的无知降到最低限度;(2)使计划的预期目标及可能变化的周围环境与经济条件保持一致;(3)事先了解计划实施后可能产生的结果。

预测为决策提供依据,科学的预测是正确决策的保证。在经济管理中经常遇到如何正确决策的问题。决策所包括的必要步骤有:表述所要解决的问题和明确所要达到的目标,列示实际上可以相互代替的一切活动和对策,收集有关的资料、情况和动向,认清主要的确定性和可能产生的意外,比较各种可行的活动或对策的利弊得失,权衡将会发生的可能效益和所需代价,从中选取对实现目标最有利的行动方案等。在决策过程中既有确定性,又有不确定性,甚至还有不知未来的情况。在不确定的情况下进行决策,需要注意可能的变化,使决策有灵活性,避免绝对化,还要改进信息的质量和扩大信息的来源,以克服盲目性,减少不确定性。这时,决策必须有预测来为它服务。

预测既是科学,又是艺术。说它是科学,是指它依赖于科学的理论和方法、可靠的资料、先进的计算技术等;说它是艺术,是指它还依赖于预测者提出假设,选择方法,利用资料的技巧和运用他自己的学识、经验、获得的情报进行判断的能力。成熟的预测应当具备可复制性和可检验的特点。所谓可复制性,是说它的方法必须有清楚地、精密地、明确地设计好的一系列步骤,能使用不同资料,不断地修正更新,有控制地在不同情况下进行连续的预测;所谓可检验的,是说过一个时期后能作出证据确凿的结论,说明预测的结果是正确的或错误的,误差有多大。

预测的方法很多,包括向专家调查、定期询问等质量预测方法,利用时间序列、经济模型等数量预测方法。规模较大、内容较细的预测,非利用经济模型不可,但不能仅根据模型计算出来的结果作为向外提供的预测。实际上,这还只是初步的计算预测,重要的一环是召开初步预测的评论会议,对计算预测进行讨论和评价,集思广益,来修正和完善预测,使机械的计算与能动的判断完美结合,各种预测方法可配合使用,达到相互检验、补充的目的。

预测的种类也很多。就经济预测而言，我国当前较为人们关心和重视的首先是市场预测。市场预测是克服产需脱节、滞销积压、提高生产与流通过程经济效益的重要手段。它要求我们对市场需求、供应可能、价格变动等因素进行调查研究。一方面，要分析社会购买力的大小和投向；另一方面，要研究生产供应、库存增减、运输周转、物价调整的种种可能性。它既能使生产企业更好地根据市场需要组织生产，又能使经贸部门更好地根据生产可能满足群众需求。不与整个经济预测联系起来，搞好市场预测是比较困难的，因为市场情况变化多端，经验判断起巨大作用。但在我国，由于社会主义统一市场的主体部分是有计划的，作为补充的自由贸易市场也是有管理的，所以搞好市场预测是有有利条件的。

预测是不容易的，不可能总是准确的。经济预测要比气象预测困难得多。经济学家搞经济预测，必须注视经济过程中一切一起发生的事情，所有因素同时起作用，在这个基础上来推论会出现什么，不会出现什么。但是，经济变化在很大程度上取决于人们的主观因素，这就使经济学家搞经济预测比气象学家搞天气预报更不容易，特别是对转折点的预测。预测的准确性是逐步提高的过程，既不要因为预测的结果不准确或很不准确，轻率地否定预测的作用，也不要以预测只供参考为借口，错误地认为预测准确性差是心安理得的事情。正确的态度是应从分析预测误差入手，找出预测失败或质量不高的原因，改进资料、理论、模型与方法、计算技术等各个环节及其相互间的协调，努力提高预测的精确程度。

资本主义国家的预测经验可供我们借鉴，但我们是社会主义国家，应当和必须独立地发展自己的经济预测。我国在公有制基础上实行计划经济，同时发挥市场调节的辅助作用，这就要求我们走与资本主义国家经济预测不同的发展道路。比方说，我们既要发展短期预测，也要发展中长期预测，重点应放在中长期预测上，而中长期预测正是资本主义国家还没有很好解决的课题。例如，美国的经济预测主要是需求导向型的以经济计量季度模型为基础的短期预测。它的假设前提是：经济活动的总水平在短期内基本上决定于最终需求及其组成要素的变化。再比方说，我们既要预测微观经济的发展，也要预测宏观经济的发展，但不能忽视后者的重要性及其对前者的巨大影响。在资本主义国家，私人企业也预测全国经济以至世界经济的发展，但它是为保证本企业利润稳定增长和营业不断扩大服务的，根本不会考虑企业的发展在整个社会范围内引起的一连串后果。在宏观经济预测中，资本主义国家非常强调对失业率、通货膨胀率等反映资本主义经济波动的一些主要经济变量的预测。我们可不能这样，而应当重视对个人消费及其要素、企业自筹投资、各种经济效果等对社会主义经济发展有决定意义而又不能完全由计划控制的那些综合指标的预测。

为提高决策的科学性和计划工作的水平，我们亟需开展经济预测和改进各种预测方法。《经济预测与经济决策技术》这本书的出版，可以为我们推广经济预测和掌握预测方法，提供有益的帮助和有用的参考。

乌家培

1982 年 8 月 22 日

前　言

《经济预测与决策技术》是经原国家教委（现国家教育部）审定，作为全国高等学校文科教材而编写的，适用于国民经济管理、工商管理、财贸经济管理、经济信息管理、技术经济、数量经济学、管理科学与工程、生产与运营管理等有关专业的本科生、硕士研究生及博士生作教材或教学科研的参考书。

从本书第一版于1983年面世至今，已经历了35年。本书的每一版都得到了读者的厚爱、关心与支持，曾收到许多读者来信、来电反馈信息，有的在《数量经济与技术经济研究》或其他高等院校的学报上发表了书评，有的点赞，有的提出修订意见。每次再版，作者都吸收了这些宝贵意见，力求本教材能修订得更加完善，能更加适应我国社会经济发展的需要。第三版出版后，于1995年12月，荣获原国家教委颁发的全国普通高等学校优秀教材一等奖，1998年又荣获湖北省人民政府科技进步二等奖，以及中南地区大学出版社协会颁发的优秀图书二等奖。

由于从2008年的第五版出版至今已10年，我国的社会经济发展发生了巨大变化："中国特色社会主义进入新时代"，"中国社会主要矛盾已经转化为人民日益增长的美好生活需要和不平衡不充分的发展之间的矛盾"。为适应这种变化，新时代呼唤高质量发展。通过开发利用好大数据引领中国高质量发展，促进中国全面现代化。中国和世界科技发展，日新月异，互联网、云计算、大数据、人工智能等先进技术，已全面融入社会生产、生活各个层面，深刻改变着全球的经济格局和人类决策的思维方式，展示了当今世界的发展前景。世界已经进入由数据主导的"大时代"。以习近平同志为总书记的新一届中央领导集体，站在时代最前沿，带领全国人民迈入大数据时代。在此背景下，作为跨世纪教材的第五版，已不能适应当今中国社会经济发展的需要，必须吐故纳新，进行修订。修订的指导思想是，站在数据时代的高度，在国家大数据战略的指引下，对第五版的内容进行删改、补充、合并、拓新，力求反映预测与决策学科的最新科研成果。具体的修订内容有如下四个方面：

1. 对一些陈旧的内容或观念进行删改，例如将预测的信息要素改为数据要素，强调了数据是科学预测的基础，是预测分析的血液，高质量的数据是搞好预测的关键，指出数据是一种资源，对企业来说，缺少数据资源难以谈企业发展，缺少数据思维难以预见企业发展的未来，不论你经营何种企业，规模有多大，其未来的发展都是靠数据来驱动。数据是一种力量，拥有数据越多，聚集的力量就越大，谁拥有数据，谁就有力量，可以这样说："得数据者得天下。"因此，数据是一种核心竞争力。2017年12月3日上午，阿里巴巴董事局主席马云在第四届世界互联网大会开幕式致辞时表示："未来30年数据将成为生产资料，计算会是生产力，互联网是一种生产关系。如果我们不数据化，不和互联网相连，那么会比过去30年不通电显得更为可怕。"

2. 补充一些新鲜的内容和案例。

(1) 对国内外经济预测发展的概况,补充一些当今大数据发展的新动态。全球范围内,运用大数据推动经济发展、完善社会治理、提升政府服务和监管能力正成为趋势,世界各国都在大力推动大数据发展和应用。我国国务院也于2015年9月印发了《促进大数据发展行动纲要》,并在党的第十八届中央委员会第五次全体会议的《中共中央关于制定国民经济和社会发展第十三个五年规划的建议》中提出:"实施国家大数据战略,推进数据资源开放共享。"党的十九大制定了新时代中国特色社会主义的行动纲领和发展蓝图,提出要建设网络强国、数字中国、智慧社会,推动互联网、大数据、人工智能和实体经济深度融合,发展数字经济、共享经济,培育新增长点、形成新动能。2017年12月8日下午,中共中央政治局进行第二次集体学习,学习主题是:实施国家大数据战略。习近平总书记主持学习,并作了重要讲话。习近平主席连续四年关注世界互联网大会。他在给2017第四届世界互联网大会的贺信中谈到:"当前,以信息技术为代表的新一轮科技和产业革命正在萌发,为经济社发展注入了强劲动力,同时,互联网发展也给世界各国主权、安全、发展利益带来许多新的挑战。"

(2) 美国数量经济学家奥利对法国波尔多地区的葡萄酒研究25年取得的成果,由多元回归分析预测模型构成的经典案例。

(3) 长江三峡大坝工程是一个典型的多目标决策,决策目标有防洪、发电、航运、灌溉等四个,这些决策目标又常常彼此产生矛盾,例如防洪与发电的矛盾就比较突出。

3. 合并一些章节。将第五版的第十七、十八两章删去一些陈旧的内容,增加一些新鲜内容,如诺贝尔奖金得主格兰杰教授对经济预测作用的评价,合并成新的第十九章,更显得内容充实、简明扼要。

4. 拓新。就是新辟两章,介绍当代的新技术——大数据分析与预测技术、数据挖掘的概念与技术等,这些是第一次写入预测教材进行试用,待听取读者意见后再进行修订。

这次修订邀请武汉大学数量经济学博士傅征副教授加盟,并由她主笔撰写"大数据分析与预测技术"和"数据挖掘概念与技术"两章,她在教学工作十分繁忙的情况下还是完成了这两章的内容写作,为本书增添了新的元素。

武汉大学出版社对本书第六版的出版给了大力的支持和鼓励。中国数量经济学会和中国信息经济学会名誉理事长、中国数量经济学和信息经济学的主要创始人、著名经济学家、博士生导师乌家培教授,在双目准失明状态下,仍欣然同意为本书的第六版作序,我和傅征博士及我的家人都心怀感激,在此表示衷心的谢意!我们深信乌教授在序中所作的科学预言,一定会通过历史检验,在此让我们以十分兴奋和热烈的心情预祝预言完全正确。

在本书即将出版之际,2017年10月,本书作者冯文权教授获评中国数量经济学会颁发的"中国数量经济学卓越贡献奖",以表彰其为中国数量经济学会的成立、建设与发展做出的卓越贡献、在数量经济学的教学研究中做出的重大成就。

尽管作者对本书的修订,收集了大量的资料,花了不少的时间和精力去学习研究,但由于水平有限,错误难免,敬请读者多多批评指正。

作 者

2018年1月于武昌珞珈山

目 录

上编　经济预测技术

第一章　经济预测的基本原理 ········ 3
§1.1　经济预测的概念 ········ 3
§1.2　预测的要素 ········ 6
§1.3　社会主义市场经济迫切需要经济预测 ········ 10
§1.4　经济发展的可预测性 ········ 10
§1.5　经济预测的步骤 ········ 12
§1.6　经济预测的发展概况 ········ 13

第二章　调查预测技术 ········ 18
§2.1　实际调查方案 ········ 18
§2.2　抽样调查 ········ 19
§2.3　抽样调查的误差分析及样本大小的确定 ········ 20
§2.4　实地调查的具体方法 ········ 21
§2.5　实地调查的数据处理技术 ········ 24

第三章　技术预测 ········ 29
§3.1　技术经济寿命周期分析 ········ 29
§3.2　技术更新换代的基本规律 ········ 30
§3.3　技术经济寿命周期的预测方法 ········ 32
§3.4　类比预测法 ········ 34

第四章　判断预测技术 ········ 37
§4.1　头脑风暴法 ········ 37
§4.2　特尔斐法 ········ 39
§4.3　趋势判断预测法 ········ 42
§4.4　PERT 预测法 ········ 46
§4.5　销售人员判断预测综合法 ········ 49

第五章 一元回归预测技术 ... 52
- §5.1 一元线性回归预测模型 ... 52
- §5.2 回归系数的简便求估方法 ... 54
- §5.3 回归系数的精确求估方法 ... 55
- §5.4 回归方程的显著性检验 ... 59
- §5.5 回归方程的应用 ... 65

第六章 多元回归预测技术 ... 71
- §6.1 二元线性回归问题 ... 71
- §6.2 多元回归的建模方法 ... 73
- §6.3 多元回归的显著性检验 ... 76
- §6.4 可线性化的非线性回归预测 ... 78
- §6.5 多元回归在经济预测和分析中的应用 ... 82
- §6.6 经典案例：法国葡萄酒的品质预测 ... 84

第七章 序列相关和异方差的处理技术 ... 88
- §7.1 序列自相关性及其形成的原因 ... 88
- §7.2 序列自相关的检验方法 ... 90
- §7.3 消除序列相关的方法 ... 92
- §7.4 异方差性及其检验方法 ... 94
- §7.5 消除异方差的基本方法 ... 99
- §7.6 多重共线性问题 ... 101

第八章 带虚变量的回归预测技术 ... 105
- §8.1 基本概念 ... 105
- §8.2 虚变量回归的建模方法 ... 107
- §8.3 虚变量回归模型的应用实例 ... 110
- §8.4 虚变量回归模型预测的基本原理 ... 111

第九章 时间序列趋势外推预测 ... 117
- §9.1 样本序列具有水平趋势的外推预测 ... 117
- §9.2 样本序列具有非水平趋势的外推预测 ... 120
- §9.3 样本序列具有线性趋势的外推预测 ... 126
- §9.4 样本序列具有二次曲线趋势的外推预测 ... 130
- §9.5 样本序列具有线性趋势和季节波动的外推预测 ... 130
- §9.6 不同的滑动平均方法及其在趋势外推预测中的应用 ... 138
- §9.7 温特线性和季节性指数平滑预测 ... 141

第十章 增长型曲线外推预测 ························ 147
§10.1 增长型曲线的基本类型和特征 ·················· 147
§10.2 增长曲线模型的识别方法 ······················ 152
§10.3 增长曲线模型的参数估计 ······················ 156
§10.4 预测实例 ···································· 161

第十一章 市场状态转移概率预测 ······················ 167
§11.1 马尔科夫链的基本原理 ························ 167
§11.2 状态转移概率的估算 ·························· 170
§11.3 带利润的马氏链 ······························ 173
§11.4 市场占有率预测 ······························ 174
§11.5 期望利润预测 ································ 177

第十二章 景气预测与预警系统 ························ 180
§12.1 景气循环的基本概念 ·························· 180
§12.2 景气循环形成的原因 ·························· 182
§12.3 景气指标体系 ································ 183
§12.4 扩散指数 DI 的编制与应用 ···················· 183
§12.5 综合指数 CI 的编制 ·························· 187
§12.6 国民经济预警系统 ···························· 188

第十三章 随机时间序列的线性模型 ···················· 193
§13.1 平稳随机序列的基本概念 ······················ 193
§13.2 随机序列线性模型的基本形式 ·················· 195
§13.3 随机序列线性模型的平稳与可逆性条件 ·········· 197
§13.4 ARMA 模型的传递形式与逆转形式 ·············· 201
§13.5 非平稳模型——随机游动模型 ·················· 203
§13.6 非平稳序列的平稳化方法 ······················ 205
§13.7 季节模型 ···································· 207

第十四章 随机时间序列线性模型的识别 ················ 211
§14.1 ARMA 模型的自相关函数 ······················ 211
§14.2 ARMA 模型的偏自相关函数 ···················· 218
§14.3 ARMA(p, q) 模型的识别方法 ·················· 220

第十五章 随机序列线性模型的参数估计与诊断检验 ······ 227
§15.1 ARMA 模型的参数估计 ························ 227
§15.2 模型的诊断检验 ······························ 234

第十六章 随机序列线性模型的预测理论及其应用 ……… 240
- §16.1 最优预测的准则 ……… 240
- §16.2 最优预测值的计算 ……… 242
- §16.3 预测误差及置信预测区间的计算 ……… 245
- §16.4 建模计算框图与预测应用举例 ……… 246

第十七章 大数据分析与预测技术 ……… 254
- §17.1 什么是大数据 ……… 254
- §17.2 大数据技术概述 ……… 257
- §17.3 大数据预测技术 ……… 258
- §17.4 大数据的广泛应用 ……… 265

第十八章 数据挖掘概念与技术 ……… 273
- §18.1 什么是数据挖掘 ……… 273
- §18.2 数据挖掘的基本流程 ……… 275
- §18.3 常见的数据挖掘技术 ……… 276
- §18.4 数据挖掘经典算法 ……… 278
- §18.5 数据挖掘面临的挑战 ……… 284

第十九章 提高预测质量的方法研究与预测方法评价 ……… 285
- §19.1 预测精确性的度量 ……… 285
- §19.2 影响预测精确性的因素 ……… 287
- §19.3 校正预测值提高预测质量的途径与方法 ……… 288
- §19.4 预测方法的分类 ……… 294
- §19.5 预测方法的分析比较 ……… 295
- §19.6 预测方法评价 ……… 297

下编 经济决策技术

第二十章 决策学概论 ……… 303
- §20.1 决策的概念及决策应遵循的基本原则 ……… 303
- §20.2 科学的决策程序 ……… 305
- §20.3 决策的基本类型 ……… 309
- §20.4 决策学研究的新动态 ……… 312
- §20.5 决策学的发展历程 ……… 313
- §20.6 追踪决策的一个范例 ……… 314

第二十一章 确定型决策 ... 317
- §21.1 线性盈亏分析决策法 ... 317
- §21.2 非线性盈亏决策法 ... 321
- §21.3 线性规划决策法 ... 322
- §21.4 价值效益评价决策法 ... 323

第二十二章 非确定型决策 ... 326
- §22.1 不确定型决策 ... 326
- §22.2 风险型决策 ... 329
- §22.3 马尔科夫决策 ... 333
- §22.4 决策方案的敏感性分析 ... 337
- §22.5 经济风险的分析与管理 ... 339

第二十三章 随机型需求的投资项目决策 ... 346
- §23.1 项目选择准则 ... 346
- §23.2 盈利可能性计算 ... 347
- §23.3 期望利润计算 ... 349
- §23.4 期望成本计算 ... 350
- §23.5 实现最低成本的可能性计算 ... 350
- §23.6 设备利用率计算 ... 351
- §23.7 优化分析 ... 353

第二十四章 主观概率决策 ... 355
- §24.1 主观概率的基本概念 ... 355
- §24.2 在决策中应用主观概率 ... 356
- §24.3 主观概率的求估方法 ... 357
- §24.4 主观概率估计的修正 ... 360

第二十五章 效用理论及其在决策中的应用 ... 362
- §25.1 效用的概念 ... 362
- §25.2 效用测定及效用曲线的制作 ... 364
- §25.3 效用曲线的分类及效用决策准则 ... 367

第二十六章 对策论的基本原理及其应用 ... 373
- §26.1 对策论的基本概念 ... 373
- §26.2 矩阵对策 ... 374

§26.3 二人非零和对策 ·· 379
§26.4 对策论在经济领域中的应用 ··· 381

附录　统计表 ··· 386
  Ⅰ. 正态分布表 ··· 386
  Ⅱ. t-分布表 ··· 392
  Ⅲ. χ^2-分布表 ·· 393
  Ⅳ. F-分布表 ·· 395
  Ⅴ. 样本相关系数 r 的分布 ·· 398
  Ⅵ. 杜宾-瓦特森检验统计量的上限和下限 ································· 401
  Ⅶ. ADF 分布临界值表 ··· 403

参考文献 ··· 404

上编　经济预测技术

第一章 经济预测的基本原理

有中国特色的社会主义市场经济，经过蓬勃发展和高速增长期后，进入了经济发展的新常态。为保持中国经济在新常态下，能持续实现平稳的中高速增长势头，必须加快培育发展经济的新动能，使之在大众创业、万众创新的大潮下，能不断地引领出新产业、新业态和新模式的良好经济态势。当今世界，科技进步日新月异，互联网、云计算、大数据等现代信息技术，已全面融入社会生产生活各个层面，深刻改变着全球的经济格局和人类的思维决策方式，展示了世界发展的前景。我们的各级领导、企业家和经济管理人员，都面临着大量的经济、社会发展决策问题，这些都要求他们不断地开拓新视野，发展新观念，学习新技术，掌握新方法，眼观六路、耳听八方。因此，学习经济预测，重视预测，学好预测，用好预测，为经济决策提供科学依据，不仅必要，而且势在必行。本章从经济预测的基本原理和基本概念讲起。

§1.1 经济预测的概念

1. 什么是经济预测

什么是预测？乌家培在本书第一版序中就指出，预测就是"鉴往知来"，借对过去的探讨，而得出对未来的了解，其目的就是获取未来的信息。我们所说的预测，是指科学的预测，同求神卜算、测字算命等封建迷信活动有着本质的区别。科学的预测是根据事实发展过程的历史和现实，综合各方面的信息，运用定性和定量的科学分析方法，揭示事物发展的客观规律，指出其可能的发展途径及可能的发展结果。经济预测是一门研究经济发展过程及其变动趋势的学科，它是综合运用哲学、社会学、经济学、统计学、数学以及系统工程和电子计算技术等学科的有关理论和方法，根据学科自身的逻辑性，对经济现象之间的联系以及作用机制作出科学分析，并对经济过程及其各要素的变动趋势作出客观描述，从而对未来的经济发展的轨迹，作出科学的判断或预见。因此，经济预测就是一种特殊的经济分析，它的整个预测过程就是一次科学分析的过程。

2. 预测服务的对象

预测既是科学又是艺术，自有历史记载以来，从经验预测发展到今天的科学预测经历了3000多年。人类经历了农业革命、工业革命和信息革命三大产业革命，每次革命都会给人类的生产、生活带来巨大和深刻的影响。现在的互联网、云计算、大数据等现代信息技术，推动了现代社会滚滚向前发展。人类社会对预测提出了新的更高要求，预测需求有增无减，预测科学研究、预测服务人员培训、预测技术应用和服务机构筹建等在第二次世界大战之后，如雨后春笋般地涌现，基本上满足了预测用户的需要。这些对预测有需求的用户，就是预测服务的对象，我们统称为客户。

客户大体上分三类。第一类是大客户，指的是联合国的有关部门和有关国际机构，欧、美和亚洲的发达国家及世界500强等大型企业，由欧、美各大预测咨询公司为其服务，例如诺贝尔奖获得者克莱恩教授建立的世界联结模型，每年都对世界经济发展作出预测。第二类是中型客户，例如我国政府和省部级的经济管理部门和国内大中型企业等都是有预测需求的客户，国务院发展研究中心、中国社会科学院的有关院所及国内有关高校都积极地为他们服务并作出了可贵贡献。第三类是公众群体和小型企业或个体经营者等，这类客户对预测也有迫切需求，在"双创"的大潮下，有的通过互联网，有的到咨询公司，咨询发展创新创业之路，有的想提高经营管理水平，学习一些预测决策技术，减少或者回避经营风险，以提高经济效益。

目前我国正处于对预测服务需求的旺盛时期，各级服务机构和服务人员都应把提高服务质量放在首位，要深入到客户中去，进行调查研究，真正了解客户的迫切需求，紧紧联系客户的实际需要，提高预测的科学水平和预测的精确度，切实让客户满意的同时，成长壮大自己，只有如此才能使预测技术持续发展。

3. 经济预测与计划和决策之间的关系

经济预测与经济计划都是经济管理的重要组成部分，两者既有共同点，又有不同点。共同点是两者的工作对象都是未来的经济状态；不同点是前者仅是对未来经济状态的一种估计或陈述。后者说明的问题是，如果不进行任何经济、政策或行政手段的干预，未来将会有什么样的变化，经济状态将会变成怎样。经济计划则是要使未来的经济状态变成怎样，现在应采取什么样的措施和行为，方能使经济按设定的计划轨道发展，到达预期的目的。

计划经济是为实现经济决策目标而编制的一种经济活动方案，而经济决策的目标又是由经济预测的结果确定的。然而，经济预测仅是对未来经济状态的一种估计，在估计中常常会受到许多不确定因素的影响，因而预测的结果存在不确定性。为减少不确定性，必须提高预测的准确性。常言道：一个好的预测有助于实现好的决策，因此，搞好经济预测是搞好决策的前提。

4. 宏观经济预测与微观经济预测

（1）宏观经济预测。宏观经济预测是指对整个国民经济或一个地区、一个部门的经济发展前景的预测，它以整个社会（或地区、部门）的经济发展的总图景作为参考对象，研究经济发展中各个有关的总指标、相对数指标和平均数指标之间的联系。例如，研究和预测国民经济发展水平、发展速度和建设规模，预测积累和消费之间的关系，预测各个地区、国民经济各部门、社会再生产各环节的发展水平、速度和比例关系等。又如，在研究和预测物价问题时，宏观经济预测要预测社会物价总水平的变动，研究物价水平对国民收入和工资水平的影响，研究物价总水平的变动和劳动就业率、失业率的关系等，这些都属于宏观经济预测的范围。

(2)微观经济预测。微观经济预测是指对一个企业的经济发展前景或家庭、个人的经济活动的预测,它以单个经济单位的经济活动前景作为考察对象,研究各个单位的各项经济指标或指标之间的联系。例如,研究和预测单个企业如何把有限的资源分配在各个产品的生产上,以取得最好的经济效益;预测各个企业的产值、产量、品种、职工人数、原材料及燃料消耗、流动资金、成本和利润的变化;预测某项商品的生产(或销售量)、需求量或价格;预测单个家庭或消费者如何把有限的收入分配在各种商品的消费或储蓄上,以取得最大的效用等,这些都属于微观经济的预测范围。

微观经济是宏观经济的基础,宏观经济又是微观经济的综合和扩大,两者互相联系,互为补充,互相依存。因此,不仅要重视宏观经济的预测,而且也要重视微观经济预测。

5. 定性经济预测与定量经济预测

(1)定性经济预测。定性经济预测是对某一经济现象的未来状态所作的一种描述,也就是对未来的经济状态可能变动的方向而非数量的大小所作出的预测。例如,未来某一时期某种商品的供需状况是均衡还是失衡,价格总水平是上涨还是下降等。

定性预测技术常常是在对预测目标只求有概括性的了解,而不究其详细的数量界限的情况下使用。

(2)定量经济预测。这种预测是运用经济统计的数据资料,根据预测目标中的经济变量之间的关系,建立起预测模型以推导出预测值。它按预测结果的数字表现形式,可分为点预测(定值)和区间预测(确定置信预测区间和置信水平)。这种预测方法在第二次世界大战后的西方国家得到了广泛应用和迅速发展。这是因为:第一,西方国家自20世纪30年代以后建立了国民经济核算体系,为定量预测方法提供了资料基础。第二,计算机的迅速发展与普及,解决了定量预测中许多复杂的计算问题。同时,经济信息处理手段的现代化,能及时地处理大量的经济信息,为定量预测提供良好的技术条件。第三,凯恩斯经济理论的确立,为建立经济计量模型提供了理论基础。第四,开展经济预测,取得了良好的经济效益。

6. 长期、中期、近期和短期经济预测

(1)长期经济预测。长期经济预测是指对5年以上(不包括5年)的经济发展前景的预测。它是制订经济发展十年计划、远景计划和规划经济长期发展目标的依据。

(2)中期经济预测。中期经济预测是指对1年以上(不包括1年)5年以下的经济发展前景的预测。它是制订经济发展五年计划、规划经济五年发展目标的依据。

(3)近期经济预测。近期经济预测是指对3个月以上(包括3个月)1年以下的经济发展前景的预测。它是制订经济发展年度计划、季度计划和明确规定近期经济发展具体任务的依据。

(4)短期经济预测。短期经济预测是指以日、周、旬、月为单位,对3个月以下的经济发展前景的预测。它是制订月、旬计划和明确规定短期经济活动具体任务的依据。

7. 大数据预测与非大数据预测

所谓大数据预测，是一种前所未有的数据处理方式，是对海量般的大规模、高噪声、低信噪比的原始数据，进行的数据分析与提炼信息的技术，这些技术是利用人工智能、机器学习或统计学的模式识别方法等，从大量的原始数据中提取那些隐含的、事先不为人所知的有价值的数据。提取过程的基本程序是，首先明确预测目标，有目的去收集数据，然后是建立模型，并对模型进行评估修正，最后是应用模型进行预测，并对结果进行评估。

非大数据预测通常是指传统的数据预测技术，本书的前五版所述内容均属于传统的预测技术，预测所用的数据来自随机抽样，数据规模不大，即使建模时说明是大样本，其样本数量也是很有限的，参与建模的数据都是经过整理过的有效数据，而且强调有因果关系。大数据预测是在互联网、云计算等现代信息技术发展以后，近十多年间才发展起来的，势头很大。

大数据预测与非大数据预测的主要不同点是，使用的数据不是随机抽取的样本数据，而是原始记录的全部数据，规模巨大，信噪比很低，只是相关关系。正如《大数据时代》作者维克托·迈尔·舍恩伯格所说："大数据时代最大的转变是放弃因果关系的渴求，而取而代之是关注相关关系，也就是说，只要知道是什么，而不要知道为什么，这是颠覆了千百年来人类的思维惯例，对人类的认知和世界交流的方式，提出了全新的挑战。"

大数据预测与非大数据预测除了上述不同点外，也有许多相同点。在建立分析数据集、配置数据、评估数据、调查处理异常数据（outlier）、处理丢失数据、转化数据、建立预测分析模型（例如建立线性回归模型、进行回归分析）等数据处理技术方面，两者是相同的。有关大数据和数据挖掘技术的详细介绍，请看第十七、第十八两章。

8. 有条件预测和无条件预测

有条件预测，是指预测目标的求解，需在对其他有关的预测因素作出某种假定的情况下，方能求解。例如，在作宏观经济预测时，多假定政府的经济政策不变，这种假定就是一种条件。在作市场预测时，常常假定在其他情况不变的情况下，若原材料下月涨价多少，那么，在此条件下，产品的销售价最低应增加多少等。一般说来，大多数有效的预测都是有条件预测。

无条件预测，是指所进行的预测，没有任何事先的假定或附加的任何先决条件。

§1.2 预测的要素

搞好预测是不容易的，尤其是经济预测，因为有人的意志参与在经济活动之中。人是带有各种倾向、带有不同的期望和目的的，并影响着经济的进程。尽管如此，只要预测工作者掌握好预测的基本要素，充分了解经济的发展过程，对未来经济发展趋势做出判断或预测，是可以达到一定的预测精度的。预测的基本要素是数据、方法、分析和判断。

1. 数据要素

(1) 数据是科学预测的基础

数据有过去、现在和未来三种形式。过去的数据描绘历史，今天的数据表述现在，明天的数据展现未来。虽然未来的事尚不知道，但通过预测就可更清楚看清未来。人们常说过去是未来的指南，通向未来的道路是以历史和现在的数据为基础构筑的。未来的数据可以通过预测求得，但预测有科学的预测和非科学的预测。科学的预测是使用历史和现在的数据，运用科学的分析方法揭示未来的发展规律，对未来的状态作出科学的判断。例如，经济预测，不论是宏观的经济预测，还是微观的市场预测、需求预测等，都必须大量收集社会、经济发展的历史统计数据和当前市场的发展动态，进行分析和研究。不论是作判断预测，还是运用数据资料建立经济模型进行定量预测，都是以数据为基础的。非科学的预测，大多数是不运用任何历史和现实的资料所做的一种猜测，同求神卜卦、测字算命以求先知没有什么本质的差别。因此，我们说数据是科学预测的基础。

(2) 高质量的数据是搞好预测的关键

数据是预测分析的血液，因此，数据的质量就像人体血液质量决定人体健康水平一样，决定预测的科学水平。经济预测涉及的经济变量(数据)成千上万，例如国民生产总值、农业产值、工业产值、物价指数、失业率、进出口总额等。这些数据质量如何，有多少水分，数据之间的相关性如何，都对建立预测模型有重要影响。建模的质量，直接影响预测的质量，一般来说，预测者掌握的数据质量越高，数量越多，相关性越好，找出预测变量的前因后果的可能性就越大，所求预测值的精度就越高。因此，高质量的数据是搞好预测的关键。

我国自开展经济预测至今，经济数据质量是逐年提高的，但仍存在许多问题，主要表现在以下几个方面。

① 数据序列参差不齐，不同序列的起止时间不同，在应用上出现短板现象。

② 在取样过程中存在测量误差，甚至在数据上出现异常值，也即 outlier 现象。

③ 数据缺失。

④ 数据失真。数据失真的现象比较常见，究其原因有以下几种。一是一些地方官员片面地追求 GDP 的高速增长，为了升迁的需要，制造假政绩，统计部门的领导，经受不起上级的压力，心甘情愿地为他们进行数据包装。二是有些地方或单位好大喜功，报喜不报忧，有的为了攀比，不择手段，制造假数据，更有的是为了贪财，虚报、瞒报，偷税漏税，制造假出口，假税收等。

基于上述情况，我们预测工作者，对预测数据一定要进行严格审查，把好关口，不让不合格的数据进来。不仅如此，还希望每位预测工作者都能站在新的高度上，明确一个观点："好数据才会有好预测，而好的预测又可引出好的决策，决策的成功或失误，又取决于预测的质量"。在此我们还要提醒预测工作者和广大预测用户，数据和数据技术，其本身只不过是工具而已，可以行善也可以作恶，我们要择善而为之，作恶绝对不能为。

(3) 数据是核心竞争力

数据不仅是经济预测的基础，而且是企业发展的资源，缺失数据资源难以谈企业发展,缺少数据思维,更难以预见企业发展的未来,不论你经营什么企业,规模有多大,其未来的发展都是靠数据来驱动,其经营决策也肯定由数据来主导。决策是怎样做出的呢?是决策者的谋与断的结合,先谋后断,多谋才能善断,不论是多谋还是善断,都是以数据为基础。商场如战场,是个没有硝烟的战场,要做到知己知彼,百战不殆,靠的是拥有准确有价值的数据和对未来市场作出科学和准确的预测。

现在已进入21世纪20年代,马云说过:"未来的时代,不是IT时代,而是DT时代",也就Data Technology。在DT时代里,价值的增长,主要靠数据创新来实现,新的权力来源再不是手中的金钱,而是人们头脑中的智慧和人民大众手中掌控的数据。财富的创造主要靠人的智力,智力寓于知识之中,知识又寓于数据之中,数据乃智慧本源。人类正步入DT时代,数据知识不仅是经济发展的基础,而且是力量的象征,也就是数据就是力量,数据越多,力量就越大,谁拥有数据,谁就拥有力量,可以这样说,"得数据者得天下"。① 在当今中国谁拥有大量数据呢?是"BAT"(百度、阿里巴巴、腾讯)掌握着体量最大、形态最多、状态最活跃的大数据,已在全国大数据营销中遥遥领先,取得了令人瞩目的成绩,因此数据是一种核心竞争力。

2. 方法要素

这里所谈的方法(技术)是指进行经济预测时所采用的手段。经济预测的质量如何,不仅依赖于所使用的数据,而且同选用什么样的方法密切相关。预测既是科学,但同时又是艺术。预测方法是科学的,但选用哪类哪种方法却是一种艺术。预测科学发展至今天,已积累了许多行之有效的预测方法,据不完全统计,多达300多种。目前,预测用户就面临着在许多方法面前,如何选择恰当的预测方法问题。能否迅速选择到合适的预测方法,乃是预测用户最关心的问题之一。在市场经济的环境里,由于竞争加剧,许多企业面临十分困难的局面,这使得企业不得不试图从预测中寻找满意的答案,因此,要尽可能避免选择不适当的预测方法。不然的话,如果选择一种复杂的统计方法,在预测精度上比简单的预测方法又没有多大的改进,那么,必然导致用户对预测的不满,甚至导致管理人员对预测失去信任,怀疑预测和其他科学管理方法的用途。要解决好对预测方法的选择问题,首先要对预测方法进行科学的评价,这将会促进预测科学的发展,正如文学评论促进文学的健康发展一样。

目前,国际上使用的预测方法很多,要一一加以评价、研究是困难的。因此,许多评价研究是将预测方法归类,然后,对各类方法进行评价。预测方法的分类和评价在第十九章有详细评论,在此不予赘述。

3. 分析(解释)要素

经济预测的实质是一种经济分析。根据经济数据资料和选用的预测方法进行预测,在预测前后都必须进行分析检验或作出解释。一方面,对预测要发生的事件作出解释,说明该事件为什么会发生,其发生的机理和原因何在;另一方面,如果预测失误,原预测要发

---

① 伊恩·艾瑞斯. 大数据思维与决策. 宫相真. 译. 北京:人民邮电出版社,2014.

生的事件实际上未发生，则要解释清楚该事件为何未发生，使预测用户能够理解。因此，预测过程就是对预测事件进行分析和解释的过程。分析的内容主要有以下几个方面：

(1) 预测前的理论分析

预测目标确定以后，要根据收集到的历史和现在的数据和准备选用的预测方法，进行理论分析，以检验是否符合所建立模型的理论前提条件。例如，要用普通最小二乘法建立多元线性回归预测模型，建模数据的质量和数量都要达到一定的要求。样本容量在数量上要超过自变量和因变量的总数，在质量上要求自变量之间不存在多重共线性，随机干扰项不存在自相关和异方差，但要求自变量与因变量之间存在某种实质上的因果关系，这些都要求在建模预测前进行分析和检验。

(2) 预测后的检验与分析

预测结果作出以后，要对预测结果进行质与量的检验分析。首先，要分析预测结果是否符合经济理论。其次，要分析统计的假设条件是否成立。最后，对预测误差或拟合误差要作出残差分析检验，论证预测模型的合理性后，方能把预测模型交给客户使用。

(3) 对预测要发生的事件作出有说服力的解释

为使预测用户能真正理解预测的结果，必须对预测的结果作出有说服力的解释，不论是成功的预测，还是失误的预测都是如此。尤其是对失误的预测，必须解释清楚该事件为何不发生，为何导致了预测失误，使用户感到满意。因此，要求所作的解释必须具有解释的功能。何谓解释的功能？我们不去定义它。如下例所示：相传乾隆皇帝与他的军机大臣曹某微服私访，常常在一起开玩笑。有一次，乾隆问曹："什么叫忠？"曹不假思考即答："君要臣死臣得死，曰忠。"乾隆听后即说："你马上去死。"曹听了，转身朝河边走去。大约过了一刻钟，又回到乾隆面前。乾隆问："你为何不去死？怎么又回来了？"曹说："我到了河边，正准备尽忠时，突然发现水中冒出一个老人。我定睛一看，认出他是屈原。他一边摆手，一边大声地对我说：'你的情况同我当年的不一样，我遇到的是一个昏君，不得不死。你今天遇到的是一位英明的圣上，你不能死，要回去好好辅佐他。快回去，快回去。'就这样，我就回来了。"乾隆听后，感到十分高兴，哈哈大笑地说："免了，免了。"上述解释，我们认为它具有解释的功能。

4. 判断要素

法国的沃维纳戈曾这样说："虽有聪明的智慧，但没有准确的判断还不算什么优点，因为好的钟表不是走得快，而是走得准。"因此，判断是预测四要素中最重要的要素，它对预测结果产生重要的影响。

(1) 判断用于预测的数据选择

不论是经济预测，还是市场预测，可用的数据都有许多种，而且有许多常常是彼此相关的。这些数据的来源不同，或多或少都有其自己的特定背景，如果不进行分析判断，毫无保留地使用，难免对预测的结果产生不正确的影响。因此，选用何种数据，常常要靠预测者的经济理论修养和对预测经验的积累程度去进行判断。

(2) 判断用于预测方法的选择

预测未来经济事件的方法很多，有的适用于因果型，有的适用于外推型，有的适用于直观判断型。有的方法预测精度高，有的所需的费用大，但易于获得期望的结果。选用何种方法，需根据要预测事件的形态、本质、已有的数据和可能提供的费用作出判断。

(3) 判断预测值是否需要修正

经济预测仅是对未来经济事件的一种陈述，或者说是对未来经济状态所作的一种估计。由于预测方法的不同，对未来经济状态所作的估计也不同，有些估计值要根据最新的经济变化动态进行某些调整或修正，有些则不需要，这些均需判断。判断是一种艺术，而且是一种高超的艺术，只有经过长期的预测实践，不断地总结和积累经验，才能掌握好这种艺术。

§1.3 社会主义市场经济迫切需要经济预测

我国是实行社会主义市场经济体制的国家，市场机制在资源配置中起基础性的支配作用，参与经济活动的个人或单位等市场主体实行自主经营、自主决策、自负盈亏、自担风险，国家只通过经济和货币政策，实行宏观调控和政策引导。任何企业或个人，不论是投资办厂兴办实业，还是投资于金融市场买卖股票，甚至大学生报考的专业选择或劳动就业都难免遇到风险，成为风险的主体。所谓风险，就是一种不确定性。在社会主义市场经济中，关心经济风险的人相当广泛，有国营、民营的企业家和管理人员，有劳动就业人员和劳动待业人员、家庭成员等，人们总是希望未来比现在好，盼望明天收入比今天多，腰包能一天天地鼓起来。就一个企业来说，总是希望自己的产品能适应顾客的需求，能在市场上占有一定的份额，并能不断地创新，适应市场上的日新月异的变化，保持企业的可持续和健康的发展。要实现这些良好的愿望，首先是我们的管理必须是成功的而且能不断地进行管理创新。但是，要实现成功的管理并非易事，因为现代的管理与传统的管理不大相同，后者强调的是历史的经验和个人的智慧，前者强调的是放眼未来，能进行有效的和成功的预测。成功的预测是成功管理的先导，现代的管理者人人都在预测，因为在日益复杂、瞬息万变的市场经济环境里，不了解未来，不能善于捕捉市场机遇，缺少风险意识，不能预防和化解风险的人，就不可能有任何发展和开展竞争的主动权。因此，必须对经济的发展过程，对形成风险的各种因素进行风分析和预测，并通过预测来把握经济发展和了解市场变化的有关动态，预见社会、经济发展趋势以及一些重大事件在将来的可能结局，减少未来的不确定性和经济决策的盲目性，降低决策可能遇到的风险，从而达到可回避风险、转移风险、减轻风险，以致消除风险的目的。这些说明，开展并搞好经济预测，其重要性从来没有像现在这样迫切。古人云："凡事预则立，不预则废"，"人无远虑，必有近忧"，讲的就是预测的重要性。

§1.4 经济发展的可预测性

经济发展过程虽然存在许多不确定性，而且参与经济活动的人其意志和利益取向又各不同，偶然性似乎占据了主导地位，但从总体看却有一定的规律性。正如恩格斯所指出的，在表面上看是偶然性在起作用的地方，实际上这种偶然性又是受内部的隐蔽性规律支配的。马克思主义的认识论告诉我们，规律是可以认识的，经济发展规律也不例外，通过人们对经济现象的考察、研究和总结，就可发展。

经济预测研究的任务，就在于透过千百万人参与经济活动的事实和对各种研究现象的观察、分析和总结，发现它的发展变化规律。前人的研究告诉我们，经济发展和变化有如下几条特性，是我们可以用来作出科学预测的依据。

1. 经济发展的连贯性

所谓经济发展的连贯性，就是说过去和现在的发展将会持续至未来。无论是宏观经济，还是微观经济系统，它的发展都具有这种延续性。未来是今天的延续和发展，过去和今天的决策，将会或多或少地影响到未来。过去和现在存在的某些经济规律，在未来的一段时期内将继续存在。这种延续性又称连贯性，它有两方面的含义：

（1）时间方面的连贯性。它是指在经济系统中，如果过去一直受某种政策所支配，现在即使停止执行这种政策，经济系统也仍不能立即消除这种政策的延续性，而会仍按其原有的惯性运动一段时间。

（2）经济系统结构的连贯性。这就是说经济系统的结构可以认为在短期内是不变的，它存在着相对的稳定性。

这两点是我们做预测的根据。前者是运用时间序列分析方法进行趋势外推的基本假设，后者是利用因果关系建立结构模型进行预测的主要依据。

2. 经济发展模式的相似性

经济模式的相似性是指经济形态的结构和变化都有一定的模式，某些模式之间彼此有相似之处。在经济发展过程中，各经济部门可能不同，各有自己的发展模式，但有些在发展规律上可能有某些相似之处，有些事件可能是另一事件发展的先兆。例如，彩电的发展普及过程，与黑白电视机就有某些类似之处。黑白电视机的发展在前，我们就可以利用黑白电视机的发展规律，类似预测彩电的发展规律。又如，股票的行情暴跌，可能预示着经济危机将要发生；股票行情看好，价格上升，预示着经济可能进入复苏或高涨阶段。由此可知，经济发展过程的规律是可以认识的，只要掌握其先兆模式，就可类推与先兆模式相关联的经济发展模式。

3. 经济现象之间的相关性

所谓经济现象之间的相关性，是指在经济系统中，许多经济变量之间存在着相关关系，有些变量之间的关系是线性相关的，有些则是非线性相关的。在线性相关关系中，有些是正相关，有些则是负相关的。这些关系，常常在一定的经济系统中反映出其因果关系。例如，在正常商品的需求系统中，价格的升高将导致需求的下降；价格的降低，将会导致需求的上升。因此，价格与需求的关系是负相关的关系。掌握好经济系统变量之间的因果关系，就可建立预测模型，进行经济预测。

4. 经济发展过程中的必然性和偶然性

任何事物的发展都有一定的必然性和偶然性，而且在偶然性中隐藏着必然性，经济发展过程也不例外。因此，要对经济进行预测和分析，就必须通过对经济发展过程中的偶然性进行剖析，方能揭示经济系统内部隐藏着的必然性的规律。

从偶然中发现必然是有规律可循的，这个规律就是人们普遍应用的统计规律。例如，通过对微观经济的统计来确定宏观经济的性质，通过对大量偶然事件的反复观察，找到事物的必然发展趋势等。

为了预测经济在某一时期的发展趋势，常常需要对某一时期的实际经济过程进行模拟，这种模拟的经济过程与实际的经济过程相比，无疑会有一定的偏差，而且这种偏差带有随机性，经济预测与分析工作者处理这种随机性的方法，大都是对实际的经济过程作出区间估计，并且认识到这种区间估计的区间长度将随着时间的延长越来越大。

综上所述，对经济进行预测并达到一定的精度，尽管有一定的难度，但并非不可能，因为人们的认知能力是无穷无尽的，对任何事物都是可以逐步认识的。但是，在一定的时间、地点、条件下，人们的认识能力又都是有限的、不完全的。因此，人们只有经过反复的学习和实践，并通过对经济现象的考察和反复观察，才能够掌握其发展规律，正确地认识其发展过程。

§1.5 经济预测的步骤

经济预测与经济决策一样，都要遵循一定的科学程序或步骤。经济预测的基本步骤，归纳起来有以下几步。

(1) 确定预测目标和预测期限。不论是宏观经济预测，还是微观经济预测，确定预测目标和预测期限都是进行预测工作的前提。例如，对全国毛线及其制品的预测，需求量、花色品种这些均是预测目标。预测期可根据预测用户的要求，有月、季、半年、一年等期限的预测。

(2) 确定预测因子。根据确定的预测目标，选择可能与预测目标相关或有一定影响的预测因素。例如，在对全国毛纺织品的需求预测中，全国人均可支配收入、人均消费支出、毛线及其制品的价格、化纤制品的价格、人口的增长等均是预测因素。

(3) 进行经济调查，收集各因素的历史和现状的信息、数据、资料，并加以整理和分析。

(4) 选择合适的预测方法。有的预测目标，可以同时使用多种预测方法独立地进行预测，然后，对各预测值分别进行评估和判断，选择出合适的预测值。

(5) 对预测的结果进行分析和评估，例如，对预测结果进行定性与定量的分析，指出其预测误差是正偏还是负偏，相对误差与绝对误差的大小、范围等。

(6) 指出根据最新的经济动态和新到来的经济信息或数据，可否重新调整原来的预测值，并提高预测精度。

(7) 写好预测报告。如何才能把预测报告写好呢？这关系到"事前许诺"的问题。"事前许诺"的英文名词是"Prior Commitment"，它的意义是指预测工作者的研究结果如何才能使决策者接受，也就是为用户乐意使用的问题。这个问题，国际预测协会前任主席、美国宾夕法尼亚州立大学教授 J.S. 阿姆斯特朗总结的经验是：预测人员应该从决策者那里获取他们如何运用这些预测结果的事前约定，否则的话，当预测结果同决策者的希望值相反时，决策者就不大可能改变其想法。例如，医院之外的顾问所作的医院床位的需求预测，比医院的管理人员所作的主观预测更加准确，但医院的管理者通常仍然按他们自己的主观预测行事，不会理会顾问预测结果。如何才能使管理者相信并采纳预测者的研究结果呢？"电影剧本"可能帮这个忙，也就是预测工作者应将潜在的预测置于一个故事（电影剧本）之中，这时决策者可能会认为这个预测可行。这是一种技巧，归纳起来有以下几点：

（1）选用一个具体例子；
（2）描述尽可能生动；
（3）采用有代表性的事件，哪怕不是十分密切相关的也没有关系；
（4）采用使决策者能联想起其他有说服力的事件；
（5）运用非常巧妙的方法，将事件串联起来，以展示其因果关系；
（6）请决策者自己参与到情景中来。
（7）请决策者回答：如果他们是"电影剧本"中一员，他们将如何做？

值得指出的是，在运用上述技巧编写预测报告时，要尽可能避免产生严重扭曲预测判断的危险，也就是说，不能用"电影剧本"撒谎。

§1.6 经济预测的发展概况

1. 一个世纪的国外经济预测

近代的经济预测经历了由兴起到衰落，又由衰落到兴起的发展过程，直至现在形成了一门新兴的预测科学。20世纪初叶，资本主义世界市场出现了萎缩，经济危机不断发生，影响不断扩大，资本家为了防止盲目生产导致的滞销，迫切需要了解产品的需求状况和未来发展前景，因而各种预测方法应运而生，经济预测一度出现繁荣的景象。但是，由于受当时科学技术发展水平的限制，尤其是受资本主义生产的社会性和生产资料占有的私人性这一社会基本矛盾的影响。尽管很多经济学家参与了预测工作，但大部分都没有预测出1929年的经济大危机。在1929年经济大危机的冲击下，世界各资本主义国家的经济一片紊乱，于是，经济预测的热潮又日渐冷落下来。

第二次世界大战以后，西方国家随着国家垄断资本主义的发展，政府干预经济的职能日益扩大，凯恩斯的国民收入和就业决定理论的发展，以及国民经济计算体系的创立为各种经济预测提供了理论基础和收集资料的新途径。于是，现代经济预测的热潮又逐渐高涨起来。计算机技术的发展，为各种经济资料的迅速整理、储存和使用以及完成各种复杂的计算提供了有力的工具，为建立庞大的经济计量模型创造了有利条件。在这种形势下，各种预测机构纷纷成立，并经常发布经济预测的公告。据不完全统计，西欧各国的独立预测机构约有293所，美国约有600所，经常发表预测公告的，美国有40所，英国有30所，法国也有 20 所。在上述预测机构中，比较著名的预测公司和咨询机构约有数十所。美国的第一大预测公司是麦格劳-希尔公司，董事长就是曾任美国总统经济顾问的奥托·埃克思坦。这家公司每年为美国政府、工业、金融等方面的 900 多个客户提供预测、咨询服务。世界知名的兰德公司(The Rand Corporation)是美国政府的智囊机构，美国前国务卿基辛格博士就是该公司的顾问。据有关资料统计，该公司约有 1 000 多人，常设人员 400 多人，其中博士占 36%，硕士占 30%，学士占 28%，无学位的仅有 6%。它集中了一大批足智多谋、博学多才的分析家和预言家。该公司研究内容包括经济、政治、军事、社会、科学技术等许多方面的问题。他们运用社会科学、自然科学、工程技术和新型的计算机技术等方面的最新成果，创造了许多预测方法和管理技术，例如特尔斐法和 PERT/时间优化技术等。

美国的预测机构除上述的独立机构外，尚有不计其数的预测单位附属于联邦政府的某个部门或一些大企业公司。如美国的商业部经济分析局就同 1 万多个预测机构和单位保持业务上的联系，一方面为美国总统的经济报告提供资料，另一方面也经常发布预测公告。各大企业公司的预测机构经常对市场进行调查研究。由于能对产品的销售作出预测，大部分企业基本上做到了以销定产，改变了过去盲目生产倾向。

美国的经济预测在第二次世界大战后取得了巨大的成就，同诺贝尔经济学奖获得者、美国宾州大学教授克莱因有密切的关系。克莱因以致力于经济计量模型的研究闻名于世界，早在 20 世纪 50 年代就开始了计量经济模型的研究，建立了日后闻名世界的"克莱因-高伯格模型"(Klein-Goldber Model)，并发表了第一次经济预测报告，积极推广经济计量模型与经济预测，相继建立了较大影响的 Wharton 模型，推动在宾州成立了 Wharton 经济计量预测协会，并策划和主持了世界联结模型(Project Link)的建立和拓展，把中国经济计量模型纳入其中，让世界各国的经济模型结为一个整体，进行了全球性经济问题的研究，适应了经济全球化的发展趋势，取得了积极的、有意义的研究成果。

世界联结模型的研究，从开始至今已有 40 多年的历史，有一个扩展和充实经验的发展过程，目前已包含了 60 多个国家，每个国家都有自己的模型。现在，联合国中有 192 个成员，包括圣马利诺，但不包含梵蒂冈，有许多国家是很小的，没有足够的经济数据去建立一个可以充分胜任的模型，但我们仍称这个模型为世界上所有国家的模型。该模型经过逐年更新，成果显著，已受到世界各国的欢迎和中国同行的赞扬和积极参与。

对经济计量模型的研究作出重要贡献的，除前面提过的克莱因教授外，还应提到美国的另一位诺贝尔经济学奖获得者，加州大学圣地亚哥分校教授 C. W. J. 戈兰杰，他在因果检验方面的贡献以及对世界模型的研究等方面都是功不可没的。对国际预测的研究与应用，还应提到法国的 Spyros Makridakis 教授，他于 1981 年创建了国际预测协会(IIF)，致力于预测学的发展与应用，把各国预测工作者团结起来，共同的目标是将预测的理论研究紧密地同预测的实践结合，在理论与实践之间架起桥梁，加强预测工作者与管理决策者之间的联系，充分发挥预测的作用。

国际预测协会每年举办一次年会，进行学术交流和探讨预测技术的研究与应用。年会的规模大，学术的气氛浓，出版的《预测学报》(Journal of Forecasting)和国际预测学报(International Journal of Forecasting)，公开在全世界发行。前者重点在预测的理论与方法方面的研究，后者重点在应用方面进行探讨。

此外，还不定期地举办各种预测短训班和预测展览，开办预测竞赛，千方百计地培养预测人才。为此，预测的学术期刊《预测学报》在纽约出版，面向全世界发行；《国际预测学报》在荷兰阿姆斯特丹刊印，学风十分严谨，质量很高。例如，在20世纪90年代曾出版过一期《市场预测》专刊，发表的文章均经过严格筛选，聘请了62位专家进行评审，每篇文章的修改至少2次，有的多达5次才最后定稿。

国外的经济预测虽有上百年的历史，曾有过大量的成功案例，但也出现过多次失误。例如，对1929年美国的经济危机、1973年和1979年的两次石油危机都没有报准甚至没有提出预报，所有的模型都无法预测"石油危机"对世界经济造成的影响，因而引来不少人对计量经济模型的预测功能的批评。

在国际预测学会的努力下，国际预测队伍不断壮大，预测技术与时俱进，水平不断提高，正处在不断发展的阶段中，将计量经济模型与其他数学模型结合，单项预测与社会网络预测结合，采用组合预测的方法，已引起广大预测工作者的关注。可以预见，在互联网越来越普及的信息时代，经济预测与决策所需的数据、信息，以及知识和智慧，都能快速、准确和有效地获取，这些都可为预测工作者"添智"和"增谋"，也有助于预测技术的创新和突破。

进入21世纪以来，高新技术不断涌现，大数据就是其一。大数据的巨浪，已引起世界各国的关注。美国前总统奥巴马已于2012年3月29日在白宫网站上发布了《大数据研究和发展倡议》。白宫科技政策办公室主任约翰·霍尔德伦也明确地指出："我们不打算强调数据本身所创造的价值，大数据的核心问题是从数据中产生新见解的能力，比如复杂关系的识别和做出越来越精准的预测"。美国近年来出版了大量有关大数据预测、大数据思维与决策、大数据时代的精准营销、大数据分析方法等方面的论著，在世界上产生了强烈的影响。

2. 当代中国的经济预测

当代中国的经济预测起源于1980年，至今已有38年的历史，虽然起步较晚，但发展的速度快，势头很好。首先是各级政府和经济管理部门，已越来越认识到经济预测的重要性。尤其是在20世纪90年代初，我国明确宣布实行建设社会主义市场经济体制后，全国城乡上下建设和完善市场经济的热潮此起彼伏，一浪高过一浪。市场变化日新月异，市场竞争日益加剧，市场存在巨大的不确定性，市场营运孕育着巨大的风险，不论是投资办厂，还是经营商业，都不得不采用新的管理技术，依靠科学的预测来指导自己的经营决策。过去，投资决策不重视咨询，现在，凡是重大的工程项目投资，都要首先通过咨询，听取专家的意见，进行可行性论证后方可立项。目前，我国的咨询服务业已扩展到工程、经济、科技、社会、管理等各个领域，以信息业为龙头掀起的咨询决策热直接为市场服务，使我国咨询业出现了前所未有的生机。到目前为止，我国登记注册的信息、咨询和预测机构已达2万家。例如，由中国科技信息研究院建立的我国第一家产业数据库专业公司——万方数据公司，自成立以来已向中外顾客提供了大量中国企业和产品信息，为引进外资牵线搭桥，作出了可贵的贡献。

回顾中国经济预测的发展历程，基本上可分为四个阶段。

第一阶段是培养经济预测的基本队伍。1980年夏天，中国社科院邀请了诺贝尔经济学奖获得者克莱因教授等来到北京，在颐和园举办了为期7周的"计量经济学与经济模型的应用"讲习班，有100多名学员参加，为中国培训了数量经济和经济预测的骨干，取得了圆满的成功，推动了中国数量经济学和经济预测学的发展。

第二阶段是研究和发展阶段。30多年来，中国经济预测学和经济计量学、投入产出分析、数理经济学、对策论等得到了快速发展。经济预测的理论和应用研究，从20世纪80年代以来从没有间断过。在合肥出版的《预测》期刊，向全世界发行，现已出至Vol36，影响不小。研究的深度和广度都在增加，在应用方面已取得了一批又一批的成果，设立了一批数量经济学的硕士、博士点和博士后流动站。中国数量经济学会下设数理经济学、经济对策论等7个专业委员会，全国已有20多个省、市成立了地区学会。这是一批群众性的学术团体，都不同程度地参与了经济预测的研究和推广应用。据不完全统计，目前已开展预测和决策课程的院校或专业已近100个，出版的各类预测和决策的教材多达数十种。国内每年约有3 000多名高校学生选修了经济预测课程，30多年来发表的预测与决策的论文多达万篇以上。

第三阶段是经济预测的应用和推广阶段。中国宏观经济预测模型，于1987年由中国社科院数量经济与技术经济研究所开始研制。1990年完成的年度模型，已用于对中国经济运行情况进行模拟、分析和预测，正式对外发布预测报告，并参与了中、日、美三国连接模型。从1991年起，中国宏观经济年度预测模型，就正式用于中国经济预测。投入使用后，每年都进行更新，增加新一年的数据，并对模型中的参数重新进行估计，修改其中若干方程，以适应中国统计体系和经济体制改革的变化。从1991年到2016年的26年间，中国社科院在每年秋季都正式对外发布经济预测报告，每次报告都对中国经济做出两项预测，第一项是对当年中国经济的预测，第二项是对下一年度中国经济的预测，预测的指标是GDP的增长率，固定资产投资、居民消费价格指数、社会消费品零售总额、进口总额和出口总额等。

第四阶段是大数据预测的推广应用研究，正方兴未艾地在中国展开，引起了工、农、商、学和政法各方的关注，在应用上已取得了立竿见影的效果。例如，陕西的苹果滞销，运用了互联网+农业，老树也发出了新芽，变滞销为旺销。湖北民政部门利用大数据，查出一批钻惠民政策的蝇贪400多人。工商银行、建设银行等多家银行启用大数据防范电信网络诈骗，加强了警银合作，整合公安部门与金融企业提供的各类风险客户数据，建立风险黑名单库，一旦侦测到顾客向黑名单账户汇款，可立即触发预警，自动实施拦截，效果显著。在研究方面，2016年7月在上海交通大学举办了"统计与大数据创新应用开放论坛"，主题内容丰富，包含了以下几个方面，即"政府统计与民间统计的融合"、"大数据驱动的智能内容生产"、"大数据环境下的创新政策"、"大数据时代——数据价值与商业应用"、"用大数据和精数据构建企业生态决策"等。国内有多家出版社出版了大量有关大数据的国内外专著或研究成果，例如《大数据时代》(作者维托克·迈尔·舍恩伯格)、《大数据预测》(作者埃·里克·西格尔)、《大数据分析方法》(作者米歇尔·钱伯斯等)、《大数据时代的历史机遇》(作者赵国栋等)、《大数据分析方法与应用》(作者王星等)、《大数据思维与决策》(作者伊恩·艾瑞斯),在互联网上发表的博文博客不计其数;在大数据应用的人才培养上,有各种培训班、网络书店,热闹非凡。

中国经济预测37年的经验与教训告诉我们,要进行卓有成效的预测,首先要掌握好预测的四个基本要素(详见本章的§1.2)。其次,对以经济预测模型为基础的经济预测,要不断地改进和完善自己的预测模型,对原有模型要实行吐故纳新,增加新的信息,重估参数或更新模式。最后,密切关注经济全球化对我国经济的影响。随着经济市场化程度的不断提高,我国经济面临更多的不确定性,从而导致经济预测的复杂性和难度的加大。因此,要加强对世界经济走势的了解、分析和判断,特别是对经济发展转折点的判断和预测。从现在起,要加强对大数据在预测与决策方面的理论与应用研究,密切关注它的发展趋势和国际发展动态。

思考与练习

1. 什么叫经济预测?
2. 经济预测与经济决策有什么关系?
3. 什么叫宏观经济预测?
4. 什么叫微观经济预测?
5. 什么叫定性经济研究?
6. 什么叫定量经济预测?
7. 什么叫大数据预测?大数据预测与传统的预测有何区别?
8. 预测的基本要素有哪些?
9. 试述社会主义市场经济对经济预测的迫切需要性。
10. 为什么可以说社会主义市场经济是一种风险型经济?
11. 在社会主义市场经济条件下,怎样才能提供经济决策的科学性?
12. 试述经济预测的步骤。

第二章 调查预测技术

调查预测是经济预测与决策的一项基本技术，我国的许多重大经济社会问题，如工业普查、人口统计预测、粮食产量预测、居民消费物价指数等都是通过调查取得数据资料并进行分析后完成的。因此，对调查研究的方法开展研究有十分重要的理论与现实意义。

§2.1 实际调查方案

实际调查有三种可供选择的方案，应根据调查对象适当选定。

1. 普遍调查

普遍调查又称普查，是一种全面性的调查，即是对所要调查的对象的每个成员都要查到，例如十年一次的人口普查，就是要逐户对每个家庭成员的性别、年龄、籍贯、文化程度、职务、职业等都要登记查对，以了解人口素质的全面情况，为国家制定有关政策提供依据。除人口普查外，我国还定期对工业状况进行普查，每个生产企业都要进行登记注册，填报各种有关表格。全国性的普查，区域面广，要调查的对象多，耗资大，时间长，像人口普查这种国家级的普查活动一般10年进行一次。

在经济预测中进行的市场调查，一般都在区域不大的小范围内进行，例如，在人口和户数都不多的小城镇或在城市中的一个社区进行。

2. 抽样调查

抽样调查就是对所要调查对象的总体，抽取一部分样本进行调查。为什么要进行抽样调查而不进行普查呢？这是因为调查对象的数量很多，区域很广，要进行普查耗资大、时间长，实际上行不通。同时，有些调查是要了解产品的质量，必须对产品的质量进行检验。有些产品质量检验是带有破坏性的，例如检查灯泡的使用寿命，检验结果出来，灯泡就自然报废了，因此，只能采用抽样调查的方法。

抽样调查与普遍调查比较，有如下优点。费用较低，速度较快，应用范围较广，准确度较高，因此，被广泛应用。

在市场研究中，也很大程度上使用抽样调查方法。例如，电视台各种栏目节目的收视率，报纸、杂志的读者、看广告人数的估计，企业要了解人们对新产品或新的包装方式的反应，对老产品的意见以及喜欢这一种产品不喜欢另一种产品的原因等均可使用抽样调查法。

3. 典型调查

就是对所要调查的对象有初步的了解，有目的地选择具有代表性的单位或群体作为典型，进行周密系统的调查，以此调查结果，代表整体的情况。

典型调查的依据是什么？中国有句俗语，"物以类聚，人以群分"，例如，城市或农村的居民家庭人均收入，就有富裕户、中等收入户和贫困户等三种类型。在每类家庭中，人均收入虽有一定差异，但总存在若干户有代表性的典型家庭，只要对这若干户典型家庭调查清楚就可了解此类家庭成员的收入、支出和生活的一般情况。

典型调查质量的高低，取决于靠主观判断选择的典型是否真正具有代表性，典型调查的优点是节省人力、物力、财力与时间，缺点是具有代表性的典型较难挑选，而且主观性较大。

§2.2 抽样调查

抽样调查的抽样方法有两大类：一是随机抽样，二是非随机抽样。随机抽样的根据是被抽查的总体(抽查对象的全体)的每个个体被抽查到的可能性是相等的，只要将被查的对象一一编号，然后采用摇奖机(抽签)抽取即可。这种抽样，其优点是避免了人的主观因素，如感情、倾向、知识论断等的影响，而且所得的数据具有统计推断的功能，能估算出样本的代表性程度，而非随机抽样则不具备这种功能，因而其代表性差，然而并非毫无用处，当抽查的总体过于庞大而且复杂，不适于随机抽样时，就必须采用非随机抽样。现分别介绍随机抽样与非随机抽样的具体方法。

1. 随机抽样

随机抽样的具体抽样方法，又分为单纯随机抽样、分层随机抽样与分群随机抽样。现介绍如下。

(1)单纯随机抽样。这种方法是通过抽签方式(摇奖机)或查随机数表抽取样本。这种取样方法比较客观，完全排除了调查人员的主观选择，在数学上可以严格说明，在被抽样的总体中，每个个体被抽到的可能性完全相等。因此，此种抽样被称为机会均等的抽样。

(2)分层随机抽样。这种抽样是首先将抽样总体按某种特征或属性分为若干层，然后在各层中用单纯随机抽样的方法，抽取所需的样本。例如，调查某地居民每户人均收入情况，先按每户人均收入的高低分为高、中、低三个层次，然后，再从这三个不同的层次中，分别按单纯随机抽样的方法，按事先规定的样本数抽取样本。

(3)分群随机抽样。这种抽样是将抽样的总体分为若干个群体，使每个群体中都包含了总体中的各种类型的个体。例如，以××大学为一群，这个群体中含有教师、干部、工人、农场工人、大学生、中学生、小学生等。

分层随机抽样与分群随机抽样二者是有区别的，前者要求各分层的子母体[①]之间有明

---

① 这里的母体即总体，子体即个体。

显的差异性。相反地，分群随机抽样的子母体之间，则要求具有相同性。例如，分层随机抽样中的高收入阶层，每户的人均收入都很高，而低收入阶层中，每户的人均收入都较低。但是，在分群随机抽样中，不论是高等学府的群体，还是工厂企业群体，每户的人均收入，均有高、中、低三个档次，呈现出群体之间的相同性。

2. 非随机抽样

非随机抽样的具体抽样方法也有三种：

（1）便利抽样。这种抽样是随调查者的方便选取样本。例如，调查人员进行市场调查，在商店里遇到谁就问谁，其选取样本的原则是以便利调查为标准。此法的特点是应用方便，但误差大，使用价值低，缺乏严格的科学性。

（2）判断抽样。判断抽样又称为主观抽样，是根据专家或调查人的判断来选取样本。例如，在编制物价指数时，有关产品项目的选择以及样本地区的决定常用此法。

（3）配额抽样。按各类代表人物都配以一定的比例抽取样本。例如，人民代表大会的代表名额分配就是如此。

由于配额抽样经常使用，所以，通过实例详细介绍如下。例如，规定选取 20 人，按性别分男 11 人、女 9 人；按社会阶层分干部 2 人、工人 14 人、农民 4 人；按年龄分 18～28 岁 6 人、29～44 岁 8 人、45～54 岁 4 人、55 岁以上 2 人。根据上述原则得到配额抽样表见表 2.1。

表 2.1

		社 会 阶 层						合计
		干部		工人		农民		
	性 别	男	女	男	女	男	女	
年龄	18～28 岁			3	2		1	6
	29～44 岁	1		3	2	1	1	8
	45～54 岁		1	1	2			4
	55 岁以上				1		1	2
	小 计	1	1	8	6			20
	小 计	2		14				

§2.3　抽样调查的误差分析及样本大小的确定

抽样调查只是调查了总体的一部分，以此去推断总体，未免产生误差。产生误差的原因有二：一是由抽样产生的，称为抽样误差，这是一种不可避免的误差；二是非抽样误差，称人为误差或伪误差。例如，对调查员训练不够，调查员责任心不强，记录数据产生差错，以及调查访问不得法等等。此外，还有另一种误差，就是被调查者不说真话。例如，调查青年人的年龄，由于青年人喜欢别人夸奖他年轻有为，或者怕说年纪大了不好找对象，就常常把年龄报小些。因此，提高调访技术，避免这种人为的误差，是一项比较重要的工作。

一般说来，抽样越多，调查的结果越准确，抽样产生的误差越小。但抽样愈多，相应的人力、物力投入愈增大。因此，欲两全其美是困难的，究竟要抽多少样本才有代表性，不能一概而论，要具体问题具体分析。例如，调查个人消费支出时，如高低悬殊，差距很大，混合在一起计算平均消费支出，就需较多的样本；如差距不大，则样本可以少一些。总之，样本数大小的确定，必须以保证抽样误差不超过允许的范围为前提。样本的数目通常是在抽样之前根据允许的抽样误差确定的。

在单纯随机重复抽样的条件下，估计总体均值所需的样本数，可按下述公式计算：

$$n = \frac{t^2 \sigma^2}{\Delta^2}$$

在单纯随机不重复抽样的条件下，估计总体平均数所需的样本数为：

$$n = \frac{t^2 N \sigma^2}{N \Delta^2 + t^2 \sigma^2}$$

这里　n——抽取的样本数；

t——在标准正态概率分布下置信区间的临界值，例如在 95.45% 的置信水平下，置信区间的临界值为 2；

σ^2——总体方差；

Δ——允许误差范围；

N——总体中的个体总数。

一般说来，在抽样调查时，σ 是未知的，通常用过去做过调查或试验性调查所得到的 σ 来代替。如果过去有若干个 σ 的值可供参考，则宜选取最大的 σ 值，因为 σ 越大，抽取的样本数就越多，就越能保证调查的精度。

[例]　某厂对其所生产的 20 000 只灯泡进行寿命检验。根据以往正常生产的经验，灯泡寿命的方差为 $\sigma^2 = 25$ 小时，现采用不重复抽样方式，进行抽样调查，要求在 95.45% 的概率保证下，允许误差不超过 2 小时，问至少要抽多少样本？

根据不重复抽样中估计总体平均数所需样本数的计算公式，得到样本数为：

$$n = \frac{t^2 N \sigma^2}{N \Delta^2 + t^2 \sigma^2} = \frac{4 \times 20\ 000 \times 25}{20\ 000 \times 4 + 4 \times 25} = 25$$

这里的 t 值是在 95.45% 的置信水平下，其概率分布的临界值为 2，允许误差 $\Delta = 2$，代入计算公式得到 $n = 25$。

§2.4　实地调查的具体方法

在抽样方法和样本容量确定以后，就要选择好具体的实地调查方法。实地调查方法很多，常用的有问询法、观察法和实验法等。采用哪种方法，需视调查问题的性质，调查对象的属性，时间的长短和可用资金的多少而定。

1. 问询法

问询法有以下四种形式。

● 亲自走访　这种方法是亲自面谈，要被访者一一回答问题，由调查者做好记录、录音或录像。这种方法的优点是方便灵活，可随时观察到被访者的神态，并能随机应变地提出问题，使访谈比较深入，缺点是费用高，时间长。

● 电话访问　通过电话与被访者进行交谈，征询意见。这种方法的优点是费用较低，能在较短时间内问询较多的对象，问询的区域不受限制；缺点是问询的时间不能太长，访谈的问题可能不够深入。

● 通信问询　通过邮寄调查表给被访者填写，请对方填好后寄回。这种方法对调查表的设计至关重要，直接影响到调查效果。调查表的用词必须严谨，含义明确，调查的内容要简练，易于回答，而且要让被访者乐意回答。表头的设计，要把调查的主题作一简明的介绍，然后再采用问答的方式。

● 网上访谈　通过事前的预约，让访谈对象在约定的时间登录一个特定的网站，在网上进行访谈，交流双方的信息。网上访谈的优点是省时间、速度快、省费用，而且不论访谈双方的地理距离有多远都可以接近，不存在接近障碍。而且隐蔽性强，任何不想公开自己身份的被访人，都可以毫无顾虑地在访谈中公开自己的想法，从而可得到对方完全真实的回答。

2. 观察法

这是一种不直接向被调查者提出调查问题，而是通过对调查者的直接观察，或者通过仪器设备，如录音机、录像机或照相机从旁记录的方式，使被调查者不感觉到自己正在被调查。这种方法的主要优点是客观、真实、可信，时效性长，可利用各种载体如实地对信息资源进行记录，并能长期保存，主要缺点是成本较高。观察法的门类较多，具体的方法也多种多样，常用的方法有如下三种形式：

● 直接观察法　这种方法是由调查方派出调查人员和携带相关仪器到调查现场，从旁观察和记录被调查者的行为和声像仪态。例如，我国某服装研究中心，就经常派出调查人员到世界各国的中心城市，如美国的纽约、洛杉矶、旧金山，法国巴黎，英国伦敦，德国柏林等繁华地带，对来往的不同民族、不同肤色、穿着不同款式服装的行人进行直接观察，录下他（她）们的声音和相貌，为建立供服装研究使用的声像库提供有价值的资料。

● 自动记录法　一些广告公司或电视台为了获取广告效果或电视节目的收视率数据，通过抽样调查方法确定一些家庭作为调查对象，把监测器装入他们的电视机里，自动记录下电视机的开关时间，收看电视台的名称、收看时间长短和在哪一段时间收看等，经过一段时间收回监测仪器。整理出所需要的调查资料。

● 同步观察法　调查者不公开自己是调查人员的身份，与调查对象进行不拘形式的沟通，使调查对象不知道自己正在被调查。例如，企业派出的市场调研人员，直接到目标市场去与消费者交朋友，在彼此交谈中，了解消费者的心理需求及其消费欲望。这种方法又称为微服私访法。典型案例是香港金利来集团公司的董事长曾宪梓先生,以旅游者身份走遍世界,了解各国各民族与领带有关的文化信息和不同的消费偏好,果断决策,将原"金狮牌"(Goldlion)领带的英文名保留,但中文名字改为金利来,大受世界华人的欢迎,销售量大大增加,效益显著。

3. 实验法

这种方法是把实地调查看作一次实验,通过实验,摸清影响市场状态的各种因素的变化情况。但是,影响市场变化的因素很多,欲查清某因素的具体影响,必须固定其他因素或把它们排除掉,然后,让所要调查的因素变化,以此来测定所需调查因素的效果。这种方法是否能达到预期的目的,取决于能否较好地将其他有关的因素固定或真正地排除掉,具体的实验案例如下:

● 价格实验 某百货公司为测定某类商品的价格升降对销量的影响,挑选了 A、B、C、C 四种牌子的同类商品,它们的价格相近,在过去一段时间的销售中,C、D 这两种商品销量较好,于是决定提高 C、D 的价格。实验销售一个月后,发现 C、D 的销量下降,市场占有率降低,由此可推断出价格的上升对销售量有重要影响。

● 广告实验 为了挑选出广告效果最好的媒体刊登广告,可以使用几种广告稿本在几个媒体刊登,然后,从被选定的测试者的反应中,找出效果最好的一种。

● 包装实验 为检验某种商品有、无包装对销售量的影响,选择 10 家零售店并分为 A、B 两组,前两周将有包装的商品交给 A 组销售,将无包装的交给 B 组销售,两周后交替互换。四周后即可计算出实验结果。

4. 展销调查法

目前,一些城市的企业或大商店,都对许多新产品进行展销,参加展销会的顾客络绎不绝,市场调查人员向与会者发出调查表格,征询顾客的购买意向,并附带填写填表者的职业、年龄、性别、收入等。市场调研人员可根据参展顾客的总人数、性别、收入等信息,进行简单的测算,即可得到所要的结果。例如,上海市某公司曾在上海宝山农村进行了电器产品的展销,通过实际销售的收音机、电视机、电度表的实绩,结合当年该村的男、女劳动力的平均收入和该村的总户数进行推算,预测出该年上海市郊区农民每百户需要收音机 12 台,电视机 14 台,电度表 10 只,由此可推算出上海市郊区农民对上述三种商品的总需求量预测值。

5. 网上调查法

21 世纪人类社会已经全面进入了信息社会。信息社会是互联网大发展的社会。到 2016 年底,全球网民数量突破 35 亿,约占世界总人口的 1/2。截至 2017 年 6 月,中国网民规模达到 7.51 亿,占全球网民总数的 1/5。高性能的集成化和智能化的信息网络,将会更加深入地影响人类社会的各个方面,也必将改变人类的交往方式、电子商务、网上银行、电子政务、网上教育、电子图书、远程教育与远程医疗等将产生巨大的经济效益与社会效益。因此,进行网上调查的物质与技术条件已经具备。所谓网上调查,就是通过因特网进行社会、经济调查,获取经济预测所需的资料和信息。具体的方法是,调查者将要调查的问题,设计出各种问卷,在互联网的特定网站上发布问卷,在一定的时间范围内征询应答者的意见,与此同时,设定意见回收程序,对应答者的反馈信息进行统计和整理。具体的实施方案,可以通过 E-mail、CATI 系统和互联网 CGI 程序等手段实现。

§2.5 实地调查的数据处理技术

通过实地调查,获得了大量来自不同渠道、不同类型的数据和资料。由于这些数据来自各个不同方面,也比较分散,有直接反映市场动态的信息,也有间接反映市场动态的信息,还有一些只反映一些现象而不能反映其本质的信息。因此,必须对市场调查取得的原始数据资料进行加工整理,去伪存真,将分散的信息集中起来,使它能反映出市场变化的本质和特征。本节将介绍常用的数据处理加工技术。

1. 直方图技术

将调查所得的数据按数值大小分成若干组。例如,某鞋厂为制定生产计划,需确定各种号码的鞋的产量比例。将抽样调查得到的成年男子的脚长数据分成下述10组(见表2.2)。

表2.2

组　别	Ⅰ	Ⅱ	Ⅲ	Ⅳ	Ⅴ
长度(cm)	22以下	22~22.5	22.5~23	23~23.5	23.5~24
人数(人)	20	100	200	330	380
组　别	Ⅵ	Ⅶ	Ⅷ	Ⅸ	Ⅹ
长度(cm)	24~24.5	24.5~25	25~25.5	25.5~26	26以上
人数(人)	340	200	100	60	20

抽样调查的人数为1 750人,其分布如表2.2所示。据表2.2可算出各组人数的百分比,并按各组人数多少,以脚的长度为横轴,以人数为纵轴,画出图形。此图叫直方图(见图2-1)。

通过图2-1可以直观地看出各种脚长的分布情况。鞋厂为满足各类顾客的需要,可按上述分布情况组织生产。例如,总产量为10万双,那么,适合脚长23.5~24cm 的鞋码应占21.8%,即21 800双。

2. 数字特征分析技术

数字特征有以下几种:中位数、众数、中位数平均数、算术平均数、加权平均数、极差、平均差和标准差等。中位数、众数、中位数平均数、算术平均数和加权平均数都是反映这一数列的集中性指标,体现出平均水平;极差、平均差与标准差则是反映数据分散程

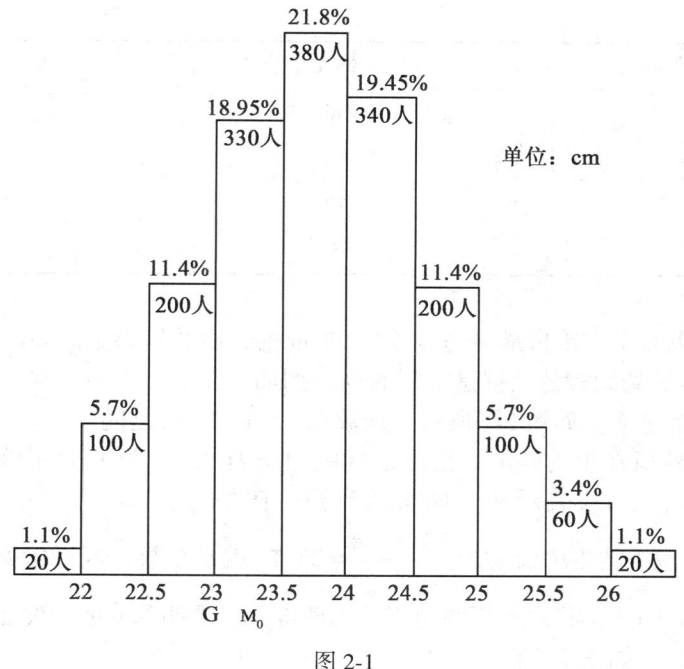

图 2-1

度的指标。

下面介绍这些特征数的具体计算方法。

设调查得到的数列记为 X_1，X_2，$\cdots$，X_n。不妨假定这一序列已按大小顺序排列好；否则，只要重新排列即可。假定 $X_1<X_2<X_3<\cdots<X_n$，记序列的中位数为 $X_中$，则

$$X_中 = \begin{cases} X_{k+1} & \text{若 } n = 2k+1，\text{即 } n \text{ 为奇数} \\ \dfrac{X_k + X_{k+1}}{2} & \text{若 } n = 2k，\text{即 } n \text{ 为偶数} \end{cases}$$

记中位数的平均数为 $\overline{X}_中$，则

$$\overline{X}_中 = \frac{X_2 + X_3 + \cdots + X_{n-1}}{n-2}$$

即将此序列的最低值与最高值去掉，然后再取平均值得到 $\overline{X}_中$。

众数是指在总体中出现次数最多的那个变量。例如，对棉毛衫需求量的市场调查结果如表 2.3 所示。

表 2.3

棉毛衫号数(cm)	售出件数(件)	比率（%）
80	6	5
85	18	15

续表

棉毛衫号数(cm)	售出件数(件)	比率（%）
90	30	25
95	48	40　众数
100	12	10
105	5	5

从表 2.3 可以看出，销售最多的号数是 95cm 的，占总销售量的 40%。在这里，众数就是 95(cm)。若市场调查的数据是组距数列，例如，在表 2.2 中，在等距数列中，众数在次数最大的一组里面。如图 2-1 所示，众数在 23.5~24cm 之间。

设 f_k 表示众数所在组的频数，在图 2-1 中，$f_k = 21.8\%$。设 G 表示该组的下限，在图 2-1 中 $G = 23.5$。f_{k-1}，f_{k+1} 表示相邻两组的频数，例如 $f_{k-1} = 18.95\%$，$f_{k+1} = 19.45\%$，如 $f_{k-1} = f_{k+1}$，则认为该组的组中值 $M_0 = \frac{23.5 + 24}{2} = 23.75$ 就是众数。若不相等，则众数应靠近较大频数那一边。因此，将众数所在组距分为两部分，这两部分的长度之比值等于其相邻两组的频数之反比。如图 2-1 有

$$\frac{M_0 - G}{G + C - M_0} = \frac{f_{k+1}}{f_{k-1}} \tag{2.5-1}$$

这里，C 表示组距，在图 2-1 中，$C = 0.5$。

由(2.5-1)解得

$$M_0 = G + \frac{Cf_{k+1}}{f_{k-1} + f_{k+1}} \tag{2.5-2}$$

将图 2-1 中的数据代入上式，得到

$$M_0 = 23.5 + \frac{0.5 \times 19.45\%}{18.95\% + 19.45\%} = 23.7533$$

加权平均数的求法将在第九章叙述。极差又称全距，记为 R。

$$R = 序列的最大值 - 序列的最小值$$

平均差是各序列值与其平均值的平均离差。为避免算术平均离差等于零，通常计算平均绝对离差，即

$$绝对平均差 = \frac{\sum |x_i - \bar{x}|}{n}$$

其中，$\bar{x} = \frac{1}{n} \sum_{i=1}^{n} x_i$。

标准差的计算通常采用下述公式

$$\hat{\sigma} = \sqrt{\frac{1}{n} \sum_{i=1}^{n} (x_i - \bar{x})^2}$$

现举一例，介绍数字特征分析法的应用。例如，某纺纱厂要购买一批棉花，对棉花市

场作了调查,获得了以下两批棉花的质量(纤维长)检测数据(见表2.4)。

表2.4

	甲 种 棉 花			乙 种 棉 花		
纤维长度(mm)	29	30	31	29	30	31
检测根数(根)	20	60	20	15	70	15

假定这两批棉花的其他质量指标均相同,价格也一样,问该厂应选购哪一种棉花?

为解决这一问题,首先计算这两批棉花的平均纤维长度,$\bar{x}_甲$ 表示甲种棉花的纤维平均长度,类似地,乙种的以 $\bar{x}_乙$ 表示

$$\bar{x}_甲 = 29 \times 20\% + 30 \times 6\% + 31 \times 20\%$$
$$= 30(mm)$$
$$\bar{x}_乙 = 29 \times 15\% + 30 \times 70\% + 31 \times 15\%$$
$$= 30(mm)$$

由此得到两批棉花的平均纤维长度也一样。至此,尚不能判断谁好谁坏。现进一步计算第二类数字特征值,即计算标准差,记为 $\hat{\sigma}_甲$,$\hat{\sigma}_乙$,分别表示这两种棉花的纤维长度的标准差,由表2.4的数据得到

$$\hat{\sigma}_甲^2 = (29-30)^2 \times 0.2 + (30-30)^2 \times 0.6$$
$$+ (31-30)^2 \times 0.2 = 0.4$$
$$\hat{\sigma}_乙^2 = (29-30)^2 \times 0.15 + (30-30)^2 \times 0.7$$
$$+ (31-30)^2 \times 0.15 = 0.3$$

由此得到 $\hat{\sigma}_乙 < \hat{\sigma}_甲$,说明乙种棉花的纤维长比甲种棉花更均匀一些,也说明乙种棉花的质量高于甲种。因此,应选购乙种。

3. 统计图表处理技术

将市场调查获得的数据,按时间顺序整理并列成表格,然后以时间为横坐标,点绘在坐标纸上,就得到了依时间变化的统计图。通过图形,可以一目了然地看出其变化规律和变化趋势。

例如,湖北某市的电扇历年销售量有如表2.5所示的数据。

表2.5　　　　　　　　　　电扇历年销售量　　　　　　　　　　单位:千台

年　　份	1978	1979	1980	1981	1982	1983	1984	1985	1986	1987
销　　量	0.9	1.2	1.6	2.0	2.5	3.2	4	4.9	5.8	7
年　　份	1988	1989	1990	1991	1992	1993	1994	1995	1996	1997
销　　量	8.5	9.8	10.5	11.3	11.8	12.2	12.8	13.1	13.3	13.8

根据表 3.5 的数据，可绘成图 2-2。由图 2-2 可见，电扇的销售量遵从 S 型曲线增长的规律。

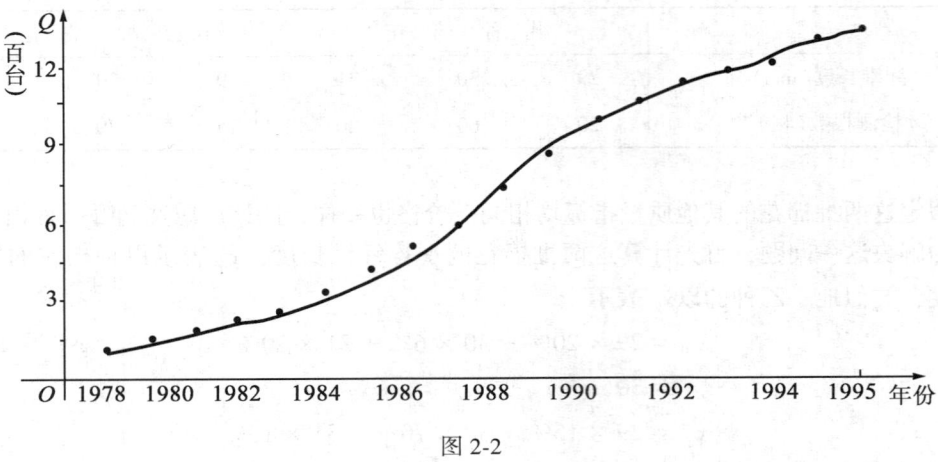

图 2-2

思考与练习

1. 实际调查有普遍调查、抽样调查、典型调查三种方案，在什么情况下采用普遍调查！什么情况下宜采用抽样调查？
2. 什么叫单纯随机抽样？
3. 分层随机抽样与分群随机抽样有哪些异同？
4. 某公司对其生产的旅游鞋进行寿命检测，得知寿命的标准差为 $\sigma=7$（天），现采用不重复抽样的方案，对新生产的一批旅游鞋进行质量检测，要求在 95.45% 的概率保证下，允许误差不超过 3 天，问至少要抽取多少样本？
5. 某医院对 2007 年参加高考的男性学生进行体检，其身高的指标值见表 2.6 的数据，试画出男性学生身高的直方图，并求出他们的众数与平均身高。

表 2.6

身高(cm)	150~154	154~158	158~162	162~166
人数(人)	80	200	500	860
身高(cm)	166~170	170~174	174~178	178~182
人数(人)	1 000	900	700	150

第三章 技术预测

近些年来,经济全球化的速度不断加快,与此相伴的科技发展也十分迅速。其特点是科研成果工业化周期以及技术经济寿命周期越来越短,产品更新替代的速度加快,科技进步作为国民经济发展的主要推动力的地位日趋突出,并将左右社会经济的发展。因此,开展技术经济预测活动,了解当代高新技术的发展现状,加强对高新技术发展的预测与控制,不仅是必要的,而且是可能的。本章的目的是让读者了解技术经济寿命周期的分析与预测方法,掌握新技术、新产品的更新替代规律,具体的内容分述如下。

§3.1 技术经济寿命周期分析

技术的经济发展过程同生物体的发展过程一样,有一个生命周期。所谓的技术经济生命周期,是指该项技术从创造发明进入市场之日起,至退出市场或被市场淘汰之日止这一段时间长度。在整个生命周期内,新技术的发展过程,经历了以下几个发展阶段,如图3-1所示。

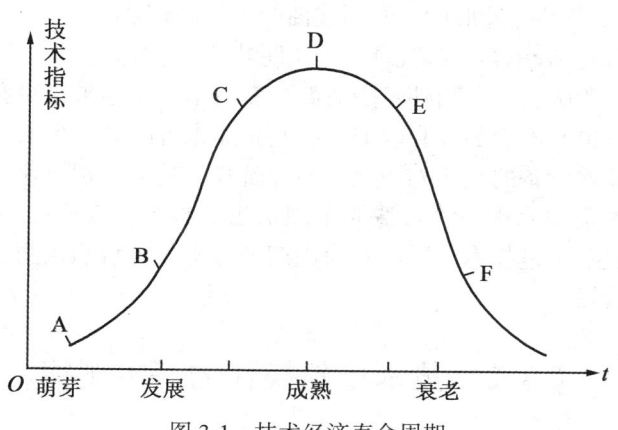

图 3-1 技术经济寿命周期

A—B 段为初始阶段又称为萌芽期,B—C 段称为发展阶段,C—E 段称为成熟阶段,D 是高峰点,又是从发展到衰退的转折点,E—F 段称为衰老阶段。

不论是高新技术,还是新产品。在不同的经济寿命阶段都有不同的特点。例如,在A—B 段内将有许多新的发明创造问世,在 B—C 段内,各种创造发明将向纵深发展和横向转移,并在工业上形成强大的生产力。在这一阶段内,各种应用发明专利的申请,遍及各相关领域，描绘此阶段的数量指标，称为技术增长速率，以 v 表示，其含义是：

$$v = \frac{a}{A} \tag{3.1-1}$$

式中：a——当年的发明专利申请数(或批准数)。
A——追朔 3~5 年的发明专利申请累计数(或批准数)。

v 越大，速率就越高，新技术的发展就越快。

C—E 段的主要特征是，新技术的发展趋向成熟，而且在社会上已得到广泛的应用，改良型的发明专利，或实用型的专利申请大量涌现，在此时期内 D 是高峰点，也是技术发展过程由上升走向下降的转折点，描绘这一阶段的数量指标是称为技术成熟系数，以 α 记之，其含义是：

$$\alpha = \frac{a}{a+b} \tag{3.1-2}$$

其中：a——与(3.1-1)中的 a 相同。
b——当年实用型或改良型专利申请数(或批准数)。

由式(3.1-2)可见，$0<\alpha\leq 1$。α 越小，技术越成熟；反之亦然。

E—F 段的主要特征是技术日渐陈旧，发明创造或实用型专利日渐减少。技术或产品的外型设计及商标申请则相对地增加，这意味着技术进入衰老阶段，描绘衰老阶段的数量指标以 β 记之，称为技术衰老系数，其含义是：

$$\beta = \frac{a+b}{a+b+c} \tag{3.1-3}$$

式中：a、b 与(3.1-2)中的 a、b 相同。
c——当年技术或产品的外形设计专利或商标申请登记数。

由式(3.1-3)可知，$0<\beta\leq 1$，β 值愈小，说明技术愈衰老。

改革开放以来，我国引进了国外不少的高、新技术，总起来说对我国国民经济的发展起过促进作用，但是也有不少的经验教训，有些企业也曾吃过不少的亏，主要是盲目地引进，不了解引进的技术设备的经济寿命处于何种阶段，甚至个别企业上当受骗，把国外将要被淘汰的技术当先进技术来引进，造成了刚引进的技术，其产品一出厂就进入了衰老期。因此，必须加强对引进技术的经济寿命周期的分析、评价和预测，掌握好它所处的技术经济寿命属何种阶段。

§3.2　技术更新换代的基本规律

旧技术的衰老，孕育着新技术的诞生，以实现新老技术的更新换代。例如，第一代电子计算机于 1946 年诞生，其元件是电子管，体积庞大，计算速度慢，投入市场后不到十年就进入了衰老期。第二代计算机在 1960 年前后问世，元件是晶体管，不论体积还是运算速度都大大好于第一代，因而，迅速取代了电子管的计算机。20 世纪 70 年代，20 世纪 80 年代又相继出现第三代、第四代的计算机，以致 20 世纪 90 年代出现了第五代。技术的更新换代曲线如图 3-2 所示。

图 3-2 说明，当第一代技术进入衰老阶段 E—F 以后，就孕育着第二代技术的萌芽；

第三章 技术预测

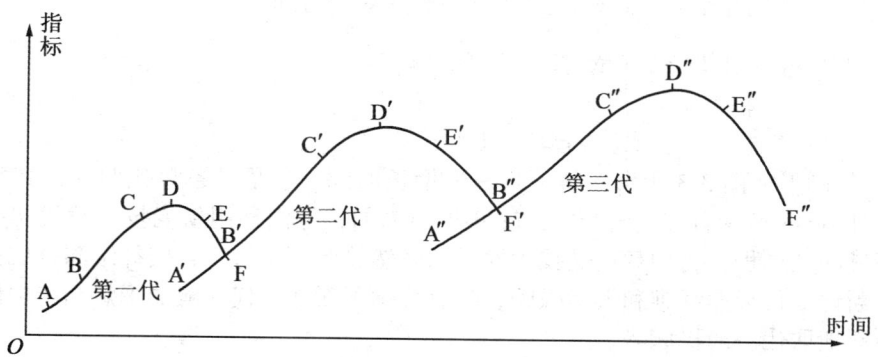

图 3-2 计算机技术更新换代曲线

当第二代技术发展到能完全取代第一代时，第一代技术就到达了淘汰点 F 了，这时第二代技术达到了 B′点，开始了第二代技术的迅速发展阶段。

新老技术的更新替代过程，不仅可以如图 3-2 那样形象地描述，而且可以用严格的数学模型定量地表示，在一定的假设条件下，可以导出新老技术更新替代的数学模型。

假设 1 新老技术的替代过程，一经开始，就一直替代下去，直到全部替代完毕。

假设 2 新技术的替代增长速率与旧技术尚未被替代部分成正比。

在上述两个假设条件下，新老技术替代过程的动态模型，满足下述微分方程：

$$\frac{\mathrm{d}f}{\mathrm{d}t} = 2k(1-f) \tag{3.2-1}$$

式中：f——被替代的百分率。

t——时间变量。

k——比例常数。

现求解上述微分方程，由(3.2-1)得到

$$\frac{\mathrm{d}f}{f(1-f)} = 2k\mathrm{d}t$$

从而有：

$$\frac{\mathrm{d}f}{f} + \frac{\mathrm{d}f}{1-f} = 2k\mathrm{d}t$$

两边积分得到：

$$\ln f - \ln(1-f) = 2k(t-t_0)$$

因此，$\dfrac{f}{1-f} = \mathrm{e}^{2k(t-t_0)}$ \hfill (3.2-2)

上式中的 t_0 是待定常数。由(3.2-2)得到，当 $t=t_0$ 时，有

$$\frac{f}{1-f} = \mathrm{e}^0 = 1$$

从而得到 $f=\dfrac{1}{2}$。由此得到 t_0 是替换达到 50% 时的对应时间。

由(3.2-2)可解出替换率 f 依时间变化的规律是：

$$f = \frac{1}{1 + e^{-2k(t-t_0)}} \tag{3.2-3}$$

式(3.2-3)的图形如图 3-3 所示，是一条 S 形增长曲线，它是一条替代曲线，其数学模型是由费歇耳(Fisher)和普赖(Pry)于 1971 年提出来的，他们利用新老技术替代初始的速度来预测替代的全过程，这种替代是技术发展的必然趋势，例如，合成纤维和合成橡胶的出现，就不断地取代天然纤维和天然橡胶，吹氧炼钢不断地取代一般的平炉和转炉炼钢，数控机床不断地取代一般机床等。

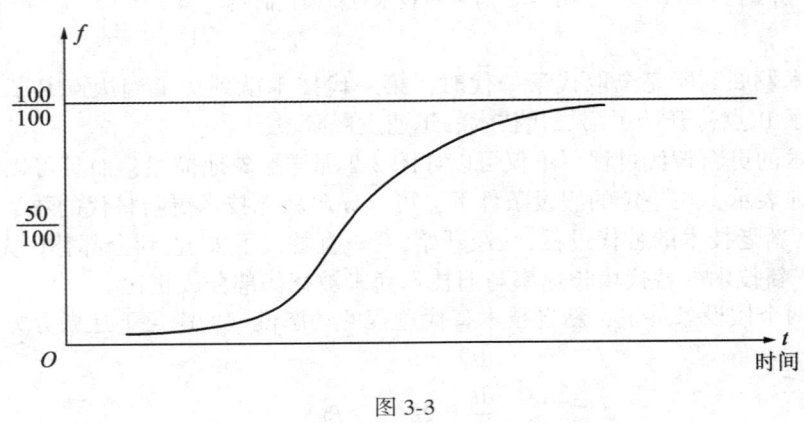

图 3-3

§3.3　技术经济寿命周期的预测方法

根据 §3.1 对技术经济生命周期各个阶段的分析，可对技术经济生命周期的各个发展阶段进行预测。具体的预测方法是对生命周期的各个阶段的数字特征进行计算，然后对号入座，求出预测结果，现分别介绍如下：

1. 发展(成长)阶段的预测

发展(成长)阶段的数字特征是增长速率 v，其计算公式是(3.1-1)，对 v 值连续计算 3~5 年，若 v 值逐年递增，说明该技术正处于发展(成长)阶段，v 值增长越快，则该技术的发展迅速。

2. 成熟阶段的预测

成熟阶段的数字特征是技术成熟系数 α，对 α 的值按(3.1-2)连续计算数年，若 α 值递减，说明该项技术日趋成熟，处于成熟阶段。

3. 衰老阶段的预测

衰老阶段的数字特征是衰老系数 β，若 α、β 均出现递减趋势，特别是 β 下降较快，则可判断该技术已处于衰老阶段。

下面，给出我国某城市新产品、新技术发展过程的阶段分析的具体案例，供读者参考。具体数据如表 3.1。

表 3.1　　　　　　　　　　　某市专利技术申请情况　　　　　　　　　　单位：项

年份 申请量	1997	1998	1999	2000	2001	2002	2003	2004
发明	150	200	285	340	497	706	988	1500
实用新型	650	700	850	980	1028	1106	1323	1729
外观设计	100	120	150	185	239	347	401	490

首先，按(3.1-1)公式计算出增长速率值 v。

$$v = \frac{a}{A}$$

a 为当年发明专利的申请数，A 为当年专利和追溯前 3 年发明专利的总申请项数。例如 2000 年新技术增长速率是：

$$v_{2000} = \frac{当年发明专利项数(340)}{当年和前3年发明专利项数和(150+200+285+340)} = 0.349$$

根据表 3.1 的数据，计算结果如下：

$$v_{2000} = 0.349,\ v_{2001} = 0.376,\ v_{2002} = 0.392$$
$$v_{2003} = 0.390,\ v_{2004} = 0.406$$

由于增长速率 v 的值逐年递增，说明该市的发明专利技术处于增长发展阶段，其新产品（技术）的竞争力强。

其次，按(3.2-2)和(3.1-3)公式计算出成熟系数 α 和衰老系数 β 的历年数值如表 3.2 和表 3.3 所示。

表 3.2　　　　　　　　　　　　技术成熟系数

年份	1997	1998	1999	2000	2001	2002	2003	2004
成熟系数 α 值	0.186	0.222	0.251	0.258	0.326	0.390	0.428	0.465

表 3.3　　　　　　　　　　　　技术衰老系数

年份	1997	1998	1999	2000	2001	2002	2003	2004
衰老系数 β 值	0.888	0.882	0.883	0.877	0.865	0.839	0.852	0.868

从表 3.2 和表 3.3 可见，成熟系数 α 的值呈逐年递增趋势，衰老系数 β 虽有轻微下降趋势，但下降数很小，而且 β 值均在 0.86 以上，这些说明该市的专利技术处于蓬勃发展的成长期，既未进入成熟阶段，更远远不到衰老期。

§3.4 类比预测法

类比预测法是一种科技预测的基本方法，它的基本原理是利用两件有某种联系的事件，形式相似，而且发生的时间有先有后，那么，先发生事件的过去发展模型，就可用来对后发生事件的未来发展进行预测的一种方法。例如，黑白和彩色两种电视机，其发展过程和需求规律都有许多相似性，黑白电视机发展在前，已积累了相当多的产销经验和技术经济分析资料，可以用来对彩色电视机的需求和发展趋势作出预测。

类比预测法有定性类比与定量类比两种。如果甲事件与乙事件之间的联系，可以用数量来表示，则称它为定量类比法；如果两事件之间的联系只能定性描述，就称它为定性类比法。

1. 定量类比法

定量类比法的具体应用，一般经过以下四个步骤：
(1) 确定预测目标，例如要预测乙事件的发展规律。
(2) 找出与乙事件相似的甲事件，条件是甲事件的发展过程要居先。
(3) 画出甲、乙两事件依时间序列演变过程的时间轨迹。
(4) 根据甲事件的历史数据和演变过程预测推断乙事件的演变规律，如图 3-4 所示。t_1-t_2 称为乙事件对甲事件的时间延迟，甲事件称为先发(先兆)事件，乙事件称为后发(后续)事件。若先发事件于时间 t 达到顶峰，则可预测后发事件将于 $t+\tau$ 时达到顶峰，其中 $\tau = t_1 - t_2$。

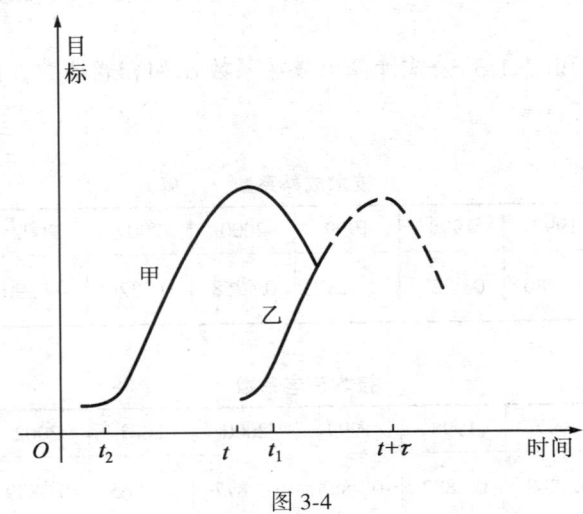

图 3-4

类比预测法的应用，在确定要预测的事件(后发)后，要十分重视先发事件的选取。先发事件是随要预测的事件(后发)不同而有所不同的。例如：

(1)要预测的事件是一种新技术，那么，先发事件必须是与之相类似的另一种新技术。若预测的是运输机的最大速度。那么，其先发事件应选择战斗机的最大速度。

(2)要预测的是我国未来的经济增长速度以及在未来20年内实现GDP翻两番的可能性，那么，其先发事件应是比我国发展在前并实现了同一目标的国家及其发展速度。例如，在1980年为论证我国制定的从1981年到2000年内实现GDP翻两番这一目标的合理性。就运用了类比预测法，以前苏联和日本两个邻国作先行国家，前苏联在1956—1975年的20年内实现了GDP翻两番，其年均增长速度达到了7.5%，日本从1957—1970年只用了14年时间，就实现了GDP翻两番的目标，年均增长速度达到了10.4%。我国欲在20年内实现此目标，只需年均增长达到7.2%即可。这一速度既低于前苏联，也低于日本。因此，确定我国在20年内实现GDP翻两番的目标，既是合理的，又是有科学根据的。事后证实，在1995年就提前5年实现了此目标。

2. 定性类比法

定性类比是一种有别于定量类比的质的类比方法，是技术发明的基础，仿生学就是一种重要的定性类比法。人类能自己飞翔的飞行器，就是以鸟类的飞行作为类比发明的。扇动翅膀及尾巴是鸟的明显特点，但仅满足于这两个特点，还不能飞起来，还需满足合适的力/重量比所需的条件。在飞行器的设计方面，从鸟的身体结构中引出了有用的类比，如机翼与机尾的外形结构，可摆动的机翼与机尾，能张开和收缩的起落架等，都是以鸟类特点作为类比进行设计的。

定性类比法的应用相当广泛，不仅可用于工业技术制造，还可用于国防、航空业等。例如，蝙蝠的回声机构，就类比出雷达的设计；各种飞鸟的飞行几何形态就类比推出先进战斗机的外形设计；海豚的双皮原理，就类比设计出用于水下减少涡流影响的潜艇设计，如此等等。除此以外，还可将定性类比用于社会文化发展、精神文明建设等方面。例如，服装流行色的变化趋势，武汉地区往往沿袭上海的变化，或者说是步上海的后尘。一种新的服装款式的流行，一般经过半年的时间才流传到武汉。由此，可以上海地区某种新款式的服装或某种流行色作为先发事件，以预测武汉地区某种新款式服装或某种流行色从何时开始才有需求。

类比预测法的应用成功与否，关键在于是否能正确选择好先发事件，同时在预测过程中能否正确地根据条件的变化，对后续事件作出必要的修正与调整。

3. 类比预测的拓展

(1)拟人式类比法。这种方法是由美国阿萨·里特公司的专家威廉·哥顿提出的，它的基本原理是"站在对方的立场去想"，也就是说"自己要成为你所思考的那个对象"。如果你思考的是顾客，你就要使自己成为顾客。

西方的企业家们曾作过大量的调查统计，得到了如下的结论：争取一位新顾客所花的费用，比保住一位老顾客要多6倍，但是若服务态度冷淡，同顾客争吵一两句，或者同顾客关系破裂，就会产生难以挽回的后果。据有关统计资料指出，在不满的顾客中，只有

4%的人提出投诉,其余的人没有表示出他们明显的不满,但有 90%的人不再光顾那家公司。另一方面,又从统计调查的数字中得到,每有一名通过口头或书面投诉的顾客,就约有 26 名保持沉默或不满的顾客。在这 26 名不满的顾客中,每人都会对另外 10 名亲戚朋友说出自己的感受,从而造成很坏的消极影响,而这 10 个人中,又有 1/3 的人把这坏消息传给另外 20 个人,那么,这些坏影响就像滚雪球那样越滚越大。因此,西方的老板们宁可亏本也不去得罪顾客。由于西方大多数人都信奉上帝,认为上帝是不能得罪的,因此,把顾客比作上帝就是这个原因。大量的实证研究表明,使顾客感到满意的企业,实际上是不可战胜的。这种企业即使其产品提高了价格,仍拥有忠诚地信服其牌子的客户。

(2)拟物式类比法。拟物式类比又称直接式类比,现举例说明如下:市内的公共汽车、电车的票价,不论远近,一律是 1 元一张,那么,百货公司的袜子,其定价也可以类比,不分长短和大小,用同一价钱销售,这将大大节省了人力、物力和时间,同时又使顾客大感方便,因而提高了效率,降低了成本。如此这般,只要寻找到相似物品,即可使用此法。

(3)象征式类比法。假如你思考的是招徕顾客的方法,那么,要解决的问题乃是如何把顾客吸引到商店来买东西。这可从鲜花吸引蜜蜂前来采蜜的现象受到启发,找出在特征上相似的事物,从而探讨解决问题的方案。例如,以男性顾客为主要对象的商店,不妨请来漂亮的女售货员;以女性顾客为主要对象的商店,不妨经常推出打折扣商品或举行减价大拍卖活动。实践证明,这样做收到了立竿见影的效果。

综上所述,我们认为,类比预测法的应用能否成功,关键是能否正确选择好先发事件,并把握好先发和后发事件相类似的关键特点。同时,在预测过程中,能否根据环境条件的变化、对后发事件作出必要的修正与调整。

思考与练习

1. 技术经济寿命周期如何划分各个发展阶段?
2. 如何应用技术经济寿命周期分析的方法去解决企业经营中遇到的一些问题?
3. 在技术引进中应注意哪些问题才不至于吃亏上当?

第四章 判断预测技术

"判断"是预测的基本要素之一,而且是最重要的要素,因此,判断预测法是预测方法库中占有重要位置的一类预测方法,使用频率高,简便直观,无须建立繁琐的预测模型,常常在历史数据资料不全的情况下,通过专家判断,并作适当的数据处理,即可得到预测的结果。现分别介绍如下:

§4.1 头脑风暴法

头脑风暴法又叫智暴法(Brain Storming Method),是由奥斯邦(A. F. Osborn)在1957年提出的,很快就得到广泛的应用。在预测方法中,该方法应用的比重由20世纪60年代的6.2%,上升到20世纪70年代的8.1%。我国是在改革开放以后才引入的,但很快就得到有关方面的重视。下面,就此法的基本原理及其应用应遵守的原则分别介绍如下。

1. 头脑风暴法的基本原理

头脑风暴法是通过一组专家共同开会讨论,进行信息交流和互相启发,从而诱发专家们发挥其创造性思维,促进他们产生"思维共振",以达到互相补充,并产生"组合效应"的预测方法。它既可以获取所要预测事件的未来信息,也可以是弄清问题,形成方案,搞清影响,特别是一些交叉事件的相互影响。

头脑风暴法有创业头脑风暴和质疑头脑风暴两种。创业头脑风暴就是组织专家对所要解决的问题,开会讨论,各持己见地、自由地发表意见,集思广益,提出所要解决问题的具体方案。例如,为提高我国纺织品的出口份额,纺织工业部曾在1988年召开过一次专家会议,共同预测国外春秋时装的流行款式,提出增强我国纺织品国际竞争力的工作方案,取得了良好的效果。质疑头脑风暴就是对已制定的某种计划方案或工作文件,召开专家会议,由专家提出质疑,去掉不合理的或不科学的部分,补充不具体或不全面的部分,使报告或计划趋于完善。例如,美国国防部邀请50名专家,就美国制定长远科技规划的工作文件,举行了两周的头脑风暴会议,由专家提出非议,进行质疑,最后通过讨论变为协调一致的报告。该报告只保留原报告的25%,修改了75%,由此可见此法的应用价值。

2. 组织头脑风暴会议应遵守的原则

(1)专家的选择要与预测的对象相一致,而且要有一些知识渊博,对问题理解较深的专家参加。一般说来,要有以下几方面的专家参加会议,即方法论学者,也就是预测专家;"设想"产生者,这就是专业领域内的专家。例如,对我国1988—1989年春秋时装流行款式的预测,"设想"产生者是指服装的设计师和服装的销售专家等;分析者,是指专业领域内的高级专家；演绎者，是指有较高推断思维能力的专家。

(2)被挑选的专家最好彼此不认识。如果是彼此相识的，应从同一职称或级别中挑选。在会议上不公布专家所在的单位、年龄、职称或职务，让专家们认识到与会者一律平等，一视同仁。

(3)要为头脑风暴法创造良好的环境条件，以便专家注意力高度集中于所讨论的问题上。所谓良好的环境条件，是指有一个真正自由发言的环境，会议主持者要说明政策，使专家没有顾虑，做到知无不言，言无不尽。如没有这种环境，就难以产生思维共振。

(4)鼓励参加者对已经提出的设想进行改进和综合，为修改自己设想的专家提供优先发言的机会。

(5)主持会议者在会议开始时要有诱发性发言，尽量启发专家的思维，引导专家产生思维共振。

(6)对头脑风暴会议的领导工作，最好委托给预测专家负责。预测专家不仅熟悉预测程序和处理方法，而且对所提的问题和科学辩论均有充足的经验。

3. 对头脑风暴法的评价

头脑风暴法是一种直观的预测方法。它的优点是：

(1)通过信息交流，产生思维共振，进而激发创造性思维，能在短期内得到创造性的成果。

(2)通过头脑风暴会议，获取的信息量大，考虑的预测因素多，提供的方案也比较全面和广泛。

专家头脑风暴法虽有明显的优点，但也有缺点。主要是：

(1)专家会议，易受权威的影响，不利于充分发表意见。

(2)易受表达能力的影响。有些专家的意见和主张十分高明而且有创造性，但表达能力欠佳，影响效果。

(3)易受心理因素的影响。有的专家爱垄断会议或听不进不同意见；有的甚至明知自己有错，也不愿意公开修正自己的意见。

(4)容易随大流。

4. 创业头脑风暴专家会议案例

背景：改革开放以后，我国的纺织品深受消费者欢迎，国际市场的份额不断扩大，到2005年底，出口额已超过 1 150 亿美元。1988 年，纺织工业部为扩大纺织品的出口，曾委托国家纺织工业部科技司在北京服装学院召开了一次创业头脑风暴性质的专家会议，集思广益，共同探讨增强我国纺织品国际竞争力的工作方案，并预测国外春秋时装的流行款式。

专家的邀请，按头脑风暴法的原则挑选，拟邀请的有四个方面的专家：

(1)分析者，即服装领域的高级专家，拟邀请大连服装研究所的高级研究员，西安时装学院刚从法国、意大利考察归来的教授等。

(2)设想产生者，即服装设计、生产、销售专家，邀请了上海、杭州、大连等地的时装设计、制作的专家、工程师以及外贸部和各省、市从事服装销售的专家或能手。

(3)演绎者,即对服装设计有较高的思维推断能力的专家,邀请了中央芭蕾舞团服装总设计师。

(4)方法论学者,即经济预测专家,邀请了武汉大学经济预测学教授和《预测》杂志总编辑。

纺织工业部的领导十分重视这次会议的召开,主要领导到会讲话,为会议的顺利举行,创造了良好的环境条件,大大激发了专家的创造性思维,通过信息交流,产生思维共振,拓展了新思路,开阔了与会人员的视野,产生了许多新思想,提出了一些新方案,与会专家一致建议中国服装研究中心要派人员到国外去,加大时装声、像信息的采集力度,建立国际时装生产、设计和声像形态数据资料库。实践证明,经过十多年的努力,中国纺织品的生产销售已步入世界大国行列,但还要加倍努力,力争在不久的将来真正成为世界的纺织品强国。

§4.2 特尔斐法

特尔斐法(Delphi Method)又称专家调查法,是由美国兰德公司(The Rand Corporation)的达尔基(N. Dalkey)和赫尔默(O. Helmer)于1964年正式提出的。其实,早在20世纪40年代末期,此法就在兰德公司内部开始使用,效果很好。因此,正式提出此法后,很快就在世界上盛行起来。在初始阶段,大多数预测案例都是科技预测的内容,因而许多人误解为只是科技预测的一种方法,实际上并非如此。现在,此法的应用遍及社会、经济、科技等各个领域,而且应用频率较高。

特尔斐是古希腊的一座城市,因阿波罗神殿而出名。相传,阿波罗有很高的预测未来的能力,因此,特尔斐便成为预测未来的神谕之地,故将此法命名为特尔斐法。

1. 特尔斐法的基本原理

特尔斐法的应用过程是由主持预测的机构确定预测的课题并选定专家,人数多少视具体情况而定,一般是10~50人。预测机构与专家联系的主要方式是函询,专家之间彼此匿名,不发生任何横向联系。通过函询收集专家意见,加以综合、整理后,再反馈给各位专家,征求意见。这样反复经过四至五轮,尽管每个专家发表的意见各有差异,但由于参与讨论的专家人数较多,会出现一种统计的稳定性,使专家的意见趋于一致,作为最后预测的根据。现将几次函询的程序和内容概述如下。

第一轮函询调查,一方面向专家寄去预测目标的背景材料,另一方面提出所需预测的具体项目。这轮调查,任凭专家回答,完全没有框框。专家可以各种形式回答有关问题,也可向预测单位索取更详细的统计材料。预测单位对专家的各种回答进行综合整理,把相同的事件、结论统一起来,剔除次要的、分散的事件,用准确的术语,进行统一的描述,然后反馈给各位专家,进行第二轮的函询。

第二轮函询,要求专家对与所预测目标有关的各种事件发生的时间、空间、规模大小等提出具体的预测,并说明理由。预测单位对专家的意见进行处理,统计出每一件事可能发生日期的中位数,再次反馈给有关专家。

第三轮是各位专家再次得到函询综合统计报告后,对预测单位提出的综合意见和论据进行评价，重新修正原先各自的预测值，对预测目标重新进行预测。

上述步骤，一般通过四轮，预测的主持者应要求各位专家根据提供的全部预测资料，提出最后的预测意见。若这些意见收敛或者基本一致，即可以此为根据进行预测。

2. 挑选专家的方法

谁是专家？如何选用专家？这里所称的"专家"，是指对所要预测的目标比较了解，并有丰富的实践经验或较高的理论水平，对预测目标有一定见解的人。这些人既可以是教授、理论研究人员或工程师，也可以是有一定工龄的工人或管理人员。例如，做新产品的销售预测时，专家可以是有经验的销售人员，也可以是经理、市场研究人员、市场学教授等等。聘请专家时，要充分考虑到专家的代表性，不仅需要本专业的理论研究、系统设计、生产及管理人员，而且还需要相关领域的有关专家参加，代表面要宽，不同的年龄，不同的地域都要考虑到。

选择专家的方法很多，首先由本单位专家推荐，其次可从报刊杂志上视其研究成果的大小进行挑选，最后通过上级部门介绍、查询专家档案数据库等方法选出合适的专家。

3. 函询表的设计

专家函询调查表的设计是否科学，关系到预测效果的好坏。应根据预测的课题，设计出合适的调查表。不同的课题可有不同的查询表，但以下几点是设计表格时必须共同遵守的。这就是：首先，要把调查预测的问题讲清楚，尽量避免模糊语言，时间、数量的指标都要一清二楚，不要含糊不清，模棱两可。其次，表格要力求简明，提出的问题不能太多，使填表者不致因填表而厌烦。第三，提出的问题不要脱离预测目标，也不要对专家的回答提出任何附加条件，要让专家自由地、心情舒畅地回答问题。第四，表中要明确专家寄回表格的最晚时间。

4. 专家意见的统计处理

专家答卷的数据处理，常常涉及时间和数量等指标。例如，某地区制定2000年的经济发展战略，对2000年能实现的工农业总产值的答卷，有各式各样的数据。对这一系列的数字，通常采取中位数作为有代表性的预测值，把上、下四分位数作为有50%以上把握的预测区间。

现给出中位数和上、下四分位数的简单算法。设 $x_1 \leq x_2 \leq x_3 \leq \cdots \leq x_n$ 为依大小顺序排列的 n 个专家的预测值，此序列的中位数记为 $x_{中}$，则

$$x_{中} = \begin{cases} x_{k+1} & n = 2k+1 \quad \text{（奇数）} \\ \dfrac{x_k + x_{k+1}}{2} & n = 2k \quad \text{（偶数）} \end{cases}$$

序列的上、下四分位数分别记为 $x_{上}$ 与 $x_{下}$。它可按下述方法求出近似值

$$x_{上} = x_{中} + \frac{1}{2}(x_n - x_{中})$$

$$x_{下} = x_{中} - \frac{1}{2}(x_{中} - x_1)$$

x_1,x_n 分别为序列的最小值与最大值。

[例] 设有 9 位专家对某市 2007 年的 GDP 值有如下的预测结果(单位：亿元)。

$$\begin{array}{ccccccccc} x_1 & x_2 & x_3 & x_4 & x_5 & x_6 & x_7 & x_8 & x_9 \\ 21 & 22 & 23 & 24 & 25 & 26 & 27 & 28 & 29 \end{array}$$

那么，以中位数作为 2007 年某市的 GDP 值的期望预测值，则

$$x_中 = x_5 = 25 \text{ 亿元}$$

上、下四分位数分别为

$$x_上 = x_5 + \frac{1}{2}(x_9 - x_5) = 25 + \frac{1}{2}(29 - 25) = 27$$

$$x_下 = x_5 - \frac{1}{2}(x_5 - x_1) = 25 - \frac{1}{2}(25 - 21) = 23$$

那么，就有 50% 以上专家的预测值在上、下四分位数之间，因此可以认为专家的预测结果基本上是一致的。

5. 对特尔斐法的评价

改革开放以后，我国引入了特尔斐法。此法简便易行，克服了头脑风暴法的大多数缺点，但随大流现象仍时有发生，未能从根本上加以根除。由于此法比较适合我国的情况，已有不少单位采用。上海某研究所运用此法对柴油机的系列化、通用化、标准化问题，广泛征求国内专家的意见，摸清了国内对柴油机"三化"问题所持的基本态度。最近，某建材规划院又利用此法对墙体材料的发展作了预测，历时 10 个月，调查了 22 个省、自治区、直辖市的 137 位专家，先后经过四轮调查，顺利地完成了任务。1982 年底，某汽车工业公司重型汽车研究所应用此法预测 20 世纪 80 年代我国重型汽车的发展，函询了 130 位专家，历时两个月。经过两轮调查，发现专家的意见收敛，取得比较满意的结果。

此法是为决策者进行科学决策而进行预测的一种行之有效的方法之一，是符合专家与群众相结合的精神的。不论是工业、农业部门，还是国防、科技部门，在制定远景规划，确定建设重大工程项目之前，为了预测其经济效果，找出潜在问题，均可使用此法。

值得注意的是，此法与我国传统使用的调查分析法是有区别的。特尔斐法有三点明显的特征，在使用时必须坚持：第一是匿名性。对被选择的专家要保密，不让彼此通气，使他们不受权威、资历等方面的影响。第二是反馈性。一般的征询调查要三至四轮。第三是收敛性。经过数轮征询后，专家们的意见相对收敛，趋向一致。一旦有个别专家与众人观点不同，则要求他详细说明理由。我国传统使用的调查分析法，既没有反馈性、匿名性的要求，更没有收敛性的要求，这是值得注意的。

6. 特尔斐法应用的拓广和改进

随着我国社会、经济、科技的进一步发展，特尔斐法的应用也越来越广泛。我国结合自己的具体情况，对原来的特尔斐法，作了一些改进，进一步拓广了特尔斐法的应用范围。例如，采用书面调查与会议调查相结合的方法，部分取消匿名性，部分考虑专家的权威性，对专家的答卷数据采取加权处理；根据课题的难易和经费、时间的充足性程度，适当地减少反馈的次数，有时又可在专家反馈一至二次后，再召集一小批专家面对面的讨

论，作出预测结果，这种方法我们称为广义的特尔斐法。

§4.3 趋势判断预测法

在前 2 节介绍的专家预测判断法中，有一类的调查表，只记载专家表示的"质"的心理因素，而无"量"的表示。例如，我们对未来一年各企业的投资意向进行调查，答卷上只有三种表示，即增加、减少或不变。这种"质"的资料，可以通过函询或访问获得。本节将介绍如何应用这种"质"的资料作出趋势判断的预测方法，首先介绍基本原理，然后介绍具体的应用举例。

1. 趋势判断的基本原理

现以纺织业的投资为例介绍此法的基本原理。假定预测目标是下年度的投资趋势是"增加"、"不变"或"减少"，为此，向有关纺织厂作了调查。纺织厂依其大小分为甲、乙、丙三个等级。甲级厂有 n_1 个，乙级厂有 n_2 个，丙级厂有 n_3 个。各厂的反应不一。他们的回答是，甲级厂有 n_{11} 个投资"增加"，n_{12} 个"不变"，n_{13} 个"减少"，$n_{11}+n_{12}+n_{13}=n_1$。同理，得到乙、丙两级厂的情况，列表如下(见表 4.1)。

表 4.1

厂别 \ 项目	W_i	增加 (+)	不变 (=)	减少 (−)
甲	W_1	n_{11}	n_{12}	n_{13}
乙	W_2	n_{21}	n_{22}	n_{23}
丙	W_3	n_{31}	n_{32}	n_{33}
$\sum$				
P_i				

厂别 \ 项目	$\sum$	$W_i(+)$	$W_i(=)$	$W_i(-)$	
甲	n_1	$W_1 n_{11}$	$W_1 n_{12}$	$W_1 n_{13}$	
乙	n_2	$W_2 n_{21}$	$W_2 n_{22}$	$W_2 n_{23}$	
丙	n_3	$W_3 n_{31}$	$W_3 n_{32}$	$W_3 n_{33}$	
$\sum$	n	$\sum_i W_i n_{i1}$	$\sum_i W_i n_{i2}$	$\sum_i W_i n_{i3}$	$\sum_j \sum_i W_i n_{ij}$
P_i		P_1	P_2	P_3	

其中 W_1，W_2，W_3 表示权数。

令
$$\frac{\sum_i W_i n_{i1}}{\sum_j \sum_i W_i n_{ij}} = P_1$$

$$\frac{\sum_i W_i n_{i2}}{\sum_j \sum_i W_i n_{ij}} = P_2$$

$$\frac{\sum_i W_i n_{i3}}{\sum_j \sum_i W_i n_{ij}} = P_3$$

分别表示投资"增加"、"不变"或"减少"的加权厂数与总加权厂数的百分比。

若 $P_1 - P_3 > 0$，则预测其投资趋势是"增加"。

若 $P_1 - P_3 < 0$，则预测其投资趋势是"减少"。

若 $P_1 - P_3 = 0$，则预测其投资趋势是"不变"。

剩下要说明的是这个"权"W_i是如何确定的。一般说来，它是根据各厂的规模，例如，上年度的销售收入的大小确定的。先选定一个厂作基准，其他的厂同它作比较，然后赋予适当的权，比基准厂大者则权大，比基准厂小者则权小。

例如，我们总共调查了 $n = 21$ 个厂，其中甲级厂6个，乙级厂6个，丙级厂9个。调查结果如下(见表4.2)。

其中，甲级厂的销售额1 000万元，乙级厂800万元，丙级厂500万元，因此，可选定丙级厂作基准，即它的权 $W_3 = 1$，那么，$W_2 = 1.6$，$W_1 = 2$。

由(表4.2)可知
$$P_1 - P_3 = 0.12 > 0$$
因此，预测下年度纺织行业的投资将比今年增加。

表 4.2

		增加(+)	不变(=)	减少(-)	$\sum$	$W_i(+)$	$W_i(=)$	$W_i(-)$	
甲	$W_1 = 2$	3	2	1	6	2×3	2×2	2×1	
乙	$W_2 = 1.6$	2	3	1	6	1.6×2	1.6×3	1.6×1	
丙	$W_3 = 1$	2	3	4	9	2	3	4	
$\sum$					21	11.2	11.8	7.6	30.6
P_i						$P_1 = 0.37$	$P_2 = 0.38$	$P_3 = 0.25$	

2. 综合趋势判断

以上我们借用一个具体行业的未来投资趋势讲解了判断预测的基本原理，并介绍了具体的预测案例。但是，在经济预测中，常常要求作趋势判断的预测项目是包含多种行业的。例如，要求预测制造业的未来投资趋势，制造业就不仅包括了纺织业、造纸业、食品行业，还包括电器、电子产品、塑料、机械制造、化学制品、金属制品等十几个行业。对于这种多行业的综合投资趋势预测，我们称为综合趋势判断。现以制造业为例介绍此法。

假设在制造业中包含有 N 个具体行业，对于某个具体行业 k，可按上面介绍的方法求出 P_1，P_2，P_3，并作出趋势判断。为区别这些 P_i 是第 k 个具体行业的，将 P_i 记为 P_{ki}，$k=1$，2，$\cdots$，N；$i=1$，2，3。对于这 N 个具体行业，假定已按上面方法分别求出了 P_{ki}，如何利用这些 P_{ki} 综合求出整个制造业的投资趋势？具体方法介绍如下：

为确定各具体行业在整个制造业中所占的权重，统一按营业额计算，通过统计资料可以计算出各具体行业在整个制造业中比重的大小。因此，可以列出表 4.3。

表 4.3

制 造 业	权重	%			赋 权 计 算			总和 $\sum$
		增加(+)	不变(=)	减少(-)	$W_k(+)$	$W_k(=)$	$W_k(-)$	
1. 纺织业	W_1	P_{11}	P_{12}	P_{13}	W_1P_{11}	W_1P_{12}	W_1P_{13}	
2. 造纸业	W_2	P_{21}	P_{22}	P_{23}	W_2P_{21}	W_2P_{22}	W_2P_{23}	
3. 食品行业	W_3	P_{31}	P_{32}	P_{33}	W_3P_{31}	W_3P_{32}	W_3P_{33}	
4. 电器电子业	W_4	P_{41}	P_{42}	P_{43}	W_4P_{41}	W_4P_{42}	W_4P_{43}	
$\cdots$	$\cdots$	$\cdots$	$\cdots$	$\cdots$	$\cdots$	$\cdots$	$\cdots$	
N. 其他	W_N	P_{N1}	P_{N2}	P_{N3}	W_NP_{N1}	W_NP_{N2}	W_NP_{N3}	
总 和 $\sum$					$\sum_{k=1}^{N}W_kP_{k1}$	$\sum_{k=1}^{N}W_kP_{k2}$	$\sum_{k=1}^{N}W_kP_{k3}$	$\sum_{j=1}^{3}\sum_{k=1}^{N}W_kP_{kj}$

令

$$P_1 = \frac{\sum_{k=1}^{N}W_kP_{k1}}{\sum_{j=1}^{3}\sum_{k=1}^{N}W_kP_{kj}}$$

$$P_2 = \frac{\sum_{k=1}^{N}W_kP_{k2}}{\sum_{j=1}^{3}\sum_{k=1}^{N}W_kP_{kj}}$$

$$P_3 = \frac{\sum_{k=1}^{N}W_kP_{k3}}{\sum_{j=1}^{3}\sum_{k=1}^{N}W_kP_{kj}}$$

这里，$\sum_{k=1}^{N}W_k = 1$，$P_1 + P_2 + P_3 = 1$，P_1 表示整个制造业在投资趋势这个特定问题上认为会"增加"的加权样本企业数在整个制造业中占全部样本企业数的百分比，P_2、P_3 分别表示"不变"和"减少"的百分比。

判断：

若 $P_1-P_3>0$，则判断整个制造业的未来投资将增加。

若 $P_1-P_3<0$，则判断整个制造业的未来投资将减少。

3. 定量预测增加(减少)趋势的百分数

前面介绍了具体行业和整个行业的投资趋势的判断方法，但只得到了定性的回答；欲进一步了解"增加"或"减少"的百分比，还需作下列的调查和计算。

具体行业投资趋势是增加或减少的百分比的计算，为简单起见，假定该行业按营业额分类，有甲、乙、丙三类厂。调查结果是：甲级厂有 h 个厂回答未来投资将增加，n 个厂回答未来投资将减少。增加、减少的百分数分别是 $l_{11}, l_{12}, \cdots, l_{1h}$ 和 $m_{11}, m_{12}, \cdots, m_{1n}$，类似可调查到乙厂、丙厂的未来投资增加或减少的百分数，列表如下(见表 4.4)。

表 4.4

厂的级别	权数	增加(+)的百分数	减少(−)的百分数
甲	W_1	$l_{11}, l_{12}, \cdots, l_{1h}$	$m_{11}, m_{12}, \cdots, m_{1n}$
乙	W_2	$l_{21}, l_{22}, \cdots, l_{2k}$	$m_{21}, m_{22}, \cdots, m_{2g}$
丙	W_3	$l_{31}, l_{32}, \cdots, l_{3q}$	$m_{31}, m_{32}, \cdots, m_{3p}$

根据表 4.4 的结果，可以进行如下的加权统计，计算结果见表 4.5。

表 4.5

厂级	权数	增加(+)百分数	平 均 数	减少(−)百分数	平 均 数
甲	W_1	$l_{11}, l_{12}, \cdots, l_{1h}$	$L_1 = \dfrac{\sum\limits_{i=1}^{h} l_{1i}}{h}$	$m_{11}, m_{12}, \cdots, m_{1n}$	$M_1 = \dfrac{\sum\limits_{j=1}^{n} m_{1j}}{n}$
乙	W_2	$l_{21}, l_{22}, \cdots, l_{2k}$	$L_2 = \dfrac{\sum\limits_{i=1}^{k} l_{2i}}{k}$	$m_{21}, m_{22}, \cdots, m_{2g}$	$M_2 = \dfrac{\sum\limits_{j=1}^{g} m_{2j}}{g}$
丙	W_3	$l_{31}, l_{32}, \cdots, l_{3q}$	$L_3 = \dfrac{\sum\limits_{i=1}^{q} l_{3i}}{q}$	$m_{31}, m_{32}, \cdots, m_{3p}$	$M_3 = \dfrac{\sum\limits_{j=1}^{p} m_{3j}}{p}$
总加权和			$\sum\limits_{i=1}^{3} W_i L_i$		$\sum\limits_{j=1}^{3} W_j M_j$

令

$$\frac{\sum_{i=1}^{3} W_i L_i}{\sum_{i=1}^{3} W_i} = \pi_{k1}$$

$$\frac{\sum_{j=1}^{3} W_j M_j}{\sum_{j=1}^{3} W_j} = \pi_{k3}$$

在这里，k 表示第 k 个具体行业，π_{k1} 表示第 k 个行业认为未来投资会"增加"的百分数，π_{k3} 则表示未来投资将会"减少"的百分数。

各具体行业计算出 π_{k1}，π_{k3}，$k=1,2,\cdots,N$ 以后，即可对整个行业，如制造业的总体投资趋势进行综合分析。各具体行业的计算结果，可列于表 4.6。

表 4.6

制造业	权 W_k	%		加 权 运 算	
		(+)	(−)	$W_k(+)$	$W_k(-)$
1. 纺织业	W_1	π_{11}	π_{13}	$W_1\pi_{11}$	$W_1\pi_{13}$
2. 造纸业	W_2	π_{21}	π_{23}	$W_2\pi_{21}$	$W_2\pi_{23}$
3. 食品业	W_3	π_{31}	π_{33}	$W_3\pi_{31}$	$W_3\pi_{33}$
4. 电器业	W_4	π_{41}	π_{43}	$W_4\pi_{41}$	$W_4\pi_{43}$
⋮	⋮	⋮	⋮	⋮	⋮
N. 其他	W_N	π_{N1}	π_{N3}	$W_N\pi_{N_1}$	$W_N\pi_{N_3}$
				$\sum_{k=1}^{N} W_k\pi_{k1}$	$\sum_{k=1}^{N} W_k\pi_{k3}$

由此得到 $\left(\sum_{k=1}^{N} W_k\pi_{k1}\right) / \sum_{k=1}^{N} W_k$。它表示整个制造业未来投资"增加"的百分数，$\left(\sum_{k=1}^{N} W_k\pi_{k3}\right) / \sum_{k=1}^{N} W_k$ 表示整个制造业未来投资"减少"的百分数。通常取全体权数之和为 1。

§4.4 PERT 预测法

PERT 预测法是来源于 PERT（Program Evaluation and Review Technique）中的一种工期估计的方法，这种方法产生于 20 世纪 50 年代。最初，美国将它应用于北极星导弹的试制，取得了很好的效果，很快在美国得到了推广，并被扩大应用到预测与决策的各个领域。在商业上，它常常被用来作销售量的判断预测。现以销售预测为例，介绍此法的基本原理与方法。

由于销售人员和市场部门的经理最了解市场的动向，故作销售预测时，要充分听取他们的意见，然后加以综合，作出预测。假如某百货公司某种商品有销售人员 3 人和正、副经理 2 人，他们对下一年（或下一季度）商品的销售量分别作了如下估计：

销售员甲的估计是：
　　最高销售量是 800 件
　　最低销售量是 400 件
　　最可能的销售量是 600 件
销售员乙的估计是：
　　最高销售量是 900 件
　　最低销售量是 500 件
　　最可能的销售量是 700 件
销售员丙的估计是：
　　最高销售量是 1 000 件
　　最低销售量是 480 件
　　最可能的销售量是 800 件

那么，对 3 个销售员的各种估计数，可分别按下述公式求出平均值和方差

$$平均销售量 = \frac{最高销售量 + 4 \times 最可能销售量 + 最低销售量}{6}$$

销售量的方差为

$$\sigma^2 = (最高销售量 - 最低销售量)^2 / 36$$

因此

甲的平均销售量 $= \frac{800 + 4 \times 600 + 400}{6} = 600$（件）

甲预测的销售量的方差为

$$\sigma_甲^2 = \left(\frac{800 - 400}{6}\right)^2 = \frac{160\,000}{36} \approx 4\,444.44$$

故均方差为

$$\sigma_甲 \approx 66.7$$

同理，可算出乙的平均销售量为 700 件，其均方差为 $\sigma_乙 \approx 66.7$；丙的平均销售量为 780 件，其均方差为 $\sigma_丙 \approx 86.7$。又假定各销售人员和经理所作预测值，均服从正态分布，那么，可由正态分布得到各预测值在某一范围的可能性。例如，销售员甲的预测值在 $600 \pm 2\sigma_甲$ 的范围内的可能性是 95.4%，在 $600 \pm \sigma_甲$ 的可能性为 68.3%，在 $600 \pm 3\sigma_甲$ 的可能性为 99.7%。现假定三个售货员的预测水平一样，也即其比重相同，则售货员方面对销售量作出的预测是

$$\frac{600 + 700 + 780}{3} = 693(件)$$

其预测值的方差为

$$\sigma_{售}^2 = (\sigma_{甲}^2+\sigma_{乙}^2+\sigma_{丙}^2)/9$$
$$= (66.7^2+66.7^2+86.7^2)/9$$
$$= 1\,823.85$$

故均方差为
$$\sigma_{售} = 42.7$$

那么，售货员方面所作的预测值在 $693\pm2\sigma_{售}$，即在 $693-2\times42.7$ 至 $693+2\times47.2$ 之间的可能性为 95.4%。如果售货员的预测水平不同，他们各占的比重分别为 W_1、W_2、W_3，则销售人员的销售量预测公式为

$$销售人员对销售量的预测值 = \frac{W_1\times甲平均销售量+W_2\times乙平均销售量}{W_1+W_2+W_3}$$
$$+\frac{W_3\times丙平均销售量}{W_1+W_2+W_3}$$

例如，$W_1=2$，$W_2=3$，$W_3=1$，则

$$销售人员对销售量的预测值 = \frac{2\times600+3\times700+780}{2+3+1}$$
$$= 680（件）$$

预测值的方差为
$$\sigma_{售}^2 = (2^2\sigma_{甲}^2+3^2\sigma_{乙}^2+\sigma_{丙}^2)/36$$
$$= (4\times66.7^2+9\times66.7^2+86.7^2)/36$$
$$= 1\,815.35$$

运用上述方法，同样可分别计算出正、副经理的平均销售量预测值。假定正经理的平均预测销售量是 800 件，预测值的方差为 $\sigma_{正}^2=3\,600$；副经理的平均预测销售量是 750 件，预测值的方差为 $\sigma_{副}^2=4\,225$。

又假定正、副经理的预测水平相当，故得到经理方面的预测值为

$$\frac{800+750}{2}=775（件）$$

预测值的方差为
$$\sigma_{经}^2 = \frac{1}{4}[(60)^2+(65)^2] = 1\,956.25$$

最后，综合售货员与经理两方的预测值作为正式的预测值。在综合过程中，要考虑两者预测水平的不同，即考虑加权平均中各自权重的大小。若经理预测水平高，则加的权重就大，例如经理的权重为 2，销售员的权重为 1，则正式的预测值为

$$\frac{693+2\times775}{3}=747.7（件）$$

预测值的方差为
$$\sigma^2 = \frac{\sigma_{售}^2+2^2\sigma_{经}^2}{3^2} = \frac{1\,815.35+4\times1\,956.25}{9}$$

$$=636.4$$

从而有 $\sigma=25.23$，故综合预测值在区间 [747.7−25.23，747.7+25.23] 内的可能性为 68.3%，在区间 [747.7−2×25.23，747.7+2×25.23] 内的可能性为 95.4%。

以上预测是综合了领导与群众预测水平的方法，故又称为综合判断法。

最后，需要指出的是，平均销售量计算公式是一个经验公式，最早使用在 PERT（计划评审技术）中。美国的一些 PERT 工作者对此作过很多解释，而且使用了较高深的数学工具加以论证，但均未得到满意的理论证明。不过，此公式用于销售量预测，编者想作如下的解释，是否恰当，欢迎探讨。

假定销售量遵从正态分布，其均值为 a，方差为 σ^2，那么，可将销售量分为三段：第一段为销售量不高于 $a-\sigma$，称为最低销售量段；第二段为销售量不低于 $a+\sigma$，称为最高销售量段；第三段为销售量在 $[a-\sigma, a+\sigma]$ 之间，为最可能销售量段。那么，由概率论知识可知，销售量属于第一段和第二段的可能性均是 15.85%，属于第三段的可能性为 68.3%。由离散型随机变量的数学期望计算公式得

平均销售量 = 最低销售量×15.85% + 最可能销售量×68.3% + 最高销售量×15.85%

$$\approx \frac{1}{6} \times 最低销售量 + \frac{4}{6} \times 最可能销售量 + \frac{1}{6} \times 最高销售量$$

$$= \frac{最低销售量 + 4 \times 最可能销售量 + 最高销售量}{6}$$

§4.5 销售人员判断预测综合法

由于销售人员最了解用户和顾客的需求动向，如有较多的销售人员参与预测工作，对提高预测精度将有重要意义。为此，应让销售人员了解更多的经济信息，掌握经济发展动态。例如，各级政府的经济发展计划，人民的收入变化，经济与商业的展望，市场动态等等，让销售人员进行研究，鼓励他们独立地作出预测判断，提出最可能的销售数字，以及销售量在某一范围内的可能性大小。这些预测判断，对于不同的销售人员，其预测值和预测范围实现的可能性可能是各不相同的。如何综合这些不同的预测值，求出所需的预测结果，乃是本节所要介绍的具体内容。现举例介绍此法。设销售员甲的预测结果是

最可能销售量：250 单位

销售量在 200~300 单位之间的可能性为 85%

销售员乙的预测结果是

最可能销售量：200 单位

销售量在 160~240 单位之间的可能性为 90%

销售员丙的预测结果是

最可能的销售量：220 单位

销售量在 170~270 单位之间的可能性为 80%

假定甲、乙、丙三人的预测值分别服从正态分布，最可能的预测销售量就是它的期望

值。由正态分布理论可知：

对于甲：在平均销售量等于250单位，以及销售量在200~300单位之间的可能性为85%的条件下，可计算出柜台甲的预测值的标准差$\sigma_甲$。计算公式是

$$2\Phi\left(\frac{300-250}{\sigma_甲}\right) - 1 = 85\%$$

$$\therefore \Phi\left(\frac{50}{\sigma_甲}\right) = \frac{1.85}{2} = 0.925$$

这里$\Phi(x)$是正态随机变量的分布函数，查附录正态分布表得

$$\frac{50}{\sigma_甲} \approx 1.44$$

所以 $\sigma_甲 = 50/1.44 = 34.72$

由此得到

销售员甲的预测值的均值为250单位，标准差为$\sigma_甲 = 34.72$

同理可得

销售员乙的预测值的均值是200单位，标准差为$\sigma_乙 = 24.24$

销售员丙的预测值的均值是220单位，标准差为$\sigma_丙 = 37.06$

总销售预测值的均值是三者之平均值，即（250+200+220）÷3≈223.3（单位）

总销售预测值的标准差是

$$\sigma_总 = \sqrt{\sigma_甲^2 + \sigma_乙^2 + \sigma_丙^2}/3 = 57.6/3 = 19.2$$

由于销售员甲、乙、丙的预测值均服从正态分布，而且相互独立，故总预测值也服从正态分布，其均值是223.3单位，标准差是19.2。由正态分布可知，总销售量预测值在一个标准差内的可能性是68.3%，在2个标准差内的可能性为95.4%。因此，总销售量预测值在[223.3－19.2，223.3+19.2]之间的可能性为68.3%，在[223.3－2×19.2，223.3+2×19.2]之间的可能性为95.4%。

思考与练习

1. 直接头脑风暴法与质疑头脑风暴法的主要区别是什么？在专家选择上有何异同？
2. 若用特尔斐法预测2002年家用数码像机的普及率，你准备：
   （1）如何挑选专家？你打算挑选多少专家？
   （2）设计预测咨询表应包含哪些内容？
   （3）怎样处理专家意见？
   （4）为了提高专家意见的回收率，你准备采用什么办法？
3. 什么样的问题宜采用判断预测法去进行预测？
4. 某冶金公司为掌握其所属工厂明年的投资意向，分别对所属的工厂作了调查，具体结果如下表所示：

	调查厂数（家）	固定资产（万元）	投资意向		
			增加（+）	不变（=）	减少（-）
甲	7	1 600	3	2	2
乙	13	1 200	3	7	3
丙	10	800	6	2	2

试预测该公司各厂明年投资的总趋势。

5. 某服装研究中心设计了一种新式女时装，聘请了三位最有经验的时装推销员来参加试销和时装表演活动，最后请他们作出销路预测。预测结果如下：

甲：最乐观的销售量是 800 万件
　　最悲观的销售量是 600 万件
　　最可能的销售量是 700 万件
乙：最乐观的销售量是 750 万件
　　最悲观的销售量是 550 万件
　　最可能的销售量是 640 万件
丙：最乐观的销售量是 850 万件
　　最悲观的销售量是 600 万件
　　最可能的销售量是 700 万件

甲、乙、丙这三位专家的经验彼此相当，试用 PERT 法预测新式时装的销售量。

6. 某百货商场的某类商品由 A、B、C 三个柜台销售，为做好全商场的总销售预测，分别由 A、B、C 各柜台先作预测，然后由业务经理综合。假定各柜台的预测值均服从正态分布，其预测结果如下：

柜台 A 的预测结果是
　　最可能的销售量是 400 单位
　　销售量在 350～450 单位之间的可能性是 90%
柜台 B 的预测结果是
　　最可能的销售量是 450 单位
　　销售量在 400～500 单位之间的可能性是 95%
柜台 C 的预测结果是
　　最可能的销售量是 350 单位
　　销售量在 300～400 单位之间的可能性是 85%

试求该商场该类商品总销售量预测值。

7. 叙述经验分析法的优缺点，在什么条件下可用？在什么情况下不宜应用？

第五章 一元回归预测技术

在经济系统中，由于存在生产、分配、交换和消费等经济活动，信息流、物流、资金流在系统中依序流动着，各生产要素、各经济变量有的以实物形态出现，有的以货币形态表示，如产品的销售量、投资额、价格、利润、GDP 等，最终都可表现为一定的数量关系。例如，人均收入与人均消费支出，商品的价格与需求之间等都有某种关系存在。在这些关系中，有一类是我们特别关心的，那就是因果关系。人们可从因果关系出发，通过统计资料，建立数学模型进行预测。这类方法称为因果关系预测法。在这类方法中，使用频率最高的是回归分析预测法。

回归分析法起源于生物学的研究。英国生物学家高尔登（Francis Galton）在 19 世纪末叶研究遗传特性时，发现父亲的身高与儿子的身高之间有较密切的联系。一般说来，父亲的身材高大，其子也比较高大，父亲矮小，儿子也偏于矮小。但是，大量的研究资料发现，身高有一种向平均数回归的倾向，即身材很高的父亲，其子比父亲略矮；反之，很矮的父亲，其子比父亲略高。这种身高倾向于平均数的特性，就称回归（Regression）。高尔登在 1889 年发表的著作《自然的遗传》中，提出了回归分析方法以后，很快就应用到经济领域中来。美国经济计量学的先驱者摩尔（H. L. Moore）就首先应用它来研究经济循环和预测，发表了应用回归分析作商品预测的有关文章。自此以后，应用回归分析对经济作定量分析，建立经济计量模型作定量预测的成果彼彼皆是，发表文章的数量呈指数级增长。目前，回归分析的理论与应用，均已达到了成熟的阶段。

回归预测技术的种类繁多，若按回归方程所含的变量多少划分，有一元回归和多元回归；按回归方程的性质划分，有线性回归和非线性回归；按所含变量的属性划分，有数量回归和非数量（虚变量）回归。本章将介绍一元线性回归预测技术。

§5.1 一元线性回归预测模型

在两个经济变量之间，例如人均收入与消费支出之间，一般说来，收入越高，消费支出就越大。为研究这两个经济变量之间的关系，我们统计了某市从 1990 年以来人均收入和人均消费支出的七组数据（见表 5.1）。

在表 5.1 中，以 x 表示人均收入，y 表示人均消费支出。从表中的数据可见，x 和 y 之间的变化，呈现出某种规律性，即随着人均收入的提高，消费支出也相应地增大。把这些数据点绘在直角坐标纸上，就可直观地看到，这些数据点散布在某一直线的两旁（见图 5-1）。

表 5.1 单位：10 元

年　份	人均收入 x	人均消费 y	年　份	人均收入 x	人均消费 y
1998	4 800	4 200	2002	6 400	5 800
1999	5 100	4 500	2003	7 000	6 200
2000	5 450	4 900	2004	7 600	6 800
2001	5 900	5 300	2005	8 000	7 200

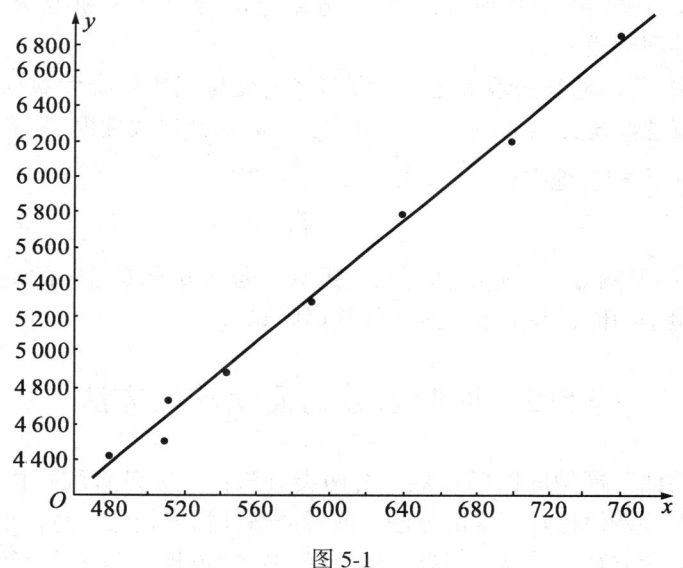

图 5-1

在图 5-1 中的直线，其方程的一般形式是

$$y = a + bx \tag{5.1-1}$$

由此得到 x 和 y 之间的关系可以定量地表示为

$$y_i = a + bx_i + \varepsilon_i \tag{5.1-2}$$

这里 ε_i 是一种随机干扰或称为误差项，是一个均值为 0、方差为 σ^2 的随机变量。在一般的情况下，可认为它服从正态分布，即 $\varepsilon \sim N(0, \sigma^2)$。$x$ 是一个解释变量，又称为自变量，这个量是确定性的，因而是可以控制的变量。y 称为被解释变量，又称为因变量，由于受随机干扰的影响，所以是一个随机变量，它是我们预测的目标变量。常数 a、b 是待定的参数。(5.1-2) 的一般形式是

$$y = a + bx + \varepsilon \tag{5.1-3}$$

ε 满足条件 *

$$\left.\begin{array}{ll}(1) & E(\varepsilon)=0 \\ (2) & D(\varepsilon_i)=\sigma^2 \\ (3) & \mathrm{Cov}(\varepsilon_i,\varepsilon_j)=0, i\neq j \\ (4) & \mathrm{Cov}(\varepsilon_i,x_j)=0\end{array}\right\} \qquad (5.1\text{-}4)$$

条件(1)表示随机干扰项中,有正、负两种干扰,平均干扰为零。条件(2)表示随机干扰 ε_i 有相同的方差,即 $D(\varepsilon_i)=\sigma_i^2=\sigma^2$。条件(3)表示随机干扰项不存在序列相关。条件(4)表示随机干扰项与解释变量无关。由此得到,在假定(5.1-4)式成立的条件下,有

$$E(y)=E(a+bx+\varepsilon)=a+bx \qquad (5.1\text{-}5)$$

由此得到随机变量 y 是一个服从均值为 $a+bx$,方差为 σ^2 的正态随机变量。模型(5.1-5)式就被称为一元线性回归模型。

在预测实践中,我们遇到的常常是许许多多经济变量的历史统计数据或观察记录。预测者的任务是根据这些统计数据 (x_i,y_i), $i=1,2,\cdots,n$,估计出线性模型(5.1-5)式的参数 a、b,并记它们为 $\hat{a}$、$\hat{b}$,即相应地把(5.1-5)式记为

$$\hat{y}=\hat{a}+\hat{b}x \qquad (5.1\text{-}6)$$

(5.1-6)式称为回归预测方程, $\hat{a}$、$\hat{b}$ 称为回归系数。若已知自变量 x 的值,则通过预测方程可预测出因变量 y 的值,并给出预测值的置信区间。

§5.2 回归系数的简便求估方法

求估一元线性回归模型的回归系数,有两类方法:一类是直观且使用方便的简明方法,另一类是相对复杂但比较精确的方法。前者的估计精度较低,适合于只获取描述性预测结果的用户;后者的精度较高,适合于较严密的定量预测。本节只介绍简明方法。

1. 目估作图法

把 n 组数据点绘在坐标纸上,假如画的点群呈一条直线带,就在点群中画一条直线,使得直线两边的点差不多相等。这条直线可以近似地当作回归直线,利用它可以在坐标纸上直接进行预测。例如,某产品 1~7 月的销售量有如表 5.2 所示。

表 5.2

月　份	1	2	3	4	5	6	7
销售量	24	30	35	41	47	52	58

以月份 t 为横坐标,实际销售量 y_t 为纵坐标,点在坐标纸上,如图 5-2 所示。利用直

---

* E 表示期望, D 表示方差, Cov 表示协方差。

线 l，可得到 8 月份的销售量预测值为 63。

2. 平均值法

设回归方程为

$$\hat{y} = \hat{a} + \hat{b}x$$

现要通过 n 组观察数据 (x_i, y_i)，$i = 1, 2, \cdots, n$，求估 $\hat{a}$ 与 $\hat{b}$。具体做法是将这 n 组数据分别代入回归方程，然后将这 n 个方程平均分为 2 组（分组数等于待估回归方程系数的个数），把每组内的方程分别相加，得到一个二元一次联立

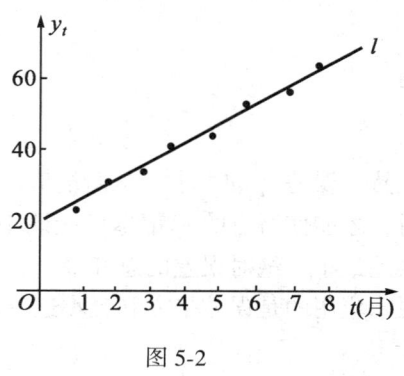

图 5-2

方程组，解之即得 $\hat{a}$，$\hat{b}$。例如，将表 5.1 中的数据代入 (5.1-6) 式，并按 y 的大小分为两组，然后对应项分别相加，即

$$\begin{aligned} 4\,200 &= \hat{a} + 4\,800\hat{b} \\ 4\,500 &= \hat{a} + 5\,100\hat{b} \\ 4\,900 &= \hat{a} + 5\,450\hat{b} \\ +)\ 5\,300 &= \hat{a} + 5\,900\hat{b} \\ \hline 18\,900 &= 4\hat{a} + 21\,250\hat{b} \end{aligned} \qquad \begin{aligned} 5\,800 &= \hat{a} + 6\,400\hat{b} \\ 6\,200 &= \hat{a} + 7\,000\hat{b} \\ 6\,800 &= \hat{a} + 7\,600\hat{b} \\ +)\ 7\,200 &= \hat{a} + 8\,000\hat{b} \\ \hline 2\,600 &= 4\hat{a} + 29\,000\hat{b} \end{aligned}$$

由此得到二元一次方程组

$$\begin{cases} 4\hat{a} + 21\,250\,\hat{b} = 18\,900 \\ 4\hat{a} + 29\,000\,\hat{b} = 26\,000 \end{cases}$$

解此方程组得

$$\hat{b} = 0.916$$
$$\hat{a} = -141$$

代回原方程，得到所求的回归方程为

$$\hat{y} = -141 + 0.916x \tag{5.2-1}$$

根据上述方程，若已知自变量 x 的值，代入回归方程 (5.2-1)，即可算得 y 的预测值。若已知 2006 年某市的人均收入为 9 000 元，则可预测出 2006 年某市的人均消费支出为

$$\hat{y} = -141 + 0.916 \times 9\,000 = 8\,103 (元)$$

§5.3 回归系数的精确求估方法

回归系数的精确求估方法有最小二乘法、最大似然法等多种。本节将介绍最小二乘法。

对于回归方程 (5.1-6) 式，用 x_i 的数据代替 x，就得到相应于 y_i 的估计值

$$\hat{y}_i = \hat{a} + \hat{b}x_i$$

$\hat{y}_i$ 与 y_i 之差称为估计误差或称残差，以 e_i 记之

$$y_i - \hat{y}_i = e_i$$

则

$$y_i = \hat{y}_i + e_i = \hat{a} + \hat{b}x_i + e_i \tag{5.3-1}$$

显然，误差 e_i 的大小，是衡量估计量 $\hat{a}$、$\hat{b}$ 好坏的重要标志。现在的问题是怎样选取 $\hat{a}$、$\hat{b}$ 时，才能使所有的 e_i 都尽可能地小。衡量总误差最小的准则有许多种，例如，最大绝对误差最小，绝对误差的总和最小，也可以是差误的平方和最小，等等。在这些准则中，最便于应用的是误差平方和最小这一准则。今后，我们将应用这一准则对参数 a、b 作出估计。

令

$$Q = \sum_{i=1}^{n} e_i^2 = \sum_{i=1}^{n}(y_i - \hat{y}_i)^2 = \sum_{i=1}^{n}(y_i - \hat{a} - \hat{b}x_i)^2 \tag{5.3-2}$$

使 Q 达到最小以估计出 $\hat{a}$、$\hat{b}$ 的方法称为最小二乘法。

在方程(5.1-6)式中，求取回归系数 $\hat{a}$、$\hat{b}$ 的法则是使 Q 达到最小。现写出 $\hat{a}$、$\hat{b}$ 的估计公式，由多元微分学可知，使 Q 达到最小的 $\hat{a}$、$\hat{b}$ 必须满足

$$\left. \begin{array}{l} \dfrac{\partial Q}{\partial \hat{a}} = -2\sum_{i=1}^{n}(y_i - \hat{a} - \hat{b}x_i) = 0 \\ \dfrac{\partial Q}{\partial \hat{b}} = -2\sum_{i=1}^{n}(y_i - \hat{a} - \hat{b}x_i)x_i = 0 \end{array} \right\} \tag{5.3-3}$$

这里，n 是样本数据的组数。

化简(5.3-3)式得到

$$\left. \begin{array}{l} n\hat{a} + \hat{b}\sum_{i=1}^{n}x_i = \sum_{i=1}^{n}y_i \\ (\sum_{i=1}^{n}x_i)\hat{a} + \hat{b}\sum_{i=1}^{n}x_i^2 = \sum_{i=1}^{n}x_iy_i \end{array} \right\} \tag{5.3-4}$$

求解上述方程组得

$$\hat{a} = \frac{1}{n}\sum_{i=1}^{n}y_i - \hat{b}\frac{1}{n}\sum_{i=1}^{n}x_i = \bar{y} - \hat{b}\bar{x} \tag{5.3-5}$$

$$\hat{b} = \frac{\sum_{i=1}^{n}x_iy_i - \bar{x}\sum_{i=1}^{n}y_i}{\sum_{i=1}^{n}x_i^2 - \bar{x}\sum_{i=1}^{n}x_i} \tag{5.3-6}$$

这里 $\bar{x} = \dfrac{1}{n}\sum_{i=1}^{n}x_i$，$\bar{y} = \dfrac{1}{n}\sum_{i=1}^{n}y_i$

当 $\sum_{i=1}^{n}x_i = 0$ 时，

$$\hat{b} = \frac{\sum_{i=1}^{n} x_i y_i}{\sum_{i=1}^{n} x_i^2}, \qquad \hat{a} = \bar{y} \tag{5.3-7}$$

$\hat{a}$、$\hat{b}$ 称为 a、b 的最小二乘估计量。可以证明，$\hat{a}$、$\hat{b}$ 以及 $\hat{\sigma}^2 = \dfrac{Q}{n-2}$ 是 a、b 和 σ^2 的无偏估计量。为了便于计算，列出计算表(见表 5.3)。

表 5.3

样本序号	x	x^2	y	y^2	xy
1	x_1	x_1^2	y_1	y_1^2	$x_1 y_1$
2	x_2	x_2^2	y_2	y_2^2	$x_2 y_2$
3	x_3	x_3^2	y_3	y_3^2	$x_3 y_3$
⋮	⋮	⋮	⋮	⋮	⋮
n	x_n	x_n^2	y_n	y_n^2	$x_n y_n$
$\sum$	$\sum_{i=1}^{n} x_i$	$\sum_{i=1}^{n} x_i^2$	$\sum_{i=1}^{n} y_i$	$\sum_{i=1}^{n} y_i^2$	$\sum_{i=1}^{n} x_i y_i$

[例] 已知某种商品的销售量同某市居民的月人均可支配收入有关，现有如表 5.4 的统计数据，试建立回归方程，并求出相应参数的最小二乘估计。

根据表 5.4 的数据变化情况，当可支配收入增加时，该种商品的销售量也相应地增大，而且有线性趋势，故可以建立线性回归模型。求估参数的步骤如下：

第一步 列出如表 5.5 的计算表格。

第二步 计算出 $\bar{x}$、$\bar{y}$：

$$\bar{x} = \sum_{i=1}^{n} x_i / n = \frac{11\ 657}{16} = 728.56$$

表 5.4

年　　份	实际月人均可支配收入 x 单位：10 元	某种商品的销售量 y 单位：件
1990	522	6 700
1991	539	7 316
1992	577	7 658
1993	613	8 784

续表

年 份	实际月人均可支配收入 x 单位：10 元	某种商品的销售量 y 单位：件
1994	644	8 408
1995	670	7 583
1996	695	8 600
1997	713	8 442
1998	741	7 158
1999	769	8 683
2000	801	9 317
2001	855	9 675
2002	842	7 542
2003	860	7 084
2004	890	8 612
2005	920	9 119

$$\bar{y} = \sum_{i=1}^{n} y_i / n = \frac{130\ 681}{16} = 8\ 167.6$$

第三步 将前两步计算结果代入(5.3-6)式和(5.3-5)式求出 $\hat{a}$、$\hat{b}$ 的值

$$\hat{b} = \frac{96\ 003\ 315 - 728.56 \times 130\ 681}{8\ 737\ 941 - 728.56 \times 11\ 657}$$

$$= \frac{794\ 365.64}{245\ 117.08} = 3.24$$

$$\hat{a} = \bar{y} - \hat{b}\bar{x} = 8\ 167.6 - 3.24 \times 728.56 = 5\ 807$$

由此得到该种商品的销售量关于实际月人均可支配收入的回归方程为

$$\hat{y} = 5\ 807 + 3.24x$$

表 5.5

样本序号	月人均实际可支配收入 x_i	x_i^2	某种商品销售量 y_i	y_i^2	$x_i y_i$
1	522	272 484	6 700	4 489 000	3 497 400
2	539	290 521	7 316	53 523 856	3 943 324

续表

样本序号	月人均实际可支配收入 x_i	x_i^2	某种商品销售量 y_i	y_i^2	$x_i y_i$
3	577	332 929	7 658	58 644 964	4 418 666
4	613	375 769	8 784	77 158 656	5 384 592
5	644	414 736	8 408	70 694 464	5 414 752
6	670	448 900	7 583	57 501 819	5 080 610
7	695	483 025	8 600	73 960 000	5 977 000
8	713	508 369	8 442	71 267 364	6 019 146
9	741	549 081	7 158	51 236 964	5 304 078
10	769	591 361	8 683	75 394 489	6 677 227
11	801	641 601	9 317	86 806 489	7 462 917
12	855	731 025	9 675	93 605 625	8 272 165
13	842	708 964	7 542	56 881 764	6 350 364
14	860	739 600	7 084	50 183 056	6 092 240
15	890	792 100	8 612	74 166 544	7 692 240
16	926	857 476	9 119	83 156 161	8 444 194
$\sum$	11 657	2 737 941	130 681		96 003 315

§5.4 回归方程的显著性检验

在前两节中，我们介绍了通过统计数据建立回归方程，求估回归系数的一些方法。这些方法在建模过程中，对参与计算的数据 (x_i, y_i)，$i = 1, 2, \cdots, n$，未附加任何条件，也就是说，对任何 n 组数据 (x_i, y_i) 均可估算出回归系数 $\hat{a}$、$\hat{b}$ 的值，配出一条回归直线。但是，这样配出的回归直线是否有意义，可否用于预测和控制？参与计算的两个变量 x 和 y 是否有线性关系？若有线性关系，其关系的密切程度如何度量？这些问题都有待回答。

为了回答上述问题，本节首先建立有关概念。例如，可决系数与相关系数，这是描绘方程拟合优度与两个变量线性关系密切程度的指标，然后给出检验回归方程是否有意义的显著性检验。

1. 可决系数

所谓可决系数或判定系数，是反映拟合优度的概括性的度量指标。所谓拟合优度，是指由样本数据拟合回归直线的优劣程度。若所有的数据点均落在回归直线上，这种拟合是最理想的,称为"完全拟合"。但这种情况很少,大多数的情况是样本数据点围绕回归直线的两边散布着,如图 5-1 所示。因此,y_i 可以表示为

$$y_i = \hat{y}_i + e_i = \hat{a} + \hat{b}x_i + e_i \tag{5.4-1}$$

(5.4-1)式说明每个观察值变量 y_i 均可分解为估计值 $\hat{y}_i$ 和残差 e_i 两部分。为使这种分解更为具体,将(5.4-1)式两边均减去观察值 y_i 的均值 $\bar{y}$,从而有

$$y_i - \bar{y} = \hat{y}_i - \bar{y} + e_i \tag{5.4-2}$$

将(5.4-2)式两边先平方再求和,得到

$$\sum_{i=1}^{n}(y_i - \bar{y})^2 = \sum_{i=1}^{n}(\hat{y}_i - \bar{y})^2 + \sum_{i=1}^{n}e_i^2 + 2\sum_{i=1}^{n}(\hat{y}_i - \bar{y})e_i$$

$$= \sum_{i=1}^{n}(\hat{y}_i - \bar{y})^2 + \sum_{i=1}^{n}(y_i - \hat{y}_i)^2$$

$$+ 2\sum_{i=1}^{n}(\hat{y}_i - \bar{y})(y_i - \hat{y}_i)$$

上式交叉项,由(5.3-2)式及(5.3-3)式得到

$$\sum_{i=1}^{n}(\hat{y}_i - \bar{y})(y_i - \hat{y}_i) = \sum_{i=1}^{n}(y_i - \hat{y}_i)(\hat{a} + \hat{b}x_i - \bar{y})$$

$$= (\hat{a} - \bar{y})\sum_{i=1}^{n}(y_i - \hat{y}_i) + \hat{b}\sum_{i=1}^{n}x_i(y_i - \hat{y}_i)$$

$$= (\hat{a} - \bar{y})\sum_{i=1}^{n}(y_i - \hat{a} - \hat{b}x_i) + \hat{b}\sum_{i=1}^{n}x_i(y_i - \hat{a} - \hat{b}x_i)$$

$$= 0$$

故

$$\sum_{i=1}^{n}(y_i - \bar{y})^2 = \sum_{i=1}^{n}(\hat{y}_i - \bar{y})^2 + \sum_{i=1}^{n}(y_i - \hat{y}_i)^2 \tag{5.4-3}$$

上式说明以下三个问题:

第一,$\sum_{i=1}^{n}(y_i - \bar{y})^2$ 表示观察值 y_i 与其平均值的总离差平方和,以 $S_{总}$ 记之。

第二,$\sum_{i=1}^{n}(\hat{y}_i - \bar{y})^2$ 是总离差平方和的一部分,它是由回归直线方程 $\hat{y}_i = \hat{a} + \hat{b}x_i$ 中 x 的变化而引起的,它的大小(在与残差相比的意义下)反映了自变量 x 的重要程度,故称这部分为回归平方和,以 U 记之。

第三,$\sum_{i=1}^{n}(y_i - \hat{y}_i)^2 = \sum_{i=1}^{n}e_i^2$ 称为残差平方和,表示不能用回归直线解释的部分,它是由其他未能控制的随机干扰因素引起的残差平方和,以 Q 记之[参见(5.3-2)式]。

根据以上说明,(5.4-3)式可以表示为

$$S_{总} = U + Q \tag{5.4-4}$$

(5.4-4)式两边均除以 $S_{总}$,则得到

$$1 = \frac{U}{S_{总}} + \frac{Q}{S_{总}} \tag{5.4-5}$$

$\dfrac{U}{S_{总}}$ 表示了由解释变量 x 的变化而引起因变量 y 的变差占总离差的百分比。因此，它是衡量回归直线拟合得好坏的一个度量指标，也就是拟合优度的度量指标。这个指标我们定义为可决系数，以 r^2 记之

$$r^2 = \frac{U}{S_{总}} \tag{5.4-6}$$

由(5.4-5)式得到

$$r^2 = 1 - \frac{Q}{S_{总}} \tag{5.4-7}$$

由(5.4-7)式可见，Q 越小，r^2 就越大，回归方程就拟合得越好。相反地，r^2 值较低，说明了回归方程所引入的变量 x，不是一个好的解释变量，它所能解释的变差在总变差中所占的比例较低。因此，可决系数是检验回归方程拟合优度的一个重要指标。

2. 相关系数

所谓相关系数，乃是描述变量 x 与 y 之间的线性关系密切程度的一个数量指标，与可决系数密切相关，但在定义上有所不同。与可决系数一样，记相关系数为 $\hat{r}$，它的定义如下

$$\hat{r} = \frac{\sum\limits_{i=1}^{n} x_i y_i - n\bar{x}\bar{y}}{\sqrt{\sum\limits_{i=1}^{n} x_i^2 - n\bar{x}^2} \sqrt{\sum\limits_{i=1}^{n} y_i^2 - n\bar{y}^2}} \tag{5.4-8}$$

这里 x_i、y_i 为样本观察值，n 为样本容量。这个 $\hat{r}$ 是怎样反映出变量 x 与 y 之间的线性密切程度的呢？考查 $\hat{r}$ 与回归系数 $\hat{b}$ 有何关系就可知道。由(5.3-6)式得到

$$\hat{b} = \frac{\sum\limits_{i=1}^{n} x_i y_i - n\bar{x}\bar{y}}{\sum\limits_{i=1}^{n} x_i^2 - n\bar{x}^2}$$

$$= \frac{\sum\limits_{i=1}^{n} x_i y_i - n\bar{x}\bar{y}}{\sqrt{\sum\limits_{i=1}^{n} x_i^2 - n\bar{x}^2} \cdot \sqrt{\sum\limits_{i=1}^{n} y_i^2 - n\bar{y}^2}}$$

$$\cdot \frac{\sqrt{\sum\limits_{i=1}^{n} y_i^2 - n\bar{y}^2}}{\sqrt{\sum\limits_{i=1}^{n} x_i^2 - n\bar{x}^2}}$$

$$= \hat{r} \cdot \frac{\sqrt{\sum_{i=1}^{n} y_i^2 - n\bar{y}^2}}{\sqrt{\sum_{i=1}^{n} x_i^2 - n\bar{x}^2}} \tag{5.4-9}$$

由此可见：

第一，$\hat{r}=0$ 时，$\hat{b}=0$。则回归线是一条与 x 轴平行的直线，说明 y 的变化与 x 无关，即 x 与 y 无任何线性关系，表现为点 (x_i, y_i) 的散布是完全不规则的。

第二，$\hat{r}^2=1$，此时

$$\hat{r}^2 = \frac{\hat{b}^2\left(\sum_{i=1}^{n} x_i^2 - n\bar{x}^2\right)}{\sum_{i=1}^{n} y_i^2 - n\bar{y}^2} = 1$$

$$\therefore \quad \hat{b}^2\left(\sum_{i=1}^{n} x_i^2 - n\bar{x}^2\right) = \sum_{i=1}^{n} y_i^2 - n\bar{y}^2 \tag{5.4-10}$$

这时残差平方和 Q 可以表示为

$$\begin{aligned} Q &= \sum_{i=1}^{n} (y_i - \hat{y}_i)^2 = \sum_{i=1}^{n} (y_i - \hat{a} - \hat{b}x_i)^2 \\ &= \sum_{i=1}^{n} (y_i - \bar{y} + \hat{b}\bar{x} - \hat{b}x_i)^2 \\ &= \sum_{i=1}^{n} [(y_i - \bar{y}) - \hat{b}(x_i - \bar{x})]^2 \\ &= \sum_{i=1}^{n} (y_i - \bar{y})^2 - 2\hat{b}\sum_{i=1}^{n} (x_i - \bar{x})(y_i - \bar{y}) \\ &\quad + \hat{b}^2 \sum_{i=1}^{n} (x_i - \bar{x})^2 \end{aligned} \tag{5.4-11}$$

由 (5.3-6) 式得到

$$\sum_{i=1}^{n} x_i y_i - \bar{x} \sum_{i=1}^{n} y_i = \hat{b}\left(\sum_{i=1}^{n} x_i^2 - n\bar{x}^2\right) = \hat{b}\sum_{i=1}^{n} (x_i - \bar{x})^2$$

将上式代入 (5.4-11) 式得到

$$\begin{aligned} Q &= \sum_{i=1}^{n} (y_i - \bar{y})^2 - 2\hat{b}\left(\sum_{i=1}^{n} x_i^2 - n\bar{x}^2\right) + \hat{b}^2 \sum_{i=1}^{n} (x_i - \bar{x})^2 \\ &= \sum_{i=1}^{n} (y_i - \bar{y})^2 - \hat{b}^2 \sum_{i=1}^{n} (x_i - \bar{x})^2 \end{aligned} \tag{5.4-12}$$

将 (5.4-10) 式代入 (5.4-12) 式，得到 $Q=0$，由此得到

$$Q = 0 \Leftrightarrow \hat{r}^2 = 1$$

这时，所有的样本点都落在回归直线上，这种情况称变量 x 与 y 为完全相关，$\hat{r}=1$ 称为完全正相关，$\hat{r}=-1$ 称为完全负相关。

第三，$0<|\hat{r}|<1$，这是大多数情况。这时 $|\hat{r}|$ 的大小，刻画着变量 x 与 y 的线性关

系的密切程度。$\hat{r}>0$ 称为正相关，$\hat{r}<0$ 称为负相关。由(5.4-12)式和(5.4-9)式得

$$\hat{r}^2 = 1 - \frac{Q}{\sum_{i=1}^{n}(y_i - \bar{y})^2} \qquad (5.4\text{-}13)$$

$$\therefore \quad |\hat{r}| = \sqrt{1 - \frac{Q}{\sum_{i=1}^{n}(y_i - \bar{y})^2}}$$

由此看出若 Q 减小，则 $|\hat{r}|$ 就增大；反之亦然。$|\hat{r}|$ 大，Q 就小，这时点 (x_i, y_i) 就靠近回归直线；反之，$|\hat{r}|$ 小，Q 就大，这时点 (x_i, y_i) 离回归线就较分散。因此，$|\hat{r}|$ 的大小，是衡量 x 与 y 线性关系密切程度的重要标志。$|\hat{r}|$ 愈接近 1，x 与 y 的线性关系愈密切；$|\hat{r}|$ 愈接近于 0，x 与 y 的线性关系密切程度就愈小。因此，建立回归方程后，常常要考查 $\hat{r}$ 的大小，以确定回归方程有无使用价值。

值得注意的是样本相关系数的大小，同参与计算的样本点的多少有关。因此，在考查样本相关系数的大小以衡量回归方程的使用价值时，必须注意到这一点。

[例] 现有经济变量 (x, y) 的 10 组样本数据，建立起线性回归方程

$$\hat{y} = \hat{a} + \hat{b}x \qquad (5.4\text{-}14)$$

计算出变量 x 与 y 之间的线性相关系数 $\hat{r} = 0.6$。另有一对经济变量 (x', y')，有 20 组样本数据，建立的回归方程

$$\hat{y}' = \hat{\alpha} + \hat{\beta}x' \qquad (5.4\text{-}15)$$

计算出 x' 与 y' 之间的线性相关系数也是 $\hat{r}' = 0.6$。若使用这两个回归方程进行预测，问在信度 $\alpha = 0.05$ 下，哪个方程更有效？哪两个经济变量线性关系更紧密？为回答这个问题，查附录统计表 V，得到相关系数 $\hat{r}$ 的临界值为 $\hat{r}_{0.05} = 0.602$，$\hat{r}'$ 的临界值为 $\hat{r}'_{0.05} = 0.444$。由此得到 $\hat{r} = 0.6 < \hat{r}_{0.05} = 0.602$，而 $\hat{r}' = 0.6 > \hat{r}'_{0.05} = 0.444$。可见，$x$ 与 y 之间的线性关系不密切，其回归方程无效，而 x' 与 y' 之间的线性关系，可以说是密切的，因而其回归方程有效，可以用来预测。

3. 回归方程的显著性检验

所谓回归方程的显著性检验，就是用统计的方法检验所建立的回归方程 $\hat{y} = \hat{a} + \hat{b}x$ 是否有意义，即回归方程的一次项系数 $\hat{b}$ 是否等于零，而这一方面可以通过比较 U 与 Q 来实现。可以证明，在统计假设 $b=0$ 的条件下，统计量

$$F = \frac{U}{Q/(n-2)}$$

服从自由度为 1 和 $n-2$ 的 F 分布。

检验的基本步骤如下：

第一步，计算残差平方和

$$Q = \sum_{i=1}^{n}(y_i - \hat{y}_i)^2$$

y_i——实测值；

$\hat{y}_i$——预测值；

n——样本容量。

第二步，计算回归平方和

$$U = \sum_{i=1}^{n} (\hat{y}_i - \bar{y})^2$$

$$\bar{y} = \frac{1}{n}\sum_{i=1}^{n} y_i$$

第三步，计算统计量 F 的值

$$F = \frac{U}{Q/(n-2)}$$

第四步，根据给出的信度 α，查 F 分布表，第一自由度为1，第二自由度为 $n-2$，得到临界值为 $F_\alpha(1, n-2)$。

第五步，将统计量 F 与临界值 F_α 进行比较，若统计量 F 的值大于 F_α，则认为回归方程显著，线性假设成立，也就是说，这两个经济变量有线性关系；否则，认为回归方程不显著，即没有意义。

[例] 已知某对经济变量 (x, y)，x 为自变量，y 为因变量，有如表5.6的样本数据，试建立回归方程，并在信度 $\alpha=0.05$ 下检验回归方程的显著性。

表5.6

样本序号	1	2	3	4	5	6	7	8	9	10
经济变量 x_i	32.8	33.4	33.9	34.1	34.3	34.6	35.3	36.4	37.4	38.2
经济变量 y_i	40.1	44.7	45.4	49.8	56.3	63.8	70.8	75.8	82.9	92.1

根据表5.6的样本数据，用§5.3的计算方法建立起回归方程

$$\hat{y} = -282.9 + 9.8x = \hat{a} + \hat{b}x \tag{5.4-16}$$

现检验上述回归方程是否能通过显著性检验，即检验回归系数 b 是否显著异于零。计算程序如下。

1. 将 x 的样本值 x_i，$i = 1, 2, \cdots, 10$，代入回归方程（5.4-16）分别算出 $\hat{y}_i$，$i=1, 2, \cdots, 10$。

2. 计算出残差平方和 Q

$$Q = \sum_{i=1}^{10} (y_i - \hat{y}_i)^2 = 124.45$$

3. 计算出回归平方和 U

$$U = \sum_{i=1}^{10} (\hat{y}_i - \bar{y})^2 = 2\,728.93$$

4. 计算统计量 F

$$F = \frac{U}{Q/(n-2)} = \frac{2\ 728.93}{124.45/(10-2)} = 175.42$$

5. 根据给出的信度 $\alpha = 0.05$，查附录统计表Ⅳ，即 F 分布表，第一自由度为1，第二自由度为8，得到 F 的临界值 $F_{0.05}(1, 8) = 5.32$。

6. 将统计量 F 的值与临界值进行比较，发现 $F = 175.42$ 明显大于临界值 $F_{0.05}(1, 8) = 5.32$。因此，可以认为回归方程是显著的，即回归系数 b 是显著异于零的。

§5.5　回归方程的应用

由样本数据求出的回归方程，通过了显著性检验以后，即可应用。下面将介绍回归方程的具体应用。

1. 经济预测

由回归方程

$$\hat{y} = \hat{a} + \hat{b}x \tag{5.5-1}$$

若已知自变量 x 取某一给定的 x_0 值，将 x_0 值代入回归方程 (5.5-1)，则可算出

$$\hat{y}_0 = \hat{a} + \hat{b}x_0$$

它是 x_0 处 y 的观测值

$$y_0 = a + bx_0 + \varepsilon_0$$

的一个预测值。这个预测值 $\hat{y}_0$，仅是 y_0 的一个点估计值，不能给出置信水平，也不易作风险分析。为估计预测风险和给出置信水平，必须作区间估计，也就是在一定的显著性水平（信度）下，求出置信区间，求出一个正实数 δ，使得实测值 y_0 以 $1-\alpha$ 的概率落在区间 $(\hat{y}_0-\delta, \hat{y}_0+\delta)$ 内，即满足

$$P(\hat{y}_0 - \delta < y_0 < \hat{y}_0 + \delta) = 1 - \alpha \tag{5.5-2}$$

为此，必须求出预测误差 $y_0 - \hat{y}_0$ 的分布。由于 y_0 与 $\hat{y}_0$ 均服从正态分布，从而预测误差 $y_0 - \hat{y}_0$ 也服从正态分布，它的均值

$$E(y_0 - \hat{y}_0) = 0$$

方差

$$D(y_0 - \hat{y}_0) = \sigma^2 \left[1 + \frac{1}{n} + \frac{(x - \bar{x})^2}{\sum_{i=1}^{n}(x_i - \bar{x})^2} \right]$$

由此得到 $y_0 - \hat{y}_0$ 服从均值为0，方差为 $\sigma^2 \left[1 + \frac{1}{n} + \frac{(x - \bar{x})^2}{\sum_{i=1}^{n}(x_i - \bar{x})^2} \right]$ 的正态分布。不过这里的 σ 是未知的，通常以它的估计量 $\hat{\sigma}^2$ 代替

$$\hat{\sigma}^2 = \frac{1}{n-2}\sum_{i=1}^{n}(y_i - \hat{a} - \hat{b}x_i)^2$$

由此可以证明 $y_0 - \hat{y}_0$ 与 $\hat{\sigma}$ 相互独立，从而得到

$$\frac{(y_0 - \hat{y})^2}{\left[1 + \frac{1}{n} + \frac{(x_0 - \bar{x})^2}{\sum_{i=1}^{n}(x_i - \bar{x})^2}\right]\hat{\sigma}^2}$$

服从自由度为 1 和 $n-2$ 的 F 分布，因而有

$$P\left(\left|\frac{y_0 - \hat{y}_0}{\sqrt{\hat{\sigma}^2\left[1 + \frac{1}{n} + \frac{(x_0 - \bar{x})^2}{\sum_{i=1}^{n}(x_i - \bar{x})^2}\right]}}\right| \leq \sqrt{F_\alpha(1, n-2)}\right) = 1 - \alpha$$

由此得到

$$P(\hat{y}_0 - \delta < y_0 < \hat{y}_0 + \delta) = 1 - \alpha$$

其中

$$\delta = \sqrt{F_\alpha^2(1, n-2)\hat{\sigma}^2\left[1 + \frac{1}{n} + \frac{(x_0 - \bar{x})^2}{\sum_{i=1}^{n}(x_i - \bar{x})^2}\right]} \tag{5.5-3}$$

这里 $F_\alpha(1, n-2)$ 是信度为 α，自由度为 1 和 $n-2$ 的 F 分布的置信限，可以查附录的统计表 IV 的 F 分布表得到。α 的值通常取为 5%。

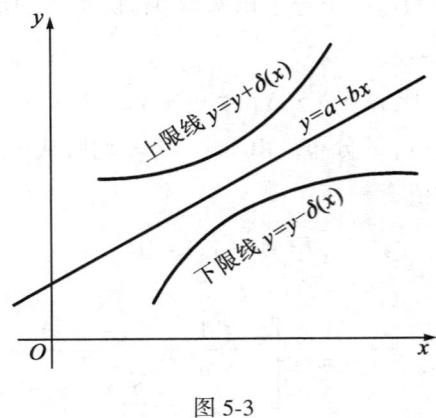

图 5-3

由 (5.5-3) 式可知，预测值与实测值的偏差 δ 不仅与信度 α 有关 [α 愈小，$F_\alpha(1, n-2)$ 就愈大，δ 也就愈大]，而且与 n 也有关（n 愈大，δ 愈小），同时还与预测因子 x_0 的取值有关，当 x_0 愈接近 $\bar{x}$ 时，δ 就愈小；反之，δ 就愈大，即有 $\delta = \delta(x)$。当 α 与 n 固定时，可画出 $y = \hat{y} - \delta(x)$ 和 $y = \hat{y} + \delta(x)$ 的图像，如图 5-3 所示，它们把回归直线夹在中

间，两头呈喇叭形。

根据实测的统计数据，即可算出 δ，在给定的信度下，就可对要预测的值作出风险估计。由（5.5-2）式可知，预测值 y_0 落在区间 $(\hat{y}_0-\delta, \hat{y}_0+\delta)$ 的可能性为 $1-\alpha$，换句话说，y_0 超出 $(\hat{y}_0-\delta, \hat{y}_0+\delta)$ 的风险为 α。

2. 经济控制

控制问题是预测的反问题，也就是若要求 y 落在一定范围 $y_1 \leqslant y \leqslant y_2$ 内，问应控制自变量 x 在何处？也就是说，要寻找出这样的两个数 x_1 与 x_2，使得

$$\hat{y} - \delta(x_1) > y_1$$
$$\hat{y} + \delta(x_2) < y_2$$

如图 5-4 所示。具体的解法是令 $\hat{y}-\delta(x) = y_1$，求解此方程得到的解记为 x_1。同样，令 $\hat{y}+\delta(x) = y_2$，求出其解并记为 x_2。

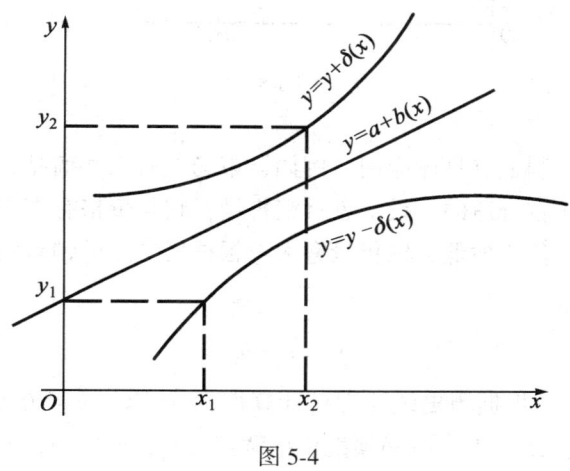

图 5-4

在实际的计算中，由于（5.5-3）式的计算十分复杂，因此必须将它简化。根据前面的讨论，当 n 比较大时，只要 x_0 取值在 $\bar{x}$ 的附近，就有

$$1 + \frac{1}{n} + \frac{(x_0 - \bar{x})^2}{\sum_{i=1}^{n}(x_i - \bar{x})^2} \approx 1$$

另一方面又有

$$\sigma^2 \approx \hat{\sigma}^2 = \frac{Q}{n-2}$$

因此有 $y_0-\hat{y}_0$ 近似地服从 $N(0, \hat{\sigma})$ 分布，由正态分布性质有

$$P(\hat{y}_0 - 2\hat{\sigma} < y_0 < \hat{y}_0 + 2\hat{\sigma}) = 95\%$$
$$P(\hat{y}_0 - 3\hat{\sigma} < y_0 < \hat{y}_0 + 3\hat{\sigma}) = 99\%$$

(5.5-4)

利用 (5.5-4) 式求解控制问题，将会大大地简化。只要令

$$y_1 = \hat{y} - 2\hat{\sigma} = \hat{a} + \hat{b}x_1 - 2\hat{\sigma}$$
$$y_2 = \hat{y} + 2\hat{\sigma} = \hat{a} + \hat{b}x_2 + 2\hat{\sigma}$$

分别解出 x_1、x_2 即得 x 的控制范围，如图 5-5 所示。

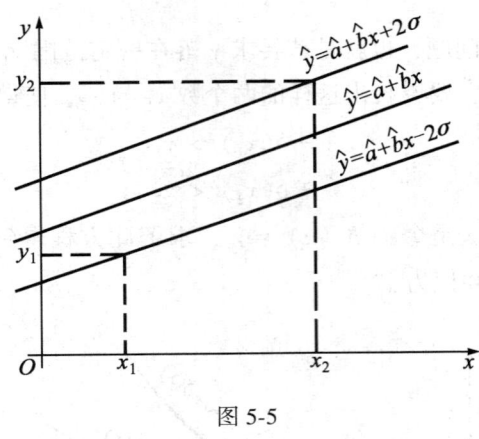

图 5-5

控制问题在销售控制上有具体应用。例如，市场上有某些商品，由于需求不同，用价格来控制其销售量是比较合适的。设 y 表示销售量，它与价格有密切关系。一般说来，价格越高，销售量越少；价格愈低，销售量愈大。根据历史上的销售统计资料可建立销售量与价格的回归方程：

$$\hat{y} = \hat{a} + \hat{b}x$$

x 表示价格。例如，根据历史统计资料计算得到 $\hat{a} = 20$，$\hat{b} = -0.6$，$\hat{\sigma}^2 = 2.25$，那么欲控制销售在区间 (10，15) 内，就必须把价格调到 (x_1, x_2) 内，x_1、x_2 分别是下述方程组的解

$$10 = 20 - 0.6x_1 - 2 \times 1.5$$
$$15 = 20 - 0.6x_2 + 2 \times 1.5$$

得

$$x_1 = 11.7, \quad x_2 = 13.3$$

表示只要把价格调在 (11.7，13.3) 内，就可控制销售量在 (10，15) 内。

思考与练习

1. 某公司通过登广告推销某品牌油漆，广告费与销售逐月有所变化，具体数据如下表所示，试计算逐月广告费与销售额的相关系数，并说明若增加广告费支出，是否有望增加销售额？若下月的广告费支出为 4.5 万元，问相应的销售预测值为多少？

月份	1	2	3	4	5	6	7	8
广告费（万元）	2.6	2.2	3.4	2.3	3.1	2.1	3.2	3.8
销售额（万元）	740	690	850	630	820	600	790	910

2. 某公司的逐月销售额有如下表的数据，试用回归分析法预测 11 月与 12 月的销售额。

单位：万元

月份	1	2	3	4	5	6	7	8	9	10
销售额	5.2	5.6	6.1	6.8	7.2	7.8	8.3	9.0	9.4	9.8

3. 某市某种商品的需求量同当地农村的人均月收入有关，历史上的需求与收入的数据如下表所示。

样本号	1	2	3	4	5	6	7	8
收入（元）	350	400	450	500	550	600	630	670
需求（万元）	45	48	51	58	62	65	69	78

预计下月的人均收入为 700 元，试预测某种商品的需求量。

4. 某市电子工业公司的所属企业的设备能力和劳动生产率有以下统计数据：

企业号	01	02	03	04	05	06	07	08	09	10	11	12	13	14
设备能力（千瓦/人）	2.8	2.8	3.0	2.9	3.4	3.9	4.0	4.8	4.9	5.2	5.4	5.5	6.2	7.0
劳动生产率（万元/人）	6.7	6.9	7.2	7.3	8.4	8.8	9.1	9.8	9.8	10.7	11.1	11.8	12.1	12.4

现该公司计划新建一企业，设备能力为 9.2 千瓦/人。试预测其劳动生产率，并求出它的 95% 的置信区间。

5. 我国某省财政收入从 1989—1998 年有如下的统计数据，试用回归预测法，预测 1999 年和 2000 年的财政收入。

年份	1989	1990	1991	1992	1993	1994	1995	1996	1997	1998
财政收入（亿元）	724.7	773.7	786.5	802.8	791.8	822.2	924.1	1 033.0	1 103.2	1 092.7

6. 某种商品的需求量与价格有关，由于原材料紧张，不能保证供给，只好用价格来控制，价格与需求的关系有如下数据。

价格（x）	1.5	1.8	2.0	2.1	2.3	2.5	2.8
需求量（y）	35	32	30	29	27	24	21

若在95.4%的置信区间内控制需求量在（18，20）内，问应控制价格在什么范围？

第六章 多元回归预测技术

在经济系统中,现实的经济现象错综复杂,有多种经济变量存在而且互相影响,每个经济变量都会受到多种经济因素的影响。例如,家庭的人均消费支出,除受家庭的人均收入影响外,还会受当地的物价水平、利率高低、消费偏好等因素的影响。这些问题促使我们要考虑多变量的回归问题。本章将介绍多元回归预测的基本原理,重点将介绍多元回归模型的建模方法。为直观起见,从二元线性回归开始,然后推广到多元线性回归和可线性化的多元回归。

§6.1 二元线性回归问题

某家具公司为提高其竞争力,拟逐步降低家具生产和销售的总成本,决定对生产总成本进行预测和控制。设 y 代表总成本,x_1 代表直接劳动量,x_2 代表木材用量,现有如表 6.1 所示的记录数据。

表 6.1

月份	总成本 y(万元)	劳动量 x_1(百小时)	木材耗用量 x_2(m³)
1	3.1	3.9	2.4
2	2.6	3.6	2.1
3	2.9	3.8	2.3
4	2.7	3.9	1.9
5	2.8	3.7	1.9
6	3.0	3.9	2.1
7	3.2	3.8	2.4

像一元线性回归一样,从表 6.1 中的数据出发,在 x_1,x_2 和 y 之间配一个线性回归方程

$$\hat{y} = \hat{b}_0 + \hat{b}_1 x_1 + \hat{b}_2 x_2$$

此方程在几何上表示一个平面,因此,称它为 y 对 x_1,x_2 的回归平面。$\hat{b}_0$ 为常数项,$\hat{b}_1$,$\hat{b}_2$ 分别称为 y 对 x_1,x_2 的回归系数。

回归系数的估计仍用最小二乘法,即选取这样的 $\hat{b}_0$,$\hat{b}_1$,$\hat{b}_2$,使残差平方和

$$\sum_{i=1}^{n} (y_i - \hat{b}_0 - \hat{b}_1 x_{1i} - \hat{b}_2 x_{2i})^2 = Q$$

达到极小,由多元微分学可知,$\hat{b}_0$, $\hat{b}_1$, $\hat{b}_2$ 满足下述方程

$$\begin{cases} \dfrac{\partial Q}{\partial \hat{b}_0} = -2\sum_{i=1}^{n}(y_i - \hat{b}_0 - \hat{b}_1 x_{1i} - \hat{b}_2 x_{2i}) = 0 \\ \dfrac{\partial Q}{\partial \hat{b}_1} = -2\sum_{i=1}^{n}(y_i - \hat{b}_0 - \hat{b}_1 x_{1i} - \hat{b}_2 x_{2i})x_{1i} = 0 \\ \dfrac{\partial Q}{\partial \hat{b}_2} = -2\sum_{i=1}^{n}(y_i - \hat{b}_0 - \hat{b}_1 x_{1i} - \hat{b}_2 x_{2i})x_{2i} = 0 \end{cases} \quad (6.1\text{-}1)$$

化简方程 (6.1-1),得到 $\hat{b}_0$, $\hat{b}_1$, $\hat{b}_2$ 满足下述线性方程组

$$\begin{cases} n\hat{b}_0 + \sum_{i=1}^{n} x_{1i}\hat{b}_1 + \sum_{i=1}^{n} x_{2i}\hat{b}_2 = \sum_{i=1}^{n} y_i \\ \sum_{i=1}^{n} x_{1i}\hat{b}_0 + \sum_{i=1}^{n} x_{1i}^2 \hat{b}_1 + \sum_{i=1}^{n} x_{1i}x_{2i}\hat{b}_2 = \sum_{i=1}^{n} x_{1i}y_i \\ \sum_{i=1}^{n} x_{2i}\hat{b}_0 + \sum_{i=1}^{n} x_{1i}x_{2i}\hat{b}_1 + \sum_{i=1}^{n} x_{2i}^2 \hat{b}_2 = \sum_{i=1}^{n} x_{2i}y_i \end{cases} \quad (6.1\text{-}2)$$

方程组 (6.1-2) 称为正规方程组。从 (6.1-2) 式的第一个方程可解出

$$\hat{b}_0 = \bar{y} - \hat{b}_1 \bar{x}_1 - \hat{b}_2 \bar{x}_2$$

其中:$\bar{y} = \dfrac{1}{n}\sum_{i=1}^{n} y_i$,$\bar{x}_1 = \dfrac{1}{n}\sum_{i=1}^{n} x_{1i}$,$\bar{x}_2 = \dfrac{1}{n}\sum_{i=1}^{n} x_{2i}$

把 $\hat{b}_0$ 的值代入 (6.1-2) 的其他方程,经整理后得到下述方程组

$$\begin{cases} l_{11}\hat{b}_1 + l_{12}\hat{b}_2 = l_{10} \\ l_{21}\hat{b}_1 + l_{22}\hat{b}_2 = l_{20} \end{cases} \quad (6.1\text{-}3)$$

其中

$$\left.\begin{aligned} l_{i0} &= \sum_{t=1}^{n}(x_{it} - \bar{x}_i)(y_t - \bar{y}) \quad i=1,2 \\ l_{ij} &= \sum_{t=1}^{n}(x_{it} - \bar{x}_i)(x_{jt} - \bar{x}_j) \\ &\quad i=1,2;\ j=1,2。 \end{aligned}\right\} \quad (6.1\text{-}4)$$

解出方程 (6.1-3) 即得 $\hat{b}_1$, $\hat{b}_2$。

将表 6.1 的数据代入 (6.1-2) 得到下述方程组

$$\begin{cases} 7\hat{b}_0 + 26.6\hat{b}_1 + 15.1\hat{b}_2 = 20.3 \\ 26.6\hat{b}_0 + 101.16\hat{b}_1 + 57.41\hat{b}_2 = 77.22 \\ 15.1\hat{b}_0 + 57.41\hat{b}_1 + 32.85\hat{b}_2 = 44 \end{cases}$$

解此方程组得

$$\hat{b}_0 = -1.3956$$
$$\hat{b}_1 = 0.7461$$
$$\hat{b}_2 = 0.6769$$

故回归方程为

$$\hat{y} = -1.3956 + 0.7461x_1 + 0.6769x_2 \tag{6.1-5}$$

求出回归方程以后，要对回归系数的经济意义作出解释，并考察它的合理性。回归系数 $\hat{b}_1 = 0.7461$，大于零，表示劳动量增加，总成本将增加。当木材耗用量固定不变时，劳动量每增加一个单位（百小时），总成本将增加 0.7641 万元。同样，$\hat{b}_2 = 0.6769$，大于零，表示木材耗量越多，总成本就越大。当劳动量固定不变时，每增加 $1m^3$ 木材，总成本将增加 0.6769 万元。常数项 $\hat{b}_0 = -1.3956$，小于零，意味着即使家具厂不生产，也即劳动投入量等于零，木材耗用量也为零，则总成本为负值，表示要花钱去维护工厂的厂房和机器设备，因此，$\hat{b}_0$ 小于零是合理的。

§6.2 多元回归的建模方法

现考虑有 p 个自变量 $x_1, x_2, \cdots, x_p$ 和 1 个因变量 y 的经济系统，假定这些变量之间有统计的线性关系，其多元线性回归模型可表示为

$$y = b_0 + b_1x_1 + b_2x_2 + \cdots + b_px_p + \varepsilon \tag{6.2-1}$$

其中 ε 是随机干扰，服从均值为 0，方差为 σ^2 的正态分布，$\sigma, b_0, b_1, \cdots, b_p$ 是待估参数，其中 σ 为隐含参数。为求出待估参数 $b_0, b_1, \cdots, b_p$ 及 σ^2 的值，需对 y 及 $x_1, x_2, \cdots, x_p$ 作 n 次观察，观测数据如表 6.2 所示。

于是有

$$\begin{aligned} y_i &= b_0 + b_1x_{1i} + b_2x_{2i} + \cdots + b_px_{pi} + \varepsilon_i \\ i &= 1, 2, \cdots, n \end{aligned} \tag{6.2-2}$$

其中，$\varepsilon_i \sim N(0, \sigma)$，$i = 1, 2, \cdots, n$，是相互独立的随机变量。这种模型的理论回归方程为

$$E(y) = b_0 + b_1x_1 + b_2x_2 + \cdots + b_px_p \tag{6.2-3}$$

根据样本数据 $y_i, x_{1i}, x_{2i}, \cdots, x_{pi}$，$i = 1, 2, \cdots, n$，求出参数 $\sigma, b_0, b_1, b_2, \cdots, b_p$ 的估计值，并进行统计检验，是建立回归模型的基本任务。记参数估计值为 $\hat{\sigma}, \hat{b}_0, \hat{b}_1, \cdots, \hat{b}_p$，则相应于（6.2-3）式的回归模型为

$$\hat{y} = \hat{b}_0 + \hat{b}_1x_1 + \hat{b}_2x_2 + \cdots + \hat{b}_px_p \tag{6.2-4}$$

表 6.2

编号（资料）	因变量	自 变 量			
	y	x_1	x_2	$\cdots$	x_p
1	y_1	x_{11}	x_{21}	$\cdots$	x_{p1}
2	y_2	x_{12}	x_{22}	$\cdots$	x_{p2}
3	y_3	x_{13}	x_{23}	$\cdots$	x_{p3}
$\vdots$	$\vdots$	$\vdots$	$\vdots$		$\vdots$
n	y_n	x_{1n}	x_{2n}	$\cdots$	x_{pn}

又称（6.2-4）式为回归方程。如果将样本数据（x_{1i}，x_{2i}，$\cdots$，x_{pi}）代入（6.2-4）式，则得到 y_i 的估计值 $\hat{y}_i$，称为 y_i 的预测值。$\hat{y}_i$ 与实际值 y_i 之差，称为残差，以 e_i 记之，则 $y_i - \hat{y}_i = e_i$，从而有

$$y_i = \hat{y}_i + e_i = \hat{b}_0 + \hat{b}_1 x_{1i} + \hat{b}_2 x_{2i} + \cdots + \hat{b}_p x_{pi} + e_i \tag{6.2-5}$$

当然，残差 e_i 的大小是衡量估计量 $\hat{b}_0$，$\hat{b}_1$，$\hat{b}_2$，$\cdots$，$\hat{b}_p$ 好坏的标志。衡量残差最小有好几种准则，例如，最大残差最小，绝对残差最小，也可以是残差平方和最小等等。在实际中采用的是最便于应用的残差平方和最小这一准则。因此，我们应用这一准则去求估参数 $\hat{b}_0$，$\hat{b}_1$，$\hat{b}_2$，$\cdots$，$\hat{b}_p$ 的值，记残差平方和为

$$Q = \sum_{i=1}^{n} e_i^2 = \sum_{i=1}^{n} (y_i - \hat{y}_i)^2 = \sum_{i=1}^{n} (y_i - \hat{b}_0 - \hat{b}_1 x_{1i} - \cdots - \hat{b}_p x_{pi})^2 \tag{6.2-6}$$

由上式可见，残差平方和 Q 是 $\hat{b}_0$，$\hat{b}_1$，$\cdots$，$\hat{b}_p$ 的函数记为 $Q(\hat{b}_0, \hat{b}_1, \cdots, \hat{b}_p)$，在 $Q(\hat{b}_0, \hat{b}_1, \cdots, \hat{b}_p)$ 最小准则下，即可求出参数 $\hat{b}_0$，$\hat{b}_1$，$\cdots$，$\hat{b}_p$ 的估计值。根据微分学原理，只要令

$$\left.\begin{aligned} \frac{\partial Q}{\partial \hat{b}_0} &= 0 \\ \frac{\partial Q}{\partial \hat{b}_1} &= 0 \\ &\vdots \\ \frac{\partial Q}{\partial \hat{b}_p} &= 0 \end{aligned}\right\} \tag{6.2-7}$$

即可写出（6.2-7）的具体方程组如下

$$\left.\begin{array}{l} n\hat{b}_0 + \sum_{i=1}^{n} x_{1i}\hat{b}_1 + \sum_{i=1}^{n} x_{2i}\hat{b}_2 + \cdots + \sum_{i=1}^{n} x_{pi}\hat{b}_p = \sum_{i=1}^{n} y_i \\ \sum_{i=1}^{n} x_{1i}\hat{b}_0 + \sum_{i=1}^{n} x_{1i}^2\hat{b}_1 + \sum_{i=1}^{n} x_{1i}x_{2i}\hat{b}_2 + \cdots + \sum_{i=1}^{n} x_{1i}x_{pi}\hat{b}_p = \sum_{i=1}^{n} x_{1i}y_i \\ \sum_{i=1}^{n} x_{2i}\hat{b}_0 + \sum_{i=1}^{n} x_{1i}x_{2i}\hat{b}_1 + \sum_{i=1}^{n} x_{2i}^2\hat{b}_2 + \cdots + \sum_{i=1}^{n} x_{2i}x_{pi}\hat{b}_p = \sum_{i=1}^{n} x_{2i}y_i \\ \cdots\cdots\cdots\cdots \\ \sum_{i=1}^{n} x_{pi}\hat{b}_0 + \sum_{i=1}^{n} x_{1i}x_{pi}\hat{b}_1 + \sum_{i=1}^{n} x_{2i}x_{pi}\hat{b}_2 + \cdots + \sum_{i=1}^{n} x_{pi}^2\hat{b}_p = \sum_{i=1}^{n} x_{pi}y_i \end{array}\right\} \quad (6.2\text{-}8)$$

方程组（6.2-8）有 $p+1$ 个线性方程及 $p+1$ 个未知数。求解这 $p+1$ 个线性方程组，即可得到参数 b_0，b_1，b_2，$\cdots$，b_p 的估计值 $\hat{b}_0$，$\hat{b}_1$，$\hat{b}_2$，$\cdots$，$\hat{b}_p$，我们称这种估计为最小二乘估计。

上述参数的求估过程，若用矩阵表示，则显得更为简明，只要将样本数据表示成矩阵形式，即

$$X = \begin{pmatrix} 1 & x_{11} & x_{21} & \cdots & x_{p1} \\ 1 & x_{12} & x_{22} & \cdots & x_{p2} \\ \vdots & \vdots & \vdots & & \vdots \\ 1 & x_{1n} & x_{2n} & \cdots & x_{pn} \end{pmatrix}$$

$$\hat{B} = \begin{pmatrix} \hat{b}_0 \\ \hat{b}_1 \\ \hat{b}_2 \\ \vdots \\ \hat{b}_p \end{pmatrix} \qquad Y = \begin{pmatrix} y_1 \\ y_2 \\ \vdots \\ y_n \end{pmatrix}$$

则（6.2-8）可写成

$$X^\tau X \hat{B} = X^\tau Y \qquad (6.2\text{-}9)$$

这里 τ 表示矩阵的转置，如果 $X^\tau X$ 的逆矩阵存在，其解可写成

$$\hat{B} = (X^\tau X)^{-1} X^\tau Y \qquad (6.2\text{-}10)$$

方程组（6.2-8）与（6.2-9）均称为正规方程，其解用（6.2-10）表示，但这种解的表示形式要计算逆矩阵，因此，在许多实际问题的求解中是对（6.2-8）使用高斯消去法。

方程组（6.2-8）还可进一步简化成更为标准的形式，只要将（6.2-8）的第一个方程解出 $\hat{b}_0 = \bar{y} - \sum_{j=1}^{p} \hat{b}_j \bar{x}_j$，再将 $\hat{b}_0$ 代入（6.2-8）的其他方程，经过整理后得到如下的正规方程组

$$\left.\begin{array}{l} l_{11}\hat{b}_1 + l_{12}\hat{b}_2 + \cdots + l_{1p}\hat{b}_p = l_{10} \\ l_{21}\hat{b}_1 + l_{22}\hat{b}_2 + \cdots + l_{2p}\hat{b}_p = l_{20} \\ \cdots\cdots\cdots\cdots \\ l_{p1}\hat{b}_1 + l_{p2}\hat{b}_2 + \cdots + l_{pp}\hat{b}_p = l_{p0} \end{array}\right\} \quad (6.2\text{-}11)$$

其中

$$l_{ij} = l_{ji} = \sum_{t=1}^{n}(x_{it} - \bar{x}_i)(x_{jt} - \bar{x}_j)$$

$$l_{i0} = \sum_{t=1}^{n}(x_{it} - \bar{x}_i)(y_t - \bar{y}), \quad i = 1, 2, \cdots, p$$

$$\bar{x}_i = \frac{1}{n}\sum_{t=1}^{n}x_{it}, \quad \bar{y} = \frac{1}{n}\sum_{t=1}^{n}y_t$$

残差平方和为

$$Q = \sum_{i=1}^{n}(y_i - \hat{y}_i)^2 = \sum_{i=1}^{n}(y_i - \hat{b}_0 - \hat{b}_1 x_{1i} - \hat{b}_2 x_{2i} - \cdots - \hat{b}_p x_{pi})^2$$

而隐含参数 σ^2 的估计量，可以证明，用 Q 表示，即

$$\hat{\sigma}^2 = \frac{Q}{n - p - 1}$$

在理论上还可以证明 $\hat{b}_0$，$\hat{b}_1$，$\cdots$，$\hat{b}_p$ 以及 $\hat{\sigma}^2$ 分别是参数 b_0，b_1，$\cdots$，b_p 和 σ^2 的无偏估计量。由此得到回归方程

$$\hat{y} = \hat{b}_0 + \hat{b}_1 x_1 + \hat{b}_2 x_2 + \cdots + \hat{b}_p x_p \tag{6.2-12}$$

§6.3 多元回归的显著性检验

1. 复相关系数与复可决系数检验

多元线性回归模型与一元线性回归模型一样，也存在着线性关系是否密切的问题。检验线性关系密切程度的指标称为相关系数，在多元回归模型中，由于自变量在两个以上，所以称为复相关系数，记为 $R_{y \cdot x_1 x_2 \cdots x_p}$，常常把 R 的右下脚标 $y \cdot x_1 x_2 \cdots x_p$ 省去，只用 R 表示。样本复相关系数 $\hat{R}$ 的计算公式是

$$\hat{R} = \sqrt{1 - \frac{\sum_{i=1}^{n}(y_i - \hat{y}_i)^2}{\sum_{i=1}^{n}(y_i - \bar{y})^2}} = \sqrt{\frac{\sum_{i=1}^{n}(\hat{y}_i - \bar{y})^2}{\sum_{i=1}^{n}(y_i - \bar{y})^2}} \tag{6.3-1}$$

复相关系数 $R_{y \cdot x_1 x_2 \cdots x_p}$ 衡量了全部自变量 x_1，x_2，$\cdots$，x_p 与因变量 y 之间的线性关系密切程度，其数值的大小不仅与样本点的取值有关，还与样本点的多少，即与样本容量 n 有关。因此，在计算出 $\hat{R}$ 后，还必须进行统计检验，只有通过检验才能肯定所建立的线性模型的线性关系存在。检验的方法与一元线性模型的相关系数 $\hat{r}$ 的检验方法相同，可查附录的统计表Ⅴ。

在一元回归模型中的线性相关系数又称为单相关系数，因为自变量只有一个，在多元回归模型中自变量在两个以上，回归系数也是这样。为此，复相关系数只取正值，而单相

关系数则不然。

复相关系数的平方称为复可决系数,即

$$R^2 = 1 - \frac{\sum_{i=1}^{n}(y_i - \hat{y}_i)^2}{\sum_{i=1}^{n}(y_i - \bar{y})^2} = \frac{\sum_{i=1}^{n}(\hat{y}_i - \bar{y})^2}{\sum_{i=1}^{n}(y_i - \bar{y})^2} \tag{6.3-2}$$

复可决系数 R^2 是检验多元线性回归模型拟合优度的度量指标,R^2 越接近1,表示拟合得越好;反之,则拟合得不好。拟合不好是指回归方程中引入的一些自变量,不是好的解释变量,必须调整,删去一些或更换一些,重新进行拟合。复可决系数的变化范围是

$$0 \leq R^2 \leq 1$$

2. 回归方程的显著性检验

在多元线性回归模型中,所谓回归方程的显著性检验,是指回归系数 b_1, b_2, $\cdots$, b_p 在统计假设 $b_1 = b_2 = \cdots = b_p = 0$ 的条件下,统计量

$$F = \frac{U/p}{Q/(n-p-1)} \tag{6.3-3}$$

服从自由度为 (p, n-p-1) 的 F 分布。这里

$$U = \sum_{i=1}^{n}(\hat{y}_i - \bar{y})^2, \quad Q = \sum_{i=1}^{n}(y_i - \hat{y}_i)^2 \tag{6.3-4}$$

故可用它来检验 $b_1 = b_2 = \cdots = b_p = 0$ 是否成立。检验程序如下:

第一步,按 (6.3-4) 计算出 U 和 Q 的值。

第二步,按 (6.3-3) 计算出统计量 F 的值。

第三步,给出信度 α 的值,在一般的情况下取 $\alpha = 0.05$,即置信水平为95%。

第四步,查附录统计表Ⅳ中对应于信度 α 的表,第一自由度为 p,第二自由度为 n-p-1,得到置信临界值 F_α (p, n-p-1),将它与 F 的值比较,若 F 的值大于 F_α (p, n-p-1),则认为回归方程有显著意义,也就是 $b_1 = b_2 = \cdots = b_p = 0$ 不成立。

3. 回归系数的显著性检验

在回归方程的显著性检验中,认为回归方程有显著意义,即 $b_1 = b_2 = \cdots = b_p = 0$ 不成立,但并不否定在 b_1, b_2, $\cdots$, b_p 中有某几个等于零,也就是在 x_1, x_2, $\cdots$, x_p 中,可能有某几个自变量对 y 没有显著影响。因此,需要对引进回归方程中的自变量进行逐个的显著性检验。所谓某个自变量 x_i 对因变量 y 的影响不显著,就意味着在回归方程中该变量的回归系数为零。因此,检验自变量 x_i 对因变量 y 的影响是否显著的问题,就等价于检验统计假设 H_0: $b_i = 0$ 是否成立。检验的具体步骤如下:

第一步,计算剩余标准差 S_y

$$S_y = \sqrt{\frac{Q}{n-p-1}}$$

其中 Q 为残差平方和

$$Q = \sum_{i=1}^{n}(y_i - \hat{y}_i)^2$$

第二步，计算 $\sqrt{C_{ii}}$ 的值，C_{ii} 是 (6.2-11) 的系数矩阵 L

$$L = \begin{pmatrix} l_{11} & l_{12} & \cdots & l_{1p} \\ l_{21} & l_{22} & \cdots & l_{2p} \\ \vdots & \vdots & & \vdots \\ l_{p1} & l_{p2} & \cdots & l_{pp} \end{pmatrix}$$

的逆矩阵 L^{-1} 的 i 行 i 列元素。

第三步，构造统计量 t_i 并计算它的值

$$t_i = \frac{\hat{b}_i}{S_y \sqrt{C_{ii}}}$$

可以证明，在统计假设 $H_0: b_i = 0$ 成立的情况下，t_i 是一个自由度为 $n-p-1$ 的 t-分布变量。

第四步，对给定的信度 α，查自由度为 $n-p-1$ 的 t—分布表，得到置信限 t_α。

若 $|t_i| \geq t_\alpha$ 时，则回归系数 $\hat{b}_i$ 与零有显著差异，必须保留 x_i 在原回归方程中；否则，应去掉 x_i 重新建立回归方程。

§6.4 可线性化的非线性回归预测

所谓非线性回归预测技术，是指用于预测的回归方程是非线性的。例如，某种商品的需求量与居民的收入水平有关。一般说来，收入越高，需求量越大。但对某些特殊商品，如劣等品，则恰好相反，它们之间的关系，呈现出非线性关系，例如呈双曲线、幂函数、多项式曲线关系等。下面介绍对这类非线性问题的一些预测方法。

[例1] 猪肉是一种人民生活所不可缺少的肉食品，收入愈高，需求量就愈大。以 y 表示每人每季的平均需求量，x 表示每季的人均收入，根据湖北某六个城市的统计，它们之间的关系满足如下方程

$$y = 0.094 x^{0.9479} \tag{6.4-1}$$

[例2] 收音机是一种家庭必需的耐用消费品，有些家庭拥有多台。家庭的人均拥有量，同家庭人均收入有关。设 y 表示拥有量，其单位是台/人，x 为人均收入，单位是元/季，它们之间的关系，按湖北省的家庭调查统计有

$$y = \frac{0.2613x}{295.707 - x} \tag{6.4-2}$$

[例3] 化纤布的需求量，是与人均收入有关的一种商品，根据某市家庭调查数据，它们之间有如下的关系

$$y = -1.4267 + 0.4\ln x \tag{6.4-3}$$

y 表示人季拥有量（单位：米），x 表示人均每季的收入（单位：元/人季）。

以上三例说明，自变量与因变量之间，均是非线性关系，但均可化为线性回归问题求解。现将可线性化的几类非线性回归问题分述如下。

（1）数学模式为幂函数形式

$$y = ax^b \tag{6.4-4}$$

其图像如图6-1所示。

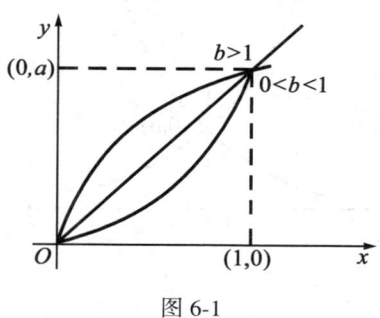

图6-1

对这类问题的线性化方法是，将（6.4-4）两边取对数，则有

$$\lg y = \lg a + b\lg x \tag{6.4-5}$$

因此，对于实测的经济数据，只要令

$$y'_i = \lg y_i$$
$$x'_i = \lg x_i$$

然后，将点对（x_i'，y_i'）点在坐标纸上，它的点将分布在某一直线两旁，如图6-2所示，

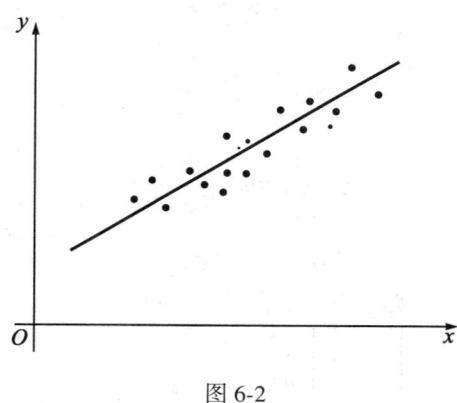

图6-2

那么，就可化非线性为线性回归问题求解，其回归方程为

$$y' = A + Bx'$$

同§5.1求线性回归问题一样，可求出参数A，B。由此得到

$$A = \lg a \quad 从而 \quad a = 10^A$$
$$B = b$$

即求得（6.4-4）中的参数 a 和 b。

（2）指数函数模式

$$y = ae^{bx} \tag{6.4-6}$$

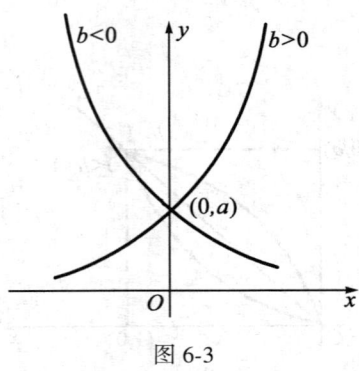

图 6-3

其图像如图 6-3 所示。线性化的方法，也是只需对（6.4-6）两边取对数，即得

$$\lg y = \lg a + (\lg e)bx \tag{6.4-7}$$

然后，只要令

$$y' = \lg y$$
$$a' = \lg a$$
$$b' = (\lg e)b$$

(6.4-7) 式就可化为

$$y' = a' + b'x \tag{6.4-8}$$

这是一个线性方程。

（3）双曲线模式

$$\frac{1}{y} = a + \frac{b}{x} \tag{6.4-9}$$

其图像如图 6-4 所示。

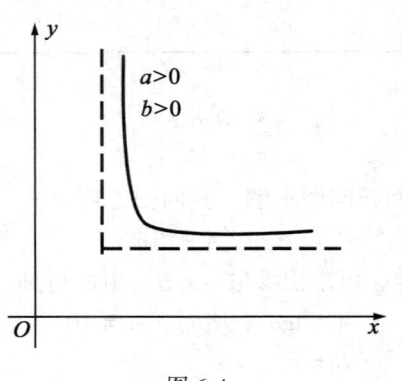

图 6-4

令
$$y' = \frac{1}{y}$$
$$x' = \frac{1}{x}$$

则（6.4-9）式化为线性方程
$$y' = a + bx'$$

（4）对数函数模式
$$y = a + b\lg x \tag{6.4-10}$$

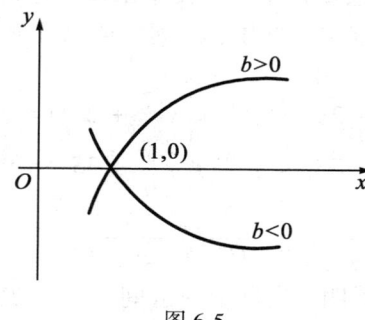

图 6-5

图像如图 6-5 所示，只要令
$$x' = \lg x$$

则（6.4-10）式化为
$$y = a + bx'$$

（5）多项式模式
$$y = a_0 + a_1 x + a_2 x^2 + \cdots + a_p x^p \tag{6.4-11}$$

只要令
$$x_1 = x$$
$$x_2 = x^2$$
$$\cdots\cdots$$
$$x_p = x^p$$

则（6.4-11）式就可化为多元线性回归问题，即
$$y = a_0 + a_1 x_1 + a_2 x_2 + \cdots + a_p x_p$$

以上五种形式是经济计量分析和预测中常见的非线性回归问题可线性化的具体模式。

§6.5 多元回归在经济预测和分析中的应用

1. 预测

运用历史统计数据求估出多元回归方程，通过假设检验合格以后，即可运用它去进行经济预测与分析。

假设 $x_1^{(0)}$，$x_2^{(0)}$，…，$x_p^{(0)}$ 是给定的一组自变量的值，则可利用回归方程(6.2-12)式进行预测。预测值为

$$\hat{y}^{(0)} = \hat{b}_0 + \hat{b}_1 x_1^{(0)} + \hat{b}_2 x_2^{(0)} + \cdots + \hat{b}_p x_p^{(0)} \qquad (6.5\text{-}1)$$

$\hat{y}^{(0)}$ 是实际值 $y^{(0)}$ 的点预测值，仅就这个值不便给出概率分析。若要进行概率分析，必须对 $y^{(0)}$ 作出区间预测，也就是求 $y^{(0)}$ 的置信区间。可以证明，在大样本的条件下，以下 (6.5-2) 式成立

$$\left.\begin{array}{l} P(\hat{y}^{(0)} - 2S_y < y^{(0)} < \hat{y}^{(0)} + 2S_y) = 95.4\% \\ P(\hat{y}^{(0)} - 3S_y < y^{(0)} < \hat{y}^{(0)} + 3S_y) = 99.7\% \end{array}\right\} \qquad (6.5\text{-}2)$$

其中

$$S_y = \sqrt{Q/(n-p-1)} \qquad (6.5\text{-}3)$$

Q 为残差平方和。(6.5-2) 式说明，实际值在区间 $(\hat{y}^{(0)} - 2S_y, \hat{y}^{(0)} + 2S_y)$ 之间的可能性为 95.4%，也就是实际值 $y^{(0)}$ 不在该区间的可能性仅为 4.6%，如 §6.1 的例子中，已知某家具厂 9 月份投入 410 个劳动小时，耗用木材 2.5m³，将它们代入回归方程 (6.1-5)，则可求出总成本的点预测值为

$$\hat{y} = -1.3956 + 0.7461 \times 4.1 + 0.6769 \times 2.5 = 3.356(万元)$$

由 (6.5-3) 式可算出 $S_y = 0.173$，则总成本在 $(\hat{y} - 2S_y, \hat{y} + 2S_y)$，即在 (3.010, 3.702) 之间的可能性为 95.4%，那么，由正态分布理论可知，总成本超过 3.702 万元的可能性仅为 2.3%。

2. 经济分析

某省利用历史统计资料，研究了播种面积、化肥用量、降雨天数、受灾面积、农业投资等五个因素对粮食总产量的影响，建立了以下回归模型

$$\begin{aligned}\hat{y} = {}& 20.51344 + 0.02487 x_1 + 0.00076 x_2 \\ & - 0.28629 x_3 - 0.00891 x_4 + 0.00046 x_5\end{aligned} \qquad (6.5\text{-}4)$$

其中：

x_1——播种面积，单位：万亩；

x_2——化肥用量，单位：万公斤；

x_3——降雨天数，单位：天；

x_4——受灾面积，单位：万亩；

x_5——农业投资，单位：万元；

y——粮食总产量，单位：亿公斤。

从回归方程（6.5-4）中，可以进行下列的经济或政策分析。

　　（1）回归系数符号的经济意义

　　从（6.5-4）中得到播种面积、农业投资、化肥用量三个因素的回归系数均为正值，降雨天数、受灾面积两项的回归系数为负值。由此可见，当播种面积扩大，增加农业投资和适当增加化肥用量时，总产量将提高；如降雨天数太多，受灾面积扩大时，总产量将下降。

　　（2）回归系数值的经济意义

　　①播种面积对粮食总产量的影响

　　在回归方程中，如果其他因素不变，当播种面积增加1万亩时，粮食总产量将增加
$$0.02487 \times 10000 = 248.7(万公斤)$$

　　②化肥用量对粮食总产量的影响

　　如果适当增加化肥用量，在其他因素不变时，则当化肥增加1万公斤时，粮食总产量可增加
$$0.00076 \times 10000 = 7.6(万公斤)$$

　　③农业投资对粮食总产量的影响

　　如果增加农业投资1万元，其他因素不变，则粮食总产量将增加
$$0.00046 \times 10000 = 4.6(万公斤)$$

　　④受灾面积对粮食总产量的影响

　　如果受灾面积减少1万亩，其他因素不变，则粮食总产量将增加
$$0.00891 \times 10000 = 89.1(万公斤)$$

　　由上述可见，如果风调雨顺，也就是受灾面积为零时，将是丰产年景。上述分析说明，扩大播种面积1亩，平均增产粮食248.7公斤；增加化肥1公斤，平均增产粮食7.8公斤；农业投资增加1元，平均增产4.6公斤；受灾面积减少1亩，将增产粮食89.1公斤。

3. 生产函数分析

　　所谓生产函数，就是投入要素与产出之间的技术关系，常用的形式是柯布—道格拉斯（C. W. Cobb—P. H. Douglas）生产函数，形式是

$$Q = AL^{\alpha}K^{\beta}e^{u} \tag{6.5-5}$$

上式中 Q 为产出量，L 为劳动投入量，K 为资金投入量，A，α，β 为未知参数，（6.5-5）是一个非线性模型，通过对（6.5-5）等式两边取对数变换，即可线性化。

$$\ln Q = \ln A + \alpha \ln L + \beta \ln K + U$$

只要令 $Q'=\ln Q$，$A'=\ln A$，$L'=\ln L$，$K'=\ln K$

则（6.5-5）即可化为线性模型

$$Q' = A' + \alpha L' + \beta K' + U \tag{6.5-6}$$

模型中的参数 α、β，分别为劳动、资金投入的产出弹性。

$$\alpha = \frac{\mathrm{d}\ln Q}{\mathrm{d}\ln L} = \frac{\mathrm{d}Q/Q}{\mathrm{d}L/L}, \quad \beta = \frac{\mathrm{d}\ln Q}{\mathrm{d}\ln K} = \frac{\mathrm{d}Q/Q}{\mathrm{d}K/K}$$

估计（6.5-6）的未知参数 A'、α、β 可使用横断面数据或时间序列数据进行估计。产出量可以是实际产出量也可以是 GDP，投入一般是指生产过程中的投入量，例如年投入劳动者的人数和资金的数量。下面给出生产函数的应用实例。在此介绍孙敬水、马淑琴使用 1980~2002 年的时间序列数据进行参数估计，建立的柯布—道格拉斯生产模型为

$$\ln Q = -4.403\,778 + 0.713\,65\ln L + 0.747\,59\ln K \tag{6.5-7}$$

式中：

Q——GDP，单位：亿元

L——劳动力投入，单位：万人

K——资金投入即固定资本，单位：亿元

参数 $\alpha = 0.713\,65$ 表示产出对劳动投入的弹性，它表明在资本投入保持不变的条件下，劳动力投入每增加 1% 时，平均产出增加 0.713 65%。同样 $\beta = 0.747\,59$ 表示产出对资金投入的弹性，它表示在劳动投入不变的条件下，资金投入每增加 1% 时，平均产出将增加 0.747 59%。

参数 $\alpha + \beta$ 是一个新参数，称为规模报酬参数。若 $\alpha + \beta = 1$ 称为规模报酬不变；若 $\alpha + \beta > 1$，则称为规模报酬递增；若 $\alpha + \beta < 1$，则称为规模报酬递减。在本例中是 $\alpha + \beta = 0.713\,65 + 0.747\,59 \approx 1.46$ 这表明中国经济的特征是规模报酬递增，意味着当劳动投入和资本投入都扩大 1 倍时，产出的扩大将大于 1 倍。

§6.6 经典案例：法国葡萄酒的品质预测

数据分析中，最早的工具是回归分析。美国普林斯顿大学著名经济学家奥利·阿什菲尔特（Orley Ashenfelter）教授，很有兴趣地对法国波尔多葡萄酒研究了 25 年，他的日常工作就是琢磨数据，从大量的数据资料中提取出隐藏在数据背后的有用信息。他花费心思研究的一个问题是，如何通过数据的分析评估出波尔多葡萄酒的品质。他的方法与当地的品酒专家通常使用的"品咂并吐掉"的方法不同，奥利是使用数字指标法来判断能拍出高价的酒所应该具有的品质特征。奥利认为"葡萄酒是一种农产品，每年都会受到气候的强烈影响"，因此，他采集了法国波尔多地区的气候数据进行研究，发现如果气候干旱少雨，整个夏季的平均气温较高，该年就比较容易生产出品质上乘的葡萄酒。奥利运用多元回归分析方法，建立了对葡萄酒品质预测的回归方程。

$$Y = 12.145 + 0.001\,17X_1 + 0.061\,4X_2 - 0.003\,86X_3 \tag{6.6-1}$$

式中：Y——葡萄酒的品质

X_1——冬天降雨量

X_2——葡萄生长期的平均气温

X_3——收获季节降雨量

利用这个回归方程，只要把任何一年的气候数据代入回归方程（6.6-1），就可预测出

该年葡萄酒的平均品质。如果把这个方程再稍微变得复杂精细一点，还可精准地预测出100多个酒庄的葡萄酒品质。法国人就利用这将他们的葡萄酒庄园排成1 855个等级。除此以外，奥利还发现冬季降雨量每增加1毫米，酒价就有可能提高0.001 77美元。当然，这只是有可能而已。不过，对数据的分析使奥利可以在葡萄刚刚收获的时候就能预测出葡萄酒的未来品质——这是评酒师有机会尝到第一口酒的数月之前，更是在葡萄酒卖出的数年之前。在葡萄酒期货交易活跃的今天，奥利的预测结果是有很大的意义的。尽管奥利的研究成果十分漂亮，很有价值，有创新性，但并不被当地的评酒师和评酒专家们所认可，甚至常常被业界人士取笑，把奥利形容为"一个彻头彻尾的骗子"。事实证明，奥利是正确的，伦敦克利斯蒂拍卖行国际酒品部主席迈克尔·布罗德本特（Michael Broadbent）委婉地说："很多人认为奥利是个怪人，我也认为在很多方面的确有点怪，但是我发现，他的思维和工作，会在多年后，依然留下光辉的痕迹，他所做的努力对于打算买酒的人来说，是非常有帮助的。"①

思考与练习

1. 已知某服装公司的利润与销售额及经营费用有关，现有如表6.3的统计数据，试建立利润对销售额及经营费的线性回归方程。据估计，未来一年的销售额可达460万元，经营费可控制在100万元，试预测未来一年的利润在95%的置信水平下，利润的可能范围是多少？

表6.3

时间（年）	1	2	3	4	5	6	7
利润（Y）	12.3	16.0	15.7	21.2	17.9	18.8	15.4
销售额（X_1）	263.3	275.4	278.3	296.7	309.3	315.8	318.8
经营费（X_2）	93.1	93.9	92.5	89.2	91.7	96.5	100.0
时间（年）	8	9	10	11	12	13	14
利润（Y）	19.0	20.0	18.4	21.8	24.1	25.6	30.0
销售额（X_1）	333.0	340.2	350.7	367.3	381.3	406.5	430.8
经营费（X_2）	103.9	102.5	102.5	102.1	101.5	101.2	99.0

2. 某种商品的需求量同价格和消费者的收入有关，现有如表6.4的统计数据，试建

---

① 此案例引自伊恩·艾瑞斯. 大数据思维与决策. 宫相真. 译. 北京：人民邮电出版社，2014.

立回归方程,并在计划价为 10 元,收入为 1 500 元时,对需求量作出点预测和区间预测(置信度为 95%)。

表 6.4

需求量	100	75	80	70	50	65	120	100	110	60
价格(元)	5	7	6	6	8	7	5	4	4	9
收入(元)	1 000	1 100	1 200	500	500	400	1 300	1 100	1 300	800

3. 某商品从进入市场起,由于质量和成本的改变,变动了七次价格,每次价格变动的时间基本相等,总销售量由逐渐上升到逐渐下降,试对表 6.5 所列资料用抛物线 $y=a_0+a_1x+a_2x^2$ 拟合。

表 6.5

价格(元)	1.2	1.8	3.1	4.9	5.7	7.1	8.6	9.8
销售量(万件)	4.5	5.9	7.0	7.8	7.2	6.8	4.5	2.7

为了制止销售量下降趋势,应采取什么措施?

4. 某年某市各百货商店的年销售商品额(X)和商品流通费用率(Y)可能呈双曲线相关关系。试根据表 6.6 所列资料,建立双曲线回归方程,并预测当某百货商店的计划商品销售额扩大到 28.5 万元、29~30 万元时,该商店的商品流通费用率可降低多少?

表 6.6

年销售额(万元)	1.5	4.5	7.5	10.5	13.5	16.5	19.5	22.5	25.5
商品流通费率(%)	7.0	4.8	3.6	3.1	2.7	2.5	2.4	2.3	2.2

5. 已知某种商品 2009—2016 年的生产量如表 6.7 所示,试预测该产品 2017 年的产量(提示:拟合指数曲线 $y=\alpha\beta^x$)。

表 6.7

年 份	2009	2010	2011	2012	2013	2014	2015	2016
生产量(万吨)	1	1.2	1.8	2.5	3.6	4.7	6.6	9.1

6. 某批发公司 2008—2016 年的销售额如表 6.8 所示，试预测 2017 年的销售额。

表 6.8

年 份	2008	2009	2010	2011	2012	2013	2014	2015	2016
销售额 y（万元）	15 810	17 618	20 824	22 342	25 014	35 721	44 068	63 920	75 763

（提示：拟合指数曲线 $\hat{y}=\alpha\beta^x$）

第七章 序列相关和异方差的处理技术

在前两章介绍的回归模型中，对随机干扰项曾有过重要的假定，不存在序列相关（自相关）和异方差。如果违反这两项假定，那么，按前两章的方法所建的模型，用来作预测时将无效。例如，使用时间序列数据建立的生产函数模型，其产出量的现期数值就依赖于它的前期数值，因此，出现序列相关。又如，在研究居民的家庭收入与消费支出的关系时发现，消费支出的方差是随着家庭收入的增加而增大的。例如，年收入为 12 000 元的家庭，其消费支出大都在 10 000~13 000 元之间，而年收入为 50 000 元的家庭，他们的消费支出就大得多，这说明存在着异方差性。本章将介绍检验和消除序列相关和异方差的一些方法。

§7.1 序列自相关性及其形成的原因

什么是序列的自相关性？就是在前两章的回归模型中，如果随机干扰项（误差项）ε_t 的各期值存在着相关关系，即

$$\text{Cov}(\varepsilon_t \varepsilon_{t-j}) = E(\varepsilon_t \varepsilon_{t-j}) \neq 0, \quad j > 0 \tag{7.1-1}$$

则称随机干扰项之间存在着自相关性，又称此为序列相关。如果 ε_t 只与 ε_{t-1} 有关，即

$$\varepsilon_t = \rho \varepsilon_{t-1} + v_t \tag{7.1-2}$$

则称 ε_t 为一阶自回归形式的自相关，这里 ρ 称为自相关系数，$|\rho|<1$，$\rho>0$，称为正自相关，$\rho<0$ 称为负自相关，v_t 是随机变量，满足

$$Ev_t = 0 \quad E(v_t v_{t-j}) = \begin{cases} 0 & j > 0 \\ \sigma^2 & j = 0 \end{cases}$$

在回归模型的建模中，出现序列相关性的原因很多。主要有如下几种：

1. 由经济变量的惯性（Inertia）作用所引起

我们常见的经济时间序列数据中，大多数都有其历史的继承性和发展的延续性。例如，国民生产总值、价格指数等序列的现有水平，是在过去的基础上延伸和演进而来的，国民生产总值在正常时期总是有上升的趋势，使序列有一种惯性存在，推动它继续沿发展趋势上升移动。这种向上的"推动力"持续存在，直至达到经济高峰为止。因此，序列的逐项观察值，似乎是相互依赖的，也就是存在着自相关性。

2. 由在模型的设定中存在偏误所引起

在模型的设定中，存在着偏误，常常是由于删去一些变量而造成序列相关的。例如，

牛肉的需求模型为

$$Y_t = \beta_0 + \beta_1 X_{1t} + \beta_2 X_{2t} + \beta_3 X_{3t} + e_t \tag{7.1-3}$$

Y_t 为牛肉需求量，X_{1t} 为牛肉价格，X_{2t} 为消费者收入，X_{3t} 为猪肉价格，t 表示时间。如果我们建立的模型是

$$Y_t = \beta_0 + \beta_1 X_{1t} + \beta_2 X_{2t} + V_t \tag{7.1-4}$$

那么，当（7.1-3）是正确的模型时，则对于模型（7.1-4）中的 V_t，便有

$$V_t = \beta_3 X_{3t} + e_t$$

由于猪肉的价格在某种程度上会影响牛肉的需求，因此，模型（7.1-4）中的扰动项 V_t 就表现出某种类型的序列相关。事实上有

$$\begin{aligned} EV_t V_{t-1} &= E(\beta_3 X_{3t} + e_t)(\beta_3 X_{3t-1} + e_{t-1}) \\ &= \beta_3^2 EX_{3t} X_{3t-1} + \beta_3 EX_{3t} e_{t-1} + E\beta_3 X_{3t-1} e_t + Ee_t e_{t-1} \\ &= \beta_3^2 EX_{3t} X_{3t-1} \end{aligned}$$

此外，在模型拟合中，若拟合了不正确的函数，也可能出现序列相关。例如，在成本产出的研究中，正确的模式是，边际成本是产出的二次函数与干扰项的和，以 Q 表示产出，C 表示成本，则有

$$C_i = \beta_0 + \beta_1 Q_i + \beta_2 Q_i^2 + e_i \tag{7.1-5}$$

而我们却拟合线性函数，即拟合了如下模式

$$C_i = \beta_0 + \beta_1 Q_i + V_i \tag{7.1-6}$$

这两种成本曲线如图 7-1 所示。

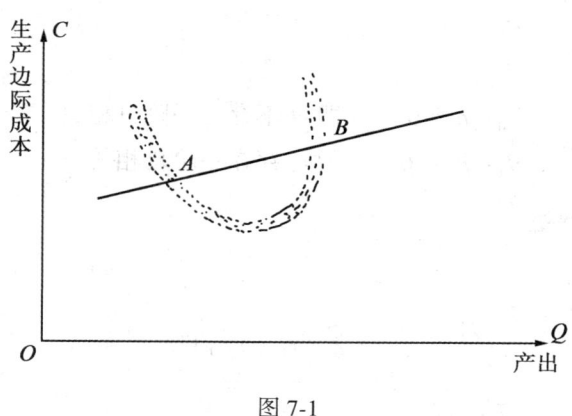

图 7-1

由图 7-1 可知，对于模型（7.1-6），在 A、B 两点之间，过高地估计了边际成本；在 A、B 两点之外，又过低估计了边际成本，这是因为扰动项 V_i 实际上等于 $Q_i^2 + e_i$，边际成本受到了 Q_i^2 项的系统影响，因而出现序列相关。

3. 由蛛网现象（Cobweb Phenomenon）所引起

所谓蛛网现象，就是供给对价格的反应要迟一个时期。例如，农民本年的农产品种植

计划是受上一年价格影响的，供给函数是
$$Q_t = \beta_0 + \beta_1 P_{t-1} + e_t$$
Q_t 是供给量，假定在 t 期末，价格 P_t 低于 P_{t-1}，那么在 $t+1$ 期，农民就很可能减少他的产量。在这种情况下，扰动项 e_t 并不设想是随机的，因为，如果农民在今年生产过多了，那么在明年他们就可能减少生产，如此下去就会出现蛛网模式。

4. 由经济行为的滞后性所引起

时差也会产生序列相关，在消费支出对收入的时间序列回归中，现时的消费支出常取决于前期的消费支出；一个企业的固定资产形成，不仅与现期固定资产投资有关，还与前期多年固定资产投资有关；某地区的农作物平均单位面积产量，不仅与当年的农业投入和科学种植水平有关，还与往年的农业投入和科学种植的水平有关，如果我们在建模过程中，忽视了这些滞后因素的影响。那么，随机干扰项就会产生序列相关。

§7.2 序列自相关的检验方法

在应用观察数据建立回归模型时，若数据存在序列相关，则模型失效，因此要检验出是否存在序列相关。检验存在序列自相关的方法有多种，但为节约篇幅，在此我们只介绍常用的杜宾—瓦特森（Durbin-Watson）检验法，以下简称 D-W 检验。此法的应用范围只限于序列相关是一阶自回归形式，即

$$e_t = \rho e_{t-1} + V_t \tag{7.2-1}$$

检验方法如下：

1. 提出原假设

$H_0: \rho = 0$ 即 e_t 不存在一阶自相关

$H_1: \rho \neq 0$ 即 e_t 存在一阶自相关

2. 构造 D-W 统计量

记此统计量为 d，

$$d = \frac{\sum_{t=2}^{n}(e_t - e_{t-1})^2}{\sum_{t=1}^{n} e_t^2} \tag{7.2-2}$$

这里 e_t 是回归方程计算的残差，即 $e_t = y_t - \hat{y}_t$。

展开 (7.2-2) 式得到

$$d = \frac{\sum e_t^2 + \sum e_{t-1}^2 - 2\sum e_t e_{t-1}}{\sum e_t^2} \tag{7.2-3}$$

由于 $\sum_{t=1}^{n} e_t^2$ 与 $\sum_{t=2}^{n} e_{t-1}^2$ 仅差 e_1 一项，当 n 较大时，它们可以被认为是近似相等，因此，

(7.2-3) 就可以写为

$$d \approx 2\left(1 - \frac{\sum e_t e_{t-1}}{\sum e_t^2}\right) \tag{7.2-4}$$

现在我们定义

$$\hat{\rho} = \frac{\sum e_t e_{t-1}}{\sum e_t^2} \tag{7.2-5}$$

作为一阶自相关系数 ρ 的估计量，并代入 (7.2-4) 式，得到

$$d \approx 2(1 - \hat{\rho}) \tag{7.2-6}$$

由 (7.2-6) 式可见，若 $\hat{\rho}=0$，则 $d=2$，这说明如果序列不存在一阶自相关，则 d 的值大约为 2。由于 $|\hat{\rho}| \leq 1$，所以 $0 \leq d \leq 4$。由 (7.2-6) 可见，当

$d = 2$ 时 $\Leftrightarrow \hat{\rho} = 0$ 意味着 e_t 不存在一阶自相关

$d = 0$ 时 $\Leftrightarrow \hat{\rho} = +1$ 意味着 e_t 序列存在完全正相关

$d = 4$ 时 $\Leftrightarrow \hat{\rho} = -1$ 意味着 e_t 序列存在完全负相关

$0 < d < 2 \Leftrightarrow 0 < \hat{\rho} < 1$ 意味着 e_t 序列存在某种正自相关

$2 < d < 4 \Leftrightarrow -1 < \hat{\rho} < 0$ 意味着 e_t 序列存在某种负自相关

3. 确定 D-W 检验统计量 d 的上限和下限

根据样本容量 n 与解释变量的数目，在给定的显著性水平下，查找 D-W 检验统计表（见本书的附录表Ⅵ），可查到 d 的上限 d_v 和下限 d_L。

4. 判断

将按 (7.2-2) 式计算出的 d 值与 d_v、d_L 进行比较，然后作出判断。判断的各种可能情况见表 7.1。

表 7.1

d 值	判断结论
$0 < d < d_L$	存在正自相关
$d_L < d < d_v$	不定
$d_v < d < 4-d_v$	无自相关
$4-d_v < d < 4-d_L$	不定
$4-d_L < d < 4$	存在负自相关

由表 7.1 可知，D-W 检验存在无结论区域，这是一个缺陷。如果出现这种情况，其解决办法是增大样本容量。在大多数的情况下，都能检验出扰动项有无自相关。因此，这

种检验方法被广泛地应用。

§7.3 消除序列相关的方法

1. 一阶差分法

若已知自相关的相关系数 $\rho=1$，对于原回归模型

$$y_t = \beta_0 + \beta_1 x_t + U_t \tag{7.3-1}$$

$$U_t = U_{t-1} + V_t \tag{7.3-2}$$

这里 $EV_t=0$，$EV_t V_{t+j}=0$，当 $j\neq 0$ 时，在这种情况下，只要运用一阶差分的方法，即可消除自相关。由 (7.3-1) 可得到

$$y_{t-1} = \beta_0 + \beta_1 x_{t-1} + U_{t-1} \tag{7.3-3}$$

将 (7.3-1) 式减去 (7.3-3) 式得到

$$y_t - y_{t-1} = \beta_1(x_t - x_{t-1}) + U_t - U_{t-1}$$
$$= \beta_1(x_t - x_{t-1}) + V_t$$

令 $y_t - y_{t-1} = y_t{}'$，$x_t - x_{t-1} = x_t{}'$ 则有

$$y_t{}' = \beta_1 x_t{}' + V_t \tag{7.3-4}$$

这里的 V_t 就不存在自相关。

2. 广义差分法

设回归模型

$$y_t = \beta_0 + \beta_1 x_t + U_t \tag{7.3-5}$$

干扰项 U_t 存在一阶自相关，即有

$$U_t = \rho U_{t-1} + V_t \tag{7.3-6}$$

这里 V_t 不存在自相关。而且 (7.3-6) 中的 $\rho \neq 1$。若 ρ 已知，则作下述变换

$$y_t - \rho y_{t-1} = \beta_0 - \rho\beta_0 + \beta_1(x_t - \rho x_{t-1}) + U_t - \rho U_{t-1}$$

令

$$y_t - \rho y_{t-1} = y_t{}', \quad x_t - \rho x_{t-1} = x_t{}'$$

则有

$$y_t{}' = \beta_0(1-\rho) + \beta_1 x_t{}' + V_t \tag{7.3-7}$$

模型 (7.3-7) 的干扰项 V_t 就不再存在自相关，这种方法称为广义差分法。

上述的广义差分变换 $y_t{}'$，$x_t{}'$ 均要用到 ρ 值，但 ρ 值是常常不知道的。因此，必须先对 ρ 进行估计。估计的方法有经验分析法，这是根据对所研究问题的理解和直觉，作出"合理"的估计，通常是使用 D-W 检验时计算的 d 统计量与 ρ 的关系求估

$$d \approx 2(1-\rho)$$

若经过 D-W 检验，确认存在序列自相关，则可得到 ρ 的估计值为

$$\hat{\rho} \approx 1 - \frac{d}{2} \tag{7.3-8}$$

值得注意的是，使用（7.3-8）估计的 ρ 值，要在大样本条件下才能应用。

3. 广义最小二乘法

假设多元线性回归模型有以下形式

$$Y = XB + U \tag{7.3-9}$$

这里

$$B = \begin{pmatrix} \beta_0 \\ \beta_1 \\ \beta_2 \\ \vdots \\ \beta_p \end{pmatrix}, \quad X = \begin{pmatrix} 1 & x_{11} & x_{21} & \cdots & x_{p1} \\ 1 & x_{12} & x_{22} & \cdots & x_{p2} \\ \vdots & \vdots & \vdots & & \vdots \\ 1 & x_{1n} & x_{2n} & \cdots & x_{pn} \end{pmatrix}$$

$$Y = \begin{pmatrix} y_1 \\ y_2 \\ \vdots \\ y_n \end{pmatrix}, \quad U = \begin{pmatrix} u_1 \\ u_2 \\ \vdots \\ u_n \end{pmatrix}$$

U 称为干扰或误差向量，满足 $EU = 0$ 和 $\mathrm{Cov}(XU) = 0$，但不满足 $EUU^{\tau} = \sigma_n^2 I_n$ 条件，这里 I_n 为 n 阶单位阵。假定 $EUU^{\tau} = \sigma_n^2 \Omega$，其中

$$\Omega = \begin{pmatrix} \sigma_{11} & \sigma_{12} & \cdots & \sigma_{1n} \\ \sigma_{21} & \sigma_{22} & \cdots & \sigma_{2n} \\ \vdots & & & \vdots \\ \sigma_{n1} & \sigma_{n2} & \cdots & \sigma_{nn} \end{pmatrix},$$

Ω 矩阵中的元素 σ_{ij} 由下式计算得到

$$EU_i U_j = \sigma_u^2 \sigma_{ij}, \quad i, j = 1, 2, \cdots, n_。$$

σ_u^2 是未知的，但可知 Ω 是正定的对称阵。由线性代数的知识可知，存在着非奇异阵矩 $P_{n \times n}$，使得

$$P \Omega P^{\tau} = I_n (\text{单位阵})$$

则有

$$\Omega = P^{-1} P^{\tau -1} = (P^{\tau} P)^{-1}$$

即

$$\Omega^{-1} = P^{\tau} P$$

运用这个矩阵 P 对原线性回归模型进行变换，得到

$$PY = PXB + PU$$

令

$$\widetilde{Y} = PY, \quad \widetilde{X} = PX, \quad \widetilde{U} = PU$$

则得到经过变换后的新模型

$$\widetilde{Y} = \widetilde{X} B + \widetilde{U} \tag{7.3-10}$$

可以验证，对于（7.3-10）的 $\widetilde{U}$，它将满足普通最小二乘法的条件，即

$$E\widetilde{U}\widetilde{U}^\tau = EPUU^\tau P^\tau = \sigma_u^2 P\Omega P^\tau = \sigma_u^2 I$$

对新模型（7.3-10）应用普通最小二乘法，可求出 B 的估计值为

$$\hat{B} = (\widetilde{X}^\tau \widetilde{X})^{-1}\widetilde{X}\widetilde{Y}$$

代入原始数据，得到

$$\begin{aligned}\widetilde{B} &= [(PX)^\tau(PX)]^{-1}(PX)^\tau(PY)\\ &= (X^\tau P^\tau PX)^{-1}X^\tau P^\tau PY\\ &= (X^\tau \Omega^{-1}X)^{-1}X^\tau \Omega^{-1}Y\end{aligned} \qquad (7.3\text{-}11)$$

对老模型直接运用（7.3-11）进行求解的方法就称为广义的最小二乘法（General Lest Square），运用（7.3-11）求出的 $\hat{B}$ 去作预测，就消除了序列自相关的影响。

§7.4 异方差性及其检验方法

在回归模型（7.3-9）中，欲使用普通最小二乘法进行参数估计，就必须要求干扰向量 U 满足 $EU=0$，$EUU^\tau = \sigma_u^2 I$，$\mathrm{Cov}(XU)=0$ 等条件，如果在模型中的干扰项有 $Eu_iu_j \neq 0$，$i \neq j$，称序列存在自相关；如果有 $Eu_i^2 = \sigma_i^2 \neq Eu_j^2 = \sigma_j^2$，当 $i \neq j$ 时，称此序列存在异方差。这两种情况只要出现其一，都会使 $EUU^\tau \neq \sigma_u^2 I$，也就是不满足应用普通最小二乘法所需的基本条件。本节将讨论异方差性及其检验方法。

1. 异方差性产生的主要原因

（1）在建模中由于解释变量缺落而引起

在具体的建模中，实际的模型是

$$Y_i = a_0 + a_1 x_i + a_2 v_i + u_i$$

但在建模时把变量 v_i 遗漏了，而当成

$$Y_i = a_0' + a_1 x + u_i'$$

来处理，这时

$$a_0' = a_0 + a_2 \bar{v},\ u_i' = u_i + a_2(v_i - \bar{v})$$

那么，新的误差项 u_i' 的方差就会随 v_i 的变化而变化，因而出现异方差性。

（2）由于模型函数形式不准而引起

若原来的模型是比较复杂的非线性关系，现在用简单的线性关系来近似模拟，就产生了模型关系不准的偏误，例如，把指数曲线模型设计成线性模型，其偏误将越来越大。

（3）由于样本数据的测量误差引起

样本数据测量误差所引起的异方差性，来自两个方面：一是由于误差累积而引起的随机误差项的方差增加；二是由于抽样技术水平的提高和样本测量技术的进步，从而引起随机误差项的方差逐步减少，这些都是引起异方差的原因。

（4）由随机因素的影响而引起

社会经济系统是人参与的系统，国家对经济系统的宏观调控，进行政策干预，就是人

的干预。由于经济是涉及各个阶层，千家万户物质利益的问题，人的意志和行为千差万别，因而存在许许多多的不确定因素，这都容易引起异方差性。

在经济预测与经济分析中，经验告诉我们，使用横截面数据建模时，也常常会遇到异方差性问题，这一点务必引起重视。

2. 异方差性在观察点聚图上的直观表示

（1）等方差性的观察点聚图如图 7-2 所示。
（2）递增型异方差性的点聚图如图 7-3 所示。

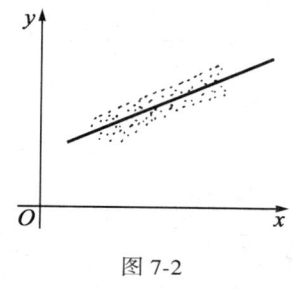
图 7-2

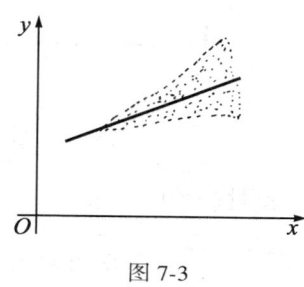
图 7-3

（3）递减型异方差性的观察点聚图如图 7-4 所示。
（4）复杂型的异方差性的点聚图如图 7-5 及图 7-6 所示。

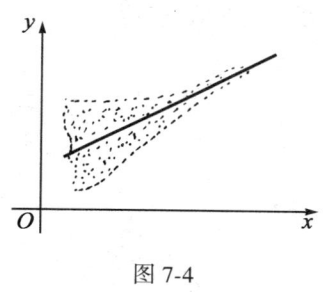
图 7-4

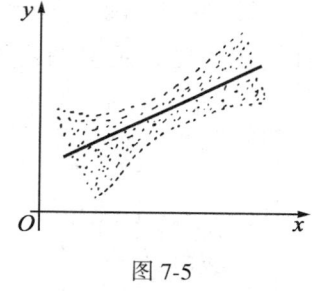
图 7-5

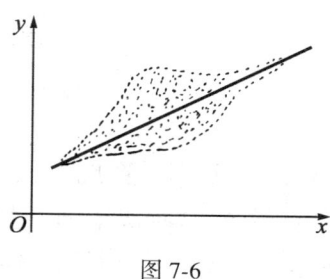
图 7-6

图示的异方差性，表现为解释变量的取值不同，干扰项 U_i 偏离其 0 均值的程度就不同。可以用概率密度来表示这种异方差性。参看图 7-7 所示。

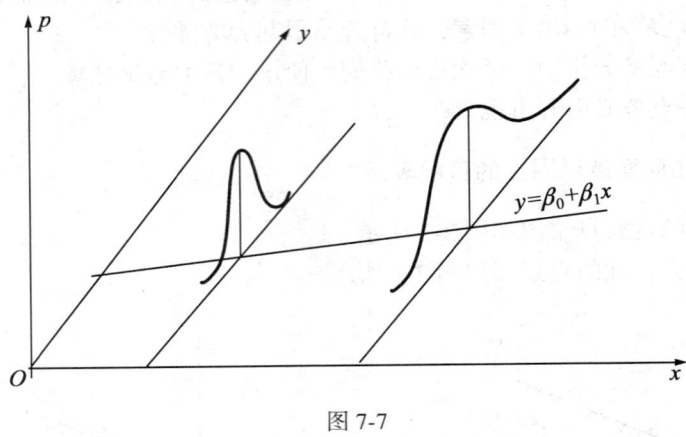

图 7-7

3. 异方差性的检验方法

(1) 经济分析法。根据所研究的经济问题,进行分析判断,以确定是否存在异方差性。例如,研究消费对收入的回归分析中,发现剩余方差随收入的增加而增大,这可判断为存在异方差性。

(2) 直观判断法。首先不考虑它是否存在异方差性,就使用普通最小二乘法建立起回归模型,然后计算出残差 $e_i = y_i - \hat{y}_i$,绘制 $(\hat{y}_i, e_i^2)$ 的平面点聚图。例如,图 7-8 表示不存在异方差性;图 7-9 表示随 $\hat{y}$ 值的增大其方差有递增趋势;图 7-10 表示 $\hat{y}_i$ 与 e_i^2 有线性关系;图 7-11 与图 7-12 表示 e_i^2 与 $\hat{y}_i$ 有二次曲线关系。

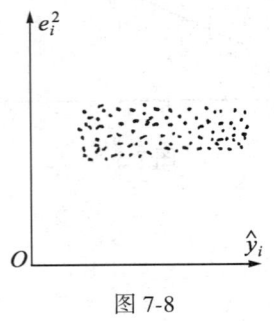

图 7-8

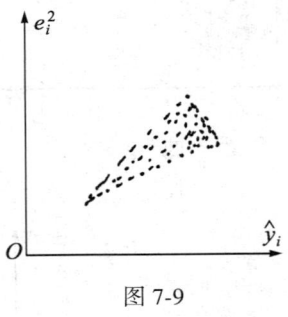

图 7-9

图 7-8 至图 7-12 是考察 $(\hat{y}_i, e_i^2)$ 的点聚图。除此之外,还可以作 (x_i, e_i^2) 或 (x_{1i}, e_i^2),(x_{2i}, e_i^2),…,(x_{ki}, e_i^2) 的点聚图,通过点聚图进行直观判断。

(3) 等级相关检验法。此法不论是否存在异方差性,都是先进行回归计算求出回归方程 $\hat{y}_i = \hat{\beta}_0 + \hat{\beta}_1 x_i$,并算出残差 $e_i = y_i - \hat{y}_i$,e_i 是干扰项 u_i 的估计值。因此,e_i 的异方差性就等价于 u_i 的异方差性。异方差性的实质是 u_i 的方差与 x_i 有关,所以要研究 u_i 与 x_i 的相关程度问题。若 u_i 与 x_i 的相关性很强,则可以断言存在异方差性;反之,则无异方差性。

为此，我们只要计算出 u_i 与 x_i 的相关系数，便可检验异方差性，但是 u_i 是不知道的，我们是用 e_i 去估计它的。因此，只要计算出 e_i 与 x_i 的相关系数就可以了。但是，在计算中又遇到问题，这就是在回归分析计算中可以证明 $\sum e_i x_i = 0$，因而不能用 e_i 与 x_i 的简单相关系数去检验。为此，我们改用等级相关系数来检验。等级相关系数的计算方法如下：

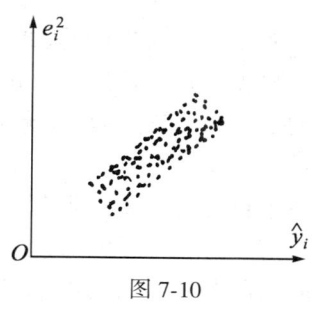

图 7-10

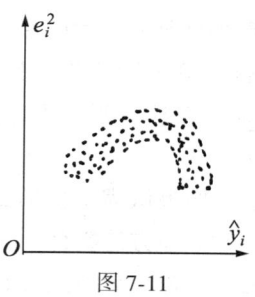

图 7-11

首先，将 $x_1, x_2, \cdots, x_n$ 从小到大排列，不妨假设已按大小顺序排列好了

$$x_1, x_2, \cdots, x_n$$

对应的

$$e_1, e_2, \cdots, e_n$$

然后，根据它们的数值规定等级。等级的标准可以人为地规定，例如，$n=10$，且 x_i 是等间隔的，则可规定 x_1 为 1 级，x_{10} 为 10 级，相应地，e_i 中取其中最小的为 1 级，最大的为 10 级。如果 e_i 中有某几个值很接近或者相等，则它们就属于同一等级。e_i 的等级标准也可以另行确定，在确定标准之后，即可规定每个 e_i 的等级了。

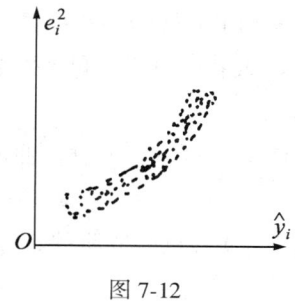

图 7-12

在规定好 x_i 与 e_i 的等级之后，便可计算 x_i 与 e_i 的等级差 D_i，例如 x_8 是 8 级，e_8 是 4 级，则等级差 $D_8 = 8 - 4 = 4$。计算出 D_i，$i = 1, 2, \cdots, n$ 之后，即可计算等级相关系数 r_{ex}

$$r_{ex} = 1 - \frac{6 \sum D_i^2}{n(n^2 - 1)} \tag{7.4-1}$$

这里 n 是样本容量的大小。

等级相关系数是离散型数据的简单相关系数。因此，可以利用相关系数检验表，进行统计检验，在给定置信水平 $1-\alpha$ 后，取对应的自由度为 $n-2$ 的临界值 r_α，若 $|r_{ex}| \leqslant r_\alpha$，则可认为 u_i 不存在异方差性；否则，就认为存在异方差性。

值得说明的是，在规定 e_i 的等级时，是按 e_i 的绝对值 $|e_i|$ 的大小来确定的，而不管它的符号。

(4) 戈里瑟(Glejser) 检验。此法的应用步骤如下：

①将因变量 y 对自变量依普通最小二乘法求出回归方程，并求出残差

$$e_i = y_i - \hat{y}_i$$

②将 $|e_i|$ 对自变量 x_i 进行回归，回归的模式可以参考点聚图决定。例如

$$|e_i| = \alpha_0 + \alpha_1 x_i^2$$

$$|e_i| = \alpha_0 + \alpha_1 \frac{1}{x_i}$$

$$|e_i| = \alpha_0 + \alpha_1 \sqrt{x_i} \qquad 要求 x_i > 0$$

等等。

③根据可决系数的大小，估计量的标准差，选择最优拟合的回归模式。

④对 α_0, α_1 进行显著性检验，若显著异于 0，则接受异方差性，如 α_0 与 0 无显著差异，但 α_1 与 0 有显著差异，则认为存在纯异方差性，若 α_0, α_1 均与 0 无显著差异，则认为不存在异方差性。

在多元回归中，如果认为干扰项 u_i 的方差同多个自变量有关，那么可将 $|e_i|$ 对多个自变量进行回归，与上述方法类似。

此法的优点是，在检验异方差存在的同时，提供了异方差的形式，为解决异方差性问题提供了信息。

(5) ARCH 检验

ARCH 检验的全称是自回归条件异方差(Autoregressive Conditional Helecosecdaticit)检验。如果我们用时间序列数据建立的模型是

$$\hat{y}_t = \hat{b}_0 + \hat{b}_1 x_{1t} + \hat{b}_2 x_{2t} + \cdots + \hat{b}_k x_{kt} \tag{7.4-2}$$

怀疑它存在异方差时，即可用 ARCH 检验法进行检验。设 ARCH 过程有如下模型

$$\sigma_t^2 = a_0 + a_1 \sigma_{1t}^2 + a_2 \sigma_{2t}^2 + \cdots + a_p \sigma_{t-p}^2 + v_t \tag{7.4-3}$$

其中，p 为过程的阶数，a_0, a_1, $\cdots$, a_p 为过程的参数，v_t 为随机干扰项。检验的原假设 H_0 为

$$H_0: a_1 = a_2 = \cdots = a_p = 0 \tag{7.4-4}$$

检验的具体程序如下

(1°) 计算出残差序列 e_t

$$e_t = y_t - \hat{y}_t, \quad t = 1, 2, \cdots, n.$$

并计算出 e_{t-1}^2, e_{t-2}^2, $\cdots$, e_{t-p}^2, $t = p+1, \cdots, n$.

(2°) 求出辅助回归方程

$$\hat{e}_t^2 = \hat{a}_0 + \hat{a}_1 \hat{e}_{t-1}^2 + \hat{a}_2 e_{t-2}^2 + \cdots + \hat{a}_p e_{t-p}^2 \tag{7.4-5}$$

(3°) 求出辅助回归方程(7.4-5)的可决系数 γ^2，并计算统计量 $(n-p)\gamma^2$，在原假设 H_0 成立的条件下，统计量 $(n-p)\gamma^2$ 服从自由度为 p 的 χ^2 分布。

(4°) 给出信度 α，查 χ^2 分布表，求得临界值 $\chi_\alpha^2(p)$，将它与 $(n-p)\gamma^2$ 比较，如

$$(n-p)\gamma^2 > \chi_\alpha^2(p)$$

则拒绝 H_0，认定所建模型存在异方差。

至此，我们介绍了五种检验方法，各有千秋，很难说哪种最有效，应用时可从简便直观的方法开始。

§7.5 消除异方差的基本方法

消除异方差性通常有以下几种方法:

1. 模型变换法

根据戈里瑟检验获得的信息,知道异方差与自变量关系的形式,例如 $\sigma_{u_i}^2 = k^2 f(x_i)$,则可对原模型

$$y_i = \beta_0 + \beta_1 x_i + u_i \tag{7.5-1}$$

进行变换,以 $\sqrt{f(x_i)}$ 去除(7.5-1)式的两端(在此要求 $f(x_i)$ 总是大于0)。得到新的模型为

$$\frac{y_i}{\sqrt{f(x_i)}} = \frac{\beta_0}{\sqrt{f(x_i)}} + \frac{\beta_1}{\sqrt{f(x_i)}} x_i + \frac{u_i}{\sqrt{f(x_i)}} \tag{7.5-2}$$

记新模型的扰动项为 V_i,有

$$V_i = \frac{u_i}{\sqrt{f(x_i)}} \tag{7.5-3}$$

可以证明新模型的扰动项 V_i 是等方差的。事实上

$$\mathrm{Var}(V_i) = \mathrm{Var}\left(\frac{u_i}{\sqrt{f(x_i)}}\right)$$

$$= \frac{1}{f(x_i)} \mathrm{Var}(u_i)$$

$$= \frac{1}{f(x_i)} k^2 f(x_i) = k^2$$

由此得到新模型(7.5-2)是具有等方差的,因此可以使用变换后的新数据 $\frac{y_i}{\sqrt{f(x_i)}}$, $\frac{1}{\sqrt{f(x_i)}}, \frac{x_i}{\sqrt{f(x_i)}}$ 按普通最小二乘法求出参数 β_0 和 β_1 的估计值,从而避免了异方差性的影响。

[**例1**] 设异方差性的形式为

$$\mathrm{Var}(u_i) = \sigma_{u_i}^2 = k^2 x_i^2$$

则对模型(7.5-1)两边除以 x_i,得

$$\frac{y_i}{x_i} = \frac{\beta_0}{x_i} + \beta_1 + \frac{u_i}{x_i}$$

记变换后的新模型的扰动项为 V_i,则有

$$\mathrm{Var}(V_i) = \mathrm{Var}\left(\frac{u_i}{x_i}\right) = \frac{1}{x_i^2} \mathrm{Var}(u_i)$$

$$= \frac{1}{x_i^2} k^2 x_i^2 = k^2$$

因而新模型具有等方差。

[例2] 设异方差形式为
$$\mathrm{Var}(u_i) = \sigma_{u_i}^2 = k^2 x_i$$

则对模型(7.5-1)两边除以 $\sqrt{x_i}$，得到新模型为

$$\frac{y_i}{\sqrt{x_i}} = \frac{\beta_0}{\sqrt{x_i}} + \beta_1 \sqrt{x_i} + \frac{u_i}{\sqrt{x_i}}$$

记新模型的干扰项为 V_i，则

$$V_i = \frac{u_i}{\sqrt{x_i}}$$

从而有

$$\mathrm{Var}(V_i) = \mathrm{Var}\left(\frac{u_i}{\sqrt{x_i}}\right) = \frac{1}{x_i}\mathrm{Var}(u_i)$$
$$= \frac{1}{x_i} k^2 x_i = k^2$$

具有等方差形式。

[例3] 假设异方差形式为

$$Eu_i^2 = \sigma_{u_i}^2 = \sigma^2 (Ey_i)^2$$
$$y_i = \beta_0 + \beta_1 x_i + u_i$$
$$Ey_i = \beta_0 + \beta_1 x_i$$

作如下变换

$$\frac{y_i}{Ey_i} = \frac{\beta_0}{Ey_i} + \beta_1 \frac{x_i}{Ey_i} + \frac{u_i}{Ey_i} = \frac{\beta_0}{Ey_i} + \beta_1 \frac{x_i}{Ey_i} + V_i$$

$$EV_i^2 = E\left(\frac{u_i}{Ey_i}\right)^2 = \frac{1}{(Ey_i)^2} Eu_i^2 = \frac{1}{(Ey_i)^2} \sigma^2 (Ey_i)^2 = \sigma^2$$

由于 β_0，β_1 未知，故 Ey_i 也未知，但 $\hat{\beta}_0$，$\hat{\beta}_1$ 是 β_0，β_1 的无偏估计量，因此 $\hat{y}_i = \hat{\beta}_0 + \hat{\beta}_1 x_i$ 是 Ey_i 的无偏估计量，那么，可以用 $\hat{y}_i$ 代替 Ey_i。

2. 加权最小二乘法

假定回归模型为

$$Y = XB + U \qquad U = \begin{pmatrix} u_1 \\ u_2 \\ \vdots \\ u_n \end{pmatrix} \qquad (7.5\text{-}4)$$

满足 $EU = 0$

$$EUU^{\tau} = \begin{pmatrix} \sigma_{w_1}^2 & & & 0 \\ & \sigma_{w_2}^2 & & \\ & & \ddots & \\ 0 & & & \sigma_{w_n}^2 \end{pmatrix} = \sigma^2 W$$

$$W = \begin{pmatrix} w_1 & & & \\ & w_2 & & \\ & & \ddots & \\ & & & w_n \end{pmatrix}$$

这就说明存在异方差。由于等方差不成立,故不能采用普通最小二乘法,但是若采用加权最小二乘法,则可将(7.5-4)化为等方差。由于

$$W = \begin{pmatrix} w_1 & & & \\ & w_2 & & \\ & & \ddots & \\ & & & w_n \end{pmatrix}$$

是一个正定矩阵,由矩阵代数可知,总可把 W 表示成两个非奇异矩阵的乘积,即

$$W = DD^{\tau}$$

由于 D 是非奇异矩阵,故 D^{-1} 存在,所以可用 D^{-1} 乘(7.5-4)两边,得到

$$D^{-1}Y = D^{-1}XB + D^{-1}U \tag{7.5-5}$$

将(7.5-5)改写为

$$Y^* = X^*B + U^* \tag{7.5-6}$$

则有

$$\begin{aligned} EU^*U^{*\tau} &= E[D^{-1}UU^{\tau}(D^{-1})^{\tau}] = D^{-1}EUU^{\tau}D^{\tau-1} \\ &= D^{-1}\sigma^2 W D^{\tau-1} = \sigma^2 D^{-1} W D^{\tau-1} \\ &= \sigma^2 D^{-1} DD^{\tau} D^{\tau-1} = \sigma^2 I \end{aligned}$$

这就化为等方差。那么对(7.5-6)就可使用普通最小二乘法求解,即参数向量 B 的估计量为

$$\begin{aligned} \hat{B} &= (X^{*\tau}X^*)^{-1}X^{*\tau}Y^* \\ &= [(D^{-1}X)^{\tau}D^{-1}X]^{-1}(D^{-1}X)^{\tau}D^{-1}Y \\ &= (X^{\tau}D^{-1\tau}D^{-1}X)^{-1}X^{\tau}D^{-1\tau}D^{-1}Y \\ &= (X^{\tau}W^{-1}X)^{-1}X^{\tau}W^{-1}Y \end{aligned} \tag{7.5-7}$$

W 矩阵称为加权矩阵,因此,若知道异方差性的权矩阵 W,则直接可采用(7.5-7)式求解,并称这种求解方法为加权最小二乘法。

§7.6 多重共线性问题

在多元回归中,由于存在着多个解释变量,例如有 p 个解释变量 $x_1, x_2, \cdots, x_p$。这

些变量之间常常存在一定程度的相关关系,这种关系给多元线性回归模型的参数估计带来了麻烦,特别是当解释变量之间的关系是线性关系时,就称这为多重共线性。

1. 多重共线性的出现,通常有以下几方面的原因:

(1) 各经济变量之间存在内在联系

例如,生产函数表示为

$$Q = AK^\alpha L^\beta \tag{7.6-1}$$

其中 Q 表示产值,K 是资金,L 是劳力。一般说来,大企业有雄厚的资金和充足的劳动力,而小企业的资金和劳力都较少,这说明资金与劳力之间有内在的联系,因而存在多重共线性。

(2) 各经济变量在时间上有共同增长的趋势

例如,在国民经济处于景气上升阶段时,各经济领域欣欣向荣,经济效益显著,人民群众收入增加,消费支出增大,储蓄额上升。这时的经济变量如工资、消费、储蓄等就有共同增长的趋势,因而存在着多重共线性。

(3) 在建模时引入了一些解释变量的滞后值作为新的解释变量

例如,在研究消费函数时,不仅把现期收入,而且把上期的收入都作为解释变量,这就明显地出现多重共线性。

在多元线性回归的建模中,如果解释变量中存在多重共线性,则运用普通最小二乘法求估模型参数将失败。因此,必须对选入多元回归模型中的解释变量进行选择,并通过一些统计方法进行检验,判断是否存在着多重共线性。

2. 克服多重共线性的方法

(1) 通过经济分析或统计分析方法,挑出引起多重共线性的变量,并把它排除在解释变量之外,即可消除多重共线性。如果多重共线性不太严重,还可以保留一些重要的解释变量,对于建立以预测为主要目的的模型,在模型的检验中,只要拟合优度高,并且解释变量的相关类型在预测期内保持不变,则可忽略多重共线性问题。如果模型的用途是进行结构分析或政策评价,就需要消除多重共线性的影响。由于多重共线性问题是由解释变量之间高度相关性引起的,因此,删去一些经过经济分析和理论探讨认为是不重要的解释变量,自然会降低或克服一些模型的多重共线性问题。此外,使用逐步回归的方法,也是一种有效的方法。

(2) 改变变量定义形式,也可以排除或削弱原模型中的多重共线性。下面的二种改变形式是行之有效的。

第一种方法是通过引入差分变量来改变变量的形式,例如,原模型为

$$y_t = b_0 + b_1 x_{1t} + b_2 x_{2t} + \cdots + b_p x_{pt} + u_t \tag{7.6-2}$$

那么

$$y_{t-1} = b_0 + b_1 x_{1t-1} + b_2 x_{2t-1} + \cdots + b_p x_{pt-1} + u_{t-1} \tag{7.6-3}$$

将(7.6-2)减去(7.6-3)，并令一阶差分

$$\Delta y_t = y_t - y_{t-1}$$
$$\Delta x_{1t} = x_{1t} - x_{1t-1}$$
$$\Delta x_{2t} = x_{2t} - x_{2t-1}$$
$$\vdots$$
$$\Delta x_{pt} = x_{pt} - x_{pt-1}$$
$$\Delta u_t = u_t - u_{t-1}$$

则得到经过一阶差分变换后的差分模型为

$$\Delta y_{t-1} = b_1 \Delta x_{1t} + b_2 \Delta x_{2t} + \cdots + b_p \Delta x_{pt} + \Delta u_t \tag{7.6-4}$$

如果(7.6-2)存在较严重的多重共线性，那么经过差分之后的新模型(7.6-4)将会大大降低甚至完全克服了它的多重共线性问题。

第二种改变变量形式的方法是利用一些通过经济分析得来的信息，结合模型的特定形式，进行适当的变量替换，以消除原模型的多重共线性。例如(7.6-1)是柯布—道格拉斯生产函数，劳动力 L 与资金 K 之间存在高度相关性，如果已知此模型参数是规模报酬不变，即 $\alpha+\beta=1$，则模型(7.6-1)可改写为(7.6-5)

$$Y = AL^{\alpha}K^{\beta} = AL^{1-\beta}K^{\beta} = AL\left(\frac{K}{L}\right)^{\beta}$$

从而有

$$\frac{Y}{L} = A\left(\frac{K}{L}\right)^{\beta} \tag{7.6-5}$$

记

$$y = \frac{Y}{L}, \quad k = \frac{K}{L}$$

则(7.6-5)有如下形式

$$y = Ak^{\beta} \tag{7.6-6}$$

此是由二元模型变为一元模型，完全克服了多重共线性问题。由普通最小二乘法即可求估出参数 A 和 β。最后，由于 $\alpha=1-\beta$ 即可得到 α 的估计量。

思考与练习

1. 假定下述模型

$$S_t = b_0 + b_1 P_t + U_t$$

描述某企业的产量决策，其中 S_t 表示产量，P_t 表示价格，U_t 表示干扰项，每当企业在 $t-1$ 期出现滞销时，企业的决策者就削减 t 期的产量。根据上述情况，如果用普通最小二乘法去估计模型的参数 b_0 和 b_1，其结果如何？

2. 某地区的年消费 C 与可支配收入有如下表的历史数据：

单位：万元

年 份	C	Y	年 份	C	Y
2006	11 378	11 617	2012	20 074	21 512
2007	13 012	13 297	2013	21 439	23 124
2008	15 263	15 790	2014	22 833	24 724
2009	16 873	18 017	2015	24 205	26 175
2010	17 764	19 214	2016	25 307	27 219
2011	18 857	20 198			

应用普通最小二乘法，建立了以下线性模型

$$\hat{C} = 8526 + 0.65Y \qquad r^2 = 0.953$$

试回答下述问题

(1) 求残差平方和并检验自相关。

(2) 若存在一阶自相关，试估计出自相关系数 ρ 的值。

(3) 若存在一阶自相关，应如何消除呢？

3. 考察下述模型

$$Y_t = b_0 + b_1 X_t + U_t$$

其中

$$U_t = b_2 X_t^2 + V_t$$

这里 V_t 是一个独立于 X_t 且满足普通最小二乘法的假设条件的随机变量序列，如果用普通最小二乘法对原模型的参数 b_0，b_1 进行估计，将出现什么情况？为何不能直接使用普通最小二乘法对 b_0，b_1 进行估计？

4. 什么是多重共线性？产生多重共线性的主要原因有哪些？

5. 克服多元回归模型中的多重共线性问题，主要方法有哪些？

第八章 带虚变量的回归预测技术

在前几章介绍的回归预测方法中,各预测因子(自变量)均是实实在在的数量,如工资收入、消费物价指数、居民购买力等。但在经济计量分析和经济预测中,还存在着另一种变量,人们常常用这种变量去表现暂时性的影响、地域的不同、质的不同,以及变数之分组等。所谓暂时性的影响是指经济行为受特定因素的影响,因而促使一期或数期变数与其他各期有明显的差异,如有政治运动与没有政治运动,战时与平时等。地域的不同是指随着地域不同,其经济结构、历史、社会、文化背景,甚至将来的展望也不同。质的不同,如男、女性别,婚否,以及社会阶层如工人、农民、知识分子等的不同。变数的分组,如依年龄大小分为老、中、青、少等。这些变量均有别于前三章讨论过的变量,故称为虚变量(Dummy Variable)。这些虚变量常常在某些经济现象中有着不可忽视的影响,如政府发行公债,其销售额在战时与平时就有差别,除考虑居民收入这个因素外,还要考虑战时爱国心的影响,爱国心这个因素就属于虚变量。又如,冷饮的销售量除受价格的影响外,还明显受季节因素的影响,季节因素就是一个不可忽视的虚变量。因此,研究带虚变量的预测模型,是十分有意义的。

§8.1 基 本 概 念

设因变量 y 是普通的数量,自变量含有虚变量。如预测民间消费总需求量 y,除选择一般消费物价指数、城乡居民收入作为自变量因子外,还必须把战争影响、政策因素(如政治运动)等考虑进去。前二个因素是普通的数量,后二个因素是虚变量。为建立带虚变量的数学模型,首先介绍有关的基本概念。

(1)水平。当自变量以虚变量的形式出现时,我们把虚变量的出现形式称为"水平"。例如,研究受季节影响的某项商品需求量,季节影响这个虚变量,就分为春、夏、秋、冬四季,记春季水平为1,夏季水平为2,秋、冬水平分别为3和4。

(2)反应。用 $\delta_i(j, k)$ 表示第 i 个样本第 j 个自变量取第 k 个水平的反应

$$\delta_i(j, k) = \begin{cases} 1 & \text{当第 } i \text{ 个样本第 } j \text{ 个自变量取第 } k \text{ 个水平时} \\ 0 & \text{否则} \end{cases}$$

例如,研究受季节影响的某项商品的需求量时,季节影响作为第一个自变量。

$$\delta_1(1, 1) = \begin{cases} 1 & \text{表示第一个样本值是春季} \\ 0 & \text{不是春季} \end{cases}$$

$$\delta_1(1, 2) = \begin{cases} 1 & \text{表示第一个样本值是夏季} \\ 0 & \text{不是夏季} \end{cases}$$

$$\delta_1(1,3) = \begin{cases} 1 & \text{表示第一个样本值是秋季} \\ 0 & \text{不是秋季} \end{cases}$$

$$\delta_1(1,4) = \begin{cases} 1 & \text{表示第一个样本值是冬季} \\ 0 & \text{不是冬季} \end{cases}$$

$$\delta_2(1,1) = \begin{cases} 1 & \text{表示第二个样本值是春季} \\ 0 & \text{不是春季} \end{cases}$$

....

(3)反应表。将各样本的资料分类排列得到的表格称为反应表。

例如,研究受季节影响和政策因素影响的某种服装的销售量。设季节因子为 x_1,政策因子为 x_2,x_1 有 4 种不同的水平,x_2 的水平为 2,y 表示销售量。现有 2 年共 8 个季度的样本记录。根据历史资料,列表 8.1。

表 8.1 反 应 表

样本编号	反应 因变量(万件)	自变量 水平	季节影响 x_1				政策因素 x_2	
			春 C_{11}	夏 C_{12}	秋 C_{13}	冬 C_{14}	有 C_{21}	无 C_{22}
1	y_1	30	1	0	0	0	0	1
2	y_2	28	0	1	0	0	0	1
3	y_3	35	0	0	1	0	0	1
4	y_4	25	0	0	0	1	1	0
5	y_5	23	1	0	0	0	1	0
6	y_6	22	0	1	0	0	1	0
7	y_7	28	0	0	1	0	1	0
8	y_8	28	0	0	0	1	0	1

表 8.1 第一行数据 y_1 表示第一年春季在没有政策因子影响下的某种服装销售量。它的一般形式可假设 m 个自变量 x_1,x_2,$\cdots$,x_m 都是虚变量。x_j 的水平为 r_j,$j=1,2,\cdots,m$。以 $\delta_i(j,k)$ 表示反应。例如,上表当 $i=1$ 时,$j=2$,$k=1$,有 $\delta_1(2,1)=0$,$\delta_1(2,2)=1$,由此得到一般的反应表(见表 8.2)。

(4)反应矩阵。把反应表中的反应 $\delta_i(j,k)$ 写成矩阵形式,称为反应矩阵,记为 $X=(\delta_i(j,k))$。例如,当 $m=2$,$r_1=4$,$r_2=2$,$n=8$ 时,以(表 8.1)的数据代入 $\delta_i(j,k)$ 得到如下的反应矩阵(8.1-1)

表 8.2

样本编号	自变量 反应水平 因变量	x_1				...	x_m	
		C_{11}	C_{12}	...	C_{1r_1}	...	C_{m1}	... C_{mr_m}
1	y_1	$\delta_1(1,1)$	$\delta_1(1,2)$	...	$\delta_1(1,r_1)$	...	$\delta_1(m,1)$	... $\delta_1(m,r_m)$
2	y_2	$\delta_2(1,1)$	$\delta_2(1,2)$	...	$\delta_2(1,r_1)$	...	$\delta_2(m,1)$	... $\delta_2(m,r_m)$
⋮	⋮	⋮	⋮		⋮		⋮	⋮
n	y_n	$\delta_n(1,1)$	$\delta_n(1,2)$	...	$\delta_n(1,r_1)$	...	$\delta_n(m,1)$	... $\delta_n(m,r_m)$

$$X = \begin{pmatrix} 1 & 0 & 0 & 0 & 0 & 1 \\ 0 & 1 & 0 & 0 & 0 & 1 \\ 0 & 0 & 1 & 0 & 0 & 1 \\ 0 & 0 & 0 & 1 & 1 & 0 \\ 1 & 0 & 0 & 0 & 1 & 0 \\ 0 & 1 & 0 & 0 & 1 & 0 \\ 0 & 0 & 1 & 0 & 1 & 0 \\ 0 & 0 & 0 & 1 & 0 & 1 \end{pmatrix} \quad (8.1\text{-}1)$$

一般的反应矩阵记为

$$X = \begin{pmatrix} \delta_1(1,1) & \cdots & \delta_1(1,r_1) & \cdots & \delta_1(m,1) & \cdots & \delta_1(m,r_m) \\ \delta_2(1,1) & \cdots & \delta_2(1,r_1) & \cdots & \delta_2(m,1) & \cdots & \delta_2(m,r_m) \\ \vdots & & \vdots & & \vdots & & \vdots \\ \delta_n(1,1) & \cdots & \delta_n(1,r_1) & \cdots & \delta_n(m,1) & \cdots & \delta_n(m,r_m) \end{pmatrix} \quad (8.1\text{-}2)$$

由于 $\delta_i(j,k)$ 的值不为 0 即为 1，故反应矩阵的元素只有 0 和 1。

§8.2 虚变量回归的建模方法

1. 根据样本资料列出反应表和反应矩阵

例如，反应表 8.1 和表 8.2，反应矩阵 (8.1-1) 和 (8.1-2)。

2. 建立数学模型

假设 m 个自变量 x_1，x_2，$\cdots$，x_m，x_j 有 r_j 个水平，$j=1$，2，$\cdots$，m，这些变量与因变量 y 有统计的线性关系，因此有

$$y_i = \sum_{j=1}^{m} \sum_{k=1}^{r_j} \delta_i(j,k) b_{jk} + e_i \quad (8.2\text{-}1)$$

$$i = 1, 2, \cdots, n$$

b_{jk} 是依赖于第 j 个自变量第 k 个水平的待估参数，e_i 是误差。假定 e_i，$i=1, 2, \cdots, n$ 相互独立同分布，(8.2-1) 称为自变量 x_i 与因变量 y 的线性模型，记

$$Y = \begin{pmatrix} y_1 \\ y_2 \\ \vdots \\ y_n \end{pmatrix}, \quad E = \begin{pmatrix} e_1 \\ e_2 \\ \vdots \\ e_n \end{pmatrix}, \quad X = [\delta_i(j, k)], \quad B = \begin{pmatrix} b_{11} \\ b_{12} \\ \vdots \\ b_{1r_1} \\ \vdots \\ b_{m1} \\ b_{m2} \\ \vdots \\ b_{mr_m} \end{pmatrix} \tag{8.2-2}$$

则线性模型 (8.2-1) 可以写成矩阵形式

$$Y = XB + E \tag{8.2-3}$$

3. 对参数作出估计

设估计量为 $\hat{B}$，由最小二乘法原理，估计量 $\hat{B}$ 满足下述正规方程

$$X^\tau X \hat{B} = X^\tau Y \tag{8.2-4}$$

其形式和结构与 (6.2-9) 的正规方程完全一样，但有一个最本质的差别，就是这里的 $X^\tau X$ 不可能是满秩矩阵，因此，$(X^\tau X)^{-1}$ 不存在，故不能照搬第六章的求解方法。

由于 $X^\tau X$ 是 $\sum_{j=1}^{m} r_j$ 行 $\sum_{j=1}^{m} r_j$ 列矩阵，(8.2-4) 共有 $\sum_{j=1}^{m} r_j$ 个待估参数 $\hat{b}_{jk}$，故不论 $X^\tau X$ 是否满秩，(8.2-4) 是相容的，因而总是可解的。首先假定 $X^\tau X$ 的秩等于 $\sum_{j=1}^{m} r_j - (m-1)$，因此，(8.2-4) 有无穷多组解。但是，理论上可以证明，用任意一组解去作预测，同采用某种特殊方法求出的一组特解去作预测，其预测值完全一样（详细论证见 §8.4）。现在给出一种求特解的方法。

由于假定 $X^\tau X$ 的秩为 $\sum_{j=1}^{m} r_j - (m-1)$，故在求解时，先删去第 j 个自变量第一个水平所对应的方程 ($j=2, 3, \cdots, m$)，总共删去 $m-1$ 个，然后令 $\hat{b}_{j1}=0$，$j=2, 3, \cdots, m$。此时，剩下的方程组其系数矩阵是满秩的，故可惟一解出其余的 $\hat{b}_{jk}$，这种特定的解，称为方程组 (8.2-4) 的特解。记为 $\hat{B}^{0\tau}$

$$\hat{B}^{0\tau} = (\hat{b}_{11}^0, \hat{b}_{12}^0, \cdots, \hat{b}_{1r_1}^0; 0, \hat{b}_{22}^0, \cdots, \hat{b}_{2r_2}^0; \cdots; 0, \hat{b}_{m2}^0, \cdots, \hat{b}_{mr_m}^0)$$

由此得到预测方程为

$$\hat{y}_i = \sum_{j=1}^{m} \sum_{k=1}^{r_j} \delta_i(j, k) \hat{b}_{jk}^0 \tag{8.2-5}$$

4. 预测举例

设 $m=2$，x_1 有 4 个水平，x_2 有 2 个水平，由上述的参数估计方法，求得参数 $\hat{b}_{jk}$ 的值，则可列出预测方程

$$y = \delta(1,1)\hat{b}_{11} + \delta(1,2)\hat{b}_{12} + \delta(1,3)\hat{b}_{13} + \delta(1,4)\hat{b}_{14}$$
$$+ \delta(2,1)\hat{b}_{21} + \delta(2,2)\hat{b}_{22} \tag{8.2-6}$$

若已知未来样本自变量的反应是

$$(1,0,0,0) \text{ 与 } (0,1)$$

则预测值为

$$\hat{y} = \hat{b}_{11} + \hat{b}_{22}$$

若自变量的反应是

$$(0,0,1,0) \text{ 与 } (1,0)$$

则预测值为

$$\hat{y} = \hat{b}_{13} + \hat{b}_{21}$$

5. 一般情况

所谓一般情况，是指自变量中既含有虚变量也含有普通的变量。例如，某种服装的销售量既同季节变量、政策因素有关，也同居民的月平均收入有关，前二者是虚变量，后者是普通的变量，分别以 x_1，x_2，x_3 表示，x_1 有 4 个水平（春、夏、秋、冬），x_2 有两个水平（有无政治运动），则 B 的估计量为

$$\hat{B}_\tau = (\hat{b}_{11}, \hat{b}_{12}, \hat{b}_{13}, \hat{b}_{14}; \hat{b}_{21}, \hat{b}_{22}; \hat{b}_3) \tag{8.2-7}$$

其反应矩阵为

$$X = \begin{pmatrix} \delta_1(1,1) & \cdots & \delta_1(1,4) & \delta_1(2,1) & \delta_1(2,2) & x_{13} \\ \delta_2(1,1) & \cdots & \delta_2(1,4) & \delta_2(2,1) & \delta_2(2,2) & x_{23} \\ \vdots & & \vdots & \vdots & \vdots & \vdots \\ \delta_n(1,1) & \cdots & \delta_n(1,4) & \delta_n(2,1) & \delta_n(2,2) & x_{n3} \end{pmatrix} \tag{8.2-8}$$

则 $X^\tau X$ 是 $4+2+1=7$ 行 7 列矩阵，假设其秩为

$$\sum_{j=1}^{3} r_j - (2-1) = 4+2+1-1 = 6$$

则正规方程

$$X^\tau X \hat{B} = X^\tau Y$$

的解法与本节（3）相同，其预测方程为

$$y = \delta(1,1)\hat{b}_{11} + \delta(1,2)\hat{b}_{12} + \delta(1,3)\hat{b}_{13}$$
$$+ \delta(1,4)\hat{b}_{14} + \delta(2,1)\hat{b}_{21} + \delta(2,2)\hat{b}_{22} + \hat{b}_3 x_3 \tag{8.2-9}$$

若新样本的自变量的反应是 (0, 1, 0, 0), (0, 1), 居民月平均收入 x 元, 则可预测服装的销售量是

$$\hat{y} = \hat{b}_{12} + \hat{b}_{22} + \hat{b}_3 x$$

此即在夏天、无政治运动、居民月平均收入为 x 元时的服装销售量预测值。

§8.3 虚变量回归模型的应用实例

设某地银行的居民储蓄总额既同居民的平均收入有关,也与有无政治运动有关。政治运动就是一个虚变量。以 x_1 表示居民平均收入, x_2 表示政治运动, 有无政治运动表示 x_2 的两个水平, 现作了五次观测, 得到数据如表 8.3 所示。

表 8.3

样本编号	反应 储蓄总额(亿元)	自变量 水平	居民平均收入 x_1(元)	政治运动 x_2	
				有 C_{21}	无 C_{22}
1	y_1	56	305	1	0
2	y_2	57	310	1	0
3	y_3	61	320	0	1
4	y_4	62	330	0	1
5	y_5	64	340	0	1

利用上述数据, 按照 §8.2 的方法可建立起预测方程, 它的一般形式是

$$\hat{y} = \hat{b}_1 x_1 + \delta(2, 1) \hat{b}_{21} + \delta(2, 2) \hat{b}_{22} \tag{8.3-1}$$

当有政治运动时, $\delta(2, 1) = 1$, $\delta(2, 2) = 0$, 这时预测方程为

$$\hat{y} = \hat{b}_{21} + \hat{b}_1 x_1 \tag{8.3-2}$$

当无政治运动时, $\delta(2, 2) = 1$, $\delta(2, 1) = 0$, 这时预测方程为

$$y = \hat{b}_{22} + \hat{b}_1 x_1 \tag{8.3-3}$$

(8.3-2) 与 (8.3-3) 的直线图形如图 8-1 所示。从图形可以看出,有政治运动与无政治运动, 它们的回归直线根本不同, 但是两条回归直线是平行的, 仅是截距不同。因此, 运用带虚变量的回归预测法, 不仅可解决一些非数量因子的回归问题, 而且可解决一些回归直线的平行移动问题。

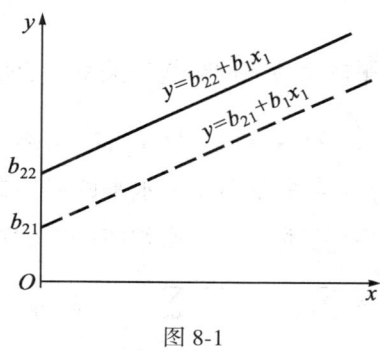

图 8-1

§8.4 虚变量回归模型预测的基本原理

1. $X^T X$ 是降秩矩阵

从反应矩阵中可以看见,各个自变量所对应的反应 $\delta_i(j, k)$ 其行和为 1,即

$$\sum_{k=1}^{r_j} \delta_i(j, k) = 1, \quad j = 1, 2, \cdots, m$$

$X^T X$ 矩阵是 $\sum_{j=1}^{m} r_j$ 行 $\sum_{j=1}^{m} r_j$ 列矩阵,其秩小于或等于

$$\sum_{j=1}^{m} r_j - (m - 1)$$

这里假定 m 个自变量均是虚变量。故对每个自变量来说,将其各列的元素全部加到其本身的任一列上,得到全部元素均是 1 的一列,例如

$$X = \begin{pmatrix} \overset{x_1}{\overbrace{1 \ 0 \ 0}} & \overset{x_2}{\overbrace{1 \ 0}} \\ 1 \ 0 \ 0 & 1 \ 0 \\ 0 \ 1 \ 0 & 0 \ 1 \\ 0 \ 0 \ 1 & 0 \ 1 \\ 0 \ 1 \ 0 & 1 \ 0 \end{pmatrix}$$

前 3 列对应于 x_1 的 3 个水平列,后 2 列对应于 x_2 的 2 个水平列。将前 3 列各对应元素相加,并放到第一列上,后 2 列各对应元素相加,并放到最后一列上,得到如下的矩阵

$$X_1 = \begin{pmatrix} 1 & 0 & 0 & 1 & 1 \\ 1 & 1 & 0 & 0 & 1 \\ 1 & 0 & 1 & 0 & 1 \\ 1 & 1 & 0 & 1 & 1 \end{pmatrix}$$

从而使第一列与最后一列线性相关。一般说来,m 个自变量的反应矩阵,至少有 m 个列向量线性相关,而 X 共有 $\sum_{j=1}^{m} r_j$ 列,故将其删去 $m - 1$ 列后,其秩小于或等于 $\sum_{j=1}^{m} r_j - (m - 1)$。在以后的讨论中,将假定它的秩等于 $\sum_{j=1}^{m} r_j - (m - 1)$。

2. 正规方程的导出

设因变量 y 与自变量各水平的反应之间呈线性关系，于是有

$$y_i = \sum_{j=1}^{m} \sum_{k=1}^{r_j} \delta_i(j, k) b_{jk} + e_i, \quad i = 1, 2, \cdots, n \tag{8.4-1}$$

n 是样本容量，b_{jk} 是依赖于第 j 个自变量第 k 个水平的待估参数。与回归分析原理一样，运用最小二乘法，可求出估计值 $\hat{b}_{jk}$。因此，$\hat{b}_{jk}$ 必须使残差平方和

$$Q = \sum_{j=1}^{n} \left(y_i - \sum_{j=1}^{m} \sum_{k=1}^{r_j} \delta_i(j, k) b_{jk} \right)^2$$

$$= \sum_{i=1}^{n} e_i^2 \tag{8.4-2}$$

达到极小。因此有

$$\frac{\partial Q}{\partial b_{uv}} = 0$$

即

$$\frac{\partial Q}{\partial b_{uv}} = -2 \sum_{i=1}^{n} \left[y_i - \sum_{j=1}^{m} \sum_{k=1}^{r_j} \delta_i(j, k) \hat{b}_{jk} \right] \delta_i(u, v)$$

$$= 0$$

其中 $u = 1, 2, \cdots, m$，$v = 1, 2, \cdots, r_u$，于是有方程组

$$\sum_{j=1}^{m} \sum_{k=1}^{r_j} \sum_{i=1}^{n} \delta_i(u, v) \delta_i(j, k) \hat{b}_{jk}$$

$$= \sum_{i=1}^{n} \delta_i(u, v) y_i \tag{8.4-3}$$

将（8.4-3）写成矩阵形式就是

$$X^\tau X \hat{B} = X^\tau Y \tag{8.4-4}$$

称此方程为正规方程。

3. 正规方程的一些规律性

为剖析正规方程的一些特有规律，以表 8.1 中的数据代入（8.4-4）求出具体的正规方程

$$\begin{pmatrix} 2 & 0 & 0 & 0 & 1 & 1 \\ 0 & 2 & 0 & 0 & 1 & 1 \\ 0 & 0 & 2 & 0 & 1 & 1 \\ 0 & 0 & 0 & 2 & 1 & 1 \\ 1 & 1 & 1 & 1 & 4 & 0 \\ 1 & 1 & 1 & 1 & 0 & 4 \end{pmatrix} \begin{pmatrix} \hat{b}_{11} \\ \hat{b}_{12} \\ \hat{b}_{13} \\ \hat{b}_{14} \\ \hat{b}_{21} \\ \hat{b}_{22} \end{pmatrix} = \begin{pmatrix} 53 \\ 50 \\ 63 \\ 53 \\ 98 \\ 121 \end{pmatrix}$$

第八章 带虚变量的回归预测技术

从上述方程组显见，系数矩阵是对称阵，而且每一列（或行）中，前四个元素之和（对应于自变量 x_1 的 4 种水平）等于后两个元素（对应于自变量 x_2 的两个水平）之和，方程右端的列向量前四个元素之和等于后面两个元素之和。一般的情况是，对于每个列来说，对应于各个自变量的元素之和皆相等。

4. 任意解对预测的一致性

正规方程组（8.4-4）的系数矩阵是降秩的，不过它是相容的，从而是可解的，但它的解不惟一，而且有无穷多组解。按 §8.2 求特解的方法，得到特解 $\hat{B}^0$。又假定 $\hat{B}'$ 为（8.4-4）的任一解，现证明运用这二个解去作预测，其结果是一致的。

设
$$\hat{B}^0 = (\hat{b}^0_{11}\ \hat{b}^0_{12},\ \cdots,\ \hat{b}^0_{1r_1};\ 0,\ \hat{b}^0_{22},\ \cdots,\ \hat{b}^0_{2r_2};\ \cdots;\ 0,\ \hat{b}^0_{m2},\ \cdots,\ \hat{b}^0_{mr_m})$$

$$\hat{B}' = (\hat{b}'_{11},\ \hat{b}'_{12},\ \cdots,\ \hat{b}'_{1r_1};\ \cdots;\ \hat{b}'_{m1},\ \hat{b}'_{m2},\ \cdots,\ \hat{b}'_{mr_m})$$

两者均满足正规方程

$$X^\tau X \hat{B}^0 = X^\tau Y$$

$$X^\tau X \hat{B}' = X^\tau Y$$

从而

$$X^\tau X(\hat{B}' - \hat{B}^0) = X^\tau X \hat{B}' - X^\tau X \hat{B}^0 = 0$$

故 $\hat{B}' - \hat{B}^0$ 是

$$X^\tau X \hat{B} = 0 \tag{8.4-5}$$

的解。

从正规方程的规律性可知，方程中对各个自变量相应的 $\hat{b}_{jk}$ 的系数之和皆相等，即若以 $\alpha_i(j,\ k)$ 表示正规方程（8.4-4）中第 i 个方程，第 j 个自变量，对应于 $\hat{b}_{jk}$ 的系数，则有

$$\sum_{k=1}^{r_j} \alpha_i(j,\ k) = \sum_{k=1}^{r_1} \alpha_i(1,\ k),\quad j = 2,\ 3,\ \cdots,\ m \tag{8.4-6}$$

令

$$\hat{B}^* = (\underbrace{-\hat{b}'_{21} - \hat{b}'_{31} - \cdots - \hat{b}'_{m1},\ -\hat{b}'_{21} - \hat{b}'_{31} \cdots - \hat{b}'_{m1},\ \cdots,\ -\hat{b}'_{21} - \hat{b}'_{31} - \cdots - \hat{b}'_{m1}}_{r_1\ \text{个}};$$

$$\underbrace{\hat{b}'_{21},\ \hat{b}'_{21},\ \cdots,\ \hat{b}'_{21}}_{r_2\ \text{个}};\ \cdots;\ \underbrace{\hat{b}'_{m1},\ \hat{b}'_{m1},\ \cdots,\ \hat{b}'_{m1}}_{r_m\ \text{个}}) \tag{8.4-7}$$

将 $\hat{B}^*$ 代入（8.4-4），由（8.4-6）可知 $\hat{B}^*$ 是 $X^\tau X \hat{B} = 0$ 的解，因而（8.4-4）的通解 $\hat{B}'$ 为

$$\hat{B}' = \hat{B}^0 + \hat{B}^*$$

即

$$\hat{b}'_{11} = \hat{b}^0_{11} - \hat{b}'_{21} - \hat{b}'_{31} - \cdots - \hat{b}'_{m1}$$

$$\hat{b}'_{12} = \hat{b}^0_{12} - \hat{b}'_{21} - \hat{b}'_{31} - \cdots - \hat{b}'_{m1}$$

$$\vdots$$

$$\hat{b}'_{1r_1} = \hat{b}^0_{1r_1} - \hat{b}'_{21} - \hat{b}'_{31} - \cdots - \hat{b}'_{m1}$$

$$\hat{b}'_{21} = \hat{b}'_{21}$$

$$\hat{b}'_{22} = \hat{b}^0_{22} + \hat{b}'_{21}$$

$$\vdots$$

$$\hat{b}'_{2r_2} = \hat{b}^0_{2r_2} + \hat{b}'_{21}$$

$$\vdots$$

$$\hat{b}'_{m1} = \hat{b}'_{m1}$$

$$\hat{b}'_{m2} = \hat{b}^0_{m2} + \hat{b}'_{m1}$$

$$\vdots$$

$$\hat{b}'_{mr_m} = \hat{b}^0_{mr_m} + \hat{b}'_{m1}$$

记 $\hat{y}'_i$ 为运用 $\hat{B}'$ 作出的预测值, $\hat{y}^0$ 为运用 $\hat{B}^0$ 作出的预测值, 则有

$$\begin{aligned}
\hat{y}'_i &= \sum_{j=1}^{m} \sum_{k=1}^{r_j} \delta_i(j, k) \hat{b}'_{jk} \\
&= \sum_{k=1}^{r_1} \delta_i(1, k) \hat{b}'_{1k} + \cdots + \sum_{k=1}^{r_m} \delta_i(m, k) \hat{b}'_{mk} \\
&= \sum_{k=1}^{r_1} \delta_i(1, k) \left(\hat{b}^0_{1k} - \sum_{j=2}^{m} \hat{b}'_{j1} \right) + \delta_i(2, 1) \hat{b}'_{21} \\
&\quad + \sum_{k=2}^{r_2} \delta_i(2, k) (\hat{b}^0_{2k} + \hat{b}'_{21}) + \cdots + \delta_i(m, 1) \hat{b}'_{m1} \\
&\quad + \sum_{k=2}^{r_m} \delta_i(m, k) (\hat{b}^0_{mk} + \hat{b}'_{m1}) \\
&= \sum_{k=1}^{r_1} \delta_i(1, k) \hat{b}^0_{1k} - \sum_{k=1}^{r_1} \delta_i(1, k) \sum_{j=2}^{m} \hat{b}'_{j1} \\
&\quad + \sum_{k=2}^{r_2} \delta_i(2, k) \hat{b}^0_{2k} + \sum_{k=1}^{r_2} \delta_i(2, k) \hat{b}'_{21} + \cdots \\
&\quad + \sum_{k=2}^{r_m} \delta_i(m, k) \hat{b}^0_{mk} + \sum_{k=1}^{r_m} \delta_i(m, k) \hat{b}'_{m1}
\end{aligned}$$

(8.4-8)

由于

$$\sum_{k=1}^{r_j} \delta_i(j, k) = 1, \quad j = 1, 2, \cdots, m$$

而且

$$\hat{b}^0_{j1} = 0, \quad j = 2, 3, \cdots, m$$

故 (8.4-8) 可写成

$$\hat{y}'_i = \sum_{j=1}^{m} \sum_{k=1}^{r_j} \delta_i(j, k) \hat{b}'_{jk} = \sum_{j=1}^{m} \sum_{k=1}^{r_1} \delta_i(j, k) \hat{b}^0_{jk}$$

$$- \sum_{j=2}^{m} \hat{b}'_{j1} + b'_{21} + b'_{31} + \cdots + \hat{b}'_{m1}$$

$$= \sum_{j=1}^{m} \sum_{k=1}^{r_j} \delta_i(j, k) \hat{b}^0_{jk} = \hat{y}^0_i$$

由此证明了利用特解作预测与运用任意解作预测其结果是相同的。因此，在解正规方程 (8.4-4) 时，可以对 $\hat{B}$ 求特殊解。

5. 预测精度

许多回归分析的概念，可以照搬到这里来。运用回归方程

$$\hat{y}_i = \sum_{j=1}^{m} \sum_{k=1}^{r_j} \delta_i(j, k) \hat{b}_{jk}, \quad i = 1, 2, \cdots, n$$

作预测时，其预测精度可以用复相关系数

$$r = \frac{\sigma_{y\hat{y}}}{\sigma_y \sigma_{\hat{y}}} = \sqrt{\frac{\sum_{i=1}^{n} (\hat{y}_i - \bar{y})^2}{\sum_{i=1}^{n} (y_i - \bar{y})^2}}$$

$$\bar{y} = \frac{1}{n} \sum_{i=1}^{n} y_i$$

来衡量。r 值愈大，预测精度愈高。详细的论证可参阅董文泉等著的《数量化理论及其应用》。

思考与练习

1. 什么叫虚变量？为什么要在回归模型中引入虚变量？
2. 某农科所将试验田按肥沃程度分为三等：一等地较肥沃，三等地较贫瘠，二等一般。现若考虑平均每亩施用某种化肥量与平均每亩产量的关系，试依据下列资料，用虚变量方法，建立带虚变量的回归方程。

试验田等级	3	3	3	2	2	2	1	1	1
平均每亩施肥量（公斤）	24	21	26	22	27	29	23	25	28
平均亩产量（百公斤）	6.2	6.1	6.4	6.6	6.8	6.8	6.5	6.8	6.9

3. 某市为了考察企业的经济体制改革对经济效益的影响，现收集了如下资料，试计

算出企业体制改革前后的经济效益（提示：运用虚变量方法）。

体制改革后	0	0	1	1	0	1	0	0	1
体制改革前	1	1	0	0	1	0	1	1	0
企业经济效益	15	18	20	19	17	21	16	18.5	20

第九章 时间序列趋势外推预测

所谓时间序列，就是社会、经济、自然现象的数量指标依时间次序排列起来的统计数据。例如，武汉市的啤酒逐月的销售量，武汉钢铁公司逐年的钢产量，武汉商场每月的彩电销售量，湖北省历年的 GDP 值，历年的社会商品零售总额，武汉关长江水文站历年的最高水位等都是时间序列。时间序列的基本特征是，其数值是依时间的变化而变化，起伏交替，有起有伏的，有些有某种变化趋势。经济分析和经济预测要求我们掌握时间序列依时间变化的规律，以便对经济的发展趋势作出预测和控制。

时间序列预测技术早在国外就有应用，国内在 20 世纪 60 年代就应用于水文预测研究。到 20 世纪 70 年代，随着电子计算机技术的发展，气象、地震等方面也已广泛应用时间序列的预测方法。时间序列在经济分析中的应用，最早是在美国哈佛大学，该校的经济委员会主席珀森斯（Warren Persons）教授将它应用于一般商情预测。目前，时间序列分析已成为世界各国进行经济分析和经济预测的基本方法之一。

本章，我们将对以下几种序列给出趋势外推的预测方法：（1）具有水平趋势的数据序列；（2）具有非水平趋势的数据序列；（3）具有线性趋势的数据序列；（4）具有二次曲线趋势的数据序列；（5）具有线性趋势和季节波动的数据序列。

§9.1 样本序列具有水平趋势的外推预测

假设某种商品逐月销售量的样本序列为 $y_1, y_2, \cdots, y_t$，在某一水平线上下波动，如图 9-1 所示。

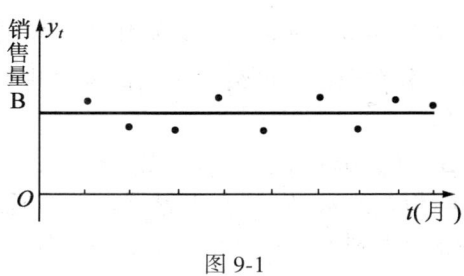

图 9-1

已知现在时刻为 t，试求在 $t+1$ 时刻序列 y_{t+1} 的预测值。

记 y_{t+1} 的预测值为 $\hat{y}_{t+1}$ 或 $\hat{y}_t(l)$，一般的预测值记为 $\hat{y}_{t+l}$ 或 $\hat{y}_t(l)$，l 称为预测期。下面给出两种具体的预测方法，并对其优缺点做出评价，然后给出此种序列的理论模型及其预测方法。

1. 朴素预测法

所谓朴素预测法,就是以本月的销售量作为下月销售量的预测值,也就是

$$\hat{y}_t(l) = y_t \text{ 或 } \hat{y}_{t+1} = y_t \tag{9.1-1}$$

这里,y_t 是样本序列值。

朴素预测法的主要优点是简单方便,使用成本低,如序列值的变化稳定,且上下波动幅度小,有一定的预测精度。其主要缺点是未能充分使用历史的数据信息,且易受随机波动的影响,如果序列的波动幅度大,则预测误差就较大。

2. 平均数预测法

所谓平均数预测法,就是将样本序列值 $y_1, y_2, \cdots, y_n$ 作算术平均,以此作为序列 y_{n+1} 的预测值,即

$$\hat{y}_n(l) = (y_n + y_{n-1} + \cdots + y_1)/n = \bar{y} \tag{9.1-2}$$

这种方法比朴素预测法有更高的精度,克服了易受随机干扰的影响,能充分使用历史信息,历史数据越多,预测的精度就越高。

3. 理论模型——常数均值模型

上述平均数预测方法的理论原形,是常数均值模型,即

$$y_t = \beta + \varepsilon_t \tag{9.1-3}$$

这里 t 是时间,β 是常数,ε_t 是服从 $N(0, \sigma)$ 分布的独立随机变量序列。

(9.1-3) 式给出的常数均值模型,其参数 β 分两种情况,介绍如下:

(1) 参数 β 已知,则未来序列值 y_{n+l} 的最小均方误差预测是

$$\hat{y}_n(l) = \beta \tag{9.1-4}$$

预测误差为

$$y_{n+l} - \hat{y}_n(l) = \beta + \varepsilon_{n+l} - \beta = \varepsilon_{n+l}$$

由于 $E[y_{n+l} - \hat{y}_n(l)] = E\varepsilon_{n+l} = 0$,所以是无偏预测。预测误差的方差为 $E[y_{n+l} - \hat{y}_n(l)]^2 = E\varepsilon_{n+l}^2 = \sigma^2$,由正态分布理论,可给出序列的未来现实值 y_{n+l} 的置信预测区间,即

$$P(\beta - U_{\alpha/2}\sigma < y_{n+l} < \beta + U_{\alpha/2}\sigma) = 1 - \alpha \tag{9.1-5}$$

其中 α 是置信度,$(1-\alpha)$ 称为置信水平,$U_{\alpha/2}$ 为置信限,它通过查正态分布表得到。若给出 $\alpha = 0.05$,则查正态分布表得到 $U_{\alpha/2} = 1.96$。(9.1-5) 说明,未来的序列现实值 y_{n+l} 有 95% 的把握在区间 $[\beta-1.96\sigma, \beta+1.96\sigma]$ 内。

(2) 参数 β 未知,但知道样本序列的实际观察值 $y_1, y_2, \cdots, y_n$,那么,未知参数 β 可通过最小二乘法求估。以 $\hat{\beta}$ 表示 β 的估计量,则 (9.1-4) 可表示为

$$\hat{y}_n(l) = \hat{\beta} \tag{9.1-6}$$

对 $\hat{\beta}$ 的求解,要求预测误差的平方和达到最小,即要求 $Q = \sum_{t=1}^{n}(y_t - \hat{\beta})^2$ 达到最小。由微分学可知它满足

$$dQ/d\beta = -2\sum_{t=1}^{n}(y_t - \hat{\beta}) = 0 \qquad (9.1\text{-}7)$$

对 (9.1-7) 求出

$$\hat{\beta} = \frac{1}{n}\sum_{t=1}^{n} y_t = \bar{y} \qquad (9.1\text{-}8)$$

由此得到的预测值为

$$\hat{y}_n(l) = \bar{y} \qquad (9.1\text{-}9)$$

预测误差为 $e_{t+l} = y_{n+l} - \hat{y}_n(l)$,(9.1-9) 给出的预测同样是无偏的,因为

$$E\varepsilon_{t+l} = E[y_{n+l} - \bar{y}] = E\left[y_{n+l} - \frac{1}{n}\sum_{t=1}^{n} y_t\right] = E\left[\varepsilon_{t+l} - \frac{1}{n}\sum_{t=1}^{n}\varepsilon_t\right] = 0$$

预测误差的方差为

$$\operatorname{Var}\left(y_{n+l} - \frac{1}{n}\sum_{t=1}^{n} y_t\right) = \operatorname{Var}\left(\beta + \varepsilon_{t+1} - \beta - \frac{1}{n}\sum_{t=1}^{n}\varepsilon_t\right)$$

$$= \operatorname{Var}\left(\varepsilon_{t+1} - \frac{1}{n}\sum_{t=1}^{n}\varepsilon_t\right) = \sigma^2(1 + 1/n)$$

由于 σ^2 是未知的,通常用它的无偏估计量 $\hat{\sigma}^2$ 代替,$\hat{\sigma}^2 = 1/(n-2) \cdot \sum_{t=1}^{n}(y_t - \bar{y})^2$,由数理统计可知

$$(y_{n+1} - \hat{\beta})/\hat{\sigma}(1 + 1/n)^{1/2} \sim t(n-1)$$

即统计量 $(y_{n+1} - \hat{\beta})/\hat{\sigma}(1+1/n)$ 服从自由度为 $(n-1)$ 的 t 分布,那么,可求出未来序列值 y_{n+1} 的置信预测区间,是 $[\hat{\beta} - t_{\alpha/2}(n-1)\hat{\sigma}(1+1/n)^{1/2}, \hat{\beta} + t_{\alpha/2}(n-1)\hat{\sigma}(1+1/n)^{1/2}]$,即

$$P(\hat{\beta} - t_{\alpha/2}(n-1)\hat{\sigma}(1+1/n)^{1/2} < y_{n+1} < \hat{\beta} + t_{\alpha/2}(n-1)\hat{\sigma}(1+1/n)^{1/2} = 1-\alpha$$
(9.1-10)

置信水平为 $1-\alpha$。

4. 预测校正

前面给出的预测结果与已知的样本序列值 $y_1, y_2, \cdots, y_n$ 有关,当序列的新观察值得到以后,要进行新的预测,就必须根据新得来的数据信息,对原预测结果进行校正,作为新的预测值。校正方法介绍如下。

设已知原样本序列为 $y_1, y_2, \cdots, y_n$,对 y_{n+1} 作出的预测值为 $\hat{y}_n(1)$,现在新增加了的观察值,要在时点 $n+1$ 的基础上对 y_{n+2} 作出预测,其预测值记为 $\hat{y}_{n+1}(1)$,则

$$\hat{y}_{n+1}(1) = [1/(n+1)] \times (y_1 + y_2 + \cdots + y_{n+1})$$
$$= 1/(n+1)[n\hat{y}_n(1) + y_{n+1}]$$
$$= n/(n+1) \times \hat{y}_n(1) + 1/(n+1) \times y_{n+1} \quad (9.1\text{-}11)$$

(9.1-11) 说明新的预测值 $\hat{y}_{n+1}(1)$ 是原预测值 $\hat{y}_n(1)$ 与新增加的观察值 y_{n+1} 的线性组合，或者说 $\hat{y}_{n+1}(1)$ 是 $\hat{y}_n(1)$ 与 y_{n+1} 的加权平均值，对 (9.1-11) 还可改写成下式

$$\hat{y}_{n+1}(1) = 1/(n+1)[n\hat{y}_n(1) + \hat{y}_n(1) - \hat{y}_n(1) + y_{n+1}]$$
$$= \hat{y}_n(1) + 1/(n+1) \times [y_{n+1} - \hat{y}_n(1)] \quad (9.1\text{-}12)$$

(9.1-12) 说明新的预测值 $\hat{y}_{n+1}(1)$ 是原预测值 $\hat{y}_n(1)$ 与原预测误差 $[y_{n+1} - \hat{y}_n(1)]$ 乘上修正系数 $1/(n+1)$。

§9.2 样本序列具有非水平趋势的外推预测

在 §9.1 中讨论的时间序列的实际值是在某一水平线上下波动的，其理论预测模型是常数均值模型，其预测值的计算是对全体样本数据序列进行算术平均的，每个样本值对预测值的贡献是等权的。这种常数均值模型的适用范围是很有限的，更合适的模型是允许均值缓慢地移动，也就是局部常数均值模型。

局部常数均值模型的建模计算是对样本序列 $y_1, y_2, \cdots, y_n$ 进行加权平均，现介绍两种预测方法。

1. 加权滑动平均预测法

设样本序列为 $y_1, y_2, \cdots, y_n$，要外推预测 y_{n+1}，首先介绍滑动平均预测，记 y_{n+1} 的预测值为 $\hat{y}_n(1)$

$$\hat{y}_n(1) = (y_n + y_{n-1} + \cdots + y_{n-N+1})/N \quad (9.2\text{-}1)$$

N 称为滑动平均时段长，预测值随 n 的变化而变化，称为滑动平均预测值，通过滑动平均消除随机干扰，使趋势变化显示出来，从而可以用于趋势外推预测。

(9.2-1) 的计算，对每个样本数据都同等看待，是一种等权的滑动平均，在实际的经济预测中，常常需要作加权滑动平均，对各序列值乘上加权因子后再作平均，称此为加权滑动平均。称

$$\hat{y}_n(1) = (\alpha_0 y_n + \alpha_1 y_{n-1} + \cdots + \alpha_{N-1} y_{n-N+1})/N \quad (9.2\text{-}2)$$

为加权滑动平均预测值，$\alpha_0, \alpha_1, \cdots, \alpha_{N-1}$ 为加权因子，满足

$$\sum_{i=0}^{N-1} \alpha_i / N = 1$$

例如，当 $N=3$ 时，$\alpha_0 = 1.5$，$\alpha_1 = 1$，$\alpha_2 = 0.5$，则

$$\hat{y}_n(1) = (1.5 y_n + y_{n-1} + 0.5 y_{n-2}) \div 3$$

预测举例：

某百货商店的半导体收音机的逐月销售量记录见表 9.1，现以前三、四个月实际销售

量的算术平均值作为下月的销售量预测值,计算结果如表9.1。

表 9.1

月	实际销量（部）	三个月的滑动平均预测值	四个月的滑动平均预测值
1	20	预测公式	预测公式
2	21	$\hat{y}_n(1) = \dfrac{y_n + y_{n-1} + y_{n-2}}{3}$	$\hat{y}_n(1) = \dfrac{y_n + y_{n-1} + y_{n-2} + y_{n-3}}{4}$
3	23		
4	24	(20+21+23)/3=21.3	
5	25	(21+23+24)/3=22.6	(20+21+23+24)/4=22.0
6	27	(23+24+25)/3=24.0	(21+23+24+25)/4=23.3
7	26	(24+25+27)/3=25.3	(23+24+25+27)/4=24.8
8	25	(25+27+26)/3=26.0	(24+25+27+26)/4=25.5
9	26	(27+26+25)/3=26.0	(25+27+26+25)/4=25.8
10	28	(26+25+26)/3=25.6	(27+26+25+26)/4=26.0
11	27	(25+26+28)/3=26.3	(26+25+26+28)/4=26.3
12	29	(26+28+27)/3=27.0	(25+26+28+27)/4=26.5

从表9.1看出,预测值同滑动平均所选的时段长短有关。$N=4$时,滑动平均值比$N=3$时的滑动平均值的反应速度慢,这是对干扰的敏感性降低的结果,原因主要是对参加滑动平均的数据一律平等对待,不分先后。实际上,最新数据更能反映销售的趋势。因此,要特别强调新数据的影响,突出新数据的作用。为达此目的,可采用加权滑动平均法。例如,在上例中,为突出新数据的作用,加权因子取$\alpha_0 = 3/2, \alpha_1 = 1, \alpha_2 = 1/2$,则预测结果见表9.2。

从表9.2的计算结果看出,采用加权滑动平均法,可以更准确地反映实际情况。这种加权算法,所加的"权"和"平均时段"的长短都是重要参数,但应注意,最新数据的权愈大,其风险也愈大,愈容易受随机干扰的影响。

表 9.2

月	实际销量（部）	三个月的加权滑动平均预测值
1	20	预测公式 $\hat{y}_n(1) = \dfrac{1.5 y_n + y_{n-1} + 0.5 y_{n-2}}{3}$
2	21	
3	23	

续表

月	实际销量（部）	三个月的加权滑动平均预测值
4	24	(1.5×23+21+0.5×20) /3 = 21.8
5	25	(1.5×24+23+0.5×21) /3 = 23.2
6	27	(1.5×25+24+0.5×23) /3 = 24.3
7	26	(1.5×27+25+0.5×24) /3 = 25.8
8	25	(1.5×26+27+0.5×25) /3 = 26.2
9	26	(1.5×25+26+0.5×27) /3 = 25.7
10	28	(1.5×26+25+0.5×26) /3 = 25.7
11	27	(1.5×28+26+0.5×25) /3 = 26.8
12	29	(1.5×27+28+0.5×26) /3 = 27.2

滑动平均预测值的计算，可采用递推算法以减小计算工作量。下面是递推计算公式

$$\hat{y}_n(1) = \Big(\sum_{k=0}^{N-1} y_{n-k}\Big)\Big/N = \Big(\sum_{k=0}^{N-1} y_{n-k} + y_{n-N} - y_{n-N}\Big)\Big/N$$

$$= \Big(\sum_{k=1}^{N} y_{n-k}\Big)\Big/N + \Big(y_n - y_{n-N}\Big)\Big/N$$

$$= y_{n-1}(1) + (y_n - y_{n-N})/N \tag{9.2-3}$$

在此必须指出，滑动时段长的选择带有一定的经验性，N 过大或过小，各有利弊，不妨多算几个方案加以比较，择优决定。同样，加权数的选择，涉及预测者的预测艺术水平，一般的规律是对新数据加的权大，老数据加的权小，至于大到什么程度和小到什么范围，完全靠预测者对序列作全面的了解和分析。

2. 指数平滑预测法

在前面的加权平均算法中，若所加的权数随观察值的时间几何地减小，那么，对 y_{n+1} 的预测值 $\hat{y}_n(1)$ 可由下式计算

$$\hat{y}_n(1) = C\sum_{t=0}^{n-1} \omega^t y_{n-t} \tag{9.2-4}$$

这里 ω 是常数，$0<\omega<1$，其大小取决于均值水平变化的快慢，系数 C：使

$$C\sum_{t=0}^{n-1} \omega^t = 1$$

由于

$$\sum_{t=0}^{n-1} \omega^t = (1-\omega^n)/(1-\omega)$$

$$\therefore \quad C = (1-\omega)/(1-\omega^n)$$

当 $n \to +\infty$ 时，$\omega^n \to 0$，则得到 y_{n+1} 的预测值为

$$\hat{y}_n(1) = (1-\omega) \sum_{j \geq 0} \omega^j y_{n-j} = (1-\omega)(y_n + \omega y_{n-1} + \omega^2 y_{n-2} + \cdots)$$

$$= (1-\omega) y_n + (1-\omega) \omega y_{n-1} + (1-\omega) \omega^2 y_{n-2} + \cdots$$

令 $\alpha = 1-\omega$，则 $0 < \alpha < 1$

$$\hat{y}_n(1) = \alpha [y_n + (1-\alpha) y_{n-1} + (1-\alpha)^2 y_{n-2} + \cdots] \tag{9.2-5}$$

(9.2-5) 是 y_n，y_{n-1}，$\cdots$ 的一种指数加权和，故称此法为指数平滑预测法。(9.2-5) 有无限多项，显得累赘，下面导出更为简明的预测公式。由 (9.2-5) 得到

$$\hat{y}_n(1) = \alpha y_n + (1-\alpha) \alpha [y_{n-1} + (1-\alpha) y_{n-2} + (1-\alpha)^2 y_{n-3} + \cdots]$$

$$= \alpha y_n + (1-\alpha) \hat{y}_{n-1}(1) \tag{9.2-6}$$

适当改变一下形式，$\hat{y}_n(1)$ 还可表达为

$$\hat{y}_n(1) = \hat{y}_{n-1}(1) + \alpha [y_n - \hat{y}_{n-1}(1)] \tag{9.2-7}$$

(9.2-6) 和 (9.2-7) 均称为简单指数平滑公式。由此可见，简单指数平滑公式，是一种局部常数均值模型，其应用十分广泛，只要给出初始预测值和平滑常数，当第一次观察值到来以后，即可进行预测。现在讨论平滑常数 α 的选取问题。由 (9.2-6) 可知，若 α 的取值较大，例如，在 0.7~0.9 之间，则 $\hat{y}_n(1)$ 能迅速跟上序列 y_{n+1} 的变化，也就是它反应灵敏，但易受随机干扰的影响。因此，α 越大，风险也越大。α 取值小一些，例如，在 0.3 左右，风险也小一些，但灵敏度低。如何选取合适的 α 呢？现介绍以下方法：

(1) 直观法。对序列的实际变化水平进行观察，若序列的变化缓慢，则宜选取较小的 α；若序列值变化迅速，宜选取接近 1 的 α，这种方法又称为主观的方法。

(2) 模拟法（又称为客观的方法）。对于一个确定的 α 和约定的初始预测值 $y_0(1)$，可算出 $\hat{y}_t(1)$，$t = 1, 2, \cdots, n$ 的序列预测值，由 (9.2-6) 有

$$\hat{y}_t(1) = \alpha y_t + (1-\alpha) \hat{y}_{t-1}(1) \tag{9.2-8}$$

从而可计算出预测误差

$$e_t(1) = y_t - \hat{y}_{t-1}(1), \quad t = 1, 2, \cdots, n$$

及预测误差的平方和

$$Q(\alpha) = \sum_{t=1}^{n} [y_t - \hat{y}_{t-1}(1)]^2 \tag{9.2-9}$$

我们的目的是选出最优的 α，即使 $Q(\alpha)$ 达到最小的 α。如何才能求出最优的 α？现介绍两种方法。

(1) 穷举法

由于 α 是在 (0, 1) 内连续取值，有不可数的无数多个值，不可能一一计算，因此将 α 值离散化，例如，从 0.01 起步，步长也为 0.01，那么，从 0.01 至 0.99 总共只有 99 个 α 值。所谓穷举法，就是对全部 99 个 α 值都进行计算，从中找出使 $Q(\alpha)$ 达到最小的那个

α，即为最优的 α。穷举法计算量大，不符合节约的原则。

（2）优选法

优选法又称 0.618 法，是对穷举法的优化，优选步骤如下：

第一步，根据 α 的取值范围 0<α<1 和 0.618 法的原则，第一个 α 的值记为 $α_1$，$α_1$ = (1−0)×0.618 = 0.618，然后，按(9.2-8)计算出 $\hat{y}_t(1)$，$t=1, 2, \cdots, n$，并计算出预测误差平方和

$$Q(α_1) = \sum_{t=1}^{n} [y_t - \hat{y}_{t-1}(1)]^2 \Big|_{α=α_1}$$

第二步，在(0, 1)内选取 $α_1$ 的对称点 $α_2$，如图 9-2，$α_2$ = 1−0.618 = 0.382，类似第一步的计算，求出预测误差平方和 $Q(α_2)$

$$Q(α_2) = \sum_{t=1}^{n} [y_t - \hat{y}_{t-1}(1)]^2 \Big|_{α=α_2}$$

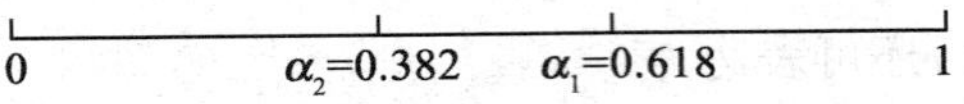

图 9-2

第三步，有比较才能有鉴别，有鉴别才能有发展，将 $Q(α_1)$ 与 $Q(α_2)$ 进行比较，不是 $Q(α_1)>Q(α_2)$，就是 $Q(α_1)<Q(α_2)$。假定 $Q(α_1)>Q(α_2)$，则最优的 α 必在 $(0, α_1)$ 内，即在 (0, 0.618) 内，那么，$(α_1, 1)$ 可以略去，如图 9-3 所示。

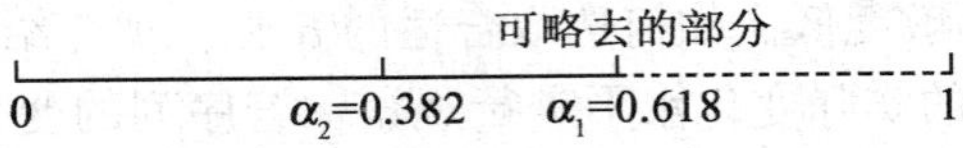

图 9-3

第四步，在余下的区间(0, 0.618)内选取与 $α_2$ 对称的点 $α_3$

$$α_3 = 0.618 - 0.382 = 0.236$$

然后计算 $Q(α_3)$

$$Q(α_3) = \sum_{t=1}^{n} [y_t - \hat{y}_{t-1}(1)]^2 \Big|_{α=α_3}$$

比较 $Q(α_3)$ 与 $Q(α_2)$，假定 $Q(α_2)<Q(α_3)$，则最优的 α 必落在 $(α_3, α_1)$ 内，即在 (0.236, 0.618) 内，那么，区间 $(0, α_3)$ 可以略去，如图 9-4 所示。

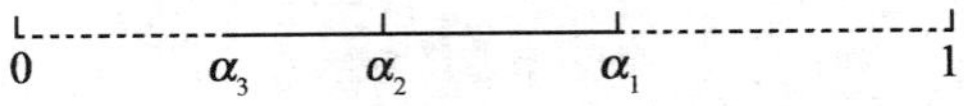

图 9-4

由图 9-4 可见，经过 3 次计算，寻找最优 α 的范围就大大缩小了。现在，继续进行第

五步。

第五步，类似前几步的方法，在余下的区间选取 α_2 的对称点 α_4，并将 $Q(\alpha_4)$ 与 $Q(\alpha_2)$ 比较，略去不含最优 α 的区间，就会很快缩小包含最优 α 的区间。像上述计算，只需选到 α_6，就可通过比较找到最优的 α。

使用(9.2-6)进行外推预测，还需确定初始预测值 $\hat{y}_0(1)$。确定的方法有以下几种：

第一，若样本序列 $y_1, y_2, \cdots, y_n$，较长，可取
$$\hat{y}_0(1) = 1/n \times (y_1 + y_2 + \cdots + y_n)$$

第二，若样本序列不长也不短，法国著名的预测教授 Markridakis 和美国斯坦福大学教授 Wheel Wright 指出，可取 $\hat{y}_0(1) = y_1$。

第三，取 y_1 的反向预测值，运用反向平滑预测公式
$$\hat{y}_{t-1}(1) = \alpha y_{t+1} + (1-\alpha)\hat{y}_t(1)$$

$t = n-1, n-2, \cdots, 1$。$\hat{y}_{n-1}(1) = y_n$，当 t 变至 1 时，即记初始预测值 $\hat{y}_0(1)$。

第四，当序列的长度 n 充分大时，初始预测值可以任意确定。

预测举例：已知某公司某商品的月销售量有以下记录，试就平滑常数 $\alpha = 0.4$ 和 $\alpha = 0.7$ 进行指数平滑预测，并求下一年1月的销售预测值。现分别计算如下，预测公式 $\hat{y}_n(1) = \alpha y_n + (1-\alpha)\hat{y}_{n-1}(1)$，可改写成下式

$$\text{本月预测值} = \alpha \times \text{上月实销量} + (1-\alpha) \text{上月预测值} \tag{9.2-10}$$

初始预测值 $\hat{y}_0(1)$ 取为1月和2月实际销量的平均值，即 $\hat{y}_0(1) = (y_1 + y_2)/2 = (10+12)/2 = 11$，预测计算列表如表9.3所示。

表9.3　　　　　某公司的月销售量平滑预测表　　　　$\alpha = 0.4$，单位：万元

月　份	实际销量	$\alpha \times$上月实销	上月预测	$(1-\alpha) \times$上月预测	本月平滑预测
1	10				11
2	12	4	11	6.6	10.6
3	13	4.8	10.6	6.63	11.6
4	16	5.2	11.6	6.7	11.9
5	19	6.4	11.9	7.14	13.54
6	23	7.6	13.54	8.12	15.72
7	26	9.2	15.72	9.43	18.63
8	30	10.4	18.63	11.18	21.58
9	28	12	21.58	12.95	24.95
10	18	11.2	24.95	14.97	26.17
11	16	7.2	26.17	15.7	22.9
12	14	6.4	22.9	13.74	20.14

由表 9.3 第 12 行的数，代入(9.2-10)式，得到下一年 1 月的预测值为

$$\hat{y}_{12}(1) = 0.4 \times 14 + 0.6 \times 20.14 = 17.684(万元)$$

为了比较，现对 $\alpha = 0.7$，再作一次平滑预测计算，列成表 9.4。

表 9.4　　　　　　　　　　　　　　　　　　　　　　　$\alpha = 0.7$，单位：万元

月 份	实际销量	α×上月实际销量	上月预测	(1-α)×上月预测	本月平滑预测
1	10				11
2	12	7	11	3.3	10.3
3	13	8.4	10.3	3.09	11.49
4	16	9.1	11.49	3.45	12.55
5	19	11.2	12.55	3.77	14.97
6	23	13.3	14.97	4.49	17.79
7	26	16.1	17.79	5.34	21.44
8	30	18.2	21.44	6.43	24.63
9	28	21	24.63	7.39	28.39
10	18	19.6	28.39	8.52	28.11
11	16	12.6	28.12	8.44	21.04
12	14	11.2	21.04	6.31	17.51

由表 9.4 最后一行的数据得到

$$\hat{y}_{12}(1) = 0.7 \times 14 + 0.6 \times 17.51 = 20.306(万元)$$

表 9.3 与表 9.4 的计算结果可用图 9-5 表示其变化规律。

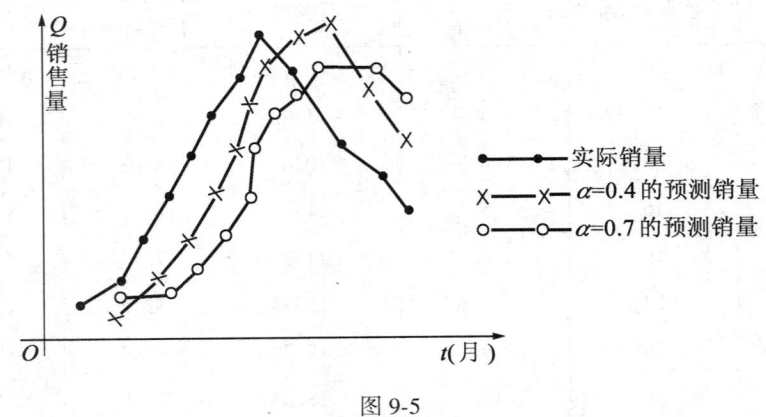

图 9-5

§9.3　样本序列具有线性趋势的外推预测

在经济时间序列中，常常遇到有线性的增长趋势。对这种序列，如果用滑动平均法和

指数平滑法去作预测,就会产生滞后,也就是预测值会比实际值偏小。例如,线性趋势方程是

$$y_t = a + bt \tag{9.3-1}$$

这里,a,b是常数,当t增加一个单位时间时,y_t就有一个增量为

$$y_{t+1} - y_t = a + b(t+1) - a - bt = b$$

因此,当时间从t增加至$t+N$时,序列y_{t+N}的值是$a+b(t+N)$,如采用滑动平均法计算的预测值是

$$\hat{y}_{t+N} = (y_{t+N-1} + y_{t+N-2} + \cdots + y_t) \div N$$
$$= a + bt + (N-1) \div 2 \times b \tag{9.3-2}$$

由此有

$$y_{t+N} - \hat{y}_{t+N} = a + bt + Nb - [a + bt + (N-1) \div 2 \times b]$$
$$= (N+1) \div 2 \times b \tag{9.3-3}$$

为了消除上述滞后现象,对上述滑动平均法应加以改进,改进的办法有两种:

1. 二次滑动平均值预测法

所谓二次滑动平均值,是对一次滑动平均值再作一次滑动平均后得到的值,例如

$$\hat{y}_t = (y_{t-1} + y_{t-2} + \cdots + y_{t-N}) \div N \tag{9.3-4}$$

是一次滑动平均值,对$\hat{y}_t$再作一次滑动平均,就得到二次滑动平均值

$$\hat{\hat{y}}_t = (\hat{y}_{t-1} + \hat{y}_{t-2} + \cdots + \hat{y}_{t-N}) \div N \tag{9.3-5}$$

设样本序列有线性增长趋势,y_t为序列现时刻的实际观察值,$\hat{y}_{t+1}$为一次滑动平均预测值,$\hat{\hat{y}}_{t+1}$为二次滑动平均预测值,滑动时段长为N,现要预测未来时刻$t+T$的序列值,由于序列有线性增长,在时刻t的增长趋势值为b_t,因此,可假定预测方程为

$$\hat{y}_t(T) = a_t + b_t T \tag{9.3-6}$$

T为预测时段长,b_t为时刻t时趋势直线的斜率,a_t为截距。下面,介绍运用二次滑动平均法确定a_t,b_t的方法。

由于有线性增长趋势的序列经一次滑动平均后产生的滞后偏差为

$$y_{t+1} - \hat{y}_{t+1} = (N+1) \div 2 \times b_t \tag{9.3-7}$$

经二次滑动平均后,又比一次滑动平均值产生了滞后偏差

$$\hat{y}_{t+1} - \hat{\hat{y}}_{t+1} = (N+1) \div 2 \times b_t \tag{9.3-8}$$

则有

$$y_{t+1} - \hat{y}_{t+1} = \hat{y}_{t+1} - \hat{\hat{y}}_{t+1} = (N+1) \div 2 \times b_t \tag{9.3-9}$$

由(9.3-8)得到

$$b_t = 2(\hat{y}_{t+1} - \hat{\hat{y}}_{t+1})/N + 1 \tag{9.3-10}$$

又由(9.3-9)得到

$$y_{t+1} = \hat{y}_{t+1} + \hat{y}_{t+1} - \hat{\hat{y}}_{t+1} = 2\hat{y}_{t+1} - \hat{\hat{y}}_{t+1}$$

又因为 $y_{t+1} = a_t + b_t$

所以

$$a_t + b_t = 2\hat{y}_{t+1} - \hat{\hat{y}}_{t+1}$$

从而有

$$a_t = 2\hat{y}_{t+1} - \hat{\hat{y}}_{t+1} - b_t \tag{9.3-11}$$

(9.3-10)式与(9.3-11)式给出了预测公式(9.3-6)的参数 a_t, b_t 的估算公式。

预测举例：湖北某市的 GDP 值有如表 9.5 的数据，表现出线性增长趋势，试用二次滑动平均法预测 2017 年、2018 年和 2019 年的 GDP 值。预测步骤如下：

第一步，选取滑动时段长 $N=3$，分别对表 9.5 第一行的 GDP 值的数据进行一次和二次滑动平均计算，结果填入第二和第三行。

第二步，按(9.3-10)式与(9.3-11)式计算出 a_t 与 b_t 值，填入表 9.5 的第四行与第五行。

第三步，根据表 9.5 中的数据，按预测公式(9.3-6)，进行预测，求出预测值。

(1) 假设当时是 2015 年，对 2017 年的 GDP 值求预测值，其预测期 $T=2$，由(9.3-6)有

$$\hat{y}_{2015}(2) = 680.6 + 69.94 \times 2 = 820.48 (亿元)$$

(2) 求 2018 年的预测值，其预测期 $T=3$

$$\hat{y}_{2015}(3) = 680.6 + 69.94 \times 3 = 890.42 (亿元)$$

(3) 求 2019 年的预测值，其预测期 $T=4$

$$\hat{y}_{2015}(4) = 680.6 + 69.94 \times 4 = 960.36 (亿元)$$

表 9.5　　　　　　　　　　　　湖北省某市 GDP 值表　　　　　　　　　　单位：亿元

年　　份	2007	2008	2009	2010	2011	2012	2013	2014	2015	2016
工农业总产值	265.08	304.27	332.37	366.78	409.58	452.84	536.29	620.01	675.67	
一次滑动平均值				300.57	334.47	369.58	409.73	466.24	536.38	610.66
二次滑动平均值						334.87	371.26	415.18	470.78	
a_t						447.16	513.73	596.98	680.6	
b_t						37.43	47.49	60.6	69.94	

2. 二次指数平滑预测

对于有线性趋势序列的外推预测，除二次滑动平均法外，还可以用二次指数平滑预测法。所谓二次指数平滑法，是对一次指数平滑后的序列数据，再作一次指数平滑，其平滑公式是

第九章 时间序列趋势外推预测

$$\hat{\hat{y}}_{t+1} = \alpha\hat{y}_t + (1-\alpha)\hat{\hat{y}}_t \tag{9.3-12}$$

这里 $\hat{\hat{y}}_{t+1}$ 是二次指数平滑预测值，α 是平滑常数，$\hat{y}_t$ 是一次指数平滑值

$$\hat{y}_t = \alpha y_{t-1} + (1-\alpha)\hat{y}_{t-1} \tag{9.3-13}$$

$\hat{y}_0$ 是一次指数平滑的初始平滑预测值，$\hat{\hat{y}}_0$ 是二次指数平滑初始平滑值。通常选取 $\hat{\hat{y}}_0 = \hat{y}_0$，$\hat{y}_0$ 的选取方法已在 §9.2 中作过介绍。

二次指数平滑公式的应用同二次滑动平均公式的应用一样，是解决有线性趋势的序列的趋势外推预测问题。设线性趋势预测方程为

$$\hat{y}_t(\tau) = a_t + b_t\tau \tag{9.3-14}$$

这里，a_t，b_t 为参数，τ 为预测时段长，由指数平滑方法的基本定理*，可以证明

$$\left.\begin{array}{l} a_t = 2\hat{y}_t - \hat{\hat{y}}_t \\ b_t = \alpha/(1-\alpha) \times (\hat{y}_t - \hat{\hat{y}}_t) \end{array}\right\} \tag{9.3-15}$$

由此得到预测公式

$$\hat{y}_t(\tau) = [2 + \alpha\tau/(1-\alpha)]\hat{y}_t - [1 + \alpha\tau/(1-\alpha)]\hat{\hat{y}}_t \tag{9.3-16}$$

预测举例：

某公司的月销售额如表 9.6 所示，该序列数据的变化趋势由线性上升到线性下降，现分别求出一次、二次指数平滑值，并运用线性趋势方程进行预测，计算结果见表 9.6。为便于同单重指数平滑对比，这里第(5)栏的计算结果是 $\iota=0$ 进行计算的。

表 9.6 $\qquad\qquad\qquad\qquad\qquad\qquad\qquad\alpha=0.7$，单位：万元

月份 (1)	实际销量 (2)	$\hat{y}_t$ (3)	$\hat{\hat{y}}_t$ (4)	$\hat{y}_t(\tau) = \left(\alpha + \dfrac{\alpha\tau}{1-\alpha}\right)\hat{y}_t - \left(1 + \dfrac{\alpha\tau}{1-\alpha}\right)\hat{\hat{y}}_t$ (5)
1	10	10	10	10
2	12	10.3	10.21	10.39
3	13	11.49	11.11	11.88
4	16	12.55	12.33	12.78
5	19	14.97	14.18	15.78
6	23	17.79	16.71	18.87
7	26	21.44	20.621	22.26
8	30	24.63	23.43	25.83
9	28	28.39	26.902	29.88
10	18	28.12	27.75	28.49
11	16	21.04	23.05	19.03
12	14	17.51	19.17	15.85

注释：郭明哲．预测方法．台湾：中华书局．

§9.4 样本序列具有二次曲线趋势的外推预测

若时间序列的数据点分布出现曲率，或样本点有二次曲线趋势，则使用§9.3的方法于转折点的预测，将出现较大的误差。因此，构建出能预测有二次曲线趋势的预测模型是十分必要的。在此，我们以类似§9.3的方法，运用三次指数平滑的方法去解决有二次曲线趋势的样本序列的外推预测问题。

所谓三次指数平滑，是指对二次指数平滑后的数值再进行一次指数平滑，其平滑值称为三次指数平滑值。三次指数平滑公式是

$$\hat{\hat{\hat{y}}}_{t+1} = \alpha \hat{\hat{y}}_t + (1-\alpha)\hat{\hat{\hat{y}}}_t \tag{9.4-1}$$

这里$\hat{\hat{y}}_t$是二次指数平滑值，$\hat{\hat{\hat{y}}}_t$是三次指数平滑值，α是平滑常数。

三次指数平滑公式(9.4-1)不是直接用于外推预测，而是用于二次曲线趋势外推预测模型

$$\hat{y}'_{t+t} = a_t + b_t t + C_t t^2 \tag{9.4-2}$$

上式中的3个参数a_t，b_t，C_t，t为预测期。由指数平滑的基本定理，可得到其计算公式，有如(9.4-3)的表达式，具体证明可参阅台湾中华书局出版的郭明哲著述的《预测方法》。

$$\left.\begin{array}{l} a_t = 3\hat{y}_t - 3\hat{\hat{y}}_t + \hat{\hat{\hat{y}}}_t \\ b_t = \dfrac{\alpha}{2(1-\alpha)^2}\left[(6-5\alpha)\hat{y}_t - 2(5-4\alpha)\hat{\hat{y}}_t + (4-3\alpha)\hat{\hat{\hat{y}}}_t\right] \\ C_t = \dfrac{\alpha^2}{2(1-\alpha)}\left[\hat{y}_t - 2\hat{\hat{y}}_t + \hat{\hat{\hat{y}}}_t\right] \end{array}\right\} \tag{9.4-3}$$

由(9.4-3)算出参数值，代入(9.4-2)，即可用此预测模型进行预测。

§9.5 样本序列具有线性趋势和季节波动的外推预测

本节将讨论有线性趋势和季节波动影响的序列外推预测问题，假定时间序列值受以下因素影响。

(1)趋势变化因素。当时间序列依时间变化时表现出某种倾向，按某种规则稳步地增长或下降或在某一水平线上下波动。

(2)季节变化因素。这是受一种周期性变化因素影响，这种周期是固定的，例如一年四季。

(3)随机因素影响。它是由许多不可控制的因素影响而引起的变化，又称为随机波动。

设y_t表示时间序列值，趋势变化以T_t表示，季节变化以S_t表示，随机变化以ε_t表示，那么，时间序列y_t的结构形式有以下三种模式：

(1) 加法模式
$$y_t = T_t + S_t + \varepsilon_t \tag{9.5-1}$$
这种形式要求满足条件：
 a. y_t，T_t，S_t，ε_t 均有相同的量纲；
 b. $\sum_{t=1}^{k} S_t = 0$，k 为季节周期长，例如 $k = 4$ 或 $k = 12$；
 c. ε_t 是独立的随机变量序列，服从 $N(0, \sigma)$ 分布。

(2) 乘法模式
$$y_t = T_t S_t e^{\varepsilon_t} \tag{9.5-2}$$
这种模式要求满足条件：
 a. y_t 与 T_t 有相同的量纲，S_t 是季节指数，$S_t > 0$ 是比例数；
 b. $\sum_{t=1}^{k} S_t = k$，例如 $k = 4$，$\sum_{t=1}^{4} S_t = 4$；
 c. ε_t 是独立随机变量序列，服从 $N(0, \sigma)$ 分布。

(3) 混合模式
$$y_t = T_t S_t + \varepsilon_t \tag{9.5-3}$$
这种形式要求满足条件：
 a. y_t 与 T_t，ε_t 有相同的量纲，S_t 是季节指数，是比例数；
 b. $\sum_{t=1}^{k} S_t = k$，例如 $k = 4$，$\sum_{t=1}^{4} S_t = 4$；
 c. ε_t 是独立随机变量序列，服从 $N(0, \sigma)$ 分布。

下面分别介绍加法型与乘法型序列的趋势外推预测方法：

1. 加法型序列的趋势外推预测法

假设样本序列为 y_1，y_2，…，y_n，序列 y_t 是加法型，即
$$y_t = T_t + S_t + \varepsilon_t \tag{9.5-4}$$
季节长度为 4，T_t 有线性趋势，S_1，S_2，S_3，S_4 为季节分量，满足 $\sum_{i=1}^{4} S_i = 0$，$S_i = S_{i+4t}$，$t = 1, 2, \cdots$，$i = 1, 2, 3, 4$，ε_t 服从 $N(0, \sigma)$ 分布，求 y_{n+T} 的预测值，预测步骤如下：

第一步，对样本序列作时段长为 3 的滑动平均，削去随机干扰，记滑动平均后的序列为 $\bar{y}_t$
$$\bar{y}_t = (y_{t+1} + y_t + y_{t-1})/3, \quad t = 2, 3, \cdots, n-1$$

第二步，对 $\hat{y}_t$，$t = 2, 3, \cdots, n-1$ 求出趋势线
$$\hat{T}_t = a + bt$$

第三步，将序列 y_t 消除趋势因素的影响，求出消去趋势影响后的序列值 M_t
$$M_t = y_t - \hat{T}_t$$

第四步，将 M_t 值按季节次序重排，如表 9.7 所示，在此假定 $t = 1$ 代表春季，$n = 20$。

表9.7

	春	夏	秋	冬
	M_1	M_2	M_3	M_4
	M_5	M_6	M_7	M_8
	M_9	M_{10}	M_{11}	M_{12}
	M_{13}	M_{14}	M_{15}	M_{16}
	M_{17}	M_{18}	M_{19}	M_{20}
平均值	$\bar{S}_1$	$\bar{S}_2$	$\bar{S}_3$	$\bar{S}_4$

对表9.7各列算出平均值，依序记为 $\bar{S}_1$, $\bar{S}_2$, $\bar{S}_3$, $\bar{S}_4$，分别表示样本序列的季节指数。

第五步，对样本季节指数进行检验，若 $\sum_{i=1}^{4} \bar{S}_i = 0$，则符合季节指数的条件，否则，若 $\sum_{i=1}^{4} \bar{S}_i \neq 0$，则需对样本季节指数进行修正。修正的方法是，若 $\sum_{i=1}^{4} \bar{S}_i = 3$，则将每个 $\bar{S}_i$ 减去 3/4，即令标准化的季节指数为 S_i

$$S_i = \bar{S}_i - 3/4, \quad i = 1, 2, 3, 4$$

那么有

$$\sum_{i=1}^{4} S_i = \sum_{i=1}^{4} (\bar{S}_i - 3/4) = \sum_{i=1}^{4} (\bar{S}_i - 3) = 0$$

第六步，运用已求得的 T_t, S_i 即可进行预测，由于 ε_t 是不可预测的随机干扰，由此得到

$$\hat{y}_{n+T} = \hat{T}_{n+T} + S_{n+T} = [a + b(n+T)] + S_{n+T}$$
$$= [a + b(n+T)] + S_{i+4n} = [a + b(n+T)] + S_i, \quad i = 1, 2, 3, 4$$

预测举例：

某市的啤酒销售量有如表9.8的数据序列，试求出第21，22，23，24季度的啤酒销售量的预测值。

表9.8

季度	春	夏	秋	冬	春	夏	秋	冬	春	夏
t	1	2	3	4	5	6	7	8	9	10
销售量（万瓶）	22	32	35	28	30	42	45	33	36	48
季 度	秋	冬	春	夏	秋	冬	春	夏	秋	冬
t	11	12	13	14	15	16	17	18	19	20
销售量（万瓶）	50	40	44	57	62	52	55	68	74	62

具体步骤如下:

第一步,按滑动时段长 $N=3$,求出序列的滑动平均值,削去随机干扰,显出趋势求出趋势线的方程

$$\hat{T}_t = 25 + 2t \tag{9.5-5}$$

第二步,计算 $y_t - \hat{T}_t = M_t$,并将 M_t 按季节排列,如表9.9所示,由于 $\sum_{i=1}^{4} S_i = -5.6 + 4.4 + 6.2 - 6 = -1$,故需对 $\bar{S}_i$ 进行修正,修正后的 $S_i = \bar{S}_i + 1/4$,即 $S_1 = -5.35$,$S_2 = 4.65$,$S_3 = 6.45$,$S_4 = -5.75$。

第三步,进行预测,$\hat{y}_{n+T} = [a+b(n+T)] + S_{n+T}$

$\hat{y}_{21} = 25 + 2 \times 21 + S_{21} = 67 + S_1 = 67 - 5.35 = 61.65$(万瓶)

$\hat{y}_{22} = 25 + 2 \times 22 + S_{22} = 69 + S_2 = 69 + 4.65 = 73.65$(万瓶)

$\hat{y}_{23} = 25 + 2 \times 23 + S_{23} = 71 + S_3 = 71 + 6.45 = 77.45$(万瓶)

$\hat{y}_{24} = 25 + 2 \times 24 + S_{24} = 73 + S_4 = 67 - 5.75 = 67.25$(万瓶)

表9.9

	春	夏	秋	冬
	-5	3	4	-5
	-5	5	6	-8
	-7	3	3	-9
	-7	4	7	-5
	-4	7	11	-3
平均	-5.6	4.4	6.2	-6
	$\bar{S}_1$	$\bar{S}_2$	$\bar{S}_3$	$\bar{S}_4$

2. 乘法型序列的趋外推预测法

$$设 y_t = T_t \times S_t \times e^{\varepsilon_t} \tag{9.5-6}$$

样本序列为 $y_1, y_2, \cdots, y_n$,外推预测公式可表示为

$$\hat{y}_{t+\tau} = T_{t+\tau} \cdot \hat{S}_{t+\tau}$$

$\hat{T}_t$,$\hat{S}_t$ 分别为 T_t 与 S_t 的估计值,现介绍求估 $\hat{T}_t$ 和 $\hat{S}_t$ 的传统分解方法。

第一步,对 y_t 序列值分解出长期趋势因素,假设季节长度为4,只要将序列作滑动长度为4的滑动平均时,即可消除随机干扰和季节波动影响。记滑动平均值为

$$MA y_t = (y_t + y_{t-1} + y_{t-2} + y_{t-3})/4 \tag{9.5-7}$$

则滑动平均后的序列,即为趋势因素,故有

$$\mathrm{MA}y_t = (y_t + y_{t-1} + y_{t-2} + y_{t-3})/4 = T_t$$

第二步，对 y_t 分解出季节因素与随机因素，根据(9.4-5)，以 $\mathrm{MA}y_t$ 去除 y_t，得到

$$y_t/\mathrm{MA}y_t = T_t \times S_t \times e^{\varepsilon_t}/T_t = S_t e^{\varepsilon_t} \tag{9.5-8}$$

(9.5-8)只含季节因素和随机因素两个分量。

第三步，从 $S_t e^{\varepsilon_t}$ 中分解出季节因素 S_t。由于(9.5-7)式中的 $S_t e^{\varepsilon_t}$ 包含了季节性和随机性两种影响，由于 $E\varepsilon_t = 0$，故可采用平均的方法可以消除随机性影响。但简单的平均可能把季节性影响也消除掉，因此，为保留季节性影响，可将序列(9.5-8)式按春、夏、秋、冬顺序逐年逐季排列，然后，将各年相同季节的 $S_t e^{\varepsilon_t}$ 相加起来进行平均，这就达到了保留季节性，消除随机性的目的。例如，有表 9.10 的 $S_t e^{\varepsilon_t}$ 数值表，将该表的春季这一栏的值相加求平均值，就得到了消除随机性的春季季节指数。类似可以求出夏、秋、冬各季的季节指数。这些季节指数分别记为 $\bar{S}_1, \bar{S}_2, \bar{S}_3, \bar{S}_4$，由(表 9.10)得到 $\bar{S}_1 = 113.32$，$\bar{S}_2 = 109.86$，$\bar{S}_3 = 76.74$，$\bar{S}_4 = 104.72$。将这些值相加，得到 $\sum_{i=1}^{4} \bar{S}_i = 404.64$，与标准的季节指数和 $\sum_{i=1}^{4} S_i = 400$ 有差异，这是由于样本的随机性所致。为使所求的季节指数比较接近标准的季节指数，必须对上述样本季节指数 S_i 乘上 $\sum_{i=1}^{4} S_i / \sum_{i=1}^{4} \bar{S}_i = 400/404.64 = 0.988533$。因此，调整后的季节指数分别为 $\bar{S}_1 = 113.32 \times 0.988533 = 112.02$，$\bar{S}_2 = 109.86 \times 0.988533 = 108.60$，$\bar{S}_3 = 76.74 \times 0.988533 = 75.86$，$\bar{S}_4 = 104.72 \times 0.988533 = 103.52$，调整后的季节指数总和恰为 400。通过调整，季节指数的含义更加明显了。$\bar{S}_1 = 112.02$，这意味着春季比全年的平均数高 12.02%，类似 $S_3 = 75.86$，意味着秋季比全年平均数低 24.14%。

表 9.10

年 份	季 度			
	春%	夏%	秋%	冬%
2013			76.71	104.03
2014	115.50	110.82	76.54	103.67
2015	111.20	108.61	75.70	106.15
2016	114.78	109.50	76.03	105.60
2017	111.81	110.50	78.73	104.16

第四步，运用(9.5-7)的滑动平均后得到的数据序列，建立线性趋势方程，记为

$$\hat{T}_t = \hat{a} + \hat{b}t \tag{9.5-9}$$

第五步，根据第三、四两步得到的季节指数 S_t 和 T_t，即可按要求进行预测，预测公式是

$$\begin{aligned}\hat{y}_{n+T} &= \hat{T}_{n+T} \bar{S}_{i+4m} \\ &= \hat{T}_{n+T} \bar{S}_i, \qquad i = 1, 2, 3, 4\end{aligned} \tag{9.5-10}$$

$n+T=i+4m$,m 为整数

预测举例:

某地某种服装的销售量有下述季度销售数据,见表 9.11。

根据表 9.11 的数据,绘制出销售量依时间变化的图形(见图 9-6)。从图形可以明显地看出,序列呈季节性变化,季节长度为 4。此外,序列有线性长期趋势,按乘法型序列外推预测法的基本原理,其模式为

$$y = T_t \times S_t \times e^{\varepsilon_t} \qquad (9.5\text{-}11)$$

试求 2018 年春、夏、秋、冬各季某种服装的销售量预测值。预测计算步骤如下:

第一步,根据表 9.11 的数据,进行滑动时段长为 4 的滑动平均,得到如表 9.12 的滑动平均值。这些数值消除了季节波动与随机干扰的影响,显示出序列的趋势变化,见表 9.12 中 T_t 列中的数据。

表 9.11

年 份	季 度	销售量 y_t(万件)	年 份	季 度	销售量 y_t(万件)
2012	1	80	2015	13	104
	2	70		14	100
	3	90		15	120
	4	100		16	140
2013	5	90	2016	17	114
	6	80		18	104
	7	105		19	130
	8	120		20	148
2014	9	98	2017	21	122
	10	90		22	112
	11	110		23	138
	12	130		24	158

第二步,将表 9.12 中 y_t 列中的数据除以 T_t 列中的数据,即得到 $S_t e^{\varepsilon_t}$ 列的数据,这表示已将 $S_t e^{\varepsilon_t}$ 从 y_t 中分离出来。

第三步,从 $S_t e^{\varepsilon_t}$ 序列中消除随机性的影响,分离出季节因素,具体做法是将表 9.12 中 $S_t e^{\varepsilon_t}$ 列的数据,按年、季重排,如表 9.13,然后,分别计算各季度的均值,这样便消去了随机性,保留了季节性。各列的平均值,即为各季的季节指数,又称为样本季节指数,对各样本季节指数求总得

$$\sum_{i=1}^{4} \bar{S}_i = 4.035 \neq 4$$

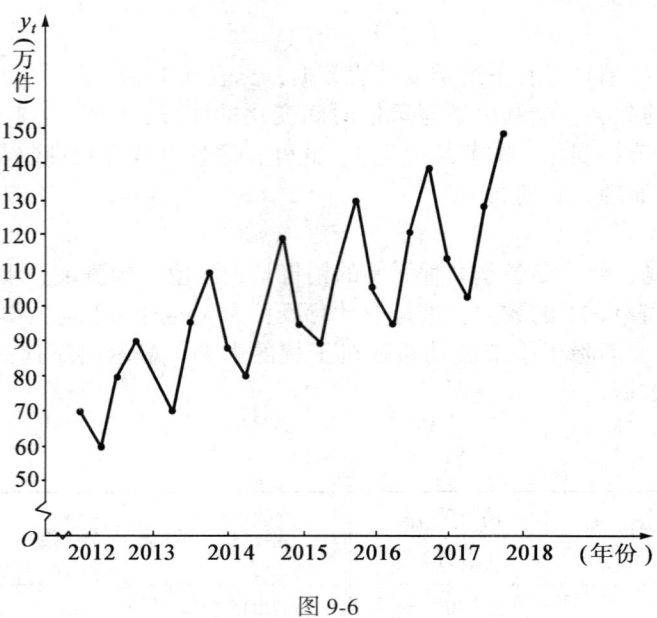

图 9-6

表 9.12

季 度		y_t	T_t	$S_t e^{\varepsilon_t}$	季 度		y_t	T_t	$S_t e^{\varepsilon_t}$
2012	1	80			2015	13	104	111	0.937
	2	70				14	100	113.5	0.881
	3	90	85	1.059		15	120	116	1.035
	4	100	87.5	1.143		16	140	118.5	1.181
2013	5	90	92.5	0.973	2016	17	114	122	0.934
	6	80	93.75	0.853		18	104	122	0.853
	7	105	98.75	1.063		19	130	124	1.048
	8	120	100.75	1.191		20	148	126	1.175
2014	9	98	103.25	0.949	2017	21	122	128	0.953
	10	90	104.5	0.861		22	112	130	0.862
	11	110	107	1.028		23	138	132.5	1.042
	12	130	108.5	1.198		24	158		

与标准季节指数有差异,因此,要作必要的调整,调整的方法是将 $\bar{S}_i$ 乘以修正系数 α

$$\alpha = 4 \bigg/ \sum_{i=1}^{4} S_i = 4 \div 4.035 = 0.991$$

表 9.13

年 份	季 度			
	春	夏	秋	冬
2012			1.059	1.143
2013	0.973	0.853	1.063	1.191
2014	0.949	0.861	1.028	1.198
2015	0.937	0.881	1.035	1.181
2016	0.934	0.853	1.048	1.175
2017	0.953	0.862	1.042	
平 均	$\bar{S}_1=0.949$	$\bar{S}_2=0.862$	$\bar{S}_3=1.046$	$\bar{S}_4=1.178$

由此，得到调整后的季节指数为

$$S_1 = 0.949 \times 0.991 = 0.942$$
$$S_2 = 0.862 \times 0.991 = 0.854$$
$$S_3 = 1.046 \times 0.991 = 1.037$$
$$S_4 = 1.178 \times 0.991 = 1.167$$

第四步，求出趋势直线方程

$$\hat{T}_t = \hat{a} + \hat{b}t$$

参数 $\hat{a}$, $\hat{b}$ 的求估，可用目估法或最小二乘法求出。例如，用目估法求得 $\hat{a}=79$，$\hat{b}=2.5$，则有

$$\hat{T}_t = 79 + 2.5t$$

第五步，进行预测，2018 年春季相当于第 73 季度，由此得到 2018 年各季度某种服装的销售量预测值为

$$\hat{y}_{2018春} = (79+2.5\times73)\times S_1 = (79+2.5\times73)\times 0.942 = 246.33(万件)$$
$$\hat{y}_{2018夏} = (79+2.5\times74)\times S_2 = (79+2.5\times74)\times 0.854 = 225.456(万件)$$
$$\hat{y}_{2018秋} = (79+2.5\times75)\times S_3 = (79+2.5\times75)\times 1.037 = 276.361(万件)$$
$$\hat{y}_{2018冬} = (79+2.5\times76)\times S_4 = (79+2.5\times76)\times 1.167 = 313.923(万件)$$

3. 考虑循环因素影响有线性趋势和季节波动的时间序列模型

在前面考虑的有线性趋势和季节波动的时间序列中，只注意到序列仅受趋势因素、季节因素和随机因素的影响，没有考虑受循环因素的影响，但是，实际的序列是受到了循环因素的影响。所谓循环因素，就是周期不固定的波动变化，时间序列的结构模型有以下几种：

设 C_t 表示循环因素，则有：

(1) 加法型序列结构模型为
$$y_t = T_t + S_t + C_t + \varepsilon_t$$
(2) 乘法型序列的结构模型为
$$y_t = T_t S_t C_t e^{\varepsilon_t}$$
(3) 混合型序列的结构模型为
$$y_t = T_t S_t C_t + \varepsilon_t$$

考虑 C_t 因素影响的时间序列的外推预测方法，与前面介绍过的不考虑 C_t 因素的时间序列外推预测法类似，在此不再详述。

§9.6 不同的滑动平均方法及其在趋势外推预测中的应用

在§9.5 中为了消除季节性和随机性，使用了滑动平均方法，以分离出序列的趋势因素和季节因素。但是，通过滑动平均后序列的有效数据减少了，若滑动时段长为 N，则减少有效数据 $N-1$ 个，因此，产生了第一个滑动平均值摆在什么位置才合适的问题。例如，对表 9.12 中的数据序列 y_t 进行时段长为 4 的滑动平均，第一个滑动平均值是
$$(y_1 + y_2 + y_3 + y_4)/4 = (80 + 70 + 90 + 100)/4 = 85$$
第二个滑动平均值是
$$(y_2 + y_3 + y_4 + y_5)/4 = (70 + 90 + 100 + 90)/4 = 87.5$$
第一个滑动平均值"85"是由 y_1，y_2，y_3，y_4 四个数字平均得到的，因此，要找一个合适的位置放它，就需要引用中心化的平均方法。

1. 中心化平均法

设序列为 y_1，y_2，$\cdots$，y_t，其滑动平均的滑动时段长为 N，若 N 为奇数，即 $N=2n+1$，那么滑动平均值
$$\frac{y_1 + y_2 + \cdots + y_N}{N} = \frac{y_1 + y_2 + \cdots + y_n + y_{n+1} + \cdots + y_{2n+1}}{2n+1} \tag{9.6-1}$$

代表这 $2n+1$ 个数的平均情况，记为 $\bar{y}_{n+1}$，它置于这 $2n+1$ 个时间点的中心，故称这种平均为中心化平均。对于 N 为偶数的情况，即 $N=2n$。例如，$N=4$，对平均值 $(y_1+y_2+y_3+y_4)/4$，也形式地记为 $\bar{y}_{2.5}$，同样 $(y_2+y_3+y_4+y_5)/4$ 记为 $\bar{y}_{3.5}$。因为 2.5 与 3.5 分别是 1，2，3，4 和 2，3，4，5 的中心位置，但是更一般的 $t+0.5$ 时间指标均不在原序列的时间指标集中，因此需要作适当的调整，调整的办法是再作一次平均，也就是将 $\bar{y}_{2.5}$ 和 $\bar{y}_{3.5}$ 作平均，由于 2.5 与 3.5 的中间位置是 $(2.5+3.5)/2=3$，故记
$$(\bar{y}_{2.5} + \bar{y}_{3.5})/2 = \bar{\bar{y}}_3 \tag{9.6-2}$$
一般地有
$$(\bar{y}_{t+0.5} + \bar{y}_{t+1+0.5})/2 = \bar{\bar{y}}_{t+1} \tag{9.6-3}$$
这里

$$\left.\begin{array}{l}\bar{y}_{t+0.5} = \dfrac{y_{t-1}+y_t+y_{t+1}+y_{t+2}}{4} \\[2mm] \bar{y}_{t+1+0.5} = \dfrac{y_t+y_{t+1}+y_{t+2}+y_{t+3}}{4}\end{array}\right\} \qquad (9.6\text{-}4)$$

将(9.6-4)式代入(9.6-3)式得到

$$\bar{\bar{y}}_{t+1} = \left(\dfrac{y_{t-1}+y_t+y_{t+1}+y_{t+2}}{4} + \dfrac{y_t+y_{t+1}+y_{t+2}+y_{t+3}}{4}\right)\Big/2$$

$$= \dfrac{y_{t-1}+2y_t+2y_{t+1}+2y_{t+2}+y_{t+3}}{2\times 4} \qquad (9.6\text{-}5)$$

由(9.6-5)式可见，滑动平均值 $\bar{y}_{t+1}$ 是由原序列 y_{t-1}，y_t，y_{t+1}，y_{t+2}，y_{t+3} 这 5 个数作加权平均的结果，其中心位置是 $t+1$，故平均值记为 $\bar{\bar{y}}_{t+1}$，这种平均又称为 $2\times N$ 的平均。此外，尚有 3×3、3×5 等滑动平均，介绍如下：

3×3 滑动平均。3×3 滑动平均是在对序列进行 3 期滑动平均的基础上再进行 3 期滑动平均。这也是一种加权平均的形式。其基本形式是

$$\bar{y}_2 = (y_1+y_2+y_3)/3$$
$$\bar{y}_3 = (y_2+y_3+y_4)/3$$
$$\cdots\cdots\cdots\cdots$$
$$\bar{y}_t = (y_{t-1}+y_t+y_{t+1})/3 \qquad (9.6\text{-}6)$$

$\bar{y}_t$ 序列是经过 3 期滑动平均后得到的序列，$\bar{y}_t$ 摆在 $t-1$，t，$t+1$ 这三个时间指标的中间。若对这个 $\bar{y}_t$ 序列再来一次 3 期滑动平均，则得到

$$\bar{\bar{y}}_t = (\bar{y}_{t-1}+\bar{y}_t+\bar{y}_{t+1})/3 \qquad (9.6\text{-}7)$$

将(9.6-6)式代入(9.6-7)式，则有

$$\bar{\bar{y}}_t = \left(\dfrac{y_{t-2}+y_{t-1}+y_t}{3} + \dfrac{y_{t-1}+y_t+y_{t+1}}{3} + \dfrac{y_t+y_{t+1}+y_{t+2}}{3}\right)\Big/3$$

$$= \dfrac{1}{9}(y_{t-2}+2y_{t-1}+3y_t+2y_{t+1}+y_{t+2}) \qquad (9.6\text{-}8)$$

(9.6-8)式是 5 个数的加权滑动平均数，其权数分别为 $\dfrac{1}{9}$，$\dfrac{2}{9}$，$\dfrac{3}{9}$，$\dfrac{2}{9}$，$\dfrac{1}{9}$，平均的结果放在中间位置上，故记为 $\bar{\bar{y}}_t$。类似地尚有 3×5 等滑动平均方法。

2. 中位数平均数

什么是中位平均数？就是将序列 y_1，y_2，…，y_n 按其大小顺序排列后，去掉一个最大数和一个最小数，然后再将位居大、小两数之间的其他数进行平均，所得的数就称为中位数平均数。例如在音乐、体育等的许多比赛中，在有多位评分员参与评分的情况下，常见的评分方法是对诸评分员的评分结果，先去掉一个最高分和一个最低分，然后再对剩下的评分进行平均计算。例如，有 10 个评分员对某项体操比赛，评分员的评分是

9.8，9.6，9.4，9.5，9.6，9.2，9.1，9.3，9.4，9.7

那么去掉最高分 9.8 和最低分 9.1，然后对余下的 8 个数进行平均，计算结果为

$$\frac{9.6+9.4+9.5+9.6+9.2+9.3+9.4+9.7}{8} = 9.4625$$

这个数就是该项体操的分数。

中位数平均数，可以用于计算季节系数。例如，表 9.13 中的春、夏、秋、冬四列。在计算各列的平均数时，首先去掉一个最高值和最低值，然后再进行平均，则得到各季节指数的中位平均数值分别为 $\bar{S}_1 = 0.946$，$\bar{S}_2 = 0.862$，$\bar{S}_3 = 1.046$，$\bar{S}_4 = 1.182$，$\bar{S}_1 + \bar{S}_2 + \bar{S}_3 + \bar{S}_4 = 4.036$，这些样本季节指数经过修正，即可应用。

3. 中心化平均法在趋势外推预测中的应用

中心化滑动平均法，可以用于改善 §9.5 中的趋势外推方法，为此，将表 9.11 中的 y_t 序列值运用中心化平均法重新计算，填入表 9.14 的第 4 列。这样，运用第 4 列的数据去代替第 3 列的数据，重新计算表 9.12 中 $S_t e^{\varepsilon_t}$ 列的数据，将会提高最后计算出的季节指数（见表 9.14）。

表 9.14

季　　度 (1)		y_t (2)	4 个月的滑动平均值 (3)	4 个月的中心化滑动平均值 (4)
2012	1	80		
	2	70		
	3	90	85	86.25
	4	100	87.5	90
2013	5	90	92.5	93.125
	6	80	93.75	96.25
	7	105	98.75	99.75
	8	120	100.75	102
2014	9	98	103.25	103.875
	10	90	104.5	105.75
	11	110	107	107.75
	12	130	108.5	109.75
2015	13	104	111	112.25
	14	100	113.5	114.75
	15	120	116	117.25
	16	140	118.5	120.25

续表

季　度 (1)		y_t (2)	4个月的滑动平均值 (3)	4个月的中心化滑动平均值 (4)
2016	17	114	122	122
	18	104	122	123
	19	130	124	125
	20	148	126	127
2017	21	122	128	129
	22	112	130	131.25
	23	138	132.5	
	24	158		

§9.7　温特线性和季节性指数平滑预测

温特(Winter)线性和季节性指数平滑预测法,是对含有线性趋势和季节性影响的数据序列进行外推预测的一种方法。温特方法的特点是由三个平滑公式和一个预测方程组成的,每个平滑公式都含有一个平滑常数。这些公式的推导过程在此不进行详述,但每个公式的原理都将作适当的解释,以便读者更好地理解和应用。

温特方法既可用于乘法型序列,也可用于加法型序列。在此,只介绍乘法型序列。设已知样本序列为 $y_1, y_2, \cdots, y_n$,乘法型序列的形式是

$$y_{n+j} = (\mu_n + \beta_{nj}) S_{n+j} e^{\varepsilon_{n+j}} \tag{9.7-1}$$

这里,S_i 是季节因子,$i = 1, 2, \cdots, L$,L 是季节长度,满足 $\sum_{i=1}^{L} S_i = L$,当 $L = 4$ 时,有 $\sum_{i=1}^{4} S_i = 4$。序列的趋势分量表示为

$$\hat{\mu}_{n+j} = \hat{\mu}_n + \hat{\beta}_{nj} \tag{9.7-2}$$

序列线性趋势的斜率记为 $\hat{\beta}_{n+1}$,季节指数为 $\hat{S}_{n+1}$,这三个估计值分别由下述平滑公式进行计算。

1. 趋势分量 μ_{n+1} 的平滑公式

$$\hat{\mu}_{n+1} = \alpha_1 \times y_{n+1} / \hat{S}_{n+1-L} + (1 - \alpha_1)(\hat{\mu}_n + \hat{\beta}_n) \tag{9.7-3}$$

这里 α_1 是平滑常数,$0 < \alpha_1 < 1$,上式右边第一项 $y_{n+1}/\hat{S}_{n+1-L}$ 表示清除了季节影响,但保留随机因素影响的序列值,$\hat{\mu}_n + \hat{\beta}_n$ 是对 μ_{n+1} 的一种估计,这两项的加权平均,表示既消除了季节影响,又削去了随机干扰的趋势分量。

2. 趋势直线的斜率 $\hat{\beta}_{n+1}$ 的平滑公式

$$\hat{\beta}_{n+1} = \alpha_2(\hat{\mu}_{n+1} - \hat{\mu}_n) + (1-\alpha_2)\hat{\beta}_n \tag{9.7-4}$$

这里 α_2 是平滑常数，$0<\alpha_2<1$，$\hat{\mu}_{n+1}-\hat{\mu}_n$ 是对时间点 $n+1$ 序列线性趋势倾斜率的一种估计，与先前的斜率 $\hat{\beta}_n$ 作加权平均，就得到 $\hat{\beta}_{n+1}$。

3. 季节指数的平滑公式

$$\hat{S}_{n+1} = \alpha_3 y_{n+1}/\hat{\mu}_{n+1} + (1-\alpha_3)\hat{S}_{n+1-L} \tag{9.7-5}$$

这里，α_3 是平滑常数，$0<\alpha_3<1$，$y_{n+1}/\hat{\mu}_{n+1}$ 表示消除了趋势影响但保留随机影响的季节指数，$\hat{S}_{n+1-L}$ 是上一季节周期的季节指数，两者的加权平均，就消除了随机影响，得到时间点 $n+1$ 的季节指数。

综合(9.7-3)，(9.7-4)，(9.7-5)即得序列 y_{n+j} 的预测公式，设 l 是超前预测的期数，则

$$\hat{y}_n(l) = \begin{cases} (\hat{\mu}_n + \hat{\beta}_n l)\hat{S}_{n+1-L}, & l=1,2,\cdots,L \\ (\hat{\mu}_n + \hat{\beta}_n l)\hat{S}_{n+1-2L}, & l=L+1,L+2,\cdots,2L \end{cases} \tag{9.7-6}$$

预测举例：

某市的啤酒销售量按季度统计有如下数据，参见表 9.15。此例引自 S·C·惠尔莱特《管理预测》，编者略有修改。表 9.15 的数据图像如图 9-7 所示。

表 9.15

年份	季度	时期	销售额(万元)	年份	季度	时期	销售额(万元)
2012	1	1	362	2015	1	13	544
	2	2	385		2	14	582
	3	3	432		3	15	681
	4	4	341		4	16	557
2013	1	5	382	2016	1	17	628
	2	6	409		2	18	707
	3	7	498		3	19	773
	4	8	387		4	20	592
2014	1	9	473	2017	1	21	627
	2	10	513		2	22	725
	3	11	582		3	23	854
	4	12	474		4	24	661

第九章 时间序列趋势外推预测

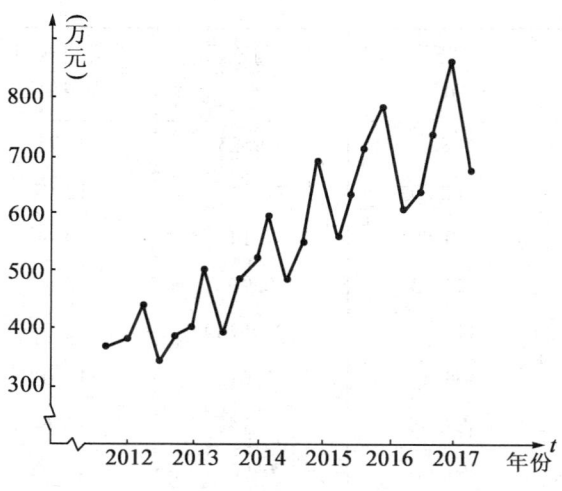

图 9-7 某市啤酒销售额示意图

对于表 9.15 中的数据应用温特方法进行预测,假定 $\alpha_1=0.2$,$\alpha_2=0.1$,$\alpha_3=0.05$,分别应用(9.7-3)至(9.7-6)四个公式进行计算,得到如表 9.15 中的各种数据。参阅表 9.15 计算程序如下:

第一步,确定初始值,本例季节周期长为 $L=4$,初始值可以如下选取

$$\hat{\mu}_{L+1}=y_{L+1} \tag{9.7-7}$$

$$\hat{S}_t=y_t/\bar{y}, \qquad t=1,2,\cdots,L \tag{9.7-8}$$

$$\bar{y}=(y_1+y_2+\cdots+y_L)/L, \qquad t=1,2,\cdots,L$$

$$\hat{\beta}_{L+1}=[(y_{L+1}-y_1)+(y_{L+2}-y_2)+\cdots+(y_{2L}-y_L)]/L\times1/L \tag{9.7-9}$$

根据(9.7-7)式和(9.7-9)式计算初始值,得到:$\hat{\mu}_5=y_t=382$,$\hat{S}_1=0.95$,$\hat{S}_2=1.01$,$\hat{S}_3=1.14$,$\hat{S}_4=0.9$,$\hat{\beta}_5=9.75$

第二步,由(9.7-3)式算出 $\hat{\mu}_n$,(9.7-5)式算出 $\hat{S}_n$,(9.7-4)式算出 $\hat{\beta}_n$,然后,由(9.7-6)式算出 $\hat{y}_n(1)$,分别填入表 9.16 中。

表 9.16

时期 t	实际值 y_t(万元)	趋势值 μ_t	季节调整因子 S_t	趋势直线斜率平滑值 β_t	预测值($l=1$)
1	362		0.95		
2	385		1.01		
3	432		1.14		
4	341		0.90		

时期 t	实际值 y_t(万元)	趋势值 μ_t	季节调整因子 S_t	趋势直线斜率平滑值 β_t	预测值($l=1$)
5	382	382	0.9525	9.75	
6	409	394.39	1.01	10.01	395.66
7	498	410.88	1.14	10.66	461.02
8	387	423.23	0.90	10.83	379.39
9	473	446.57	0.9578	12.08	413.44
10	513	468.50	1.01	13.07	463.24
11	582	487.36	1.14	13.64	548.99
12	474	491.05	0.90	12.65	571.14
13	544	517.35	0.96	14.02	482.44
14	582	540.31	1.01	14.92	536.68
15	681	563.68	1.14	15.76	632.99
16	557	587.33	0.90	16.55	521.50
17	628	613.94	0.96	17.56	579.72
18	707	645.20	1.01	18.93	637.82
19	773	666.92	1.14	19.21	757.11
20	592	680.46	0.90	18.64	617.52
21	627	689.91	0.96	17.72	671.14
22	725	709.67	1.01	17.92	714.71
23	854	731.90	1.14	18.35	829.45
24	661	747.09	0.90	18.03	675.23
25					734.52

思考与练习

1. 按周记录某地邮局处理邮件总数得到如下资料：

周次	1	2	3	4	5	6	7	8	9	10
件数(件)	4 232	4 560	4 321	4 612	4 624	4 589	4 633	4 627	4 668	4 671

试分别以三周和五周为计算移动平均数的时间长度,用简单滑动平均数预测法推算第十一周将要处理的邮件总量。

2. 若设各个时期的统计数值对预测值具有不同的重要性,在上题中我们假定从第六周到第十周的数值分别附有权数 W_i 为 1,2,3,4,5,再用加权滑动平均数预测法推算第十一周的邮件处理件数。

3. 某环境监测站在市区设立了一噪音分辨自动记录仪。在秋季头两周得到如下记录:

单位:分贝

第 i 天	1	2	3	4	5	6	7
平均强度	65	62	67	68	64	69	63
第 i 天	8	9	10	11	12	13	14
平均强度	66	71	73	72	75	77	78

试用 $\alpha=0.3$,$\alpha=0.7$,$\alpha=0.9$ 三个指数参数推测第 15 天的平均噪音强度(假定第一天的本期预测数与本期实际数相等)。

4. 某县农民两年中购买新华牌水泥历月的购买量列于下表,试用二次滑动平均法预测 2018 年上半年各月的购买量,并估计 2018 年第一、二季度的总需求量。

单位:10袋

月 份	1	2	3	4	5	6	7	8	9	10	11	12
2016 年	471	460	465	458	469	468	476	470	474	473	477	481
2017 年	480	489	491	487	465	472	481	479	496	482	488	503

5. 城南储蓄所在 4 年 16 个季度中接受居民存款额如下表所示。试求一次、二次指数平滑值。并运用线性趋势方程对 2018 年各季度的存款额进行预测,并比较所得结果。

单位:千万元

季 度	2014.1	2014.2	2014.3	2014.4	2015.1	2015.2	2015.3	2015.4
存款额	21.4	20.6	22.3	22.5	21.7	22.4	22.8	23.3
季 度	2016.1	2016.2	2016.3	2016.4	2017.1	2017.2	2017.3	2017.4
存款额	22.5	23.7	24.1	23.6	24.3	24.7	23.9	24.8

6. 根据家庭调查资料，我们整理得到某城区居民消费猪肉记录。试用季节性指数平滑方法外推下一年居民每季平均肉食量。

某城区居民平均每季猪肉消费量　　　　　　　　　单位：公斤

	第一季度	第二季度	第三季度	第四季度
第一年	13.05	9.45	7.96	18.54
第二年	18.85	10.42	9.89	26.62
第三年	27.03	15.51	13.95	35.52
第四年	33.14	19.55	15.88	40.56

7. 某市的啤酒销售量有如下的数据，试用有线性趋势和季节波动的外推预测法和温特线性和季节指数平滑预测法，预测2016年1~4季度的销售量。

年份	季度	时期	销售额(万元)	年份	季度	时期	销售额(万元)
2014	1	1	15	2016	1	9	60
	2	2	41		2	10	87
	3	3	34		3	11	79
	4	4	29		4	12	76
2015	1	5	40	2017	1	13	85
	2	6	64		2	14	112
	3	7	56		3	15	102
	4	8	53		4	16	98

8. 为什么通过滑动平均方法可以消除季节性影响和随机影响？

9. 何谓中心化的平均法？试举例说明。

10. 已知数列为8.1，8.8，8.6，9.0，9.3，8.5，8.9，9.2，9.1，8.7，求此数列的中位平均数。

第十章 增长型曲线外推预测

这里所谈的增长，主要是经济的有关指标量的增长，它与经济发展紧密相关，意味着产品的销量上升，国民收入或国民生产总值不断增加。本章所研究的各类增长曲线，就是描绘经济或技术领域中的某些指标依时间变化而呈现出的增长、上升或下降趋势的一种有规律性的曲线。在此，将介绍增长型曲线的基本类型、特征及其模型识别和参数估计方法，最后给出实证分析和具体预测案例。

§10.1 增长型曲线的基本类型和特征

本章将研究如下六大类增长曲线。不同类型的增长曲线，有不同的增长特征，分析这些特征是进行模型识别的先导，因此，在对增长型曲线进行分类介绍时，也同时介绍它们的增长特征。

1. 多项式增长曲线

这种增长曲线是一些不同次数的多项式。例如

$$y_t = a_0 + a_1 t \tag{10.1-1}$$

$$y_t = a_0 + a_1 t + a_2 t^2 \tag{10.1-2}$$

$$y_t = a_0 + a_1 t + a_2 t^2 + a_3 t^3 \tag{10.1-3}$$

……

一般的 m 次多项式为

$$y_t = a_0 + a_1 t + a_2 t^2 + \cdots + a_m t^m \tag{10.1-4}$$

上列多项式中，a_0，a_1，$\cdots$，a_m 均是模型参数，t 是时间变量，y_t 是经济指标值。若 m 不超过 3，则参数 a_0，a_1，a_2，a_3 有明显的经济意义，a_0 为 $t=0$ 时序列的初始值，a_1 可解释为增长的变化速度，a_2 为加速度，a_3 为加速度的变化率。

若增长曲线是 (10.1-1) 的一次多项式，则由

$$\frac{dy_t}{dt} = a_1$$

是常量，表明 y_t 依时间变化过程是一个均衡发展过程。

若增长曲线为 (10.1-2) 的二次多项式，其图像是二次抛物线。它分为两支，一支为正增长，一支为负增长。如图 10-1 所示。

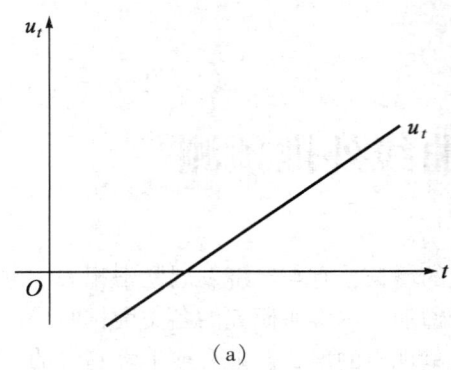
(a)

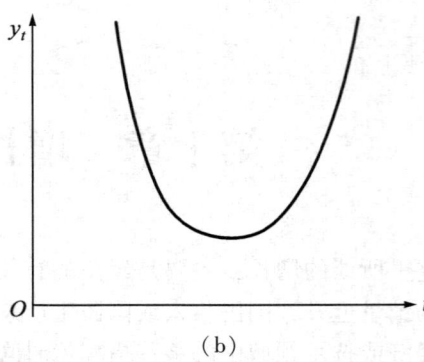
(b)

图 10-1

因为

$$\frac{\mathrm{d}y_t}{\mathrm{d}t} = a_1 + 2a_2 t = u_t$$

则 u_t 是一直线方程。相应地

$$\frac{\mathrm{d}^2 y_t}{\mathrm{d}t^2} = \frac{\mathrm{d}u_t}{\mathrm{d}t} = 2a_2$$

是一常数，说明它的二阶增长与时间变化无关。

若以一阶差分 $u_t^{(1)}$ 代替一阶微分，二阶差分 $u_t^{(2)}$ 代替二阶微分，并记

$$u_t^{(1)} = y_t - y_{t-1}$$

$$u_t^{(2)} = \frac{\mathrm{d}^2 y_t}{\mathrm{d}t^2} = u_t^{(1)} - u_{t-1}^{(1)}$$

类似地以三阶差分代替三阶微分，那么，对三次多项式，就得到

$$u_t^{(3)} = \frac{\mathrm{d}^3 y_t}{\mathrm{d}t^3} = 6a_3$$

由此得到多项式增长型曲线的增长特征是：

若增长曲线是直线，则其一阶差分为常量，即

$$u_t^{(1)} = y_t - y_{t-1} = 常量$$

若增长曲线是二次抛物线，则其一阶差分是一直线方程，二阶差分为常量，即

$$u_t^{(1)} = a_1 + 2a_2 t$$

$$u_t^{(2)} = u_t^{(1)} - u_{t-1}^{(2)} = 2a_2 = 常量$$

若增长曲线为三次曲线，则其一阶差分为一抛物线，二阶差分为直线，三阶差分为一常量，即

$$u_t^{(3)} = 常量$$

2. 简单指数型增长曲线

$$y_t = ab^t \tag{10.1-5}$$

其中 a, b 为模型参数，t 为时间变量，y_t 为经济目标值。当 $a>0$ 时，若 $b>1$，那么，增长曲线 y_t 随 t 的增加无限制地增大，在 t 趋向于负无穷时 y_t 趋向于零；若 $0<b<1$，则 y_t 随 t 增加而下降，当 t 趋向无穷时，y_t 趋向零。因此，y_t 以 $y_t=0$ 为其渐近线，它的图像如图 10-2 所示。

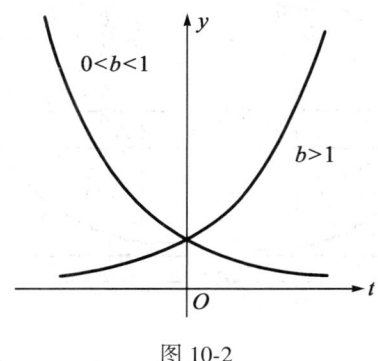

图 10-2

增长曲线 (10.1-5) 的本质特征是具有不变增长速度的线性型增长曲线。只要将 (10.1-5) 两边取对数，即得

$$\lg y_t = \lg a + t \lg b \tag{10.1-6}$$

设 $\alpha = \lg a$，$\beta = \lg b$
则 (10.1-6) 化为

$$\lg y_t = \alpha + \beta t \tag{10.1-7}$$

由此可见，$\lg y$ 线性地依赖时间 t，在半对数坐标纸上是一条直线。此外，这种曲线还有另外一个特征，即

$$\frac{u_t}{y_{t-1}} = \frac{y_t - y_{t-1}}{y_{t-1}} = \frac{ab^t - ab^{t-1}}{ab^{t-1}} = \frac{ab^{t-1}(b-1)}{ab^{t-1}} = b-1$$

是一个常数。

3. 修正指数型增长曲线

这种曲线的模型为

$$y_t = k + ab^t \tag{10.1-8}$$

其中 k, a, b 为参数，t 为时间变量。

曲线 (10.1-8) 描绘了发展过程有饱和现象的一种增长规律，其中 k 为饱和值或极限值。$y=k$ 为 y_t 的渐近线，当 $a>0$ 时，y_t 以 k 为下方渐近线；当 $a<0$ 时，y_t 以 k 为上方渐近线。参数 b 可能大于 1，也可能小于 1，但大于零。综合 a、b 的值，得到曲线的四种形状，参见图 10-3。这种曲线的主要特征是 $\lg u_t$ 线性地变化。事实上，由 (10.1-8) 式两边对 t 求微商，则有

$$y_t' = ab^t \lg b$$

令 $u_t = y_t'$，则

$$\lg u_t = \lg(a\ln b) + t\lg b$$

由此可见 $\lg u_t$ 是 t 的线性函数。

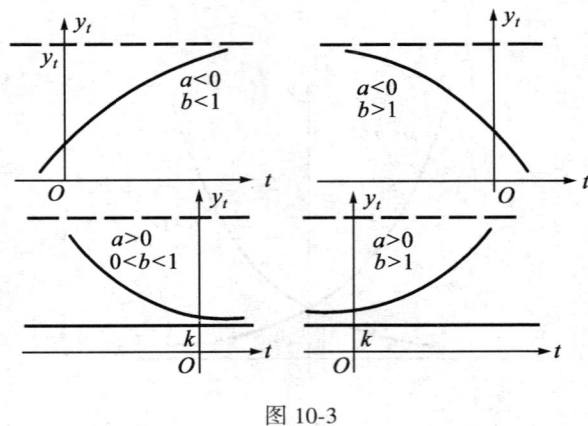

图 10-3

4. 双指数曲线模型

$$y_t = ab^t c^{t^2} \tag{10.1-9}$$

其中 a、b、c 均为参数，t 为时间变量。将上式两边取对数，得到

$$\lg y_t = \lg a + t\lg b + t^2 \lg c$$

令 $\alpha = \lg a$，$\beta = \lg b$，$\gamma = \lg c$
则有

$$\lg y_t = \alpha + \beta t + \gamma t^2 \tag{10.1-10}$$

故称此种曲线为对数抛物线。

由(10.1-10)两边对 t 求微商，得到

$$\frac{y_t'}{y_t} = \beta + 2\gamma t$$

若令 $u_t = \dfrac{\mathrm{d} y_t}{\mathrm{d} t}$，则得到双指数曲线的增长特征是 $\dfrac{u_t}{y_t}$ 呈线性变化。

5. 龚珀资(Gompertz)曲线模型

$$y_t = k a^{b^t} \tag{10.1-11}$$

其中 a、b、k 为参数，k 又称为极限参数，t 为时间变量。随 a、b 的取值不同，曲线有四种类型，如图10-4所示。

由(10.1-11)两边取对数，得到

$$\lg y_t = \lg k + b^t \lg a \tag{10.1-12}$$

令

$$k_1 = \lg k, \quad a_1 = \lg a$$

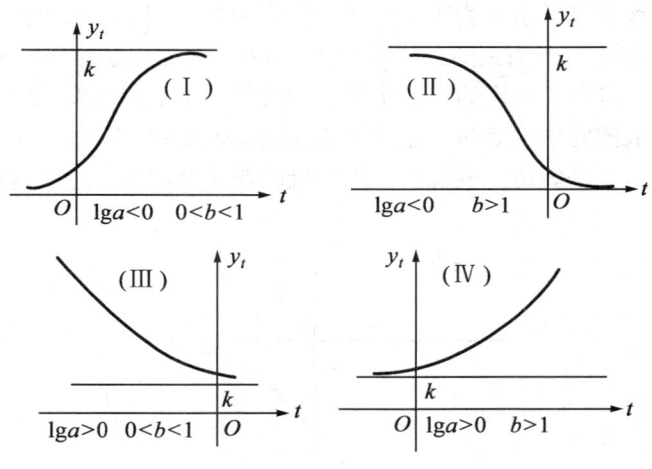

图 10-4

代入(10.1-12),得到

$$\lg y_t = k_1 + a_1 b^t \tag{10.1-13}$$

它是一种修正的指数型曲线,这种曲线的具体性质,可以通过对(10.1-13)求一阶和二阶导数得到

$$(\lg y_t)' = b^t (\lg a) \ln b$$
$$(\lg y_t)'' = b^t (\lg a) (\ln b)^2 \tag{10.1-14}$$

由此可知,当 $b>1$,$\lg a>0$ 时,有 $(\lg y_t)'$ 与 $(\lg y_t)''$ 均大于零,所以 $\lg y_t$ 与 $(\lg y_t)'$ 均是增函数,增长曲线 y_t 是凸的。参见图 10-4 中的曲线Ⅳ,它说明了预测目标值随时间的延长而不断地增加。当 $0<b<1$,$\lg a<0$ 时,有 $(\lg y_t)'>0$,$(\lg y_t)''<0$,这说明了 $\lg y_t$ 是时间 t 的增函数,但 $(\lg y_t)'$ 则是减函数。由此可知,目标值 y_t 虽然随着时间的推移仍保持着增长,但增长的速度却在下降,因此,y_t 的图像是凹的,参见图 10-4 中的曲线Ⅰ。当 $b>1$,$\lg a<0$ 时,有 $(\lg y)'<0$,$(\lg y_t)''<0$,说明 $\lg y_t$ 与 $(\lg y_t)'$ 均随 t 的增大而下降,因此,y_t 随 t 的增大而不断下降,参见图 10-4 中的曲线Ⅱ。当 $0<b<1$,$\lg a>0$ 时,有 $(\lg y_t)'<0$,$(\lg y)''>0$,从而 $\lg y_t$ 不断下降,其图像如图 10-4 中的曲线Ⅲ所示。

为求出龚珀资曲线的增长变化特征,由(10.1-13)式两边对 t 求微商,得

$$\frac{y_t'}{y_t} = (\lg a)(\ln b) b^t \tag{10.1-15}$$

令 $u_t = y_t'$,代入(10.1-15),并两边取对数,即得 $\lg \dfrac{u_t}{y_t}$ 是 t 的线性函数。

6. 逻辑(logistic)增长曲线模型

$$y_t = \frac{k}{1 + a e^{-bt}} \tag{10.1-16}$$

其中 k, a, b 是参数，k 称为极限参数，它意味着 y_t 处于饱和状态时的值。其图像如图 10-5 所示。这种曲线以其转折点为中心，两边是对称数，当 $t\to-\infty$ 时，$y_t\to 0$，当 $t\to+\infty$ 时，$y_t\to k$。因此它有上、下两条渐近线 $y=k$ 与 $y=0$。它描绘了这样一种发展过程：初始阶段发展是缓慢的，接着是急剧的增长阶段，然后是一个平稳的发展时期，最后达到饱和状态。这是许多技术的发展或某些产品销售特性的表现形式。例如，企业集团形成发展行为，技术创新扩散的基本规律，电视机、缝纫机的普及过程等均遵从这种 S 型曲线的增长规律。

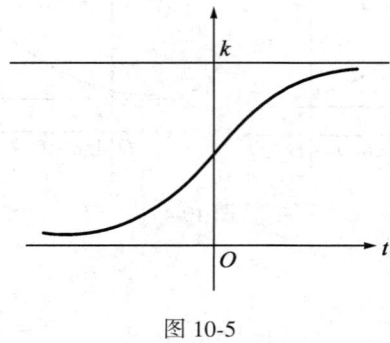

图 10-5

为求出逻辑曲线的增长变化特征，首先对 (10.1-16) 求导数，得到

$$y_t' = \frac{kabe^{-bt}}{(1+ae^{-bt})^2}$$

从而

$$\frac{y_t'}{y_t^2} = \frac{1}{k}abe^{-bt}$$

以 u_t 代 y_t'，并对上式两边取对数，得到

$$\lg\frac{u_t}{y_t^2} = \lg\frac{ab}{k} - b(\lg e)t \tag{10.1-17}$$

由此可见，其增长特征 $\lg\dfrac{u_t}{y_t^2}$ 是 t 的线性函数。

§10.2 增长曲线模型的识别方法

在实际预测工作中，通过调查收集到按时间序列变化的系列数据 y_1, y_2, $\cdots$, y_n 之后，如何根据这些数据，建立增长曲线模型？即在上述 6 种曲线中，选择哪一种模型最合适？这就是增长曲线模型的识别问题。下面介绍几种识别方法。

1. 目估法

这种方法的基本做法是，将调查观测得到的数据点绘在以时间 t 为横轴，观测值或它的对数值为纵轴的坐标纸上，根据其变化动态构成的图像，选择合适的曲线。一般说来，若动态序列接近一条直线，则选配直线模型，若其对数值在半对数坐标纸上构成的图像接近一直线则选配简单指数曲线。

假定对某种消费品有自 1993—2017 年的实际销售记录，将这批数据依时间先后点在坐标纸上，得到如图 10-6 所示的图像，它近似一条指数曲线。因此，可以选配指数曲线作为增长模型。这种直观方法的优点是简单方便，缺点是主观因素较多，而且在很大程度上依赖于图形的大小。但是，在序列的发展趋势及其构造比较简单的情况下，目估法也常常能得到比较满意的结果。

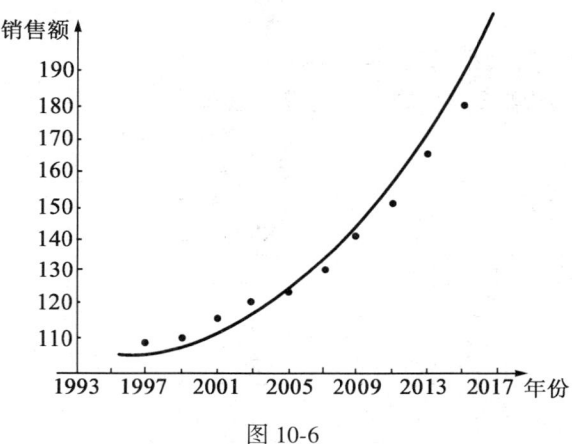

图 10-6

2. 残差平方和最小的识别方法

这种方法是以残差平方和最小作为识别增长曲线模型的最优准则。残差计算的方法是，用所有的样本观察数据 $y_1, y_2, \cdots, y_n$ 拟合 §10.1 中所提出的各种增长曲线，并计算出模拟值 $\hat{y}_1, \hat{y}_2, \cdots, \hat{y}_n$，然后以实际观测值 y_i 减去模拟值 $\hat{y}_i$，从而有

$$y_i - \hat{y}_i = e_i \quad i = 1, 2, \cdots, n$$

称 e_i 为残差，记

$$Q = \sum_{i=1}^{n} e_i^2$$

称为残差平方和。不同的曲线模型有不同的残差平方和，取此平方和中之最小者所对应的曲线，作为所要选取的增长曲线模型。

这种方法看起来是比较科学的，排除了目估法中的主观因素，但在多项式曲线的模型识别中，用这种方法识别的曲线就不一定是"最优"的。因为，任何 n 个样本点构成的序列，至少可以构造一个 $n-1$ 次多项式曲线，此曲线可通过已知的 n 个样本点，从而有残差平方和等于零。按残差平方和最小的识别准则，它是最小的，因而是"最优"的曲线。但它的"最优"，只能说明历史数据的拟合情况，而不能说明它的未来发展趋势，因此，这种曲线在预测的前提下不一定是最优的。

3. 增长特征法

所谓增长特征法就是以研究动态序列的增长变化特征与增长曲线的相应特征为基础的一种识别方法。其基本点就是选择增长曲线在理论上的变化规律与样本序列的实际变化规律最接近的一种曲线作为选择的最优曲线。此法的应用步骤如下:

(1) 计算样本序列的滑动平均值。采取这一步骤的主要目的是消除样本序列的随机干扰成分,以突出序列本身的固有趋势。滑动平均值的计算公式是

$$\bar{y}_t = \frac{\sum_{i=t-p}^{t+p} y_i}{2p+1} \tag{10.2-1}$$

$2p+1$ 称为滑动时段长,其大小由实际经验确定。

(2) 计算序列的平均增长。平均增长的计算公式为

$$\bar{u}_t = \frac{\sum_{i=-p}^{p} i\bar{y}_{t+i}}{\sum_{t=-p}^{p} i^2} \tag{10.2-2}$$

当

$p=1$ 时, $\bar{u}_t = \dfrac{-\bar{y}_{t-1} + \bar{y}_{t+1}}{2}$

$p=2$ 时, $\bar{u}_t = \dfrac{-2\bar{y}_{t-2} - \bar{y}_{t-1} + \bar{y}_{t+1} + 2\bar{y}_{t+2}}{2^2 + 1 + 1 + 2^2}$

$p=3$ 时,

$$\bar{u}_t = \frac{-3\bar{y}_{t-3} - 2\bar{y}_{t-2} - \bar{y}_{t-1} + \bar{y}_{t+1} + 2\bar{y}_{t+2} + 3\bar{y}_{t+3}}{28}$$

以(10.2-2)为平均增长的计算公式,主要是因为对动态序列选配趋势直线时,是以时间原点作为序列的中心点进行计算的。直线方程是

$$y_t = a + bt$$

b 表示平均增长,它的计算公式是

$$b = \sum_{t=-p}^{p} t y_t \Big/ \sum_{t=-p}^{p} t^2$$

(3) 计算样本序列的增长特征。在 §10.1 中,介绍了增长曲线的不同类型及其特征,我们可以根据这些特征,识别样本序列属于何种增长曲线类型。为消除随机干扰的影响,序列值 y_t 应以经过滑动平均后的值 $\bar{y}_t$ 代替,序列的增长值 u_t 应以平均增长值 $\bar{u}_t$ 代替。

根据 §10.1 介绍的增长曲线特征,得到如下的增长曲线模型识别表(见表 10.1)。

在表 10.1 中列出不同增长特征指标下所对应的增长曲线形式。例如,$\bar{u}_t / \bar{y}_t$ 的变化大致一样,就识别该曲线为指数曲线,其他参见本表。现举一例,以供参考。

根据历史统计资料,某地的卷烟生产有如下的产量记录(见表 10.2)。

为识别增长曲线属于何种类型,采用增长特征法进行识别。首先,以三年滑动平均值

作 $\bar{y}_t$ 值，然后以

$$\bar{u}_t = \frac{\bar{y}_{t+1} - \bar{y}_{t-1}}{2}$$

计算平均增长，得到如表 10.3 所列的序列 $\bar{y}_t$ 与 $\bar{u}_t$。

从表 10.3 可见，(5)，(7)，(8) 三列均有线性变化的特征，那么选取何种曲线是最优的选择？通常的办法是比较这三者的线性关系的密切程度，也就是分别计算出 $\bar{u}_t/\bar{y}_t$、$\lg\frac{\bar{u}_t}{\bar{y}_t}$、$\lg\frac{\bar{u}_t}{\bar{y}_t^2}$ 与时间 t 的线性相关系数。计算结果如下：

表 10.1

样本序列的平均增长特征	增长特征依时间变化的性质	曲线类型的识别
$\bar{u}_t$	基本一样	直　线
$\bar{u}_t$	线性变化	二次抛物线
$\bar{u}_t^{(2)}$	线性变化	三次抛物线
$\dfrac{\bar{u}_t}{\bar{y}_t}$	大致一样	指数曲线
$\dfrac{\bar{u}_t}{\bar{y}_t}$	线性变化	双指数曲线（对数抛物线）
$\lg\bar{u}_t$	线性变化	修正指数曲线
$\lg\dfrac{\bar{u}_t}{\bar{y}_t}$	线性变化	龚珀资曲线
$\lg\dfrac{\bar{u}_t}{\bar{y}_t^2}$	线性变化	逻辑曲线

表 10.2

年份 t	2006	2007	2008	2009	2010	2011	2012	2013	2014	2015	2016	2017
产量 y（箱）	164	193	255	279	512	606	766	838	941	1055	1088	1044

表 10.3

(1) t	(2) y_t	(3) $\bar{y}_t$	(4) $\bar{u}_t$	(5) $\bar{u}_t/\bar{y}_t$	(6) $\lg\bar{u}_t$	(7) $\lg\bar{u}_t/\bar{y}_t$	(8) $\lg\bar{u}_t/\bar{y}_t^2$
1	164	—	—	—	—	—	—
2	193	204					

续表

(1) t	(2) y_t	(3) $\bar{y}_t$	(4) $\bar{u}_t$	(5) $\bar{u}_t/\bar{y}_t$	(6) $\lg \bar{u}_t$	(7) $\lg \bar{u}_t/\bar{y}_t$	(8) $\lg \bar{u}_t/\bar{y}_t^2$
3	255	242.3	72.35	0.299	1.859	−0.524	−1.912
4	279	348.7	111.7	0.320	2.048	−0.495	−3.037
5	512	465.7	139.7	0.300	2.145	−0.523	−3.191
6	606	628	135.5	0.216	2.132	−0.666	−3.464
7	766	736.7	110.2	0.150	2.042	−0.842	−3.691
8	838	848.3	104	0.123	2.017	−0.910	−3.839
9	941	944.7	89.9	0.115	1.954	−0.939	−3.915
10	1055	1028	58.8	0.057	1.769	−1.244	−4.256
11	1088	1062.3	—	—	—	—	—
12	1044	—	—	—	—	—	—

① $\bar{u}_t/\bar{y}_t$ 与 t 的相关系数

$r = -0.9162$

② $\lg \dfrac{\bar{u}_t}{\bar{y}_t}$ 与 t 的相关系数

$r = -0.9152$

③ $\lg \dfrac{\bar{u}_t}{\bar{y}_t^2}$ 与 t 的相关系数

$r = -0.764$

由此可见，$\bar{u}_t/\bar{y}_t$ 与 t 的线性关系最密切，从而我们应选取双指数曲线作为增长曲线。

§10.3 增长曲线模型的参数估计

假设对预测目标按时间先后作了 n 次观测，得到了 n 组统计数据，如 (t_0, y_0)，(t_1, y_1)，…，(t_{n-1}, y_{n-1})。根据统计数据对曲线模型参数作出估计的方法多种多样，不同的模型有不同的方法。一般说来，对于多项式曲线、简单指数曲线和双指数曲线，只要将曲线适当变形，把它线性化，即可使用线性回归分析方法，求得待估的参数值，而龚珀资曲线、修正指数曲线和逻辑曲线的参数估计方法有所不同，现介绍如下。

1. 逻辑分析法

所谓逻辑分析法，就是根据预测对象的自然发展规律，如某些食品消费的已知物理与生理的常规界限，或资源限制与法律限制等，运用逻辑分析的方法，以确定待估参数值。

例如，制冷技术的极限参数是 $-273°C$，家用缝纫机最多是一户购买一台，其家庭普及率充其量是 100%。

2. 三和法

所谓三和法就是将整个增长序列分为三个相等的时间周期，并对每一个时间周期的数据求和以估计参数。为此，假定有 $3n$ 组统计数据，(t_0, y_{t0})，(t_1, y_{t1})，$\cdots$，$(t_{n-1}, y_{t_{n-1}})$；(t_n, y_{t_n})，(t_{n+1}, y_{tn+1})，$\cdots$，$(t_{2n-1}, y_{t_{2n-1}})$；$(t_{2n}, y_{t_{2n}})$，$(t_{2n+1}, y_{t_{2n+1}})$，$\cdots$，$(t_{3n-1}, y_{t_{3n-1}})$。n 为任意正整数，一般说来 n 越大，估计的精度就越高。现以龚珀资曲线模型为例介绍此法。

假设上述 $3n$ 组统计数据是来自模型

$$y = ka^{b^t}$$

的观测统计值，则它们应满足下述三个方程组，为简便起见，记 $y_n = y_{t_n}$，

$$\left.\begin{array}{l}\lg y_0 = \lg k + b^0 \lg a \\ \lg y_1 = \lg k + b^1 \lg a \\ \cdots\cdots\cdots \\ \lg y_{n-1} = \lg k + b^{n-1} \lg a\end{array}\right\} (\text{I}) \qquad (10.3\text{-}1)$$

$$\left.\begin{array}{l}\lg y_n = \lg k + b^n \lg a \\ \lg y_{n+1} = \lg k + b^{n+1} \lg a \\ \cdots\cdots\cdots \\ \lg y_{2n-1} = \lg k + b^{2n-1} \log a\end{array}\right\} (\text{II}) \qquad (10.3\text{-}2)$$

$$\left.\begin{array}{l}\lg y_{2n} = \lg k + b^{2n} \lg a \\ \lg y_{2n+1} = \lg k + b^{2n+1} \lg a \\ \cdots\cdots\cdots \\ \lg y_{3n-1} = \lg k + b^{3n-1} \lg a\end{array}\right\} (\text{III}) \qquad (10.3\text{-}3)$$

将上述方程组左右两边分别相加，得到

$$\sum_{(\text{I})} \lg y_i = n \lg k + (1 + b + b^2 + \cdots + b^{n-1}) \lg a$$

$$(10.3\text{-}4)$$

$$\sum_{(\text{II})} \lg y_i = n \lg k + b^n (1 + b + \cdots + b^{n-1}) \lg a$$

$$(10.3\text{-}5)$$

$$\sum_{(\text{III})} \lg y_i = n \lg k + b^{2n} (1 + b + \cdots + b^{n-1}) \lg a$$

$$(10.3\text{-}6)$$

求解上述方程组，得到 k、a、b 的估计值如下

$$b = \left(\frac{\sum_{(\text{III})} \lg y_i - \sum_{(\text{II})} \lg y_i}{\sum_{(\text{II})} \lg y_i - \sum_{(\text{I})} \lg y_i}\right)^{\frac{1}{n}} \quad (10.3\text{-}7)$$

$$\lg a = \left(\sum_{(\text{II})} \lg y_i - \sum_{(\text{I})} \lg y_i\right) \frac{b-1}{(b^n - 1)^2} \quad (10.3\text{-}8)$$

$$\lg k = \frac{\sum_{(\text{I})} \lg y_i - \frac{b^n - 1}{b - 1} \lg a}{n} \quad (10.3\text{-}9)$$

[例] 某百货公司的商品销售总额，实绩有如下记录(见表10.4)。

表 10.4

年　份	2008	2009	2010	2011	2012
t	0	1	2	3	4
总销售额(万元)	2 239	2 760	3 206	3 417	3 200
年　份	2013	2014	2015	2016	2017
t	5	6	7	8	9
总销售额(万元)	3 308	4 182	4 381	5 610	6 510

将下列数据按时间次序点在坐标纸上，得到如图10-7所示的曲线。假定此曲线的方程为

$$y = ka^{b^t}$$

按上述介绍的三和法估计参数，得到

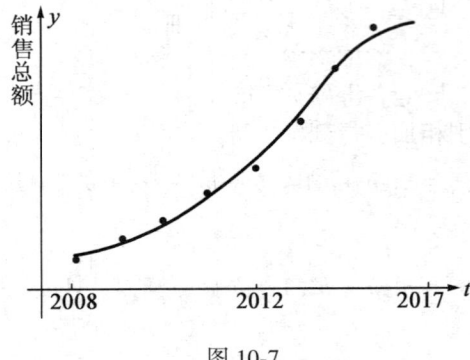

图 10-7

$$k = 2041.73$$
$$a = 1.253$$
$$b = 1.2$$

从而得到增长曲线方程为
$$y = 2041.73 \times (1.253)^{1.2^t}$$
2018 年为 $t=10$,将它代入上述方程,即得 2018 年的总销售额的预测值为
$$y = 2041.73 \times (1.253)^{1.2^{10}} = 8\ 250.6(万元)$$

3. 三点法

所谓参数估计的三点法就是假定曲线通过已知的三个点,即增长序列的始点、中间点和终点。同时,要求相邻两点的时间距离相等。现以逻辑曲线的参数估计为例介绍此法。

设曲线模型为
$$y_t = \frac{k}{1+ae^{-bt}} \tag{10.3-10}$$

其中 k, a, b 为参数。

设增长序列的始点为 y_0,中间点为 y_1,终点为 y_2,相邻两点的时间距离均为 n。由于这三点均在增长曲线上,故它们均满足方程(10.3-10),由此得到

$$y_0 = \frac{k}{1+a} \tag{10.3-11}$$

$$y_1 = \frac{k}{1+ae^{-nb}} \tag{10.3-12}$$

$$y_2 = \frac{k}{1+ae^{-2nb}} \tag{10.3-13}$$

由(10.3-11)确定参数值 a

$$a = \frac{k-y_0}{y_0} \tag{10.3-14}$$

又由(10.3-12)得
$$y_1(1+ae^{-nb}) = k$$

从而有
$$e^{-nb} = \frac{k-y_1}{ay_1} \tag{10.3-15}$$

$$-nb = \ln\frac{k-y_1}{ay_1}$$

$$\begin{aligned}b &= [\ln a + \ln y_1 - \ln(k-y_1)]/n \\ &= [\ln(k-y_0) - \ln y_0 + \ln y_1 - \ln(k-y_1)]/n\end{aligned}$$
$$\tag{10.3-16}$$

最后由(10.3-13)得到
$$y_2(1+ae^{-2nb}) = k \tag{10.3-17}$$

将 a 与 e^{-2nb} 的值代入(10.3-17)得到
$$y_2\left[1+a\left(\frac{k-y_1}{ay_1}\right)^2\right] = k$$

化简得

$$y_2\left[1+\frac{(k-y_1)^2}{ay_1^2}\right]=k$$

以(10.3-14)代 a 得

$$y_2\left[1+\frac{(k-y_1)^2}{\frac{k-y_0}{y_0}\cdot y_1^2}\right]=k$$

化简上式得到一个关于 k 的二次方程,求出 k 的两个根,取其较合理者代入(10.3-14)与(10.3-16)即得 a, b 的估计值。

值得注意的是:利用三点法作参数估计时,只利用了增长序列的三个值,它们只是整个序列的一部分信息,因此难免会产生一些误差。

4. 参数估计的优选法

前面介绍的三和法和三点法,其优点是应用方便,计算程序简单,但估计精度比较差。应用最小二乘法于上述参数估计虽然可以把精度提高,但若遇到非线性问题,计算程序就显得十分繁琐,不便于应用。为此,我们介绍一种在优选法的基础上使用的最小二乘法,并称这种估计方法为参数模型法。下面以龚珀资曲线为例介绍此法。

设曲线模型为

$$y_t = ka^{b^t} \tag{10.3-18}$$

其中, k, a, b 为待估参数,已知序列的历史统计数据为 (t_1, y_1), (t_2, y_2), $\cdots$, (t_n, y_n), 若通过某种方式能先估出参数 k 的值,则(10.3-18)可以线性化。事实上,只要将(10.3-18)变形为

$$\frac{y_t}{k}=a^{b^t}$$

则有

$$\lg\left(\lg\frac{y_t}{k}\right)=\lg(\lg a)+t\lg b \tag{10.3-19}$$

若令

$$Z_t=\lg\left(\lg\frac{y_t}{k}\right) \tag{10.3-20}$$

$$A=\lg\lg a$$
$$B=\lg b$$

则(10.3-19)化为线性模型

$$Z_t = A + Bt \tag{10.3-21}$$

其中 A、B 为常数参数。这里的 Z_t 含有参数 k,这是(10.3-21)与普通的线性方程不同的地方。但是,对于每个给定的 k,(10.3-21)又是普通的线性方程,因而可以应用普通最小二乘法求出待估参数 A、B, 从而可得到参数 a、b 的估计值

$$a = 10^{10^A}$$

$$b = 10^B$$

因此,问题归结为参数 k 的选择问题。现在介绍选择 k 的优选方法。优选的标准是使预测值与实测值之差的平方和最小,即以残差平方和最小为原则。优选步骤可参阅本书第九章(§9.2)。

§10.4 预测实例

家用缝纫机市场需求转折点预测圣典案例*。

按照国家计划,湖北省的缝纫机生产到 1985 年才年产 65 万台,但在 1982 年就生产了 66.49 万台,提前三年达到了 1985 年的计划指标。为克服生产的盲目性,必须加强对缝纫机的市场需求预测,特别是对需求增长速度转折点的预测。

市场潜力的大小,同缝纫机的家庭普及率密切相关,家庭普及率按以下公式计算

$$家庭普及率 = \frac{当年社会拥有量}{当年全国总户数} \tag{10.4-1}$$

家庭普及率越大,市场潜力就越小。因此,要弄清市场潜力的变化情况,必须掌握家庭普及率的增长变化规律,并建立预测家庭普及率的数学模型。

为求出缝纫机家庭普及率依时间变化的规律,我们使用了国家统计局的有关数据(1970—1982年),每年的总户数按总人口除以每户平均人口数计算,平均每户人口数,1970—1981年以每户 4.8 人计,1982 年以每户 4.7 人计,历年的缝纫机社会拥有量以统计局的统计数为依据,并按公式(10.4-1)计算出历年家庭普及率,具体数据见表 10.5。

根据表 10.5 的数据,点在以时间为横坐标的坐标纸上,有如下规律,参见图 10-8。

根据生命周期曲线原理,结合图 10.8 的图像分析,我们认为家庭普及率的增长变化规律,可以逻辑曲线去拟合,也就是缝纫机家庭普及率的增长变化过程,基本上满足下述模型方程

$$y_t = \frac{k}{1 + me^{-bt}} \tag{10.4-2}$$

y_t——家庭普及率;

t——时间(以年为单位);

m、b、k 是模型参数,其中 k 为 t 趋于无穷时 y_t 的极限值,此值相当于市场需求达到饱和时的家庭普及率。

表 10.5

年份	t	普及率(%)	$\ln\left(\dfrac{k}{y_i}-1\right)$	y_i^2	t_i^2	$t_i y_i$
1970	0	5.49	2.46389	6.07076	0	0

---

* 此案例是本书主编在 1983 年春完成的。

续表

年份	t	普及率(%)	y_i $\ln\left(\dfrac{k}{y}-1\right)$	y_i^2	t_i^2	$t_i y_i$
1971	1	6.676	2.24975	5.06135	1	2.24975
1972	2	7.910	2.06046	4.24548	4	4.12092
1973	3	9.125	1.89441	3.58878	9	5.68323
1974	4	10.544	1.72968	2.99179	16	6.91872
1975	5	12.029	1.57262	2.47314	25	7.8631
1976	6	13.697	1.41357	1.99818	36	8.48142
1977	7	15.363	1.26875	1.60972	49	8.88125
1978	8	17.282	1.11529	1.24388	64	8.92232
1979	9	19.459	0.95448	0.91102	81	8.59032
1980	10	22.980	0.71595	0.51258	100	7.1595
1981	11	27.054	0.46211	0.21354	121	5.08321
1982	12	31.227	0.21644	0.04685	144	2.59728
	78		18.1174	30.96707	650	76.5510
	$\bar{t}=6$		$\bar{y}=1.39365$			

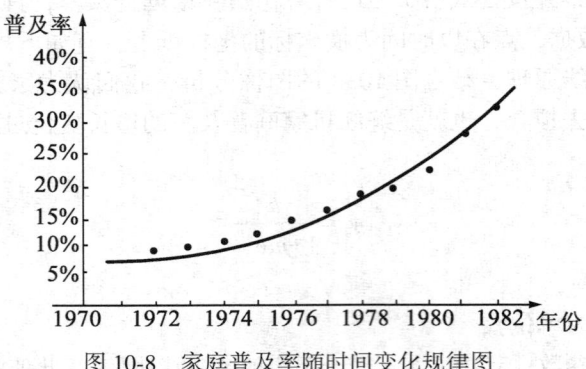

图 10-8 家庭普及率随时间变化规律图

家庭普及率达到多大才算饱和？各国情况不一，如英国、法国、美国、日本、原苏联、芬兰等六国就各不相同，具体数字列表 10.6。

表 10.6

国　名	日　本	英　国	法　国	原苏联	芬　兰	美　国
饱和状态时的普及率	1台/1.25户	1台/2.8户	1台/2.1户	1台/1.6户	1台/3.3户	1台/1.4户

从表 10.6 看出普及率最高的是日本,达 1.25 户 1 台,最低的是芬兰,仅 3.3 户 1 台。我国 1982 年有人口 10.1 亿,当时社会拥有量约 7 000 万台,城市普及率达 31.23%,合 3.2 户一台,已达到芬兰的水平。就湖北而言,1982 年城市已达 1.28 户一台,农村亦达 4.3 户一台,城市的销量已大大减少。

农村的普及率达到多少才算饱和?有人说应比城市低,理由是农村生活水平低于城市,饱和点低于城市是正常的。这种看法有一定的理由,但应该考虑到中国农民有数千年自制服装的习惯,俭朴是中国农民的优良传统和美德,绝大多数农民家庭希望有一台缝纫机以便缝缝补补,何况农村买成衣的条件远比城市差,以及当时新婚青年大都把购置缝纫机作为结婚条件之一。因此,从需要的迫切性看,农村比城市需求量更大。近年来随着农村经济形势的发展,农民生活水平逐年提高,消费结构发生了较大的变化,所以,分析农村缝纫机的饱和状态不能简单地下结论。

综合上述,我们认为全国平均达到 1.42 户 1 台的水平是可以实现的。这种水平相当于普及率为 70%。因此,以 70% 作为 k 的极限值。

确定 k 值以后,模型(10.4-2)只剩下两个参数 m、b。m、b 的估计值可以通过回归方法求出。只要将(10.4-2)变形,就可把它线性化。事实上,(10.4-2)可改写成

$$1+me^{-bt}=\frac{k}{y_t}$$

$$me^{-bt}=\frac{k}{y_t}-1 \quad (10.4\text{-}3)$$

对(10.4-3)两边取自然对数得

$$\ln m - bt = \ln\left(\frac{k}{y_t}-1\right) \quad (10.4\text{-}4)$$

令:$\ln m = a_0$

$-b = a_1$

$\ln\left(\frac{k}{y_t}-1\right) = y_t'$

则(10.4-4)化为线性方程

$$y_t' = a_0 + a_1 t \quad (10.4\text{-}5)$$

由历史统计资料,经过适当的换算即得 (t_1, y_1'),…,(t_n, y_n'),然后运用一元线性回归分析方法,可求出 a_0,a_1 的估计值,计算数据参见表 10.5,经过计算得

$$a_0 = 2.453622$$

$$a_1 = -0.176662$$

从而得到

$$m = e^{a_0} = 11.6304$$

$$-a_1 = b = 0.176662$$

相关系数为 0.997。

估计出参数 k、m、b 以后,根据模型方程(10.4-2),即可求出它的拐点,它满足

$$\frac{d^2y}{dt^2} = \frac{2km^2b^2e^{-2bt} - kmb^2e^{-bt}(1+me^{-bt})}{(1+me^{-bt})^3}$$
$$= 0$$

求解上述方程并将 m，b 的数值代入，即得拐点 t_0 出现的时间

$$t_0 = \frac{\ln m}{b} = \frac{\ln 11.6304}{0.176662} = 13.89$$

折回年号，大约在1984年出现。事后检验，这次预测结果正确。

由上式可见当 $t < \frac{\ln m}{b}$ 时，有 $\frac{d^2y}{dt^2} > 0$

当 $t > \frac{\ln m}{b}$ 时，有 $\frac{d^2y}{dt^2} < 0$

由此得到 $\frac{dy}{dt}$ 依 t 变化的图形，参阅图10-9。

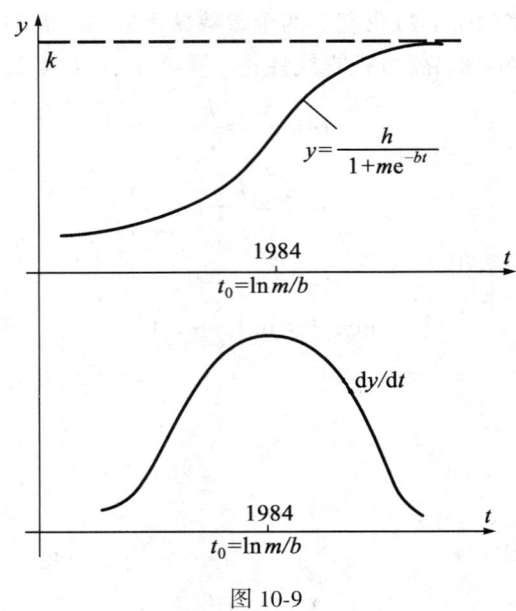

图 10-9

从图10-9可见，在 $t_0 = \frac{\ln m}{b}$ 处，$\frac{dy}{dt}$ 是高峰点，从 t_0 以后，$\frac{dy}{dt}$ 开始下降。

由于 y_t 是表示家庭普及率的一个量，故 $\frac{dy}{dt}$ 表示它的变化率。在拐点 t_0 以后，家庭普及率的变化率呈下降的趋势，因此销量将逐年减少，以致达到饱和时，接近一个稳定的数值。

掌握拐点出现的时间，对于经营决策者来说，具有十分重要的经济意义。因为，在拐点出现以后，市场竞争加剧，销量下降，利润减少，经营决策者应该采取的对策是：

（1）生产规模不宜继续扩大，非名牌产品应该限产，把重点放在增加花色品种，开发新产品上，努力开辟新的市场。

（2）将库存压低到最低限度，对非布点厂要做必要的调整，质量差的厂应积极准备转产。

思考与练习

1. 某水库为了加强管理，对水库养鱼的年捕捞量作预测，现有以下数据资料，试建立多项式增长曲线模型，预测 2018 年的捕捞量（提示：建立二次多项式模型）。

年　份	2011	2012	2013	2014	2015	2016	2017
鱼捕捞量（公斤）	279	295	310	335	402	480	550

2. 某市历年电风扇销售量资料如下表所示，试用对数抛物线（$y=ab^t c^{t^2}$）增长曲线预测 2018 年当地电风扇的销售量。

年　份	2013	2014	2015	2016	2017
电扇销售量(万台)	2.5	2.8	3.0	2.9	2.6

3. 根据下列资料用修正指数增长曲线方法（$y=k+ab^t$）预测 2018 年的热水瓶销售量，并说明其最高限度。

某市历年热水瓶销售量

年　份	销售量(万个)
2012	4.6000
2013	4.9000
2014	5.1400
2015	5.3320
2016	5.4856
2017	5.6085

4. 已知某省 1995—2015 年人口资料，试用逻辑曲线预测方法预测该省在 2006 年、

2010 年的人口总量。

年　份	人口总数(万人)	年　份	人口总数(万人)
1995	2 626	2006	3 390
1996	2 639	2007	3 457
1997	2 707	2008	3 513
1998	2 801	2009	3 561
1999	2 875	2010	3 615
2000	2 957	2011	3 663
2001	3 033	2012	3 707
2002	3 103	2013	3 751
2003	3 172	2014	3 792
2004	3 253	2015	3 827
2005	3 316	2016	3 860

5. 已知1991—2016年某地自行车销售量和手表销售量各年的年度资料，试求出逼近该时间序列的龚珀资曲线，然后计算出 2017—2018 年每一年的预测值。

年　份	自行车销售量(万辆)	手表销售量(万只)
2001	14.3381	10.98
2002	14.7985	0.75
2003	9.2061	0.73
2004	12.5215	19.87
2005	15.9231	25.00
2006	19.4963	34.44
2007	20.6520	39.17
2008	19.8136	45.04
2009	20.6641	56.37
2010	26.6400	57.22
2011	30.8100	76.46
2012	40.5057	101.83
2013	44.1300	124.18
2014	51.8800	179.80
2015	76.1000	227.57
2016	1030000	285.55

第十一章 市场状态转移概率预测

市场经济是一种竞争型经济,各国之间、各企业之间都存在着激烈的竞争。竞争的结局,是优者胜,劣者败。市场状态的不断转移,是市场竞争深化的一种表现。参与市场竞争的每一位竞争者,无不关心市场状态的转移状况,都希望能及时掌握市场状态的转移规律,能预测出市场状态转移的各种可能性。为此,本章将研究可应用于市场状态转移概率预测的基本原理和方法,给出市场状态转移概率的估算方法,运用转移矩阵技术,预测市场状态转移所带来的期望利润和参与竞争产品的市场占有率。

§11.1 马尔科夫链的基本原理

所谓马尔科夫链,就是一种随机时间序列,它在将来取什么值只与它现在的取值有关而与过去取什么值无关,这种性质称为无后效性。如在荷花池里有 N 张荷叶,编号为 1,2,…,N。假设有一只青蛙随机地从这张荷叶上跳到那张荷叶上,在时刻 t_n 时,它所在的那张荷叶,称为青蛙所处的状态。那么,青蛙在未来处于什么状态,只与它现在所处的状态 $i(i=1,2,…,N)$ 有关,与它以前在哪张荷叶上无关,这就是所谓的无后效性。记 x_n 为时刻 t_n 时青蛙所处的状态,以

$$P(x_{n+1}=j|x_n=i)=p_{ij}, \qquad i,j=1,2,…,n \tag{11.1-1}$$

表示在 t_n 时刻青蛙在第 i 张荷叶上。在下一个时刻 t_{n+1} 跳到第 j 张荷叶上的可能性,又称为从状态 i 经一步转移到 j 的概率,简称为一步转移概率。将这些 p_{ij} 依序排列起来,就构成一个矩阵,叫做转移概率矩阵

$$P=\begin{pmatrix} p_{11} & p_{12} & \cdots & p_{1N} \\ p_{21} & p_{22} & \cdots & p_{2N} \\ \vdots & \vdots & & \vdots \\ p_{N1} & p_{N2} & \cdots & p_{NN} \end{pmatrix} \tag{11.1-2}$$

[例1] 设味精销售情况分为畅销和滞销两种,以 1 代表畅销,2 代表滞销。以 x_n 表示第 n 个季度的味精销售状态,则 x_n 可以取 1 或 2 的值。若未来的味精市场状态只与现在的市场状态有关,与以前的市场状态无关,则味精的市场状态 $\{x_n,n\geq 1\}$ 就构成一个马尔科夫链。设

$$P(x_{n+1}=j|x_n=i)=p_{ij} \qquad i,j=1,2$$

其中

$$p_{11}=0.5 \quad p_{12}=0.5$$
$$p_{21}=0.6 \quad p_{22}=0.4$$

则转移概率矩阵为

$$p=\begin{pmatrix} 0.5 & 0.5 \\ 0.6 & 0.4 \end{pmatrix}$$

这里 $p_{11}=0.5$ 表示连续畅销的可能性，$p_{12}=0.5$ 表示由畅销转入滞销的可能性，p_{21} 表示由滞销转入畅销的可能性，p_{22} 表示连续滞销的可能性。这种状态转移的直观表示见图 11-1。

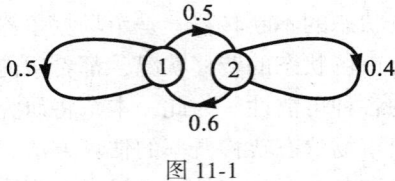

图 11-1

转移概率矩阵具有下述性质：

(1) $p_{ij} \geq 0$，$i, j=1, 2, \cdots, N$，即每个元素均是非负的。

(2) $\sum_{j=1}^{N} p_{ij} = 1$，$i=1, 2, \cdots, N$，即矩阵每行的元素和等于 1。

前面介绍了一步转移概率的概念，类似地可导出多步转移概率。若系统在时刻 t_0 处于状态 i，经过 n 步转移，在时刻 t_n 时处于 j，这种转移的可能性的数量指标称为 n 步转移概率，记为

$$P(x_n=j \mid x_0=i)=p_{ij}(n) \tag{11.1-3}$$

记

$$P(n)=\begin{pmatrix} p_{11}(n) & p_{12}(n) & \cdots & p_{1N}(n) \\ p_{21}(n) & p_{22}(n) & \cdots & p_{2N}(n) \\ \vdots & \vdots & & \vdots \\ p_{N1}(n) & p_{N2}(n) & \cdots & p_{NN}(n) \end{pmatrix}$$

称为 n 步转移概率矩阵。当 $n=2, 3$ 时，称为 2 步和 3 步转移矩阵，$p_{ij}(2)$ 和 $p_{ij}(3)$ 称为 2 步和 3 步转移概率。

[**例 2**] 设味精的市场状态及其一步转移概率如例 1 所示。若本季度处于畅销（即处于状态 1），那么，经过两个季度以后，就经历了两次转移，可能转移到状态 2，也可能保持状态 1。这种转移的可能性的大小就是所谓的 2 步转移概率。

2 步转移概率的计算可以由 1 步转移概率求出，事实上

$$p_{ij}(2)=\sum_{k=1}^{N} p_{ik} p_{kj} \tag{11.1-4}$$

上式的意义是系统从状态 i 出发，经 2 步转移到 j 的概率等于系统从状态 i 出发，经 1 步到状态 k，其中 $k=1, 2, \cdots, N$，然后再从状态 k 转移到 j 的概率的总和。由此得到

$$P(2) = \begin{pmatrix} p_{11}(2) & p_{12}(2) & \cdots & p_{1N}(2) \\ p_{21}(2) & p_{22}(2) & \cdots & p_{2N}(2) \\ \vdots & \vdots & & \vdots \\ p_{N1}(2) & p_{N2}(2) & \cdots & p_{NN}(2) \end{pmatrix}$$

$$= \begin{pmatrix} \sum_{k=1}^{N} p_{1k}p_{k1} & \sum_{k=1}^{N} p_{1k}p_{k2} & \cdots & \sum_{k=1}^{N} p_{1k}p_{kN} \\ \sum_{k=1}^{N} p_{2k}p_{k1} & \sum_{k=1}^{N} p_{2k}p_{k2} & \cdots & \sum_{k=1}^{N} p_{2k}p_{kN} \\ \vdots & \vdots & & \vdots \\ \sum_{k=1}^{N} p_{Nk}p_{k1} & \sum_{k=1}^{N} p_{Nk}p_{k2} & \cdots & \sum_{k=1}^{N} p_{Nk}p_{kN} \end{pmatrix}$$

$$= \begin{pmatrix} p_{11} & p_{12} & \cdots & p_{1N} \\ p_{21} & p_{22} & \cdots & p_{2N} \\ \vdots & \vdots & & \vdots \\ p_{N1} & p_{N2} & \cdots & p_{NN} \end{pmatrix} \begin{pmatrix} p_{11} & p_{12} & \cdots & p_{1N} \\ p_{21} & p_{22} & \cdots & p_{2N} \\ \vdots & \vdots & & \vdots \\ p_{N1} & p_{N2} & \cdots & p_{NN} \end{pmatrix}$$

$$= \begin{pmatrix} p_{11} & p_{12} & \cdots & p_{1N} \\ p_{21} & p_{22} & \cdots & p_{2N} \\ \vdots & \vdots & & \vdots \\ p_{N1} & p_{N2} & \cdots & p_{NN} \end{pmatrix}^2$$

类似地有

$$p_{ij}(3) = \sum_{k=1}^{N} p_{ik}(2) p_{kj}$$
$$P(3) = P^3$$

一般地对于 n 步转移概率有

$$p_{ij}(n) = \sum_{k=1}^{N} p_{ik}(n-1) p_{kj} \tag{11.1-5}$$
$$P(n) = P^n$$

此外，n 步转移概率同 1 步转移概率一样具有性质

① $p_{ij}(n) \geq 0 \quad i, j = 1, 2, \cdots, N$

② $\sum_{j=1}^{N} p_{ij}(n) = 1, \quad i = 1, 2, \cdots, N$

[例 3] 设 1 步转移矩阵为

$$P = \begin{pmatrix} 0.5 & 0.5 \\ 0.6 & 0.4 \end{pmatrix}$$

则 2 步转移矩阵为

$$P(2) = P^2 = \begin{pmatrix} 0.5 & 0.5 \\ 0.6 & 0.4 \end{pmatrix} \begin{pmatrix} 0.5 & 0.5 \\ 0.6 & 0.4 \end{pmatrix}$$

$$= \begin{pmatrix} 0.5\times0.5+0.5\times0.6 & 0.5\times0.5+0.5\times0.4 \\ 0.6\times0.5+0.4\times0.6 & 0.6\times0.5+0.4\times0.4 \end{pmatrix}$$

$$= \begin{pmatrix} 0.55 & 0.45 \\ 0.54 & 0.46 \end{pmatrix} = \begin{pmatrix} p_{11}(2) & p_{12}(2) \\ p_{21}(2) & p_{22}(2) \end{pmatrix}$$

§11.2　状态转移概率的估算

马尔科夫方法的基本内容之一是系统状态的转移概率矩阵的估算。如何估算出系统状态的转移矩阵？一般有二种方法：一是主观概率法。这种方法一般是在缺乏历史统计资料或资料不全的情况下使用的。二是统计估算法。现通过实例介绍如下。

[例1]　设味精市场的销售记录共有6年的24个季度的数据，见表11.1。试求味精销售状态转移概率矩阵。

表11.1

季　　度	1	2	3	4	5	6	7	8	9	10	11	12
销售状态	畅1	畅1	滞2	畅1	滞2	滞2	畅1	畅1	畅1	滞2	畅1	滞2
季　　度	13	14	15	16	17	18	19	20	21	22	23	24
销售状态	畅1	畅1	滞2	滞2	畅1	畅1	滞1	畅1	滞2	畅1	畅1	畅1

上表11.1中共有24个季度数据，其中有15个季度畅销，9个季度滞销。现分别统计出连续畅销、由畅销转为滞销、由滞销转为畅销和连续滞销的次数。

以 p_{ij} 表示连续畅销的可能性，以频率代替概率，得

$$p_{11} = \frac{7}{15-1} = 50\%$$

分子数7是表11.1中连续出现畅销的次数，分母中的15是表11.1中出现畅销的次数，因为第24季度是畅销，无后续记录，故应减1。

以 p_{12} 表示由畅销转入滞销的可能性，同理

$$p_{12} = \frac{7}{15-1} = 50\%$$

分子数7是表11.1中由畅销转入滞销的次数。

p_{21} 表示由滞销转入畅销的可能性，同理

$$p_{21} = \frac{7}{9} = 78\%$$

分子数7是表11.1中由滞销转入畅销的次数，分母数9是表11.1中出现滞销的次数。

p_{22} 表示连续滞销的可能性，同理

$$p_{22} = \frac{2}{9} \approx 22\%$$

分子数 2 是表 11.1 中连续出现滞销的次数。

综合上述,得到销售状态转移概率矩阵为

$$P = \begin{pmatrix} p_{11} & p_{12} \\ p_{21} & p_{22} \end{pmatrix} = \begin{pmatrix} 0.5 & 0.5 \\ 0.78 & 0.22 \end{pmatrix}$$

上述方法可以归纳如下,首先列出设计表然后作统计,以 $\hat{p}_{ij}$ 表示 p_{ij} 的估计值,则有如表 11.2 的结果。

表 11.2

市场状态 次数 市场状态		下季度味精市场所处的市场状态	
		S_1（畅销）	S_2（滞销）
本季度味精所处的市场状态	S_1（畅销）	7	7
	S_2（滞销）	7	2

$$\hat{p}_{11} = \hat{p}_{s_1 s_1} = \frac{7}{7+7} = 0.5$$

$$\hat{p}_{12} = \hat{p}_{s_1 s_2} = \frac{7}{7+7} = 0.5$$

$$\hat{p}_{21} = \hat{p}_{s_2 s_1} = \frac{7}{7+2} \approx 0.78$$

$$\hat{p}_{22} = \hat{p}_{s_2 s_2} = \frac{2}{7+2} \approx 0.22$$

对于一般的情况,假定系统有 m 种状态 S_1, S_2, $\cdots$, S_m,根据系统的状态转移的历史记录,得到表 11.3 的统计表格,以 $\hat{p}_{ij}$ 表示系统从状态 i 转移到状态 j 的转移概率估计量,则由表 11.3 的历史统计数据得到 $\hat{p}_{ij}$ 的估计值如下

$$\hat{p}_{1k} = \frac{n_{1k}}{\sum_{j=1}^{m} n_{1j}} \quad k = 1, 2, \cdots, m$$

一般地

$$\hat{p}_{ij} = \frac{n_{ij}}{\sum_{k=1}^{m} n_{ik}} \qquad (11.2\text{-}1)$$

表 11.3

状态\次数\状态		下周系统所处状态			
		S_1	S_2	...	S_m
本周系统所处状态	S_1	n_{11}	n_{12}	...	n_{1m}
	S_2	n_{21}	n_{22}	...	n_{2m}
	⋮	⋮	⋮		⋮
	S_m	n_{m1}	n_{m2}	...	n_{mm}

[**例 2**] 设某经济系统有 3 种状态 S_1，S_2 和 S_3，系统状态的转移情况见表 11.4，试求系统的状态转移概率矩阵。由公式(11.2-1)得到转移概率的估算值为

表 11.4

状态\次数\状态		系统的下一步所处状态		
		S_1	S_2	S_3
系统的本步所处状态	S_1	21	7	14
	S_2	16	8	12
	S_3	10	8	2

$$\hat{p}_{11} = \frac{21}{42} = \frac{1}{2} = 0.50$$

$$\hat{p}_{12} = \frac{7}{42} = \frac{1}{6} = 0.167$$

$$\hat{p}_{13} = \frac{14}{42} = \frac{1}{3} = 0.333$$

$$\hat{p}_{21} = \frac{16}{36} = 0.444$$

$$\hat{p}_{22} = \frac{8}{36} = 0.222$$

$$\hat{p}_{23} = \frac{12}{36} = 0.334$$

$$\hat{p}_{31} = \frac{10}{20} = \frac{1}{2} = 0.50$$

$$\hat{p}_{32} = \frac{8}{20} = 0.40$$

$$\hat{p}_{33} = \frac{2}{20} = 0.10$$

故系统的转移概率矩阵为：

$$P = \begin{pmatrix} 0.500 & 0.167 & 0.333 \\ 0.444 & 0.222 & 0.334 \\ 0.500 & 0.400 & 0.100 \end{pmatrix}$$

§11.3 带利润的马氏链

在 §11.2 的例 1 中，味精的销售状态有畅销和滞销两种，有时也呈连续畅销或连续滞销，有时由畅销转为滞销或由滞销转为畅销。每次转移不是盈利就是亏本。如当味精连续畅销时盈利 r_{11} 元，连续滞销时亏本 r_{22} 元，由畅销转入滞销时盈利 r_{12} 元，由滞销转入畅销时盈利 r_{21} 元，这种随着马氏链的状态转移，赋予一定的利润，称为有利润的马氏链。对于一般的具有转移矩阵

$$P = \begin{pmatrix} p_{11} & p_{12} & \cdots & p_{1N} \\ p_{21} & p_{22} & \cdots & p_{2N} \\ \vdots & \vdots & & \vdots \\ p_{N1} & p_{N2} & \cdots & p_{NN} \end{pmatrix}$$

的马氏链，当系统由 i 转移到 j 时，赋予利润 $r_{ij}(i, j=1, 2, \cdots, N)$ 则称

$$R = \begin{pmatrix} r_{11} & r_{12} & \cdots & r_{1N} \\ r_{21} & r_{22} & \cdots & r_{2N} \\ \vdots & \vdots & & \vdots \\ r_{N1} & r_{N2} & \cdots & r_{NN} \end{pmatrix}$$

为系统的利润矩阵，$r_{ij}>0$ 称为盈利，$r_{ij}<0$ 称为亏本，$r_{ij}=0$ 称为不亏不盈。

随着时间的变化，系统的状态不断地转移，从而可得到一系列利润。由于状态转移是随机的，因此一系列利润是随机变量，其概率关系由马氏链的转移概率决定。例如味精销售状态的转移，这一系列利润的概率分布分别列表如下：

随机变量取值	r_{11}	r_{12}
概　　率	p_{11}	p_{12}

，其中，$p_{11}+p_{12}=1$

随机变量取值	r_{21}	r_{22}
概　　率	p_{21}	p_{22}

，其中，$p_{21}+p_{22}=1$

如果味精现在处于畅销阶段，即销售状态为 $i=1$，那么，经过 n 个季度以后，期望获

得的利润是多少？为此，需引入一些计算公式。

首先，定义 $v_i(n)$ 为味精现在处于状态 $i(i=1,2)$，经过 n 步转移之后的总期望利润，则

1 步转移的期望利润为

$$v_i(1) = r_{i1}p_{i1} + r_{i2}p_{i2} = \sum_{j=1}^{2} p_{ij}r_{ij}$$

2 步转移的期望利润为

$$v_i(2) = [v_1(1) + r_{i1}]p_{i1} + [v_2(1) + r_{i2}]p_{i2}$$
$$= \sum_{j=1}^{2} [r_{ij} + v_j(2-1)]p_{ij}$$

由此得到一般的 n 步转移后的期望利润的递推计算公式

$$v_i(n) = \sum_{j=1}^{2} [r_{ij} + v_j(n-1)]p_{ij}$$

当 $n=1$ 时，规定边界条件 $v_j(0) = 0$

称 1 步转移的期望利润为即时的期望利润，并记

$$v_i(1) = q_i, \qquad i = 1, 2$$

§11.4 市场占有率预测

假如我们对现在的市场情况不大清楚，如何进行预测呢？现在以东南亚各国的味精市场为例说明。东南亚各国行销上海、日本和香港产的三种味精，我们要预测在未来若干个月以后的市场占有情况。具体步骤是：

第一步 进行市场调查。主要调查以下两件事：

1. 目前的市场占有情况，即在全体顾客中，买上海、日本、香港味精的各占的百分比。例如，调查的结果是买上海味精的占 40%，买日本、香港的各占 30%，这三个数字（40%、30%、30%）称为目前市场的占有分布或称初始分布。

2. 查清顾客的流动情况，例如调查的结果是：

上月买上海味精的顾客中本月仍有 40% 买上海味精，各有 30% 转买日本和香港味精。

上月买日本味精的，本月有 60% 转买上海味精，30% 仍买日本味精，10% 转买香港味精。

上月买香港味精的，本月有 60% 转买上海味精，10% 转买日本味精，30% 仍买香港味精。

第二步 建立数学模型。

为运算方便起见，以 1, 2, 3 分别代表买上海、日本、香港味精。根据市场调查的结果，得到顾客购买味精的流动情况表（见表 11.5）。

表 11.5　　　　　　　　　　顾客流动变化表

	上　海	日　本	香　港
上　海	40%	30%	30%
日　本	60%	30%	10%
香　港	60%	10%	30%

这张表在数学上就构成一个概率矩阵 P，记为

$$P = \begin{pmatrix} p_{11} & p_{12} & p_{13} \\ p_{21} & p_{22} & p_{23} \\ p_{31} & p_{32} & p_{33} \end{pmatrix} = \begin{pmatrix} 40\% & 30\% & 30\% \\ 60\% & 30\% & 10\% \\ 60\% & 10\% & 30\% \end{pmatrix} \tag{11.4-1}$$

则 P 的 n 次幂即 P^n 就是 n 步转移矩阵。如 $n=3$，有

$$P^3 = \begin{pmatrix} 0.4 & 0.3 & 0.3 \\ 0.6 & 0.3 & 0.1 \\ 0.6 & 0.1 & 0.3 \end{pmatrix}^3$$

$$= \begin{pmatrix} 0.496 & 0.252 & 0.252 \\ 0.504 & 0.252 & 0.244 \\ 0.504 & 0.244 & 0.252 \end{pmatrix}$$

这个矩阵的意义是：

第一行 $(0.496,0.252,0.252)$ 说明原来买上海味精的顾客在三个月以后仍有 49.6% 的人买上海味精，25.2% 的人转买日本味精，25.2% 的人转买香港味精。其他两行意义类同。

第三步　进行预测。

设初始市场占有的分布是 (p_1, p_2, p_3)，三个月以后的市场占有分布是 $(p_1(3), p_2(3), p_3(3))$，则预测的公式是

$$(p_1(3), p_2(3), p_3(3))$$
$$= (p_1, p_2, p_3) \begin{pmatrix} p_{11}(3) & p_{12}(3) & p_{13}(3) \\ p_{21}(3) & p_{22}(3) & p_{23}(3) \\ p_{31}(3) & p_{32}(3) & p_{33}(3) \end{pmatrix} \tag{11.4-2}$$

将调查得到市场初始分布数据和 P^3 的数据代入即得三个月以后的市场占有率的预测值。具体是：

P（三个月以后的上海味精市场占有率）

$$= p_1(3) = \sum_{i=1}^{3} p_i p_{i1}(3)$$
$$= 0.4 \times 0.496 + 0.3 \times 0.504 + 0.3 \times 0.504$$
$$= 0.5008$$

同样可以求出日本和香港味精的市场占有率各为 0.2496。

一般经过 n 个月以后的市场占有率为

$$(p_1(n), p_2(n), p_3(n)) = (p_1, p_2, p_3) \cdot \begin{pmatrix} p_{11} & p_{12} & p_{13} \\ p_{21} & p_{22} & p_{23} \\ p_{31} & p_{32} & p_{33} \end{pmatrix}^n$$

如果市场的顾客流动趋向长期稳定下去,则经过一段时期以后的市场占有率将会出现稳定的平衡状态。

所谓稳定的市场平衡状态,就是顾客的流动将对市场占有率不起影响,亦即在顾客流动过程中,各种牌号的产品其丧失的顾客将与其争取到的顾客抵消。如何求出这种稳定的市场占有率呢?现通过上述味精的例子介绍如下。由(11.4-1)得知顾客的流动转移矩阵为

$$P = \begin{pmatrix} 0.4 & 0.3 & 0.3 \\ 0.6 & 0.3 & 0.1 \\ 0.6 & 0.1 & 0.3 \end{pmatrix}$$

又设出现市场平衡状态时,上季度的市场占有率为

$$\Pi(上) = (p_1^{上}, p_2^{上}, p_3^{上})$$

下季度的市场占有率为

$$\Pi(下) = (p_1^{下}, p_2^{下}, p_3^{下})$$

那么由(11.4-2)可知

$$\Pi(下) = \Pi(上) P$$

即

$$(p_1^{下}, p_2^{下}, p_3^{下}) = (p_1^{上}, p_2^{上}, p_3^{上}) \begin{pmatrix} 0.4 & 0.3 & 0.3 \\ 0.6 & 0.3 & 0.1 \\ 0.6 & 0.1 & 0.3 \end{pmatrix}$$

由此得到

$$\left. \begin{aligned} p_1^{下} &= 0.4 p_1^{上} + 0.6 p_2^{上} + 0.6 p_3^{上} \\ p_2^{下} &= 0.3 p_1^{上} + 0.3 p_2^{上} + 0.1 p_3^{上} \\ p_3^{下} &= 0.3 p_1^{上} + 0.1 p_2^{上} + 0.3 p_3^{上} \end{aligned} \right\} \tag{11.4-3}$$

由假定当市场出现平衡状态时,市场占有率将出现稳定,因此有

$$\begin{aligned} p_1^{上} &= p_1^{下} \\ p_2^{上} &= p_2^{下} \\ p_3^{上} &= p_3^{下} \end{aligned}$$

对于这种稳定的市场占有率,统一记为 (p_1^*, p_2^*, p_3^*),而且满足

$$p_1^* + p_2^* + p_3^* = 1$$

因此得到 (p_1^*, p_2^*, p_3^*) 将是下述方程组的解

$$\left. \begin{aligned} p_1^* &= 0.4 p_1^* + 0.6 p_2^* + 0.6 p_3^* \\ p_2^* &= 0.3 p_1^* + 0.3 p_2^* + 0.1 p_3^* \\ p_3^* &= 0.3 p_1^* + 0.1 p_2^* + 0.3 p_3^* \\ p_1^* &+ p_2^* + p_3^* = 1 \end{aligned} \right\} \tag{11.4-4}$$

将上述方程组的同类项合并，得到

$$\left.\begin{array}{r}-0.6p_1^* +0.6p_2^* +0.6p_3^* =0\\ 0.3p_1^* -0.7p_2^* +0.1p_3^* =0\\ 0.3p_1^* +0.1p_2^* -0.7p_3^* =0\\ p_1^* +p_2^* +p_3^* =1\end{array}\right\} \quad (11.4\text{-}5)$$

(11.4-5)共有 4 个方程 3 个未知量。在前 3 个方程中只有 2 个是独立的，任意删去一个，那么，剩下 3 个独立方程和 3 个未知量，故可求出唯一解

$$p_1^* =0.5, \qquad p_2^* =0.25 \qquad p_3^* =0.25$$

这说明上海味精可长期占有 50% 的市场占有率。

根据上述预测结果，似乎上海味精可以有稳定的市场占有率，但是竞争的对方是不会甘心的，他们可能采取各种各样的对策，以夺回他们失去的市场。因此，有稳定的市场占有率的一方也必须采取适当的策略，以巩固市场或争取更大的市场。这种策略称为经营管理的策略，它的优劣同获取利润大小密切相关，因此下面介绍利润预测的方法。

§11.5 期望利润预测

预测的步骤如下：

1. 进行统计调查

首先查清销路的变化情况，即查清由畅销到滞销或由滞销到畅销，连续畅销或连续滞销的可能性是多少。其次，统计出由于销路的变化，获得的利润和亏损情况，分别列出销路和利润变化表(见表 11.6 和表 11.7)。

表 11.6　　　　　　　　　　销 路 转 移 表

状态 i \ 可能性 \ 状态 j	畅销 1	滞销 2
1 畅销	0.5	0.5
2 滞销	0.4	0.6

表 11.7　　　　　　　　　　利 润 表　　　　　　　　　　单位：百万元

状态 i \ 利润 \ 状态 j	畅销 1	滞销 2
1 畅销	5	1
2 滞销	1	−1

此表说明连续畅销的可能性为 50%，由畅销转入滞销的可能性也是 50%，由滞销到畅销为 40%，连续滞销的可能性为 60%。利润表说明的是连续畅销获利 500 万元，由畅销到滞销或由滞销到畅销均获利 100 万元，连续滞销则亏损 100 万元。

2. 建立数学模型，列出预测公式

根据统计调查结果，得到销售状态的转移矩阵

$$P = \begin{pmatrix} 0.5 & 0.5 \\ 0.4 & 0.6 \end{pmatrix} = \begin{pmatrix} p_{11} & p_{12} \\ p_{21} & p_{22} \end{pmatrix}$$

和利润矩阵

$$R = \begin{pmatrix} 5 & 1 \\ 1 & -1 \end{pmatrix} = \begin{pmatrix} r_{11} & r_{12} \\ r_{21} & r_{22} \end{pmatrix}$$

则 P 和 R 构成一个有利润的马氏链。由前面所述的基本原理，得到以下的预测公式。

即时期望利润的预测公式

$$q_i = \sum_{j=1}^{2} p_{ij} r_{ij} \qquad i = 1, 2$$

n 步转移以后的期望利润预测公式

$$v_i(n) = \sum_{j=1}^{2} p_{ij} [r_{ij} + v_j(n-1)] \qquad i = 1, 2$$

3. 根据预测公式和统计数据，按预测期长短进行预测

即时期望利润预测值为

$$q_1 = 0.5 \times 5 + 0.5 \times 1 = 3$$
$$q_2 = 0.4 \times 1 + 0.6 \times (-1) = -0.2$$

由此可知当本月处于畅销时，在下一个月可以期望获得利润 300 万元。当本月处于滞销时，下月将期望亏损 20 万元。

当 $n = 3$ 时，有

$$v_1(3) = \sum_{j=1}^{2} p_{1j}[r_{1j} + v_j(2)] = q_1 + \sum_{j=1}^{2} p_{1j} v_j(2)$$

$$v_2(3) = \sum_{j=1}^{2} p_{2j}[r_{2j} + v_j(2)] = q_2 + \sum_{j=1}^{2} p_{2j} v_j(2)$$

$$v_i(2) = q_i + \sum_{j=1}^{2} p_{ij} v_j(1) = q_i + \sum_{j=1}^{2} p_{ij} q_j$$

$$i = 1, 2$$

将 P 与 R 的数值代入得到

$$v_1(3) = 5.64 \qquad v_2(3) = 2.088$$

即当本月处于畅销时，预计三个月后，可以期望获利 564 万元。当本月处于滞销时，三个月后只期望获利 208.8 万元。

思考与练习

1. 设某市场销售甲、乙、丙三种牌号的同类型产品，购买该产品的顾客变动情况如下：过去买甲牌产品的顾客，在下一季度中有 15% 的转买乙牌产品，10% 转买丙牌产品。原买乙牌产品的顾客，有 30% 转买甲牌的，同时有 10% 转买丙牌的。原买丙牌产品的顾客中有 5% 转买甲牌的，同时有 15% 转买乙牌的。问经营甲种产品的工厂在当前的市场条件下是否有利于扩大产品的销售？

2. 某产品每月的市场状态有畅销和滞销两种，三年来有如下记录，见表 11.8，"1" 代表畅销，"2" 代表滞销，试求市场状态转移的一步和二步转移概率矩阵。

表 11.8

月 份	1	2	3	4	5	6	7	8	9	10	11	12	13	14	15	16
市场状态	1	1	1	2	2	1	1	1	1	1	2	2	1	2	1	1
月 份	17	18	19	20	21	22	23	24	25	26	27	28	29	30	31	32
市场状态	1	1	2	2	2	1	2	1	2	1	1	1	1	2	1	1

3. 已知某经济系统的一步转移概率矩阵为

$$P = \begin{pmatrix} 0.5 & 0.5 \\ 0.3 & 0.7 \end{pmatrix}$$

求二步转移概率矩阵。

4. 设有甲、乙、丙三种商品，当前它们的市场占有率为 $(0.4, 0.3, 0.3)$，购买这三种商品的顾客流动转移矩阵为

$$P = \begin{pmatrix} 0.5 & 0.25 & 0.25 \\ 0.4 & 0.3 & 0.3 \\ 0.6 & 0.2 & 0.2 \end{pmatrix}$$

假若顾客的流动转移是按月统计的，求两个月以后，这三种商品的市场占有率。

5. 已知某经济系统的状态转移矩阵为

$$P = \begin{pmatrix} 0.4 & 0.6 \\ 0.7 & 0.3 \end{pmatrix}$$

系统状态转移的利润矩阵为

$$R = \begin{pmatrix} 3 & 5 \\ 4 & 6 \end{pmatrix}$$

求即时期望利润和 3 步期望利润值。

6. 在题 4 中，若顾客流动转移矩阵长期稳定不变，求各商品处于稳定状态的市场占有率。

第十二章　景气预测与预警系统

中国经济与西方经济一样，其发展过程不论是经济总量的 GDP，还是 GDP 的增长率，都呈现出依时间变化而表现出较大的波动性，这种波动称为经济波动。经济波动有广义与狭义之分，前者含循环波动、季节波动和随机波动，后者仅指循环波动。季节波动是由季节因素对经济的影响所致，其规律性是比较清晰的。随机波动是由大量的随机因素的影响造成的，不是理论研究的主要对象。因此，本章所研究的主要内容，就是以循环波动为主要对象的经济波动。

对经济波动的研究，在西方发达国家已有 100 多年的历史。追溯世界经济发展的历史过程。早期的经济运行轨迹，经济波动频繁，波幅不小，有时还出现经济总量绝对下降的情况，例如，1929 年从美国开始的经济大危机，波及全世界，引起世界性的经济大萧条就是如此。自第二次世界大战以后，随着科学技术的进步，以及对经济波动规律研究所取得的进展，加之政府加强了对宏观经济的调控，出台了货币政策和相关的财政政策，效果显著，使多数国家经济运行中的经济波动都相对缓和，经济绝对下降的年份已很少出现。

经济波动是经济运行过程的客观存在，不论是何种经济制度的国家都难以避免。纵观我国 60 多年的经济发展过程，尽管国民经济发展的总趋势是增长，但经济波动也是存在的，其中就有三次波幅较大的波动，导致了经济发展的不稳定，使本来就有限的国家资源被浪费，经济效益低下，投入产出比极不协调。为使中国经济能保持健康、持续、稳定、协调发展的态势，必须加强对经济波动规律的研究，以便更好地认识它，以增强对经济的宏观调控能力。本章将对景气循环的基本概念、景气指标体系、景气动向指数和预警系统等问题进行分析研究。要求读者能掌握景气预测的基本方法。

§12.1　景气循环的基本概念

景气是对经济发展状况的一种综合性的描述，用以说明经济活跃程度的概念。所谓经济景气，是指总体经济呈上升发展趋势，呈现出市场繁荣，购销两旺的景气状态。经济不景气是指总体经济呈下滑的发展趋势，绝大部分经济活动处于收缩或半收缩状态，表现出市场疲软，经济效益下降，许多企业破产倒闭，失业人数增加等现象。

景气状态的表示方法，是通过一系列经济指标来实现的。这套指标是用来测定经济活跃程度的数量指标，是从众多的经济指标中挑选出来的。为便于分析和预测经济的景气状态，又将这些指标分为先行、同步、滞后三种。所谓先行指标，是指它的明显变化，预示着总体经济将要出现变化。所谓同步指标，是指它的变化与总体经济的变化相一致或者同步的指标。例如，工业总产值的变化同总体经济的变化一致。所谓滞后指标，是指它的变化比同步指标的变化滞后一个时期,滞后指标的变化,意味着总体经济的变化已经发生,变化的事实可以通过滞后指标得到确认。因此,先行指标的变化可以用来预测同步指标将要发生的变化,滞后指标的变化,可以用来检验同步指标发生的变化,使总体经济发生的变化得到确认。

景气预测是通过景气指数进行的。因此,景气指数是一个十分重要的概念,它是在景气指标的基础上,经过一定的数学处理后,用于预测经济发展状态和发展趋势转折点的一种数量指标,我们称这种指标为景气动向指数。最早编制的景气动向指数是哈佛指数,它是由美国哈佛经济研究会于20世纪初编制的。哈佛指数选择了17项经济指标,共分为3组。A组主要是与股票市场有关的指标,其平均值构成的曲线,称为投机曲线。B组主要是与商品市场有关的指标,称为商情曲线。C组主要是与金融市场有关的指标,称为货币曲线。通过这三条曲线的变化以判断景气变化并预测其转折点。哈佛指数曲线曾成功地提前数月预测出1919年的经济繁荣和1920年的急骤下降,并在1920年的危机期间,准确地预测出1922年4月的经济复苏。那几次预测异乎寻常地准确。因此,德国、意大利、加拿大、日本等国均先后编制了哈佛指数。但是,运用这种指数对1929年从美国华尔街金融市场股票暴跌开始的经济大危机的预测中却完全失败了。因此,到1941年,哈佛指数就结束了它的历史使命。随后美国成立了"全美经济调查会"(简称NBER)。该会总结了哈佛指数的经验教训,在大量实证研究的基础上,又创造了新的景气动向指数,称为扩散指数(Diffusion Index),以DI记之。景气动向指数的优点是能够明确地预测出景气动向的转折点,其缺点是缺乏量感,未能测出经济波动的幅度。为了克服扩散指数缺乏量感的缺点,在20世纪60年代,美国的NBER又开发出新的景气动向指数,称为综合指数(Composite Index),简记为CI。这种指数不仅能把握住景气动向的转折点,而且有很强的量感,能预测出经济波动的幅度,其缺点是计算步骤多比DI复杂。当前,世界各国普遍采用DI与CI相结合,用以对总体经济进行全局性的判断和预测。

景气循环又称为经济波动,是指经济活动高潮时期与低潮时期的相互交替。一般说来,景气上升阶段,生产、就业、投资、物价、利润都向上发展,市场上购销两旺。景气下降阶段则相反,表现为增长率下降,失业和企业倒闭增加,在市场上出现销售疲软,经济效益下降。

景气循环通常分为四个阶段,具体分述如下:

(1)复苏期。在这一时期内经济作低增长运行,前次循环的谷底,构成了本次循环中经济复苏的转折点。如图12-1中的 AB 段就代表复苏期,A 点表示转折点。

(2)扩张期。在这一时期内经济作加速高增长运行,经济呈现出繁荣景象。B 是转折点。

(3)收缩期。在这一阶段经济增长的速度已逐步下降,经济水平的高峰点就是经济开始收缩的转折点。如图12-1中的 CD 段,C 是收缩的转折点。

(4)萧条期。在这段时期内经济增长速度下降较快,有时甚至是负增长,绝对量也下降。当经济增长水平跌到谷底时,本次循环周期即告结束,新的循环又开始了。图12-1的 DE 段表示萧条期,D 是转折点。

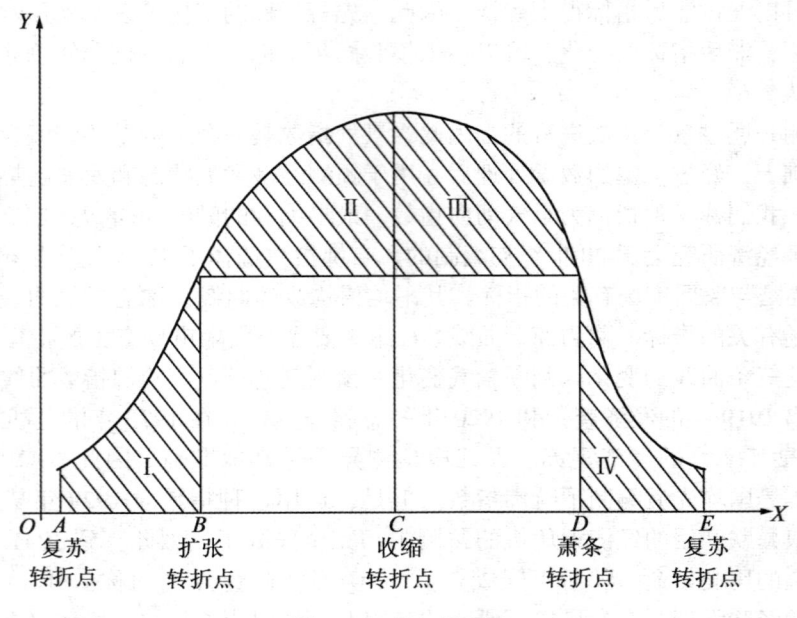

图 12-1 景气循环图

§12.2 景气循环形成的原因

景气循环形成的原因错综复杂，多种多样，说法不一。我国经济学家刘树成在其论著《中国经济周期波动的新阶段》中就对形成经济周期波动的各种可能因素列举了八大类，即经济因素、政策因素、政治因素、心理因素、技术因素、自然因素、人口因素、国际因素等。其中，经济因素又可细分为基本经济因素、资源供给因素、参数因素（包含一整套价格体系）、发展因素、体制因素与组织制度因素等。国际因素是指来自国外的种种外在冲击或突发事件的影响。例如，国际性战争；国际性的供给影响，如能源危机；国际性金融冲击，如亚洲金融危机的影响等。这八大类因素把世界上到目前为止对经济波动形成原因进行解释的比较有名的观点大概都包括进去了。例如，弗里德曼的货币论，熊彼特的技术创新论，庇古的心理论，霍布斯的消费不足论，海克·米塞斯的投资过多论，杰文斯的自然外因论，以及政治波动论等。

我们认为，在经济发展过程中，平衡是相对的，不平衡是绝对的。这种不平衡性就表现为经济发展过程中的波动性。如果社会总供给与总需求基本平衡，产业结构比较合理，生产要素的配置得当，国民收入分配合理，总体经济就会出现稳定持续的发展，社会经济就呈现出景气上升的繁荣时期。在这个时期内，就业人数增加，居民人均收入、企业利润都出现增长趋势。如果总供给与总需求出现较大的失衡，不论是总供给大于总需求，还是总需求大于总供给，都会导致经济发展的停滞不前，进入萎缩阶段，投资与经济发展就会交替下降，失业下岗人数增多，居民收入减少，社会需求下降，企业亏损面扩大，因而出现萧条阶段。经过调整，企业的兼并与收购，实现资产重组，结构重新趋于合理，总供给与总需求在新的基础上实现新的平衡，总体经济又进入了新一轮的稳定发展时期，这就是景气循环形成原因的内在机理。

§12.3 景气指标体系

景气动向的预测是通过正确地选择景气指标体系实现的。这些指标是由一系列灵敏度高，而且便于观测的指标构成的。例如，美国 NBER1965 年以后对扩散指数的计算就选取了 21 个指标，现分别介绍如下：

（1）先行指标（8 个）：它们是工业股票价格指数，工商业新建合同，销售物价指数，新建企业数，新接耐久消费品订单，工商业倒闭数，住宅建设合同，工人平均劳动时间。

（2）同步指标（8 个）：纽约市外通货存款，农业就业人数，失业人数，非农产品卖售物价，消费分期付款债务，铁路货运量，国民生产总值，生产指数。

（3）滞后指标（5 个）：税后企业利润，银行放款利率，制造业存货，零售总额，个人所得。

景气指标的选取，各国不一，即使同一国家，各地区也可能不同。例如，武汉市在 1980—1991 年 11 年内的月度数据，只筛选了 15 个指标。它们是：

（1）先行指标（5 个）：它们是全国银行各项存款总额，全国社会商品零售总额，国有商业国内纯销量，社会集团消费品零售额，钢材消费量。

（2）同步指标（5 个）：工业总产值，全民所有制企业工业产值，社会商品零售总额，工资性支出，财政收入等。

（3）滞后指标（5 个）：产品销售收入，商业库存，人均生活费支出，零售物价指数，煤炭消费量等。

我国台湾地区的景气指标又与祖国大陆的有所不同。它们是：

（1）先行指标（5 个）：房屋申请建筑面积，进口单价（工业原料、设备），出口单价（纺织、木材、化学、金属制品），货币供给量，平均月工作时数。

（2）同步指标（7 个）：工业生产指数，制造业生产指数，制造业销售指数，进口结汇（机、农、矿），海关（总）出口统计，制造业就业人数，国内货运量。

（3）滞后指标（5 个）：建筑生产指数，台北市消费水准，酒销售量，放款贴现，票据交换。

§12.4 扩散指数 DI 的编制与应用

扩散指数（Diffusion Index）简称 DI，是一种景气动向指数，对景气循环转折点的预测效果较好。景气循环是通过一系列景气指标的变动来传递和扩散的，任何一个景气指标的变化，都不足以代表总体经济的循环波动。要反映宏观经济总体的循环波动过程，必须综合考虑整个景气指标体系。扩散指数 DI 的编制，提供了这样一种综合考虑的程序与方法，其编制步骤如下。

1. 景气指标的选取

景气指标的挑选和最后确定，必须经过两步：

第一步在原始数据指标中进行挑选，要采取广泛选择，全面审核的原则，要求被选中的指标，能比较全面、准确地刻画整个宏观经济运行状况，特别是短期的经济波动。指标的选择，一定要有客观标准，不能仅靠主观判断。国际上通行的标准是：

（1）所选的指标（序列）必须在经济上有重要意义；

（2）所选的指标（序列）综合起来必须能代表经济活动的主要方面。

第二步是在第一步选取完成后，对已选出的景气指标，按先行、同步、滞后的条件进行挑选。

先行指标的选取标准：

（1）指标的时间跨度一般至少要在 5 次循环以上，否则不具有代表性。

（2）各个指标特殊循环的峰值比基准循环的峰值至少要先行 3 个月以上。所谓基准循环就是确定先行、同步、滞后指标所依据的一个基准，也就是确定景气指标时差关系的参照系。

（3）特殊循环与基准循环要近似一一对应，在最近的连续 3 次循环中，至少有 2 次它们的峰值要先行 3 个月以上。

（4）从经济性质上，所选的指标与基准循环有着比较明确的先行关系。

同步指标与滞后指标的选择标准，与先行指标类似，但同步指标的特殊循环的峰值与基准循环峰值的时差保持在前后两个月以内，滞后指标的特殊峰值比基准循环的峰值要落后 3 个月以上。

2. 确定各被选指标（序列）在各时期的扩张或收缩

具体方法如下：

（1）消除各序列的季节影响与随机因素影响。设序列的结构形式为

$$y_{it} = T_{it} C_{it} S_{it} \varepsilon_{it}$$

$i = 1, 2, \cdots, m$，m 表示景气指标中含有 m 个经济指标（序列）。T_t 表示趋势因素，C_t 表示循环因素，S_t 表示季节因素，ε_t 表示随机因素。消除了季节影响和随机影响后的序列值记为 $T_{it} C_{it}$。

（2）求出序列 $T_{it} C_{it}$ 的各期的增长率或变动率，若增长率或变动率为正，则该序列在该期为扩张，记为"+"，若增长率或变动率为负，则为收缩，记为"−"；若增长率或变动率为 0，则该期不参加统计或记为 0.5"+"。

3. 求出扩散指数 DI

其计算公式如下

$$\mathrm{DI}_t = \frac{t \text{ 期序列出现扩张的个数}}{\text{属于该类指标的序列总数}} \times 100\% \tag{12.4-1}$$

例如，先行指标有 m 个经济指标序列，在 t 期有 k 个处于扩张状态，则

$$DI_t = \frac{k}{m} \times 100\%$$

若在 t 期内，$k=m$，则 $DI_t=100\%$；若在 t 期，$k=0$，即全部序列都出现收缩状态，则 $DI_t=0$；若在 t 期内序列的扩张数与收缩相等，则 $DI_t=50\%$。

4. 绘制出扩散指数变化图

对于 DI_t，当 $t=1, 2, \cdots, n$，依序在坐标纸上可绘制出以时间 t 为横坐标，扩散指数值 DI_t 为纵坐标的散点图，将这些散点连成曲线，即得扩散指数曲线，如图 12-2 所示。

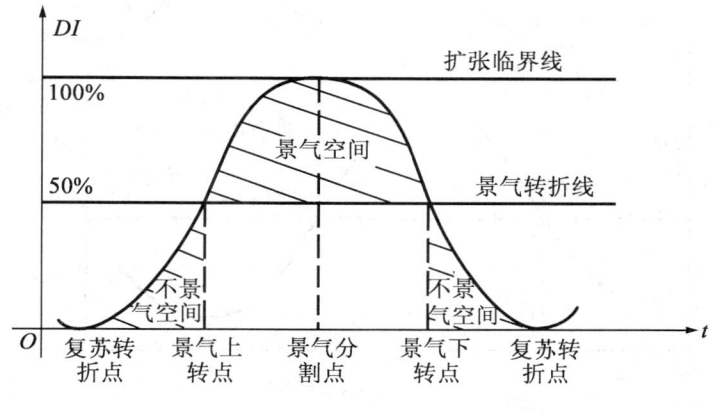

图 12-2

5. 扩散指数 DI 的意义与作用

由图 12-2 可见，若 $DI_t>50\%$，则景气动向指数 DI 处于景气空间之中，经济处于扩张状态，DI 越大，经济越景气，但 DI 的值不能超过 100%，因此 DI=1 的线是景气扩张的临界线。

若 $DI_t<50\%$，DI_t 在不景气空间内，景气状态处于衰退之中。$DI_t=50\%$ 的线称为景气状态的转折线。DI_t 由小于 50% 经过 50% 线达到大于 50%，那么 DI 线与 50% 线的交点就称为景气上转点，相反的称为景气下转点，这时 DI_t 从 50% 点向下回落，直至谷底，与谷底相对应的时间点称为复苏的转折点。扩散指数曲线的最高点称为景气分割点，从分割点起景气状态由扩张转向收缩，由此得到扩散指数曲线围绕着 50% 线上下波动。景气的上、下转折点，景气分割点与复苏转折点，把景气循环分为四个阶段，分别称为复苏、扩张、收缩、萧条等。

扩散指数曲线在各阶段的停留时间，代表了经济波动在相应阶段的扩散速度，时间越长，扩散越慢。DI 在每个时间点 t 的数值，代表经济波动扩散的程度或范围，DI_t 达到峰值或谷值，就是经济扩张或衰退的极限值。

扩散指数曲线在不同周期内的峰和谷的数值可以不同。峰谷落差的大小，反映出经济

波动的程度。因此，可以利用扩散指数曲线对经济形势进行分析和比较。

6. 同步指标扩散指数曲线与经济总量的关系

利用同步指标计算出扩散指数曲线后，即可同经济总量的波动进行比较。首先画出经济总量的波动曲线，然后画出扩散指数曲线，如图 12-3 所示。

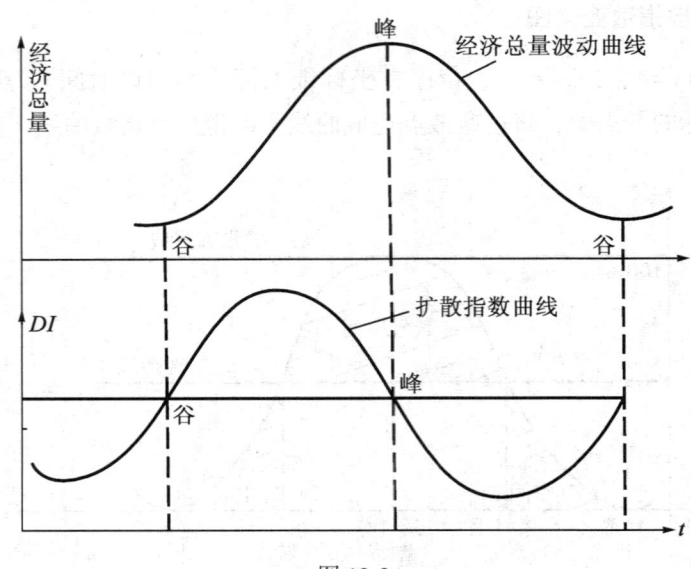

图 12-3

经济总量波动可以工业生产总值为例。现以图 12-3 为例说明经济总量的波动与 DI 曲线的关系。

（1）DI 曲线的波动基本上和经济总量的波动对应，波动周期长短基本相同。

（2）DI 的峰值比总量的峰值平均先行半年左右。

（3）经济总量的峰值基本上和 DI 曲线的景气下转点相对应。因为自左边的谷点开始，经济总量在上升，对应的 DI 值大于 50%，经济处于扩张状态之中，直至 DI 曲线下降到与 DI=50% 线的交点，经济总量达到最大值（峰点）。这种现象称为经济系统动态扩张的累积效应，可以表述成下述模式

$$\text{总产出达到峰点的时间} = \text{扩散指数 DI 下降到与 50\% 线相交的时间}$$

经济总量线的谷点基本上和 DI 线的上转点相对应。俗话说经济发展走出低谷，就意味着上升的经济指标数从小于下降的指标数上升到接近或等于下降的指标数。这时总产出达到最小，这种现象称为经济系统动态收缩的累积效应，可以表述成下述模式

总产出达到谷点的时间 = 扩散指数曲线 DI 上升到与 DI=50% 线相交的时间

7. 应用扩散指数曲线进行经济预测与经济分析

依上述制作 DI 曲线的方法，分别制作出先行、同步、滞后三种指标的 DI 曲线后，即

可进行对比分析。一般说来，先行指标的峰值，平均领先于同步指标的峰值 6 个月左右，滞后指标的峰值则平均落后于同步指标的峰值 4 个月左右。因此，可以利用先行指标对同步指标进行预测，同时可利用滞后指标测定经济形势。

§12.5 综合指数 CI 的编制

综合指数同扩散指数一样，按先行、同步、滞后三种指标分别编制。具体的编制步骤如下：

1. 求出单个指标的对称变化率

设经过季节调整后的经济序列为 $d_i(t)$，记它的对称变化率为 $c_i(t)$，计算公式如下
$$c_i(t) = 200[d_i(t) - d_i(t-1)]/[d_i(t) + d_i(t-1)] \tag{12.5-1}$$
当 $d_i(t)$ 有零值或负值时，$c_i(t)$ 按下式计算
$$c_i(t) = d_i(t) - d_i(t-1)$$
式中 $c_i(t)$ 是第 i 个经济指标序列的第 t 期的序列值。求对称变化率实则为序列的一阶差分相对变化率，目的是使序列平稳、规则，且均值为 0，使峰谷及其落差更加明显，以便于进行分析和判断。

2. 求标准化平均变化率 $V(t)$

分别对先行、同步和滞后指标求取，步骤如下：
(1) 求第 i 序列的标准化因子 A_i
$$A_i = \sum |c_i(t)|/N-1 \tag{12.5-2}$$
式中 N 是标准化期间的时期(月)数，即对称变化率序列的起止时期(月)数。

(2) 用 A_i 把 c_i 标准化，得到标准化平均变化率 $S_i(t)$
$$S_i(t) = c_i(t)/A_i \tag{12.5-3}$$
这样做就可使先行、同步、滞后各指标组内各指标具有可比性。否则，指标数值大的序列在序列组中的作用会强化而相对弱化了指标值小的序列。

(3) 求平均变化率 $R(t)$
$$R(t) = \sum_{i=1}^{k} S_i(t) \cdot w_i / \sum w_i \tag{12.5-4}$$
式中 w_i 是第 i 序列的权重，k 是组内的序列数，在通常的情况下 w_i 均取为 1。

(4) 对各个 $R(t)$ 除以组间标准化因子 F，以求标准化平均变化率 $V(t)$
$$F = [\sum_{t=2}^{N} R(t) | /N - 1]/[\sum_{t=2}^{N} P(t) | /N - 1] \tag{12.5-5}$$
(12.5-5) 中的 $P(t)$ 就是同步指标组中的 $R(t)$
$$V(t) = R(t)/F \tag{12.5-6}$$
显然，对于同步指标组的 $F = 1$，因而对同步指标有
$$V(t) = R(t)$$

这样做的目的就是使各指标组的峰谷具有可比性。

3. 求初始综合指标 $I(t)$

对各组令 $I(1)=100$，而且
$$I(t)=I(t-1)[200+V(t)]/[200-V(t)] \tag{12.5-7}$$

4. 求趋势调整 T

(1) 对同步指标组每个序列分别求出各自的趋势，使用的方法是复利的计算公式
$$T=(\sqrt[m]{C_L/C_I}-1)\times 100 \tag{12.5-8}$$
式中 C_L 和 C_I 分别是最先和最后循环的平均值，m 是最先循环中心到最后循环中心的时期（月）数。最先和最后循环的平均值的计算，是根据基准循环日期第一轮循环的谷到谷的 $d_i(t)$ 的平均值或峰到峰的 $d_i(t)$ 平均值和最后一轮循环谷到谷或峰到峰的 $d_i(t)$ 的平均值。

然后求出按上述方法算出的各同步指标的趋势平均值，并把它称为平均趋势且记以 G。

(2) 对先行指标、同步指标、滞后指标的初始综合指标，分别用复利公式(12.5-8)求出各自的趋势 T。

5. 求综合指数 CI

(1) 令
$$V'(t)=V(t)+(G-T) \tag{12.5-9}$$
$$I'(t)=I'(t-1)\cdot[200+V'(t)]/[200-V'(t)]$$

(2) 将由 (12.5-9) 算得的 $I'(t)$ 除以基年的平均值再乘以 100 即得到所求的 CI，即以基年为中心将其中心化，使其均值或中心值为 100。基年的选取一般为经济形势比较稳定的年份，或经济指标序列的居于中间的年份。

综合指数的计算我国已有专用软件，国家和省、市信息中心都备有专用软件。

§12.6 国民经济预警系统

所谓国民经济预警系统，就是对宏观经济的运行过程能提前反映经济发展动向和幅变的指示器或报警器，它是在经济发展过热、下滑及衰退到来时，能预先发出信号，为国家或地方政府部门的宏观调控提供依据而建立的一套指标体系所形成的景气监测系统，在国外称为"景气警告指标"方法。该法早在 20 世纪 50 年代初由美国首先提出并应用，法国也相继在 20 世纪 50 年代后期设立了"经济警告指标"，它包括失业率、通货膨胀率、外贸入超等 3 个指标，并规定上述三个指标中任何一个指标出现连续三个月上升（比上月）一个百分点以上，政府就必须采取相应的应对措施。例如，如果全美失业率连续 3 个月比上月上升一个百分点以上，政府就必须增加公共投资的额度，投资额度一般在 20 亿美元的范围内。日本和东南亚的一些国家和地区，也于 20 世纪 60 年代到 70 年代，先后实施国家对宏观经济的调控，建立了各自的经济监测系统，我国的预警系统就是借鉴日本的

"景气警告指标"方法建立的。它的功能就在于明确提示经济决策部门，应当针对当前的经济运行动态采取相应调控措施。下面将介绍建立预警系统的有关问题。

1. 预警信号的构成

预警系统的信号是借鉴于交通管制信号系统的方法（灯号显示法），由一组赋予不同颜色的警戒性指标构成。通常有以下五种颜色分别表示五种不同的经济运行状态：

(1) 红色——表示经济发展过热；
(2) 红黄——表示经济发展略有过热；
(3) 绿色——表示经济发展很稳定；
(4) 浅蓝——表示经济在短期内有转稳或萎缩的可能；
(5) 蓝色——表示经济处于萎缩或萧条状态。

上述五种颜色可以用信号灯表示，如图 12-4 表示。

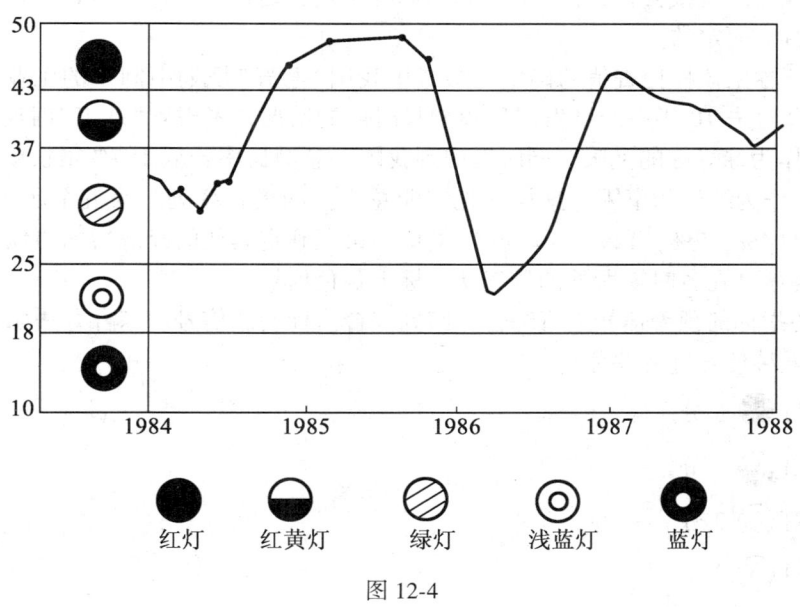

图 12-4

上述五种颜色的预警信号是，通过一系列能反映国民经济运行状况的敏感性指标，经过综合而得到的。

2. 预警指标的选择与预警指标的编制

预警系统的预警性是强是弱，取决于监测指标选择的质量，因此，指标的挑选必须遵从科学的原则。

(1) 灵敏性原则。所选的指标应具备能够快速灵敏反映经济运行的主要方面的条件。
(2) 超前性原则。所选指标的变化应超前于经济运行指标的变化。
(3) 稳定性原则。对所选指标的变化幅度进行不同状态划分后，划分的标准能够保持相对的稳定。

预警指标经过选择标准的筛选后,即可进入预警指标的编制阶段。本阶段的主要工作是:

(1) 消除被选入的序列 y_t 中的季节因素和随机因素的影响,得到的序列值记为 T_tC_t。

(2) 计算序列 T_tC_t 各期的增长率。

(3) 确定预警界限。预警界限的确定是否合适至关重要,关系到对整个国民经济的运行状况能否正确判断,因此必须慎重确定。

现以工业总产值增长率为例,提供一种确定预警界限的例子,以供读者参考。

由于工业总产值与经济循环变动基本一致,因而选取工业总产值增长率为例。以 1978 年以来历次经济循环高峰前 3 个月工业总产值增长率的平均值 14.5% 作为工业总产值的红灯区与红黄灯区的界限,以谷底前 3 个月工业总产值增长率的平均值 5% 作为浅蓝灯与蓝灯区的界限。选取前 3 个月的增长率的平均值,其目的是为了能在经济增长达到过热或萎缩前就能及时报警。3 个月的时间间隔的确定,是根据我国经济循环周期较短但波幅又较大的特点而定的。

绿灯上下界限监控检查值的确定,参考了我国"七五"规划中制定的工业总产值的增长速度,以及过去 10 年中经济发展稳步增长时期的情况并考虑到"八五"时期前 3 年的情况,取 12% 作为绿灯区的上限,同时考虑到我国工业增长率若低于 7% 很快就会下降至谷底,故取 7% 作为绿灯的下限,这样就把工业总产值的增长率划分为五个区域,中间有 4 个分界点,即 4%,7%,12%,14.5%。类似地可以确定其他的经济指标的预警界限。

(4) 对各序列在各时期所处的景气状态标上各色信号。

(5) 对各指标的预警信号进行综合,归到综合指标的总信号。综合方法如下:

首先对五种信号进行评分:

- 红　灯 ● 5 分
- 红黄灯 ◐ 4 分
- 绿　灯 ⊘ 3 分
- 浅蓝灯 ◉ 2 分
- 蓝　灯 ⦿ 1 分

如果总共选择了 M 个经济指标,对各指标在各个时期都给予相应的评分,则可求出综合指标的分数(见表 12.1)。

表 12.1

指 标 名 称	1994 年 11 月	1994 年 12 月	1995 年 1 月…
1. 工业总产值	5	5	5
2. 全民所有制工业企业产值	5	5	5
3. 能源总产值	4	4	4

续表

指 标 名 称	1994 年 11 月	1994 年 12 月	1995 年 1 月…
4. 货币流通量	4	4	4
5. 存款余额	5	5	5
6. 流动资金贷款	5	5	5
7. 社会商品零售总额	4	4	4
8. 工业品国内纯购进额	5	5	4
9. 商品国内纯购进额	5	5	4
10. 商品库存款	2	2	2
总 分 数	44	44	42
平 均 分 数	4.4	4.4	4.2

（6）求出综合预警界限。在（4）中给出了各种灯区的分界线检查值以后，经过（5）求出了综合指标的各时期的评分数，最后还必须将这些综合评分数与各灯区的分界线对应。为此作如下计算：假定参与综合的指标数为 M，每个指标的满分为 5 分，则总满分为 $5M$。按惯例取满分的 85% 为红灯区与红黄灯区的分界线，其总分数为 $5M \times 85\% \approx 43$ 分（四舍五入）。这里 $M = 10$，满分的 75% 和 50% 为绿灯区的上、下分界线，它对应的分数为 $5 \times 10 \times 75\% \approx 38$ 和 $5 \times 10 \times 50\% = 25$；满分的 40% 为浅蓝灯与蓝灯的分界线，对应的分数为 $5 \times 10 \times 40\% = 20$。由此得到上述 10 个指标的综合结果即在 1994 年 11 月和 12 月经济均在红灯区运行，1995 年 1 月则转入红黄灯区运行。

对于已选取的预警指标和相应的预警界限，要随着经济结构的变化进行修正，通常是一个循环过后修正一次。预警系统的计算机软件已具备了这种自修正的功能。

3. 预警系统的功能

（1）正确评价当前宏观经济运行的状态，恰当地反映经济形势的冷热程度，并能承担短期经济形势分析的任务。

（2）能较准确地预测未来经济的发展趋势，在重大经济形势变化或发生转折前，能及时发出预警信号，提醒决策者要制定合适的调控政策，防止经济发生严重的衰退或发生经济过热。

（3）能及时地反映宏观经济的调控效果，因此要系统有较强的反馈功能。如果调控政策不当，不能控制经济发展过热或经济下滑的发展趋势，就应及时改变调控政策，务求实现调控目标。

思考与练习

1. 什么叫景气循环?
2. 何谓同步指标、先导指标与滞后指标?在我国的经济指标体系中,你能列举出哪些是先导指标,哪些是同步指标吗?
3. 已知如下表的时间序列,"+"表示经济扩张,"-"表示经济收缩:(1)试求出下表的 5 个序列的扩散指数;(2)画出扩散指数曲线的图形;(3)标出景气扩张的峰点和谷点;(4)景气循环的周期长度是多少?

t	1	2	3	4	5	6	7	8	9	10	11	12
y_{1t}	+	+	+	-	-	+	+	+	+	-	-	+
y_{2t}	+	+	-	+	-	-	-	-	+	+	+	-
y_{3t}	-	+	+	+	+	-	-	-	-	+	+	+
y_{4t}	+	+	-	-	+	+	+	+	+	+	+	+
y_{5t}	-	-	+	+	-	-	+	+	-	+	-	-

4. 什么叫经济预警系统?预警指标的预警信号有何用处呢?
5. 试就扩散指数 DI 与综合指数 CI 的优缺点作出评价。

第十三章 随机时间序列的线性模型

在研究宏观经济监测和建立国民经济预警系统时，遇到过一些经济指标的数据不能及时到位，因而达不到及时报警的目的，为此，需要对这些不能及时到位的数据进行预测，才能满足宏观调控和预警的需要。进行此类短期预测的模型和方法可采用随机时间序列的 ARIMA 模型。ARIMA 模型是一种单变量时间序列，其英文名称是 Auto-Regressive Integrated Moving Average，其意思是自回归整合滑动平均。它的特点是只考虑序列本身历史数据所反映和所包容的信息，不直接考虑其他相关指标的信息，因此，其方法简明、适用。大量的实践证明，此法特别适用于短期预期。

随机时间序列分析的理论与方法，虽有较长的历史背景，但广泛用于经济、商业方面的预测和经济分析还是在第二次世界大战以后。一方面，由于电子计算机技术的迅速发展，为随机时间序列分析的建模和预测提供了强有力的工具；另一方面，是由于美国著名的统计学专家博克斯（Box）和英国的詹金斯（Jenkins）于 1968 年在理论上提出了一整套的随机时间序列的模型识别、参数估计和诊断检验的建模方法，并于 1970 年出版了专著《时间序列分析——预测与控制》。该书对随机序列的理论分析和应用作了系统的论述，尤其是 1976 年出第 2 版以后，其应用更为广泛。许多大学的商学院开设了随机序列分析或应用时间序列分析等课程，还配制了计算机软件，如 TSP 软件和 ESTIMA 软件。

本章将叙述平稳随机序列的基本概念和随机线性模型的基本性质。在下两章将介绍模型识别、参数估计和诊断检验技术以及改善预测模型的方法。第十六章为随机序列线性模型预测理论及其应用。这整套方法统称为博克斯-詹金斯方法（Box-Jenkins Methods）。

§13.1 平稳随机序列的基本概念

设 y_t（$t=1, 2, \cdots$）是一个随机时间序列，即是对每一个固定的 t，y_t 是一个随机变量。如果 y_t 满足下述条件：

(1) $Ey_t = m$，t 取一切整数，m 为常数；

(2) $E(y_{t+k} - m)(y_t - m) = r_k$，$k = 0, \pm 1, \pm 2, \cdots$

则称 y_t 为宽平稳随机序列，r_k 称为自协方差函数（Autocovariances Function）。

$$\rho_k = \frac{r_k}{r_0}$$

称为自相关函数（Autocorrelation Function），简称 ACF。

若给出随机序列 y_t 的 n 次观察值，则称

$$\bar{y} = \frac{1}{n}\sum_{t=1}^{n} y_t$$

为随机序列的样本均值。

$$\hat{r}_k = \frac{1}{n}\sum_{t=1}^{n-k}(y_{t+k}-\bar{y})(y_t-\bar{y})$$

称为随机序列 y_t 的样本自协方差函数（Sample Autocovariances Function）。

$$\hat{\rho}_k = \frac{\hat{r}_k}{\hat{r}_0}$$

称为样本自相关函数（Sample Autocorrelation Function），简称 SACF。

自相关函数是描述随机序列 $\{y_t\}$ 在两个不同时期的取值之间的相互关联程度的一个概念。为说明这个概念，设 y_t 的序列值如表 13.1 的第 2 列所示，那么，可将时间适当地推移，就可得 y_t 的滞后值 $y_{t-1}, y_{t-2}, \cdots$，如表 13.1 中的第 3 列、第 4 列所示。因此，$r_1, r_2, \cdots$ 分别表示第 2 列与第 3 列、第 4 列、第 5 列之间的相关关系，一般地 ρ_k 就称为自相关函数。由 y_t 的序列派生的滞后值 $y_{t-1}, y_{t-2}, y_{t-3}$ 如表 13.1 所示。

自协方差函数具有以下性质：

(1) $r_0 = E(y_t - m)^2 \geq 0$

(2) $|r_k| \leq r_0$

事实上，对任何实数 λ，均有

$$E[\lambda(y_{t+k}-m)+(y_t-m)]^2$$
$$=\lambda^2 E(y_{t+k}-m)^2 + 2\lambda E(y_{t+k}-m)(y_t-m) + E(y_t-m)^2$$
$$=\lambda^2 r_0 + 2\lambda r_k + r_0 \geq 0$$

上式是关于 λ 的一元二次方程，按根的判别准则，应有

$$(2r_k)^2 - 4r_0^2 \leq 0$$

所以 $r_k^2 \leq r_0^2$

即 $|r_k| \leq r_0$

(3) 对称性

即 $r_h = r_{-k}$，这是显然的。

(4) 非负定性

所谓非负定性，就是对于任意实数 $a_1, a_2, \cdots, a_n$ 皆有

$$\sum_{j=1}^{n}\sum_{k=1}^{n} r_{j-k} a_j a_k \geq 0$$

事实上

$$\sum_{j=1}^{n}\sum_{k=1}^{n} r_{j-k} a_j a_k$$
$$=\sum_{j=1}^{n}\sum_{k=1}^{n} E(y_j-m)(y_k-m) a_j a_k$$
$$=E\left[\sum_{j=1}^{n} a_j(y_j-m)\right]^2 \geq 0$$

表 13.1

时间 t (1)	原序列 y_t (2)	滞后一期 y_{t-1} (3)	滞后二期 y_{t-2} (4)	滞后三期 y_{t-3} (5)
1	1			
2	2	1		
3	0.5	2	1	
4	−1	0.5	2	1
5	−1.5	−1	0.5	2
6	0	−1.5	−1	0.5
7	1	0	−1.5	−1
8	1.5	1	0	−1.5
9	−0.5	1.5	1	0
10	−1.5	−0.5	1.5	1
11	−0.5	−1.5	0.5	1.5
12	0.5	−0.5	−1.5	0.5
13	1	0.5	−0.5	−1.5

也就是说，自协方差函数矩阵

$$\begin{pmatrix} r_0 & r_1 & r_2 & \cdots & r_n \\ r_1 & r_0 & r_1 & \cdots & r_{n-1} \\ r_2 & r_1 & r_0 & \cdots & r_{n-2} \\ \vdots & \vdots & \vdots & & \vdots \\ r_n & r_{n-1} & r_{n-2} & \cdots & r_0 \end{pmatrix}$$

是一个非负矩阵。

在今后的讨论中，均假定序列 y_t 是满足 $Ey_t = 0$ 的宽平稳序列。如果 $Ey_t \neq 0$，则只要将它的均值减去，即可满足 $E(y_t - \bar{y}) = 0$。

§13.2　随机序列线性模型的基本形式

随机序列的线性模型分为三种类型，它们是自回归模型(Autoregressive Models)，滑动平均模型(Moving Average Models)和自回归滑动平均模型(Autoregressive Moving Average Models)。现分别介绍如下：

1. 自回归模型

若时间序列值 y_t 可以表示为它的先前值 y_{t-i} 和一个冲击值 a_t 的线性函数，则称此模型

为自回归模型，相应地，y_t 序列称为自回归序列，称

$$y_t = \varphi_1 y_{t-1} + \varphi_2 y_{t-2} + \cdots + \varphi_p y_{t-p} + a_t \tag{13.2-1}$$

为 p 阶自回归模型(P-Order Autoregressive Models)，简称 AR(p) 模型。这里 φ_1, φ_2, $\cdots$, φ_p 是自回归参数或称权系数。$\varphi_i(i=1, 2, \cdots, p)$ 描绘了 y_{t-i} 每改变一个单位值时，对 y_t 所产生的影响，它是一个待估参数。随机冲击 a_t 是一个误差或白噪声序列，假定它是相互独立的，且服从均值为零、方差为 σ_a^2 的正态分布，满足

(1) $E a_t = 0$

(2) $E a_t a_s = \begin{cases} \sigma_a^2 & \text{当 } t = s \text{ 时} \\ 0 & \text{当 } t \neq s \text{ 时} \end{cases}$

(3) $E a_t y_{t-i} = 0$

条件(3)说明，现时的冲击值 a_t 与 y_t 的过去值 y_{t-i} 无关。

为简记模型(13.2-1)，现引入后移算子 B，使得

$$By_t = y_{t-1} \qquad BC = C \qquad C \text{ 为常数}$$
$$B^m y_t = y_{t-m} \qquad B^m C = C$$

使用这个记号，可将(13.2-1)化为

$$y_t = \varphi_1 B y_t + \varphi_2 B^2 y_t + \cdots + \varphi_p B^p y_t + a_t$$

从而有

$$(1 - \varphi_1 B - \varphi_2 B^2 - \cdots - \varphi_p B^p) y_t = a_t$$

记

$$\varphi(B) = (1 - \varphi_1 B - \varphi_2 B^2 - \cdots - \varphi_p B^p)$$

则模型(13.2-1)可写成

$$\varphi(B) y_t = a_t \tag{13.2-2}$$

例如，一阶模型

$$y_t = 0.5 y_{t-1} + a_t$$

二阶模型

$$y_t = 0.6 y_{t-1} + 0.4 y_{t-2} + a_t$$

可分别写为

$$(1 - 0.5B) y_t = a_t$$

和 $\quad (1 - 0.6B - 0.4B^2) y_t = a_t$

2. 滑动平均模型

若序列值 y_t 是现在和过去的误差或冲击值 a_t 的线性组合，即

$$y_t = a_t - \theta_1 a_{t-1} - \theta_2 a_{t-2} - \cdots - \theta_q a_{t-q} \tag{13.2-3}$$

则称(13.2-3)为序列 y 的滑动平均模型，相应地，序列 y_t 称为滑动平均序列，简记此模型为 MA(q) 模型。q 称为滑动平均的阶数，θ_1, θ_2, $\cdots$, θ_q 称为滑动平均参数。若使用后移算子记号，则(13.2-3)可写成

$$y_t = (1 - \theta_1 B - \theta_2 B^2 - \cdots - \theta_q B^q) a_t$$

令

$$\theta(B) = 1 - \theta_1 B - \theta_2 B^2 - \cdots - \theta_q B^q$$

则 y_t 可写成
$$y_t = \theta(B) a_t \tag{13.2-4}$$

3. 自回归滑动平均模型

若序列值 y_t 是现在和过去的误差或冲击值 a_t 以及先前的序列值的线性组合，即
$$y_t = \varphi_1 y_{t-1} + \varphi_2 y_{t-2} + \cdots + \varphi_p y_{t-p} + a_t - \theta_1 a_{t-1} - \theta_2 a_{t-2} - \cdots - \theta_q a_{t-q} \tag{13.2-5}$$
则称(13.2-5)为序列 y_t 的自回归滑动平均模型，简记为 ARMA(p, q)模型。p, q 分别表示自回归与滑动平均的阶数。相应的参数 φ_1, φ_2, $\cdots$, φ_p 与 $\theta_1, \theta_2, \cdots, \theta_q$ 分别称为自回归和滑动平均系数。若使用后移算子，则(13.2-5)可写成
$$\varphi(B) y_t = \theta(B) a_t \tag{13.2-6}$$
模型的框图如图 13-1 所示。

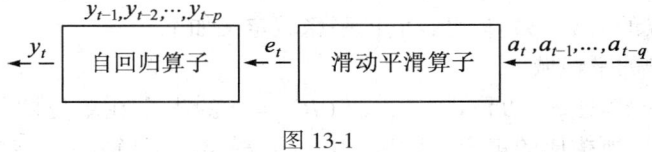

图 13-1

§13.3 随机序列线性模型的平稳与可逆性条件

在 §13.1 中，我们介绍了平稳随机序列的基本概念，并指出本章所讨论的序列都是宽平稳序列。在 §13.2 中，仅介绍了随机线性模型的三种形式，对模型参数的约束条件未进行具体的研究。本节我们将着重研究平稳序列模型参数的有关约束条件即自回归模型的平稳性条件以及滑动平均模型的可逆性条件。

1. 自回归模型的平稳性条件

为了对平稳性条件有较直观的理解，首先从 AR(1) 模型开始，然后研究一般的 AR(p) 模型。

设
$$y_t = \varphi_1 y_{t-1} + a_t \tag{13.3-1}$$
将上式两边平方再取数学期望值，得到
$$E y_t^2 = E(\varphi_1 y_{t-1} + a_t)^2 = \varphi_1^2 E y_{t-1}^2 + E a_t^2 + 2\varphi_1 E y_{t-1} a_t$$
因为
$$E y_{t-1} a_t = 0$$
∴
$$E y_t^2 = \varphi_1^2 E y_{t-1}^2 + \sigma_\alpha^2 \tag{13.3-2}$$
若序列 y_t 是平稳的，则有 $E y_t^2 = E y_{t-1}^2$，故由 (13.3-2) 得到
$$(1 - \varphi_1^2) E y_t^2 = \sigma_\alpha^2$$
∴
$$E y_t^2 = \frac{\sigma_\alpha^2}{1 - \varphi_1^2}$$

由于 Ey_t^2 是非负的,故 $\dfrac{\sigma_a^2}{1-\varphi_1^2}\geq 0$,从而有 $|\varphi_1|<1$,这就是 AR(1)模型是平稳自回归模型的平稳性条件。

AR(1)模型可还写成
$$\varphi(B)y_t=a_t$$
其中 $\varphi(B)=1-\varphi_1 B$,那么,平稳性条件 $|\varphi_1|<1$ 就等价于 $\varphi(B)=0$ 的根在单位圆外。由此,我们可给出平稳自回归模型的定义。

设 AR(p)模型 $\varphi(B)y_t=a_t$
$$\varphi(B)=1-\varphi_1 B-\varphi_2 B^2-\cdots-\varphi_p B^p$$
若 $\varphi(B)=0$ 的根全在单位圆外,即其根的幂均大于1,则称此模型为平稳自回归模型。

从 AR(1)模型的讨论中,我们发现 $\varphi(B)=0$ 的根全在单位圆外这一条件可转化为对参数 φ_1 的约束条件。例如,φ_1 的变化区域是 $|\varphi_1|<1$,此区域称为 AR(1)模型的平稳域。对于一般的 AR(p)模型,它的平稳域定义如下。

AR(p)模型的平稳域:

凡使 AR(p)模型 $\varphi(B)y_t=a_t$,$\varphi(B)=0$ 的根全在单位圆外的系数向量 $\varphi^T=(\varphi_1,\varphi_2,\cdots,\varphi_p)$ 所构成的集合,称为 AR(p)模型的平稳域。

[**例1**] AR(1)模型的平稳域
$$(1-\varphi_1 B)y_t=a_t$$
$\varphi(B)=1-\varphi_1 B=0$ 的根为 $\lambda_1=\dfrac{1}{\varphi_1}$,故欲 $|\lambda_1|>1$,当且仅当 $|\varphi_1|<1$,因此平稳域是 $\{\varphi_1: -1<\varphi_1<1\}$。

[**例2**] AR(2)模型的平稳域
$$\varphi(B)y_t=a_t$$
$$\varphi(B)=1-\varphi_1 B-\varphi_2 B^2$$

$\varphi(B)=0$ 的两个根为
$$\lambda_1=\dfrac{-\varphi_1-\sqrt{\varphi_1^2+4\varphi_2}}{2\varphi_2}$$
$$\lambda_2=\dfrac{-\varphi_1+\sqrt{\varphi_1^2+4\varphi_2}}{2\varphi_2}$$

由二次方程根与系数的关系可得
$$\lambda_1\lambda_2=\dfrac{-1}{\varphi_2},\quad \lambda_1+\lambda_2=\dfrac{-\varphi_1}{\varphi_2}$$

因此,由平稳性条件,$|\lambda_1|$ 与 $|\lambda_2|$ 都必须大于1,又由
$$\lambda_1\lambda_2=-\dfrac{1}{\varphi_2}$$
故
$$|\varphi_2|=\dfrac{1}{|\lambda_1\lambda_2|}<1$$

又由根与系数的关系，得知

$$\varphi_2+\varphi_1 = -\frac{1}{\lambda_1\lambda_2}+\varphi_1 = -\frac{1}{\lambda_1\lambda_2}+\frac{\lambda_1+\lambda_2}{\lambda_1\lambda_2}$$

$$= -\frac{1}{\lambda_1\lambda_2}+(\frac{1}{\lambda_1}+\frac{1}{\lambda_2})$$

$$= 1-(1-\frac{1}{\lambda_1})(1-\frac{1}{\lambda_2})$$

类似得

$$\varphi_2-\varphi_1 = 1-(1+\frac{1}{\lambda_1})(1+\frac{1}{\lambda_2})$$

由于 φ_1，φ_2 是实数，λ_1 与 λ_2 必同为实数或共轭复数，因为 $|\lambda_i|>1$，$i=1,2$。

$$\therefore \varphi_2\pm\varphi_1 = 1-(1\mp\frac{1}{\lambda_1})(1\mp\frac{1}{\lambda_2})<1$$

反之，若 $|\varphi_2|<1$ 且 $\varphi_2\pm\varphi_1<1$，即 $(1\mp\frac{1}{\lambda_1})(1\mp\frac{1}{\lambda_2})>0$，那么，从 $|\varphi_2|=|\frac{1}{\lambda_1\lambda_2}|$ 推出至少有一个 $|\lambda_i|>1$。例如，$|\lambda_1|>1$ 则由 $(1\mp\frac{1}{\lambda_1})>0$ 推出 $(1\pm\frac{1}{\lambda_2})>0$，从而有 $|\lambda_2|>1$，即 $\varphi(B)=0$ 的根均在单位圆外。由此得到 AR（2）模型的平稳域如图 13-2 所示。

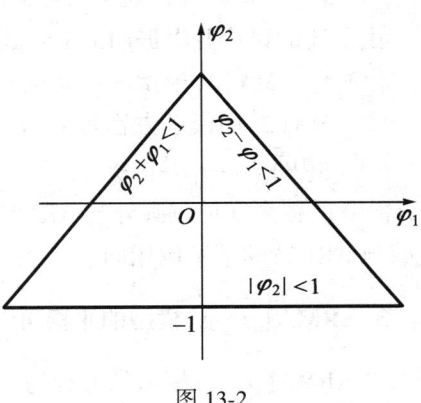

图 13-2

2. 滑动平均模型的可逆性条件

为了直观地理解滑动平均模型的可逆性条件，首先从 MA（1）模型谈起，并将 MA（1）模型

$$y_t = a_t - \theta_1 a_{t-1}$$

改写为

$$a_t = y_t + \theta_1 a_{t-1} \qquad (13.3\text{-}3)$$

从而有

$$a_{t-1} = y_{t-1} + \theta_1 a_{t-2} \qquad (13.3\text{-}4)$$

将 a_{t-1} 的值代入 (13.3-3) 式得

$$a_t = y_t + \theta_1(y_{t-1}+\theta_1 a_{t-2})$$
$$= y_t + \theta_1 y_{t-1} + \theta_1^2 a_{t-2}$$

继续迭代下去，得到

$$a_t = y_t + \sum_{j=1}^{\infty}\theta_1^j y_{t-j}$$

或者

$$y_t = a_t - \sum_{j=1}^{\infty}\theta_1^j y_{t-j} \qquad (13.3\text{-}5)$$

(13.3-5) 称为 MA（1）序列的逆转形式。若 $|\theta_1|<1$，这种逆转是有意义的。(13.3-5) 说明，序列 y_t 的历史值对今天的 y_t 虽有影响，但随着时间的推移，其影响将越来越小。

否则，若 $|\theta_1|>1$，那么，过去对今天的影响将越来越大，这是不合理的。这种对 $|\theta_1|<1$ 的要求就是可逆性条件的直观解释。一般的 MA（q）模型，其可逆性的条件是：对于滑动平均模型

$$y_t = \theta(B) a_t$$

若系数多项式 $\theta(B) = 1-\theta_1 B-\theta_2 B^2-\cdots-\theta_q B^q = 0$ 的根全部在单位圆外，也就是其幂都大于 1，则称此模型为可逆滑动平均模型。

对于可逆滑动平均模型，其可逆性条件即是滑动平均系数 θ_i（$i=1,2,\cdots,q$）的选取，保证使 $\theta(B)=0$ 的根均在单位圆外。这些对滑动平均系数的约束就是 MA（q）模型的可逆域。

MA（q）模型的可逆域：

凡使 MA（q）模型 $y_t = \theta(B) a_t$，$\theta(B)=0$ 的根全在单位圆外的滑动平均系数向量 $\theta^\tau = (\theta_1, \theta_2, \cdots, \theta_q)$ 所构成的集合，称为 MA（q）模型的可逆域。

[例3] MA（1）模型的可逆域

由上述的讨论并根据（13.3-5）式得到 MA（1）的可逆域是 $\{\theta_{1,2}-1<\theta_1<1\}$。

[例4] MA（2）模型的可逆域

MA（2）的模型方程是 $y_t = \theta(B) a_t$

$$\theta(B) = 1-\theta_1 B-\theta_2 B^2$$

$\theta(B)=0$ 的根全在单位圆外与 AR（2）模型 $\varphi(B)=0$ 的根全在单位圆外完全相同，故其可逆域与 AR（2）的平稳域相同。

3. ARMA(p, g)模型的平稳可逆性条件

设 ARMA(p, q)模型的方程为

$$\varphi(B) y_t = \theta(B) a_t$$

其中，$\varphi(B) = 1-\varphi_1 B-\varphi_2 B^2-\cdots-\varphi_p B^p$，$\theta(B) = 1-\theta_1 B-\theta_2 B^2-\cdots-\theta_q B^q$，若 $\varphi(B)=0$，$\theta(B)=0$ 的根均在单位圆外，且 $\varphi(B)$，$\theta(B)$ 无公共因子，则称此模型为平稳可逆的自回归滑动平均模型。

ARMA(p, g)的平稳可逆域：

凡使 ARMA(p, q)模型 $\varphi(B) y_t = \theta(B) a_t$ 中，$\varphi(B)=0$，$\theta(B)=0$ 的根均在单位圆外，$\varphi(B)$ 与 $\theta(B)$ 无公共因子，其相应的自回归与滑动平均的系数向量 $\varphi^t = (\varphi_1, \varphi_2, \cdots, \varphi_p)$ 与 $\theta^\tau = (\theta_1, \theta_2, \cdots, \theta_q)$ 所构成的集合，称为 ARMA(p, g)模型的平稳域和可逆域。

[例5] ARMA(1, 1)模型的平稳可逆域

如果 ARMA(p, g)模型的自回归参数属于平稳域，同时滑动平均参数属于可逆域，我们就称 ARMA(p, g)模型的参数 $(\varphi^\tau, \theta^\tau)^\tau$ 属于平稳可逆域内。因此 ARMA(1, 1)模型参数的平稳可逆域为

$$\{(\varphi, \theta_1): -1<\varphi_1<1, -1<\theta_1<1\}$$

如图 13-3 所示。

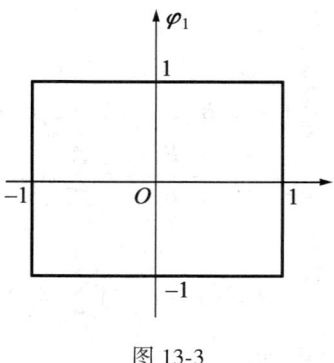

图 13-3

§13.4 ARMA 模型的传递形式与逆转形式

所谓 ARMA 模型的传递形式,就是将序列 y_t 的当前值,表示为当前冲击值 a_t 与过去冲击值 $a_{t-i}(i=1,2,\cdots)$ 的线性组合,因而纯 MA 模型本身就是传递形式。所谓逆转形式,就是以序列的当前值和过去值的线性组合去表示当前的冲击值 a_t,因而自回归模型本身就是一种可逆形式。为便于理解和加强直观,我们从简单 AR(1) 与 MA(1) 开始。

对于 AR(1) 模型,我们有

$$\begin{aligned} y_t &= \varphi_1 y_{t-1} + a_t = \varphi_1(\varphi_1 y_{t-2} + a_{t-1}) + a_t \\ &= a_t + \varphi_1 a_{t-1} + \varphi_1^2 y_{t-2} \\ &= a_t + \varphi_1 a_{t-1} + \varphi_1^2(\varphi_1 y_{t-3} + a_{t-2}) \\ &= a_t + \varphi_1 a_{t-1} + \varphi_1^2 a_{t-2} + \varphi_1^3 y_{t-3} = \cdots \\ &= a_t + \varphi_1 a_{t-1} + \varphi_1^2 a_{t-2} + \cdots + \varphi_1^n a_{t-n} + \cdots \end{aligned} \quad (13.4\text{-}1)$$

(13.4-1) 称为 AR(1) 的传递形式。由于 AR(1) 模型方程又可写为

$$(1-\varphi_1 B) y_t = a_t$$

所以 (13.4-1) 的传递形式,相当于 $y_t = \dfrac{1}{1-\varphi_1 B} a_t$。

因而对于一般的 AR(p) 模型的传递形式,只要

$$\varphi(B) y_t = a_t$$

中,$\varphi^{-1}(B)$ 存在,则它的传递形式为

$$y_t = \varphi^{-1}(B) a_t \quad (13.4\text{-}2)$$

对于 ARMA(p, q) 模型

$$\varphi(B) y_t = \theta(B) a_t$$

若 $\varphi^{-1}(B)$ 存在,则它的传递形式为

$$y_t = \varphi^{-1}(B) \theta(B) a_t \quad (13.4\text{-}3)$$

记 $\varphi^{-1}(B) \theta(B) = \psi(B) = \sum\limits_{k=0}^{\infty} \psi_k B^k$,由于 $\varphi(B)$,$\theta(B)$ 的系数为已知,则由对比两边系数

的方法，求出 ψ_k。例如，
ARMA(1，1)模型

$$y_t - \varphi_1 y_{t-1} = a_t - \theta_1 a_{t-1}$$

$\therefore$
$$(1 - \varphi_1 B) y_t = (1 - \theta_1 B) a_t$$

$$y_t = \frac{1 - \theta_1 B}{1 - \varphi_1 B} a_t = \sum_{k=0}^{\infty} \psi_k B^k a_t \tag{13.4-4}$$

从而

$$1 - \theta_1 B = (1 - \varphi_1 B) \sum_{k=0}^{\infty} \psi_k B^k$$

比较两边系数，得到 $\psi_0 = 1$，$\psi_1 = \varphi_1 - \theta_1$
对于 $k>1$，比较两边 B^k 的系数，得到

$$\psi_k = \varphi_1 \psi_{k-1}$$

从而有
$$\psi_2 = \varphi_1 \psi_1 = \varphi_1 (\varphi_1 - \theta_1)$$
$$\psi_3 = \varphi_1 \psi_2 = \varphi_1^2 (\varphi_1 - \theta_1)$$
$$\cdots\cdots$$
$$\psi_k = \varphi_1 \psi_{k-1} = \varphi_1^{k-1} (\varphi_1 - \theta_1)$$
$$\cdots\cdots$$

对于纯 MA(p) 模型，本身就是传递形式，不需进行讨论。

现在讨论 ARMA(p，p) 模型的逆转形式，为直观起见，从 MA(1) 模型开始

$$y_t = a_t - \theta_1 a_{t-1}$$

从而有
$$a_t = y_t + \theta_1 a_{t-1} = y_t + \theta_1 (y_{t-1} + \theta_1 a_{t-2})$$
$$= y_t + \theta_1 y_{t-1} + \theta_1^2 a_{t-2} = \cdots$$
$$= y_t + \theta_1 y_{t-1} + \theta_1^2 y_{t-2} + \cdots + \theta_1^n y_{t-n} + \cdots$$

$$\therefore \quad a_t = \sum_{j=0}^{\infty} \theta_1^j y_{t-j} \tag{13.4-5}$$

若 $|\theta_1| < 1$，则上式是有意义的，称它为可逆形式，因而自回归模型总是可逆的。

对于一般的 ARMA(p，q) 模型

$$\varphi(B) y_t = \theta(B) a_t$$

若 $\theta^{-1}(B) \varphi(B)$ 有意义，则称

$$a_t = \theta^{-1}(B) \varphi(B) y_t$$

为它的逆转形式，并记 $\theta^{-1}(B) \varphi(B) = \pi(B)$，从而有

$$a_t = \pi(B) y_t \stackrel{\triangle}{=} y_t - \sum_{j=1}^{\infty} \pi_j y_{t-j} \tag{13.4-6}$$

例如，ARMA(1，1) 模型，$(1 - \varphi_1 B) y_t = (1 - \theta_1 B) a_t$，其逆转形式

$$a_t = \frac{1 - \varphi_1 B}{1 - \theta_1 B} y_t = (1 - \sum_{j=1}^{\infty} \pi_j B^j) y_t$$

从而有

$$(1-\varphi_1 B)y_t = (1-\theta_1 B)(1-\sum_{j=1}^{\infty}\pi_j B^j)y_t$$

对比两边系数，得到

$$\pi_1 = \varphi_1 - \theta_1$$
$$\pi_2 = \theta_1\pi_1 = \theta_1(\varphi_1-\theta_1)$$
$$\pi_3 = \theta_1\pi_2 = \theta_1^2(\varphi_1-\theta_1)$$
$$\cdots\cdots$$
$$\pi_k = \theta_1\pi_{k-1} = \theta_1^{k-1}(\varphi_1-\theta_1)$$
$$\cdots\cdots$$

§13.5 非平稳模型——随机游动模型

对于 AR(1) 模型

$$y_t = \varphi_1 y_{t-1} + a_t \tag{13.5-1}$$

它的平稳性条件是 $|\varphi_1|<1$。若 $\varphi_1 = 1$，则不满足平稳性条件。(13.5-1) 就成为

$$y_t = y_{t-1} + a_t \tag{13.5-2}$$

称为随机游动模型。y_t 表示游动者在 t 时刻的位置，a_t 表示向前或向后的步幅。由(13.5-2)得到

$$y_t = a_t + a_{t-1} + a_{t-2} + \cdots = \sum_{t=1}^{t} a_t + y_0 \tag{13.5-3}$$

显然，y_t 是随机过程，它是随机冲击 a_t 在时间上的积累，其图形如图 13-4 所示。这说明历史上的任何一次冲击同目前的冲击起着同样的作用，而且不随时间的推移而消失。这里

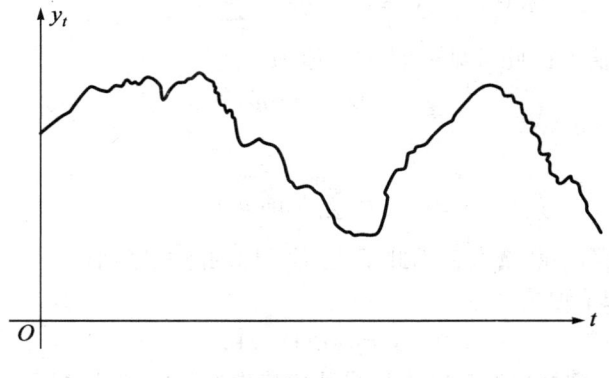

图 13-4

y_0 是初始值。因此，这些冲击随时间的推移累积起来，其图像如图 13-4 那样随机地漂移，因而这一过程是非平稳的。其自相关函数为

$$r_k = Ey_{t+k}y_t = E(y_{t+k-1} + a_{t+k})y_t$$
$$= Ey_{t+k-1}y_t = \cdots = Ey_t y_t = r_0$$

所以 $\rho_k=1$,$k=0,1,2,\cdots$
自相关函数的图像如图 13-5 所示。

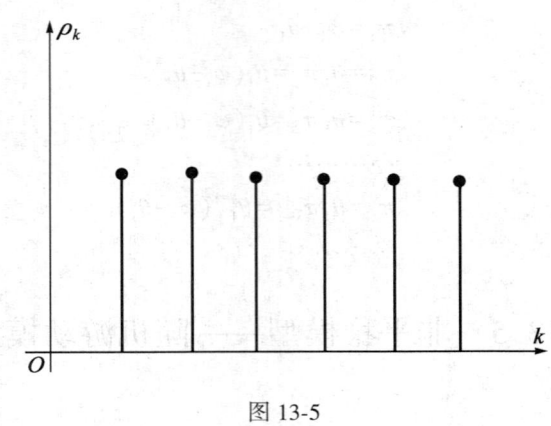

图 13-5

y_t 的方差为

$$\mathrm{Var}(y_t)=\sum_{t=1}^{t}\mathrm{Var}(a_t)=t\sigma^2$$

由此可见 y_t 的方差随 t 的增加而不断增大,因此,是一非平稳序列。

若(13.5-1)是下列形式

$$y_t=\mu+y_{t-1}+a_t \tag{13.5-4}$$

式中 μ 为非零常数,a_t 仍是随机冲击值,也就是白噪声序列,则称(13.5-4)为带漂移项的随机游动模型。通过对(13.5-4)的直接迭代,可得

$$y_t=y_0+t\mu+\sum_{t=1}^{t}a_t \tag{13.5-5}$$

这里 y_0 是 y_t 的初始值。由此可见 y_t 的期望值为

$$Ey_t=y_0+t\mu$$

方差为

$$\mathrm{Var}(y_t)=\sum_{t=1}^{t}\mathrm{Var}(a_t)=t\sigma^2$$

方差随 t 的不断增加而不断增大,因此 y_t 是不平稳的随机序列。

若(13.5-5)是如下形式

$$y_t=\mu+\beta t+y_{t-1}+a_t \tag{13.5-6}$$

μ,β 均为常数,则称(13.5-6)为带线性趋势项的随机游动模型。

随机游动模型的经济原型,是由统计学家莫里斯·肯德尔(Maurice Kendall)在 1953 年发现的。其背景是英国皇家统计学会 1953 年在伦敦开会,讨论肯德尔写的一篇有争论的论文《经济时间序列分析》的第一部分:《价格》。肯德尔的初衷是想借助刚问世不久的电子计算机寻找股票价格波动的规律,但研究结果却有意外的发现,股市价格不但没有任何规律,而且就像一个醉汉走步一样,下周的价格等于本周的价格加上一个随机数字,也

就是说股价近似遵从随机游动(Random Walk)模型。

§13.6 非平稳序列的平稳化方法

大多数经济时间序列都表现出趋势性,即时间序列值随时间的变化呈现出增加或减少的趋势,以及季节性和方差的不稳定性。例如,按季度统计的美国国民生产总值 GNP(Gross National Product)数据序列,就有上升趋势和季节波动的周期性,并且波动幅度逐年增大,表现出方差的不平稳性。因此,把非平稳序列化为平稳序列,对经济时间序列的统计分析、预测与控制,将具有十分重要的意义。本节将介绍一些平稳化的方法。

1. 消除趋势的方法

什么叫趋势,数学上并无严格的定义,但从直观上来说,是十分明显的。通过时间序列的现实值去判断序列的趋势,其主要困难在于短期的序列现实值看上去好像是一个趋势变化,但从长期的序列变化来说,它是循环波动的一部分。

时间序列的趋势,有确定性和非确定性两种,前者又分为线性趋势和非线性趋势。非线性趋势通常有多项式曲线、指数曲线、龚珀资曲线和罗吉斯曲线等类型。

对于确定性趋势的消除方法,既可以用最小二乘法,也可以用差分的方法。最小二乘法的作用主要是求出趋势方程,例如,求出线性趋势方程

$$\hat{Z}_t = \hat{a} + \hat{b}t$$

则将原序列 Z_t 减去趋势值 $\hat{Z}_t$,得到一个没有趋势变化的新序列

$$y_t = Z_t - \hat{Z}_t$$

对于有非确定趋势的序列,它是慢慢地向上或向下漂移的,要判断这种序列的趋势是随机性还是确定性是十分困难的。基于这种原因,博克斯和詹金斯提出使用差分的方法去消除趋势,其效果是很好的。

设原序列为 Z_t,称

$$\nabla Z_t = Z_t - Z_{t-1}$$

为序列的一阶差分,称

$$\nabla^2 Z_t = \nabla \nabla Z_t = Z_t - 2Z_{t-1} + Z_{t-2}$$

为 Z_t 的二阶差分。一般称

$$\nabla^d Z_t = \nabla \nabla^{d-1} Z_t$$

为 Z_t 的 d 阶差分,∇ 称为差分算子。

通过对原序列的差分运算,可以消除序列的趋势。一般说来,一阶差分可消除线性趋势,二阶差分可消除二次曲线趋势。事实上,若趋势方程为

$$Z_t = a + bt$$

则通过一阶差分,得到

$$\nabla Z_t = Z_t - Z_{t-1} = a + bt - [a + b(t-1)] = b$$

消去了线性趋势。若趋势方程为

$$Z_t = a+bt+ct^2$$

则通过二阶差分，得到

$$\nabla^2 Z_t = \nabla\nabla Z_t = \nabla[Z_t - Z_{t-1}]$$
$$= \nabla[a+bt+ct^2-a-b(t-1)-c(t-1)^2]$$
$$= \nabla[b-c+2ct] = 2c$$

消去了二次曲线趋势。例如，有如下两个按趋势变化的序列

序列 1：2, 4, 6, 8, 10, 12, 14, 16
序列 2：1, 6, 15, 28, 45, 66, 91

前者是线性增长序列，每次观察均有 2 个单位的增长，对其施行一阶差分后得到

4−2 = 2
6−4 = 2
8−6 = 2
10−8 = 2
12−10 = 2
14−12 = 2
16−14 = 2

由此看到，有线性趋势的序列，一阶差分后就不再出现。对于后者，施行一阶差分后得到

6−1 = 5
15−6 = 9
28−15 = 13
45−28 = 17
66−45 = 21
91−66 = 25

这是一个有线性增长趋势的序列，可再一次差分，得到

9−5 = 4
13−9 = 4
17−13 = 4
21−17 = 4
25−21 = 4

由此可见，通过二阶差分，消除了序列的趋势。

对于有指数曲线的趋势，可先进行对数变换，然后再进行一阶差分，便可消去线性趋势。

在消去线性趋势的差分运算中，曾得到

$$\nabla Z_t = Z_t - Z_{t-1} = b$$

由此得到

$$Z_t = b + Z_{t-1}$$

与

$$Z_t = a + bt$$

描绘了相同的趋势。b 可以看做 $Z_t - Z_{t-1}$ 的均值。因此，可以通过检验 $Z_t - Z_{t-1}$ 的均值是否显著地异于零，去评价是否存在一个确定性的线性趋势。若这个均值同零有显著差异，则可判断在原序列中存在一个确定性的趋势。类似地，可以检验二阶差分去评价二次多项式趋势的存在性。

2. 消除季节影响

通过季节差分，可以消除季节影响。若季节长度为 S，序列值为 Z_t，则一阶季节差分为
$$\nabla_S Z_t = Z_t - Z_{t-s}$$
二阶季节差分为
$$\nabla_S^2 Z_t = \nabla(Z_t - Z_{t-s})$$
$$= Z_t - 2Z_{t-s} + Z_{t-2s}$$
例如，季节长为 $S=4$，即一年有 4 季，则
$$\nabla_4 Z_t = Z_t - Z_{t-4}$$
$$\nabla_4^2 Z_t = Z_t - 2Z_{t-4} + Z_{t-8}$$

3. 消除不平稳方差

消除方差的不平稳性，通常是通过变量替换的方法来实现的。一般说来，若序列的方差同序列的发展水平成比例，则采用对数变换的方法，即对原序列 Z_t 作对数变换，即取
$$y_t = \lg Z_t$$
这种变换，有时候对某些序列可能产生过度的修正数据，因而又常常采用平方根变换，即取
$$y_t = \sqrt{Z_t}$$
在实际的数据处理中，取对数变换还是取平方根变换，视具体序列而定。

§13.7 季 节 模 型

许多经济时间序列，它的高峰和低谷围绕着逐年的相同季度或月份产生。例如，啤酒的销售量每年夏季达到高峰，国民生产总值构成的序列，每年的第 4 季度均是高峰。这种规律性又称为季节周期，它具有普遍性。因此，研究它的具体模式，掌握它的变化规律，建立相应的预测模型是十分有意义的。

1. 季节自回归模型

设 y_t 是一个有季节模式的经济时间序列，若 y_t 能表示一年以前得到的序列值 y_{t-s} 和一个冲击值 a_t 的线性函数，即是
$$y_t = \Phi_1 y_{t-s} + a_t \tag{13.7-1}$$
则称此模型为一阶季节自回归模型。Φ_1 称为自回归参数，并简记此模型为 SAR(1) 模型。

若用后移算子，则(13.7-1)可以写成

$$(1-\Phi_1 B^s)y_t = a_t \tag{13.7-2}$$

对于一般的 P 阶季节自回归模型，可以写成

$$\Phi(B^s)W_t = a_t \tag{13.7-3}$$

其中
$$\Phi(B^s) = 1-\Phi_1 B^s - \Phi_2 B^{2s} - \cdots - \Phi_p B^{ps}$$
$$W_t = \nabla_s^D \nabla^d y_t$$

∇^d 称为 d 阶连续差分，∇_s^D 称为 D 阶的季节差分，S 为季节跨度长。差分运算有如下性质

$$\nabla_s^D y_t = \nabla_s \nabla_s^{D-1} y_t$$
$$\nabla^d \nabla_s^D y_t = \nabla_s^D \nabla^d y_t$$

2. 季节滑动平均模型

若平稳序列的当前值 y_t 可以表示为当前冲击值 a_t 和一个季节周期前的冲击值 a_{t-s} 的线性组合，即

$$y_t = a_t - \Theta_1 a_{t-s} \tag{13.7-4}$$

则称此模型为一阶季节滑动平均模型，简记为 SMA(1)。若引用后移算子，得到

$$y_t = (1-\Theta_1 B^s)a_t \tag{13.7-5}$$

Θ_1 称为季节滑动平均参数。一般的 Q 阶季节滑动平均模型表示为

$$W_t = \Theta(B^s)a_t \tag{13.7-6}$$

其中
$$\Theta(B^s) = 1-\Theta_1 B^s - \Theta_2 B^{2s} - \cdots - \Theta_Q B^{Qs}$$
$$W_t = \nabla_s^D \nabla^d y_t$$

3. 季节自回归混合滑动平均模型

组合季节自回归和季节滑动平均模型即得到混合的季节自回归与滑动平均模型，表示为

$$\Phi(B^s)W_t = \Theta(B^s)a_t \tag{13.7-7}$$

其中
$$\Phi(B^s) = 1-\Phi_1 B^s - \Phi_2 B^{2s} - \cdots - \Phi_p B^{ps}$$
$$\Theta(B^s) = 1-\Theta_1 B^s - \Theta_2 B^{2s} - \cdots - \Theta_Q B^{Qs}$$
$$W_t = \nabla_s^D \nabla^d y_t$$

简记上述模型为 $\text{ARMA}(P, D, Q)_s$，这里

　　P——季节自回归过程的阶数；
　　Q——季节滑动平均过程的阶数；
　　D——季节差分的阶数；
　　S——季节跨度长。

4. 一般的季节乘积模型

一般的季节乘积模型可表示为

$$\varphi(B)\Phi(B^s)W_t = \theta(B)\Theta(B^s)a_t \tag{13.7-8}$$

这里
$$\varphi(B) = 1-\varphi_1 B-\varphi_2 B^2-\cdots-\varphi_p B^p$$
$$\Phi(B^s) = 1-\Phi_1 B^s-\Phi_2 B^{2s}-\cdots-\Phi_p B^{ps}$$
$$\theta(B) = 1-\theta_1 B-\theta_2 B^2-\cdots-\theta_q B^q$$
$$\Theta(B^s) = 1-\Theta_1 B^s-\Theta_2 B^{2s}-\cdots-\Theta_Q B^{Qs}$$
$$W_t = \nabla_s^D \nabla^d y_t$$

简记此模型为 ARIMA$(p, d, q) \times (P, D, Q)$。

[**例 1**] ARMA$(1, 0, 0) \times (1, 0, 0)_4$ 模型。

假设季度数据 y_t 可以由 SAR(1) 模型即 1 阶季节自回归模型表示

$$y_t = \Phi_1 y_{t-4} + e_t \tag{13.7-9}$$

e_t 为误差项，它不是白噪声，但可以表示成 1 阶自回归过程

$$e_t = \varphi_1 e_{t-1} + a_t \tag{13.7-10}$$

或

$$(1-\varphi_1 B)e_t = a_t \tag{13.7-11}$$

这里 a_t 是白噪声序列。将 (13.7-9) 改写成

$$(1-\Phi B^4)y_t = e_t \tag{13.7-12}$$

然后将 (13.7-12) 两边乘以算子 $(1-\varphi_1 B)$，得到

$$(1-\varphi_1 B)(1-\Phi_1 B^4)y_t$$
$$= (1-\varphi_1 B)e_t$$

即

$$(1-\varphi_1 B)(1-\Phi_1 B^4)y_t = a_t \tag{13.7-13}$$

(13.7-13) 就是 ARIMA$(1, 0, 0) \times (1, 0, 0)$ 的具体形式。

[**例 2**] ARMA$(0, 1, 1) \times (0, 1, 1)$ 模型。

假设时间序列 y_t 的 1 阶季节差分值产生 1 阶季节滑动平均模型，即

$$\nabla_4 y_t = (1-\Theta_1 B^4)e_t \tag{13.7-14}$$

e_t 为误差项，它的 1 阶连续差分可表示成 1 阶滑动平均过程

$$\nabla e_t = (1-\theta_1 B)a_t \tag{13.7-15}$$

这里 a_t 是白噪声序列。组合 (13.7-14) 和 (13.7-15) 便得到

$$\nabla_4 \nabla y_t = (1-\theta_1 B)(1-\Theta_1 B^4)a_t \tag{13.7-16}$$

此即 ARMA$(0, 1, 1) \times (0, 1, 1)$ 模型的具体形式。

思考与练习

1. 现有如下经济增长序列数据：

t	1	2	3	4	5	6	7	8	9	10	11	12	13
y_t	1	3	5	7	9	11	13	15	17	19	21	23	25

试问：此序列是平稳序列吗？若是非平稳序列，如何作一个适当的变换，将上述序列化为平稳性序列？

2. 已知随机序列 $y_t(t=1,2,\cdots)$ 满足 AR(1) 模型：$y_t = \varphi_1 y_{t-1} + a_t$，求出平稳域并画出它的图像。

3. 设序列 $y_t(t \geq 1)$ 是 ARMA(1,1) 序列，满足：$y_t = \varphi_1 y_{t-1} + a_t - \theta_1 a_{t-1}$，求 ARMA(1,1) 的平稳可逆域。

4. 已知 AR(1) 模型为：$y_t = 0.5 y_{t-1} + a_t$，求它的传递形式。

5. 已知 MA(1) 模型为：$y_t = a_t - 0.5 a_{t-1}$，求它的逆转形式。

6. 设 $y_t(t \geq 1)$ 满足 ARMA(1,1) 模型：$y_t = 0.5 y_{t-1} + a_t - 0.4 a_t$，求它的传递和逆转形式。

7. 已知序列 $y_t(t \geq 1)$ 是非平稳序列，满足：$y_t = y_{t-1} + a_t$，其中，a_t 是白噪声序列，试将此序列平稳化，并加以证明。

8. 已知序列 y_t 有如下的观察值，试用差分方法消除以下二序列的趋势变化。

t	1	2	3	4	5	6	7	8	9	10	11	12
y_t	1	3	5	7	9	11	13	15	17	19	21	23

t	1	2	3	4	5	6	7	8	9	10	11	12	13
Z_t	3	11	21	35	53	75	101	131	165	203	245	291	341

第十四章 随机时间序列线性模型的识别

在第十三章中,我们讨论了随机时间序列线性模型的理论形式,其输入输出关系如图 14-1 所示。

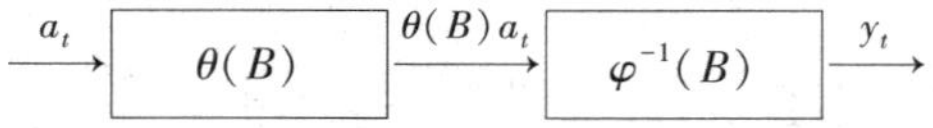

$$a_t \rightarrow \boxed{\theta(B)} \xrightarrow{\theta(B)a_t} \boxed{\varphi^{-1}(B)} \rightarrow y_t$$

$$y_t = \varphi^{-1}(B)\theta(B)a_t$$

图 14-1

此是一个随机线性模型的理论框架结构,其具体的参数的个数是未知的。它来自实际的时间序列,仅是一组依时间变化的观察数据,即随机时间序列的一个样本。所谓模型识别,就是通过样本序列,计算出时间序列的具体特征,求出 $\varphi(B)$ 与 $\theta(B)$ 的具体阶数。具体的识别方法是,通过计算时间序列的样本自相关函数与偏自相关函数的具体特征,与理论模型的相应特征进行比较后,加以确认。

§14.1 ARMA 模型的自相关函数

本节我们将对随机序列线性模型的三种模式,分别求出其理论自相关函数的具体特征。

1. MA(q) 序列的自相关函数

设 MA(q) 序列 y_t 的模型方程为

$$y_t = a_t - \theta_1 a_{t-1} - \theta_2 a_{t-2} - \cdots - \theta_q a_{t-q} \tag{14.1-1}$$

则它的自协方差函数为

$$\begin{aligned} r_k &= E y_{t+k} y_t \\ &= E[a_{t+k} - \theta_1 a_{t+k-1} - \cdots - \theta_q a_{t+k-q}][a_t - \theta_1 a_{t-1} - \cdots - \theta_q a_{t-q}] \end{aligned} \tag{14.1-2}$$

由于

$$E a_t = 0$$

$$E a_{t+j} a_t = \begin{cases} 0 & j \neq 0 \\ \sigma_a^2 & j = 0 \end{cases}$$

所以
$$r_0 = \sigma_a^2(1+\theta_1^2+\theta_2^2+\cdots+\theta_q^2)$$

对于 $k>q$，由(14.1-2)有
$$r_k = 0$$

对于 $0<k\leqslant q$，由(14.1-2)有
$$r_k = \sigma_a^2(-\theta_k+\theta_1\theta_{k+1}+\cdots+\theta_{q-k}\theta_q)$$

综合起来得到
$$r_k = \begin{cases} \sigma_a^2(1+\theta_1^2+\cdots+\theta_q^2) & k=0 \\ \sigma_a^2(-\theta_k+\theta_1\theta_{k+1}+\cdots+\theta_{q-k}\theta_q) & 1\leqslant k\leqslant q \\ 0 & k>q \end{cases} \quad (14.1\text{-}3)$$

从而有
$$\rho_k = \frac{r_k}{r_0} = \begin{cases} 1 & k=0 \\ \dfrac{-\theta_k+\theta_1\theta_{k+1}+\theta_2\theta_{k+2}+\cdots+\theta_{q-k}\theta_q}{1+\theta_1^2+\theta_2^2+\cdots+\theta_q^2} & 1\leqslant k\leqslant q \\ 0 & k>q \end{cases}$$

$$(14.1\text{-}4)$$

由(14.1-4)可见，当 $k>q$ 时，$\rho_k=0$，即 y_t 与 y_{t+k} 不相关，这种现象称为截尾(Cuts Off)，因此，当 $k>q$ 时，$\rho_k=0$ 是 MA(q) 模型的一个特征。

[例1] MA(1)模型的自相关函数
$$y_t = a_t - \theta_1 a_{t-1}$$

这里 a_t 是白噪声序列，由(14.1-4)得到
$$\rho_1 = \frac{-\theta_1}{1+\theta_1^2}, \quad \rho_k = 0, \quad k>1$$

当 θ_1 取不同的数值时，有不同的自相关函数。

[例2] MA(2)模型的自相关函数
$$y_t = a_t - \theta_1 a_{t-1} - \theta_2 a_{t-2}$$

a_t 为白噪声序列，由(16.1-4)得到
$$\rho_1 = \frac{-\theta_1(1-\theta_2)}{1+\theta_1^2+\theta_2^2}$$

$$\rho_2 = \frac{-\theta_2}{1+\theta_1^2+\theta_2^2}$$

$$\rho_k = 0, \quad k>2$$

[例1]与[例2]的自相关函数的图像如图14-2所示。

$$\rho_k = \frac{r_k}{r_0} = \varphi_1^k, \quad k=1, 2, \cdots$$

2. AR(p)序列的自相关函数

为了直观地理解 AR(p) 序列的自相关函数的具体特征，首先研究 AR(1)模型。设

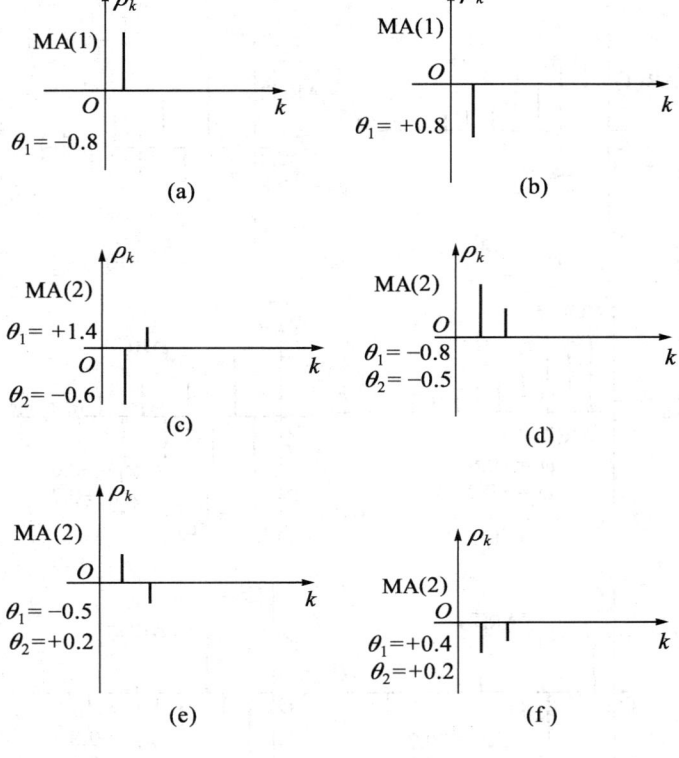

图 14-2

$$y_t = \varphi_1 y_{t-1} + a_t$$

它的自协方差函数为

$$\begin{aligned} r_1 &= \text{cov}(y_t, y_{t-1}) \\ &= E y_t y_{t-1} = E(\varphi_1 y_{t-1} + a_t) y_{t-1} \\ &= \varphi_1 E y_{t-1}^2 + E a_t y_{t-1} \\ &= \varphi_1 r_0 \\ r_2 &= E y_t y_{t-2} = E(\varphi_1 y_{t-1} + a_t) y_{t-2} \\ &= E[\varphi_1(\varphi_1 y_{t-2} + a_{t-1}) + a_t] y_{t-2} \\ &= \varphi_1^2 E y_{t-2}^2 + \varphi_1 E a_{t-1} y_{t-2} + E a_t y_{t-2} \\ &= \varphi_1^2 r_0 = \varphi_1 r_1 \end{aligned}$$

同理可得到一般的 r_k

$$r_k = \varphi_1^k r_0$$

因此自相关函数为：当 $|\varphi_1|<1$ 时，$\rho_k \to 0$，但不等于 0，即 ρ_k 随 k 的增大而逐渐消失、衰减至零，这种现象称为拖尾(Tails off)。其图像如图 14-3 所示。

其次，我们讨论 AR(2)的情况，模型方程为

$$y_t = \varphi_1 y_{t-1} + \varphi_2 y_{t-2} + a_t$$

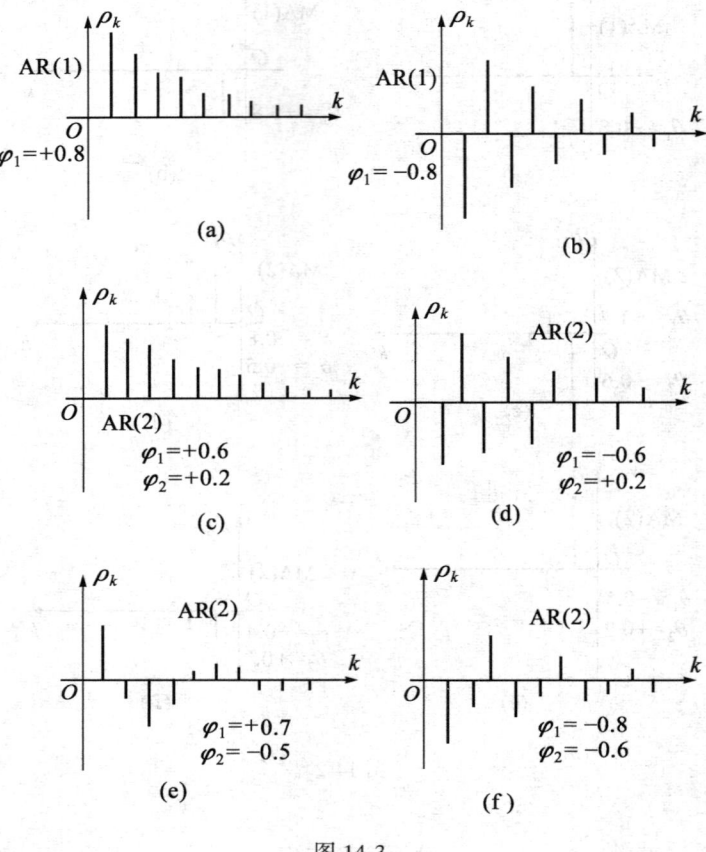

图 14-3

它的自协方差函数为

$$r_k = Ey_{t+k}y_t = E[\varphi_1 y_{t+k-1}+\varphi_2 y_{t+k-2}+a_{t+k}]y_t$$
$$= \varphi_1 r_{k-1}+\varphi_2 r_{k-2}$$

从而有

$$\rho_k = \varphi_1\rho_{k-1}+\varphi_2\rho_{k-2} \quad k>0 \tag{14.1-5}$$

对于 $k=1, 2$,有

$$\rho_1 = \varphi_1+\varphi_2\rho_1$$
$$\rho_2 = \varphi_1\rho_1+\varphi_2$$

利用 φ_1,φ_2 的值,可以准确地求出 ρ_1,ρ_2 的值

$$\rho_1 = \frac{\varphi_1}{1-\varphi_2}$$

$$\rho_2 = \frac{\varphi_1^2}{1-\varphi_2}+\varphi_2$$

由(14.1-5)可求出 ρ_3, ρ_4, …的值。图 14-2 将给出 AR(1) 与 AR(2) 的自相关函数图。

图 14-2 显示的相关关系，表示出 AR(1) 与 AR(2) 序列的自相关，两者均伴随着相同的基本动态关系，随着滞后 k 的增大，ρ_k 在衰减。对于一般的 AR(p) 自相关函数，由于

$$y_t = \varphi_1 y_{t-1} + \varphi_2 y_{t-2} + \cdots + \varphi_p y_{t-p} + a_t \tag{14.1-6}$$

有

$$\begin{aligned} r_k &= E y_{t+k} y_t = E(\varphi_1 y_{t+k-1} + \varphi_2 y_{t+k-2} + \cdots + \varphi_p y_{t+k-p} + a_{t+k}) y_t \\ &= \varphi_1 r_{k-1} + \varphi_2 r_{k-2} + \cdots + \varphi_p r_{k-p} \end{aligned}$$

又由

$$\rho_k = \frac{r_k}{r_0}, \quad \text{且} \rho_k = \rho_{-k}$$

从而有

$$\rho_k = \varphi_1 \rho_{k-1} + \varphi_2 \rho_{k-2} + \cdots + \varphi_p \rho_{k-p} \tag{14.1-7}$$

这是一个差分方程，与(14.1-6)仅差一个白噪声项。由于假定讨论的 AR(p) 序列满足平稳条件，故由差分方程求根可知，AR(p) 序列的自相关函数 $\{\rho_k\}$，在模型的平稳域内是被负指数函数控制的，是非截尾(not Cuts off)序列，并称这种序列为拖尾序列。因此，自相关函数序列"拖尾"是 AR(p) 序列的一种特征。

由(14.1-7)，当 $k=1, 2, \cdots, p$ 时，运用自相关函数的对称性，得到如下方程组

$$\left.\begin{aligned} \rho_1 &= \varphi_1 + \varphi_2 \rho_1 + \varphi_3 \rho_2 + \cdots + \varphi_p \rho_{p-1} \\ \rho_2 &= \varphi_1 \rho_1 + \varphi_2 + \varphi_3 \rho_1 + \cdots + \varphi_p \rho_{p-2} \\ &\cdots\cdots\cdots\cdots \\ \rho_p &= \varphi_1 \rho_{p-1} + \varphi_2 \rho_{p-2} + \varphi_3 \rho_{p-3} + \cdots + \varphi_p \end{aligned}\right\} \tag{14.1-8}$$

此方程称 Yule Walker 方程，若已知模型参数 φ_1, φ_2, …, φ_p，可求 ρ_1, ρ_2 …, ρ_p，然后利用(14.1-7)递推下去，求出一切 ρ_k，$k>p$。反之，若已知 ρ_1, ρ_2, …, ρ_p，运用(14.1-8)可求估模型参数 φ_1, φ_2, …, φ_p 以及 σ_a^2

$$\begin{aligned} \sigma_a^2 &= E a_t^2 = E[y_t - \varphi_1 y_{t-1} - \varphi_2 y_{t-2} - \cdots - \varphi_p y_{t-p}]^2 \\ &= r_0 - 2 \sum_{j=1}^{p} \varphi_j r_j + \sum_{i,j=1}^{p} \varphi_i \varphi_j r_{j-i} \end{aligned} \tag{14.1-9}$$

由(14.1-7) 可推得

$$\begin{aligned} \sum_{j=1}^{p} \varphi_j r_j &= \sum_{j=1}^{p} \varphi_j \sum_{i=1}^{p} \varphi_i r_{j-i} \\ &= \sum_{i,j=1}^{p} \varphi_i \varphi_j r_{j-i} \end{aligned}$$

将此结果代入(14.1-9) 得

$$\sigma_a^2 = r_0 - \sum_{j=1}^{p} \varphi_j r_j$$

$$= r_0 - \sum_{i,j=1}^{p} \varphi_i \varphi_j r_{j-i} \quad (14.1\text{-}10)$$

3. ARMA(p, q)序列的自相关函数

ARMA(p, q)序列的自相关函数，直观地说就是 AR(p)序列与 MA(q)序列自相关函数的混合物。当 $p=0$ 时，它具有截尾性质；当 $q=0$ 时，它具有拖尾特性。因此，当 p，q 均不为零时，它具有拖尾性质。现计算如下：

设
$$y_t = \varphi_1 y_{t-1} + \varphi_2 y_{t-2} + \cdots + \varphi_p y_{t-p} + a_t - \theta_1 a_{t-1} - \cdots - \theta_q a_{t-q}$$

$$\begin{aligned} r_k &= E y_{t+k} y_t \\ &= E[\varphi_1 y_{t+k-1} + \varphi_2 y_{t+k-2} + \cdots + \varphi_p y_{t+k-p} + a_{t+k} - \theta_1 a_{t+k-1} - \cdots - \theta_q a_{t+k-q}] y_t \\ &= \varphi_1 r_{k-1} + \varphi_2 r_{k-2} + \cdots + \varphi_p r_{k-p} + r_{ya}(k) - \theta_1 r_{ya}(k-1) - \cdots - \theta_q r_{ya}(k-q) \\ &\cdots\cdots\cdots \end{aligned}$$

$$(14.1\text{-}11)$$

这里
$$r_{ya}(k) = E y_t a_{t+k} \quad (14.1\text{-}12)$$

表示序列 y_t 与白噪声序列 a_t 之间的互协方差函数。将 y_t 以它的传递形式表示，得到

$$y_t = \sum_{i=0}^{\infty} \psi_i a_{t-i}$$

则
$$r_{ya}(k) = E\left[\sum_{i=0}^{\infty} \psi_i a_{t-i} a_{t+k}\right]$$

$$= \begin{cases} \sigma_a^2 \psi_{-k} & k < 0 \\ 0 & k > 0 \end{cases}$$

$$\cdots\cdots\cdots \quad (14.1\text{-}13)$$

由(14.1-13)式，当 $k>q$ 时，$r_{ya}(j) = 0$，$j=1, 2, \cdots, k-q$。

故
$$r_k = \varphi_1 r_{k-1} + \varphi_2 r_{k-2} + \cdots + \varphi_p r_{k-p}$$

将上式两边同除以 r_0，得

$$\rho_k = \varphi_1 \rho_{k-1} + \varphi_2 \rho_{k-2} + \cdots + \varphi_p \rho_{k-p}$$
$$k > q$$

或写成
$$\varphi(B) \rho_k = 0 \quad (14.1\text{-}14)$$

由(14.1-11)和(14.1-14)可知，ARMA(p, q)模型的自相关函数 ρ_k，有 q 个自相关函数 $\rho_1, \rho_2, \cdots, \rho_q$ 的数值直接依赖于模型参数 $\varphi_1, \varphi_2, \cdots, \varphi_p$ 与 $\theta_1, \theta_2, \cdots, \theta_q$，但自 $k>q$ 以后的 ρ_k，仅依赖于 $\varphi_1, \varphi_2, \cdots, \varphi_p$ 以及 $\rho_{k-1}, \rho_{k-2}, \cdots, \rho_{k-p}$，即当 $k>q$ 以后，ρ_k 满足差分方程(14.1-14)。

[例1] ARMA(1, 1)的自相关函数

$$y_t = \varphi_1 y_{t-1} + a_t - \theta_1 a_{t-1}$$

(14.1-15)

由(14.1-14)得到

$$\rho_k = \varphi_1 \rho_{k-1} \qquad k>1$$

由(14.1-11)得到

$$r_1 = \varphi_1 r_0 + r_{ya}(1) - \theta_1 r_{ya}(0)$$

由(14.1-13)得

$$r_{ya}(1) = 0,$$
$$r_{ya}(0) = \psi_0 \sigma_a^2 = \sigma_a^2$$

∴ $r_1 = \varphi_1 r_0 - \theta_1 \sigma_a^2$

$r_0 = \varphi_1 r_{-1} + r_{ya}(0) - \theta_1 r_{ya}(-1)$

又由(14.1-13)得

$$r_{ya}(-1) = \sigma_a^2 \psi_1$$

这里 ψ_1 是 ARMA(1, 1) 的传递形式的系数, 所以 $\psi_1 = \varphi_1 - \theta_1$, 见 §13.4 代入上式, 得

$$r_{ya}(-1) = \sigma_a^2 (\varphi_1 - \theta_1)$$

∴
$$\begin{aligned}
r_0 &= \varphi_1 r_1 + \sigma_a^2 - \theta_1(\varphi_1 - \theta_1)\sigma_a^2 \\
&= \varphi_1 r_1 + \sigma_a^2 [1 - \theta_1(\varphi_1 - \theta_1)] \\
&= \varphi_1 [\varphi_1 r_0 - \theta_1 \sigma_a^2] + \sigma_a^2 [1 - \theta_1(\varphi_1 - \theta_1)] \\
&= \varphi_1^2 r_0 - 2\theta_1 \varphi_1 \sigma_a^2 + (1+\theta_1^2)\sigma_a^2
\end{aligned}$$

由此得到

$$r_0 = \frac{1+\theta_1^2 - 2\theta_1 \varphi_1}{1-\varphi_1^2} \sigma_a^2$$

$$\begin{aligned}
r_1 &= \varphi_1 r_0 - \theta_1 \sigma_a^2 \\
&= \varphi_1 \frac{1+\theta_1^2 - 2\theta_1 \varphi_1}{1-\varphi_1^2} \sigma_a^2 - \theta_1 \sigma_a^2 \\
&= \sigma_a^2 \left[\frac{(1+\theta_1^2 - 2\theta \varphi_1)\varphi_1}{1-\varphi_1^2} - \theta_1 \right] \\
&= \sigma_a^2 \left[\frac{\varphi_1 + \varphi_1 \theta_1^2 - 2\theta_1 \varphi_1^2 - (1-\varphi_1^2)\theta_1}{1-\varphi_1^2} \right] \\
&= \sigma_a^2 \frac{(1-\varphi_1 \theta_1)(\varphi_1 - \theta_1)}{1-\varphi_1^2}
\end{aligned}$$

∴ $\rho_1 = \dfrac{r_1}{r_0} = \dfrac{(1-\varphi_1 \theta_1)(\varphi_1 - \theta_1)}{1+\theta_1^2 - 2\theta_1 \varphi_1}$

对于 $k \geq 2$，有

$$\rho_2 = \varphi_1 \rho_1 = \frac{(1-\varphi_1\theta_1)(\varphi_1-\theta_1)}{1+\theta_1^2-2\theta_1\varphi_1}\varphi_1$$

$$\rho_3 = \varphi_1 \rho_2 = \frac{(1-\varphi_1\theta_1)(\varphi_1-\theta_1)}{1+\theta_1^2-2\theta_1\varphi_1}\varphi_1^2$$

$$\vdots$$

$$\rho_k = \varphi_1 \rho_{k-1} = \frac{(1-\varphi_1\theta_1)(\varphi_1-\theta_1)}{1+\theta_1^2-2\theta_1\varphi_1}\varphi_1^{k-1}$$

因此，ARMA(1，1)序列的自相关函数是拖尾的。其自相关函数的图像如图 14-4 所示。

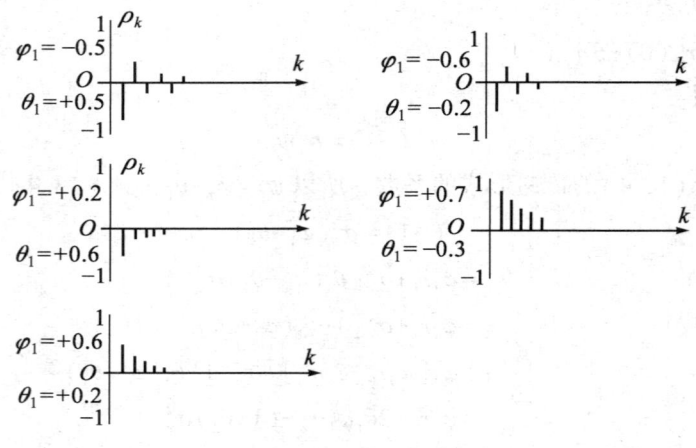

图 14-4

§14.2 ARMA 模型的偏自相关函数

在 §14.1 中分别介绍了 MA(q)、AR(p) 与 ARMA(p，q) 模型的自相关函数，而且指出了 MA(q) 模型的自相关函数有明显的截尾性质，AR(p) 与 ARMA(p，q) 模型均有拖尾性质。因此，仅研究序列的自相关特征，尚不足以识别序列的实在模型，还必须找出序列另外的统计特征。通过什么思路去寻找？对于一个 AR(p) 模型来说，我们自然设想用一个自回归过程去拟合序列的观察数据。假定以 AR($k-1$) 去拟合了一个数据序列，拟合之后，又想到是否用 AR(k) 去拟合可能会更好一些？因此，在模型中又增加一个滞后变量 y_{t-k}，若记拟合的自回归系数为 φ_{kj}，则相应于 y_{t-k} 的系数就是 φ_{kk}。由直观估计，若 $|\varphi_{kk}|$ 很小，则滞后变量 y_{t-k} 附加在模型中是毫无意义的，即应拟合的 AR($k-1$) 模型比较合适，否则，就应包含 y_{t-k} 在模型之中，其相应的系数 φ_{kk} 就是我们要寻找的另一个统计特征，称

为偏自相关系数,它度量了在已知序列值 y_{t-1}, y_{t-2}, $\cdots$, y_{t-k+1} 的条件下 y_t 与 y_{t-k} 之间的相关关系。

根据上述思路以及 AR(p) 的拖尾性质,我们设想用 y_{t-1}, y_{t-2}, $\cdots$, y_{t-k} 的 k 阶自回归过程去逼近 y_t,即

$$y_t = \varphi_{k1}y_{t-1} + \varphi_{k2}y_{t-2} + \cdots + \varphi_{kk}y_{t-k} + e_t$$

这里 e_t 是误差,φ_{ki} 称为"权"系数,确定"权"系数的方法,通常采用方差最小的原则,即是使

$$Q = E\left(y_t - \sum_{j=1}^{k} \varphi_{kj}y_{t-j}\right)^2 = Ee_t^2 = \min \qquad (14.2\text{-}1)$$

(14.2-1) 中的 Q,是 φ_{k1}, φ_{k2}, $\cdots$, φ_{kk} 的函数,欲使 Q 达到极小,必须满足下述条件

$$\frac{\partial Q}{\partial \varphi_{kj}} = \frac{\partial}{\partial \varphi_{kj}} E\left[y_t - \sum_{j=1}^{k} \varphi_{kj}y_{t-j}\right]^2 \quad j = 1, 2, \cdots, k$$

共有 k 个方程,可解得 k 个未知参数 φ_{kj}。为求出 k 个方程,我们展开 Q 的表达式

$$\begin{aligned} Q &= E\left[y_t - \sum_{j=1}^{k} \varphi_{kj}y_{t-j}\right]^2 \\ &= E\left[y_t^2 - 2\sum_{j=1}^{k} \varphi_{kj}y_t y_{t-j}\right] + \left(\sum_{j=1}^{k} \varphi_{kj}y_{t-j}\right)\left(\sum_{i=1}^{k} \varphi_{ki}y_{t-i}\right) \\ &= r_0 - 2\sum_{j=1}^{k} \varphi_{kj}r_j + r_0 \sum_{j=1}^{k} \varphi_{kj}^2 + 2\sum_{j>i} \varphi_{kj}\varphi_{ki}r_{j-i} \\ &= \left(1 + \sum_{j=1}^{k} \varphi_{kj}^2\right) r_0 - 2\sum_{j=1}^{k} \varphi_{ki}r_i + 2\sum_{j>i} \varphi_{jk}\varphi_{ki}r_{j-i} \end{aligned}$$

首先求出 $\dfrac{\partial Q}{\partial \varphi_{k1}}$,并令它等于零,即

$$\frac{\partial Q}{\partial \varphi_{k1}} = 2\varphi_{k1}r_0 + 2\varphi_{k2}r_1 + 2\varphi_{k3}r_2 + \cdots + 2\varphi_{kk}r_{k-1} - 2r_1 = 0$$

两边同除以 r_0,得到

$$\varphi_{k1} + \varphi_{k2}\rho_1 + \varphi_{k3}\rho_2 + \cdots + \varphi_{kk}\rho_{k-1} = \rho_1$$

同理求出

$$\frac{\partial Q}{\partial \varphi_{ki}} = 0 \qquad i = 2, \cdots, k-1, k$$

得到方程组

$$\left. \begin{array}{l} \varphi_{k1}\rho_1 + \varphi_{k2} + \varphi_{k3}\rho_1 + \cdots + \varphi_{kk}\rho_{k-2} = \rho_2 \\ \qquad \cdots\cdots\cdots\cdots \\ \varphi_{k1}\rho_{k-1} + \varphi_{k2}\rho_{k-2} + \cdots + \varphi_{kk} = \rho_k \end{array} \right\} \qquad (14.2\text{-}2)$$

上述方程组可以写成矩阵形式

$$\begin{pmatrix} 1 & \rho_1 & \rho_2 & \cdots & \rho_{k-1} \\ \rho_1 & 1 & \rho_1 & \cdots & \rho_{k-2} \\ \vdots & \vdots & \vdots & \vdots & \vdots \\ \rho_{k-1} & \rho_{k-2} & \rho_{k-3} & \cdots & 1 \end{pmatrix} \begin{pmatrix} \varphi_{k1} \\ \varphi_{k2} \\ \cdots \\ \varphi_{kk} \end{pmatrix} = \begin{pmatrix} \rho_1 \\ \rho_2 \\ \cdots \\ \rho_k \end{pmatrix} \quad (14.2\text{-}3)$$

我们暂不管(14.2-3)，而是先从 Q 的定义出发，直接求出 φ_{kj}。为此，以(14.2-1)代入 Q，得

$$\begin{aligned} Q &= E\Big(y_t - \sum_{j=1}^{k} \varphi_{kj} y_{t-j}\Big)^2 \\ &= E\Big[\sum_{j=1}^{p} \varphi_j y_{t-j} + e_t - \sum_{j=1}^{k} \varphi_{kj} y_{t-j}\Big]^2 \\ &= E\Big[e_t + \sum_{j=1}^{p}(\varphi_j - \varphi_{kj}) y_{t-j} - \sum_{j=p+1}^{k} \varphi_{kj} y_{t-j}\Big]^2 \geq E e_t^2 \end{aligned}$$

上述等式是在假定 e_t 与 y_{t-j} 不相关的情况下求得的。因此，欲使 Q 达到最小，就应取

$$\varphi_{kj} = \begin{cases} \varphi_j & 1 \leq j \leq p \quad k = p, \; p+1, \; \cdots \\ 0 & j > p \end{cases}$$

特别是对 $k>p$ 有 $\varphi_{kk}=0$。由此得到 AR(p) 模型的主要特征是 $k>p$ 时，$\varphi_{kk}=0$，即是 φ_{kk} 在 p 步以后截尾。

对于 ARMA(p, q) 与 MA(q) 模型的偏自相关函数 φ_{kk}，可以证明它是拖尾的，本书略去证明。欲详细了解的读者可参阅博克斯(Box)和詹金斯(Jenkins)合著的《时间序列分析——预测和控制》。φ_{kk} 的计算可以通过求解 Yule Walker 方程得到。但是，采用下述递推公式进行计算则更为简单，递推公式如下

$$\begin{aligned} \varphi_{11} &= \hat{\rho}_1 \\ \varphi_{k+1\,k+1} &= \Big(\hat{\rho}_{k+1} - \sum_{j=1}^{k} \hat{\rho}_{k+1-j} \hat{\varphi}_{kj}\Big) \\ &\quad \times \Big(1 - \sum_{j=1}^{k} \hat{\rho}_j \hat{\varphi}_{kj}\Big)^{-1} \\ \hat{\varphi}_{k+1\,j} &= \hat{\varphi}_{kj} - \hat{\varphi}_{k+1\,k+1} \hat{\varphi}_{kk-j+1} \end{aligned} \quad (14.2\text{-}4)$$

$\hat{\rho}_j$ 是样本标准自相关函数。

递推公式(14.2-4)的详细推导，可参阅安鸿志等编著的《时间序列的分析与应用》(科学出版社 1983 年版)。

§14.3　ARMA(p, q) 模型的识别方法

在第十三章，我们研究了 ARMA 模型的平稳、可逆条件以及模型的传递和逆转形式。在本章的前两节，又论述了模型的自相关与偏自相关理论。这些理论均可用于模型识别，现综述如下见表 14.1。

表 14.1　　　　　　　　　　　ARMA 序列的分类性质一览表

类别＼表现形式＼模型	AR(P)	MA(q)	ARMA(p, q)
模型方程	$\varphi(B)y_t = a_t$	$y_t = \theta(B)a_t$	$\varphi(B)y_t = \theta(B)a_t$
平稳条件	$\varphi(B)=0$ 的根全在单位圆外	当然平稳	$\varphi(B)=0$ 的根全在单位圆外
可逆条件	当然可逆	$\theta(B)=0$ 的根在单位圆外	$\theta(B)=0$ 的根全在单位圆外
传递形式	$y_t = \varphi^{-1}(B)a_t$	$y_t = \theta(B)a_t$	$y_t = \varphi^{-1}(B)\theta(B)a_t$
逆转形式	$a_t = \varphi(B)y_t$	$a_t = \theta^{-1}(B)y_t$	$a_t = \theta^{-1}(B)\varphi(B)y_t$
自相关函数	拖尾	截尾	拖尾
偏自相关函数	截尾	拖尾	拖尾

根据前面的论述和表 14.1 的结果，我们有如下的识别结论。

1. $AR(p)$ 模型的识别方法

若 y_t 的偏自相关函数 φ_{kk} 在 p 步以后截尾，即 $k>p$ 时，$\varphi_{kk}=0$，而且它的自相关函数 ρ_k 拖尾，则可断言此序列是自回归 $AR(p)$ 序列。值得注意的是，当 $k>p$ 时，$\varphi_{kk}=0$ 仅是理论上的，实际上的样本偏自相关函数 $\hat{\varphi}_{kk}$ 仅是理论偏自相关 φ_{kk} 的一个估计值，由于样本的随机性，免不了有误差。因此，当 $k>p$ 时，$\hat{\varphi}_{kk}$ 不会全为零，而是在零的上下波动。可以证明，当 $k>p$ 时，$\hat{\varphi}_{kk}$ 服从渐近正态分布，即近似地有

$$\hat{\varphi}_{kk} \sim N\left(0, \frac{1}{\sqrt{n}}\right)$$

这里 n 表示样本容量。由样本计算得到 $\hat{\varphi}_{kk}$ 以后，即可进行统计，若满足

$$p\left(|\hat{\varphi}_{kk}| > \frac{1}{\sqrt{n}}\right) = 31.7\%$$

或

$$p\left(|\hat{\varphi}_{kk}| > \frac{2}{\sqrt{n}}\right) = 4.5\%$$

则可判断 $\hat{\varphi}_{kk}$ 在 $k>p$ 以后截尾。实际上只要统计出 $k>p$ 以后的 φ_{kk}，若 $|\varphi_{kk}|>\frac{2}{\sqrt{n}}$ 的个数不超过总数的 4.5%，就可认为 $\hat{\varphi}_{kk}$ 是截尾的。

2. $MA(q)$ 模型的识别方法

若随机序列的自相关函数截尾，即自 q 步以后有 $\rho_k=0$，$k>q$，而它的偏自相关函数拖

尾，则可断言此序列是滑动平均 MA(q) 序列。但值得注意的是，在 $k>q$ 以后，$\rho_k=0$ 仅是理论上的，实际的样本自相关函数不会在 q 步以后全为零，而是在零的上下波动。但在数理统计中已经证明，当 $k>q$ 以后，样本自相关函数 ρ_k 渐近服从 $N\left(0, \dfrac{1}{\sqrt{n}}\right)$ 分布，故由正态分布理论可知

$$P\left(|\hat{\rho}_k|<\dfrac{1}{\sqrt{n}}\right)=68.3\%$$

$$P\left(|\hat{\rho}_k|<\dfrac{2}{\sqrt{n}}\right)=95.5\%$$

这里 n 是样本长度。

实际上，对于 $k>q$，若 $|\hat{\rho}_k|>\dfrac{1}{\sqrt{n}}$ 的个数不超过总个数的 31.7%，或 $|\hat{\rho}_k|>\dfrac{2}{\sqrt{n}}$ 的个数不超过 4.5%，就可认为 $\hat{\rho}_k$ 在 $k>q$ 时是"截尾"的。

3. ARMA(p，q) 模型的识别方法

若随机序列的自相关函数与偏自相关函数均是拖尾，则可断言此序列是自回归滑动平均序列。

对于 ARMA(p，q) 模型中的 p 与 q 的识别，不可能像 AR 和 MA 模型中的 p 与 q 那样有明显的识别法则，只能采用瞎子爬坡的方法，一步一步地摸索，首先依较低的阶数 (1，1)，(1，2)，(2，1) 进行试探，然后逐个增加阶数进行尝试，直到选出合适的模型，定出阶数 p，q 之值时为止。所谓合适的模型，指的是在选定 p，q 以后进行参数估计，然后又根据所估计的参数，对模型进行检验。如果检验合格，则认为此模型合适，否则，要继续进行新的尝试。

4. F 检验的定阶识别方法

假定识别的模型是 AR(p)，模型的方程是

$$y_t=\varphi_1 y_{t-1}+\varphi_2 y_{t-2}+\cdots+\varphi_p y_{t-p}+a_t$$

现试图用下述方程去拟合 y_t。

$$\hat{y}_t=\hat{\varphi}_1 y_{t-1}+\hat{\varphi}_2 y_{t-2}+\cdots+\hat{\varphi}_p y_{t-p}$$

拟合误差为

$$\begin{aligned}\hat{a}_t &= y_t-\hat{y}_t \\ &= y_t-\hat{\varphi}_1 y_{t-1}-\hat{\varphi}_2 y_{t-2}-\cdots-\hat{\varphi}_p y_{t-p}\end{aligned}$$

$\hat{a}_t$ 又称为残差。残差平方和记为

$$\hat{S}(p)=\sum_{t=p+1}^{n}\hat{a}_t^2 \tag{14.3-1}$$

是阶数 p 的递减函数。我们要识别的阶数 p，是使 $\hat{S}(p)$ 达到极小的 p。这一识别工作，可

以通过 F 检验来完成。若 $\hat{S}(p)$ 的 p 从 p 增加到 $p+k$，（一般情况取 $k=1$），这时 $\hat{S}(p+k)$ 相对于 $\hat{S}(p)$ 的变化不显著，则可以认为拟合 AR(p) 模型合适。现就 $k=1$ 构造检验统计量如下：

$$F = \frac{\hat{S}(p) - \hat{S}(p+1)}{1} \bigg/ \frac{\hat{S}(p+1)}{n-p}$$
$$= F(1, n-p) \tag{14.3-2}$$

上式中 $\hat{S}(p)$、$\hat{S}(p+1)$ 分别是 AR(p) 和 AR($p+1$) 的残差平方和，n 是样本容量，可以证明统计量 F 渐近地服从自由度为 1 和 $n-p$ 的 F 分布。定阶检验的方法是，给出信度 α（一般选取 $\alpha=0.05$ 或 0.01）查自由度为 $(1, n-p)$ 的 F 分布表，得到临界值 F_α，将它与由 (14.3-2) 算出的统计量 F 的值比较，若 $F<F_\alpha$，则判断 AR(p) 模型适合，也就是模型的阶数定为 p 恰当。若 $F \geq F_\alpha$，则认为拟合 AR(p) 不妥。具体的识别计算程序如下：

(1) 依据样本序列 $y_1, y_2, \cdots, y_n$，由低阶到高阶依顺序拟合 AR(1)，AR(2)，$\cdots$，AR(p)，AR($p+1$) 模型，并计算出相应的残差平方和 $\hat{S}(1), \hat{S}(2), \cdots, \hat{S}(p+1)$，和相应的检验统计量 F 的值。

(2) 运用 F 检验法分别对相邻的模型 AR(k) 与 AR($k+1$) 进行检验比较，k 从 1 开始，直至能确定合适的阶数为止。

对于一般的 ARMA 模型，其定阶检验的统计量是：

$$F = \frac{\hat{S}(p-1, q-1) - \hat{S}(p, q)}{2} \bigg/ \frac{\hat{S}(p, q)}{n-(p+q)}$$
$$= F(2, n-p-q) \tag{14.3-3}$$

上式中 $\hat{S}(p, q)$ 是 ARMA(p, q) 模型的残差平方和，p, q 是模型的阶数，当 n 充分大时，F 近似地服从 $F(2, n-p-q)$ 分布。其检验方法是给出信度 α（一般取 0.05 或 0.01）查 F 分布表中对应自由度为 $(2, n-p-q)$ 所在的行得到的临界值 F_α，将它与由 (14.3-3) 计算出的统计量 F 的值比较，若 $F<F_\alpha$，则可判断 ARMA($p-1, q-1$) 模型合适，若 $F \geq F_\alpha$，则模型的阶数有增加的可能，要继续增加阶数，直到认为检验合适为止。

5. AIC 最小信息识别准则

AIC 准则的英文全称是 An Information Criterion，是由日本统计学家赤池弘次（Akaike）在 1973 年提出的，又称为最小信息准则，在实际工作中有广泛的应用，对时间序列模型的定阶带来很大的方便。这一准则是以模型参数的极大似然估计为基础，对 ARMA 模型的阶数和参数同时给出最佳估计，具体的定阶识别程序如下。

设 y_t，$t=0, 1, 2, \cdots$ 为平稳自回归序列，现通过 AIC 准则具体确定模型的阶数，即确定 AR(p) 中的 p 值。对于 AR(p) 模型，AIC 准则函数的意义是：

$$\text{AIC}(k) = \ln \hat{\sigma}_a^2 + 2k/n \qquad k=0, 1, 2, \cdots, L \tag{14.3-4}$$

其中，n 为样本容量，L 为预先给定的模型最高阶数，由 (14.1-10)，有

$$\hat{\sigma}_a^2 = \hat{r}_0 - \sum_{j=1}^{k} \hat{\varphi}_j \hat{r}_j = \hat{r}_0 (1 - \sum_{j=1}^{k} \hat{\varphi}_j \hat{p}_j)$$

若 AIC 准则函数满足

$$\text{AIC}(p) = \min_{1 \leq k \leq L} \text{AIC}(k) \tag{14.3-5}$$

则可判断该模型的合适阶数是 p。

对于 ARMA 模型，其 AIC 准则函数的意义是：

$$\text{AIC}(n, m) = \ln \hat{\sigma}_a^2 + 2(n+m+1)/n \tag{14.3-6}$$

假定 ARMA 模型中自回归项的最高阶数为 H，滑动平均项的最高阶数为 D，记 $L = \max(H, D)$ 若

$$\text{AIC}(p, q) = \min_{0 \leq n, m \leq L} \text{AIC}(n, m) \tag{14.3-7}$$

则可认为 ARMA 模型的合适阶数是 (p, q)。其中在 (14.3-6) 中的 $\hat{\sigma}_a^2$ 是 ARMA 模型中 $\hat{\sigma}_a^2 = Ea_t^2$ 的估计量，具体计算可通过样本算出模型的残差平方和，再用此平方和去估计出 $\hat{\sigma}_a^2$ 的值。

在应用 AIC 准则定阶时，需要预先给出模型的最高阶数，大量的经验告诉我们，最高阶数约为样本容量 n 的 $\sqrt{n}$，$\dfrac{n}{10}$、$\log n$ 或 $\dfrac{n}{10}$ 与 $\log n$ 的中间数。

应用举例：现以表 14-3 的数据为例，运用 AIC 准则确定模型的阶数。表 14-3 中样本数为 36，最高阶数取 $\log n$ 与 $n/10$ 的中间整数，故取 $L=3$。

首先，要认识到不同阶数的 AR 模型，其参数多少是不同的，AR(1) 模型有两个参数，即 $\hat{\varphi}_1$ 与 $\hat{\sigma}_a^2(1)$，AR(2) 模型有 3 个参数即 $\hat{\varphi}_1$、$\hat{\varphi}_2$ 与 $\hat{\sigma}_a^2(2)$，AR(3) 模型有 4 个参数，即 $\hat{\varphi}_1$、$\hat{\varphi}_2$、$\hat{\varphi}_3$ 与 $\hat{\sigma}_a^2(3)$。要构造 AIC(k) 准则函数，要求先求出 $\hat{\sigma}_a^2(1)$，$\hat{\sigma}_a^2(2)$，与 $\hat{\sigma}_a^2(3)$。

$$\hat{\sigma}_a^2(k) = \hat{\gamma}_0 (1 - \sum_{j=1}^{k} \hat{\sigma}_j \hat{\rho}_j) \tag{14.3-8}$$

又由 (14.1-8) 可分别估出 AR(1) 的模型参数 $\hat{\varphi}_1 = \hat{\rho}_1 = 0.9$，AR(2) 模型的参数 $\hat{\varphi}_1 = 0.7538$，$\hat{\varphi}_2 = 0.158$；AR(3) 的模型的参数 $\hat{\varphi}_1 = 0.7617$，$\hat{\varphi}_2 = 0.1527$，$\hat{\varphi}_3 = 0.00098$；由公式 (14.3-8) 可算出 $\hat{\sigma}_a^2(k)$。$\hat{r}_0 = \dfrac{1}{36} \sum_{t=1}^{36} y_t^2 = 4.0372$。

$$\hat{\sigma}_a^2(1) = \hat{r}_0 (1 - \hat{\rho}_1^2) = 0.7671$$

$$\hat{\sigma}_a^2(2) = \hat{r}_0 (1 - \hat{\varphi}_1 \hat{\rho}_1 - \hat{\varphi}_2 \hat{\rho}_2) = 0.7625$$

$$\hat{\sigma}_a^2(3) = \hat{r}_0 (1 - \hat{\varphi}_1 \hat{\rho}_1 - \hat{\varphi}_2 \hat{\rho}_2 - \hat{\varphi}_3 \hat{\rho}_3) = 0.9120$$

由 AIC(k) 的计算公式 (14.3-4) 可得

$$\text{AIC}(1) = \ln\hat{\sigma}_a^2(1) + \frac{2}{50} = \ln(0.7671) + 0.04 = -0.2251$$

$$\text{AIC}(2) = \ln\hat{\sigma}_a^2(2) + \frac{2\times 2}{50} = \ln(0.7625) + 0.08 = -0.1912$$

$$\text{AIC}(3) = \ln\hat{\sigma}_a^2(3) + \frac{2\times 3}{50} = \ln(0.912) + 0.12 = 0.0279$$

$$\text{AIC}(1) = \min\{-0.2251, -0.1912, 0.0279\} = -0.2251$$

由此得到 AR 模型最适合的阶数为 $p=1$。

思考与练习

1. 已知随机时间序列有以下的观察值（见表 14.2），求样本自相关函数 $\hat{r}_1$，$\hat{r}_2$ 和样本偏自相关函数 $\hat{\varphi}_{11}$，$\hat{\varphi}_{22}$。假定 $\hat{r}_0 = 2$。

表 14.2

t	1	2	3	4	5	6	7	8	9	10	11
y_t	2	1	-1	-1.5	-0.05	0.5	1.5	2	1	0.5	-0.5

2. 已知某样本序列的自相关函数有如下数据（见表 14.3），该表的数据是由 200 个样本点计算的结果，试识别此模型为何种模型？

表 14.3

k	1	2	3	4	5	6	7	8	9	10	11	12
$\hat{\rho}_k$	0.76	0.62	0.47	0.37	0.27	0.19	0.13	0.02	-0.04	-0.12	-0.17	-0.26
k	13	14	15	16	17	18	19	20	21	22	23	24
$\hat{\rho}_k$	-0.24	-0.25	-0.26	-0.27	0.33	0.36	-0.36	-0.31	-0.28	-0.21	-0.20	-0.15
k	25	26	27	28	29	30	31	32	33	34	35	36
$\hat{\rho}_k$	-0.08	-0.08	-0.07	-0.09	-0.03	0.00	0.03	0.04	0.05	0.07	0.10	0.08

3. 已知某样本序列的自相关函数有下列数据（见表 14.4），样本序列的长度为 200，试识别此模型为何种模型？

表 14.4

k	1	2	3	4	5	6	7	8	9	10	11	12
$\hat{\rho}_k$	−0.56	0.15	−0.11	0.07	−0.02	−0.05	0.14	−0.15	0.10	−0.08	0.16	−0.24
k	13	14	15	16	17	18	19	20	21	22	23	24
$\hat{\rho}_k$	0.14	−0.02	−0.04	0.10	−0.07	0.03	−0.12	0.13	−0.12	0.14	−0.09	−0.06
k	25	26	27	28	29	30	31	32	33	34	35	36
$\hat{\rho}_k$	0.16	−0.14	0.17	−0.22	0.14	−0.07	0.05	−0.01	0.00	0.08	0.12	−0.02

4. 已知随机序列的样本观察值如下，试判断此序列的平稳性。若不平稳，欲使序列平稳宜采用什么方法？

2.5，2.8，3.5，5，6，7.5，9，10.5，12，14，15.5，

17，19，21，22，24，25，26，28，29，30，32，

34，35，36，37，38，39，38，39.5，40，41，40.5，

42，43，42.5，43.5，45，46，45，46.5，48，5，48，49，

48，49.5，49，49.5，50，52，51，52，53，54，

第十五章 随机序列线性模型的参数估计与诊断检验

通过随机时间序列的样本值,确定线性模型的阶数以后,就是求估线性模型的参数,并对所建模型的合理性进行诊断检验。本章将介绍模型参数的矩估计法,以及诊断检验的平稳性分析、残差分析和拟合检验分析。

§15.1 ARMA 模型的参数估计

矩估计是常用的随机时间序列线性模型参数的估计方法,虽然它不如极大似然估计和最小二乘估计那样精确有效,但其最突出的优点就是方法简明,计算工作量小,在大样本的情况下,矩估计与最小二乘估计的精度非常接近。

1. AR(p) 模型的参数估计

假定序列 y_t 经过识别,确定为 p 阶的 AR(p) 模型,即 y_t 满足下述方程

$$y_t = \varphi_1 y_{t-1} + \varphi_2 y_{t-2} + \cdots + \varphi_p y_{t-p} + a_t \tag{15.1-1}$$

$\varphi_1, \varphi_2, \cdots, \varphi_p$ 是未知参数。我们的任务是利用实测序列提供的信息,对 $\varphi_1, \varphi_2, \cdots, \varphi_p$ 作出估计。根据(14.1-8)提供的 Yule Walker 方程,以样本自相关函数代替总体自相关函数,得到参数 $\varphi_1, \varphi_2, \cdots, \varphi_p$ 以及 σ_a^2 的 Ynle Walker 估计如下

$$\begin{pmatrix} \hat{\varphi}_1 \\ \hat{\varphi}_2 \\ \vdots \\ \hat{\varphi}_p \end{pmatrix} = \begin{pmatrix} \hat{\rho}_0 & \hat{\rho}_1 & \cdots & \hat{\rho}_{p-1} \\ \hat{\rho}_1 & \hat{\rho}_0 & \cdots & \hat{\rho}_{p-2} \\ \vdots & \vdots & & \vdots \\ \hat{\rho}_{p-1} & \hat{\rho}_{p-2} & \cdots & \hat{\rho}_0 \end{pmatrix}^{-1} \begin{pmatrix} \hat{\rho}_1 \\ \hat{\rho}_2 \\ \cdots \\ \hat{\rho}_p \end{pmatrix} \tag{15.1-2}$$

又由(14.1-10)式得到 σ_a^2 的估计值如下

$$\hat{\sigma}_a^2 = \hat{r}_0 - \sum_{j=1}^{p} \hat{\varphi}_j \hat{r}_j = \hat{r}_0 - \sum_{i,j=1}^{p} \hat{\varphi}_j \hat{\varphi}_i \hat{r}_{j-i} \tag{15.1-3}$$

[**例1**] AR(1) 模型的参数估计

设 $y_t = \varphi_1 y_{t-1} + a_t$

待估参数有 φ_1 和 σ_a^2。由(15.1-2)和(15.1-3)得知

$$\hat{\varphi}_1 = \hat{\rho}_1 = \frac{\hat{r}_1}{\hat{r}_0}$$

$$\hat{\sigma}_a^2 = \hat{r}_0 - \hat{\varphi}_1 \hat{r}_1 = \hat{r}_0 (1-\hat{\rho}_1^2)$$

[**例2**] AR（2）模型的参数估计

设 $y_t = \varphi_1 y_{t-1} + \varphi_2 y_{t-2} + a_t$

待估参数为 φ_1，φ_2 和 σ_a^2。由（15.1-2）和（15.1-3）可知

$$\hat{\varphi}_1 + \hat{\rho}_1 \hat{\varphi}_2 = \hat{\rho}_1$$
$$\hat{\rho}_1 \hat{\varphi}_1 + \hat{\varphi}_2 = \hat{\rho}_2$$

求解得到

$$\hat{\varphi}_1 = \frac{\hat{\rho}_1(1-\hat{\rho}_2)}{1-\hat{\rho}_1^2}, \quad \hat{\varphi}_2 = \frac{\hat{\rho}_2 - \hat{\rho}_1^2}{1-\hat{\rho}_1^2}$$

$$\hat{\sigma}_a^2 = \hat{r}_0 - \sum_{j=1}^{2} \hat{\varphi}_j \hat{r}_j = \hat{r}_0 (1 - \hat{\varphi}_1 \hat{\rho}_1 - \hat{\varphi}_2 \hat{\rho}_2)$$

2. MA（q）模型参数的矩估计

MA（q）模型的自协方差函数已在 §14.1 中讨论过，由（14.1-3），并以 $\hat{r}_k$ 代 r_k，$\hat{\sigma}_a^2$ 代 σ_a^2，$\hat{\theta}_i$ 代 θ_i，$i=1, 2, \cdots, q$，得到

$$\hat{r}_k = \begin{cases} \hat{\sigma}_a^2 (1+\hat{\theta}_1^2+\hat{\theta}_2^2+\cdots+\hat{\theta}_q^2) & k=0 \\ \hat{\sigma}_a^2 (-\hat{\theta}_k + \hat{\theta}_1\hat{\theta}_{k+1} + \hat{\theta}_2\hat{\theta}_{k+2} + \cdots + \hat{\theta}_{q-k}\hat{\theta}_q) & 1 \leqslant k \leqslant q \\ 0 & k>q \end{cases} \quad (15.1\text{-}4)$$

上式是含有 $q+1$ 个参数的非线性方程组，求解方法很多，可直接求解，也可用迭代法求解。

（1）直接求解法。首先，求解 $q=1$ 时的参数值，由（15.1-4）有

$$\hat{r}_0 = \hat{\sigma}_a^2 (1+\hat{\theta}_1^2)$$
$$\hat{r}_1 = -\hat{\sigma}_a^2 \hat{\theta}_1$$

$$\therefore \quad \hat{\theta}_1 = -\frac{\hat{r}_1}{\hat{\sigma}_a^2}$$

从而有 $\hat{r}_0 = \hat{\sigma}_a^2 \left(1 + \frac{\hat{r}_1^2}{\hat{\sigma}_a^4}\right)$，化简得到 $\hat{\sigma}_a^4 - \hat{r}_0 \hat{\sigma}_a^2 + \hat{r}_1^2 = 0$

由此解得

$$\hat{\sigma}_a^2 = \frac{\hat{r}_0}{2} (1 \pm \sqrt{1-4\hat{\rho}_1^2})$$

$$\hat{\theta}_1 = -\hat{r}_1 / \hat{\sigma}_a^2 = \frac{-2\hat{\rho}_1}{1 \pm \sqrt{1-4\hat{\rho}_1^2}}$$

上式给出的参数估计值均有两种解，选取哪一种解，需由可逆性条件来判断。由于 MA

(1) 的可逆性条件是 $|\theta_1|<1$, 但是

$$\frac{2\hat{\rho}_1}{1+\sqrt{1-4\hat{\rho}_1^2}} \cdot \frac{2\hat{\rho}_1}{1-\sqrt{1-4\hat{\rho}_1^2}} = 1$$

因此

$$\left|\frac{2\hat{\rho}_1}{1+\sqrt{1-4\hat{\rho}_1^2}}\right| < 1$$

满足可逆性条件,故 MA(1) 模型参数的估计值应为

$$\left.\begin{aligned}\hat{\sigma}_a^2 &= \hat{r}_0 \frac{1+\sqrt{1-4\hat{\rho}_1^2}}{2} \\ \hat{\theta}_1 &= \frac{-2\hat{\rho}_1}{1+\sqrt{1-4\hat{\rho}_1^2}}\end{aligned}\right\} \quad (15.1\text{-}5)$$

其次,求解 $q=2$ 的情形,这时 (15.1-4) 为

$$\left.\begin{aligned}\hat{r}_0 &= \hat{\sigma}_a^2 (1+\hat{\theta}_1^2+\hat{\theta}_2^2) \\ \hat{r}_1 &= \hat{\sigma}_a^2 (-\hat{\theta}_1+\hat{\theta}_1\hat{\theta}_2) \\ \hat{r}_2 &= -\hat{\sigma}_a^2\hat{\theta}_2\end{aligned}\right\} \quad (15.1\text{-}6)$$

由后两个方程可求出

$$\hat{\theta}_2 = -\hat{r}_2/\hat{\sigma}_a^2 \qquad \hat{\theta}_1 = -\frac{\hat{r}_1}{\hat{\sigma}_a^2+\hat{r}_2}$$

代入 (15.1-6) 中的第一个方程,得到

$$\hat{r}_0 = \hat{\sigma}_a^2\left(1+\frac{\hat{r}_1^2}{\hat{\sigma}_a^4}+\frac{\hat{r}_1^2}{(\hat{\sigma}_a^2+\hat{r}_2)^2}\right)$$

化简此式,可得到关于 $\hat{\sigma}_a^2$ 的三次方程,因此, $\hat{\sigma}_a^2$ 有三个根,相应的 $\hat{\theta}_1$、$\hat{\theta}_2$ 也有三种可能解。根据可逆性条件,从中可选出惟一的合理解来。由上可知,使用直接法,需要解 $\hat{\sigma}_a^2$ 的 $q+1$ 次方程,对于 $q>3$ 的情况是十分繁琐的。因此,直接法只适用于 q 较小或者是 q 虽大,但高次方程易解的情形。对于 q 较大的一般情况,通常使用迭代法。

(2) 线性迭代法。为便于使用线性迭代法,现将 (15.1-4) 改写成下式

$$\left.\begin{aligned}\hat{\sigma}_a^2 &= \hat{r}_0 / (1+\hat{\theta}_1^2+\hat{\theta}_2^2+\cdots+\hat{\theta}_q^2) \\ \hat{\theta}_k &= -\left(\frac{\hat{r}_k}{\hat{\sigma}_a^2}-\hat{\theta}_1\hat{\theta}_{k+1}-\hat{\theta}_2\hat{\theta}_{k+2}-\cdots-\hat{\theta}_{q-k}\hat{\theta}_q\right)\end{aligned}\right\} \quad (15.1\text{-}7)$$

并给出 $\hat{\sigma}_a^2, \hat{\theta}_1, \hat{\theta}_2, \cdots, \hat{\theta}_q$ 的一组初始值,分别记为 $\hat{\sigma}_a^2(0)=\hat{r}_0, \hat{\theta}_2(0)=\hat{\theta}_1(0)=\cdots=\hat{\theta}_q(0)=0$,将这组初始值代入 (15.1-7) 的右边,可算出 $\hat{\sigma}_a^2$、$\hat{\theta}_k(k=1,2,\cdots,q)$ 的第一次迭代值,记为 $\hat{\sigma}_a^2(1), \hat{\theta}_1(1), \hat{\theta}_2(1), \cdots, \hat{\theta}_q(1)$,再将它们代入 (15.1-7) 的右边,算出第二次迭代值 $\hat{\sigma}_a^2(2), \hat{\theta}_1$

$(2), \hat{\theta}_2(2), \cdots, \hat{\theta}_q(2)$。如此一步一步地迭代下去,直到第 m 步,出现 $\hat{\sigma}_a(m), \hat{\theta}_k(m)$ 的变化不大时(即达到对 $\hat{\sigma}_a$、$\hat{\theta}_k$ 所要求的精度),便停止迭代,并取 $\hat{\sigma}_a(m), \hat{\theta}_k(m)$ ($k=1, 2, \cdots, q$) 作为(15.1-7)的近似解。

(3) 牛顿-拉普森(Newton-Raphson)法

此法与线性迭代法类似,是一种迭代的方法。首先,将(15.1-4)改写成如下形式

$$\left.\begin{aligned}\hat{r}_0 &= \hat{\sigma}_a^2 + (-\hat{\theta}_1\hat{\sigma}_a)^2 + \cdots + (-\hat{\theta}_q\hat{\sigma}_a)^2 \\ \hat{r}_1 &= \hat{\sigma}_a(-\hat{\theta}_1\hat{\sigma}_a) + (-\hat{\theta}_1\hat{\sigma}_a)(-\hat{\theta}_2\hat{\sigma}_a) + \cdots \\ &\quad + (-\hat{\theta}_{q-1}\hat{\sigma}_a)(-\hat{\theta}_q\hat{\sigma}_a) \\ &\vdots \\ \hat{r}_q &= \hat{\sigma}_a(-\hat{\theta}_q\hat{\sigma}_a)\end{aligned}\right\} \qquad (15.1\text{-}8)$$

记 $\hat{\sigma}_k = -\hat{\sigma}_a\hat{\theta}_k$, $1 \leq k \leq q$

$$\hat{\sigma}_0 = \hat{\sigma}_a$$

则(15.1-8)又可写成

$$\begin{cases}\hat{\sigma}_0^2 + \hat{\sigma}_1^2 + \cdots + \hat{\sigma}_q^2 - \hat{r}_0 = 0 \\ \hat{\sigma}_0\hat{\sigma}_1 + \hat{\sigma}_1\hat{\sigma}_2 + \cdots + \hat{\sigma}_{q-1}\hat{\sigma}_q - \hat{r}_1 = 0 \\ \quad\vdots \\ \hat{\sigma}_0\hat{\sigma}_q - \hat{r}_q = 0\end{cases} \qquad (15.1\text{-}9)$$

将上述方程组各式的左边记为

$$\hat{f}_k \equiv \hat{f}_k(\hat{\sigma}_0, \hat{\sigma}_1, \cdots, \hat{\sigma}_q) \quad k=0, 1, 2, \cdots, q$$

并记

$$\hat{\sigma} = \begin{bmatrix}\hat{\sigma}_0 \\ \hat{\sigma}_1 \\ \vdots \\ \hat{\sigma}_q\end{bmatrix}, \hat{f} = \begin{bmatrix}\hat{f}_0 \\ \hat{f}_1 \\ \vdots \\ \hat{f}_q\end{bmatrix}, F = \frac{\partial \hat{f}}{\partial \hat{\sigma}^\tau} = \begin{bmatrix}\dfrac{\partial \hat{f}_0}{\partial \hat{\sigma}_0} & \dfrac{\partial \hat{f}_0}{\partial \hat{\sigma}_1} & \cdots & \dfrac{\partial \hat{f}_0}{\partial \hat{\sigma}_q} \\ \dfrac{\partial \hat{f}_1}{\partial \hat{\sigma}_0} & \dfrac{\partial \hat{f}_1}{\partial \hat{\sigma}_1} & \cdots & \dfrac{\partial \hat{f}_1}{\partial \hat{\sigma}_q} \\ \vdots & \vdots & & \vdots \\ \dfrac{\partial \hat{f}_0}{\partial \hat{\sigma}_0} & \dfrac{\partial \hat{f}_1}{\partial \hat{\sigma}_1} & \cdots & \dfrac{\partial \hat{f}_q}{\partial \hat{\sigma}_q}\end{bmatrix}$$

$$\therefore F = \begin{bmatrix}\hat{\sigma}_0 & \hat{\sigma}_1 & \cdots & \hat{\sigma}_q \\ \hat{\sigma}_1 & \hat{\sigma}_2 & & \hat{\sigma}_q \\ \cdots & \cdots & \ddots & \\ \hat{\sigma}_q & & & 0\end{bmatrix} + \begin{bmatrix}\hat{\sigma}_0 & \hat{\sigma}_1 & \cdots & \hat{\sigma}_q \\ & \hat{\sigma}_0 & \cdots & \hat{\sigma}_{q-1} \\ & & \ddots & \vdots \\ & & & \hat{\sigma}_0\end{bmatrix}$$

牛顿-拉普森迭代法的原则是，如果第 i 步的迭代值为 $\hat{\sigma}_{(i)}$，那么第 $i+1$ 步的迭代值 $\hat{\sigma}(i+1)$ 必须满足

$$\hat{f}(i) + F(i)(\hat{\sigma}(i+1) - \hat{\sigma}(i)) = 0$$

也就是 $\hat{\sigma}(i+1) = \hat{\sigma}(i) - F^{-1}(i)\hat{f}(i)$。只要给出初始值 $\hat{\sigma}(0)$，便可依上述的一些式子迭代下去，直至达到相邻两步的迭代值之差达到指定的精度时为止，并以 $\hat{\sigma}(m)$ 作 $\hat{\sigma}$ 的近似值，即

$$\hat{\sigma}_a^2 = \hat{\sigma}_0(m), \quad -\hat{\sigma}_k(m)/\hat{\sigma}_0(m) = \hat{\theta}_k, \quad k = 1, 2, \cdots, q$$

3. ARMA(p, q) 模型的矩估计法

在 ARMA(p,q) 模型中，总共有 $\varphi_1, \varphi_2, \cdots, \varphi_p, \sigma_a^2, \theta_1, \cdots, \theta_q$ 等 $p+q+1$ 个参数需要估计，在此我们只介绍估计这些参数的基本方法和计算公式，而不去论证这些公式的推导过程，否则将要占去很大的篇幅。

第一步，先估算 φ_k，它的估计值 $\hat{\varphi}_k (k = 1, 2, \cdots, p)$ 是

$$\begin{bmatrix} \hat{\varphi}_1 \\ \hat{\varphi}_2 \\ \vdots \\ \hat{\varphi}_p \end{bmatrix} = \begin{bmatrix} \hat{\rho}_q & \hat{\rho}_{q-1} & \cdots & \hat{\rho}_{q-p+1} \\ \hat{\rho}_{q+1} & \hat{\rho}_q & \cdots & \hat{\rho}_{q-p} \\ \vdots & \vdots & & \vdots \\ \hat{\rho}_{q+p-1} & \hat{\rho}_{q+p-2} & \cdots & \hat{\rho}_q \end{bmatrix}^{-1} \begin{bmatrix} \hat{\rho}_{q+1} \\ \hat{\rho}_{q+2} \\ \vdots \\ \hat{\rho}_{q+p} \end{bmatrix} \tag{15.1-10}$$

这里 $\hat{\rho}_k$ 是样本的标准自相关函数，可由观测数据计算。

第二步，令

$$\tilde{y}_t = y_t - \hat{\varphi}_1 y_{t-1} - \cdots - \hat{\varphi}_p y_{t-p} \tag{15.1-11}$$

则 $\tilde{y}_t$ 的自相关函数可以由 y_t 的自相关函数 $\hat{r}_k$ 表示。

记

$$\tilde{r}_k = E\tilde{y}_t \tilde{y}_{t-k} = \sum_{i,j=0}^p \hat{\varphi}_i \hat{\varphi}_j E y_{t-i} y_{t-k-j}$$

$$= \sum_{i,j=0}^p \hat{\varphi}_i \hat{\varphi}_j r_{j-i+k} \tag{15.1-12}$$

则

$$\hat{\tilde{r}}_k = \sum_{i,j=0}^p \hat{\varphi}_i \hat{\varphi}_j \hat{r}_{j-i+k} \tag{15.1-13}$$

第三步，将 ARMA 模型改写成

$$\tilde{y}_t = a_t - \theta_1 a_{t-1} - \cdots - \theta_q a_{t-q} \tag{15.1-14}$$

则(15.1-14)构成一个 MA 模型。由估计 MA 模型参数的基本方法，即可得到 $\sigma_a^2, \theta_1, \theta_2, \cdots, \theta_q$ 的估计值。

4. 最小二乘估计

假设要估计的参数是来自一般的 ARIMA(p, d, q) 模型，即

$$\varphi(B)W_t = \theta(B)a_t \tag{15.1-15}$$

其中
$$\varphi(B) = 1 - \varphi_1 B - \varphi_2 B^2 - \cdots - \varphi_p B^p$$
$$\theta(B) = 1 - \theta_1 B - \theta_2 B^2 - \cdots - \theta_q B^q$$
$$W_t = \nabla^d Z_t$$

要估计的参数是 $\vec{\varphi} = (\varphi_1, \varphi_2, \cdots, \varphi_p)^\tau$ 和 $\vec{\theta} = (\theta_1, \theta_2, \cdots, \theta_q)^\tau$ 以及 σ_a^2，这里 τ 表示转置。

在最小二乘意义下估计模型的参数，是以残差平方和尽可能地小为原则的，即是选取 $\hat{\vec{\varphi}}$ 和 $\hat{\vec{\theta}}$ 作为 $\vec{\varphi}$ 和 $\vec{\theta}$ 的估计量，其原则是使得残差平方和

$$S(\hat{\vec{\varphi}}, \hat{\vec{\theta}}) = \sum_{t=1}^{n} \hat{a}_t^2 \tag{15.1-16}$$

达到最小。这里，n 是经过差分使过程平稳化后的有效数据的个数。

对于 AR(p) 模型，共有 $p+1$ 个待估参数，它的残差平方和

$$S(\hat{\vec{\varphi}}) = S(\hat{\varphi}_1, \hat{\varphi}_2, \cdots, \hat{\varphi}_p) = \sum_{t=1}^{n} \hat{a}_t^2$$
$$= \sum_{t=p+1}^{n} (Z_t - \hat{\varphi}_1 Z_{t-1} - \hat{\varphi}_2 Z_{t-2} - \cdots - \hat{\varphi}_p Z_{t-p})^2$$

要使 $S(\hat{\vec{\varphi}})$ 达到极小，必须满足

$$\frac{\partial S(\hat{\vec{\varphi}})}{\partial (\hat{\vec{\varphi}})} = 0$$

即
$$\frac{\partial S}{\partial \hat{\varphi}_1} = 0, \quad \frac{\partial S}{\partial \hat{\varphi}_2} = 0, \quad \cdots, \quad \frac{\partial S}{\partial \hat{\varphi}_p} = 0$$

由此得到线性方程组
$$\sum_{t=p+1}^{n} Z_{t-j}(Z_t - \hat{\varphi}_1 Z_{t-2} - \cdots - \hat{\varphi}_p Z_{t-p}) = 0,$$

$j = 1, 2, \cdots, p$ 为导出参数估计公式，将上式改写成

$$\frac{\hat{\varphi}_1}{n} \sum_{t=p+1}^{n} Z_{t-1} Z_{t-j} + \frac{\hat{\varphi}_2}{n} \sum_{t=p+1}^{n} Z_{t-2} Z_{t-j} + \cdots$$
$$+ \frac{\hat{\varphi}_p}{n} \sum_{t=p+1}^{n} Z_{t-p} Z_{t-j}$$
$$= \frac{1}{n} \sum_{t=p+1}^{n} Z_t Z_{t-j} \qquad j = 1, 2, \cdots, p$$

令

$$\hat{r}_k = \frac{1}{n}\sum_{t=p+1}^{n-k} Z_{t+k}Z_t = \hat{r}_{-k}$$

则有

$$\hat{\varphi}_1\hat{r}_{j-1}+\hat{\varphi}_2\hat{r}_{j-2}+\cdots+\hat{\varphi}_p\hat{r}_{j-p} = \hat{r}_j \qquad j=1,2,\cdots,p$$

从而有下述方程组

$$\begin{cases} \hat{\varphi}_1\hat{r}_0+\hat{\varphi}_2\hat{r}_1+\cdots+\hat{\varphi}_p\hat{r}_{p-1} = \hat{r}_1 \\ \hat{\varphi}_1\hat{r}_1+\hat{\varphi}_2\hat{r}_0+\cdots+\hat{\varphi}_p\hat{r}_{p-2} = \hat{r}_2 \\ \cdots\cdots\cdots\cdots \\ \hat{\varphi}_1\hat{r}_{p-1}+\hat{\varphi}_2\hat{r}_{p-2}+\cdots+\hat{\varphi}_p\hat{r}_0 = \hat{r}_p \end{cases} \tag{15.1-17}$$

由此得到参数 $\hat{\varphi}_1, \hat{\varphi}_2, \cdots, \hat{\varphi}_p$ 的估计量为

$$\begin{bmatrix} \hat{\varphi}_1 \\ \hat{\varphi}_2 \\ \vdots \\ \hat{\varphi}_p \end{bmatrix} = \begin{bmatrix} \hat{r}_0 & \hat{r}_1 & \cdots & \hat{r}_{p-1} \\ \hat{r}_1 & \hat{r}_0 & \cdots & \hat{r}_{p-2} \\ \vdots & \vdots & & \vdots \\ \hat{r}_{p-1} & \hat{r}_{p-2} & \cdots & \hat{r}_0 \end{bmatrix}^{-1} \begin{bmatrix} \hat{r}_1 \\ \hat{r}_2 \\ \vdots \\ \hat{r}_p \end{bmatrix} \tag{15.1-18}$$

由此可得到残差的估计量为

$$\hat{a}_t = Z_t - \hat{\varphi}_1 Z_{t-1} - \cdots - \hat{\varphi}_p Z_{t-p} \qquad t=p+1,\cdots,n$$

从而得到 σ_a^2 的估计量为

$$\hat{\sigma}_a^2 = \frac{1}{n-p}\sum_{t=p+1}^{n}\hat{a}_t^2 = \frac{1}{n-p}S(\vec{\hat{\varphi}}) \tag{15.1-19}$$

将上述最小二乘估计量(15.1-18)与矩估计量(15.1-2)比较，可以看出当 n 足够大时，两种估计是十分相似的。

对于 ARMA(p,q) 与 MA(q) 模型参数的最小二乘估计，乃系非线性的，相当复杂，在此只作简单的介绍。读者如需深入了解，可参阅项静恬等编著的《动态数据处理——时间序列分析》(气象出版社 1986 年版)。

设 ARMA(p,q) 模型方程为

$$Z_t = \varphi_1 Z_{t-1} + \varphi_2 Z_{t-2} + \cdots + \varphi_p Z_{t-p} + a_t - \theta_1 a_{t-1} - \cdots - \theta_q a_{t-q}$$

记

$$f_t(\beta; u_t) = \varphi_1 Z_{t-1} + \varphi_2 Z_{t-2} + \cdots + \varphi_p Z_{t-p} - \theta_1 a_{t-1} - \cdots - \theta_q a_{t-q}$$

其中

$$\beta = (\varphi_1, \varphi_2, \cdots, \varphi_p; \theta_1, \theta_2, \cdots, \theta_q)^\tau$$
$$u_t = (Z_{t-1}, Z_{t-2}, \cdots, Z_{t-p})^\tau$$

则有

$$Z_t = f_t(\beta; u_t) + a_t$$

由于 $q \neq 0$, $f_t(\beta; u_t)$ 含有白噪声量，由

$$a_t = \theta^{-1}(B)\varphi(B)Z_t$$

可知 a_{t-k} 与参数 β 及状态 u_t 呈非线性关系，因此，$f_t(\beta; u_t)$ 是非线性函数，只能用非线性估计方法，由初估计作初始值，再通过迭代法求出最小二乘估计值。

模型的参数估计，除上述各种方法外，还有一种最大似然估计法。由于篇幅有限，不再详细介绍，读者可参阅项静恬等编著的《动态数据处理——时间序列分析》（气象出版社1986年版）。

§15.2 模型的诊断检验

我们在第十三、十四章中讨论了随机线性模型的结构和 ARMA 模型的识别方法。在 §15.1 中又研究了模型参数的估计方法，通过这些步骤可建立起 ARMA 模型。为判定所建的模型是否合理，以及为进一步改善已建立的模型，有必要对已建立的模型作检验或诊断检验。本节将介绍以下几种检验分析方法。

1. 模型平稳性检验的直观判断法

通过样本建立模型，然后取得模型的输出数据记录，画出散点图，对散点图进行直观判断，若散点图曲线围绕其输出均值的直线上下波动，而且波动相对均匀，则认为该模型是平稳的，否则是不满足平稳性要求的。如图 15-1 所示，我们可以直观判断所建的模型符合平稳性要求。

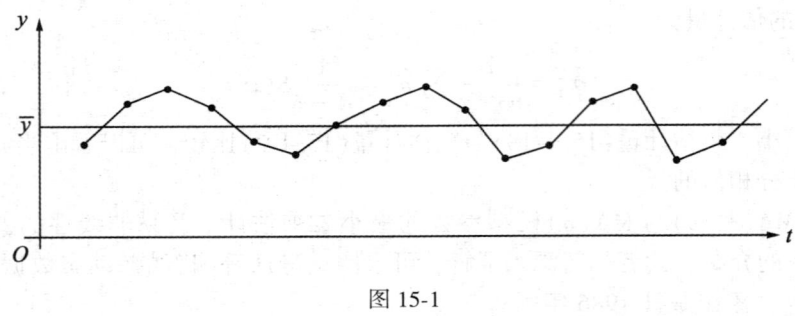

图 15-1

2. 残差自相关检验法

若建立的模型 ARMA 能恰当地描绘该序列的变化，那么模型的拟合误差应该是白噪声序列。即该拟合误差的统计特性是

$$E\hat{a}_t = 0, \quad E\,\hat{a}_t\hat{a}_{t+j} = \sigma^2 \quad j=0,$$
$$E\hat{a}_t\hat{a}_{t+j} = 0 \quad\quad j \neq 0$$

所谓拟合误差就是通常所说的残差，可通过模型计算得到。设模型是 $AR(p)$，其拟合值可由 (15.2-1) 表示

$$\hat{y}_t = \hat{\varphi}_1 y_{t-1} + \hat{\varphi}_2 y_{t-2} + \cdots + \hat{\varphi}_p y_{t-p} \tag{15.2-1}$$

式中，$\hat{\varphi}_1, \hat{\varphi}_2, \cdots, \hat{\varphi}_p$ 是模型参数 $\varphi_1, \varphi_2, \cdots, \varphi_p$ 的估计值，$y_{t-1}, y_{t-2}, \cdots, y_{t-p}$ 是随机序列的实际值，拟合误差为

$$y_t - \hat{y}_t = \hat{a}_t, \quad t = p, \ p+1, \ p+2, \cdots$$

若模型是 ARMA 形式，即

$$\varphi(B) y_t = \theta(B) a_t \tag{15.2-2}$$

则拟合误差可由它的逆转形式计算得到

$$\hat{a}_t = \theta^{-1}(B) \hat{\varphi}(B) y_t = \sum_{j=0}^{\infty} \hat{\pi}_j y_{t-j} \tag{15.2-3}$$

上式仅是残差的一种理论表达式，实际上的残差是采用下式递推计算求得。

$$\hat{a}_t = y_t - \hat{\varphi}_1 y_{t-1} - \cdots - \hat{\varphi}_p y_{t-p} + \hat{\theta}_1 a_{t-1} + \hat{\theta}_2 a_{t-2} + \cdots + \hat{\theta}_q a_{t-q} \quad t = 0, 1, 2, \cdots \tag{15.2-4}$$

只要 $(\hat{\theta}_1, \hat{\theta}_2, \cdots, \hat{\theta}_q)$ 在可逆域内并远离可逆域的边界时，上式中的递推初值

$$\hat{a}_0, \hat{a}_{-1}, \cdots, \hat{a}_{1-q} \text{ 以及 } y_0, y_{-1}, \cdots, y_{1-p}$$

均可取它们的均值，即取为零。

现介绍检验残差序列 $\hat{a}_t$ 是否为白噪声的方法：

设 $\hat{\rho}_k$ 表示残差 $\hat{a}_t$ 的自相关函数，即

$$\hat{\rho}_k = \frac{\sum_{t=1}^{n-k} \hat{a}_t \hat{a}_{t+k}}{\sum_{t=1}^{n} \hat{a}_t^2} \tag{15.2-5}$$

$\hat{\rho}_k$ 值的大小，依赖于样本容量的大小，是 a_t 的样本自相关，又可记为 $\hat{\rho}_k(n, a)$。可以证明，当 $n \to +\infty$ 时，统计量 $\sqrt{n} \hat{\rho}_k(n, a)$ 趋向于标准正态分布。在大样本情况下，$\hat{\rho}_k$ 近似于 $N\left(0, \frac{1}{\sqrt{n}}\right)$ 分布，而且，当 $k = 1, 2, \cdots, K$（n 远远大于 K），K 维随机向量

$$(\sqrt{n} \hat{\rho}_1(n, a), \sqrt{n} \hat{\rho}_2(n, a), \cdots, \sqrt{n} \hat{\rho}_K(n, a))$$

可以近似地看成 K 个独立标准正态变量所组成的随机向量。K 取多大才合适呢？一般说来，当 n 为 200~300 时，K 可取 20~30，所以只需对 K 个随机变量 $\hat{\rho}_k(n, a)$（$k = 1, 2, \cdots, K$）进行检验就可以了。为此，构造统计量

$$Q_K = n \sum_{k=1}^{K} \hat{\rho}_k^2(n, a) \tag{15.2-6}$$

可以证明，若 $\hat{a}_1, \hat{a}_2, \cdots$，是白噪声序列，则统计量 Q_K 近似地服从自由度为 K 的中心 χ^2—分布。在给定信度 α 下，通常取 $\alpha = 0.05$ 或 0.01，可由 χ^2—分布表，查出置信限 χ_α^2。由 (15.2-6) 计算出统计量 Q_K 的值，若 $Q_K > \chi_\alpha^2$，则认为残差序列 $\hat{a}_1, \hat{a}_2, \cdots, \hat{a}_n$ 不是白噪声序列；否则，则认为 $\hat{a}_1, \hat{a}_2, \cdots, \hat{a}_n$ 是白噪声序列，即认为所拟合的模型是合适的。

3. 单位根检验

对于 AR(1) 过程

$$y_t = \varphi_1 y_{t-1} + a_t \tag{15.2-7}$$

可写成
$$\varphi(B) y_t = a_t$$

其中 $\varphi(B) = 1 - \varphi_1 B$，其平稳性条件是 $|\varphi_1| < 1$，等价于 $\varphi(B) = 0$ 的根在单位圆外，即 $1 - \varphi_1 B = 0$ 的根 $|\lambda_1| = \left|\dfrac{1}{\varphi_1}\right| > 1$，因此，平稳性要求 $|\varphi_1| < 1$。

检验模型的平稳性，就是检验 y_t 平稳性的原假设和备选假设的成立与否。

原假设 H_0：$|\varphi_1| \geqslant 1$，

备选假设 H_1：$|\varphi_1| < 1$

若接受原假设 H_0，则说明该模型是非平稳的，若接受备选假设 H_1，则说明该模型是平稳的。在 $\varphi_1 = 1$ 时，原假设成立，模型(15.2-7)是非平稳的随机游动模型，由此可见检验模型的非平稳性，就是对模型特征方程单位根的检验。对于更一般的 p 阶自回归模型 AR(p) 的平稳性，就是模型

$$\varphi(B) y_t = a_t$$
$$\varphi(B) = 1 - \varphi_1 B - \varphi_2 B^2 - \cdots - \varphi_p B^p$$

$\varphi(B) = 0$ 的根全在单位圆外，即所有的根的绝对值均大于 1，若有一个根为 1，就是非平稳的。现给出(15.2-7)的单位根检验方法。为此，将(15.2-7)改写为

$$y_t - y_{t-1} = \varphi_1 y_{t-1} - y_{t-1} + a_t$$

则有
$$\Delta y_t = (\varphi_1 - 1) y_{t-1} + a_t$$

记 $(\varphi_1 - 1) = \delta$，则有
$$\Delta y_t = \delta y_{t-1} + a_t \tag{15.2-8}$$

检验 $\varphi_1 = 1$ 就相当于检验 $\delta = 0$，因此前面的假设可改写成如下形式
$$H_0: \delta \geqslant 0; \quad H_1: \delta < 0$$

在 $\delta = 0$ 时，若原假设为真，则该过程是非平稳的随机游动模型。可表示为 $\varphi_1 = 1$ 或 $\delta = 0$；否则，就是平稳的。

现介绍单位根的 DF 检验方法(Dickey-Fuller Test)，

第一步：运用普通最小二乘法对(15.2-8)进行估计。求出统计量

$$t_{\hat{\delta}} = \frac{\hat{\delta}}{S(\hat{\delta})} \tag{15.2-9}$$

的统计值，上式中的 $\hat{\delta}$ 是由普通最小二乘法求估得到的估计值，即

$$\Delta y = \hat{\delta} y_{t-1} + \hat{a}_t$$

$S(\hat{\delta})$ 是参数估计值 $\hat{\delta}$ 的标准差。

第二步：检验假设
$$H_0: \delta \geqslant 0; \quad H_1: \delta < 0;$$

给出信度 α，按 α 和样本容量 n 的值，查附表Ⅶ，找出临界值 $\tau(\alpha)$ 与统计量的值 $t_{\hat{\delta}}$ 进行比较，若 $t_{\hat{\delta}} > \tau(\alpha)$，则接受原假设 H_0，即 y_t 是非平稳随机游动模型。若 $t_{\hat{\delta}} < \tau(\alpha)$，则拒绝

原假设 H_0，接受备选假设 H_1，y_t 满足平稳性条件，是平稳随机序列。

4. 改善预测模型的方法

(1) 通过对估计多项式 $\varphi(B)=0$，$\theta(B)=0$ 的根的检验，若发现 AR 模型 $\varphi(B)=0$ 的某个根或一对根的幂接近 1，那么，为了导出平稳性，需进行另外的差分。现以 AR(2) 模型为例进行论述。

设 AR(2) 模型为
$$(1-\varphi_1 B-\varphi_2 B^2)y_t = a_t$$
对这个二次多项式，发现其中的一个根是接近 1。为方便起见，不妨假定这个根恰好等于 1。因此，上述模型可以写成如下形式，即
$$(1-B)(1-\varphi B)y_t = a_t$$
或
$$(1-\varphi B)(1-B)y_t = a_t$$
若记
$$(1-B)y_t = W_t$$
则有
$$(1-\varphi B)W_t = a_t$$
此处 $(1-B)y_t = y_t - y_{t-1}$，正是 y_t 的一阶差分。又由于 $|\varphi|<1$，那么
$$(1-\varphi B)W_t = a_t$$
就是一个满足平稳性条件的 AR(1) 模型。由此可见，若 $\varphi(B)=0$ 的根有一个等于 1 或接近 1，这意味着需要对序列进行一阶差分，方能使之平稳。

类似地，若我们估计了如下的 MA(2) 模型，而
$$y_t = (1-\theta_1 B-\theta_2 B^2)a_t = \theta(B)a_t$$
同时发现 $\theta(B)=0$ 有一个根等于 1，那么可写这模型为
$$W_t = (1-B)(1-\theta B)a_t$$
若令
$$W_t = (1-B)y_t$$
则有
$$y_t = (1-\theta B)a_t$$

由于 $|\theta|<1$，那么，$y_t = (1-\theta B)a_t$ 便是一个可逆滑动平均模型。此例说明，若 $\theta(B)=0$ 的根有一个接近于 1 或等于 1，说明此模型有过度差分之误。因此，适当地减少差分阶数，就可使该模型满足可逆性条件。

(2) 进行过拟合检验

过拟合检验分两种情况：

第一种情况，是评价当前的模型是否包含过多的参数。这种方法通常是考察最高阶的参数是否有意义，若一个毫无价值的参数出现在模型的最高阶上，一般说来，可以去掉该参数以简化模型，这种检验属于删去过多的参数。

第二种情况，是评价当前的模型是否参数不足，需要拟合额外参数。这种方法通常是在原有拟合模型的基础上，扩大阶数。例如，把已拟合的 AR(2) 扩大成 AR(3) 模型，然后根据样本数据重新估计参数。得到
$$y_t = \hat{\varphi}_1 y_{t-1} + \hat{\varphi}_2 y_{t-2} + \hat{\varphi}_3 y_{t-3}$$

若 $\hat{\varphi}_3$ 的值很小，而且用历史数据进行检验，对比 AR(2) 模型与 AR(3) 模型的残差平方和，发现 AR(3) 模型的残差平方和不明显地小于 AR(2) 的残差平方和，则认为原拟合的 AR(2) 模型是合适的，否则，$\hat{\varphi}_3$ 的值不很小，而 AR(3) 的模型的残差平方和显著地比 AR(2) 的小，则保留 AR(3) 模型，并且认为拟合额外参数，扩充成 AR(3) 模型是合适的。

思考与练习

1. 假定某公司的某经济指标值有如下的季度数据序列(见表 15.1)。

表 15.1

时期 t	观察值	时期 t	观察值	时期 t	观察值
1	2 575.800	13	2 953.430	25	3 329.890
2	2 606.680	14	2 986.450	26	3 361.130
3	2 639.000	15	3 017.050	27	3 392.070
4	2 671.000	16	3 048.120	28	3 423.520
5	2 702.380	17	3 079.180	29	3 455.050
6	2 733.890	18	3 109.000	30	3 487.140
7	2 765.840	19	3 143.240	31	3 516.750
8	2 796.710	20	3 171.630	32	3 550.370
9	2 829.000	21	3 205.110	33	3 580.560
10	2 859.800	22	3 235.900	34	3 611.470
11	2 892.200	23	3 266.950	35	3 644.170
12	2 921.900	24	3 297.650	36	3 674.310

下述数据序列的自相关与偏自相关函数如表 15.2 与表 15.3 所示

表 15.2　　　　　　　　　　自 相 关 函 数 表

k	1	2	3	4	5	6	7	8	9	10	11	12
$\hat{\rho}_k$	0.916	0.833	0.750	0.669	0.58	0.508	0.430	0.354	0.280	0.209	0.140	0.074

表 15.3　　　　　　　　　　偏 自 相 关 函 数 表

k	1	2	3	4	5	6
$\hat{\varphi}_{kk}$	0.916	-0.043	-0.040	-0.042	-0.044	-0.044
k	7	8	9	10	11	12
$\hat{\varphi}_{kk}$	-0.044	-0.043	-0.042	-0.043	-0.042	-0.044

试用上述自相关与偏自相关函数表回答下列问题：
(1) 你认为在何种水平上此序列是平稳的？
(2) 此序列拟合何种模型最合适呢？
(3) 对所识别的模型作出参数估计。
(4) 对建立的模型作诊断检验。

2. 假设序列 y_t 经过模型识别，确定为 AR(3) 模型，由序列的观察值计算出自相关函数如下（表 15.4）所示：

表 15.4

k	1	2	3	4	5	6	7	8	9
$\hat{\rho}_k$	0.8	0.6	0.5	0.3	0.2	0.1	0.05	0.03	0.02

试求估模型参数 $\hat{\varphi}_1$，$\hat{\varphi}_2$，$\hat{\varphi}_3$ 和 $\hat{\sigma}_a$。假定 $\hat{r}_0 = 2$。

3. 已知 MA(2) 模型

$$y_t = a_t - \theta_1 a_{t-1} - \theta_2 a_{t-2}$$

的自相关函数为

$$\hat{r}_0 = 6,\ \hat{r}_1 = 5,\ \hat{r}_2 = 4.2$$

试求估参数 $\hat{\theta}_1$，$\hat{\theta}_2$ 和 $\hat{\sigma}_a^2$。

4. 已知 ARMA(1, 1) 模型的自相关函数如表 15.5 所示。

表 15.5

k	1	2	3	4	5	6	7	8	9	10
$\hat{\rho}_k$	0.60	0.50	0.45	0.40	0.30	0.28	0.25	0.23	0.20	0.15

求估模型参数 $\hat{\varphi}_1$，$\hat{\theta}_1$，$\hat{\sigma}_a^2$。

第十六章 随机序列线性模型的预测理论及其应用

前面三章,我们通过对样本序列的分析与研究,建立了随机序列的线性模型,其重要目的是预测未来序列的可能结果。对经济序列而言,前景预测是人们最关心的,管理上需要准确和可信的预测。但是,依靠样本序列所建立起的预测模型,存在许多不确定的因素,因而预测结果存在不确定性。尽管如此,今天的预言家跟过去的预言家却是大不相同的。现在的预测工作者所作出的预测,是依据众多职员的工作和电脑化的经济行为所产生的数学模型所导出的数字结果。

本章将介绍最优预测的准则,最优预测值计算,预测误差及置信预测区间,最后给出预测的应用举例。

§16.1 最优预测的准则

管理者所希望的预测是最优的预测,然而,什么样的预测才是最优的呢?这涉及一个标准问题。为了导出最优预测的标准,现从一个水果商所遇到的问题谈起。

一个水果店的经理,根据他对库存的需求预测,定购了一些易腐的水果。若需求预测偏高,也就是实际需求比预测的小,那么,他不得不抛弃一些易腐的水果。若预测需求偏低,实际需求在预测值之上,那么,他将没有足够的水果去销售,这样将损失一些好生意,因而丧失了赚钱的机会。因此,水果店的经济效益同预测误差的大小紧密相联。衡量这种效益的指标,通常用费用函数

$$C = C(a)$$

去表示。这里 a 表示预测误差

$$a = d^a - d^f$$

d^a——实际需求;
d^f——预测需求。

假如每箱水果的实际成本为 100 元,售价为 125 元。那么,销售一箱水果可盈利 25 元,然而每剩一箱(卖不掉)将损失 100 元。因此,费用函数定义为

$$C(a) = \begin{cases} 25a & a > 0 \\ 0 & a = 0 \\ -100a & a < 0 \end{cases} \qquad (16.1\text{-}1)$$

此费用函数曲线如图 16-1 所示,它是非对称的。图 16-1 的含义是,若预测准确,即 $a = 0$,则费用函数等于零。若实际需求大于预测需求,即 $a > 0$,费用函数等于 $25a$,意味着

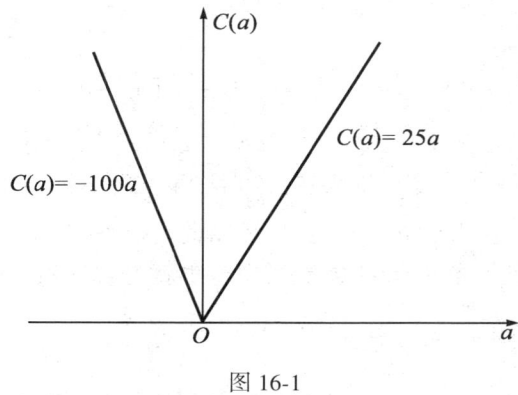

图 16-1

丧失多赚 $25a$(元)的机会。若实际需求小于预测需求,即 $a<0$,则费用函数等于 $-100a$,意味着要亏损 $-100a$(元)。由图 16-1 可见,$C(a)$ 是非负的。由于预测误差是随机的,因而 $C(a)$ 也是随机的。

费用函数 $C(a)$ 的非对称性,给应用带来许多不便。在实际工作中,费用函数并未能准确知道,因此,通常选取预测误差的平方作为费用函数,即
$$C(a) = \beta a^2$$
这里 β 是一个正的常数,由于它取什么值对 $C(a)$ 没有什么意义,故通常取 $\beta=1$,则得到费用函数为
$$C(a) = a^2 \tag{16.1-2}$$
这样所得到的费用函数便是对称的了。这意味着,费用函数将随着预测的绝对误差的增加而增加,也就是说,损失将随预测的绝对误差的增大而增大。因此,在许多场合又称费用函数为损失函数。预测的最优性,通常是以期望费用函数最小为标准的。

设 $\hat{y}_t(l)$ 表示在已知 y_t,y_{t-1},…,的条件下,对 y_{t+l} 进行预测,得到的 l 步预测值,其预测误差记为
$$a_t(l) = y_{t+l} - \hat{y}_t(l) \tag{16.1-3}$$
所谓 l 步最优预测是指满足以下两条准则的预测:

(1) 预测误差的方差达到最小,即
$$E[a_t(l)]^2 = E[y_{t+l} - \hat{y}_t(l)]^2 = \min$$

(2) 容许的预测,即预测值是过去时间序列值的函数。若这一函数是线性的,则称这种预测为线性最小方差预测。

在上述准则下,可以证明,最优预测值可以表示为条件期望,即
$$\hat{y}_t(l) = E(y_{t+l} | y_t, y_{t-1}, \cdots, y_1) \tag{16.1-4}$$
为证明 (16.1-4) 式表示的预测是预测误差的方差达到最小的一种预测,首先设
$$\hat{y}_t(l) = E(y_{t+l} | y_t, y_{t-1}, \cdots, y_1)$$
又设对 y_{t+l} 进行预测的其他预测值为 $\hat{y}_{t+l}$,则 $\hat{y}_{t+l}$ 与 $\hat{y}_t(l)$ 之差,记为 d,即

$$\hat{y}_{t+l} = \hat{y}_t(l) + d \tag{16.1-5}$$

那么，预测误差的方差为

$$E[y_{t+l} - \hat{y}_{t+l}]^2 = E[y_{t+l} - \hat{y}_t(l) - d]^2$$

$$= E[y_{t+l} - \hat{y}_t(l)]^2 - 2dE[y_{t+l} - \hat{y}_t(l)] + d^2 \tag{16.1-6}$$

(16.1-6) 式右边的第二项等于零，因为在已知 $y_t, y_{t-1}, \cdots, y_1$ 的条件下，对 y_{t+l} 取期望，则它的期望值就是 $\hat{y}_t(l)$。由于 d^2 是非负的，因此，欲使 (16.1-6) 式的预测误差的平方的期望达到最小，当且仅当 $d=0$ 时才能实现，也就是说，最优的预测值就是条件期望值，即 $\hat{y}_{t+l} = \hat{y}_t(l) = E(y_{t+l} | y_t, y_{t-1}, \cdots, y_1)$。

§16.2 最优预测值的计算

在 §16.1 中已证明了在最小预测误差方差意义下的最优预测值就是它的条件期望，本节将给出它的具体计算公式。为此，将 y_t 表示成它的传递形式，即

$$y_t = \varphi^{-1}(B)\theta(B)a_t = \sum_{k=0}^{\infty} \psi_k a_{t-k} \tag{16.2-1}$$

那么

$$y_{t+l} = \psi_0 a_{t+l} + \psi_1 a_{t+l-1} + \cdots + \psi_l a_t + \psi_{l+1} a_{t-1} + \cdots$$

$$= \psi_0 a_{t+l} + \psi_1 a_{t+l-1} + \cdots + \psi_{l-1} a_{t+1} + \sum_{j=0}^{\infty} \psi_{l+j} a_{t-j} \tag{16.2-2}$$

(16.2-2) 式右边是一无限和，可分为两部分：第一部分是 l 项求和，第二部分是从 a_t 开始的无限项求和，它包含了全部历史的以及现在的信息。因为，我们最多只有到时刻 t 为止的信息，所以，预测值只能建立在包含到 t 时刻为止的信息的基础上。因此，根据容许的预测准则，以及第十三章的关于平稳可逆序列可表示为传递形式的论断，可将预测值 $\hat{y}_t(l)$ 表示为

$$\hat{y}_t(l) = \sum_{j=0}^{\infty} \psi_{l+j}^* a_{t-j} \tag{16.2-3}$$

式中的"权"系数 ψ_{l+j}^* 可以在预测误差的方差达到最小的意义下确定。l 步预测误差可表示为

$$a_t(l) = y_{t+l} - \hat{y}_t(l)$$

$$= \psi_0 a_{t+l} + \psi_1 a_{t+l-1} + \cdots + \psi_{l-1} a_{t+1} + \sum_{j=0}^{\infty} (\psi_{l+j} - \psi_{l+j}^*) a_{t-j}$$

$$\tag{16.2-4}$$

由于 a_t 是白噪声，故

$$Ea_t a_{t+j} = \begin{cases} 0 & \text{当 } j \neq 0 \text{ 时} \\ \sigma_a^2 & \text{当 } j = 0 \text{ 时} \end{cases}$$

故

$$E[a_t(l)]^2 = (\psi_0^2 + \psi_1^2 + \cdots + \psi_{l-1}^2)\sigma_a^2 + \sum_{j=0}^{\infty}(\psi_{l+j} - \psi_{l-j}^*)^2\sigma_a^2 \qquad (16.2\text{-}5)$$

欲使

$$E[a_t(l)]^2 = \min$$

当且仅当 $\psi_{l+j} = \psi_{l+j}^*$ 时，才能实现。因此，最优预测值可表示为

$$\hat{y}_t(l) = \sum_{j=0}^{\infty}\psi_{l+j}a_{t-j} \qquad (16.2\text{-}6)$$

(16.2-6) 表示的最优预测值有无限多项求和，不易精确表示。现在通过条件期望的性质，引出更简明的预测公式。首先介绍条件期望的性质。

(1) $E\left[\sum_{j=1}^{l}\alpha_j y_{t+j} \mid y_t, y_{t-1}, \cdots, y_1\right]$

$= \sum_{j=1}^{l}\alpha_j E[y_{t+j} \mid y_t, y_{t-1}, \cdots, y_1]$

(2) $E[y_{t+l} \mid y_t, y_{t-1}, \cdots, y_1] = \begin{cases} \hat{y}_t(l) & l > 0 \\ y_{t+l} & l \leq 0 \end{cases}$

(3) $E[a_{t+l} \mid a_t, a_{t-1}, \cdots, a_1] = \begin{cases} 0 & l > 0 \\ a_{t+l} & l \leq 0 \end{cases}$ $\qquad (16.2\text{-}7)$

性质(1)告诉我们，条件期望是一种线性运算。性质(2)说明现在或过去的观测值的条件期望就是它本身，未来预测值的条件期望就是它的预测值。性质(3)说明，现在或过去的误差其条件期望就是它本身（这是可以计算的），未来误差的条件期望等于零。

由性质 (1)-(3)，可导出 ARMA(p, q) 模型的一步预测公式

$$\hat{y}_t(1) = E[y_{t+1} \mid y_t, y_{t-1}, \cdots, y_1]$$
$$= E\left[\sum_{j=1}^{p}\hat{\varphi}_j y_{t-j+1} + a_{t+1} - \sum_{j=1}^{q}\theta_j a_{t-j+1} \mid y_t, y_{t-1}, \cdots, y_1\right]$$
$$= \hat{\varphi}_1 y_t + \hat{\varphi}_2 y_{t-1} + \cdots + \hat{\varphi}_p y_{t-p+1} - \hat{\theta}_1 a_t - \hat{\theta}_2 a_{t-1} - \cdots - \hat{\theta}_q a_{t-q+1}$$
$$(16.2\text{-}8)$$

其中 a_t, a_{t-1}, $\cdots$ 是可计算的观测残差。同样可导出二步预测公式

$$\hat{y}_t(2) = E[y_{t+2} \mid y_t, y_{t-1}, \cdots, y_1]$$
$$= E\left[\left(\sum_{j=1}^{p}\hat{\varphi}_j y_{t+2-j} + a_{t+2} - \sum_{j=1}^{q}\hat{\theta}_j a_{t+2-j}\right) \mid y_t, y_{t-1}, \cdots\right]$$
$$= E\left[\sum_{j=1}^{p}\hat{\varphi}_j y_{t+2-j} \mid y_t, y_{t-1}, \cdots\right] - E\left[\sum_{j=1}^{q}\hat{\theta}_j a_{t+2-j} \mid y_t, y_{t-1}, \cdots\right]$$
$$= \hat{\varphi}_1 \hat{y}_t(1) + \hat{\varphi}_2 y_t + \cdots + \hat{\varphi}_p y_{t-p+2} - \hat{\theta}_2 a_t - \hat{\theta}_3 a_{t-1} - \cdots - \hat{\theta}_q a_{t-q+2}$$
$$(16.2\text{-}9)$$

类似地可以求出 3 步预测以至 l 步预测，其预测公式为

$$\hat{y}_t(l) = \hat{\varphi}_1 \hat{y}_t(l-1) + \cdots + \hat{\varphi}_p y_{t+l-p} - \hat{\theta}_1 a_t - \cdots - \hat{\theta}_q a_{t-q+l} \qquad (16.2\text{-}10)$$

特别是当 $l > p$, $l > q$ 时，则 (16.2-10) 将变为

$$\hat{y}_t(l) = \hat{\varphi}_1 \hat{y}_t(l-1) + \cdots + \hat{\varphi}_p y_t(l-p)$$

[**例**]　ARMA(1, 1) 模型预测值的计算。

设模型方程为

$$y_{t+1} = \varphi_1 y_t + a_{t+1} - \theta_1 a_t \tag{16.2-11}$$

已知 y_t 的现实值 y_t, y_{t-1}, …, y_1, 求 $\hat{y}_t(1)$ 与 $\hat{y}_t(2)$。

由 (16.2-8) 得到

$$\begin{aligned}\hat{y}_t(1) &= E(y_{t+1} \mid y_t, y_{t-1}, \cdots, y_1) \\ &= E(\varphi_1 y_t + a_{t+1} - \theta_1 a_t \mid y_t, y_{t-1}, \cdots, y_1) \\ &= \varphi_1 y_t - \theta_1 a_t\end{aligned} \tag{16.2-12}$$

现介绍如何利用现实值 y_t, y_{t-1}, …, y_1 并通过 (16.2-11) 去计算 a_t 的方法。由于 (16.2-11) 满足平稳可逆条件, φ_1, θ_1 分别在平稳与可逆域内, 因此 $|\theta_1|<1$。为导出 a_t 的表达式, 改写 (16.2-11), 得到

$$(a_{t+1} - y_{t+1}) = \theta(a_t - y_t) + (\theta_1 - \varphi_1) y_t \tag{16.2-13}$$

从而有

$$\begin{aligned}a_t - y_t &= \theta_1(a_{t-1} - y_{t-1}) + (\theta_1 - \varphi_1) y_{t-1} \\ &= \theta_1 [\theta_1(a_{t-2} - y_{t-2}) + (\theta_1 - \varphi_1) y_{t-2}] + (\theta_1 - \varphi_1) y_{t-1} \\ &= \theta_1^2 (a_{t-2} - y_{t-2}) + \theta_1 (\theta_1 - \varphi_1) y_{t-2} + (\theta_1 - \varphi_1) y_{t-1} \\ &= \theta_1^{t-t_0} (a_{t_0} - y_{t_0}) + (\theta_1 - \varphi_1) \sum_{j=t_0}^{t-1} \theta_1^{t-1-j} y_j\end{aligned}$$

由于 $|\theta_1|<1$, 故当 $t_0 \to -\infty$ 时, 上式右边第一项趋于零, 故得到

$$a_t = y_t + (\theta_1 - \varphi_1) \sum_{j=-\infty}^{t-1} \theta_1^{t-1-j} y_j \tag{16.2-14}$$

将 (16.2-14) 代入 (16.2-12) 得到

$$\begin{aligned}\hat{y}_t(1) &= \varphi_1 y_t - \theta_1 y_t - \theta_1 (\theta_1 - \varphi_1) \sum_{j=-\infty}^{t-1} \theta_1^{t-1-j} y_j \\ &= (\varphi_1 - \theta_1) \sum_{j=-\infty}^{t} \theta_1^{t-j} y_j\end{aligned} \tag{16.2-15}$$

(16.2-15) 的右边是 y_j 的无穷和, 它要求存储无穷多个观察值, 这是不现实的。不过, 经过适当的替换, 变为递推方程, 存储量就大大减少, 由 (16.2-15) 得到

$$\begin{aligned}\hat{y}_t^{(1)} &= (\varphi_1 - \theta_1) [y_t + \sum_{j=-\infty}^{t-1} \theta_1^{t-j} y_j] \\ &= (\varphi_1 - \theta_1) [y_t + \theta_1 \sum_{j=-\infty}^{t-1} \theta_1^{t-1-j} y_j] \\ &= \theta_1 \hat{y}_{t-1}^{(1)} + (\varphi - \theta_1) y_t\end{aligned} \tag{16.2-16}$$

这里 $\hat{y}_{t-1}^{(1)}$ 是处于时刻 $t-1$ 时, 序列的一步预测值。由此得到, 只要给出初始预测值, 即可递推出任一时间的预测值。

§16.3 预测误差及置信预测区间的计算

在§16.1中给出的最优预测是最小均方误差预测,因此,在(16.2-4)中有 $\psi_{l+j} = \psi_{l+j}^*$,那么,由(16.2-4)得到 l 步的预测误差为

$$a_t(l) = y_{t+l} - \hat{y}_t(l) = \psi_0 a_{t+l} + \psi_1 a_{t+l-1} + \cdots + \psi_{l-1} a_{t+1} \tag{16.3-1}$$

这里 ψ_j 是序列 y_t 的传递形式的系数,由下式确定

$$\psi(B) = \varphi^{-1}(B)\theta(B) \tag{16.3-2}$$

因此,由(16.3-1)得到预测误差的方差为

$$E[a_t(l)]^2 = (\psi_0^2 + \psi_1^2 + \cdots + \psi_{l-1}^2)\sigma_a^2 \tag{16.3-3}$$

由此可见,预测的步数越多,预测误差的方差就越大。由于 ARMA 模型的传递形式为

$$\psi(B) = \varphi^{-1}(B)\theta(B)$$

那么,y_t 可表示为

$$y_t = \psi(B) a_t = \sum_{j=0}^{\infty} \psi_j a_{t-j}$$

已知模型中的 a_t 项的系数为1,故 $\psi_0 = 1$。由此得到一步预测误差的方差为

$$E[a_t(1)]^2 = Ea_t^2 = \sigma_a^2$$

对 σ_a^2 的估计,已在第十五章给出了计算公式,但通常使用的估计方法是运用已建立的模型进行残差计算,再以残差平方和为基础进行估算,公式是

$$\hat{\sigma}_a^2 = \frac{\sum_{t=1}^{n} \hat{a}_t^2}{n - p - q} \tag{16.3-4}$$

这里 n 是通过平稳化后的有效样本容量,p、q 是 ARMA(p,q) 模型的阶数。由此可知,l 步预测值的一个标准误差的置信区间,也就是置信水平为68.3%的置信区间为

$$C_n = \hat{y}_t(l) \pm \left(1 + \sum_{j=1}^{l-1} \hat{\psi}_j^2\right)^{\frac{1}{2}} \hat{\sigma}_a \tag{16.3-5}$$

置信水平为95%的置信区间为

$$C_n = \hat{y}_t(l) \pm 1.96 \left(1 + \sum_{j=1}^{l-1} \hat{\psi}_j^2\right)^{\frac{1}{2}} \hat{\sigma}_a \tag{16.3-6}$$

置信水平为99.9%的置信区间为

$$C_n = \hat{y}_t(l) \pm 3 \left(1 + \sum_{j=1}^{l-1} \hat{\psi}_j^2\right)^{\frac{1}{2}} \hat{\sigma}_a \tag{16.3-7}$$

置信区间的图像如图16-2所示。
图中黑点表示 y_t 的实测值,小圆圈表示预测值,黑线表示置信区间。

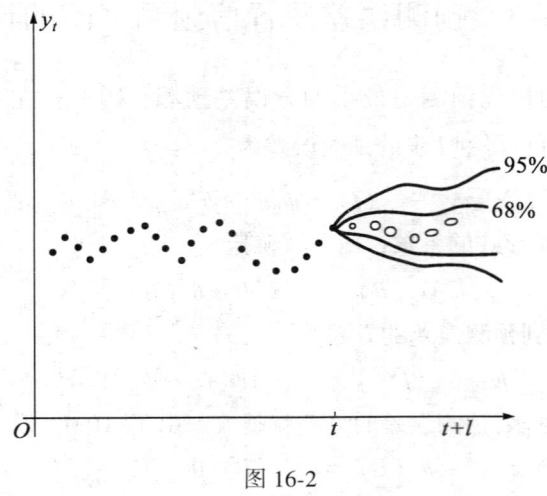

图 16-2

§16.4 建模计算框图与预测应用举例

在给出预测应用的案例分析之前,先给出随机时间序列分析的建模计算框图,常称为 Box-Jenkins 模型的计算框图。它对数据的要求是,对同一变量的采样周期必须相同。例如,采样间隔是天、周、月、季、年等,框图见图 16-3。

[**例 1**] 设某市的甲种商品销售量已进入稳态期,因此,其月销量记录,可认为是一个宽平稳随机序列。现有 50 个月的销售记录,其月平均销量为 3 万件,统计各月距平数据如表 16.1 所示。

表 16.1

序号 t	月销量距平 y_t	序号 t	月销量距平 y_t	序号 t	月销量距平 y_t	序号 t	月销量距平 y_t
1	−3.79	14	−0.37	27	+1.40	40	+1.94
2	−4.47	15	−0.71	28	+1.01	41	+2.30
3	−4.94	16	−0.11	29	+1.62	42	+3.51
4	−4.56	17	+1.05	30	+1.41	43	−1.49
5	−2.16	18	+2.52	31	+1.05	44	+2.22
6	−3.49	19	+2.40	32	+1.15	45	+2.43
7	−3.27	20	+0.39	33	−0.65	46	+2.23
8	−2.63	21	+0.58	34	+1.34	47	−0.82
9	−1.47	22	+0.92	35	−0.86	48	−0.24
10	−1.56	23	+0.49	36	−0.50	49	−0.08
11	−0.55	24	+1.32	37	−1.10	50	−0.68
12	−1.82	25	+0.89	38	−1.05		
13	−0.37	26	+1.90	39	+1.28		

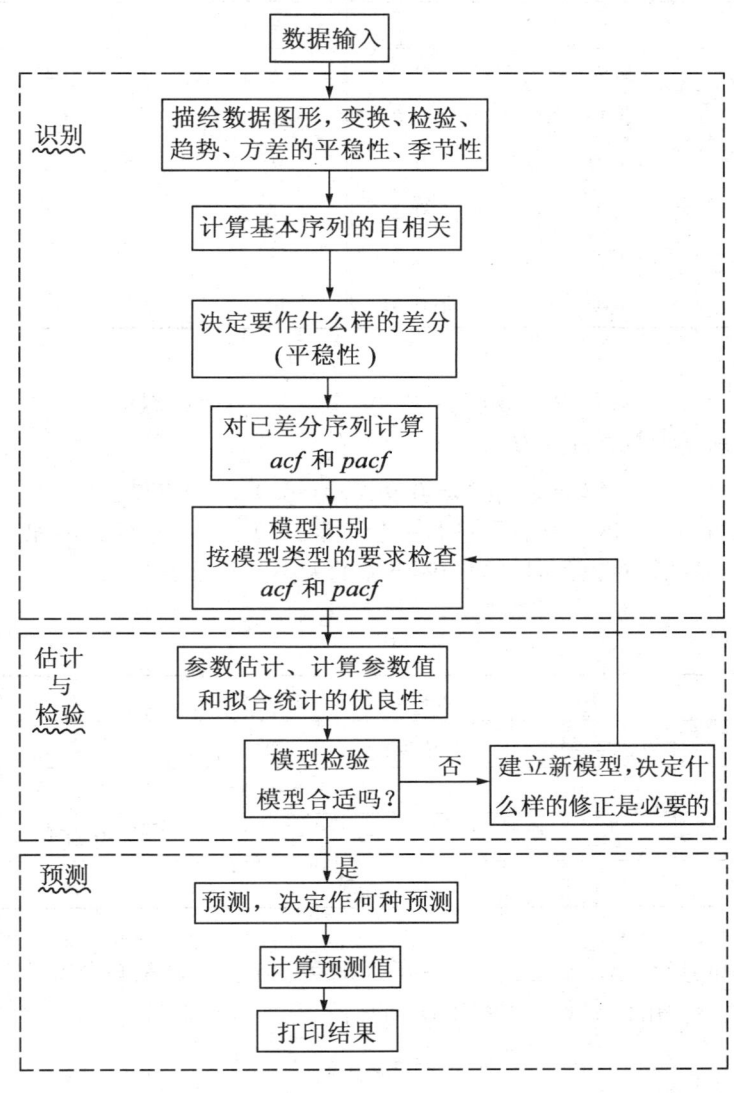

图 16-3

试对表 16.1 的数据建立模型和进行预测。

首先估算样本序列的标准自相关函数和偏相关函数，其结果如表 16.2 所示。

由 §14.3 介绍的 AIC 识别准则，对此模型进行了识别定阶，认为本模型的阶数定为 1 最合适，其模型参数 $\hat{\varphi}_1 = 0.9$，由此得到模型为 AR(1)，具体方程如下。

$$y_t = \varphi_1 y_{t-1} + a_t$$

由(16.2-8)得到一步预测方程为

$$\hat{y}_t(1) = \hat{\varphi}_1 y_t = 0.9 y_t$$

由(16.2-9)得到二步预测方程为

表 16.2

k	φ_{kk}	$\hat{\rho}_k$	k	φ_{kk}	$\hat{\rho}_k$
1	0.9	0.9	7	−0.02	0.57
2	0.19	0.84	8	0.01	0.53
3	−0.01	0.78	9	−0.00	0.49
4	−0.03	0.71	10	−0.04	0.45
5	−0.02	0.66	11	0.03	0.42
6	0.06	0.61	12	0.09	0.37

$$\hat{y}_t(2)=\hat{\varphi}_1\hat{y}_t(1)=0.9\hat{y}_t(1)=0.9^2 y_t=0.81 y_t$$

由(16.2-10)得到三步预测方程为

$$\hat{y}_t(3)=\hat{\varphi}_1\hat{y}_t(2)=0.9\hat{y}_t(2)=0.9^3 y_t=0.729 y_t$$

对上述预测,以 $t=47$、48、49 分别进行一步预测,以 $t=47$ 进行二步和三步预测,将这些预测值与实测值进行对比,即可知预测误差的大小,参看表 16.3。

表 16.3

t	46	47	48	49	50
实测值 y_t	−2.23	−0.82	−0.24	0.08	0.68
$\hat{y}_t(1)$			−0.738	−0.216	−0.072
$\hat{y}_t(2)$				−0.664	
$\hat{y}_t(3)$					−0.598

由此可见预测步数越多,也就是预测的时间跨度越长,其预测误差就越大。为对上述预测作出区间估计,由(15.1-5)可算出 σ_a^2 的估计值

$$\hat{\sigma}_a^2=\hat{r}_0(1-\hat{\varphi}_1\hat{\rho}_1)=\hat{r}_0(1-\hat{\rho}_1^2)$$

由表 16.1 的数据可算出 $\hat{r}_0=4.0372$,又由表 16.2 的数据可算出 $\hat{\sigma}_a^2=0.7671$,又根据模型的传递形式和表 16.2 的数据得到传递形式的各项系数是 $\psi_0=1$,$\psi_1=0.9$,$\psi_2=0.81$,$\psi_3=0.729$,…,由此,可算出 $\hat{y}_{47}(1)$,$\hat{y}_{47}(2)$,$\hat{y}_{47}(3)$ 的 95% 置信预测区间。

一步预测区间:$C_{n95\%}=\hat{y}_{47}(1)\pm 1.96\hat{\sigma}_a$

$=-0.738\pm 1.96\times 0.8758$

$=(-2.4546,\ 0.9786)$

二步预测区间:$C_{n95\%}=\hat{y}_{47}(2)\pm 1.96(1+0.9^2)^{\frac{1}{2}}\hat{\sigma}_a$

$=-0.664\pm 1.96(1+0.81)^{\frac{1}{2}}\times 0.8758$

$=-0.664\pm 2.3094$

$$= (-2.9734, 1.6454)$$

三步预测区间：$C_{n95\%} = \hat{y}_{47}(3) \pm 1.96(1+0.9^2+0.81^2)^{\frac{1}{2}} \hat{\sigma}_a$

$$= -0.598 \pm 1.96 \times 2.4661 \times 0.8758$$

$$= -0.598 \pm 4.2332$$

$$= (-4.8312, 3.6352)$$

置信区间如图 16-4 所示。

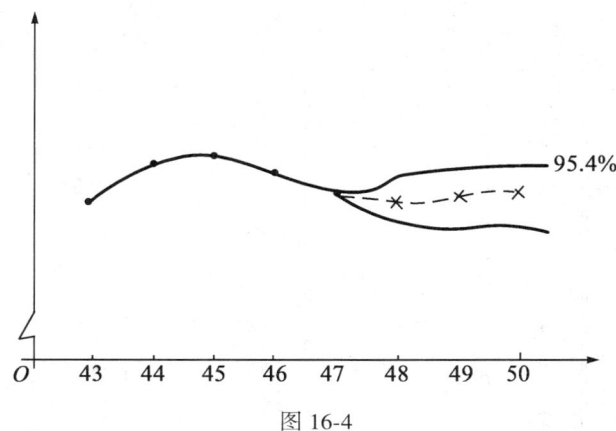

图 16-4

[例 2] 设某地区的城乡购买力有逐季线性增长趋势，其趋势方程为

$$y_t = 40 + 2t$$

t 表示季数，y_t 表示购买力，单位为百万元，从 2004 年第一季度算起，总共有 50 个季度的数据，实际购买力与趋势值之差见表 16.4。

首先计算 y_t 的标准样本自相关函数与偏相关函数见表 16.5。

从表 16.5 中看出，$\hat{\varphi}_{kk}$ 依 k 变化时，正负交错，而且有趋向零的趋势，故判断它是拖尾的。$\hat{\rho}_k$ 的变化虽有起伏，但对于 $k>1$ 的 $\hat{\rho}_k$，没有一个大于 $\frac{2}{\sqrt{50}}$，故可认为它在 $k>1$ 以后是截尾的。按 MA 模型的识别准则，序列 y_t 属于 MA(1) 序列，其模型方程为

$$y_t = a_t - \theta_1 a_{t-1} \tag{16.4-1}$$

由 (15.1-6) 可求出 θ_1 的估计值 $\hat{\theta}_1$

$$\hat{\rho}_1 = \frac{-\hat{\theta}_1}{1+\hat{\theta}_1^2}$$

从而 $\hat{\theta}_1$ 满足一元二次方程

$$\hat{\theta}_1^2 \hat{\rho}_1 + \hat{\theta}_1 + \hat{\rho}_1 = 0$$

$$\hat{\theta}_1 = \frac{-1 \pm \sqrt{1-4\hat{\rho}_1^2}}{2\hat{\rho}_1} \tag{16.4-2}$$

将 $\hat{\rho}_1$ 的值代入上式，即得

$$\hat{\theta}_1 = -0.545$$
$$\hat{\theta}'_1 = -1.83$$

表 16.4

样本序号	样本值与趋势值之差 y_t	样本序号	样本值与趋势值之差 y_t	样本序号	样本值与趋势值之差 y_t	样本序号	样本值与趋势值之差 y_t
1	-0.16	14	1.60	27	-1.04	40	-0.36
2	1.26	15	1.23	28	-2.07	41	1.00
3	2.64	16	-2.39	29	-1.54	42	-1.27
4	1.84	17	-0.68	30	0.69	43	-0.43
5	-0.10	18	-3.02	31	0.08	44	-0.33
6	0.71	19	-3.22	32	0.84	45	0.49
7	0.25	20	-1.68	33	0.21	46	1.10
8	0.45	21	1.12	34	0.00	47	-0.15
9	0.78	22	0.72	35	0.07	48	0.32
10	0.61	23	0.10	36	-1.58	49	-0.17
11	1.21	24	2.00	37	-1.23	50	0.24
12	-0.55	25	-0.1	38	1.24		
13	-0.12	26	-2.50	39	0.70		

表 16.5　　　　样本相关函数与偏相关函数

k	$\hat{\rho}_k$	$\hat{\varphi}_{kk}$	k	$\hat{\rho}_k$	$\hat{\varphi}_{kk}$
1	0.42	0.42	7	-0.06	-0.01
2	0.03	-0.18	8	0.02	0.04
3	-0.03	0.04	9	0.05	-0.00
4	-0.12	-0.14	10	0.07	-0.04
5	-0.15	-0.05	11	0.02	-0.06
6	-0.11	-0.05	12	-0.10	0.09

$|\hat{\theta}'_1| = 1.83$ 大于 1，不符合要求，故取 $\hat{\theta}_1 = -0.545$ 为估计值代入 (16.4-3) 即得本序列的模型方程

$$y_t = a_t + 0.545 a_{t-1} \qquad (16.4\text{-}3)$$

它的一步预测公式为 (16.2-16)，即

$$\hat{y}_t^{(1)} = -0.545 \hat{y}_{t-1}(1) + 0.545 y_t \qquad (16.4\text{-}4)$$

若给出初始预测值 $\hat{y}_0(1)$，则由 (16.4-6) 可依序算出 $t=1, 2, \cdots$ 的一系列一步预测值，$\hat{y}_1(1), \hat{y}_2(1), \cdots$

现假定初始预测值为 $y_0(1)=0$，由 (16.4-6) 算出 $\hat{y}_1(1), \hat{y}_2(1), \cdots, \hat{y}_{10}(1)$ 与实测值 $y_1, y_2, \cdots, y_{10}$ 的对比如表 16.6。

表 16.6

t	y_t	$\hat{y}_t(1)$	t	y_t	$\hat{y}_t(1)$
1	-0.16	0	6	-0.71	0.36
2	1.26	-0.872	7	0.25	-0.58
3	2.64	1.16	8	0.45	0.45
4	1.84	0.81	9	0.78	-0.00
5	-0.10	0.56	10	0.61	0.43

思考与练习

1. 假设某经济指标有如下的年度统计数据 $y_1, y_2, \cdots, y_n$。试述运用博克斯和詹金斯方法进行预测的基本步骤。

2. 试画出博克斯和詹金斯方法从模型识别到模型预测的建模运算框图。

3. 某经济指标有 36 个依时间先后观察到的时间序列数据如表 16.7，试建立预测模型，对 y_{37}, y_{38} 作出点预测和 95% 的置信预测区间。

4. 某经济指标有如表 16.8 的月度数据，试用 Box-Jenkins 方法求出 y_t 当 $t=61$ 和 62 时的预测值以及 95% 的置信预测区间。

5. 某经济指标服从 AR(2) 模型

$$y_t = \varphi_1 y_{t-1} + \varphi_2 y_{t+2} + a_t$$

$$\varphi_1 = 1.4, \quad \varphi_2 = -0.3, \quad \sigma_u = 1.21$$

又已知 $y_{10} = 1.5$，$y_9 = 0.8$，试预测 $\hat{y}_{11}, \hat{y}_{12}$，并求出 95% 的置信预测区间。

表 16.7

时期 t	观察值 y_t	时期 t	观察值 y_t	时期 t	观察值 y_t
1	63	13	70	25	73
2	59	14	69	26	67
3	66	15	62	27	65
4	70	16	68	28	72
5	66	17	74	29	68
6	75	18	70	30	63
7	71	19	65	31	60
8	65	20	64	32	66
9	59	21	60	33	70
10	63	22	68	34	74
11	68	23	70	35	69
12	72	24	72	36	70

表 16.8

年、月	时期 t	观察值 y_t	年、月	时期 t	观察值 y_t
2012.1	1	117.50	2013.1	13	118.40
2	2	118.20	2	14	117.30
3	3	116.90	3	15	117.30
4	4	117.00	4	16	117.50
5	5	117.10	5	17	118.50
6	6	116.00	6	18	118.30
7	7	117.40	7	19	118.50
8	8	117.20	8	20	118.60
9	9	117.70	9	21	120.40
10	10	116.90	10	22	121.30
11	11	117.40	11	23	120.30

续表

年、月	时期 t	观察值 y_t	年、月	时期 t	观察值 y_t
12	12	117.70	12	24	122.80
2014.1	25	123.20	2016.1	49	129.10
2	26	122.40	2	50	129.10
3	27	122.70	3	51	129.00
4	28	123.00	4	52	129.10
5	29	123.30	5	53	128.90
6	30	123.40	6	54	127.50
7	31	123.60	7	55	128.20
8	32	124.00	8	56	127.20
9	33	124.20	9	57	127.90
10	34	124.90	10	58	127.30
11	35	125.00	11	59	126.50
12	36	125.80	12	60	126.20
2015.1	37	125.60			
2	38	127.10			
3	39	127.40			
4	40	128.40			
5	41	128.60			
6	42	129.20			
7	43	129.10			
8	44	129.00			
9	45	128.40			
10	46	129.00			
11	47	130.00			
12	48	129.20			

第十七章　大数据分析与预测技术

当前，信息技术正处于快速发展期，以云计算、大数据、移动互联网、物联网、人工智能为代表的新一代信息技术得到广泛应用。随着信息技术和人类生产生活的交汇融合，数据的形式和来源越来越趋于多元化、多样化，世界已经进入由数据主导的"大时代"。2016 年 5 月 25 日，高通公司全球总裁德里克·阿伯利在中国第二届大数据产业峰会上发表主题演讲，指出："现在的数据是呈指数级发展的，过去两年产生了全球 90%的数据量。在 2020 年以前，整个数据量与 5 年前相比不可同日而语，而在中国这样的趋势也非常明显。"

大数据正在改变各国综合国力，重塑未来国际战略格局。现在，世界各国都把推进经济数字化作为实现创新发展的重要动能，在技术研发、数据共享、安全保护等方面进行前瞻性布局。

党和国家一直密切关注大数据的发展，早在 2013 年 7 月，习主席视察中国科学院时便指出："大数据是工业社会的'自由'资源，谁掌握了数据，谁就掌握了主动权。"2015 年 11 月，党的十八届五中全会公报提出要实施"国家大数据战略"，这是大数据第一次写入党的全会决议，标志着大数据战略正式上升为国家战略。

大数据作为一项新技术、新思维和新方法，释放出巨大的能量，对经济发展、社会治理、国家管理、人民生活等各个方面都将产生重大的、甚至颠覆性的影响。

§17.1　什么是大数据

1. 大数据的概念

大数据是一个新概念，可能的英文表述有：大数据(big data)、大规模数据(large scale data)和巨量数据(massive data)。麦肯锡(McKinsey Global Institute)、高德纳(Gartner)、国际数据公司(IDC)和 IBM 等研究机构和 IT 业界都曾使用过大数据的概念，但尚未形成统一的定义。

麦肯锡在报告"Big data: The next frontier for innovation, competition, and productivity"中给出的大数据定义是："大数据"是指大小超出常规的数据库工具获取、存储、管理和分析能力的数据集。它还特别说明，并不是必须超过特定数量 TB 值的数据集才能算作大数据。

高德纳对"大数据"给出如下定义：大数据是高容量、高速度和高多样性的信息资产，这类资产需要具备成本效益和创新形式的信息处理，以实现洞察力、决策和处理自动化的提升。

国际数据公司把"大数据技术"界定为新一代的技术和架构，旨在更经济地从数量巨大、具有广泛多样性的数据中提取价值，以实现高速获取、发现和分析。该公司认为大数据有三大主要特征：数据本身、数据分析和对分析结果的展示；再就是那些能被囊括在这些大数据要素周边的产品和服务。

IBM 指出，我们周围的一切每时每刻都在生成大数据。每一次数字化过程和社交媒体交换都在产生大数据。系统、传感器和移动装置都在传输大数据。大数据以海量的数据规模（volume）、快速的数据流转（velocity）和多样的数据类型（variety）出现在各个渠道。为了从大数据提取有意义的价值，需要最优的处理能力、分析能力和各种技能。

综合上述定义，可以认为，大数据是指难以在可接受的时间内，用传统数据库系统或常规应用软件处理的、海量而复杂的数据集。目前所说的"大"数据不仅指数据本身的规模，而且包括采集数据的工具、平台和数据分析系统。

2. 大数据的特征

大数据主要包括四个方面的特征：

（1）数据量巨大（volume）

随着各类监控设备的增加，以及手机、平板等个人终端的普及和功能多样化，全球数据总量从 TB 级别跃升到 ZB 级别，以每两年翻一番的速度飞快增长，这与人们熟知的"摩尔定律"极为相似，可以称之为"大数据爆炸定律"。

国际数据公司（IDC）历年的《数据宇宙》报告（IDC *Digital Universe Study*）（如图 17-1 所示）表明：2005 年全球数据量为 0.13ZB（1ZB = 10 万亿亿字节），2008 年为 0.5ZB，2009 年为 0.8ZB，2010 年为 1.2ZB，2011 年为 1.87ZB，2012 年为 2.8ZB，2013 年为 4.4ZB。预计 2015 年全球数据量为 7.72ZB，2020 年将达到 44ZB。

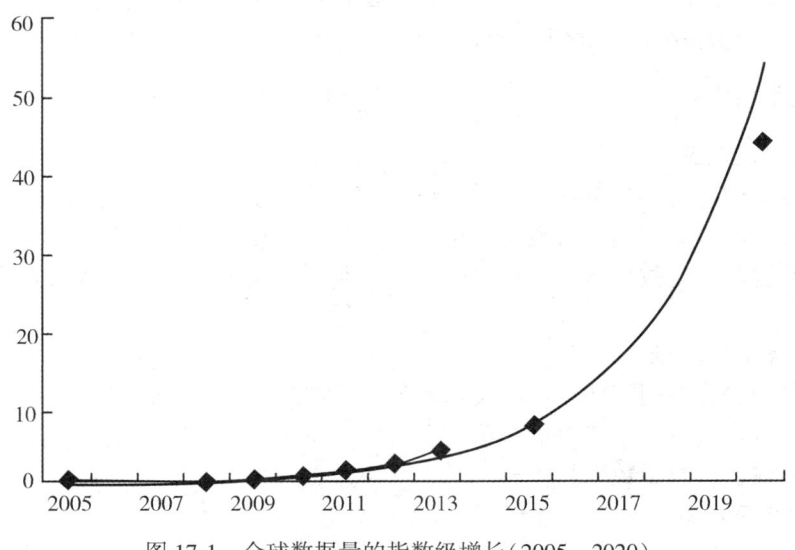

图 17-1　全球数据量的指数级增长（2005—2020）

（2）数据类型多样化（variety）

数据类型多样化是大数据时代的显著标志。除了常见的结构化数据（如数据表格）外，还有大量的半结构化和非结构化数据（如各类文件、图片、照片、音频、视频、日志和地理位置信息等)。它们的大小、内容、格式和用途可能都完全不同。数据已经不仅仅是计数、计算和语言的标记,而被更多地赋予了约束、控制等多方面的功能。

(3) 数据时效性高(velocity)

数据量的快速膨胀,推动了数据处理方法和手段的提速。以计算机为核心的数据处理设备和相应的软件的发展,大大加快了数据的处理速度和传输速度。随着数据处理和传输速度的不断加快,实现了"静态→批处理→实时处理"的演进。

尽管如此,与数据增长速度相比,人类对于数据的处理能力仍然落后了许多,原有的研究方法已经严重阻碍了科技水平的发展,原有的科学研究范式受到了极大的挑战,一场科学技术方法的革命正在悄然兴起,同时也带动了建模仿真技术的革命。

(4) 数据富含价值(value)

在没有计算机的时代,大数据依然存在,但由于没有能驾驭、分析大数据的技术以及设备,就无法记录大数据,那些大数据蕴含的价值也被白白地流逝了。随着计算机的产生、互联网时代的到来,各行各业的庞大数据都会被完整地记录下来,这些所有的记录都是有潜在利用价值的数据。

也有人认为,这第4个特征应概括为"veracity",即数据真实性低或价值密度低。他们认为大数据里存在高噪声,如以视频为例,连续不间断监控过程中,可能有用的数据仅1、2秒。但笔者认为,大数据的真正价值是在被科学分析以后才能得到更充分体现的。大数据的价值可以等同于我们对石油的认识。最初我们只能通过原油获取燃油,其余的都视为废品。后来发现经过加工还可获得多种石油副产品,包括润滑油和润滑脂、蜡、沥青和石油焦、溶剂和化工原料等。可以说所有产品中没有一样是没有价值的。大数据亦是如此。

想从大数据分析中获得更大的价值,关键是要努力提高对大数据的加工能力,通过对不同来源的数据进行更加精细化地管理、处理、分析与优化,将创造出巨大的经济和社会价值。

3. 大数据的来源

(1) 传统数据信息

传统的数据信息大多储存于本地,为历史的、静态的数据,属于非全部公开数据资源,价值秘密性高,如市场调研数据、企业数据、生产数据、制造数据、消费数据、医疗数据、金融数据等。就数据本身的格式而言,这些数据是结构化的,通过关系型数据进行管理和访问。

(2) 移动互联网、物联网信息

移动互联网和物联网等新技术的快速发展,可穿戴设备、传感器、二维码以及各种手机应用在内的搜索引擎及智能手机等移动设备的日益普及,互联网支付、位置服务等的广泛运用,都导致各种海量数据的生成。

(3) 人际交往信息

社交媒体的发展产生了大量的、鲜活的数据。如新浪微博、Facebook等社交网站上的分享的内容、点"赞"和上传照片等,都代表了一个个具体网民的想法,反映了他们想做的事情。社交网络上的表现人们情绪的数据日益丰富。例如,[笑脸]、[鼓掌]、[握手]、[愤怒]、[纪念]等代表人们心情的表情符号的大量使用,无疑表达了人们对某一事件的总体情绪,可能昭示线下会发生某些行为。

§17.2 大数据技术概述

解决大数据问题的核心是大数据技术。大数据技术是指从类型多样的海量数据中，快速获得有价值信息的能力。大数据研发目的是发展大数据技术并将其应用到相关领域，通过解决海量数据处理问题促进其突破性发展。因此，大数据时代的挑战不仅体现在如何处理海量数据，以便从中获取有价值的信息；也体现在如何加强大数据技术研发，从而抢占发展的先机。

1. 大数据存储技术

大数据存储致力于研发可以扩展至 PB 甚至 EB 级别的数据存储平台。提到存储，有一个著名的摩尔定律，该定律是由英特尔创始人之一戈登·摩尔（Gordon Moore）提出来的。其大意为：当价格不变时，集成电路上可容纳的电晶体数目，约每隔 24 个月（现在普遍流行的说法是"每 18 个月"）会增加一倍，性能也将提升一倍。于是，存储器的成本每 18~24 个月就下降一半。成本的不断下降也造就了大量数据的可存储性。

在摩尔定律的激励下，经过数十年的发展，处理器（CPU）的性能已经大幅度提升。这使得更多的新技术、新功能以及更快的速度优化功能形成。这些创新不但大幅度降低了成本，而且提升了性能。但不幸的是，与 CPU 和其他性能的提升相比，传统的机械硬盘的性能并没有太大性能的提升，这就形成了不同设备间的性能差距。

为了克服这种性能之间的差距，传统的做法是集合更多的大批量硬盘，即利用更多的磁盘空间来提供更强的搜索性能，提高存储系统的总体性能。比如，Google 大约管理着超过 50 万台服务器和 100 万块硬盘，而且还在不断地扩大计算能力和存储能力，其中很多的扩展都是在廉价服务器和普通存储硬盘的基础上进行的。

随着英特尔技术的不断创新，CPU 的性能不断增加，如今传统的增加硬盘的解决方案已经不再有效果，需要新兴的技术来满足磁盘性能上的差距所造成的瓶颈和麻烦。闪存（Flash Memory）是一种长寿命的非易失性（在断电情况下仍能保持所存储的数据信息）的存储器，数据删除不是以单个字节为单位而是以固定的区块为单位。闪存是一个速度比硬盘驱动器更快的存储介质，能够提供比硬盘高 1 000 倍的每秒输入/输出操作次数（IOPS），使得 CPU 性能和存储性能之间的间隙消失。

随着闪存技术的演变，如今在云数据中心中，闪存这种新型的存储设施已经被应用并取得了非常出色的效果。它能够提供无限扩展的能力，同时能够索引全空间内的信息，能够提供最大计算资源应用程序，同时最大限度地减少延迟率和加速应用。

2. 大数据计算技术

大数据常和云计算联系在一起。云计算（cloud computing）是基于互联网的相关服务的增加、使用和交付模式，通常涉及通过互联网来提供动态易扩展且经常是虚拟化的资源。云是网络、互联网的一种比喻说法。云计算思想的起源是麦卡锡在 20 世纪 60 年代提出的：把计算能力作为一种像水和电一样的公用事业提供给用户。

云计算对大数据的广泛应用意义重大，云计算为大数据的存储和处理技术提供了技术和经济上可行的工具，是大数据处理基础设施的主流方向。大数据常使用的云计算技术包括：虚拟化技术、分布式处理技术、海量数据存储技术、海量数据管理技术、实时流数据处理技术、智能分析技术（类似模式识别以及自然语言理解）等。云计算提供基础架构平台，大数据应用运行于此平台上，这是 Google、Amazon、Facebook 等一批互联网企业广泛采纳的模式。

大数据和云计算的结合是一个双赢的局面。大数据的特色是丰富的信息储备，云计算的优点是强大的计算能力，随着云计算技术的不断发展，处理大数据的速度大幅度提升，降低了创新成本，一方面可以提供更多基于海量数据的创新型服务，另一方面可以引导云计算投向更多更好的实际应用领域。

3. 大数据分析技术

大数据分析主要包括可视化分析、数据挖掘算法、预测性分析能力、语义引擎、数据质量和主数据管理 5 个方面。

（1）可视化分析（analytic visualizations）

大数据分析的使用者有大数据分析专家，同时还有普通用户，但是他们两者对于大数据分析最基本的要求就是可视化分析，因为可视化分析能够直观呈现大数据特点，同时能够非常容易被读者所接受，就如同看图说话一样简单明了。

（2）数据挖掘算法（data mining algorithms）

大数据分析的理论核心就是数据挖掘算法。各种数据挖掘的算法基于不同的数据类型和格式才能更加科学地呈现出数据本身具备的特点，也正是因为这些被全世界统计学家所公认的各种统计方法（可以称之为真理）才能深入数据内部，挖掘出公认的价值。另外一个方面也是因为有这些数据挖掘的算法才能更快速地处理大数据，如果一个算法得花上好几年才能得出结论，那大数据的价值也就无从说起了。

（3）预测性分析能力（predictive analytic capabilities）

大数据分析最重要的应用领域之一就是预测性分析，从大数据中挖掘出特点，通过科学的建立模型，之后便可以通过模型带入新的数据，从而预测未来的数据。

（4）语义引擎（semantic engines）

大数据分析广泛应用于网络数据挖掘领域，可从用户的搜索关键词、标签关键词或其他输入语义中分析、判断用户需求，从而实现更好的用户体验和广告匹配。

（5）数据质量和主数据管理（data quality and master data management）

大数据分析离不开数据质量和数据管理，高质量的数据和有效的数据管理，无论是在学术研究还是在商业应用领域，都能够保证分析结果的真实和有价值。

大数据分析的基础就是以上五个方面，当然更加深入大数据分析的话，还有很多更加有特点的、更加深入的、更加专业的大数据分析方法。

§17.3　大数据预测技术

1. 什么是大数据预测

（1）概念界定

时至今日，尚没有统一的大数据预测的定义。书刊上有多种说法，其实都是大同小异。我们认为,大数据预测是大数据技术中一种具有核心功能的数据分析处理技术,称之为预测性分析。它能对海量般的大规模、高噪声、低信噪比的原始数据,通过机器学习,构建预测模型,提炼出人们事先并不知道的潜在有价值的信息,预测出人们所关注的事物的未来状态,并洞悉其动机。这种技术就称为大数据预测。

这里所提的机器学习(machine learning),是指通过处理原始数据来生成预测模型的一种活动。有关机器学习的热潮正在兴起,美国斯坦福大学计算机科学系在2011年将《机器学习》(Open Stanford Course: Engineering Everywhere-Machine Learning)这门课程上传到互联网上,免费向全世界开放,目前全球已有十多万人选修了这门课程。近年来,人工智能(artificial intelligence,简称AI)强势崛起,特别是2016年AlphaGo和韩国九段棋手李世石的人机大战,让我们深刻地领略到了人工智能技术的巨大潜力,也促使更多人想去了解机器学习。

(2)大数据预测与传统数据预测

大数据预测与传统数据预测,两者是有区别的,但也有相同之处,这就是两者都是数据预测,在建立数据集、配置、归纳、清洗、净化、分析、处理数据构建预测模型、对模型和预测结果进行分析、评估和修正等方面都基本一样。特别是两者的可预测性的逻辑基础亦是如此:每一种事物的非常规变化,事前一定有征兆,每一件事情都有迹可循,如果找到了征兆与变化的规律,预测就成为可能。预测的结果都存在着不确定性,都可以给出预测事件发生的概率。

两者的不同点也是十分明显的,可以通过表17.1对比列出。

表17.1 大数据预测与传统数据预测区别对比表

预测名称	区 别	
大数据预测	1. 数据容量 2. 数据质量 3. 数据属性 4. 数据思维与变革动向	大(数据规模大,海量级) 杂、高噪声、低信噪比,需净化 原始数据 放弃对因果关系的渴望,转而关注相关关系。预测思维分析数据是从"面向已经发生的过去"转向"面向即将发生的未来",颠覆了千百年来人类的思维惯例,对人类的认知和世界交流的方式提出了新的挑战。
传统数据预测	1. 数据容量 2. 数据质量 3. 数据属性 4. 数据思维与变革动向	小(少) 纯净,是经过净化整理的有效数据 随机抽样产生,结构简单 维持传统思维,继续维持对因果关系的追求与渴望。

大数据预测的相关技术,在宏观经济预测、市场营销、客流量分析、太阳黑子数、月降水量、河流流量、股票价格变动等众多领域,得到了广泛的应用。

2. 大数据预测的步骤

预测是为决策服务的。科学决策要遵循一定的科学程序或步骤,大数据预测又何尝不是如此？

(1) 明确预测目标

进行预测首先要明确预测的目标是什么。所谓目标就是指预测的具体对象的项目和指标，为什么要进行这次预测活动，这次预测要达到什么直接目的。其次还要分析预测的时间性、准确性要求，划分预测的商品、地区范围等具体问题。

(2) 数据准备

数据准备是大数据预测的核心。它包括数据清洗（data cleansing）和特征工程（feature engineering）。数据清洗可使数据具备用于分析的正确形状和质量。特征工程会为分析选取正确的属性。

涉及的主要工作有：从原始数据，如文本、图像或者应用数据中清洗出特征数据和标注数据；对清洗出的特征和标注数据进行处理，例如样本采样、样本调权、异常点去除、特征归一化处理、特征变化、特征组合等过程。最终生成的数据主要是供模型训练使用。

(3) 将目标特征输入各种各样的训练模型中进行学习

机器学习的目标有图像识别、语音识别、自然语言理解、股价预测、天气预测、基因表达、内容推荐等。目前我们通过机器学习去解决这些问题的一般思路是这样的：从开始通过传感器来获得数据；然后经过预处理、特征提取、特征选择；再到推理、预测或者识别。最后一个部分，是机器学习的部分；中间的三个部分，概括起来就是特征表达。实际中一般都是由人工完成的。然而，靠人工提取特征是一种非常费力的方法，启发式又需要专业知识。所以能不能选取好很大程度上靠经验和运气，而且它的调节需要大量的时间。人们便考虑能不能让机器自动地学习一些特征，于是深度学习（deep learning）就应运而生，它的一个别名为无监督式特征学习（unsupervised feature learning）。对于深度学习来说，其思想就是对堆叠多个层，也就是说这一层的输出作为下一层的输入。通过这种方式，可以实现对输入信息的分级表达。与人工规则构造特征的方法相比，利用大数据来学习特征，更能够刻画数据的丰富内在信息。

(4) 构建最终预测模型

在机器学习中，"最终模型"是指用来预测新数据的模型。进行机器学习的目的是训练一个"最好"的最终模型。这里的"最好"由以下因素决定：数据（即可用的历史数据）、时间（即用来训练模型的时间）和过程（即数据准备步骤、算法或算法集，以及如何配置这些算法）。

(5) 模型的融合，导出最后的预测结果

单个预测器，即便非常复杂精致，参数也很多，总归是有局限性的，往往只能抓住数据的部分特征，而忽略掉其他有用的信息。所以，在进行预测的时候，通常需要使用许多预测器，然后把这些结果放在一起，再进行一次学习，得到最终的预测结果。

上述步骤可用图 17-2 表示。

3. 大数据预测的案例

近年来，买房贷款是人们买房的主要途径，个人住房抵押贷款的比重在迅速上升。然而，信贷业务在给个人带来方便、给银行带来效益的同时，也给银行带来了暗藏的风险。

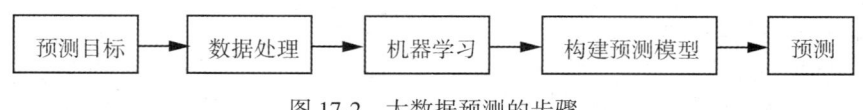

图 17-2 大数据预测的步骤

美国的次贷危机就是一个很好的例子。如何在贷款的过程中尽可能地降低风险，做好对贷款客户的信用评估至关重要。可考虑利用决策树理论，通过对贷款客户的学历、年龄、职业、收入等基本情况进行分析，构建基于决策树的个人住房抵押贷款信用评估模型，为银行决定是否为该客户提供住房抵押贷款提供参考。这里以美国大通银行为例介绍如何对房产抵押风险进行预测性分析。①

（1）银行面临着风险

大通银行是美国最大的商业银行，它的按揭贷款部门发现：按揭贷款的总人数大幅度增加，贷款总额很大，每笔贷款都有微观风险。贷款人的两种截然不同的行为，都将导致银行贷款风险。

A. 贷款人无法偿还（造成银行的损失）

B. 贷款人全额提前偿还（由于贷款人获得了其他银行的信贷或卖掉房产而选择全额提前偿还，这也会造成银行的损失，因为银行本可通过这笔按揭获得既定的收入）

大通银行按揭贷款风险涉及数亿美元的盈亏，如不及时处理，其风险就可能像滚雪球那样迅速膨胀。专家认为最好的应对之策是对所产生的风险进行预测性分析。

（2）数据准备

本案例涉及的按揭贷款总计有21 816个固定利息样本，其贷款期限均在 15 年以上，但按揭签署日期距研究时只有 1~4 年，因此提前还款的风险相对较高。由于本次研究的开展和数据采集的时间是在 20 世纪 90 年代末，因此参考利率也是当时的利率水平。除贷款利率、贷款金额等数据外，还需要按揭贷款人的具体信息，例如：

借款人：沙利·史密瑟斯

按揭贷款额：17.4 万美元

房产价值：40 万美元

房产类型：独户住宅

利率：8.92%

借款人年收入：86 880美元

资产净值：102 334美元

信用评级：高

逾期付款：4 次

年龄：38 岁

婚姻状况：已婚

---

① 埃里克·西格尔. 大数据预测：告诉你谁会点击、购买、死去或撒谎. 周昕，译. 北京：中信出版社，2014：109.

教育：大学

此前地址居住年限：4 年

职业：业务经理

自谋职业：否

从业年限：3 年

(3) 机器学习创建预测模型

将准备好的数据输入专家准备好的预测系统，通过预测学习，发现了如下规律：按揭利率低于 7.94% 者，其提前还款的风险概率为 3.8%；而高于此利率的贷款者，提前还款的风险概率为 19.2%。由此发现这两类不同的提前还款者，其中一类的提前还款的风险是另一类的 5 倍，即是 19.2% 和 3.8%。这一发现很有价值，那些承担着较高贷款利率的按揭贷款人更倾向于贷款重组。这样可将这些按揭贷款归为两类，即高风险和低风险。至此，机器学习走完了第一步，下一步就是从数据生成预测模型。

到目前为止，已将风险分为高、低两类，在低风险里可以找出细分的因素，在高风险中也可进行类似的细分，在细分中继续细分，让分类不断细化，这种学习方法被称为决策树法。它虽不是创建预测模型的唯一方法，但在具体的应用中却十分受欢迎，因为这种方法简明、有效。

现在，让我们来不断拓展决策树，见图 17-3。

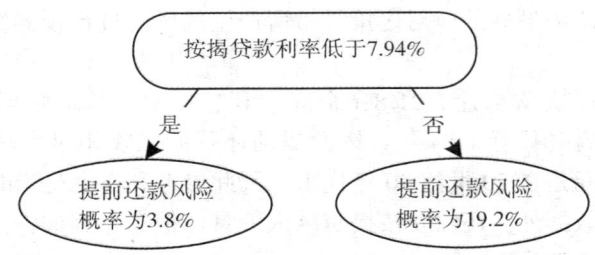

图 17-3　按揭贷款利率与提前还款风险概率的关系

对上述低风险的指标，还可继续细分，细分的依据是按借款人的年收入多少，如图 17-4 所示。

由图 17-4 可见，图最上方的长方块是树根，决策树自上向下不断延伸。

如图所示，借款人的收入也能产生和揭示风险。图左下侧的决策树"叶"（即决策树的末端）表示，利率在 7.94% 以下，且年收入低于 78 223 美元的借款人，其提前还款的风险概率为 2.6%。到目前为止，这是提前还款风险概率最低的部分。现在继续考察高风险部分，将高风险部分进行细分。在此，系统采用贷款额度作为细分的依据，如图 17-5 所示。

通过上述决策树图，可简单明了、直观精确、不涉及任何运算，只要从树根开始，然后不断回答"是"或"否"，就能达到顶端决策树"叶"。这些"叶"就是所需的预测的输出。在本案例中，最顶端的假设是按揭贷款的利率为 7.94%，如果不是，就要往决策树的下边走。接下来，如果预测对象的贷款额度低于 182 926 美元，那么这位贷款人提前还款的

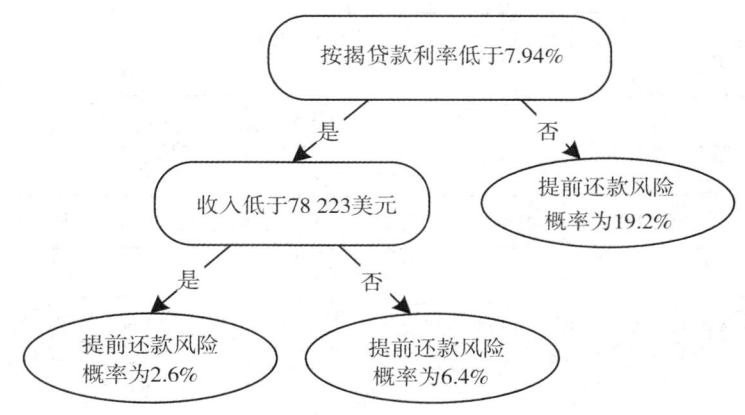

图 17-4 细分低风险后得出的决策树

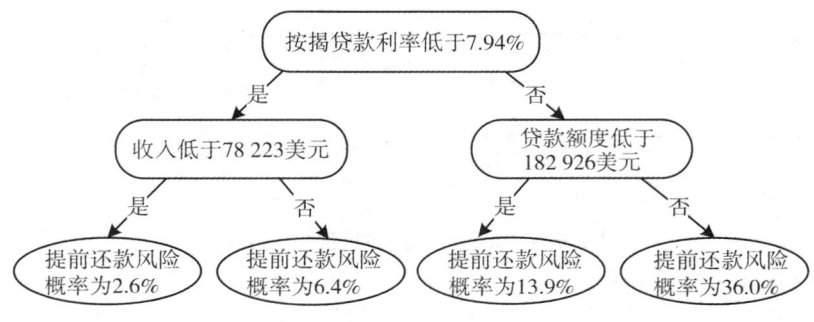

图 17-5 细分高风险后得出的决策树

概率是 13.9%；如果贷款额度不是低于 182 926 美元，那么，其提前还款的概率就高达 36%。

依上述学习方法，经过若干次的学习步骤，便可得出大通银行按揭贷款数据分类，如图 17-6 所示。

（4）输出预测结果

由图 17-6 可见，决策树已长出 10 个"叶"，也就是说，所创建的预测模型，已有 10 个预测输出，提前还款风险概率从 2.6% ~ 40% 不等，差异十分明显，这种差异是有价值的，这就是我们要预测的借款对象提前还款的风险。

现以前面提到的借款人沙利·史密瑟斯的具体数据为例，通过图 17-6 的决策进行回答问题，最终得到她的提前还款风险概率。

问：利率是否低于 7.94%？

答：否，往右。

问：贷款额度是否小于 182 926 美元？

答：是，往左。

问：贷款和房产价值比率是否小于 87.4%？

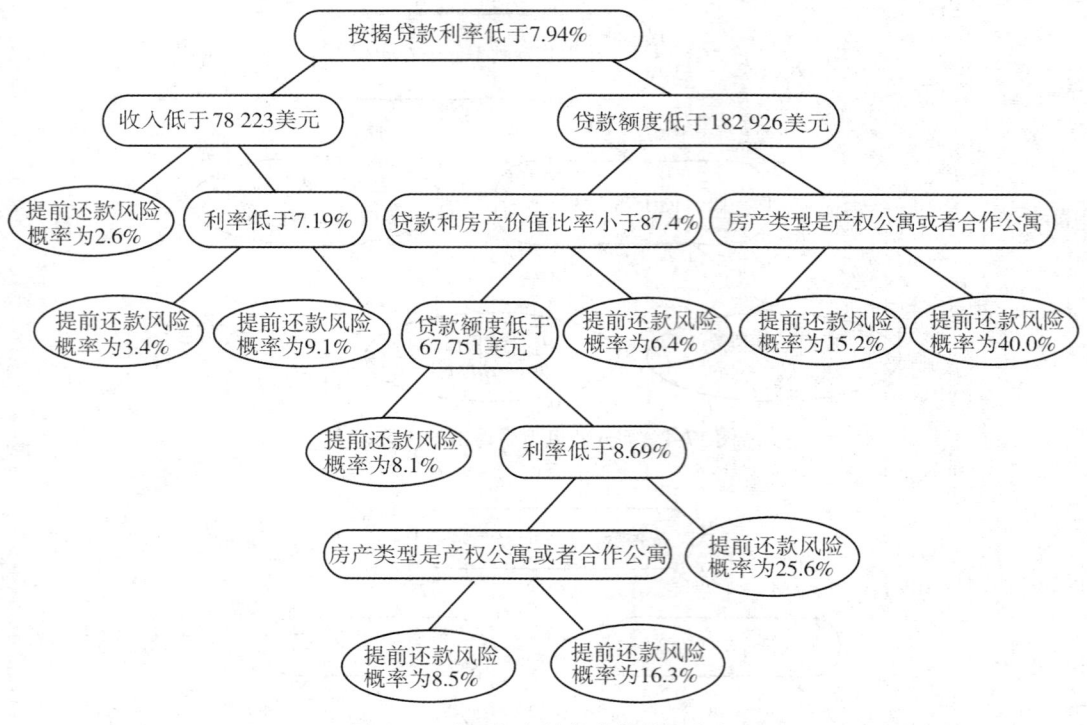

图 17-6 大通银行按揭贷款数据分类

答：是，往左。

问：按揭贷款额度是否低于 67 751 美元？

答：否，往右。

问：利率是否低于 8.69%？

答：否，往右。

由图 17-6 可见，沙利的提前还款风险概率为 25.6%。由于整体平均提前还款风险概率只有 9.4%，因此，沙利属于提前还款风险概率较高的客户。

通过机器学习，按揭贷款分析的决策还可继续细分，让决策树继续生长，长出更多的"叶"，预测的效果也会更多和更好。当然，需要在学习和过度学习之间找到平衡。本案例的机器学习过程可得到有 39 个细分部分的大决策树。

(5) 预测结果的应用

对银行来说，每次提前还款都意味着失去了一次赚钱的机会，客户的提前还款可称为客户的流失。如果能有效地预测容易流失的客户，那么将有助于营销部门有的放矢地保持客户队伍的稳定。由于营销的成本高，银行不可能对每个借款客户都去做工作，因此，必须精准定位重点客户。可采取的行动是，针对决策树预测出来的高风险客户，采取定向营销的方式来解决。

§17.4 大数据的广泛应用

大数据目前的应用领域非常广泛。线上的大数据，正越来越多地与工业、农业、服务业、政府管理等多个线下领域相结合，带动了一系列产业的发展，加速了互联网金融、智能医疗诊断、智能人机交互、自动驾驶、智能无人机、机器人技术等相关领域和产业的技术创新。

1. 工业

经济发展进入新常态，我国传统制造业面临着由于市场需求多变、劳动力等资源要素成本上升、节能减排约束趋紧所形成的多重压力和困境。在这一背景下，亟待探索转型路径，以寻求新生机、谋求新发展。如何从中国制造走向中国"智造"，推动工业企业"智能化"转型升级是必然趋势。

随着信息化与工业化的深度融合，信息技术逐步渗透到工业企业产业链的各个环节。将大数据、云计算等技术与工业深度融合构建完整解决方案，以数据驱动面向产品设备全生命周期的最佳实践，从设计、制造、销售、运营、维护等各个阶段控制生产成本，提升工业企业生产力与运行效率，推动工业企业"智能化"转型升级，这就是德国、美国等制造业发达国家当前正在积极推动的"工业 4.0"。"工业 4.0"是由德国政府在《德国 2020 高技术战略》中所提出的十大未来项目之一，本质上是通过信息物理系统实现工厂的设备传感和控制层的数据与企业信息系统融合。

工业企业所拥有的数据日益丰富，如现代化工业制造生产线上安装有数以千计的小型传感器，来探测温度、压力、热能、振动和噪声，这些数据每隔几秒就会收集一次。当然，工业大数据的作用不仅仅局限于生产领域，条形码、二维码、RFID、工业传感器、工业自动控制系统、工业物联网等新一代信息技术使得工业大数据可以渗透到制造业的各个环节，如产品设计、原料采购、产品制造、仓储运输、订单处理、批发经营和终端零售等。

(1) 大数据使得产品设计更加优化

借助大数据技术，人们可以对原材料的品质进行监控，发现潜在问题立即做出预警，以便能及早解决问题从而维持产品品质。大数据技术还能监控并预测加工设备未来的故障几率，以便让工程师即时执行最优决策。大数据技术还能应用于精准预测零件的生命周期，在需要更换的最佳时机提出建议，帮助制造业者达到品质成本双赢。

(2) 大数据使得工业采购变得更加精准

大数据技术可以从数据分析中获得知识并推测趋势，可以对企业的原料采购的供求信息进行更大范围的归并、匹配，效率更高。由于可以跟踪库存和销售价格，可以在价格下跌时买进，工业企业能节约大量的成本。大数据通过高度整合的方式，将相对独立的企业各部门信息汇集起来，打破了原有的信息壁垒，实现了集约化管理。

(3) 大数据使得生产流程更加优化

现代化工业制造生产线安装有数以千计的小型传感器，来探测温度、压力、热能、振动和噪声。它们每隔几秒就收集一次数据,工业企业利用这些数据可以实现监控,包括设备诊断、用电量分析、能耗分析、质量事故分析等。利用大数据技术,还可以对工业产品的生产过程建立虚拟模型,仿真并优化生产流程,当所有流程和绩效数据都能在系统中重建时,这种透明度将有助于制造商改进生产流程。

(4) 大数据改变传统仓储运输

由于大数据能够精准预测出个体消费者的需求以及消费者对于产品价格的期望值,企业在产品设计制造之后,可直接派送到消费者手中。虽然此时消费者还没有下单,但是消费者最终接受产品是一个大概率事件。这使得企业不存在库存过剩的问题,也就没有必要进行仓储运输和批发经营。

(5) 大数据改善订单处理方式

大数据技术最为根本的优势就是预测能力。工业企业通过大数据的预测结果,精准了解市场发展趋势、用户需求以及行业走向等多方面的数据,得到潜在订单的数量,直接进入产品的设计和制造。

(6) 大数据使得批发经营和终端零售畅通无阻

对于一家工业企业来说,供应链方面的业务需求也是整体运作当中非常重要的一环,在批发经营和零售行业当中的一些企业也开始积极运用大数据技术。这些批发经营和终端零售平台提供的大数据工具,将每家店的卖货和库存情况向各公司相关部门和上游供应商定期分享,这提高了整个供应链条的投入回报率,创造了非常好的商业价值。

把来自各个渠道的产品传感器数据、销售数据和出自各级供应商数据库的数据传到云计算数据中心进行存储、分析。这将会极大地减少工业企业库存,优化供应链,从而助推"工业4.0",实现从中国制造向中国"智造"的转型。

2. 农业

农业大数据囊括一切与农业相关的数据,如上游的种子、化肥和农药等农资研发,气象、环境、土地、土壤、作物、农资投入等种植过程数据,以及下游的农产品加工、市场经营、物流、农业金融数据等。由于需要考虑多种因素在不同时间点和不同地域对农业的影响,所以农业大数据既大又复杂。

大数据在农业中的应用主要体现在5个方面(见图17-7)。

(1) 大数据推进新兴育种技术

传统的育种手段工作量大,成本较高,培育一个品种需要花费10年甚至更久的时间。随着生物技术的迅猛发展,育种家们利用分子标记技术的高通量基因型和第二代DNA测序技术等先进的生物技术和信息技术手段,架起了种子基因资源信息衔接庞大数据的桥梁,建立起常规育种与生物育种相结合的平台,大幅度提高了育种效率,使育种工作产生突破性进展,实现了由"经验"向"科学"的根本性转变。

分子育种技术还有着许多具体应用,例如,通过对育种材料进行遗传分析和杂种优势群划分,使得种子公司能更准确地利用现有种子资源;为种业公司进行品种定制改良,有针对性地改良和提高作物品种的抗虫害或抗干旱能力;还可以开发出适应于农民和消费者需求的新产品。

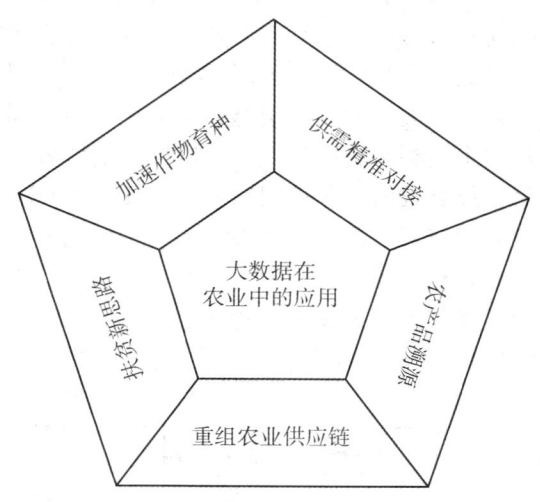

图 17-7　大数据在农业中的应用

(2) 以数据驱动供需精准对接

2016 年中央一号文件指出：大力推进"互联网+"现代农业，应用物联网、云计算、大数据、移动互联等现代信息技术，推动农业全产业链改造升级。在 2016 全国两会期间，不少委员又给出宝贵的发言或提案，重申了大数据对互联网农业的重要作用。

我国很多地方探索出了适合当地农业发展的大数据道路。例如，山东省寿光市稻田镇的寿光果菜批发市场，以形成蔬菜价格指数体系的方式，用数据"告诉"农民应该"种什么、种多少"，为全国蔬菜产业建立了一个预警平台和化解风险的平台。另外，安徽芜湖的阡陌科技公司，在政府部门的支持下，依托协会资源，立足于农业大数据，从农业投入品流通环节切入，以乡镇、县域为试验点，用科技手段指导农业投入品科学使用和农业生产的管理，进而提升农业投入品流通环节的效率，同时帮助农民大大节省投入成本，提质增效。

可以说，大数据的运用是全方位的，贯穿于整个农业产业链当中，通过数据的沉淀，既可以成为农业决策的依据，也可以成为农产品销售的风向标。农业大数据的广泛应用，将是实现供需两端无缝对接的重要依据。

(3) 大数据实现农产品可追溯

根据自 2015 年 10 月 1 日起施行的《中华人民共和国食品安全法》，国家将逐步实行农产品质量安全追溯制度，对农产品实现从农田到餐桌整个过程的有效控制，实施对农产品质量全程监控数据采集、大数据记录，从而保证农产品质量安全。

随着全球供应链越来越长，跟踪和监测农产品的重要性也越来越凸显。农产品的生产方和运输方使用传感技术、扫描仪和分析技术来监测和收集产业链数据。"农产品质量安全追溯系统"的建立与完善对安全食品质量控制具有重要意义，更是目前安全农产品发展过程中的"诚信问题"、"质量溯源"、"产销对接"等问题的有效解决手段。通过带有 GPS 功能的传感器实时监测农产品的温度和湿度，当不符合要求时会发出预警，从而加以校正;销售点扫描能够在有问题或有需要时召回农产品,甚至在产品卖出后也可以采取即时、高效的应对措施,从而有效防止农产品变质和应对食源性疾病的传播。通过农产品质量安全追溯系统生成的二维码或数字编码,消费者(或监管者)可以通过互联网、APP 等手段快速查找农产品种养殖、检测、验收等信息,实现快速追根溯源。

简言之,农产品质量安全追溯系统的建立,可以增强消费者的安全感,提高生产企业诚信意识和生产管理水平,提高政府管理部门对农产品质量安全的监管效率,提高农产品质量安全突发事件的应急处理能力,提升我国农产品的国际竞争力。

(4) 大数据重组农业供应链

传统的农产品供应链是以农产品批发市场为核心(见图 17-8)。

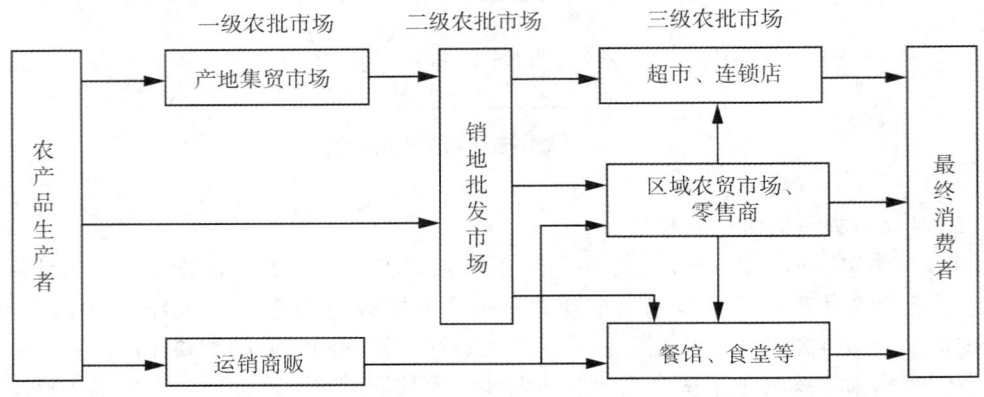

图 17-8 传统的农产品供应链

大数据技术和信息的普及将给种子、作物投入品和食物的供应链带来巨变:从靠天吃饭,到靠数据生产;从工作量繁重的体力活(如播种、施肥、喂养、宰杀),到依托"互联网+"、物联网、云服务等全新的科学技术,在 PC 端或智能手机 APP 上,轻松掌控全面丰富的农业大数据。

大数据在农产品供应链中主要有以下应用:结合历史需求数据和安全库存水平,进行精确的需求预测;建设采供中心,综合平衡订单、产能、调度、库存和成本间的关系;构建农产品冷链物流协同信息平台,实现智慧物流;通过农产品质量追溯平台系统,实现快速追根溯源,等等。

依托遍布行业的智能数据采集系统和不断完善的数据分析模型,农业大数据会引起整个供应链从农资端到种植端,再到加工流通过程,最后引发整个农业供应链的变革。

(5) 大数据为扶贫提供新思路

由于信息不对称,传统农业面临着"种植靠猜测、产销碰运气"的尴尬局面,现在有了全新的数据分析和电商渠道,一些贫困地区摸索出了一条用大数据助推大扶贫、用市场化推动大扶贫的精准扶贫新路子,构建"大数据服务公司+村支部+合作社+农户+电商"的扶贫新模式,为土地整合开发、现代农业生产、产业化经营等提供强大助力,系统性解决农民种地难、销售难、融资难等问题,逐步实现了传统农业向大数据农业的转型升级。

媒体报道中的成功范例有：

①贵州省贵安新区高峰镇狗场村的贵澳农旅产业示范园。贵安新区一站式大数据农业云平台，是大数据助推大扶贫的依托。该平台涵盖了精准脱贫云平台、移动APP、农业大数据监控平台、云上农场、云上农校、农产品追溯电商平台和民生监督等板块。

②地处大别山区的河南省光山县重振"光山羽绒"品牌。该县把羽绒服装网络定制平台统一起来，形成完整的形象、标准、材料供应、售后服务、商标产业链。如今，打着光山制造标签的羽绒服已经占领了全国十分之一的市场。

③山东省曹县县财政专门设立300万元的电商扶贫引导资金，聘专人给村民做技术指导，手把手地教村民如何上网、如何开办淘宝网店。这种培训农民的做法成效显著，以曹县大集镇为例，12 000多家网店已经形成了销售额超5亿元的演艺服装加工产业，300户贫困户搭上电商快车，超过一半的贫困户通过电商脱贫。

④山西省兴县水江头村，在当地扶贫干部的努力下，让山西鑫农淘电子商务、山西立德康生物等电商入驻该贫困村，为村里的农产品售卖解决了高额的物流费用问题。

⑤河南省商水县与北京布瑞克公司签订了战略合作协议，建设"商水县农业物联网应用平台"和"商水县农业大数据应用平台"，搭建网上销售平台，全面启动商水智慧农业项目建设，提供了科学有效的服务信息，惠及更多的农户。

3. 服务业

（1）交通业

自20世纪以来，城市交通问题一直困扰着工业发达国家。我国在改革开放后各项事业建设进程迅速。随着经济的发展，我国交通业出现了前所未有的发展，也面临着前所未有的挑战。以城市交通拥堵和航班晚点率高为表征的交通困局已成为令人关注的民生问题。交通的核心是人—车—路，而围绕核心涉及多个部门，同时又关联多个产业和领域，是一个综合性的体系。如何凭借大数据等先进技术解决日益紧迫的交通问题成为了政府与社会各机构研究的热点。

大数据在交通行业的主要应用包括：搭建智能交通云平台、利用GPS定位和LBS定位双结合进行交通行为的预测和提供航班动态数据服务等。

（2）零售业

零售业对大数据的应用体现在两个方面：一是通过社交平台上的数据充实客户主数据，识别出两类必须保留的有价值的客户——高消费者和高影响者，从而使业务服务更具有针对性。二是监控客户在店内的走动情况以及与商品互动的情况，将这些数据与交易记录结合起来展开分析，从而在销售哪些商品、如何摆放货品以及何时调整售价上给出建议。

（3）金融业

大数据在金融领域的应用，一般认为有精准营销和大数据风控两个方面。精准营销是基于行为数据去预测用户的偏好和兴趣，继而推荐合适的金融产品。大数据风控的逻辑在于"未来是过去的重复"，即用已经发生的行为模式和逻辑来预测未来。大数据风控有两个主要的应用：信用风险和欺诈风险。

(4) 教育

教育大数据分布在包括教育教学管理、教学资源、教学行为、教学评估等在内的综合教育系统的始末。大数据的思维和理念可以为优化教育政策、创新教育教学模式、变革教育测量与评价方法等理论研究提供客观依据以及新的研究视角，能够更好地推动教育领域的变革。

教学资源的数字化、信息化、网络化，使得教育资源在大数据时代实现资源共享成为可能，包括网上教研系统、网络备课系统、教师学习中心系统、教师评价系统、资源管理与应用系统、视频点播系统、远程网络教学系统等，大数据教育资源可集成为一站式教学信息平台。学生在学习公共服务平台上，通过网络课堂、自主学习系统、互动交流系统等实现远程学习、移动学习。

大数据技术可以在教育平台上跟踪和关注老师和学生的教学、学习过程，记录老师和学生的课堂表现以及课下行为的数字化痕迹，通过对教育活动中点滴微观行为的捕捉，为教育管理机构、学校、老师和家长提供最直接、客观、准确的教育结果评价。

在学校里，大数据可以支持对学生个性发展的研究，通过对学生各方面数据（包括学生的基本信息、历年成绩、选课记录、图书借阅记录、食堂和超市消费记录、宿舍和图书馆门禁记录、医疗数据、党团活动记录等）的分析，可以相应地提供适合不同学生发展的学习内容和学习指导，促进其个性发展从而实现真正意义上的个性化教育；还能创建一个预警系统，以便早期发现学生学业发展中的异常情况，及时矫正。

(5) 健康医疗服务

"互联网+益民服务"是国家提出的 11 个互联网+专项行动之一，而"互联网+医疗"、"互联网+健康"正是益民服务中的重要内容。利用"互联网+"技术，突破时空限制，优化医疗资源的配置利用效率，实现资源共享，组建新的医疗服务网络，加速传统医疗向个性化健康管理转变。提供面向老百姓的全程全实时医疗服务，"让信息多跑腿、让患者少排队、密切医患之间的沟通、重构医疗服务生态"正在逐步从愿景走向现实。

互联网、云计算、大数据、人工智能等新技术的应用，实现了对疑难杂症精准的判断，对流行病、慢性病的趋势预测和分析，由此极大提升了医疗诊治水平和大规模疾病的防控能力。此外，借助可穿戴设备、手机 APP 等电子诊断手段，患者可以随时随地和医生交流，被动就医将转变为主动预防。

4. 政府管理

(1) 以大数据破解政府监管缺失难题

随着全面依法治国战略的深入实施，行政体制改革和转变政府职能的不断深化，行政管理正带来一系列深刻变化，如：采取先照后证，或免许可证，放宽准入条件，或通过招投标等开放市场。企业主体活力迸发的同时也出现了一些问题，主要是政府部门事中事后监管缺位。为有效破解这一政府职能转变中的难题，可借力大数据。

一是增强政府监管有效性。建立准确完整的数据信息库，整合各类监管资源，实现监管数据及信息共享。通过大数据再造监管流程，运用大数据创新监管方法。

二是广泛动员社会力量参与监管。搭建社会力量参与的市场监督平台，通过对数据信息的整理分析，找出问题与原因，开展有针对性的监管。一方面，能掌握过去在经济活动中的那些不诚实行为和生产假冒伪劣产品的企业信息；另一方面，可以收集社会上长期热心于公益活动、善于揭露虚假产品的人士的信息。

三是强化企业自律。通过大数据技术，推动行业协会加强行业自律，制定完善相应的技术、服务标准，建立会员企业信用档案，开展信用评价和信用信息共享应用，强化企业遵纪守法意识，增强社会责任。

(2) 大数据辅助警务预测

随着大数据时代的到来，公安信息化建设将进入新的更为广阔的空间，实施"数据驱动的警务预测"或"数据驱动的社会管理"，将成为公安机关应对复杂治安形势、提升公安机关战斗力的重要手段。

把大数据理念贯穿到警务活动中，运用大数据预测技术，科学预知和把握未来社会治安形势和警务工作方向，采取前瞻性强的打防管控措施。重点抓好"六个预测"：国家安全预测、维稳态势预测、治安形势预测、社会管理预测、民意导向预测和民生服务预测等。

(3) 运用大数据反腐

把大数据运用到正风反腐中，有助于推进党风廉政建设和反腐败工作。一方面，网民可以通过网络技术和数据信息对官员的腐败行为进行检举，利用社会的舆论效应引起相关部门对官员的行为进行监察和惩处；另一方面，监管部门把各部门的数据样本进行有机串联，准确分析数据之间的关系，用大数据智能筛选排查信息，有助于找出腐败的"蛛丝马迹"。

需要说明的是，尽管大数据有着上述广泛的应用，但在利用大数据开展分析和预测方面，仍面临着诸多挑战。

(1) 大数据来源众多、数量巨大、形式各异，要从中获得一目了然的信息，就需要真正高效、可靠的数据管理和分析平台。大数据的采集和分析是一个主要挑战。

(2) 目前在大数据的采集、分析和应用过程中，存在着行业鸿沟、数据孤岛乃至数据丢失等问题。

(3) 随着大数据应用的巨大潜力被广泛认知，各地纷纷出台发展大数据产业的规划，并相继启动数以亿元计的投资，容易造成重复投资与恶性竞争。

(4) 大量的数据仍然掌握在个别企业和政府机构中，如何既实现共享，又保证信息安全，更是一个挑战。

从预测的角度看，事物存在人类难以征服的不可知性和不可预测性，大数据也无法改变这一事实。利用大数据开展预测，仍存在"测不准"现象，依然需要以"人"的智能来弥补预测的缺陷。大数据并非无所不能，我们对此必须持谨慎、理性的态度。

思考与练习

1. 什么是大数据？大数据包括哪几个方面的基本特征？
2. 大数据预测和传统数据预测有何区别和联系？

3. 大数据预测包括哪些基本步骤?
4. 回顾和总结本章中大数据预测案例的基本分析思路。
5. 举例说明大数据在哪些领域里得到了应用(不必局限于本书的介绍)。

第十八章　　数据挖掘概念与技术

大数据时代的来临使得数据的规模和复杂性都出现爆炸式的增长，数据的存储和计算超出了单个计算机的能力，这给数据挖掘技术的实施提出了挑战，也对统计学提出了新的挑战。这些新的形势变化促使不同应用领域（如医疗保健、金融、保险业、零售业、教育、高端制造和社会治理等）的数据分析人员思考如何将传统的数据分析方法应用到大数据上，如何利用数据挖掘技术对大数据进行分析，以实现有效处理大数据的复杂特征、充分挖掘大数据的价值。可以说，大数据是现象，核心是挖掘数据中蕴含的潜在信息，并发挥它们的价值；而数据挖掘则是理论技术和实际应用的完美结合。

数据挖掘技术主要来源于四个领域：统计分析、机器学习、神经网络和数据库。所以，数据挖掘的主要方法可以粗略地分为：统计方法、机器学习方法、神经网络方法和数据库方法。为了帮助读者了解上述研究领域，本章对数据挖掘的概念与技术做了初步的介绍。

§18.1　什么是数据挖掘

1. 数据挖掘的由来

随着数据收集和存储技术的快速进步，人们积累的数据越来越多。海量数据背后隐藏着许多重要的信息。然而，如何从海量数据中提取出有用的信息面临着巨大的挑战：一是，信息过量难以消化；二是，信息真假难以辨识；三是，信息安全难以保证；四是，信息形式不一致，难以统一处理。面对这些挑战，数据挖掘（data mining）技术应运而生。

数据挖掘大致萌芽于 20 世纪 70 年代。它的产生与发展是信息处理技术自然演化的结果。电子数据处理的初期，人们就试图通过某些方法来实现自动决策支持，当时机器学习成为人们关注的焦点。机器学习的过程就是将一些已知的并已被成功解决的问题作为范例输入计算机，机器通过学习这些范例总结并生成相应的规则，这些规则具有通用性，使用它们可以解决某一类的问题。随后，随着神经网络技术的形成和发展，人们的注意力转向知识工程，知识工程不同于机器学习那样给计算机输入范例，让它生成出规则，而是直接给计算机输入已被代码化的规则，而计算机是通过使用这些规则来解决某些问题。专家系统就是这种方法所得到的成果，但它有投资大、效果不甚理想等不足。20 世纪 80 年代，人们又在新的神经网络理论的指导下，重新回到机器学习的方法上，并将其成果应用于处理大型商业数据库。人们用数据库管理系统存储数据，用计算机分析数据，并且尝试挖掘数据背后的信息。数据库管理系统和计算机分析这两者的结合促生了一门新的学科，即数据库中的知识发现（Knowledge Discovery in Databases，简称 KDD）。近来，人们逐渐意识到数据挖掘中有许多工作可以用统计方法来完成,并认为最好的策略是将统计方法与数据挖掘实现有机结合。

2. 数据挖掘的概念

Data Mining 译为数据挖掘,又译为资料勘探、数据采矿。"数据挖掘"经常和另一个术语"KDD"一同被提及。关于两者的关系,有几种不同的看法。

(1)将 KDD 看成数据挖掘的例子之一。这一观点在数据挖掘发展的早期文献里可以看到,其主要观点是 KDD 是数据挖掘的一个方面。

(2)数据挖掘是 KDD 不可缺少的一部分。这一观点认为 KDD 是从数据中辨别有效的、新颖的、潜在有用的、最终可理解的模式的过程;而数据挖掘是 KDD 通过特定的算法在可接受的计算效率限制内生成特定模式的一个步骤。

(3)把这两个术语不加区分地使用,认为数据挖掘(DM)=知识发现(KDD)。

综合上述看法,可以认为,所谓数据挖掘是指,从大量的、不完全的、有噪声的、模糊的、随机的实际应用数据中,提取隐含在其中的、人们事先不知道,但又是潜在有用的信息和知识的过程。数据挖掘是一种技术,它将传统的数据分析方法与处理大量数据的复杂算法相结合。它主要基于人工智能、机器学习、模式识别、统计学、数据库、可视化技术等,高度自动化地分析数据,做出归纳性的推理,从中挖掘出潜在的模式,帮助决策者调整策略,减少风险,做出正确的决策。

3. 数据挖掘与其他领域的联系

数据挖掘并不专属于某一个学科门类,作为一个应用驱动的领域,它吸纳了诸如统计学、机器学习、模式识别、数据库和专业知识等许多应用领域的大量技术,是多学科知识交叉的结果(见图 18-1)。数据挖掘研究与开发的边缘学科特性极大地促进了数据挖掘的成功和广泛应用。

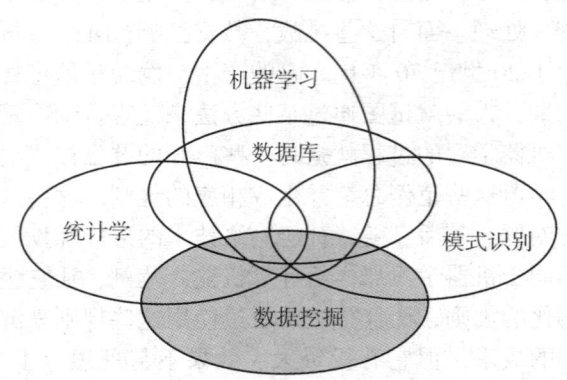

图 18-1　数据挖掘与其他学科之间的关系

需要说明的是,统计学家和计算机学家是从不同的角度来看数据挖掘。由于数据挖掘的发展经历较短，初期主要由计算机科学家开创，而且是脱离统计的传统体系而发展的，因此，它通常与计算机科学有关，有其自己的特点。由于知识结构不同，由计算机学家撰写的文献，对于统计学家而言有些不习惯。这主要体现在思维方式和术语的不同上。其实，计算机学家眼中的数据挖掘实际上和统计的目标没有什么区别。计算机专家通常具有强大的计算能力和解决问题的直觉，而统计学家擅长于理论分析和问题建模，因此，两者具有很好的互补性。

§18.2 数据挖掘的基本流程

图 18-2 所示的为数据挖掘的基本流程，包括问题识别、数据理解、数据准备、模型建立、模型评估和模型应用等六个步骤。

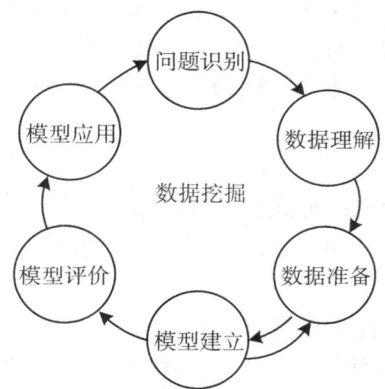

图 18-2　数据挖掘的基本流程

问题识别：问题识别阶段的目标是明确系统和组织中的关键问题。由于问题和数据的复杂性，数据挖掘研究必须紧紧抓住核心问题，在着手做数据模型之前一定要花时间去理解需求，弄清楚真正要解决的问题是什么，根据需求制定工作方案。这个过程需要先明确问题的归属；需要考虑问题的整体性、长期性、基本性、策略性、系统性和风险性；还需要比较多的沟通和调研。

明确需求后，接下来就是要收集并整理数据建模所需要的数据。

数据理解：数据理解主要包含对数据价值的理解和对数据质量的理解两方面。这个过程通常需要一定的专业背景知识。

数据准备：数据准备指的是对用于挖掘的数据的预处理和统计分析过程，有时也称为 ETL 过程。ETL 是三个英文单词(extract、transform 和 load)首字母的缩写，其主要包括数据的抽取、清洗、转换和加载，是整个数据挖掘流程中最耗时的过程。

模型建立：模型建立是整个数据挖掘流程中最核心的环节，需要在数据理解的基础上使用机器学习算法或统计方法对大量数据进行建模分析，并对算法进行反复调试、实验，从而获得对系统最为合适的模型。

模型评价：模型评价是在数据挖掘工作基本结束的时候对最终模型效果进行评测的过

程。在挖掘算法初期需要制定好最终模型的评测方法、相关指标等，在这个过程中对这些评测指标进行量化，判断最终模型是否可以达到预期目标。通常应涵盖两个方面的内容：功能性评价和服务性评价。

模型应用：最终，当数据挖掘得到的模型通过评测后可以安排上线，正式投入使用。通常有两种主要的用途：一是提供给分析人员做参考，通过查看和分析相关模型后给出行动方案的建议；二是将此模型应用到不同的数据集上。

§18.3 常见的数据挖掘技术

利用数据挖掘进行数据分析常用的技术主要有分类和预测、关联规则、聚类、异常检测和 Web 页挖掘等，它们分别从不同的角度对数据进行挖掘。

通常，数据挖掘任务分为描述性和预测性两大类。描述性任务主要是对现有数据进行理解和整理，从中发现其中的一般特性，是对历史知识的总结和归纳。预测性任务则是利用当前数据对事物的未来发展趋势进行推断，是知识的外延和推理过程。

1. 分类和预测

分类和预测是两种数据分析的形式，可以用于提取模型，以描述重要数据类或预测未来的数据趋势。一般认为，用预测法预测数据归属于哪个类称为分类；而用预测法预测连续值则为预测。

这种分析有助于更好地全面理解数据。

分类技术(或分类法)是一种根据输入数据集建立分类模型的系统方法。分类任务就是通过学习得到一个目标函数(target function)f，把每个属性集 x 映射到一个预先定义的类标号 y。

分类技术非常适合预测或描述二元或标称类型的数据集；因为分类技术不考虑隐含在目标类中的序关系，所以对于序数分类，分类技术不太有效。

分类法的例子包括决策树分类法、基于规则的分类法、神经网络、支持向量机和朴素贝叶斯分类法。这些技术都使用一种学习算法(learning algorithm)确定分类模型，该模型能够很好地拟合输入数据中类标号和属性集之间的联系。

分类是预测分类(离散、无序的)标号，即按照已知的分类模式找出数据对象的共同特点，并将样本划分到相应的类别中，是最为基本的数据挖掘技术，广泛用于客户喜好分析、满意度分析等场景。如银行可以根据用户的消费能力和还款记录建立一个分类模型，对用户的信用评级进行划分等。预测是建立连续值函数模型，即将样本映射到连续的数值型目标值，从而发现属性间的依赖关系。如给定潜在顾客的职业和收入，预测他们在计算机设备上的花费等。

2. 关联规则分析

关联分析(association analysis)用于发现隐藏在大型数据集中的有意义的联系。所发现的联系可以用关联规则(association rule)或频繁项集的形式表示。

关联规则分析包括频繁模式挖掘、序列模式挖掘等。其典型应用是用户购物篮分析，发现用户经常一起购买的商品集合或用户购买某商品之后后续最有可能购买的其他商品。前者可以用来指导商场的商品陈列，将用户最可能在一起购买的商品摆列在一起；后者则可以用来对用户的未来消费行为进行推荐引导。

3. 聚类分析

将一组对象按照相似性和差异程度划分到几个类别，使同一类别中样本的相似性尽可能大。例如，在金融行业中对不同股票的发展趋势进行归类，找出股价波动趋势相近的股票集合。

聚类分析（cluster analysis）简称聚类（clustering），是一个把数据对象（或观测）划分成子集的过程。每个子集是一个簇（cluster），使得簇中的对象彼此相似，但与其他簇中的对象不相似。由聚类分析产生的簇的集合称做一个聚类。

聚类分析的目标是：组内的对象相互之间是相似的（相关的），而不同组中的对象是不同的（不相关的）。组内的相似性（同质性）越大，组间差别越大，聚类就越好。

基本聚类技术，分成如下几类：划分方法、层次方法、基于密度的方法和基于网格的方法。见表18.1。

表18.1　　　　　　　　　　　　聚类方法概览

方　　法	一　般　特　点
划分方法	• 发现球形互斥的簇 • 基于距离 • 可以用均值或中心点等代表簇中心 • 对中小规模数据集有效
层次方法	• 聚类是一个层次分解（即多层） • 不能纠正错误的合并或划分 • 可以集成其他技术，如微聚类或考虑对象"连接"
基于密度的方法	• 可以发现任意形状的簇 • 簇是对象空间中被低密度区域分隔的稠密区域 • 簇密度：每个点的"邻域"内必须具有最少个数的点 • 可能过滤离群点
基于网格的方法	• 使用一种多分辨率网格数据结构 • 快速处理（典型地，独立于数据对象数，但依赖于网格大小）

注：有些算法可能结合了多种方法。

聚类评估（cluster validation）是指估计在数据集上进行聚类的可行性和被聚类方法产生的结果的质量。聚类评估主要包括以下三个方面的任务：估计聚类趋势；确定数据集中的簇数；测定聚类质量。

4. 异常检测

数据库中的数据经常存在一些数据对象,它们与数据的其他部分不同或不一致,不符合数据的一般模型。这种对象称为异常或离群点。所谓异常检测(又称为离群点检测)是找出其行为很不同于预期对象的过程。从数据库中检测这些异常值很有意义。异常值包括很多潜在的知识,如分类中的反常实例、不满足规则的特例、观测结果与模型预测值的偏差、量值随时间的变化等。异常可能是度量或执行错误所导致的;也可能是固有的数据变异性的结果。

异常检测有着广泛的应用,如欺诈监测、医疗处理、公共安全、工业损毁检测、图像处理、传感器/视频网络监视和入侵检测等。

异常检测和聚类分析是两项高度相关的任务:聚类发现数据集中的多数模式并据此组织数据,而异常检测则试图捕获那些显著偏离多数模式的异常情况。异常检测和聚类服务于不同目的。

5. Web 页挖掘等其他技术

与 Web 页挖掘相关的其他数据挖掘技术还包括推荐技术、链接分析等。

(1) 推荐技术

根据用户的兴趣特点和历史的行为,向用户推荐其感兴趣的信息或商品。其最为成功的应用是在电子商务网站中,向用户推荐其可能购买的商品,从而增加商品的销售规模并提高用户粘性。

(2) 链接分析

根据样本或数据对象之间的关联,可以构建对象之间的链接网络。链接分析是指利用图论模型对这些链接网络进行分析挖掘的一系列技术,其中最为知名的当属谷歌通过分析网页之间的跳转关系对页面权威度进行排序的 PageRank 算法。

上述数据挖掘技术在互联网、金融、生物医学、零售业等多个行业和领域得到了广泛应用,并为相关企业带来了丰厚的收益。

§18.4 数据挖掘经典算法

2006 年 12 月,在香港举办的 IEEE 数据挖掘国际会议(the IEEE International Conference on Data Mining,简称 ICDM)上,与会专家评选出了数据挖掘领域的 10 个最具有影响力的经典算法(按得票数排序):C4.5、K-Means、SVM、Apriori、EM、PageRank、AdaBoost、kNN、Naive Bayes 和 CART。这 10 个算法覆盖了分类、聚类、关联分析、统计学习和链接挖掘等重要的数据挖掘研究和发展主题(见图 18-3)。

需要说明的是,不仅是选中的 10 大算法,其实参加评选的 18 种算法,随便拿出一种来都可以称得上是经典算法,它们都对数据挖掘领域产生了极为深远的影响。研究这些经典的算法有助于在世界范围内推动数据挖掘的应用,激励更多数据挖掘领域的学者去扩大这些算法的影响,探索新的研究内容。

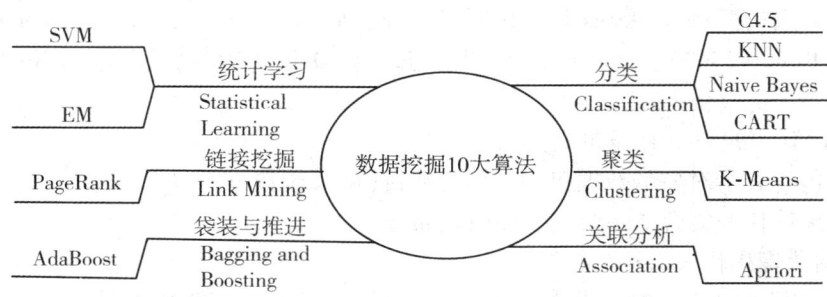

图 18-3　数据挖掘的 10 大算法

1. C4.5

C4.5 算法是一种分类决策树算法。它是一种监督式学习的方法。C4.5 算法由 J. Ross Quinlan 设计，其核心算法是 ID3 算法。ID3 是迭代分解器（iterative dichotomizers，简称 ID）系列算法的第 3 代。ID3 算法的核心是在决策树各个叶子节点上应用信息增益准则选择特征，递归地构造决策树。算法流程如下：

（1）从根节点开始，对节点计算所有可能的特征的信息增益，如果节点满足停止分裂条件（所有记录属同一类别或最大信息增益小于阈值），将其置为叶子节点；

（2）选择信息增益最大的特征进行分裂；

（3）重复步骤（1）~（2），直至分类完成，得到一个决策树。

ID3 算法是决策树的一个经典的构造算法，在一段时期内曾是同类研究工作的比较对象，但通过近些年国内外学者的研究，该算法也暴露出一些问题：用信息增益选择属性时偏向于选择分枝比较多的属性值，即取值多的属性；不能处理连续属性。

于是，Quinlan 改进了 ID3，提出了 C4.5 算法。C4.5 算法继承了 ID3 算法的优点，并在以下几个方面对 ID3 算法进行了改进：

（1）用信息增益率来选择属性，克服了用信息增益选择属性时偏向选择取值多的属性的不足；

（2）在树构造过程中进行剪枝；

（3）能够完成对连续属性的离散化处理；

（4）能够对不完整数据进行处理。

C4.5 算法有如下优点：产生的分类规则易于理解，准确率较高。其缺点是：在构造树的过程中，需要对数据集进行多次的顺序扫描和排序，因而导致算法的低效。此外，C4.5 只适合于能够驻留于内存的数据集，当训练集大得无法在内存容纳时程序无法运行。

需要说明的是，我们谈到 C4.5 时通常并不是指一个单一的算法，而是泛指基本的 C4.5、C4.5-no-pruning 以及拥有多重特性的 C4.5-rules 等诸多变体的一整套算法。

2. K-Means

K-Means 算法是一种被广泛使用的迭代型聚类算法。聚类通常归于无监督式学习任务。K-Means 算法的实现和运行都很简单，速度较快，且易于修改。历史上，许多不同学科领域的研究人员都对 K-Means 算法进行过研究，如 Lloyd(1957，1982)，Forgey(1965)，Friedman 与 Rubin(1967)，McQueen(1967)，Jain 与 Dubes(1988)，Gray 与 Neuhoff(1998)等。

K-Means 算法的完整流程如下：
输入：包含 n 个对象的数据集 D，簇的数目(即聚簇数)k
输出：聚簇代表集合 C，聚簇成员向量 m
/ * 初始化聚簇代表 C * /
从 D 中随机挑选 k 个数据点作为初始簇中心，构建初始聚簇代表集合 C
repeat
　/ * 再分数据 * /
　根据簇中对象的均值，将 D 中的每个数据点重新分配至最相似的簇
　更新 m(m_i 表示 D 中第 i 个点的聚簇标识)
　/ * 重定均值 * /
　更新 C(c_j 表示第 j 个聚簇均值)，即计算所有分配给该聚簇代表的数据的中心
　计算目标函数
until 目标函数收敛

其中，目标函数设定的合理性在于：对于一个给定的点集，为了最小化所有点与代表之间的欧几里得距离平方和这个代价，代表的计算方式就应是这些点的均值。这就是为什么聚簇代表经常又被称为聚簇均值或者聚簇中心的原因，其实这也是 K-Means 算法的这个名字的由来。

K-Means 算法的局限性在于：它本质上是一种面向非凸代价函数优化的贪婪下降(greedy-descent)求解算法，所以仅能获得局部最优解；该算法对初始聚簇中心的位置非常敏感。

针对算法中存在的问题，学者们从以下方面对 K-Means 算法提出了一些改进：(1)数据预处理；(2)初始聚类中心选择；(3)迭代过程中聚类种子的选择。

3. SVM

支持向量机(Support Vector Machine，简称 SVM)，是一种监督式学习的方法，被广泛地应用于统计分类以及回归分析中。SVM 算法是在所有知名的数据挖掘算法中最健壮、最准确的方法之一，主要包括支持向量分类(SVC)和支持向量的回归器(SVR)。SVM 最初是由 Vladimir Vapnik 在 20 世纪 30 年代提出的。

支持向量机将向量映射到一个更高维的空间里，在这个空间里建立有一个最大间隔超平面。在分开数据的超平面的两边建有两个互相平行的超平面。分隔超平面使两个平行超平面的距离最大化。假定平行超平面间的距离或差距越大，分类器的总误差越小。

支持向量机属于一般化线性分类器。它们也可以认为是提克洛夫规范化(Tikhonov Regularization)方法的一个特例。这族分类器的特点是它们能够同时最小化经验误差与最大化几何边缘区。因此，支持向量机也被称为最大边缘区分类器。

Vapnik 等人在多年研究统计学习理论基础上对线性分类器提出了另一种设计最佳准则。其原理也从线性可分说起，然后扩展到线性不可分的情况，甚至扩展到使用非线性函数中去，这种分类器被称为 SVM。支持向量机的提出有很深的理论背景。

SVM 的主要思想可以概括如下：

（1）它是针对线性可分情况进行分析，对于线性不可分的情况，通过使用非线性映射算法将低维输入空间线性不可分的样本转化为高维特征空间使其线性可分，从而使得高维特征空间采用线性算法对样本的非线性特征进行线性分析成为可能。

（2）它基于结构风险最小化理论之上在特征空间中建构最优分割超平面，使得学习器得到全局最优化，并且在整个样本空间的期望风险以某个概率满足一定上界。

SVM 可以从大量训练数据中选出很少的一部分用于模型构建，而且通常维数不敏感。在过去的 10 年中，SVM 在理论和实践两方面的发展都非常快。

4. Apriori

Apriori 算法是一种频繁模式和关联规则挖掘的算法。它的核心是基于两阶段频繁项集思想的递推算法。

Apriori 算法的基本流程是：

（1）简单统计所有含一个元素项目集出现的频数，并找出那些不小于最小支持度的项目集。

（2）开始循环处理直至没有最大项目集生成。

循环过程是：第 k 步中，根据第 k-1 步生成的 $(k-1)$ 维最大项目集产生 k 维候选项目集，然后对数据库进行搜索，得到候选项目集的项集支持度，与最小支持度进行比较，从而找到 k 维最大项目集。

Apriori 算法开创性地使用基于支持度的剪枝技术，系统地控制候选项集指数增长，从而显著地提高了性能。但是，该算法还是会导致不可低估的 I/O 开销，因为它需要多次扫描事务数据集。此外，对于稠密数据集，由于事务数据宽度的增加，Apriori 算法的性能显著降低。为了克服这些局限性和提高 Apriori 算法的效率，已经开发了一些替代方法，如 FP 增长算法。

5. EM

最大期望算法（expectation-maximization algorithm，亦可译为"期望最大化算法"，简称 EM）是一种被广泛应用于极大似然（ML）估计的迭代型计算方法。它常被用于机器学习和计算机视觉的数据聚类（data clustering）领域。

EM 算法的基本步骤是：

（1）计算期望（E-step），利用对隐藏变量的现有估计值，计算其最大似然估计值；

（2）最大化（M-step），最大化是基于期望步骤求得的最大似然值来计算参数的值。最大化步骤中找到的参数估计值被用于下一个期望步骤的计算中，这个过程不断交替进行。

EM 算法的优点在于：数值计算的稳定性、实现上的简单性、可靠的全局收敛性等。它也存在一些不足：（1）它不能自动生成参数估计值的协方差矩阵；（2）在有些情况下，算法收敛非常缓慢;(3)在有些问题中,E-Step 或 M-Step 是不可解析的。

为了处理数据挖掘应用中遇到的各种复杂问题,有必要对 EM 算法进行适当的扩展,但精髓仍然是要保持其简单性和稳定性。

6. PageRank

PageRank(译为网页排名,或网页级别、Google 左侧排名、佩奇排名),由谢尔盖·布林(Sergey Brin)和 Google 的创始人拉里·佩奇(Larry Page)于 1998 年 4 月提出,是一种基于链接的排序算法。

PageRank 算法的基本思想为:

(1)从一个网页指向另一网页的超链接是一种权威性的隐式传输,这样,网页 i 的入链(即那些指向网页 i 的来自于其他网页的超链接)越多,就表示它得到的声望越高。

(2)指向网页 i 的网页也有自己的声望分数。对于网页 i 来说,指向它的网页中,那些高声望网页比低声望网页更重要。换句话说,一个被其他重要网页指向的网页是重要的。

根据社会网络的排序声望(rank prestige)原理,网页 i 的重要程度(即 PageRank 值)由指向网页 i 的所有网页的 PageRank 值总和决定。需要注意的是,一个网页可能会指向多个其他网页,该网页的声望分值就应该被它指向的所有页面分享。

经典的 PageRank 算法对搜索结果的时效性没有考虑和处理。但 Web 环境实际上是动态的,它处在持续的变化中。过去被认为高质量的网页在当前或者未来就未必还是高质量的。对搜索而言时效性其实是很重要的,因为用户通常都是更关注新信息。除了极少量既成事实和永恒经典能得以保持之外,占 Web 大部分比重的内容经常变化的。我们看到在 Web 上,新网页或新内容在不断增加。过时的东西则也应被摒弃,然而,实际上会有很多过时网页和链接不会被删掉。

Timed-PageRank 算法在 PageRank 算法基础上增加了一个时间维度,它仍然沿用 PageRank 的随机冲浪和马尔科夫链模型,但不再使用常量阻尼因子 d,而是引入一个时间函数来"惩罚"陈旧的链接和网页。

7. AdaBoost

AdaBoost 算法,是英文"adaptive boosting"(自适应增强)的缩写,是一种机器学习方法,由 Yoav Freund 和 Robert Schapire 于 1997 年提出。AdaBoost 算法及其变体由于理论基础坚实、预测准确和算法简单,极大地推动了机器学习和统计学研究者们对集成学习方法的理论研究,并被广泛应用于不同的领域,获得了巨大的成功。

AdaBoost 算法可以看成是一般推举算法的一个实例化。AdaBoost 方法是一种迭代算法,在每一轮中加入一个新的弱分类器,直到达到某个预定的足够小的错误率。每一个训练样本都被赋予一个权重,表明它被某个分类器选入训练集的概率。如果某个样本点已经被准确地分类,那么在构造下一个训练集中,它被选中的概率就被降低;相反,如果某个样本点没有被准确地分类,那么它的权重就得到提高。通过这样的方式,AdaBoost 方法能"聚焦于"那些较难分(更富信息)的样本上。

AdaBoost 方法对于噪声数据和异常数据很敏感。但在一些问题中，相对于大多数其他学习算法而言，AdaBoost 方法不容易出现过拟合现象。

8. kNN

kNN 算法，是英文"k-Nearest Neighbor"(k 最近邻)的缩写，是一个理论上比较成熟的方法，也是简单的机器学习算法之一。

该方法的思路是：从训练集中找出 k 个最接近测试对象的训练对象，再从这 k 个训练对象中找出居于主导的类别，将其赋给测试对象。

kNN 算法需要考虑几个关键要素：(1)被标记的对象集合；(2)用来计算对象间临近程度的距离或其他相似性指标；(3)最近邻的个数 k；(4)判定目标对象类别的方法。

kNN 算法的优点在于：由于 kNN 方法主要靠周围有限的邻近的样本，而不是靠判别类域的方法来确定所属类别，因此对于类域的交叉或重叠较多的待分样本集而言，kNN 方法较其他方法更为适合；kNN 算法不仅可以用于分类，还可以用于回归。

kNN 算法有两个主要的不足：一是当样本不平衡时，如一个类的样本容量很大，而其他类样本容量很小时，有可能导致当输入一个新样本时，该样本的 k 个邻居中大容量类的样本占多数；二是计算量较大，因为对每一个待分类的文本都要计算它到全体已知样本的距离，才能求得它的 k 个最近邻点。针对这些不足，可以采用权值的方法(即对与该样本距离小的邻居赋予较大权值)来改进；亦可事先对已知样本点进行剪辑，去除对分类作用不大的样本。

9. Naive Bayes

"有监督分类"的问题非常普遍，相应的规则构造方法也很成熟。其中一个非常重要的方法就是朴素贝叶斯(Naive Bayes)，有时也被译为简单贝叶斯或独立贝叶斯。

朴素贝叶斯算法的基本原理是：对于给出的待分类项，求解在此项出现的条件下各个类别出现的概率，哪个最大，就认为此待分类项属于哪个类别。在许多实际应用中，朴素贝叶斯模型参数估计使用最大似然估计法。

该算法的优点体现在：(1)它容易构造，模型参数的估计不需要任何复杂的迭代求解框架，因此适用于规模巨大的数据集；(2)它容易解释，即便是不熟悉分类技术的用户也能理解此方法是如何运作的；(3)它的分类效果显著，对于任何应用通常是非常稳健的。

10. CART

分类—回归树(Classification And Regression Tree，简称 CART)是决策树建模(Decision Tree Model)中的主流方法。CART 算法的名称是由里奥·布雷曼(Loe Breiman)、杰尔姆·弗里德曼(Jerome Friedman)、理查德·奥尔森(Richard Olshen)和查尔斯·斯通(Charles Stone)这四位教授在 1984 年确定的。当年他们出版了同名书籍，获得了超高的被引用次数，被认为是人工智能、机器学习、非参数统计和数据挖掘等学科发展史上的一个里程碑。

CART 算法采用一种二分递归分割的技术，将当前的样本集分为两个子样本集，使得生成的每个非叶子节点都有两个分支，它生成的决策树是结构简洁的二叉树。

CART 决策树包含的基本过程主要有分裂、剪枝和树选择等：

（1）分裂。该过程是一个二叉递归划分过程，预测属性和目标属性的类型既可以是连续型也可以是离散型。数据应以其原始形式进行处理，不需也不应对数据进行分级（binning）变换。数据分裂的过程从根节点开始，最早是根节点的数据分裂出两个孩子，进而每个孩子的数据再继续分裂出（两个）孙子，该过程一直进行直到没有数据可分。由于 CART 算法中没有停止准则，所以树会一直生长到最大尺寸。

（2）剪枝。CART 使用的是一种被称为代价复杂度剪枝（cost-complexity pruning）的新的剪枝方法，该方法从最大树开始，每次选择训练数据上对整体性能贡献最小的那个（当然也可以是多个）分裂作为下一个剪枝对象，如此直到只剩下根节点。这样 CART 就会产生一系列嵌套的剪枝树（而不是一棵剪枝树），所以需要从中选出一棵作为最优的决策树。

（3）树选择。采用单独的测试数据来评估每棵剪枝树的预测性能。

§18.5　数据挖掘面临的挑战

在 IEEE 数据挖掘国际会议 ICDM 2005 上，与会专家提出了 10 个挑战性问题。如今已超过了 10 年，这 10 个问题仍然为人们所关注，并继续推动着数据挖掘理论和应用的发展。

1. 发展数据挖掘的统一理论；
2. 为高维数据和高速数据流扩容；
3. 挖掘顺序数据和时间序列数据；
4. 从复杂数据中挖掘复杂知识；
5. 网络环境下的数据挖掘；
6. 分布式数据挖掘和挖掘多主体（multi-agent）数据；
7. 针对生物问题和环境问题的数据挖掘；
8. 数据挖掘过程相关问题；
9. 数据挖掘中的信息安全、隐私保护和数据完整性问题；
10. 处理非静态数据、不平衡数据和成本敏感数据。

思考与练习

1. 什么是数据挖掘？什么是数据库中的知识发现？
2. 数据挖掘包括哪些基本要素和基本环节？
3. 数据挖掘有哪些重要的技术和任务？
4. 简述数据挖掘领域 10 个最具有影响力的经典算法。

第十九章 提高预测质量的方法研究与预测方法评价

气象预测的失误，令人失望，经济预测的离谱又何尝不是如此呢？它不仅会给经济造成极大的损失，而且还会给国家造成决策的失误，给社会稳定带来不良的影响。因此，所有的预测用户，无一不十分关心预测的质量问题，尤其是预测的精确性问题，这些问题均与预测学的发展紧密相关。预测学的发展同文学一样，需要用户对它进行正确的评价，才能保持正确的发展方向。因此，《国际预测学报》(*International Journal of Forecasting*)和在纽约出版的《预测学报》(*Journal of Forecasting*)常常发表预测评价的文章，对于研究、开发、选题和预测方法评价进行了优劣比较。有比较才能有鉴别，有鉴别才能发展。

本章将开展两方面的研究：(1)对预测精确性的内涵和改善预测技术的途径及提高预测质量的方法开展研究。(2)对预测进行分类选择、比较和评价研究。

§19.1 预测精确性的度量

所谓预测精确性，就是预测的准确度，它同预测误差的大小紧密相关。对预测误差的度量有多种形式，为准确表达预测误差，记 y_1, y_2, $\cdots$, y_n 为经济预测指标的实际观测值，$\hat{y}_1$, $\hat{y}_2$, $\cdots$, $\hat{y}_n$ 为预测值，y_t 与 $\hat{y}_t$ 之间的差称为预测误差，记为 a_t, $t=1, 2, \cdots, n$。度量预测误差有多种形式，本节将介绍几种主要形式。

(1) 单个预测值的误差 a_t

$$a_t = y_t - \hat{y}_t, \quad t=1, 2, \cdots, n$$

$a_t > 0$ 表示预测值低于实测值，$a_t < 0$ 表示高于实测值，$a_t = 0$ 表示预测准确。

(2) 相对预测误差

$$\tilde{a}_t = \frac{a_t}{y_t} = \frac{y_t - \hat{y}_t}{y_t} \quad t=1, 2, \cdots, n$$

相对预测误差常常用百分数表示。如 $\tilde{a}_t = 2\%$，表示预测值偏低2%，或简单地说预测的精度为2%。

(3) 净预测误差 $\sum_{t=1}^{n} a_t$

净预测误差是 n 次预测误差的总和，由于各次预测的误差有正有负，正负可以抵消，故净预测误差的大小，不能完全说明预测精确性的高低。因此，又产生了绝对预测误差的概念。

(4) 总绝对预测误差

$$\sum_{t=1}^{n} |a_t| = |a_1| + |a_2| + \cdots + |a_n|$$

(5) 平均绝对误差 MAD

$$\text{MAD} = \frac{1}{n} \sum_{t=1}^{n} |a_t| = \frac{1}{n} \sum_{t=1}^{n} |y_t - \hat{y}_t|$$

(6) 相对平均绝对误差 AARE

它是 n 个预测值相对误差的绝对值的平均值,即

$$\text{AARE} = \frac{1}{n} \sum_{t=1}^{n} \left| \frac{y_t - \hat{y}_t}{y_t} \right|$$

(7) 预测误差的方差 S^2

$$S^2 = \frac{1}{n} \sum_{t=1}^{n} (y_t - \hat{y}_t)^2$$

S^2 的大小意味着预测精度的高低。S 值越高,预测准确性就越低。$0 < S < +\infty$。

(8) 预测误差的标准差 S

$$S = \sqrt{\frac{1}{n} \sum_{t=1}^{n} (y_t - \hat{y}_t)^2}$$

(9) 泰尔(THEIL)不等系数

$$\mu = \frac{\sqrt{\dfrac{1}{n} \sum_{t=1}^{n} (y_t - \hat{y}_t)^2}}{\sqrt{\dfrac{1}{n} \sum_{t=1}^{n} y_t^2} + \sqrt{\dfrac{1}{n} \sum_{t=1}^{n} \hat{y}_t^2}}$$

系数 μ 介于 0 与 1 之间,μ 值越小,意味着预测精度越高。其极限情况是 $\mu = 0$,表示预测值等于实际值,这是一种理想的情况,故人们称这种情况为完美的预测。当 $\mu = 1$ 时,是一种极限的情况,这时有 $y_t = -\hat{y}_t (t = 1, 2, \cdots, n)$,表示 $\hat{y}_t$ 与 y_t 的变化趋势完全相反,说明预测极不准确。当 μ 接近于 1 时,表示 $\hat{y}_t$ 远偏离 y_t,因此,预测的精度低。值得注意的是,当 y_t 或 $\hat{y}_t$ 有一个为 0 时,也发生泰尔(THEIL)系数等于 1 的情况。

泰尔系数是由泰尔(H. THEIL)提出的,他在北荷兰出版公司 1961 年出版的著作《经济预测与政策》(*Economic Forecasting and Policy*)第 2 版中作了介绍。

(10) 修正的泰尔不等系数

$$\mu^* = \sqrt{\frac{\sum_{t=1}^{n} (y_t - \hat{y}_t)^2}{\sum_{t=1}^{n} y_t^2}}$$

μ^* 介于 0 至 ∞ 之间,μ^* 越接近零,表示预测越精确。$\mu^* = 0$,表示预测准确,有 $\hat{y}_t = y_t$,这是一种理想的或称为完美的预测。

§19.2 影响预测精确性的因素

一个预测工作者或一个预测结果的用户,不仅关心预测精确性的度量问题,而且更关心如何才能保证一定的预测精确性问题。因此,必须了解影响预测精确性的一些主要因素。由于影响预测精确性的因素很多,在此只简述五种。

(1)数据资料的质量。数据资料的质量是提高预测精确性的重要因素。若数据质量不高,水分较多或资料短缺,都将对预测的结果产生偏差。因此,不论在建模前还是在建模后,都要密切注意数据的可靠性。所以,要花力气去获取高质量的数据资料,使数据资料引起的预测误差减少到最低限度。

(2)模型的完善程度。用于预测或作经济分析的模型,只是客观经济过程的一种简化。在建模过程中,由于资料和其他技术上的原因,常常删繁就简,忽略了许多因素,有些因素可能对预测目标产生重要影响,因而预测结果对实际值可能产生较大的偏差,使预测的精确性降低。因此,要达到一定的预测精度,应根据预测的目的和精度的具体要求,对进入模型的变量,应尽可能选择那些对被解释变量有较强的解释力的变量。使用这些变量建立的模型不仅能反映客观经济现象的主要方面,而且能为人们所理解和接受,使模型尽可能地完善。

(3)假定的合理程度。在经济预测过程中,除搜集数据建立模型导出经济活动的运行规律外,还需在预测前作出种种假定,以求出在各种假定下的预测值。预测精确性的高低,同这些假定紧密相关。例如,预测农业总产值,需对气候的好坏作出假定,然后根据预测模型求出在所假定的气候条件下的预测值。因此,假定的合理程度,将对预测的精度产生较大的影响。

(4)分析判断的能力。这里所谈的分析乃指对经济过程的分析,是对经济过程的了解所不可缺少的一步。未来的经济形势在某种可能的条件下如何发展,而在另一种假定下又怎样发展,均待分析之后方能了解。判断是对预测结果的断言,这是经过对经济形势的分析之后,结合预测的结果对未来的经济发展所作的判断,这种判断既有科学性也有艺术性。因此,分析判断能力的大小与强弱,也影响着预测的精确性。

(5)环境因素。不论是宏观经济预测,还是微观的经济预测,其预测结果,特别是预测的精确性,都受环境变化的影响。宏观经济的大环境因素主要有政治、社会有无战争、有无大的天灾人祸等。此外还受许多政策因素如财政金融政策、汇率变动、国际贸易、能源供给等的影响。微观经济环境主要是市场环境和供求关系等。因此,不论做何种经济预测,在进行预测时,都必须关注经济环境的变化。

影响预测精确性的因素很多,前面仅列举了比较重要的五种,每一个有经验的预测工作者在做预测时,都要对预测的对象作深入的调查研究,掌握和熟悉预测对象的环境资料,对经济环境进行科学的分析,正确处理好影响预测精确性的各种因素,尽可能地满足用户对预测精度的要求。

§19.3 校正预测值提高预测质量的途径与方法

为了提高预测的质量，在原有预测值的基础上，进行适当的校正，以改善原有的预测结果，达到提高预测精度的目的，为此将首先介绍有关预测校正的概念。

初步预测值是根据统计数据建立的模型初步用作预测得到的预测值。

校正预测值是校正初步预测值的校正量。

校正比例值是校正初步预测值的比例因子。

最终预测值是对初步预测值经校正后得到的预测值。

由此得到最终预测值有两种表现形式：

(1)加法型：最终预测值=初步预测值+校正预测值

(2)乘法型：最终预测值=初步预测值×校正比例值

校正预测值或校正比例值的获取，通常有以下几种方法：

① 应用历史数据进行预测所产生的预测误差及其统计特性，建立某种剩余预测模型。

② 应用预测系统新增加的信息或外部资料，并应用其他预测值所获得的信息。综上所述，得到图 19-1 的校正预测过程：

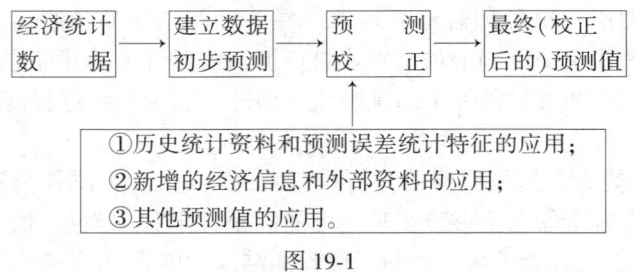

图 19-1

1. 适应的校正预测

在 §16.2 中，我们是在已知 $y_t, y_{t-1}, \cdots, y_1$ 的条件下进行预测的。由 (16.2-10) 所示的预测公式可知，欲求出 l 步预测值，必须首先求出 1 步以至 $l-1$ 预测值 $\hat{y}_t(1), \hat{y}_t(2), \cdots, \hat{y}_t(l-1)$。在求上述预测时，使用的信息是时刻 t 以前(包括 t)的信息。因此，一旦新的观察值 y_{t+1} 到来以后，就可利用这新增加的信息去修正或调整原有的预测值 $\hat{y}_t(2), \hat{y}_t(3), \cdots, \hat{y}_t(l)$。这种调整就称为预测校正。所谓适应的预测校正，是一种保留原模型参数，但是结合新的数据作为起始数据，例如，原来的 l 步预测，是以 y_t 为起始点的，而当新数据 y_{t+1} 实现以后，结合这新增加的数据，起始点就改为 y_{t+1}。具体的校正方法是，首先把 ARIMA 模型表示成误差传递形式。设

$$\hat{y}_t(l) = \psi_l a_t + \psi_{l+1} a_{t-1} + \cdots$$

$$\hat{y}_{t+1}(l-1) = \psi_{l-1} a_{t+1} + \psi_l a_t + \psi_{l+1} a_{t-1} + \cdots$$

这里 $\hat{y}_t(l)$ 表示在已知 y_t，y_{t-1}，…的条件下，对未来值 y_{t+l} 所作的预测。$\hat{y}_{t+1}(l-1)$ 表示在已知 y_{t+1}，y_t，…的条件下，对 y_{t+l} 所作的预测。这两个预测值之差为

$$\hat{y}_{t+1}(l-1) - \hat{y}_t(l) = \psi_{l-1} a_{t+1}$$
$$= \psi_{l-1}[y_{t+1} - \hat{y}_t(1)]$$

由此得到，在新数据 y_{t+1} 到来以后，对原 l 步预测值的校正预测值为

$$\hat{y}_{t+1}(l-1) = \hat{y}_t(l) + \psi_{l-1}[y_{t+1} - \hat{y}_t(1)]$$

上式说明原 l 步预测值的校正值等于原 l 步预测值加上一步预测误差 $[y_{t+1} - \hat{y}_t(1)]$ 乘上比例常数 ψ_{l-1}。

2. 残差相关校正法

改善初步预测值，提高预测精度的另一种自然的途径是，利用预测误差所提供的信息，对初步预测值作适当的校正。

设 y_{t+h} 表示实测值，$\hat{x}_{t+h}$ 表示初步预测值，$\hat{y}_{t+h}$ 表示对初步预测值作了校正后得到的最终预测值。则

$$\hat{x}_{t+h} = y_{t+h} - e_{t+h} \tag{19.3-1}$$

式中，e_{t+h} 表示初步预测误差。若我们掌握了 e_{t+h} 的某些规律，或者根据它的结构，能获得 e_{t+h} 的预测值 $\hat{e}_{t+h}$，那么通过下述公式

$$\hat{y}_{t+h} = \hat{x}_{t+h} + \hat{e}_{t+h} \tag{19.3-2}$$

即可导出校正后的预测值。记最终预测误差为 ε_{t+h}，则

$$\varepsilon_{t+h} = y_{t+h} - \hat{y}_{t+h}$$
$$= y_{t+h} - \hat{x}_{t+h} - \hat{e}_{t+h}$$
$$= e_{t+h} - \hat{e}_{t+h} \tag{19.3-3}$$

由(19.3-3)可见，若能对初步预测误差作出适当的预测，就可减少最终预测误差，提高预测精度，改善初步预测。但是，什么样的预测误差结构才能进行适当的预测？显然，若初步预测后，得到的预测误差序列 e_i 是白噪声序列，则不可能再预测了，因为 e_i 是相互独立的随机变量序列，在过去的 e_i 中，不包含有未来 e_{t+h} 的任何信息，因此，就不能再作任何预测值的校正了。否则，将可利用 e_i 所提供的信息，找出 e_i 序列的规律，建立某种统计模型，进行再次的预测。

假设对某预测目标依其历史统计数据，建立了模型，并作了 n 次初步预测，得到了初步预测误差 $e_i(i=1, 2, \cdots, n)$，其具体数值如表 19.1 所示。

表 19.1 中的数据具有明显的一阶自相关，自相关系数为 $\rho = 0.71$，可以一阶自回归模型去描述这预测误差的变化规律，即 e_i 满足

$$e_i = \varphi_1 e_{i-1} + a_i \tag{19.3-4}$$

式中，$\varphi_1 = 0.71$，a_i 为白噪声序列。运用此式，在已知 e_1 的情况下，作出 e_2 的预测，一般在已知 e_{i-1} 的情况下，可对 e_i 作出预测，从而利用 (19.3-4) 式可得到 e_i 的预测值如表 19.2。

由表 19.2 的值，运用 (19.3-3) 式可得到最终的预测误差 ε_i 如表 19.3。

从表 19.3 可见，最终的预测误差的绝对值明显地比初步预测误差有所减少，从而预测精度有了明显的提高。

表 19.1

i	1	2	3	4	5	6	7	8	9	10
e_i	2	1	0.5	0.32	0.39	-0.26	-1.16	-0.19	-0.41	-0.24

表 19.2

i	2	3	4	5	6	7	8	9	10
$\hat{e}_i$	1.42	0.71	0.36	0.23	0.28	-0.19	-0.82	-0.4	-0.29
e_i	1	0.5	0.32	0.39	-0.26	-1.16	-0.19	-0.41	-0.24

表 19.3

i	2	3	4	5	6	7	8	9	10
ε_i	-0.42	-0.21	-0.04	0.16	-0.54	0.03	0.63	-0.01	0.05

3. 回归校正法

假设通过历史统计数据，建立了预测模型，作了 n 次预测后，得到 n 次预测值 $\hat{x}_1$, $\hat{x}_2$, $\cdots$, $\hat{x}_n$，与此 n 次预测值相应的实际值为 y_1, y_2, $\cdots$, y_n，这样便有 n 对数据 $(\hat{x}_i, y_i)$，$i = 1, 2, \cdots, n$，将这 n 对数据点画在坐标纸上，以预测值为横轴，实际值为纵轴，便有如图 19-2 的点聚图，那么，可用回归的办法，拟合出一条曲线，其方程记为

$$\hat{y} = f(\hat{x})$$

则 $\hat{y}$ 便是校正后的预测值。若 $f(x)$ 是线性函数，则校正预测方程为

$$\hat{y}_t = \hat{\beta}_0 + \hat{\beta}_1 \hat{x}_t$$

那么系数 $\hat{\beta}_1$ 便是校正系数，$\hat{\beta}_0$ 是校正偏差。这种校正，对于原预测值 $\hat{x}$ 出现系统性偏离时特别有效。

[例] 某公司的月销售量有表 19.4 的数据，使用指数平滑法得到相应的预测值，分别列在表 19.4 中。

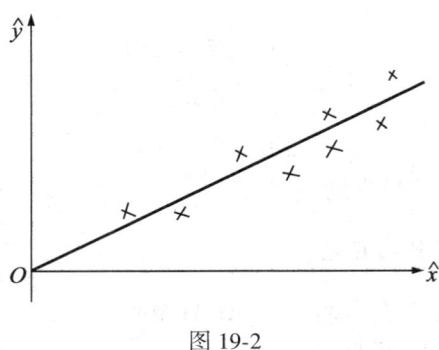

图 19-2

表 19.4

月	1	2	3	4	5	6	7	8
实际销售值（千元）	10	12	13	16	19	23	26	30
运用指数平滑法计算的预测值		10.3	11.49	12.55	14.97	19.79	21.44	24.63

根据表 19.4 的数据，运用最小二乘法，求出回归方程为

$$\hat{y} = 0.35 + 1.25\hat{x}$$

由此回归方程可求出校正后的预测值，列表 19.5。

表 19.5

月	2	3	4	5	6	7	8
校正预测值 $\hat{y}$	13	14.48	15.79	18.76	22.23	26.72	30.64

由表 19.5 可见，校正后的预测值，其预测精度显著地提高。

4. 临界值校正法

假定预测的变量服从某种概率分布，如某种商品的需求量在正常价格下，服从正态分布，其分布密度为 $p(y)$，又假定在预测之前就已知 $p(y)$，那么，可以求出这样的一个区间 (L, U) 使得实际值落在这区间以外的是一个小概率事件，记这小概率为 α，那么，我们可选择这样的 (L, U)，使得实际值小于 L 或大于 U 的概率，均等于 $\alpha/2$。如果 $\alpha = 0.05$，那么 $L = a - 1.96\sigma$，$U = a + 1.96\sigma$，a 为要预测的变量的均值，σ 为其标准差，L, U 称为临界值。由概率论的正态分布理论可知

$$L < y < U$$

的概率为 95%。现介绍利用 (L, U) 校正预测值的方法。设原预测值为 $\hat{y}$，校正后的预测

值为 $\hat{\hat{y}}$，则

$$\hat{\hat{y}} = \begin{cases} L & \text{当 } \hat{y} < L \text{ 时} \\ \hat{y} & \text{当 } L < \hat{y} < U \\ U & \text{当 } \hat{y} > U \end{cases}$$

这种校正方法，只能校正那些异常的预测值。

5. 自回归自回归滑动平均校正法

自回归自回归滑动平均模型，简称为 ARARMA 模型。这种模型的特殊情况就是由 Box 和 Jenkins 所提出的 ARMA 模型。

设时间序列 $\{y_t, t \geq 1\}$ 不一定是平稳序列，它的 n 个观测值为 $y_1, y_2, \cdots, y_n$，如果根据某种方法我们得到了一个自回归形式的模型，简称为 AR

$$\varphi(B) y_t = e_t \tag{19.3-5}$$

其中

$$\varphi(B) = 1 - \varphi_1 B - \varphi_2 B^2 - \cdots - \varphi_p B^p \tag{19.3-6}$$

这里 B 表示后移算子，$B^k y_t = y_{t-k}$，$\varphi_i (i = 1, 2, \cdots, p)$ 称为自回归系数。若把 $\varphi(B) y_t = e_t$ 作为初步预测模型，则 e_t 就是预测误差。若 e_t 序列经检验不是白噪声序列，但它是平稳的，那么过去的 e_t 将含有未来的 e_{t+1} 的某些信息，因而又可利用 e_t 序列，建立起新的预测模型，对原先的初步预测值进行修正。为此，假定 e_t 序列满足下述模型

$$\Phi(B) e_t = a_t \tag{19.3-7}$$

其中

$$\Phi(B) = 1 - \Phi_1 B - \Phi_2 B^2 - \cdots \Phi_p B^p \tag{19.3-8}$$

$\Phi(B) = 0$ 的根均在单位圆外，a_t 是白噪声，那么利用(19.3-7)式，将可对 e_t 进行预测，求出 $\hat{e}_t$ 值。若将(19.3-5)式代入(19.3-7)式，得到

$$\Phi(B) \varphi(B) y_t = a_t \tag{19.3-9}$$

此模型就称为 ARAR 模型。当 $p = 1$，$\varphi_1 = 1$ 时，(19.3-9)就是 y_t 经一阶差分后的 AR 模型。当 $p = 2$，$\varphi_1 = 2$，$\varphi_2 = -1$，则(19.3-9)就是 y_t 经二阶差分后的 AR 模型，即

$$\Phi(B) \nabla^2 Y_t = a_t$$

若 e_t 序列满足的是下述模型

$$\Phi(B) e_t = \theta(B) a_t \tag{19.3-10}$$

其中 $\Phi(B)$ 满足(19.3-8)式及平稳性条件，$\theta(B)$ 满足

$$\theta(B) = 1 - \theta_1 B - \theta_2 B^2 - \cdots - \theta_q B^q \tag{19.3-11}$$

$\theta_i (i = 1, \cdots, q')$ 称为滑动平均系数，$\theta(B) = 0$ 的根均在单位圆外，而且与 $\Phi(B)$ 无公共因子，a_t 为白噪声序列，则利用(19.3-10)式可对 e_t 进行预测，求出 e_t 的预测值 $\hat{e}_t$。若将(19.3-6)式代入(19.3-10)式，则有

$$\Phi(B) \varphi(B) y_t = \theta(B) a_t \tag{19.3-12}$$

则称(19.3-12)式为自回归的自回归滑动平均模型，简记 ARARMA 模型。当 $p = 1$，$\varphi_1 = 1$

时，(19.3-12)式就化为博克斯与詹金斯的 ARMA(p', 1, q')模型。当 $p=2$, $\varphi_1=2$, $\varphi_2=-1$ 时，(19.3-12)式就化为博克斯与詹金斯的 ARMA(p', 2, q')模型。若 $\hat{x}_t$ 是运用模型(19.3-5)式得到的初步预测值，$\hat{e}_t$ 是运用模型(19.3-6)式或(19.3-10)式求出的预测值，则最终预测值为

$$\hat{y}_t = \hat{x}_t + \hat{e}_t \tag{19.3-13}$$

此两步预测实现了对初步预测值的校正，得到了提高预测精度的最终预测值。

6. 组合预测校正法

对于一套具体的数据，通常可建立起几种不同的预测模型或采用几种不同的预测方法进行预测，求出它们的预测值。组合预测就是设法把不同的预测模型组合起来，产生一个新的模型，这样的组合预测模型可能导出一个比任何独立的预测值更好的预测值。组合的方法通常有两种，一种是简单的算术平均法，即是将各独立的预测值作算术平均，如独立的预测值有 $\hat{y}_1, \hat{y}_2, \cdots, \hat{y}_m$ 个，则组合后的最终的预测值为

$$\hat{y} = (\hat{y}_1 + \hat{y}_2 + \cdots + \hat{y}_m)/m \tag{19.3-14}$$

而另一种组合是加权平均法，组合后的最终的预测值是

$$\hat{y} = \frac{\alpha_1 \hat{y}_1 + \alpha_2 \hat{y}_2 + \cdots + \alpha_m \hat{y}_m}{\alpha_1 + \alpha_2 + \cdots + \alpha_m} \tag{19.3-15}$$

$\alpha_i (i=1, 2, \cdots, m)$ 是权系数。显然，这两种组合的预测值将不会改变原先预测值的无偏性。现在叙述求取 α_i 的一些方法。对于 $m=2$ 的情形，加权系数可分别取为 $\alpha_1 = k$, $\alpha_2 = 1-k$, k 满足

$$k = \frac{Ee_1^2}{Ee_1^2 + Ee_2^2} \tag{19.3-16}$$

这里 Ee_1^2, Ee_2^2 分别是 $\hat{y}_1$ 与 $\hat{y}_2$ 的预测误差的方差，e_1 与 e_2 分别满足 $Ee_1 = 0$, $Ee_2 = 0$, $Ee_1 e_2 = 0$。可以证明，这样选取 k 值，将使组合预测值 $\hat{y}$ 的预测误差的方差达到最小。

设组合预测误差为 e_y，由组合预测公式有

$$e_y = ke_1 + (1-k)e_2 \tag{19.3-17}$$

其中 e_1、e_2 分别是 $\hat{y}_1$ 与 $\hat{y}_2$ 的预测误差，满足

$$Ee_y = kEe_1 + (1-k)Ee_2 = 0$$
$$Ee_y^2 = E[ke_1 + (1-k)e_2]^2$$
$$= k^2 Ee_1^2 + (1-k)^2 Ee_2^2 + 2k(1-k)Ee_1 e_2$$
$$= k^2 Ee_1^2 + (1-2k+k^2) Ee_2^2$$

由此可见，组合预测误差的方差是权系数 k 的函数，由微分学可知，当

$$k = \frac{Ee_2^2}{Ee_1^2 + Ee_2^2}$$

时，Ee_y^2 有极小值。

对于 $m>2$ 的情形，α_1，α_2，$\cdots$，α_m 的确定方法是根据以下原则确定的：相应的预测方法所产生的残差平方和大者，其所加的权就小，残差平方和小者，其相应的权数就大。

设 Q_i 为相应于预测方法 i 所产生的平方和，即

$$Q_i = \sum_{t=1}^{n}(y_{it} - \hat{y}_{it})^2 \quad i = 1, 2, \cdots, m$$

那么只要取

$$\alpha_i = \frac{1}{Q_i} \quad i = 1, 2, \cdots, m$$

即可。

组合预测经过了大量的实践证明，可以提高预测精度，主要原因是参与组合的预测方法，其产生的预测误差 e_i 有正有负，如果这些误差是彼此独立的，那么，经过组合，就会产生正负抵消，降低预测误差，从而提高组合预测值的预测精度。

§19.4 预测方法的分类

预测科学发展至今天，预测方法已多达 200 多种。但仍未有一个统一的、完整的、普遍适用的分类体系。在有关预测学的文献中，人们虽然广泛地讨论过预测方法的分类问题，但有关分类问题仍处在百家争鸣，各述己见的众说纷纭阶段，目前流行的分类体系，大约有如下几种：

1. R. Jantsch 分类法

在《远景中的技术预测》一书中，R. Jantsch 将预测方法分为四类，即直观性预测、探索性预测、规范性预测（又称目标预测）和结合型预测（又称反馈性预测）。所谓直观性预测，指的是基于人们的经验、知识和综合分析判断能力的运用，例如专家调查、专家会议、特尔斐法等。探索性预测是假定未来的发展是过去趋势的延续，从而可充分地利用历史统计资料，研究其历史发展规律，以探索未来，因而可以应用趋势外推法、时间序列分析法、增长曲线法等定量预测方法进行预测。规范性预测是以社会发展的需要、可能和限制条件，以及预想目标作为规范，首先提出明确的奋斗目标，采用系统分析的方法，确定预测对象的发展方向，并估计到达目标的可能时间和顺序，研究围绕实现总目标应采取的措施，寻求实现总目标的最佳方案和途径。结合型预测是探索性预测和规范性预测的有机结合和互为补充，探索性预测是建立在可能性的基础上，而规范性预测则是构建在需要的基础上，两者互补，有助于人们明确经济增长和科技发展的相互关系，可克服历史发展的惰性，能动地推动经济与科技的向前发展。

2. 前苏联分类法

前苏联的道勃罗夫（В. добров）和斯图热夫等为代表的预测学者，在《科学和技术预测》一书中，把预测方法分为三大类，即专家评估（含征询）法、趋势外推法和模型模拟法等。

3. 马可里达吉斯(Markridakis)分类法

马可里达吉斯是国际预测学会第一届主席，预测学著名教授。在他的著作《预测方法和应用》中，他把预测方法分为技术方法和定量方法两大类。前者主要指专家调查法，其中包括专家会议、头脑风暴法、特尔斐法、主观概率法和交叉影响分析法等。这类方法的预测精确性，很大程度上取决于预测专家对预测技术和技巧的熟练程度，以及掌握的知识深度和广度。后者主要是依靠原始数据，通过数据处理，建立预测模型。这类方法又可分为因果关系分析法(例如回归分析法和经济计量联立方程法)，和时间序列分析法。时间序列分析法又可分为确定性时间序列和随机性时间序列分析。

4. 琼斯(H·Jones)和特维斯(B·Twiss)分类法

琼斯和特维斯在其《计划决策中的技术预测》一书中指出，按预测要素不同，把预测方法分为定性预测、定量预测、定时预测和概率预测四类。

5. 英国分类法

是将预测方法分为客观预测、主观预测和系统预测三类。客观预测指的是根据客观统计的原始数据，运用科学的方法进行推断，取得预测结果。主观预测是根据专家的经验进行判断和估计得到预测结果。系统预测是指通过系统分析的方法取得预测结果。

6. 日本分类法

是将整个预测方法分为两大类：一类称为积极的预测法，另一类称为消极的预测法。所谓积极的预测法，同主观的预测法、专家调查法和经验分析法相类似。消极的方法与客观预测法类似。

7. 阿姆斯特朗(Armstrong)分类法

阿氏在20世纪80年代，著有《四分之一世纪的预测》，作者为对当时的国际预测进行评价，将整个预测方法划分为7种类型，即分解法、外推法、专家意见法、模拟仿真法、动机调查法、因果关系分析法和组合预测法等。

综上所述，各类方法有粗有细，虽然分类方法或形式不同，但其实质上却有许多相同或相似，可以说是大同小异。随着预测科学的发展，可以预见，更科学、更完善的分类方法，将随着预测评价研究水平的不断提高而日臻完善。

§19.5 预测方法的分析比较

经济预测工作，重在对经济政策、经济环境和经济发展过程的分析，巧在预测技术的运用，旨在选好预测方法和对预测值的校正。这些对于保证达到一定的预测精度和一定的预测质量，均有重要的现实意义。在实际的预测工作中，信息资料翔实，方法得当，常可收到事半功倍的效果。因此，强调预测方法的恰当选择和灵活运用，不仅必要，而且可能。

定性预测与定量预测，是两类不同性质的预测方法。定性预测的目的在于对所预测的事件有一个概括性的了解。只对其未来发展趋势作出判断。例如，对经济过程转折点的预测，就常采用定性预测方法。定性预测大都是通过直观判断得出结论的，对一些信息资料不全，相关因素错综复杂，牵涉社会心理因素较多、特别是一些高层的战略预测问题，定性预测大有用武之地。定性预测的主要优点是方法简单、适用性强，灵活性大，并不需要高深的数学知识。易被用户理解和接受，其不足之处是，预测结果易受组织者影响，带有某种主观偏见，数量观念较差等方面的缺点。

定量预测是利用数量经济学的方法，建立预测模型，说明客观经济过程的未来发展，能为预测用户提供有确切依据的预测结果。由于现代科学技术的迅速发展，尤其是计算机软件技术的不断创新，定量预测方法获得很大的成功，世界经济的联接模型已成功应用，广大的预测用户都感到比较满意。因此，定量预测方法已得到人们的广泛信赖和普遍应用，它的主要优点是，定量预测方法大都是依据经济过程的实测统计数据，按照经济发展的机理，建立经济预测模型，进行预测。其结果不仅能对经济现象给出质的定性解释，而且也能充分利用经济信息对所预测的经济指标给出定量的预测结果，方法科学，主观因素少，能为决策者提供科学决策的依据。此外，定量预测方法还能借助计算机软件，对客观经济过程进行模拟，为未来的经济发展和经济政策制定进行实验研究，提供行之有效的途径。

定性预测与定量预测，在实际应用中常常是不能截然分开的，因为在做定性预测时，其结果也常需定量处理。定量预测方法在建立预测模型之前要对经济现象和经济统计资料作定性分析，因此，定性、定量两种方法可相互补充，各有侧重，应尽可能地做到定性与定量结合。

定量预测大多数都是通过建立定量预测模型进行预测的，人们自然会提出问题，是简单模型好，还是复杂模型好？实际的经验告诉我们，有的问题需要建立复杂模型才能解决所要预测的问题，有些问题只需构建简单的模型即可求解出预测的结果，不能笼统地回答说。哪个好，哪个不好。总的说来，经济系统规模大，经济因素复杂，包含成百上千个经济方程式，要求解出成百上千个经济变量，既有内生的，也有外生的；既有经济的，也有非经济的（例如政策变量）。经济模型的功能不仅只做经济预测，有的还要做经济政策评价，甚至有的还运用它去搞远景规划，协调与平衡经济的发展。功能如此之多的模型，必须建立复杂模型才能完成任务。值得注意的是，不论模型多么庞大复杂，只不过是对客观经济过程的一种近似模拟，而并不是客观经济过程的本身。因此，模型输出的结果，与变化不定的客观经济现实总有一定的偏差，需要进行校正。

预测科学发展至今天，预测方法很多，形形色色高达数百种。不过，常用的只有几十种。尽管如此，也已使人目不暇接，甚至略谙此道的人，也无所适从。正如著名的未来学家和预测学家 D. H. Meadows 所说的："每一种建模学派都定义了一种观察世界的特殊方式，并提供了一套工具去解决某一类型的问题。但是，没有哪一种方法能全面得足以把世界上能观察到的一切事物都包括进去，也没有哪一种方法能全面得足以解决所有问题，"即使是高难度的复杂模型也不例外，何况使用复杂模型需要花费大量的人力、物力和时间。因此，国内外一些知名学者认为，在预测工作中，复杂的经济预测模型，并不一定能收到好的预测效果，有时也不比简单模型的预测精度高。因此，有一些学者提出，应尽可能使用简单模型，甚至还有人提出"简单就是美"的观点。

预测方法的选择，除考虑预测精确性的准则外，还应考虑使用方法所需的费用成本，一种方法是否受到用户的欢迎，为使用者所接受，不仅与用户的偏好有关，而且与采用该方法所要支付的费用有关。只有当用户采用该方法后，给他带来的社会、经济效益高于预测总成本时，他才会乐意采用。

§19.6 预测方法评价

国际预测学会前主席阿姆斯特朗对预测方法的评价有较深入的研究，本节介绍的内容是以他的观点为主，同时也兼有其他学者的见解。

1. 分解法(Decomposition)

20 世纪 60 年代以来，分解法被广泛地推崇为管理科学的一种策略。它可以用来组织个人的知识，也可以用于将不同学科的专家意见进行综合。在可行的情况下，应尽可能地运用分解法将复杂问题分解为一系列简单子问题。将子问题解出的结果综合起来即得到复杂问题的解。例如将公司的销售预测分解为行业销售额和市场占有率等。分解方法可以与判断法、经济计量方法或外推方法配合使用。分解法存在的问题是：(1) 如何最佳地对问题进行分解；(2) 在何种场合下分解方法才能达到最大用途，在这方面到目前为止尚缺乏例证。

2. 外推法

在过去四分之一世纪以来，主要的研究活动集中于高级的外推技术。但是通过经验研究得出的结论是："使用复杂方法换来的精度几乎可以忽略不计。"一般说来使用简单的或复杂程度不高的方法，可以节省时间和经费。

趋势模型通常是用来拟合时间序列中的长期趋势部分，其模型的形式相对简单，趋势模型一般不作为一个单独的模型使用，只有其所在的系统相当稳定时才会这样做。

平均移动模型和指数平滑模型一般用于短期预测，由于它的形式简单，所需数据少，计算成本低，直观方便，易于理解，省时间和费用，颇受用户欢迎。

随机时间序列的 ARMA 模型，虽相对复杂一些，建模成本相对高一些，但它在宏观经济监测和预警系统中遇到的一些经济指标的数据不能及时到位时，可以运用 ARMA 模型及时预测得到的数据，加以补救，体现出相对复杂模型的威力和作用。

3. 专家意见(判断方法)法

20 世纪 60 年代以来，判断预测研究十分迅速。在过去 30 年中，判断研究的文献，每年以 14% 的速度增长。

专家意见在预测当前状态方面的效果较为显著。课题专家能够对近期发生的事件进行修正，而且若干个专家比一个专家的意见更加准确。实证研究和理论研究均表明，最佳的专家数目在 5~20 人之间。在由于误差导致的损失较大、不确定性很高、以及聘用专家的成本较低情况下，应尽可能使用更多的专家进行预测。

对于突变情形的预测方面，近 30 年的研究得出了出人意料的结论。许多年以来，人们一直认为专家意见在长期预测方面效果显著，但是最近的研究结果表明，在预期将有很大变化发生的场合下，专家意见没有客观方法精确。因此在长期预测方面，应该更多地依据客观方法，避免聘用花费大的专家进行突变情形的预测。上述新发现同直观理解是相悖的，其道理到目前尚未被很好理解。

判断预测的另一条经验是，在处理指数增长问题时，判断预测可能是极其危险的。主要表现在判断者无力提供比较好的有关这种增长的预测值。在这种情况下，判断预测一般偏于保守。

在有冲突发生的场合下进行预测，例如作市场预测时，对其他竞争者所做出的反应进行的预测，目前看来，以运用对策论得出的结论为基础进行预测，可以获得较为精确的预测值。例如运用主观判断法作的 121 个"专家意见预测"的案例中，其正确率仅为 20%，而在同样条件下，运用对策论的 189 个预测案例中，其正确率高达 70%，由此可见运用对策论的方法比那些没有根据的专家意见更加精确。

20 世纪 60 年代争论较多的一个问题是客观方法获得的预测值是否要经过专家修正问题。这一争论至今仍未见分晓，但其结论可以这样阐述："短期预测可以运用专家进行修正"；在有突变的场合下进行预测时，判断预测应在客观方法使用之前，输入到预测模型中去。

4. 模拟仿真（Bootstrapping）方法

仿真方法的研究在近年迅速得到发展，遍及经济、社会、生产、财政、人事、销售，甚至包括医学、精神病学、工程、科学技术等领域，它的预测精度比判断方法精确。对于重复性的预测工作，还比判断方法节省经费。文章认为仿真方法代表了过去 25 年来预测领域最重要的进步。

模拟法能克服一般科学方法难以克服的困难，不论是在生产、设计，还是在从事科研或进行实验，模拟法都可以对复杂的、内在的相互作用进行模拟试验，以降低风险。

5. 动机调查法

1960 年以来，有关动机利用方面的研究没有多少新的进展，但是，这方面研究的效果是明显的，尤其在对商品目录邮购订货销售等方面，该法提供了良好的预测手段。

6. 因果法

因果法对长期预测是行之有效的方法，而对短期预测没有明显的价值。就预测精度而言，因果法并不劣于其他方法。

经济计量学家在这方面所作的大量研究都是致力于寻求一种好的估计因果关系的方法，但是大量的研究文献表明，预测精度对于因果关系估计得好坏并不那么敏感。由此得出的结论是，似乎应该选取一小部分合理的变量，确立因果关系的正确方向，再粗略地估计一下这种关系就足够了。但是，就长期预测而言，好的估计还是相当重要。

7. 组合预测法

目前，不论学术界，还是实际的预测工作者，都十分推崇组合预测方法。大量的研究结果证明，在预测方法各异，且数据来源不同的情况下，组合预测的效果最好。阿姆斯特朗指出：运用组合法时，最好是将外推法、判断法、经济计量法进行组合，而且数据宜从各自独立的数据源中选取。例如，消费者、生产者、零售商和专家等。

组合法的主要优点是它能提防差错，消除虚假现象和避免一些不合理的假设。这是因为它能最大限度地使用较多信息的结果。

实践研究的结果说明，将一个计量模型同一个外推模型组合，其结果是，组合预测值比二者各自的预测值的平均要好51%，比两者中最好的预测值要好44%。

组合方法不仅应用于不同方法的组合，对同一类或相关的方法进行组合，其精度也大大提高，例如各种外推方法。Makridakis 和 Winkler 于 1983 年在对 111 个时间序列的外推研究中，发现组合法使误差降低7.2%，而且当组合的方法增加时，例如有5种方法组合时，误差降低至16.3%。就是仅仅用经济计量模型进行平均时，也有类似的结论。

组合法有组合 A 和组合 B 两种，前者为等权组合，后者为不等权组合，如使用各种方法的置信度进行组合。大量实践结果认为，组合 A 比组合 B 的效果更好。

8. 预测的作用评价

对经济预测的作用，2003 年度诺贝尔经济学奖获得者，美国加州大学格兰杰（C. W. J. Granger）教授在为柯莱蒙兹（M. P. Clements）等的著作《预测经济时间序列》（*Forecasting Economic Time Series*）所写的序言中，作了精准高水平的评述。他说："预测一旦形成，一般都为决策者所用，而好的预测，常可引出好的决策。决策的利弊决定预测的质量，也依赖于所预测的变量最终出现的值。但我们必须注意到，在有些情况下，预测可以反过来影响被预测变量以后出现的实际值。最典型的例子是决策者将预测作为决定将来政策的基础。显然，预测评价在这样的情况下更为复杂。随着时间的迁移，预测者将不断地探索新的和更复杂的技术，如采用含有更多解释变量的模型。他们甚至可以有非线性形式和随时间变化的参数，还需用诸如卡尔曼滤波方法等作估计。然而，这些新技术并不能保证我们取得更好的预测。预测的形成过程过去是、现在和将来仍将是令人振奋的科研领域，它将不断地产生新的技术和方法，并应用于新领域中新的时间序列。"

思考与练习

1. 度量预测精确性有哪些指标？
2. 常用的度量预测精确性的指标有哪些？
3. 为什么组合预测能提高预测精度？
4. 常用的校正预测值提高预测精度的方法有哪些？

5. 为什么要对预测方法进行评价？
6. 为什么要对预测方法进行科学分类？
7. 你对目前的预测方法分类有何见解？

下编　经济决策技术

第二十章 决策学概论

人们说决策学是一门大学科，因为它横跨自然科学和社会科学两大学科领域，是一门新兴的交叉学科，要弄清它的基本范畴和范畴的内在逻辑关系，也不是一件容易的事，因为决策学目前正处于蒸蒸日上的不断发展阶段，决策学的内容和决策的观念都在不断地创新，决策的科学方法日新月异，这些都要求我们抓紧对决策学的学习和研究。本章将介绍决策学的基本概念和决策应遵循的原则，科学的决策程序和决策的基本类型，最后将介绍决策的历史发展过程和当代决策学的最新发展动态及其特点。

§20.1 决策的概念及决策应遵循的基本原则

决策是人类社会固有的行为，小至个人生活，大至治国安邦，都存在决策问题。人类的决策活动由来已久，在华夏五千多年的历史长河中，就曾涌现出许许多多的思想家、政治家、军事家和谋略家。他们博学多才，高瞻远瞩，"运筹于帷幄之中，决胜于千里之外"，为我国的科学决策写下了光辉的篇章。诸葛亮的《隆中对》为刘备制定了战略决策；李冰父子设计修建的都江堰水利工程，至今仍闪耀着优化决策的光辉，这都是我国古代决策史上的光辉范例。

时至今日，我国社会已发展至社会主义市场经济阶段。社会主义市场经济是一种风险型经济，不论是投资办厂，买卖股票，还是投资于其他经济建设项目，甚至大学生选择专业，都会遇到风险。我国最关心经济风险的人，始终是企业家和国家经济管理部门的领导人。人们总是希望未来比现在过得更好，盼望未来的收入比现在多。就一个企业来说，总是希望自己的产品能适销对路，在国内外市场上能占有一定的市场份额，能赚上大钱。不过，要实现这些良好的愿望，首要的是决策必须是成功的。但是，要进行成功的决策，并非易事，因为现代人的决策与传统的决策大不相同：后者强调的是过去，仅靠个人的经验及智慧，而前者强调的是放眼未来，依靠的是集体的才智和眼观六路、耳听八方的广泛信息来进行成功的预测。成功的预测是成功决策的先导，因为在日益复杂、竞争激烈和瞬息万变的市场经济环境里，不掌握未来信息，不了解明天的人，就根本没有任何主动权。

什么是决策？有不同的说法，至今仍无统一的定义。一种说法是：决策就是做决定，就是领导"拍板"；再一种说法是：决策就是一种选择，从若干个行动方案中选出最佳方案；还有一种说法是：决策就是管理，管理就是决策；也有人说：决策就是人类社会为了确定行动目标的一种重要活动，等等。尽管说法不一，但都从不同的角度，说明了决策的一些道理，反映出决策的一个侧面。我们认为决策有狭义与广义之分。狭义地理解就是通常所讲的对未来事物所作的决定，仅限于对不同方案选出最佳方案；广义地理解就是把决策看作一个管理过程，是人们为了实现特定的目标，运用科学的理论与方法，系统地分析主客观条件，提出各种预选方案，从中选出最佳方案，并对最佳方案的实施进行监控，掌握决策的实施情况，强调系统的优化。

目前，国际上对决策的定义看法虽然不一，但基本上分为两派，即所谓狭义派与广义派。狭义派以中国经济学家于光远为代表。他提出"决策就是作决定"。广义派是以世界著名的经济学家、诺贝尔奖获得者赫·阿·西蒙（H. A. Simo）为代表。他提出："管理就是决策。"把管理过程的行为纳入决策范畴，使决策贯穿于整个管理过程中。

不论是狭义的决策，还是广义的决策，都主张决策必须遵从一些基本的原则。这些原则是：

1. 最优化原则

决策总是在一定的环境条件下，寻求优化目标和优化地达到目标的手段。不追求优化，决策就没有什么意义。在经济决策中，传统的原则就是最优化原则，因此，常常要求以最小的物质消耗取得最大的经济效益，以最低的成本取得最高的产量和最大的市场份额，获取最大的利润等。此外，还存在次优的原则。这是由于环境的变化，在复杂的客观世界中，许多问题不存在最优解，或者无法求出最优解，因而常常采取被人们所能接受的满意的标准，这种原则称为"满意"的原则。

2. 系统原则

决策环境本身就是一个大系统，尤其是经济决策更是处于系统的层次之中。国民经济系统包含着许多相互联系、相互制约的子系统，如工业系统、农业系统、交通运输系统、商业系统等等，这些系统是紧密地处于相互联系的结构之中的。因此，决策时要应用系统工程的理论与方法，以系统的总体目标为核心，以满足系统优化为准绳，强调系统配套、系统完整和系统平衡，从整个系统出发来权衡利弊。

3. 信息准全原则

决策的成功或失误，不仅同决策的科学性有关，而且同信息是否准、全的关系更为密切。信息是决策成功的物质基础，不仅决策前要使用信息，就是决策后也要使用信息。通过信息反馈，了解决策环境的变化与决策实施后果同目标的偏离情况，以便进行反馈调节，根据反馈信号适当修改原来的决策。

4. 可行性原则

决策必须可行，不可行就不能实现决策目标，为此，决策前必须进行可行性研究。可行性研究必须从技术上、经济上以及社会效益上等方面全面考虑，不同的决策目标有不同的可行性研究的内容。

在经济决策中，要强调科学的决策，杜绝非科学的决策，才能减少决策失误。决策失误所造成的浪费是我国当前最大的浪费，这种浪费又称决策性浪费。在我国的工程投资项目决策中，常见的"三拍"工程就是如此。所谓"三拍"工程，就是一拍脑袋作决策，二拍胸脯打保证，三拍屁股开步走。这就是某些领导人拍一下板就上马一项工程的写照。他们根本不做任何调查研究，也不对上马的项目进行认真的可行性论证，对要实施的方案不进行评估，更不问项目投产后产品销路有无去向，生产的原材料的来源和产品质量有无保证，而是鲁莽决策，拍板上马后再说。

5. 集团决策原则

第二次世界大战以后，科学技术飞速地向前发展，进入了高技术发展的时代，社会、经济、科技等许多问题的复杂程度与日俱增，不少问题的决策已非决策者个人和少数几个人所能胜任。因此，利用智囊团决策是决策科学化的重要组织保证，是集团决策的重要体现。所谓集团决策，不是靠少数领导"拍脑袋"，也不是找某几个专家简单地讨论一下，或靠少数服从多数进行决策，而是依靠和充分运用智囊团，对要决策问题进行系统的调查研究，弄清历史和现状，掌握第一手信息，然后通过方案论证和综合评估，以及对比择优，提出切实可行的方案供决策者参考。这种决策是决策者与专家集体智慧的结晶，是经过可行性论证的，是科学的，因而也是符合实际的。

§20.2 科学的决策程序

人们在决策过程中，为了体现科学决策的基本原则，必须严格执行科学的决策程序。其具体步骤如下：

1. 发现决策问题

决策是从发现问题开始的，问题就是矛盾，在社会主义市场经济建设中存在着这样或那样的矛盾，解决好这些矛盾，就需要方法和手段，挑选出最好的方法和手段，就是一种决策。例如，我们要构建起和谐社会，就要解决好大量的人民内部矛盾问题，例如，要解决好大批农民工的子弟受教育的问题，这就要花费大量的经费，因此，要涉及成本问题，这就是一种价值的思考。我国是发展中国家，矛盾很多，哪些是主要矛盾，哪些矛盾要先解决，各级的决策者，必须做好调查研究，按确定的价值观念，分轻重缓急，家底厚薄，进行排队，分期分批解决。这就是发现决策问题。

2. 确定决策目标

决策是为了实现某一既定的目标，不存在无目标的决策。决策目标对整个决策产生的作用归纳起来有以下几点：①标准的作用。决策的成功或失误是以决策目标是否实现作为衡量标准的。②"导航"的作用。有了明确的目标，就可防止迷失方向，否则，目标一错就会一错百错。正如医生诊病一样，若诊断出错，再好的处方也治不好病。③鼓舞的作用。宏伟的、反映客观实际的目标，可鼓舞与激励人们前进。例如，在2020年，我国实现全面建成小康社会的伟大目标，鼓舞着全国人民为实现此目标而奋斗。我们坚信此目标是完全可以实现的，在十三五期间每年GDP的平均增长率，只需保持在6.5%就可实现。

但是，若目标定得不当，不仅起不到鼓舞作用，反而起着消极的副作用。又如，目标若定得太高，就会助长浮夸风，甚至造成巨大的经济损失，此类例子比比皆是。法国航空公司在20世纪60年代，决策试制协和式飞机，其决策目标是"喷气式、超音速、宽机体"，但由于超音速所带来的高噪音，严重影响了飞机的安全可靠，因而耗资数十亿美元，决策目标的实现几经曲折，这是决策失误的结果。与此同时的另一个案例，就是美国波音公司，决策试制波音747客机，其目标是"喷气式、亚音速、宽机体、高可靠性"。由于目标恰当，迅速实现了决策目标，为波音公司创造了巨额利润，这可说是一个成功的决策。

实践经验告诉我们，要选好目标，不是一件轻而易举的事。一般说来，要通过调查研究掌握大量资料，然后根据决策的问题，经过周密的、系统的、全面的分析和归纳，找出它们之间的内在联系，分清问题的主次才能确定。在确定目标的过程中，要注意以下几点：

（1）确定目标一定要从客观实际出发，经过论证，使确定的目标有根有据，坚决反对不切实际的浮夸风和高指标。因此，在确定目标前，必须对目标的正确性进行反复的、充分的论证。在论证过程中，要寻根问底，对影响目标的各种因素，要作纵向与横向的分析以及交互影响的矩阵分析。通过分析，进一步明确目标的合理性和实现目标的可能性，为科学决策提供依据。

（2）决策目标必须具体明确，不论是单目标，还是多目标决策，每个目标只能有一种解释，不能含糊不清或含义不明，不同的人可以有不同的解释，更不能模棱两可。因此，对决策目标的阐述，应当避免多义性，并尽可能使目标数量化，使其具有成果的可计量性，完成时间具有确定性，以及责任的明确性等特点。

（3）要明确目标的约束条件。对决策目标附加上一定的限制条件，就称它为有约束的决策目标。例如，对某些经济项目所要求达到的利税指标，在不再增加投资的条件下，扩大生产，提高经济效益主要靠技术进步，改善企业的经营管理，生产适销对路的产品，减少浪费，提高产品质量来达到。

在经济决策中，大多数目标都是有约束条件的，无约束的目标是极少数的。因此，在确定决策目标时，必须把有无约束条件搞得一清二楚。在实际工作中，即使知道决策目标是有约束条件的，也不能满足于一般的了解，还必须进一步弄清楚这些条件是客观存在的，还是主观附加的。例如，某项产品的产量受到资源的限制，不能盲目发展，这种约束条件是客观存在的；但是要达到一定的利润指标，不能靠提高价格，只能靠改善经营管理，提高产品质量，降低成本来达到。这种约束条件就是主观附加的。

（4）确定目标要有全局观点。社会主义建设的主要目的是最大限度地满足广大人民物质文化生活的需要。因此，决策目标的确定，要有全局观点，以大局为重，要有全国一盘棋的指导思想，不能损人利己，损公肥私，片面地追求本企业、本单位的经济效益，忽视社会效益。例如，某项经济建设项目，不能造成环境污染或破坏生态平衡，因此，在确定决策目标时，除兼顾企业、职工的利益外，还必须考虑国家、民族和社会的效益，把净化环境，维护物质和精神文明，提高道德风尚作为重要的社会目标。

3. 指导信息搜集

决策的成功或失误，与所掌握的信息紧密相关。由于信息方面的原因，导致决策失误，大概有以下几种情况：

（1）由于信息失灵而造成决策失误。

（2）对浩如烟海的信息，缺乏加工处理，无法提取有用的信息。

（3）信息来源单一，无法辨其真伪，造成偏听偏信，导致决策失误。

因此，对信息搜集要进行指导，切忌盲目性。在决策前，一旦确定了决策者的价值观念，就应当搜集有关能够有助于取得符合这些价值观念所需要的选择方案的有关信息，要尽可能杜绝花费很多钱和时间去搜集那些后来证明是没有价值的信息。有价值的信息是能帮助你取得较好的决策效果的，不仅能帮你创建出较好的选择方案，而且能帮你从选择方案中作出较为明智的选择。

为使决策成功，必须使决策目标更加符合实际。因此，要加强沟通，广泛地搜集内部和周围环境的有关决策目标的资料。较好的沟通，将导致较好的信息收集；较好的信息收集，将导致对选择方案的较好评估和决策之间的较好相互连接，以及对决策机遇的较好认可。

4. 确定价值标准

根据价值观念，确定价值标准，作为以后创建选择方案和评估方案的判别准则。

价值标准来源于价值观念，可以通过努力的思考来确定我们的价值观念，还可通过陈述来表达对价值的判断。为了让价值判断能对决策有作用，必须把它的意思表达得一目了然，甚至表达得更精确一些，这些可以通过对目标的陈述来达到目的。例如，价值指标一般有三类，即学术价值、经济价值和社会价值，每类指标又可分解为若干项，每项还可细分，构成一个价值链。一个决策者对价值准则必须认真对待，若准则失当，必将导致决策的失误。

5. 创建可供选择的方案

为了实现决策目标，必须根据价值准则，去创建可供选择的方案。创建选择方案比起评估已形成的选择方案来，可能要重要得多。因此，要广泛运用智囊技术。常用的方法有"头脑风暴法"等，这种方法对用于寻找新观念，开辟新视野，提出创新性的选择方案特别有效。据有关统计，运用"头脑风暴法"去产生新方案的效率，比一般会议法要提高70%左右。

6. 评估选择方案

对已创建的选择方案，要根据价值准则，结合国家和地区的实际情况，从实现决策目标出发，全面分析各备选方案所需的人力、物力、技术、资金等条件，以及国际、国内和社会、经济环境可能产生的变化，评价备选方案的优劣，筛选出两个或几个切实可行的方案，以备决策。

7. 选择最佳方案进行决策

"择优"是科学决策的一个基本原则。如果实现目标不追求优化，那么决策是毫无意义的。因此，根据决策准则，在备选方案中，选取最佳方案作为决策的实施方案。选择最优方案的方法有两大类：一类称为经验判断法，另一类称为数学分析法。前者又可分为：(1) 淘汰法。它是根据择优的准则，对全部被选方案进行筛选，逐个比较进行淘汰。(2) 排队法。按方案的优劣次序排列，供决策者挑选。(3) 归纳法。把相类似的方案进行归类，然后按类优选。数学分析法的大多数是运用优化数学或统计数学的方法，求出目标的最优解。但最优解常常不存在或解不出来，所谓最佳方案常常是几种不相上下的方案折中的结果。因此，最佳方案可能不是对一切目标都是最佳的，只不过是对实现某些主要目标最佳而不至于妨碍实现其他目标罢了。

8. 方案实施，控制决策的执行情况

根据所选定的方案进行决策以后，就要拟订规划，设计达到目标的手段、步骤，制定相应的措施，并将方案付之实施。在普遍实施之前，要通过试验证实，以避免决策失误。试验证实的方法有实际试验法和模拟仿真法。例如，联产承包，扩大企业自主权，资产经营责任制，股份制，租赁制等的推广，都是经过试验证实是行之有效的方法后才普遍推行的。模拟仿真方法常在一些重大工程决策中应用，例如，葛洲坝水利工程，"长征"号火箭等，在决策实施之前，就进行了模拟仿真试验。

在决策实施以后，要进行跟踪检查，并要制定出一套跟踪检查的方法，以保证执行结果与决策时的期望值相一致。这套办法包括规定标准，用标准来衡量执行情况，纠正偏差等内容。

9. 信息反馈，必要时实行追踪决策

决策方案交付实施以后，并不表示决策过程的终止，还必须时刻注意着方案实施情况的信息反馈。决策实施过程中，要注意以下几种情况：(1) 客观环境发生了变化，使决策方案的实施与决策目标偏离。(2) 客观环境虽无显著变化，但主观条件却发生了重大改变，以致不能实现原决策目标，甚至可能造成巨大的经济损失。(3) 主、客观条件都发生了变化，造成决策目标的重大偏离。(4) 通过一段时间方案实施后，发现原决策目标有误，如此等等。如果继续实施原决策方案，势必带来严重的社会、政治后果或重大的经济损失。在此情况下，必须停止对原方案的实施，重新论证并作出相应的科学决策，这种决策就称为追踪决策。

以上决策步骤是依次衔接、互相联系、不可缺少的。前六步是决策前的准备，也是科学决策的基础。如果目标不明确，资料信息不完全或不确实，制定的方案或评价方案的准则不合理，都谈不上科学的决策。此外，如果决策后不根据实际情况的变化加以控制和调整，也可能导致决策失败或达不到预期的目的。

上述的科学决策程序，可以用框图表示(见图 20-1)。

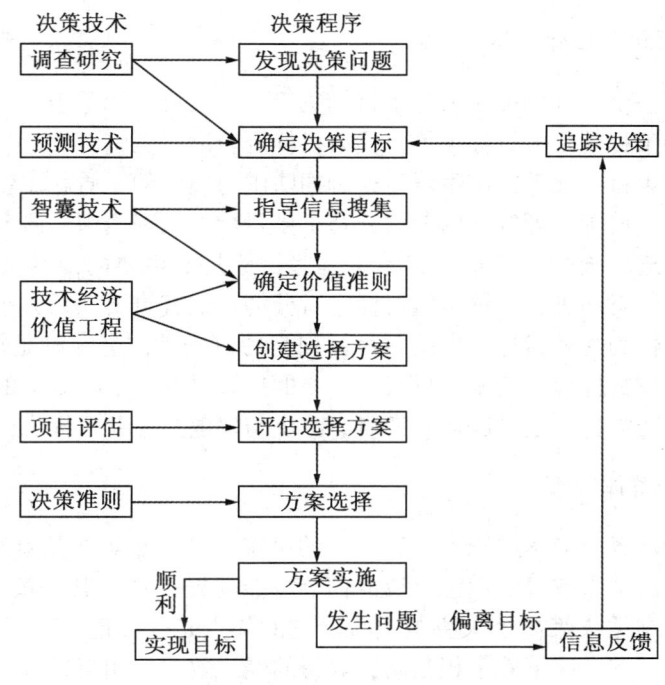

图 20-1　科学决策程序

§20.3　决策的基本类型

决策所要解决的以及所面临的问题是多方面的，因此，有不同类型的决策。归纳起来，有以下几种类型。

1. 战略决策与战术决策

战略决策是一类关系到全局性、带方向性和根本性的决策。例如，修建长江三峡水利水电工程(简称三峡工程)，就是一项战略性决策。这种决策产生的影响是深远的，对决策系统的各个方面，都在较长时间范围内产生影响。例如，对国家级的社会、经济、科技协调发展的远景规划所作出的决策。战术决策是为了保证战略决策的实施对一些带有局部性、暂时性的或其他执行性质的问题所作的决策。例如，一个企业为降低成本，加强产品的竞争能力，决定对产品的外协件实行招标定购等就是战术决策。

2. 规范性决策和非规范性决策

规范性决策是指在管理工作中，经常遇到的一些重复出现的问题，这些问题的决策一般说来有章可循，有法可依，凭借已有的规章制度就可以解决。非规范性决策是指偶然发生的或初次出现的非例行活动所作出的决策。这种决策,依赖于决策者的经验、智慧和判断能力,因此,对同一个问题,不同决策者可作出不同的决策。

3. 单目标决策和多目标决策

决策目标仅有一个,称此类决策为单目标决策。若决策目标不止一个,就称为多目标决策。例如,三峡工程就是多目标决策,决策目标有防洪、发电、航运、灌溉四个。在多目标决策中,各决策目标又常常产生矛盾,例如防洪与发电的矛盾就比较突出。如何协调好它们之间的关系,妥善处理好这些矛盾,乃是多目标决策理论中所研究的课题,其基本原则是对各个目标进行充分的论证,分清楚哪些目标是最主要的,尽可能地减少一些目标。减少目标的方法有两种,一种是对目标进行分解,依其重要性的大小顺序排列,人为地把最重要的目标作为主要目标,把次要目标列为约束条件。另一种是对目标进行综合,将其中有内在关系的目标综合起来,形成一个新的决策目标。三峡工程的决策目标,依其重要性大小排序是防洪、发电、航运、灌溉。防洪与发电是主要目标。

4. 个人决策和群体决策

决策是每个管理者所应尽的职责。管理者的决策又分为个人决策和群体决策。例如,许多个体经营户或由个人或家庭承包租赁的商店、企业或公司,其决策由经理个人作出,也无需上级审批,这类决策属个人决策类型。它的优点是往往能迅速及时,只要信息无误,决策效果是较好的,决策效率相当高,取得的经济效益也相当显著。它的不足之处是这类决策有时带有局限性,因而风险也较大。

群体决策是相对于个人决策而言的,它是由两个人以上的多个人组成的群体,共同地发现问题,阐述问题特征,并确定决策目标,然后去生成可行解、评价可行解、构造执行解的策略。群体决策的主要特征是决策主体由两个以上的成员组成,他们有共同的价值观念和价值准则,每个成员均有一定的决策权力,共同遵守一个明确的决策程序或规则。不同的决策规则,可以有不同的结果,决策规划必须事先确立。群体决策的主要优点是能充分发挥集体智慧,信息比较全面,能集思广益,有利于避免局限性。因此,可以说群体决策是实现决策科学化和民主化的基本途径。凡是在现实生活中的重大决策问题,都应该实行群体决策,任何单凭个人的经验、知识、能力和个人掌握的信息,在现代社会经济发展所面临的决策问题更加复杂化的今天,要做出完全正确的决策是非常困难的。因此,开展群体决策的理论与方法的研究,提高群体的科学决策水平,汇集众多专家的知识和信息,借助群体的智慧,真正做到识多、智广和足智多谋,以弥补个人才智和经验的不足,减少决策的失误。

5. 确定型决策与非确定型决策

决策者所面临的决策问题,可以分为两大类,即确定型决策与非确定型决策。确定型决策是指所决策的问题的未来发展只有一种确定的结果。此类决策,决策者的任务就是分析各种可行方案所得的结果,从中选择一个最佳方案。在企业的经营决策中,常常遇到此类决策,如产品的组合优化决策等。

非确定型决策是指决策所处理的未来事件的各种自然状态的发生具有不确定性。这种不确定性又分为两种情况，一种是可判明其各种自然状态发生的概率，这种类型的决策，不论选取何种方案，都要冒一定的风险，故称为风险型决策。另一种是指对未来的自然状态虽有一定程度的了解，但又无法确定其各种自然状态发生的概率，故称为非确定型的决策。

上述三种类型的决策，它们的科学思考原则是不同的。对于确定型的决策，决策者可以通过调查研究或其他渠道掌握到可靠的信息，选取最佳方案，作出决策。决策后必须集中优势兵力，促进最佳方案的实现，获取最佳的经济效益和社会效益。若决心不大，实施不力，就会坐失良机，即使选取了最佳方案，也会因时过境迁，得不到良好的结果。因此，看准了就要集中优势兵力打歼灭战，这是确定型决策所必须注意的思考原则。

对于非确定型和风险型决策，其思考原则应该是：①选择最可能实现的行动方案，在实施方案时，要准备两手，即使发生不测事件，也可应付自如，不致惊慌失措，毫无对策。②要留有余地，切忌孤注一掷，要留有最后的保险手段。在执行过程中，要尽量利用反馈信息，消除更多的不确定性，力争把风险型转化为确定型。因此，"摸着石头过河"的思考原则是决策时所必须共同注意的。既不要过于自信，也不要莽撞。

6. 竞争型决策

在发展社会主义市场经济的竞争中，还常常遇到另一类的决策问题，这类决策称为竞争型的决策。作这类决策要注意以下几点：

（1）要充分掌握竞争信息。竞争信息是一种关于竞争环境、竞争对手和竞争策略，特别是竞争企业的核心竞争力的信息。一个企业如果没有竞争优势，没有过硬的核心竞争力，势必在竞争中被淘汰。因此，在市场竞争中，必须掌握对手的全面情况，包括企业文化，采取各种措施，把收集到的各种竞争信息、知识转化为有价值的智慧，再让智慧转化为核心竞争力，实现竞争对手不可模仿的竞争优势，这就是企业的竞争优势战略。

（2）在市场竞争中，要善于宣传自己，但不要去打击别人，这就是要善于扬己之长，避己之短，不仅要通过各种媒体，如电视、广播电台、报刊宣传本企业价廉物美的产品，而且要采取各种措施进行避短。例如，有些耐用消费品，用户怕维修困难，就要多设免费维修点，搞好售后服务，消除用户的疑虑。

（3）要善于捕捉商机，决策者要敢于当机立断和出奇制胜。当今世界的市场风云，变幻莫测，要认识到比市场变化更快的是商机，谁先抓住了商机，谁就抓住了财富。是什么可以让你最先洞察商机？不是别的，而是远见、卓识和独到的眼光，善于并先于他人发现潜在的利润，并具有转化为现实利润的能力。

（4）要善于利用当代高新技术参与市场竞争。当今世界互联网、云计算、大数据浪潮滚滚，大数据商贸交易、大数据金融结算，不管如何复杂也变为简便。大数据的核心是预测，利用大数据可以进行精准营销。例如，利用互联网+农业，陕西的苹果滞销转畅销。农业部印发了《农业电子商务试点方案》、《农业部关于推进农村大数据发展的实施意见》加快了推进信息技术与农业农村深度融合，促进了农业的发展。

§20.4 决策学研究的新动态

决策学是一门既充满智慧，又充满灵感和激情的科学，近年来已取得长足的发展，此乃世界社会、经济发展和科技进步加快的驱动所致。时至今日，决策学的著作已出版了很多，但都只是告诉我们如何去分析和选择最佳方案，却没有告诉我们如何去制定可供选择的方案，更没有告诉我们如何去把握决策的潜在机遇，只有由美国南加州大学安全系统管理学院教授 R. L. 基尼(Ralph L. Keeney)所著的《创新性思维——实现核心价值的决策模式》一书的内容与观点，与众多学术著作或商学院的教科书有所不同，他是从思维的更高层次来考察世界联系的，回答了如何把握决策的潜在机遇，如何使"决策"具有重大价值，如何"创新性"地运用"思维"等重大问题，突破了传统的、重点放在选择方案上的、以选择方案为中心的决策思维方式，提出了以价值为中心的决策思维方式。

R. L. 基尼认为，不论何种决策，价值都是极其重要的，有些选择方案之所以事关重大，就是因为它们是实现价值的手段。因此，决策者的思维，首先应把重点放在价值上，然后才是放在可以实现价值的选择上。在决策过程中，我们自然会感到价值和制定选择方案之间常有一种翻来覆去的过程，但原则上却是"价值第一"。因此，这种思维方式是以价值为中心的思维方式。这种决策思维方式，可以极大地改进决策，在价值的引导下，不仅可制定出较好的选择方案，而且也创造出较好的决策环境，这种较好的决策环境应被当成是决策的机遇，而不是决策的问题。

《创新性思维——实现核心价值的决策模式》向读者展示了如何考虑决策环境，如何着手设置较好的选择去应对你所面临的决策问题，如何找到比你所面对的决策问题更吸引人的决策机遇，如何清楚地表达并运用你的基本价值观念来指导和完善你所有的决策活动。

以价值为中心的思维对目的和思想的处理，不同于以选择为中心的思维对目的和思想的处理。以选择为中心的思维主要是解决决策问题，因而解决决策问题是选择中心思维的唯一目的，而以价值为中心的思维，不仅仅是解决决策问题，它的用途要广泛得多。例如，它更为关注决策机遇的认定，是确认合意决策环境的一种方法，这就使得以价值为中心的思维较之以选择为中心的思维有较大的优势。因此，以价值为中心的思维和以选择为中心的思维，意味着有不同的处理决策方式，两者的主要区别，一是对价值观念的表达不遗余力；二是在决策环境中，对价值观念的表达，优先于其他活动；三是经过表达的价值，清楚地用来确认决策机遇，创立选择方案。由此可见，以价值为中心的思维导向，将帮助你创建更好的决策环境，提供更好的选择方案，最后将产生更好的决策效果。

《创新性思维——实现核心价值的决策模式》在美国出版后，深受读者的欢迎，读后令人振奋，并有耳目一新之感，因而在美国获得了决策分析最佳著作奖。

进入 21 世纪后，出现了大数据思维的新概念。美国耶鲁大学计量经济学家伊恩·艾瑞斯(Ian Ayres)教授所著的《大数据思维与决策》于 2014 年 10 月由人民邮电出版社翻译出版。该书介绍了有关大数据分析与决策的各种案例，向读者展示了大数据主导的决策过程，值得各级管理人员、工商企业界人士、甚至政策制定者和社会科学家阅读，以便更好地在高速发展的环境下把握好时代发展的机遇，并能善用大数据分析技术，做出更好的决策。

§20.5 决策学的发展历程

决策学从经验决策发展到科学决策，经历了几千年的发展历程。在原始社会里，人们为了生存，艰难地同自然界搏斗，艰辛地劳动，促进了人们有意识、有目的地采取行动，总结提高了劳动经验和劳动能力，使人类能不断进步和发展。从而产生了人类早期的决策思想和粗犷的决策活动；经过农业社会的长期实践，不仅锻炼了人，而且也改造了人，丰富了人们的斗争经验，决策能力也有了不断的提高。就中华民族来说，在几千年的历史中，曾涌现出许多杰出的思想家、哲学家、政治家、军事家和科学家，他们博学多才，智慧过人，曾为我国古代的决策理论和实践谱写了光辉的篇章。著名的《孙子兵法》、《战国策》、《史记》等古代名著，大量记载了我国古代的决策方法和决策案例，一些案例至今仍闪烁着系统决策、优化决策的光辉。

现代决策学是伴随着科学技术的进步和社会生产规模的扩大而产生的。例如，如何有效地利用资源，如何组织人力、物力，以最小的投入，取得最大的产出。计算机的问世及其迅速发展，为决策学的科学化和现代化铺平了道路。决策支持系统与决策支持模型，单目标决策与多目标决策等现代科学决策的方法与技术，使决策科学化进入了新的发展阶段，即所谓量化发展阶段。人们利用电子计算机和数学工具，分析决策活动中的各种因素，利用决策模型，研究各因素之间的定量关系，对预测与决策方案的正确性、可行性进行评估，采用系统分析法，对各种预选方案进行评价与选择，利用预测方法对决策后果进行事前评审，这都大大提高了决策的科学水平，并促进了现代决策科学的形成和发展。

随着现代决策学的发展和决策研究的深入，以及决策实践中提出的新问题，迅速地促使决策方法数学化、模型化、计算机化，随之要求数学处理手段和逻辑程序的不断提高，因而又促进了数学的发展。到了20世纪60年代初期，在国际上出现了一股追求决策数学化的热潮，甚至部分学者认为所有决策问题都可以用数学模型来描述，忽视了管理决策组织行为的作用。经过决策实践的检验，人们认识到，盲目地、过分地追求管理决策方法的数学化，不仅不能成功地解决决策问题，而且是一种危险。美国著名的运筹学家艾柯夫(R. L. Ackoff)在1973年美国运筹学与系统工程学全国会议上，批判了那些把经济管理的决策问题完全埋没在繁琐的数学模型圈子里的错误做法，认为这样将使管理科学走向死胡同。

决策学的发展过程，经历了从经验决策到科学决策的不同阶段。决策活动从方法上看，又经历了由个人的、直观的、定性的决策发展到规范性的决策，再发展到定量的决策。正当人们想用全部定量的方法解决决策问题的时候，又遇到实践上行不通的不可逾越的困难，于是又反回来向直观的定性的方法求助。这不是倒退，而是一种螺旋式的上升，是定性与定量相结合，在新的基础上前进。

现代决策学的发展，加速了一系列边缘科学的发展。例如，运筹学、控制论、信息论以及系统论等学科，都在科学决策中有重要的应用，而且支撑着决策科学的发展。可以预见在不久的将来，我国的决策科学随着政治、经济体制改革的深化，决策民主化与科学化的进程，将会有一个飞跃的发展。

§20.6 追踪决策的一个范例

追踪决策在我国特大型钢铁联合企业——原宝山钢铁公司的建筑过程中得到了应用，是一项应用成功的追踪决策范例。具体介绍如下。

1. 决策建设宝钢的历史背景

我国的国民经济在"文化大革命"期间，遭到了严重破坏，生产力受到了极大的压抑。粉碎"四人帮"后，人们的思想得到了解放，十分盼望国家能及时医治国民经济在"文革"期间所受到的创伤，从而加快经济发展的步伐，因而在人民群众中孕育一种大干快上的积极性。

到1977年底，上海的炼钢生产能力达到了400万吨，但炼铁能力却十分薄弱，仅为炼钢能力的1/4，缺口很大，大量的炼钢铁水需从外地调进生铁，然后化铁炼钢，因此成本大增。按当时价格计算，一年增加的成本就达8 000万元左右。为此，原冶金部准备在上海修建两座2 500m^3高炉解决铁水问题，并同时派团赴日本考察，学习日本发展钢铁工业的先进经验。赴日考察团的考察报告，介绍了日本仅用13年的时间，就使日本的国民生产总值翻了2番的经验，其中，钢铁业由1960年的年产量2 200万吨钢一跃而为1973年的11 900万吨钢。其主要经验是：(1)引进并消化了世界各国的新技术和新设备，实现钢铁工业大型化、操作自动化和生产连续化。(2)从国外进口矿石、煤炭和石油，降低了成本，提高了劳动生产率。(3)在消化外国技术的同时，加强对职工的培训，大大提高了员的素质，加大了技术进步的含量，促进了经济的增长。因此，日本的钢铁工业不仅发展速度快，产品质量高，而且成本低，能耗仅是我国的1/2，但劳动生产率则是我国的10倍。

2. 建设宝钢的决策过程

赴日考察报告，得到了国务院和有关部委的重视，1978年初，中央就决定以外贸部为主与日本新日铁进行谈判，很快就达成建设现代化的上海宝钢的协议。协议要求中日双方高速度、高质量地建成具有先进技术水平，年产量600万吨铁、600万吨钢的大型联合企业。在没有进行可行性研究的情况下(当时我国没有这种惯例)，我方于1978年4月就批准了总协议。同年8月，国家计委也批准了宝钢的设计任务，正式确定宝钢的建设规模为650万吨铁、671万吨钢、604万吨坯、48万吨无缝钢管和可供外调的232万吨钢坯的总任务，计划投资一期工程128亿元人民币(1978年价格)，二期工程累计投资300亿元人民币，是一项特大型的工程投资项目。

建设宝钢的决策，从提出意向书到国家计委批准设计任务书，历时不到一年，其中包括与外商谈判签订各项协议书的时间。当时提出了"抢建宝钢"的口号，要以极快的速度将建设宝钢的决策付诸实施，对于我国当时的宏观经济环境如何，国家财力能否承受，却没有进行可行性论证。日本虽有可行性研究的惯例，但也故意避开，不进行任何可行性研究，而是以十分积极的态度同我方签订各项协议。

3. 实行追踪决策

宝钢设计建在上海市宝山县长江的出海口处，厂房是靠打入地下钢管桩修建起来的。仅一期工程打入地下的钢管桩就达18.6万吨。在建厂施工的过程中，又遇到了流沙。为治理流沙又要追加不少投资。尽管厂房下面就是水，但都是海水，生产、生活用水都要从几十公里以外的地方引水来，炼铁的矿石需从澳大利亚进口，但上海无停靠数十万吨级大海轮的深水海港，需要在舟山建设一个深水海港，让大海轮在舟山减轻重量后方能到达宝钢码头。由于基建战线过长，工程投资总额像滚雪球那样越滚越大。尽管引进的生产设备由日方贷款，但设备以外的投资额仍相当巨大。因此，在建设宝钢的方案实施后，很快就发现国力难以支撑，工程难以继续维持下去。在此情此景下，部分同志曾主张坚决立即下马，一时议论纷纷，在报纸上进行了热烈的讨论。在全国五届人大三次会议上，有些人大代表就建设宝钢的决策问题向冶金部提出质询。日方闻信后，十分担心这项有利可图的生意还能否继续做下去，许多设备提前到货，有些日本人甚至发出咄咄逼人的警告声，扬言如果宝钢下马，设备退货，必须赔款50%，而且做好了与中国人打官司的准备。

改革开放以后，我国引进了科学决策方法和现代化管理等一套软科学技术，初步懂得了大型工程项目的投资决策，事前必须进行可行性研究。正当国内热烈地讨论宝钢是否下马的时候，国内一批专家和学者应用科学决策的程序，对宝钢工程重新进行了论证，实行了追踪决策。论证结果认为，建设宝钢这样的现代化联合企业，从中国的经济发展上来说是必需的，但从当时中国的经济环境状况看，国家要承受如此巨大的投资负担，国力是有困难的。因此，原决策目标必须修正，建设速度要放慢。同时，专家认为，宝钢不能下马。如果下马，势必造成更大的损失，因为从1978年到1980年，与外商签订的引进合同金额高达31亿美元，已购进的施工机械和管桩等达3.2亿美元，应付外商贷款利息5.3亿美元，国内施工费用已支出14亿元人民币，扣除一些可挽回的损失外，尚有108亿元人民币的损失。如果不下马，则可采取缓建，调整建设进度，将一期工程延至1985年投产。这样，每年只需再投资5亿元人民币即可完成。国务院根据专家们的意见，终于在1980年10月做出了"一期停缓，二机退货（冷轧机和热轧机），二期不谈"的决定。对于日方提出的退货赔款50%的不合理要求，我方坚持以理说服对方，派经济学家前往日本。在谈判中指出，像宝钢这样巨大的投资，由日方贷款，按日本的惯例应进行可行性论证后，日方银行方可贷款，但日方故意回避这一程序，可见，造成宝钢缓建退货，不仅中方有责任，日方也有责任，就这样把皮球踢回给日方，最后才实现赔款8%的最低限度，挽回了我国的一大笔损失。

4. 建设宝钢的伟大实践

宝钢建设的第一期工程，在实施追踪决策以后，终于在1985年9月实现了决策目标，一次试车投产成功，1986年就全部达到了设计指标，第二期工程也早在1991年就全面投产了。现在，宝钢已成为我国社会主义市场经济建设的支柱，实行了全新的现代化管理。

在产品质量方面,从投产之日起,就坚持百分之百地按照国际标准组织生产,深受国内外用户的欢迎,按与国外同行可比的 12 个指标计算,就有 9 个跨进国际先进列。在经济效益方面,宝钢没有亏损的纪录,利税成倍地增长,一、二期投资 300 亿元人民币的回收期为 12.73 年,投资必益率为 7.86%。由此可见,经济效益也是十分显著的。

依靠自筹资金、自我积累、自主设计的具有 21 世纪初世界水平的宝钢三期工程,也已投产运营。三期工程的先进性,在冶炼技术、轧制技术、高炉煤气发电等方面都取得了突破性的进展,高附加值的汽车板、镀锡板、硅钢等方面,在 21 世纪初世界钢铁业强手竞争中,将有很强的竞争力。

现在宝钢已与武钢实行强强联合,组成中国宝武钢铁集团公司(以下简称为"宝武集团"),于 2016 年 12 月 1 日正式挂牌成立。宝武集团注册资本 527.9 亿元,资产规模 7 395 亿元,雇用人员 22.8 万人。2016 年宝武集团取得了中国钢铁行业最佳经营业绩,实现了营业收入 3 072 亿元。宝武集团以创新、协调、绿色、开放、共享为发展理念,目前业务涉及钢铁及相关制造业、钢铁及相关服务业、产业链金融、不动产及城市新产业等四大领域,为全球 75 个国家和地区的用户提供产品和服务。2016 年宝钢和武钢旗下钢铁公司粗钢产量合计达 5 840 万吨,位居中国第一、世界第二。宝钢股份作为中国钢铁行业的龙头上市公司,2016 年实现利润约 115 亿元,是全球营利能力最强的上市钢铁公司之一。

回顾宝钢 30 多年来的建设历程,尽管在筹建过程中原决策有过失误,但在决策实施以后,很快就被发现,采取了追踪决策的措施,不仅减少了损失,而且把宝钢建设引入了正确的轨道,为我国的社会主义市场经济建设和扩大改革开放、消化吸收引进的先进技术提供了经验,走出了一条实现我国工业化、现代化的赶超之路。因此,可以说,宝武集团的成功发展,是决策科学中追踪决策的一个成功范例。

思考与练习

1. 什么叫决策?决策有哪些类型?
2. 什么叫追踪决策?在什么条件下方能实施追踪决策?
3. 决策在管理中的作用如何?你能否通过实例来说明决策的重要性?
4. 如何才能选好决策目标?
5. 科学决策要遵从哪些基本原则?
6. 何谓决策性浪费?我国的决策性浪费情况如何?你所见到的决策性浪费有哪些?怎样才能减少决策性浪费?
7. 如何实现决策的科学化、系统化和理性化?
8. 预测与决策之间的关系是什么?

第二十一章 确定型决策

所谓确定型决策,是指决策者对决策目标的未来发展有十分清楚的了解,其有关条件都能准确地列举,每种决策只可能有一种后果,这种决策就是确定型的。

确定型决策,由于决策后果只有一个,因此,决策过程并不复杂,只需从备选的决策方案中,挑选出最优的即可进行决策。这类决策比比皆是,人们对此研究也比较充分,方法也多种多样,兹分述如下。

§21.1 线性盈亏分析决策法

线性盈亏分析(Linear Breakeven Analysis)是对企业总成本和总收益的变化作线性分析的一种方法,其目的是掌握企业经营的盈亏界限,确定企业的最优生产规模,使企业获得最大的经济效益,辅助企业作出合理的决策。

所谓线性盈亏分析,是假定企业的总销售收益和总成本均是产量的线性函数。设

TR——总收益;
TC——总成本;
Q——销售量;
p——产品价格;
F——固定成本;
C_v——可变成本。

则
$$TR = pQ$$
$$TC = F + C_v Q$$
$$利润 = 总收益 - 总成本 = (p - C_v)Q - F$$

利润等于零的点称为盈亏平衡点。记盈亏平衡点的销售量为 Q^*,则由
$$(p - C_v)Q - F = 0$$
得
$$Q^* = \frac{F}{p - C_v} \tag{21.1-1}$$

利润大于零,称为盈利,故盈利的销售量 Q 必须满足
$$(p - C_v)Q - F > 0$$
即
$$Q > \frac{F}{p - C_v} = Q^*$$

利润小于 0 称为亏本,故亏本的销售量为
$$(p-C_v)Q-F<0$$
即
$$Q<\frac{F}{p-C_v}=Q^*$$
以上分析,可图示如下(见图 21-1)。

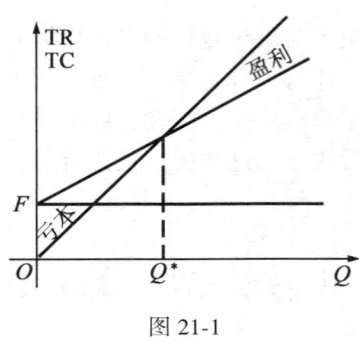

图 21-1

平衡点将销量分为两部分,$Q<Q^*$ 为亏本区,$Q>Q^*$ 为盈利区。Q^* 为分界点。

盈亏分析的理论在企业的经营决策中有许多具体的应用。例如,在生产管理中常遇到的设备更新问题,所需的一些部(配)件是自己制造,还是外购问题,新建厂生产规模的决策问题等等。现分述如下:

1. 设备更新决策

设企业的某种设备在更新前的生产费用(总成本)为
$$TC_1 = F_1 + C_{v1}Q$$
更新后的生产费用为
$$TC_2 = F_2 + C_{v2}Q$$
其中 F_1,F_2 为固定成本费,$F_2>F_1$,C_{v1},C_{v2} 为可变成本费,$C_{v2}<C_{v1}$。若进行设备更新,则需增加固定成本(一次性投资);但减少可变成本,导致利润的增加,是否更新,各有利弊,如何决策?首先进行线性盈亏分析,然后根据销售量的大小进行决策。

设产品的售价为 p,则设备更新前后的盈亏平衡产量如图 21-2 所示。

Q_1^*——设备更新前的盈亏平衡产量;

Q_2^*——设备更新后的盈亏平衡产量;

Q_0^*——设备更新前或更新后总成本相等的产量。

从图 21-2 可见,$Q_2^*<Q_1^*$。若销售量大于 Q_2^*,则更新后的利润将超过更新前的利润。若销售量小于 Q_2^*,则进行设备更新,将得不偿失。最后的决策是

若销量 $Q>Q_2^*$,则更新设备;

若销量 $Q<Q_2^*$,则保留原设备。

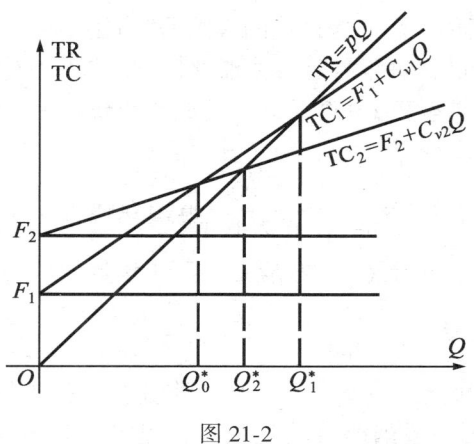

图 21-2

另一方面，从更新前后使总成本相等的产量上看，
$$F_1 + C_{v1}Q = F_2 + C_{v2}Q$$
有
$$Q_0^* = \frac{F_2 - F_1}{C_{v1} - C_{v2}}$$

若销量 Q 不少于 Q_0^*，则设备更新后的总成本低于更新前的总成本。

2. 自制或外购的决策方法

某企业生产上需要某种设备（或配件）。现有两种解决办法：①向外定购；②自制。向外定购每台价格 p 元，自己制造需固定成本费 F 元，每台可变成本费 C_v 元。决策方法是首先进行盈亏分析，盈亏分析如图 21-3 所示。

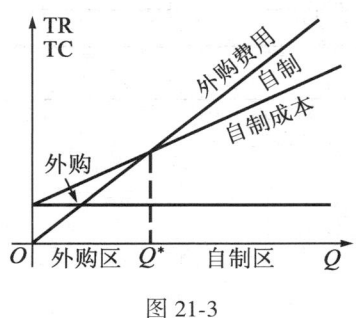

图 21-3

$$Q^* = \frac{F}{p - C_v}$$

盈亏平衡点将横轴分为两个区域，当 $Q < Q^*$，自制成本大于外购费用。因此，当本企业所

需的台数小于平衡点台数时,最优的决策是"外购"。当需要量大于平衡点台数时,即$Q>Q^*$,自制成本小于外购费用,因此,最优的决策是"自制"。

[例]某厂生产某种产品,每年需要某种螺丝18 000个。由外厂协作,每个购置费0.2元。若自己生产则需固定成本费2 000元,可变成本费0.1元/个。问应如何决策?

解:首先计算盈亏平衡点产量

$$Q^* = \frac{F}{p-C_v} = \frac{2\,000}{0.2-0.1} = 20\,000(个)$$

现该厂每年只要18 000个,小于Q^*,故应由外厂协作生产。

3. 生产规模的最优决策

为建设某类工厂有三种建设方案。甲:从国外引进,固定成本800万元,产品每件可变成本为10元。乙:采用一般国产自动化装置,固定成本500万元,每件可变成本12元。丙:采用自动化程度较低的国产设备,固定成本为300万元,每件可变成本15元。试确定不同生产规模的最优方案。

各方案的总成本线如下

$$TC_{甲} = F_{甲} + C_{v甲}Q = 800 + 10Q$$
$$TC_{乙} = F_{乙} + C_{v乙}Q = 500 + 12Q$$
$$TC_{丙} = F_{丙} + C_{v丙}Q = 300 + 15Q$$

将上述三条总成本直线绘在图21-4上,称为总成本结构分析图。图中共有A,B,C三个交点,一一分析如下:

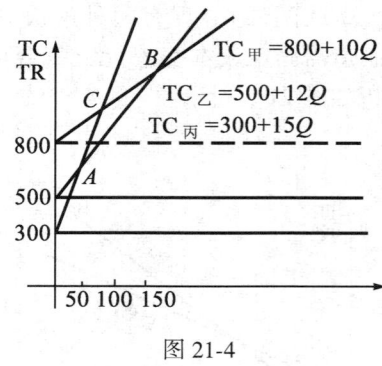

图21-4

(1) A点

$$TC_{乙} = TC_{丙}$$

即 $F_{乙} + C_{v乙}Q = F_{丙} + C_{v丙}Q$

$$\therefore Q_A = \frac{F_{乙} - F_{丙}}{C_{v丙} - C_{v乙}} = \frac{500-300}{15-12} = \frac{200}{3}(万件)$$

(2) B点

$$TC_{乙} = TC_{甲}$$

即 $F_乙+C_{v乙}Q=F_甲+C_{v甲}Q$

$$\therefore Q_B = \frac{F_甲-F_乙}{C_{v乙}-C_{v甲}} = \frac{800-500}{12-10} = \frac{300}{2} = 150(万件)$$

从图 21-4 可看出，A，B 将产量分为三段，第一段为产量小于 Q_A，第二段为产量在 (Q_A，Q_B) 之间，第三段产量大于 Q_B。当产量 $Q<Q_A$ 时，方案丙总成本最低。当产量 Q 大于 Q_A 小于 Q_B 时，方案乙总成本最低。当产量 Q 大于 Q_B 时，方案甲总成本最低。现若决定生产规模为年产 80 万件，则最优的建厂方案是乙方案。

§21.2 非线性盈亏决策法

在 §21.1 的讨论中，假定总成本随产量的增加成比例地增长。同时，产品的价格是固定不变的，因而产品与收益和成本的关系是线性的。但是，成本结构是比较复杂的，不可能随产量的增加成比例地增长，就是销售的价格，也随批发量的大小而有差异。因而反映到产量与总成本和总收益之间的关系上是非线性关系，这就必须进行非线性盈亏分析。

为简单起见，假定总收益和总成本与产量之间是二次曲线关系

$$\text{TR} = a_1Q + a_2Q^2 \tag{21.2-1}$$
$$\text{TC} = b_0 + b_1Q + b_2Q^2 \tag{21.2-2}$$

这里 b_0 是固定成本。则盈亏平衡点产量 Q 满足下述方程

$$\text{TR}-\text{TC} = (a_2-b_2)Q^2 + (a_1-b_1)Q - b_0 = 0$$

这是一元二次方程，有二个根 Q_1^* 和 Q_2^*，称为第一盈亏平衡点和第二盈亏平衡点，见图 21-5。

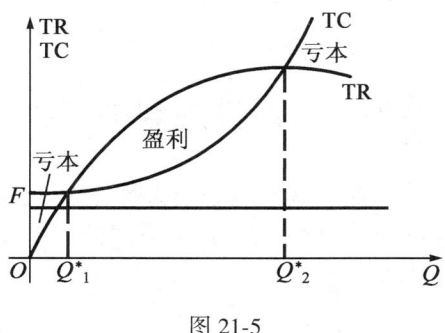

图 21-5

当产量 Q 小于 Q_1^* 或大于 Q_2^* 时，企业亏本，当 $Q_1^*<Q<Q_2^*$ 时，企业盈利，称 (Q_1^*，Q_2^*) 为盈利区间。称满足方程

$$\frac{d(\text{TR}-\text{TC})}{dQ} = a_1-b_1+2(a_2-b_2)Q = 0 \tag{21.2-3}$$

的 Q_0^* 为最大盈利产量。其最大盈利为 $(a_2-b_2)Q_0^{*2}+(a_1-b_1)Q_0^*-b_0$。假定企业规模的最优决策准则是利润达到极大，则 Q_0^* 就是企业的最优规模。

[例] 假定某类产品的经济总收益在产量 Q 小于某个 Q_0 时，它的收益随产量上升而上升，但自产量超过 Q_0 以后，它就有所下降，而且产量越大效益下降越快，故其总收益是非线性的。假定总收益满足下述非线性方程

$$TR = 10Q - 0.5Q^2 \tag{21.2-4}$$

由于

$$\frac{dTR}{dQ} = \frac{d(10Q - 0.5Q^2)}{dQ} = 10 - Q$$

令 $\frac{dTR}{dQ} = 0$

得到 $Q = 10$ 时，TR 有极大值，即最高的经济收益。如果产销量超过 10，经济收益就下降。

又假定该产品的总成本曲线为

$$TC = 15 - 10Q + 0.5Q^2 \tag{21.2-5}$$

此成本曲线在 $\frac{dTC}{dQ} = 0$ 处有最低成本，即在

$$\frac{dTC}{dQ} = \frac{d(15 - 10Q + 0.5Q^2)}{dQ} = Q - 10 = 0$$

∴ $Q = 10$ 有最低生产成本。其盈亏平衡点是下述二次方程的解

$$TR - TC = 20Q - Q^2 - 15 = 0$$

故有两个盈亏平衡点 $Q_1^* = 1.6$，$Q_2^* = 38.4$，生产销售量在区间 (1.6, 38.4) 内为盈利区间，即盈利域，此区间外称为亏损域。盈利区间内的最高盈利点为下述方程的解

$$\frac{d(TR - TC)}{dQ} = \frac{d(20Q - Q^2 - 15)}{dQ} = 20 - 2Q = 0$$

即 $Q = 10$ 时，盈利最高。

§21.3 线性规划决策法

设某厂生产 A，B，C 三种产品，其利润分别为每件 2 元，4 元，3 元，每种产品经过 3 台不同的机器生产过程，各种产品经过每一过程所需的时间及每台机器的可用时间如表 21.1。

表 21.1

机 器	各种产品所需时间(小时/件)			每台机器的可用时间(小时)
	A	B	C	
Ⅰ	3	4	2	60
Ⅱ	2	1	2	40
Ⅲ	1	3	2	80

决策目标：经济效益

决策准则：经济效益最大

策略：任何一种产品组合都是一种策略

最优策略：使利润最大的一种生产计划，也就是使利润最大的产品组合策略。

决策方法：

第一步：建立数学模型。

设生产 A 类产品 x_1 件，B 类产品 x_2 件，C 类产品 x_3 件，根据已知条件得到下述约束方程

$$\left.\begin{array}{l} 3x_1+4x_2+2x_3 \leqslant 60 \\ 2x_1+x_2+2x_3 \leqslant 40 \\ x_1+3x_2+2x_3 \leqslant 80 \\ x_1 \geqslant 0,\ x_2 \geqslant 0,\ x_3 \geqslant 0 \end{array}\right\} \qquad (21.3\text{-}1)$$

总利润为

$$Z = 2x_1+4x_2+3x_3 \qquad (21.3\text{-}2)$$

上述函数 Z 称为决策目标函数。因此，最优策略 $(x_1',\ x_2',\ x_3')$ 是满足约束条件且使目标函数达到极大的一个解。

第二步：求解最优策略。

(1) 引入松弛变量 x_4，x_5，x_6，化 (21.3-1) 为等式方程

$$\left.\begin{array}{l} 3x_1+4x_2+2x_3+x_4 = 60 \\ 2x_1+x_2+2x_3+x_5 = 40 \\ x_1+3x_2+2x_3+x_6 = 80 \end{array}\right\} \qquad (21.3\text{-}3)$$

目标函数 Z 可写成

$$Z = 2x_1+4x_2+3x_3+0 \cdot x_4+0 \cdot x_5+0 \cdot x_6$$

(2) 运用单纯形法求解最优策略。其结果是生产 B 类产品 7 件，C 类产品 17 件，即最优的产品组合是 (0，7，17)。

§21.4 价值效益评价决策法

价值基本上是一个直观的概念，但是衡量价值的大小并不一定是直观所衡量的。在管理科学中，衡量价值是把严格的度量方法同时与系统的判断和主观评价结合起来。在此介绍一种价值与效益评价的方法，称为计分模型法。

为了实现某特定目标，拟订了几种可行方案，每种方案均可对其价值与效益作出评价，然后按价值效益的大小作为决策的准则，选出最优方案。

假设 T_j 表示第 j 方案的总价值，K 表示此方案所有性能的个数，W_i 表示第 i 种性能所占的比重或加权数，R_{ij} 表示第 j 方案第 i 种性能的计分数。则有计分模型如下

$$T_j = \sum_{i=1}^{K} W_i R_{ij} \qquad j = 1,\ 2,\ \cdots,\ n \qquad (21.4\text{-}1)$$

对于某种性能，又常常划分为若干个指标，例如有 N_i 种指标，假定第 i 种性能的第 l 种计分为 m_{il}，则有

$$R_{ij} = \frac{1}{N_i} \sum_{l=1}^{N_i} m_{il} \qquad (21.4\text{-}2)$$

对于上述计分模型，试举例说明之。

假设某企业为提高经济效益，决定研制具有现代化管理水平的经营管理信息系统，以加强市场预测和管理决策。现有三种方案等待选优决策。各方案的性能和计分如表 21.2 所示。

表 21.2

编号	性能标准与加权值	编号	性能指标		计分		
					方案 T_1	方案 T_2	方案 T_3
			项目	精确性	$N_1 = 4$	$N_1 = 4$	$N_1 = 4$
1	市场预测精度 $W_1 = 3$	1 2 3 4	短期预测 中期预测 长期预测 超长期预测	98%以上 95%以上 90%以上 80%以上	$m_{11} = 1$ $m_{12} = 1$ $m_{13} = 1$ $m_{14} = 0$ $R_{11} = \frac{1}{N_1}\sum_{l=1}^{N_1} m_{1l} = \frac{3}{4}$	$m_{11} = 0$ $m_{12} = 1$ $m_{13} = 1$ $m_{14} = 0$ $R_{12} = \frac{1}{N_1}\sum_{l=1}^{N_1} m_{1l} = \frac{2}{4}$	$m_{11} = 1$ $m_{12} = 1$ $m_{13} = 1$ $m_{14} = 1$ $R_{13} = \frac{1}{N_1}\sum_{l=1}^{N_1} m_{1l} = \frac{4}{4}$
2	市场信息处理速度 $W_2 = 2$	1 2 3	高速 中速 低速	$N_2 = 3$ $m_{21} = 0$ $m_{22} = 1$ $m_{23} = 1$ $R_{21} = \frac{2}{3}$	$N_2 = 3$ $m_{21} = 1$ $m_{22} = 1$ $m_{23} = 1$ $R_{22} = \frac{3}{3}$	$N_2 = 3$ $m_{21} = 1$ $m_{22} = 1$ $m_{23} = 1$ $R_{23} = \frac{3}{3}$	
3	经济性 $W_3 = 1$	1 2 3	低购置费 低维护费 低运转费	$N_3 = 3$ $m_{31} = 1$ $m_{32} = 1$ $m_{33} = 1$ $R_{31} = \frac{3}{3}$	$N_3 = 3$ $m_{31} = 0$ $m_{32} = 1$ $m_{33} = 0$ $R_{32} = \frac{1}{3}$	$N_3 = 3$ $m_{31} = 0$ $m_{32} = 0$ $m_{33} = 0$ $R_{33} = 0$	

由 $T_j = \sum_{i=1}^{K} W_i R_{ij}$ 得到各方案的价值效益计算结果如下

$$T_1 = 3 \times \frac{3}{4} + 2 \times \frac{2}{3} + 1 \times \frac{3}{3} = \frac{9}{4} + \frac{4}{3} + 1$$

$$= \frac{55}{12} = 4.58$$

$$T_2 = 3 \times \frac{2}{4} + 2 \times \frac{3}{3} + 1 \times \frac{1}{3} = \frac{6}{4} + 2 + \frac{1}{3}$$

$$= \frac{46}{12} = 3.83$$

$$T_3 = 3 \times \frac{4}{4} + 2 \times \frac{3}{3} + 1 \times \frac{0}{3} = \frac{60}{12} = 5$$

比较上述三种方案，T_3 最大，故取 T_3 为最优方案。

思考与练习

1. 某机床厂生产某种机床，需固定成本 400 万元，每台可变成本 6 万元，每台价格 10 万元，试求盈亏平衡点的产量和盈亏平衡点的销售额。现在该厂的机床销售量为 200 台，问盈亏情况如何？

2. 某厂生产一种新产品，需要某种新部件。由外厂协作，每件购置费 2 元，若自己制造则需固定成本 20 000 元，每件可变成本费为 1 元，现每年需部件 180 000 个，问需作何种决策？

3. 为了生产某种产品，有三种建厂方案。甲：实现自动化生产，固定成本为 1 000 万元，产品每件可变成本为 8 元。乙：采用国产设备实现半自动化生产，每件可变成本为 10 元，固定成本为 800 万元。丙：手工生产，每件可变成本为 15 元，固定成本为 500 万元。试确定不同生产规模的最优方案。

4. 假定某项产品的总收益和总成本之间有如下的二次曲线关系：

$$TR = 18Q - 0.3Q^2$$

$$TC = 400 - 12Q + 0.2Q^2$$

试求盈利区间和最大的盈利点。

5. 某厂同时生产 A、B 两种产品，每月的电力消耗量不超过 240 千瓦小时，设备不超过 150 台时，每吨产品的电力、设备台时消耗定额如下表：

资源＼产品	产品 A	产品 B	资源限额
电力	3	8	240
设备	6	3	150

产品 A 每吨可获利 2 000 元，产品 B 每吨可获利 4 000 元，问两种产品各生产多少吨，可使企业在充分利用资源的条件下获利最多？

第二十二章　非确定型决策

非确定型决策是指决策者对未来事件可能发生的自然状态有两种了解：一种是仅知未来事件可能有多少种自然状态发生，但不知道它们发生的概率。在这种情况下所作的决策，称为不确定型决策。另一种是决策者不仅了解未来事件可能有多少种自然状态发生，而且还知道它们发生的概率。在这种情况下，决策者所作的决策称为风险型决策。本章将对不确定型决策与风险型决策进行介绍，但介绍的重点是风险型决策。

§22.1　不确定型决策

本节将介绍不确定型决策具体的决策方法。为简明起见，以下通过具体例子展开。

设某企业的产品有三种推销策略 D_1，D_2，D_3，不论用哪一种策略，其未来所面临的市场状态均是畅销、平销、滞销三种之一，但未能确定属于何种。不过，在每种市场状态下，总可估出各种推销策略下的盈亏情况（见表 22.1）。

表 22.1　　　　　　　　　　　　　　　　　　　　　　　　　　　　　　单位：万元

盈亏＼策略＼市场	畅销	平销	滞销
D_1	60	10	-6
D_2	30	25	0
D_3	10	10	10

对上表提供的数据，提供五种决策方法，供决策者根据自身的具体情况进行选用。

1. PERT 决策法

这种决策方法的基本步骤是对未来市场的三种状态，作出最乐观的估计、最保守估计以及最可能的估计。例如，在策略 D_i 下，最乐观的盈利为 x_i 元，最保守的盈利为 y_i 元，最可能的盈利为 z_i 元，则期望获益的计算公式为

$$E(D_i) = \frac{x_i + 4z_i + y_i}{6} \tag{22.1-1}$$

（此公式是 PERT 中处理非确定型的经验公式，至今仍没有理论上的严格证明）

现以表 22.1 中的数据进行计算，设"畅销"对应于最乐观，"滞销"对应于最保守，

"平销"对应于最可能,则

$$E(D_1) = \frac{60+4\times10-6}{6} = 15.7$$

$$E(D_2) = \frac{30+4\times25+0}{6} = 22.66$$

$$E(D_3) = \frac{10+4\times10+10}{6} = 10$$

$$\max_{1\leq i\leq 3}\{E(D_i)\}$$

决策准则是期望获益最大的为最优策略,因此,最优策略是 D_2。

2. 赫威兹(Hurwicz)决策法(乐观系数决策法)

这种决策方法的基本步骤是对未来的情况应持一定的乐观态度,但也不要盲目乐观,乐观程度的大小以一个乐观系数 α 表之,$0<\alpha<1$,例如,α 接近 1,则表示比较乐观。那么,各种策略的期望获益可按下述公式计算:

$$E(D_i) = 最高获益\times\alpha+最低获益\times(1-\alpha) \qquad (22.1\text{-}2)$$

值得注意的是,α 的大小是依不同的决策对象而定,是一个经验数字。

运用表 22.1 的数据和计算公式(22.1-2)得到如表 22.2 的期望获益值。

表 22.2

策略	最高获益 (H)	最低获益 (L)	期望获益 $E(D)$, $\alpha=\frac{2}{3}$ $E(D_i) = H_i\alpha+L_i(1-\alpha)$
D_1	60	-6	38
D_2	30	0	20
D_3	10	10	10

决策准则是期望获益最大者为最优策略,即

$$\max_{1\leq i\leq 3}\{E(D_1)\}$$

所以最优策略是 D_1。

3. 小中取大决策法(Wald 决策准则)

这种决策方法的指导思想是,一切从最坏的情况出发去选取方案。然后,在各方案的最坏的决策后果中,找出较好的一种结果。现结合表 22.1 中的数据,介绍这种方法的基本步骤。

第一步:将各种策略的最低收益选出,如表 22.1 中,D_1,D_2,D_3 的最低获益是 $\{-6, 0, 10\}$。

第二步：从各种策略的最低获益中，选取最大者作为最后的决策。如上述三种策略的最小收益 $\{-6, 0, 10\}$ 中，D_3 的收益是最大的，因此选取 D_3 为最优策略。

4. 最小最大后悔值法

仍以表 22.1 中的数据为例，当市场状态为畅销时，如推销策略是采用 D_1，则可获得最高的盈利 60 万元，决策者不会感到后悔。否则，如采用的策略是 D_2，则只盈利 30 万元，他就会后悔。同样，如采用的策略是 D_3，则只盈利 10 万元，他就会更加后悔了。所谓最小最大后悔值法，就是让最大后悔值达到最小的方案为最优方案。所谓后悔值，就是未来的每种市场情况的最高盈利值与该项的其他盈利值之差。决策方法的具体步骤如下：

(1) 列出市场各种情况的最高获益。市场情况和最高获益见表 22.3。
(2) 计算市场各种情况的后悔值，即用各项的最高获益减去该项原来的估计值。
(3) 决策准则。首先选出各项策略中的最大后悔值，然后在这些最大后悔值中取其最小者作为决策准则。如在表 22.4 中，D_1 的最大后悔值为 16，D_2 的最大后悔值为 30，D_3 的最大后悔值为 50，则最大后悔值中的最小者为 16，那么就以 D_1 作为最优策略。

表 22.3

市场情况	畅销	平销	滞销
最高获益	60	25	10

表 22.4

策略	畅销	平销	滞销
D_1	60−60 = 0	25−10 = 15	10−(−6) = 16
D_2	60−30 = 30	25−25 = 0	10−0 = 10
D_3	60−10 = 50	25−10 = 15	10−10 = 0

5. 等概率决策法

如表 22.1 中的三种市场状态发生的概率虽不知道，也不能确定，但可以粗略地估计，把每种市场状态发生的可能性看作是完全相等的，由此导出的决策方法，称为等概率决策法。

如表 22.1 中的数据，市场状态畅销、平销和滞销发生的概率都是 1/3，那么，可计算出各推销策略 D_1，D_2，D_3 的期望盈利。

$$ED_1 = \frac{1}{3} \times 60 + 10 \times \frac{1}{3} - 6 \times \frac{1}{3} = \frac{64}{3} \approx 22.33$$

$$ED_2 = 30 \times \frac{1}{3} + 25 \times \frac{1}{3} + 0 = \frac{55}{3} \approx 18.33$$

$$ED_3 = 10 \times \frac{1}{3} + 10 \times \frac{1}{3} + 10 \times \frac{1}{3} = 10$$

决策准则是期望盈利最大的策略是最优策略，则 D_1 是最优策略。

§22.2 风险型决策

所谓风险型决策，是指决策者对未来的情况无法作出肯定的判断，但可判明其各种情况发生的概率。例如，某种商品的未来市场状态可能有畅销(θ_1)、平销(θ_2)和滞销(θ_3)三种，到底属于何种，没有十分的把握，但可确定 $p(\theta_1) = 0.3, p(\theta_2) = 0.5, p(\theta_3) = 0.2$。因此，作任何一种决策都要冒一定的风险，故称此种决策为风险型决策。

本节将介绍决策树技术及其应用实例。

1. 决策树技术

对于风险型的决策方法，通常是以最大期望利润或最低期望成本作为决策准则。其决策步骤如下：

(1) 通过调查、研究，掌握决策所需的有关资料和信息。

(2) 列出决策条件表格，举例如表 22.5。

(3) 根据表 22.5 给出的决策条件，计算各种策略下的期望收益值

$$E(H_1) = \sum_{j=1}^{3} v_{1j} p(\theta_j) = 120 \times 0.3 + 60 \times 0.5 + 20 \times 0.2 = 70$$

$$E(H_2) = \sum_{j=1}^{3} v_{2j} p(\theta_j) = 70 \times 0.3 + 50 \times 0.5 + 30 \times 0.2 = 52$$

表 22.5

利润 市场状态 决策方案	畅销(θ_1) 概率 $p(\theta_1) = 0.3$	平销(θ_2) 概率 $p(\theta_2) = 0.5$	滞销(θ_3) 概率 $p(\theta_3) = 0.2$
载重车(H_1)	$v_{11}(120)$	$v_{12}(60)$	$v_{13}(20)$
轻便车(H_2)	$v_{21}(70)$	$v_{22}(50)$	$v_{23}(30)$
超小型轻便车(H_3)	$v_{31}(50)$	$v_{32}(40)$	$v_{33}(36)$

$$E(H_3) = \sum_{j=1}^{3} v_{3j} p(\theta_j) = 50 \times 0.3 + 40 \times 0.5 + 36 \times 0.2 = 42.2$$

(4) 根据决策准则进行决策，期望收益最大者为最优策略

$$\max_{1 \leq i \leq 3} \{E(H_i)\} = E(H_1) = 70$$

故最优策略是 H_1，这种决策方法可用树形图表示如下(见图 22-1)。

上述方法称为决策树法。现在介绍决策树的一般概念和决策方法。

图 22-2 中(R)表示决策点，称为树根，(H_i)，$i = 1, 2, \cdots, n$，表示策略点，从(R)

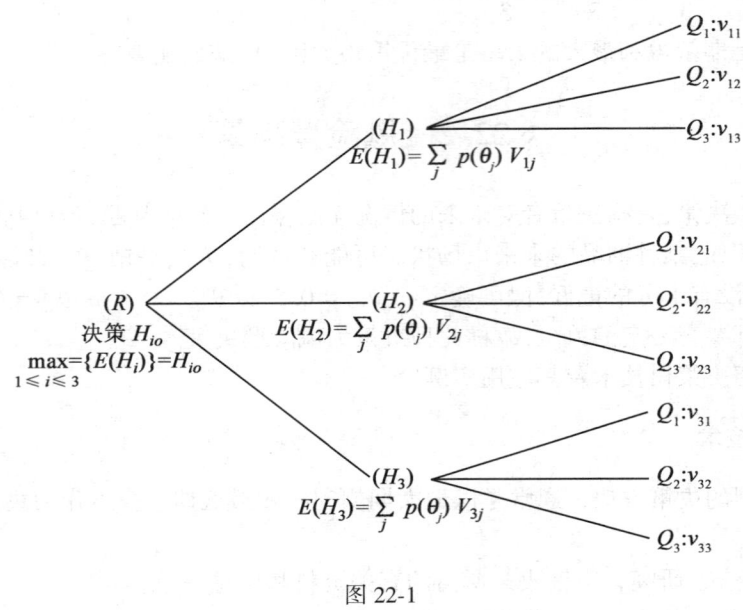

图 22-1

出发引出的 n 条线称为树枝或策略枝。从策略点 (H_i) 引出的 m 条线，表示 m 种自然状态，出现第 j 种状态的概率记为 p_j，$j=1, 2, \cdots, m$，称这 m 条线为概率枝。v_{ij} 表示采用第 i 种策略（方案）出现第 j 种状态的获利（或成本），则可计算各种策略（或方案）的期望获利（或成本），计算公式为

$$E(H_i) = \sum_{j=1}^{m} p_j v_{ij} \qquad i = 1, 2, \cdots, n \tag{22.2-1}$$

由期望获利最大的决策准则，得到最优策略是使 $\{E(H_i)\}$ 取最大值的 H_{i_0} 即

$$\max_{1 \leqslant i \leqslant n} \{E(H_i)\} = E(H_{i_0}) \tag{22.2-2}$$

若决策准则是期望成本最小，则最优策略是使 $\{E(H_i)\}$ 达到最小值的 H_{i_0}，即

$$\min_{1 \leqslant i \leqslant n} \{E(H_i)\} = E(H_{i_0}) \tag{22.2-3}$$

2. 应用实例

设某企业准备生产一种新产品，在决策前估计市场状态可能有畅销 (θ_1)，平销 (θ_2) 和滞销 (θ_3) 三种，由相似产品的历史资料统计，$P(\theta_1)=0.35$，$P(\theta_2)=0.3$，$P(\theta_3)=0.35$，各种市场状态的盈利分别是 20 万元，2 万元和 -5 万元（亏损）。如要作市场调查则要花 0.3 万元。由过去相似产品的销售情况，得到表 22.6。

表中 $P(S|\theta)$ 表示在实际的市场状态为 θ 的条件下，调查结果为 S 的概率。例如，$P(S_1|\theta_1)=0.75$，表示在实际的市场状态是"畅销"，而调查的结果是"畅销"的概率为 0.75。然而，具有决策意义的是在调查结果为 S 的条件下，实际结果为 θ 的概率 $P(\theta|S)$。由条件概率公式得

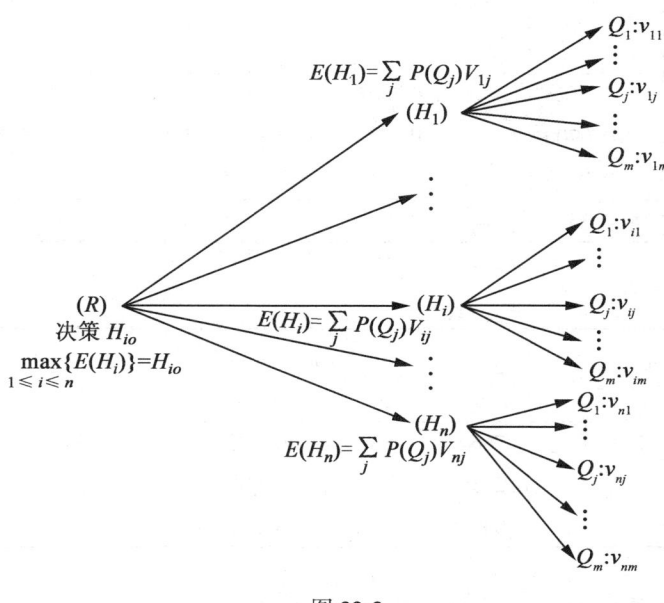

图 22-2

$$P(\theta \mid S) = \frac{P(\theta \cap S)}{P(S)} \quad (22.2\text{-}4)$$

表 22.6

P(S/θ) \ θ	实际的市场状态(θ)		
	θ_1(畅销)	θ_2(平销)	θ_3(滞销)
市场调查结果 S_1(畅销)	0.75	0.15	0.10
S_2(平销)	0.20	0.55	0.15
S_3(滞销)	0.05	0.30	0.75

又由乘法公式和全概率公式得

$$P(\theta \cap S) = P(S \mid \theta) P(\theta)$$

$$P(S) = \sum_{i=1}^{3} P(\theta_i) P(S \mid \theta_i)$$

将表 22.6 中的数据代入上述公式计算,可得到 $P(\theta \cap S)$ 与 $P(S)$ 的值,再由(22.2-4)算 $P(\theta \mid S)$。分别列成表 22.7 与表 22.8。

表 22.7

$P(\theta \cap S)$ θ / S	θ_1	θ_2	θ_3	$P(S_i)$
S_1	0.2625	0.0450	0.035	0.3425
S_2	0.0700	0.1650	0.0525	0.2875
S_3	0.0175	0.090	0.2625	0.3700
$P(\theta_i)$	0.35	0.30	0.35	1.00

表 22.8

$P(\theta/S)$ θ / S	θ_1	θ_2	θ_3
S_1	0.7664	0.1314	0.1022
S_2	0.2435	0.5739	0.1826
S_3	0.0473	0.2432	0.7095

由上述数据和已知条件,可作出决策树(见图 22-3)。

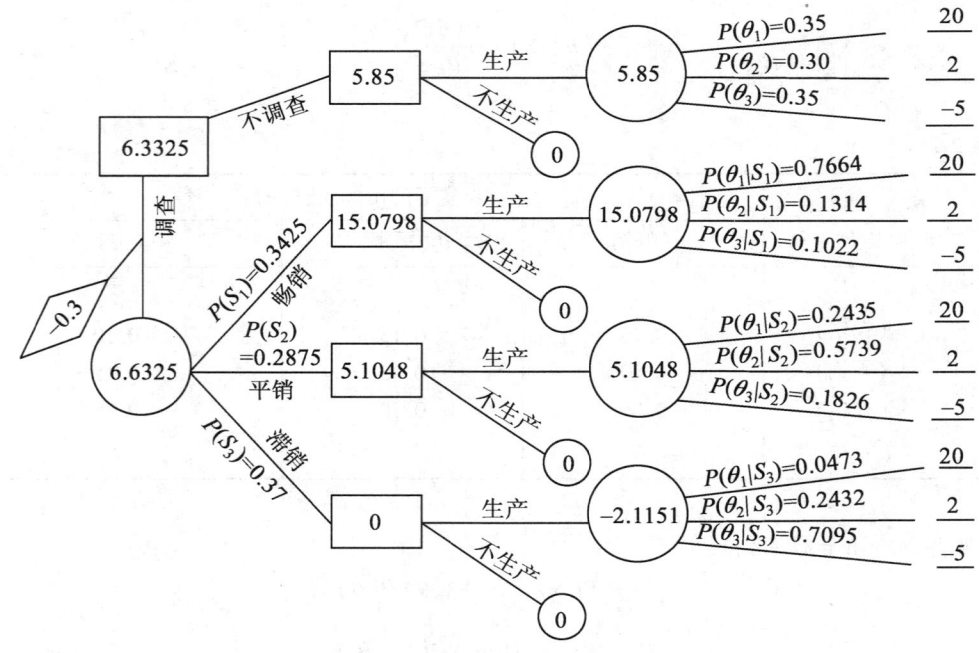

图 22-3 决策树(单位:万元)

从图中自右至左计算各策略点的期望盈利,其最大盈利分别标在方框内与圆圈内。

从图 22-3 看出,进行市场调查,虽然要增加调查费用,但除去调查费 0.3 万元外,仍有期望利润 6.3325 万元, 而不进行调查的期望利润为 5.85 万元。因此, 最优策略是进行市场调查, 然后根据调查的结果进行决策。

从以上分析可见, 各种自然状态的概率, 是决定各种策略优劣的关键。因此, 对自然状态概率的估计, 在风险型决策中具有重要的意义。决策必须事先掌握充分可靠的情报, 以保证自然状态概率估计的正确性。

§22.3 马尔科夫决策

马尔科夫决策是一种风险型决策。现以味精销售为例介绍这种决策方法。

设味精的国外市场有畅销和滞销两种状态, 以"1"代表畅销, "2"代表滞销。又已知状态的转移概率矩阵为

$$P = \begin{pmatrix} p_{11} & p_{12} \\ p_{21} & p_{22} \end{pmatrix} = \begin{pmatrix} 0.5 & 0.5 \\ 0.4 & 0.6 \end{pmatrix}$$

相应的利润矩阵为

$$R = \begin{pmatrix} r_{11} & r_{12} \\ r_{21} & r_{22} \end{pmatrix} = \begin{pmatrix} 5 & 1 \\ 1 & -1 \end{pmatrix} \quad 单位: 百万元$$

令 x_n 表示第 n 个时期的味精销售状态, 则 x_n 可取"1"或"2"的值, 它的转移矩阵是 P, 利润矩阵是 R, 于是 $\{x_n, n \geq 1\}$ 就构成一个马尔科夫链。根据马尔科夫链的状态转移规律, 可给出下述两种最优决策方法。

1. 定期经营的最优决策

为了获取最大利润, 经营人员必须采取若干措施以保证最大利润的获得, 如在畅销时采用登广告的措施以减少转为滞销的可能性, 但需要广告费用, 因此, 一般说来期望利润将会降低, 也就是说采取措施后, 市场动态, 以及支配销售过程的概率与利润结构将会改变。假如经营人员有若干种措施可以采取, 那么, 哪种措施最好? 应该如何选择出最好的措施来? 下面介绍选取最优措施的决策方法。

(1) 列出措施表。假如管理人员有以下措施, 当味精处于畅销时登广告, 当处于滞销时就增加经费, 用以开展科研, 提高产品质量等。我们可以把所有的措施列成措施表(见表 22.9)。

表 22.9　　　　　　　　　　　　措　施　表

销售状态 i	措施 k
1. 畅　　销	1. 不登广告
	2. 登广告
2. 滞　　销	1. 不研究
	2. 研　　究

（2）调查统计并建立起各种措施下的销售状态转移矩阵和利润矩阵。记 p_{ij}^k 为在措施 k 下从销售状态 i 转移到 j 的概率，$k=1$，2；r_{ij}^k 为在措施 k 下，销售状态从 i 到 j 时的获利，那么得到以下四种概率转移矩阵及其对应的利润矩阵

$$P_{11} = \begin{pmatrix} p_{11}^1 & p_{12}^1 \\ p_{21}^1 & p_{22}^1 \end{pmatrix} \quad R_{11} = \begin{pmatrix} r_{11}^1 & r_{12}^1 \\ r_{21}^1 & r_{22}^1 \end{pmatrix} \tag{22.3-1}$$

$$P_{12} = \begin{pmatrix} p_{11}^1 & p_{12}^1 \\ p_{21}^2 & p_{22}^2 \end{pmatrix} \quad R_{12} = \begin{pmatrix} r_{11}^1 & r_{12}^1 \\ r_{21}^2 & r_{22}^2 \end{pmatrix} \tag{22.3-2}$$

$$P_{21} = \begin{pmatrix} p_{11}^2 & p_{12}^2 \\ p_{21}^1 & p_{22}^1 \end{pmatrix} \quad R_{21} = \begin{pmatrix} r_{11}^2 & r_{12}^2 \\ r_{21}^1 & r_{22}^1 \end{pmatrix} \tag{22.3-3}$$

$$P_{22} = \begin{pmatrix} p_{11}^2 & p_{12}^2 \\ p_{21}^2 & p_{22}^2 \end{pmatrix} \quad R_{22} = \begin{pmatrix} r_{11}^2 & r_{12}^2 \\ r_{21}^2 & r_{22}^2 \end{pmatrix} \tag{22.3-4}$$

(22.3-1)表示在不登广告也不研究的措施下其概率转移和利润获得的情况。(22.3-2)表示在处于畅销时不登广告，而在滞销时进行研究的措施下，状态转移和利润获得的情况。(22.3-3)与(22.3-4)类推。

（3）计算各种措施下的即时期望利润，并制出即时期望利润表

$$q_i^k = \sum_{j=1}^{2} p_{ij}^k r_{ij}^k \quad i = 1, 2; \quad k = 1, 2 \tag{22.3-5}$$

将(22.3-1)～(22.3-4)的相应数值分别代入(22.3-5)，计算结果并列成表22.10。

表 22.10　　　　　　　　即时期望利润表

销售状态 i	措　施 k	转移概率 p_{i1}^k　p_{i2}^k	利　润 r_{i1}^k　r_{i2}^k	即时期望利润 q_i^k
1. 畅销	1.（不登广告） 2.（登广告）	0.5　0.5 0.8　0.2	5　1 4　2	3 3.6
2. 滞销	1.（不研究） 2.（研究）	0.4　0.6 0.7　0.3	1　-1 0.5　-2	-0.2 -0.25

（4）建立决策的数学模型。现在我们研究上述背景在今后 n 年内获取最大利润的决策问题，这相当于停止营业之前有 n 年时间，称这个 n 为剩余阶段数，则总期望利润是 n 的函数。为使总期望利润最大，我们要研究下一阶段应该采用何种措施。首先，定义 $d_i(l)$（$l=1$，2，…，n）为在阶段 l，销售状态处于 i 时所采取的那个措施（策略），称 $d_i(l)$ 为第 l 阶段销售状态 i 的"决策"。当 $d_i(l)$ 对一切 i 和一切 l 的值确定时，那么，在这 n 阶段（年）内的策略就被确定了。我们称使总期望利润最大的策略为最优策略。其次，我们定义 $v_i(n)$ 为从销售状态 i 开始，经 n 阶段并使用最优策略的总期望利润。于是对任何的 n 均有

$$v_i(n) = \max_{1 \leq k \leq 2} \sum_{j=1}^{2} p_{ij}^k [r_{ij}^k + v_j(n-1)] \quad k = 1, 2, \quad (22.3\text{-}6)$$

根据上式，只要假定边界条件 $v_j(0) = 0$，就可递推地求出 $d_i(l)$，$l = 1, 2, \cdots, n$。利用表 22.10 的数据，分别计算如下

$$v_1(1) = \max(\sum_{j=1}^{2} p_{1j}^1 r_{1j}^1, \sum_{j=1}^{2} p_{1j}^2 r_{1j}^2)$$
$$= \max(3, 3.6) = 3.6$$

所以，$d_1(1) = 2$

$$v_2(1) = \max(\sum_{j=1}^{2} p_{2j}^1 r_{2j}^1, \sum_{j=1}^{2} p_{2j}^2 r_{2j}^2)$$
$$= \max(-0.2, -0.25) = -0.2$$

所以，$d_2(1) = 1$

$$v_1(2) = \max\{\sum_{j=1}^{2} p_{1j}^1 [r_{1j}^1 + v_j(1)], \sum_{j=1}^{2} p_{1j}^2 [r_{1j}^2 + v_j^{(1)}]\}$$
$$= \max(4.7, 6.44) = 6.44$$

所以 $d_1(2) = 2$，类似可以求出 $d_2(2)$，$d_1(3)$，$d_2(3)$，$\cdots$ 现将计算结果列成表 22.11。

表 22.11

n	1	2	3	4	
$v_1(n)$	3.6	6.44	8.85	11.3055	$\cdots$
$v_2(n)$	-0.2	2.59	5.035	7.4555	$\cdots$
$d_1(n)$	2	2	2	2	$\cdots$
$d_2(n)$	1	2	2	2	$\cdots$

假定味精现在处于畅销状态，继续营业 4 年，从上表可见，在此期间能获得最大的期望利润是 11.3055 百万元，其最优策略是登广告。若目前处于滞销状态，则期望获得最大利润是 7.4555 百万元。最优策略是增加研究经费，用以开展科研。

2. 长期经营的最优决策

根据措施表（表 22.9），总共有四种可供选择的策略，将这些策略用决策向量 d 表示，d 的第一个分量表示销售状态 1 的策略，第二个分量表示销售状态 2 的策略。如 $d = \begin{pmatrix} 2 \\ 1 \end{pmatrix}$ 表示在状态 1 时取措施 2，在状态 2 时取措施 1，其余类同，则求解最优策略的步骤如下：

（1）选取初始策略。初始策略的选取，通常是选取极大化每个状态的期望利润的相应策略作为初始策略。从即时期望利润表 22.10 中可知，这个策略是 $d = \begin{pmatrix} 2 \\ 1 \end{pmatrix}$。

对初始策略写出相应的转移矩阵和即时期望利润向量，由表 22.10 和（22.3-3）得到。

$$P_{21} = \begin{pmatrix} 0.8 & 0.2 \\ 0.4 & 0.6 \end{pmatrix} \quad Q = \begin{pmatrix} 3.6 \\ -0.2 \end{pmatrix} = \begin{pmatrix} q_1 \\ q_2 \end{pmatrix} \tag{22.3-7}$$

(2) 开始定值计算。估价初始策略这一步可由解下述方程组得到

$$\left. \begin{aligned} g + v_1 &= q_1 + \sum_{j=1}^{2} p_{1j}v_j \\ g + v_2 &= q_2 + \sum_{j=1}^{2} p_{2j}v_j \end{aligned} \right\} \tag{22.3-8}$$

其中，称 g 为每个阶段的平均利润，V_1，V_2 称为相对值。p_{ij} 和 q_1，q_2 是(22.3-7)中矩阵 P_{21} 和向量 Q 的元素。

令 $V_2 = 0$，将(22.3-7)中的数据代入(22.3-8)得到

$$g + v_1 = 3.6 + 0.8v_1$$
$$g = -0.2 + 0.4v_1$$

解得 $g = 2.332$，$v_1 = 6.33$。这说明在策略 $d = \begin{pmatrix} 2 \\ 1 \end{pmatrix}$ 下，平均每个阶段可获利 2.332 百万元。

(3) 进行如下表(表 22.12)的策略改进程序。在选取初始策略之后，对每个状态 i，用原策略的相对值 v_j，求出使

$$q_i^k + \sum_{j=1}^{2} p_{ij}^k v_j$$

取极大值的措施 k'，于是 k' 就构成新的决策，相应的 q_i^k 就变成(22.3-7)中的 q_i，$p_{ij}^{k'}$ 就变成(22.3-7)中矩阵 P_{21} 中的 p_{ij}。如在初始策略 $d = \begin{pmatrix} 2 \\ 1 \end{pmatrix}$ 下，通过(22.3-7)和(22.3-8)的定值计算，再进行策略改进程序就得到表 22.12，其中打"*"的两个数是极大化的检验数。因此相应的策略 $d = \begin{pmatrix} 2 \\ 2 \end{pmatrix}$ 比原策略 $d = \begin{pmatrix} 2 \\ 1 \end{pmatrix}$ 将有较高的利润。至此，还不能保证这即最优的策略，必须继续进行策略改进，直到连续出现两个恒等的策略为止。

表 22.12　　　　　　　　　　策略改进程序表

销售状态 i	措施 k	检 验 数
1.(销售)	1.(不登广告)	$3 + 0.5 \times 6.33 + 0.5 \times 0 = 6.15$
	2.(登广告)	$3.6 + 0.8 \times 6.33 + 0.2 \times 0 = 8.664^*$
2.(滞销)	1.(不研究)	$-0.2 + 0.4 \times 6.33 + 0.6 \times 0 = 2.32$
	2.(研 究)	$-0.25 + 0.7 \times 6.33 + 0.3 \times 0 = 4.15^*$

为此，对已得到的改进策略 $d = \begin{pmatrix} 2 \\ 2 \end{pmatrix}$，写出相应的转移矩阵和即时期望利润向量

$$P_{22} = \begin{pmatrix} 0.8 & 0.2 \\ 0.7 & 0.3 \end{pmatrix} \quad Q = \begin{pmatrix} q_1 \\ q_2 \end{pmatrix} = \begin{pmatrix} 3.6 \\ -0.25 \end{pmatrix}$$

返回定值运算程序，进行定值计算，由(22.3-8)便有

$$g + v_1 = 3.6 + 0.8v_1 + 0.2v_2$$
$$g + v_2 = -0.25 + 0.7v_1 + 0.3v_2$$

令 $v_2 = 0$，解得

$$g = 2.983 \quad v_1 = 4.28$$

可见，在策略 $d = \begin{pmatrix} 2 \\ 2 \end{pmatrix}$ 下，每阶段平均获利 2.983 百万元，比原策略 $d = \begin{pmatrix} 2 \\ 1 \end{pmatrix}$ 增加 65 万元。

为求出最优策略，须继续进行策略改进程序，按表 22.12 的计算程序求出极大化的检验数

$$\max_k \left(q_i^k + \sum_{j=1}^{2} p_{ij}^k v_j \right)$$

结果如下

$$v_1 = 4.28 \quad v_2 = 0$$

$$q_1^1 + \sum_{j=1}^{2} p_{1j}^1 v_j = 5.14$$

$$q_1^2 + \sum_{j=1}^{2} p_{1j}^2 v_j = 7.02^*$$

$$q_2^1 + \sum_{j=1}^{2} p_{2j}^1 v_j = 1.51$$

$$q_2^2 + \sum_{j=1}^{2} p_{2j}^2 v_j = 2.74^*$$

可见 $d = \begin{pmatrix} 2 \\ 2 \end{pmatrix}$。由于连续出现两次恒同的策略，因此改进程序到此终止，所得的 $d = \begin{pmatrix} 2 \\ 2 \end{pmatrix}$ 便是最优策略。可以验证策略 $d = \begin{pmatrix} 1 \\ 2 \end{pmatrix}$，$d = \begin{pmatrix} 1 \\ 1 \end{pmatrix}$ 的利润都低于 $d = \begin{pmatrix} 2 \\ 2 \end{pmatrix}$。

在最优策略 $d = \begin{pmatrix} 2 \\ 2 \end{pmatrix}$ 下，计算出相对值 $v_1 = 4.28$，$v_2 = 0$，且相对值差为 4.28。这个数字表明在味精处于滞销时，经管人员可以利用与这个数字对应的经费来改善经营条件，如为了提高产品的竞争能力，可以付出至多不超过这个数字的经费来购买专利、改建工厂或进行设备更新等。

§22.4 决策方案的敏感性分析

所谓决策方案的敏感性分析，就是在风险型决策中，由于影响决策方案的一个或几个不确定因素的变化，导致决策方案后果评价指标的变化，能否影响最优方案的选择而进行的分析。敏感性分析是风险型决策中常用的一种不确定性分析。为简明和直观起见，我们看一个具体例子。

某公司为满足市场需要，有两种生产方案可供选择，而面临的市场状态有畅销和滞销两种。畅销的可能性为 70%，滞销可能性为 30%，这两种生产方案的经济效益如表 22.13

所示。

表 22.13　　　　　　　　　　　　　　　　　　　　　　　　　　　　　　单位：万元

市场状态 生产方案	畅销 0.7	滞销 0.3
D_1	100	−20
D_2	40	10

根据表 22.13 的数据，计算出生产方案 D_1 和 D_2 的期望收益值

$$ED_1 = 100 \times 0.7 - 20 \times 0.3 = 64(万元)$$
$$ED_2 = 40 \times 0.7 + 10 \times 0.3 = 31(万元)$$

这里 $ED_1 > ED_2$，所以生产方案 D_1 优于 D_2。由于市场竞争的原因，市场状态可能产生变化，为检验最优生产方案 D_1 的稳定性，现对市场可能出现畅销的概率再作如下几种分析，例如概率分别为 0.4，0.5，0.6，0.8。若畅销的概率为 0.4，则滞销的概率为 $1-0.4=0.6$，此时

$$ED_1 = 100 \times 0.4 - 20 \times 0.6 = 28$$
$$ED_2 = 40 \times 0.4 + 10 \times 0.6 = 22$$

D_1 仍是最优方案。若畅销的概率为 0.5，则滞销的概率亦为 0.5，这时

$$ED_1 = 100 \times 0.5 - 20 \times 0.5 = 40$$
$$ED_2 = 40 \times 0.5 + 10 \times 0.5 = 25$$

仍然是 $ED_1 > ED_2$，所以 D_1 仍是最优方案。同样可计算出畅销的概率为 0.6 和 0.8 时的期望收益值，得到 D_1 仍是最优方案的结论。由此可见，生产方案 D_1 对市场状态的变化不具敏感性，是较稳定的，由于其灵敏度是不高的，因此，D_1 决策成功的可靠性较大。反之，如果市场状态的概率稍加改动，最优生产方案由原来的变到另外的一个，则表示这个生产方案的灵敏度高，决策成功的可靠性小，最优方案的稳定性就低。

一个生产方案从最优方案转化为非最优方案，有一个过程，它是同市场状态出现的变化紧密相关的。设 p 表示市场状态为畅销的概率，则市场滞销的概率为 $1-p$。假设最优方案 D_1 转化为非最优方案，即由 $ED_1 > ED_2$，变为 $ED_1 < ED_2$，那么，在此变化过程中，理论上必存在 $ED_1 = ED_2$ 的时刻，使 $ED_1 = ED_2$ 的市场畅销概率 p 满足

$$ED_1 = 100 \times p - 20 \times (1-p)$$
$$ED_2 = 40 \times p + 10 \times (1-p)$$

当　　$ED_1 = ED_2$ 时，有

$$100p - 20(1-p) = 40p + 10(1-p)$$

解出　　$p = \dfrac{1}{3}$

$p = \dfrac{1}{3}$ 就称为最优生产方案转化为非最优方案的转折概率。这个转折概率 $p = \dfrac{1}{3}$ 表示，当

$p>\frac{1}{3}$ 时,生产方案 D_1 是最优方案;当 $p<\frac{1}{3}$ 时,生产方案 D_2 是最优方案。

§22.5 经济风险的分析与管理

在任何经济生活中,风险总是存在的。在过去的二十多年里,中国经济虽以惊人的速度发展,但也是来之不易,目前正面临着比过去更加复杂、风险更加严峻的挑战。因此,对经济风险的分析和管理方面的研究有十分重要的理论和现实意义。本节的主要内容是讨论风险的基本原理和性质,以及风险管理的基本模式。

1. 风险的基本原理和性质

什么叫经济风险? 就是经济活动的结果与经济活动的预期值所产生偏差的统称。经济活动结果与预期值的正偏差称为风险收益,负偏差称为风险损失。风险收益与风险损失统称为经济风险。

假设企业的某项决策给企业带来的销售收益遵从某一概率分布 (x_i, p_i), $i=1, 2, \cdots, n$。x_i 为销售收益,p_i 为概率值,$\sum_{i=1}^{n} p_i = 1$,则该项决策的预期(即平均)收益是

$$Ex = \sum_{i=1}^{n} p_i x_i$$

由于该项决策的销售收益 x_i 是一个不确定的值,$x_i - Ex$ 的值可正可负,正值称为风险收益,负值称为风险损失。在实际的经济活动中,人们不仅关心风险收益,而且更关心风险损失。总之,在社会主义市场经济中,任何一个经济风险主体都十分关注经济风险。人们自然会问,用什么指标,如何去度量风险的大小? 我们认为,风险的本质是不确定性,度量这种不确定性的指标可以是级差或标准差,在此,我们采用标准差作为经济风险的度量指标,即

$$\sigma = \sqrt{\sum_{i=1}^{n} (x_i - Ex)^2 p_i}$$

σ 表示风险的度量。若该项决策所带来的收入分布是连续型的,其概率密度为 $p(x)$,则其预期收益与方差可表示为

$$Ex = \int_{-\infty}^{+\infty} xp(x) dx$$

$$\sigma^2 = \int_{-\infty}^{+\infty} (x - Ex)^2 p(x) dx$$

其风险值为

$$\sigma = \sqrt{\int_{-\infty}^{+\infty} (x - Ex)^2 p(x) dx}$$

在一般情况下,收益的概率密度为正态分布,即

$$p(x) = \frac{1}{2\pi\sigma} e^{-\frac{1}{2}\left(\frac{x-\mu}{\sigma}\right)^2}$$

其中 $\mu = Ex$。

风险有如下基本性质：

(1) 风险的普遍性与客观存在性

在市场经济体制下，经济风险是普遍存在的，不论是宏观经济、微观经济甚至是家庭经济都存在风险。宏观经济产生风险的基本原因是总需求与总供给的失衡，不是总需求大于总供给，就是总供给大于总需求，供求平衡总是相对的，不平衡才是绝对的，因而风险总是存在的。微观经济中的风险，大都是由于市场环境的不断变化，市场竞争的加剧，企业经营决策失误而造成的。由于决定微观经济风险的各种因素对企业而言是独立存在的，不以企业的意志为转移，不管作为风险主体的企业是否已意识到风险的存在，在一定的条件下，这些风险将由可能发生转化为现实发生。因此，要求风险主体要增强风险观念，提高风险意识，及时掌握与经济风险有关的各种信息，在风险面前处变不惊，敢于面对。对待风险，要加强防范，决不能马马虎虎，视而不见，漠然置之，更不能裹足不前，坐等损失。

(2) 风险损失与风险收益的对称性

一般说来，任何一项经济活动，对经济风险主体而言，其面临的结果是风险收益与风险损失同在。风险收益永远同风险损失成正比，也就是说，风险收益越大，其相应的风险损失越高，而且风险是效益的代价，效益是风险的报酬。如果只有风险，而无相应的效益，那么谁也不会去承担这种风险。因此要实现一定的效益目标，就必须承担一定的风险责任。

风险与效益的对称性，其机理可从收益概率服从正态分布得到解释。由此，要求管理决策者在经济管理中，在建立效益分享机制的同时，建立起风险分担机制，尽可能使两者达到相互制约与平衡，能充分调动广大员工为实现又好又快的经济目标而努力工作的积极性和创造性。

(3) 经济风险的不确定性

不确定性是经济风险的固有属性，没有不确定性就不存在风险。风险何时发生，风险程度的大小都是不确定的。不过，企业的决策失误所产生的风险，大多数是可以评估的，在一定的条件下是可以度量的。例如，在投资决策方面，可根据市场竞争和市场环境变化的动态，预测出不同的收益和损失的可能性，有些风险，例如政治风险即使难以测度，但也可以通过定性分析或运用特尔斐法进行评估，确定风险的等级，并采取一定的防范措施来降低或化解、回避风险。

2. 风险管理的基本模式

风险主体为回避或降低经济风险，必须加强对风险的管理。所谓风险管理，就是用科学的方法对风险进行分析、识别、评估，然后对风险进行防范、控制，化解或降低风险。如果风险已经发生，就要妥善地处理。这些统称为风险管理的基本模式，现分述如下：

(1) 风险识别

风险识别是风险主体对风险进行管理的第一阶段。风险识别的任务有两个：一是判明存在什么风险，二是找出产生风险的原因。如果对风险做出错误的识别，或者忽略掉一些重要的险情,将会导致风险管理的失败。因此,要深入调查研究,掌握有关风险产生的各种资料、信息,分析出产生风险的具体原因。

风险识别的方法有许多种,常用的有特尔斐法、头脑风暴法、故障树法等。在此,简单地介绍故障树法。

故障树法的实质是一种图解分析法。它的基本原理是通过对可能造成经济风险的种种因素进行分解,画出逻辑框图,对各种可能引起风险或产生故障的原因及其可能组合的方式分类所形成的一种呈树状的风险因果关系图,故称此法为故障树法。例如,某银行对其可能产生的风险原因进行识别时,所用的故障树法如图 22-4 所示。

故障树法的主要优点是简单、明确、实用,能比较全面地分析所有的风险因素,而且形象化、直观性很强,应用较广。

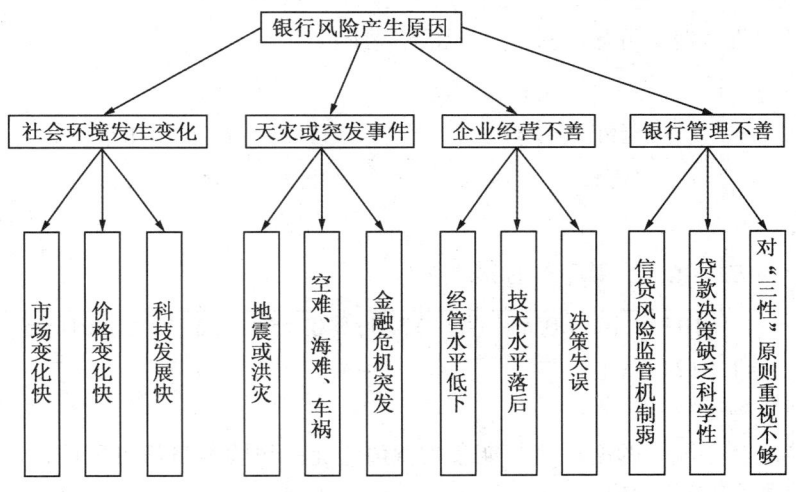

图 22-4 银行风险产生原因故障树分析图

(2) 风险评估

风险评估是风险管理的第二阶段,其主要任务是对风险发生的可能性及可能带来损失的大小作出评估。

风险评估的方法有多种,有定性的,也有定量的,有定时的,也有定比的方法,有主观的,也有客观的,常用的是一种概率分析法,现简介如下:

1° 期望值分析法

不论是风险损失的评估,还是风险收益的计算,都常采用此法进行评估。例如,某工程项目有 n 种可能收益,记为 a_1, a_2, $\cdots$, a_n。收益 a_i, $i=1$, 2, $\cdots$, n,其发生的概率为 p_i, $i=1$, 2, $\cdots$, n。则该项目的期望风险收益是

$$Ex = \sum_{i=1}^{n} a_i p_i$$

2° 标准差、下半标准差分析法

标准差是一个综合地描绘风险收益与风险损失偏离期望收益程度的指标。偏离程度大，说明不确定因素的影响大，因而风险大。

标准差由 σ 表示，其计算公式是

$$\sigma = \sqrt{\sum_{i=1}^{n}(a_i - \sum_{i=1}^{n}a_i p_i)^2 p_i}$$

(a_i, p_i) 为收益值的概率分布。

所谓下半标准差是根据人们常认为收益小于期望收益值的情况下才算有风险，因而由所有小于期望收益的收益值与期望收益值的偏离值计算出来的标准差称为下半标准差，以 $\overline{\sigma}$ 记之。设期望收益值为 Ex。$x_1, x_2, \cdots, x_k$ 为小于 Ex 的收益值，则

$$\overline{\sigma} = \sqrt{\sum_{i=1}^{k}(x_i - Ex)^2 p_i}, \quad x_i < Ex, \quad i = 1, 2, \cdots, k。$$

例如，某项目的收益概率分布 (x_i, p_i) 如下表所示：

x_i	10	11	12	13	14	15
p_i	0.1	0.15	0.25	0.25	0.15	0.1

则期望收益值为 $Ex = 12.5$，其下半标准差为

$$\overline{\sigma} = \sqrt{(10-12.5)^2 \times 0.1 + (11-12.5)^2 \times 0.15 + (12-12.5)^2 \times 0.25}$$
$$= 1.0124$$

3° 风险度分析法

所谓风险度就是风险的度量值与期望收益值之比。风险度量值可采用标准差或下半标准差，记风险度为 FD。则有

$$FD = \frac{\sigma}{Ex}$$

风险度的值是一个相对数，可以百分率表示。

风险评估举例：某项目有两种实施方案，其收益概率分布如下表所示，收益单位均为万元。

方案一：

收益	20	21	22	23	24	25	26
概率	0.05	0.10	0.20	0.30	0.20	0.1	0.05

方案二：

收益	0	5	15	25.5	31	36	41
概率	0.03	0.12	0.20	0.30	0.20	0.12	0.03

试求出各方案的风险度,并进行比较。

首先求出各方案的期望收益。方案一的期望收益是 $Ex_1 = \sum_{i=1}^{7} x_i p_i = 23$,方案二的期望收益是 $Ex_2 = 23$,两者期望收益相同。然后,求出各方案的标准差或下半标准差。

设 σ_i 为方案 i 的标准差

$$\sigma_1 = \sqrt{\sum_{i=1}^{7} (x_i - Ex_1)^2 p_i} = \sqrt{2.1} = 1.449$$

$$\sigma_2 = \sqrt{113.335} \approx 10.65$$

最后求出各方案的风险度 $\dfrac{\sigma}{Ex}$

$$\text{FD}_1 = \frac{\sigma_1}{Ex_1} = \frac{1.449}{23} = 0.063$$

$$\text{FD}_2 = \frac{\sigma_2}{Ex_1} = \frac{10.65}{23} = 0.463$$

由 FD_1 与 FD_2 可知,尽管两方案的期望收益相同,但 $\text{FD}_1 < \text{FD}_2$,而且 FD_1 远远小于 FD_2,可见方案二的风险极大,是不可取的方案。

(3) 风险的防范、化解和控制

风险管理模式的第三阶段是经过风险识别和评估,对风险的性质、状况、发展态势有了进一步的认识之后,风险主体如何面对风险进行防控?我们认为就是要建立起对风险的防控体系,以控制风险的发生和发展。风险防控体系的主要内容是明确风险主体的责任,建立并加强风险监测机制。若风险主体是一个企业,那么,在企业的总体发展计划中,应包括风险防控计划,设立风险防控机构,落实防控部门的人事编制,建立风险防控基金等。

(4) 风险处理

风险管理模式的第四阶段是风险处理。风险主体在风险发生以后,要据实妥善处理,这是风险管理的关键。处理得当,对于减少和弥补风险损失,扭转企业经营颓势,恢复正常生产和营业,使损失降到最低限度,是重中之重;否则,损失惨重,甚至导致企业倒闭破产。例如,某煤矿的瓦斯爆炸,矿主欺上不报,私自派民工下井营救,不但未救出原遇难矿工,反而增加了死亡人数,最后罪上加罪,造成更大的人、财、物的损失。

对已发生的风险进行处理,一定要研制出合适的处理方案;对已暴露的风险进行风险损失估价,一定要慎之又慎,不能马马虎虎,要确保准确性。提出的善后处理计划,要及时、果断、准确,任何拖延都可能招致风险损失的加大,甚至造成风险处理主动权的丧失。风险处理的具体任务有以下四个方面。

1° 风险损失的财务处理。

2° 人员的重新安排和物资的补充。

3° 对风险管理过程进行全面总结,吸取经验教训,杜绝同类风险的再次发生。

4° 变受损后的不利态势为有利态势,制定新的风险防范措施,出台新的安全激励条例或措施,充分调动全体员工的积极性和创造性。

思考与练习

1. 某企业生产某种产品有三种方案提供选择，各种方案的经济效益与市场条件如下表所示：

方案 \ 市场状态	畅 销	平 销	滞 销
A	100	50	10
B	60	40	20
C	40	30	25

（1）用 PERT 决策法求出最优方案。
（2）用赫威兹决策法选取最优方案。
（3）用最小最大后悔值法选取最优方案。
（4）最大最小收益法选取最优方案。

2. 假设某商品的未来市场有畅销、平销、滞销三种。畅销的可能性为 0.5，平销和滞销的可能性分别为 0.3 与 0.2。又假定生产 A 类产品畅销时盈利 1 500 万元，平销时盈利 800 万元，滞销时盈利 100 万元；生产 B 类产品畅销时盈利 1 000 万元，平销时盈利 800 万元，滞销时盈利 200 万元；生产 C 类产品在畅销、平销和滞销的情况下，可分别获利 800 万元、700 万元和 500 万元。试用决策树技术求出最优的生产方案，并画出决策树图。

3. 某玩具制造商的玩具市场状态有畅销和滞销两种，市场状态的转移概率矩阵为：

$$P = \begin{pmatrix} 0.5 & 0.5 \\ 0.4 & 0.6 \end{pmatrix} = \begin{pmatrix} p_{11} & p_{12} \\ p_{21} & p_{22} \end{pmatrix}$$

利润矩阵为：$R = \begin{pmatrix} r_{11} & r_{12} \\ r_{21} & r_{22} \end{pmatrix} = \begin{pmatrix} 4 & 2 \\ 2 & -1 \end{pmatrix}$

"1" 代表畅销，"2" 代表滞销。为了获取最大经济效益，在畅销时可采取登广告，在滞销时搞革新，研制新玩具等策略。但是采取这些措施后，转移矩阵和利润矩阵就发生了变化，变化后的转移矩阵和利润矩阵如下：

（1）$\begin{pmatrix} p_{11}^1 & p_{12}^1 \\ p_{21}^1 & p_{22}^1 \end{pmatrix} = \begin{pmatrix} 0.5 & 0.5 \\ 0.4 & 0.6 \end{pmatrix}$

$\begin{pmatrix} r_{11}^1 & r_{12}^1 \\ r_{21}^1 & r_{22}^1 \end{pmatrix} = \begin{pmatrix} 4 & 2 \\ 2 & -1 \end{pmatrix}$

（2）$\begin{pmatrix} p_{11}^1 & p_{12}^1 \\ p_{21}^2 & p_{22}^2 \end{pmatrix} = \begin{pmatrix} 0.5 & 0.5 \\ 0.6 & 0.4 \end{pmatrix}$

$$\text{(3)} \quad \begin{pmatrix} r_{11}^1 & r_{12}^1 \\ r_{21}^2 & r_{22}^2 \end{pmatrix} = \begin{pmatrix} 4 & 2 \\ 1.5 & -2 \end{pmatrix}$$

$$\begin{pmatrix} p_{11}^2 & p_{12}^2 \\ p_{21}^1 & p_{22}^1 \end{pmatrix} = \begin{pmatrix} 0.7 & 0.3 \\ 0.6 & 0.4 \end{pmatrix}$$

$$\begin{pmatrix} r_{11}^2 & r_{12}^2 \\ r_{21}^1 & r_{22}^1 \end{pmatrix} = \begin{pmatrix} 3 & 1.5 \\ 2 & -1 \end{pmatrix}$$

$$\text{(4)} \quad \begin{pmatrix} p_{11}^2 & p_{12}^2 \\ p_{21}^2 & p_{22}^2 \end{pmatrix} = \begin{pmatrix} 0.7 & 0.3 \\ 0.6 & 0.4 \end{pmatrix}$$

$$\begin{pmatrix} r_{11}^2 & r_{12}^2 \\ r_{21}^2 & r_{22}^2 \end{pmatrix} = \begin{pmatrix} 3 & 1.5 \\ 1.5 & -2 \end{pmatrix}$$

（1）表示在不登广告也不搞革新的情况下其概率转移获利情况；（2）表示在市场畅销时不登广告，在滞销时进行技术革新试制新玩具等措施下的市场状态转移和利润获得情况；（3）表示在畅销时登广告，但不革新不试制新玩具的情况的市场状态转移和获利情况；（4）表示在畅销时登广告，搞革新的状态转移和获利情况。在上述情况下，欲定期经营 5 年（以年为时期的计算单位），问应采取的最优策略是什么？

4. 某农业公司想从 A、B 两种农作物中选择一种种植。根据往年的经验，如果当年的雨量丰富，种植 A 农作物可收益 50 万元，如种植农作物 B，则要亏损 15 万元。如果当年的雨量少，种植农作物 A 要亏损 20 万元，而种植农作物 B 可获益 100 万元。根据气象统计资料，当地年雨量丰富的概率为 0.7，雨量少的概率为 0.3。试问该农业公司应选择哪种农作物？如农作物 A 是最优方案的话，试对 A 作出敏感性分析，并求出最优方案 A 转化为 B 时的转换概率。

5. 现有决策方案甲、乙，其风险收益的概率分布如下：

甲方案：（15，0.1），（17，0.15），（19，0.25），（20，0.25），（22，0.15），（24，0.1）

乙方案：（16，0.1），（17，0.15），（18，0.25），（19，0.25），（20，0.15），（21，0.1）

试比较两种方案的风险大小。

第二十三章 随机型需求的投资项目决策

改革开放三十多年以来，我国人民的物质、文化生活得到了较大的改善，大部分地区的人民已解决了温饱问题，并正在向全面小康迈进，对商品的需求出现了多样性和不确定性。据市场调查证实，商品需求量在其平均值左右波动，有时大一些，有时小一些，需求量很大的可能性很小，需求量很小的可能性也不大，一般说来，遵从某种概率分布，一般的商品，其需求规律遵从正态概率分布，简称正态需求。

本章是在前两章的基础上，对正态需求的情况下，对新建企业互斥方案的优化选择问题进行较详细的讨论，以提供优化选择的标准，并给出具体的计算和选优方法。

§23.1 项目选择准则

在正态需求的情况下，对互斥方案的择优标准是什么？我们提出以下几条供决策者参考。

1. 盈利的可能性要有较大的把握，即盈利在99%以上。
2. 企业经营实现最低成本的可能性最大。
3. 期望成本最低。
4. 期望利润最大。

上述四条可归结为成本和利润两个方面。此外，还要考虑设备利用率和满足市场需求方面的参考标准，这就是：

5. 设备利用率在80%以上的可能性不低于75%。
6. 满足客户需求的可能性在80%以上。

为便于读者掌握，现结合实例，给出一个互斥的项目建设方案的具体选优决策方法。

假设某种产品的需求量服从正态分布，其平均需求量为120万件，标准差为20万件，单件售价20元。生产该产品的企业有三种建设方案，具体方案如下：

方案甲：固定成本为400万元，使用自动化装置，年最大生产能力为130万件，每件可变成本11.5元，规模属中等。

方案乙：固定成本为200万元，不采用自动化装置，年最大生产能力为100万件，每件可变成本为15元，属于小型规模。

方案丙：采用高度自动化装置，固定成本为600万元，年最大生产能力为160万件，每件可变成本10元，属于大型规模。

在最优化的准则下，怎样求出最优的建设方案？以下是可以采取的具体方法。首先，按§21.1介绍的方法，进行线性盈亏分析；其次进行盈亏计算。设

Q——产量;
TR——总收益;
TC——总成本;
F——固定成本;
C_v——可变成本;
p——单件售价。

总收益
$$\mathrm{TR} = pQ \tag{23.1-1}$$

总成本
$$\mathrm{TC} = F + C_v Q \tag{23.1-2}$$

由公式（23.1-1）分别计算出各方案的盈亏平衡点产量

$$\left.\begin{aligned} Q_\text{甲}^* &= \frac{400}{20-11.5} = 47.06 \text{（万件）} \\ Q_\text{乙}^* &= \frac{200}{20-15} = 40 \quad \text{（万件）} \\ Q_\text{丙}^* &= \frac{600}{20-10} = 60 \quad \text{（万件）} \end{aligned}\right\} \tag{23.1-3}$$

由上述计算，得到

$$Q_\text{乙}^* < Q_\text{甲}^* < Q_\text{丙}^*$$

企业乙有较低的盈亏平衡点，即只要产量超过40万件，就开始盈利。但是，它的固定成本小，没安装自动化装置，可变成本增加的陡度超过企业甲、丙，因而开始盈利以后，利润增加的速度比甲、丙都慢。

企业丙有较高的固定成本，因而盈亏平衡点比甲、乙都高。但它采用自动化装置，生产一件产品付出的代价很小，即可变成本增长的速度慢，当产量一旦超过盈亏平衡点，利润将迅速增加。

企业甲的固定成本居于乙、丙之间，可变成本亦居其中，盈利的增长速度大于企业乙，小于企业丙。可见，上述三种方案各有利弊，形成互斥的格局，仅从上述分析，尚不能对最优方案作出判断。因此，必须结合需求分布，进行更深入的综合分析。下面以本实例为例展开分析。

§23.2 盈利可能性计算

因为需求量是随机的，故由销售所得的总收益也是随机变量。由于企业是按需求量安排生产，因而可算出各种盈利的可能性。

1. 盈利可能性计算

盈利的条件是需求量超过盈亏平衡点的产量。故盈利的可能性即需求量大于平衡点产量的概率。由正态分布计算前面实例中各种方案盈利的可能性如下：

[方案甲]

$$P(Q > Q_甲^*) = P(Q > 47) = \int_{47}^{\infty} p(Q) dQ = 99.95\%$$

其中 $p(Q)$ 为需求量 Q 的概率密度(下同),且

$$p(Q) = \frac{1}{20\sqrt{2\pi}} e^{-\frac{1}{2}(\frac{Q-120}{20})^2}$$

[方案乙]

$$P(Q > Q_乙^*) >= P(Q > 40) = \int_{40}^{+\infty} p(Q) dQ = 99.99\%$$

[方案丙]

$$P(Q > Q_丙^*) = P(Q > 60) = \int_{80}^{+\infty} p(Q) dQ = 99.86\%$$

2. 盈利 300 万元以上的可能性计算

首先求出相应产量公式

$$20Q - F - C_v Q > 300$$

$$Q > \frac{300 + F}{20 - C_v}$$

从而盈利 300 万元以上的可能性为

$$P\left(Q > \frac{300 + F}{20 - C_v}\right) = \int_{\frac{300+F}{20-C_v}}^{+\infty} p(Q) dQ \tag{23.2-1}$$

由 (23.2-1) 可算得

[方案甲]

$$P(Q > \frac{300 + 400}{20 - 11.5}) = \int_{82.35}^{+\infty} p(Q) dQ = 97\%$$

[方案乙] 因为盈利 300 万元以上,其产量 Q 应满足

$$Q > \frac{300+200}{20-15} = 100 \text{ (万件)}$$

而方案乙的最大生产能力仅为 100 万件,故盈利 300 万元以上的可能性为零。

[方案丙]

$$P(Q > \frac{300 + 600}{20 - 10}) = P(Q > 90) = \int_{90}^{+\infty} p(Q) dQ = 93.3\%$$

3. 盈利 400 万元以上的可能性计算

[方案甲]

$$P(Q > \frac{400 + 400}{20 - 11.5}) = P\left(Q > \frac{800}{8.5}\right) = \int_{\frac{800}{8.5}}^{+\infty} p(Q) dQ = 89.5\%$$

[**方案乙**] 盈利 400 万元以上的可能性等于零。

[**方案丙**]
$$P\left(Q>\frac{400+600}{20-10}\right) = P(Q>100) = 84.1\%$$

§23.3 期望利润计算

由于总收益和总成本均是需求量的函数，故总利润

$$TR-TC = 20Q-F-C_vQ = (20-C_v)Q-F \tag{23.3-1}$$

是随机变量 Q 的函数。但是，由于各方案均受设备能力的限制，因此，不能简单地利用 (23.3-1) 作为期望利润的计算公式。下面介绍求期望利润的方法。

[**方案甲**] 由于设备最大生产能力为每年 130 万件，故它的利润计算公式为

$$TR_甲 - TC_甲 = \begin{cases} (20-C_{v甲})Q - F_甲 & \text{当需求量 } Q \leq 130 \text{ 时} \\ (20-C_{v甲}) \times 130 - F_甲 & \text{当需求量 } Q > 130 \text{ 时} \end{cases}$$

$$\cdots\cdots\cdots\cdots \tag{23.3-2}$$

由 (23.3-2) 得到

$$E(TR_甲 - TC_甲) = \int_{-\infty}^{130}(20-11.5)Qp(Q)dQ + \int_{130}^{+\infty}(20-11.5) \times 130 p(Q)dQ - 400$$

$$= \frac{8.5}{20\sqrt{2\pi}}\int_{-\infty}^{130} Q e^{-\frac{1}{2}(\frac{Q-120}{20})^2}dQ + \frac{1105}{20\sqrt{2\pi}}\int_{130}^{+\infty} e^{-\frac{1}{2}(\frac{Q-120}{20})^2}dQ - 400$$

$$= 644.963 + 341.445 - 400 = 586.408(\text{万元})$$

方案乙设备最高能力为 100 万件，它的利润计算公式为

$$TR_乙 - TC_乙 = \begin{cases} (20-15)Q - 200 & \text{当需求量 } Q \leq 100 \text{ 时} \\ (20-15) \times 100 - 200 & \text{当需求量 } Q > 100 \text{ 时} \end{cases}$$

故期望利润为

$$E(TR_乙 - TC_乙) = \frac{1}{20\sqrt{2\pi}}\int_{-\infty}^{100} 5Q e^{-\frac{1}{2}(\frac{Q-120}{20})^2}dQ + \frac{1}{20\sqrt{2\pi}}\int_{100}^{+\infty} 500 e^{-\frac{1}{2}(\frac{Q-120}{20})^2}dQ - 200$$

$$= 71.2 + 420.67 - 200 = 291.87(\text{万元})$$

[**方案丙**] 最大生产能力为 160 万件，利润计算公式为

$$TR_丙 - TC_丙 = \begin{cases} 10Q - 600 & \text{当需求量 } Q \leq 160 \text{ 时} \\ 10 \times 160 - 600 & \text{当需求量 } Q > 160 \text{ 时} \end{cases}$$

故期望利润为

$$E(TR_丙 - TC_丙) = \frac{10}{20\sqrt{2\pi}}\int_{-\infty}^{160} Q e^{-\frac{1}{2}(\frac{Q-120}{20})^2}dQ + \frac{1600}{20\sqrt{2\pi}}\int_{160}^{+\infty} e^{-\frac{1}{2}(\frac{Q-120}{20})^2}dQ - 600$$

$$= 1161.60 + 36.8 - 600 = 598.4(\text{万元})$$

§23.4 期望成本计算

成本公式
$$TC = F + C_v Q$$

方案甲的成本计算公式为
$$TC_甲 = \begin{cases} 400 + 11.5Q & \text{当需求量 } Q \leq 130 \\ 400 + 11.5 \times 130 & \text{当需求量 } Q > 130 \end{cases}$$

故方案甲的期望成本为
$$ETC_甲 = 400 + \frac{11.5}{20\sqrt{2\pi}} \int_{-\infty}^{130} Q e^{-\frac{1}{2}(\frac{Q-120}{20})^2} dQ + \frac{1\,495}{20\sqrt{2\pi}} \int_{130}^{+\infty} e^{-\frac{1}{2}(\frac{Q-120}{20})^2} dQ$$
$$= 400 + 954.132 + 237.705 = 1\,591.837 (\text{万元})$$

方案乙的成本为
$$TC_乙 = \begin{cases} 200 + 15Q & \text{当需求量 } Q \leq 100 \text{ 时} \\ 200 + 15 \times 100 & \text{当需求量 } Q > 100 \text{ 时} \end{cases}$$

期望成本为
$$ETC_乙 = 200 + \frac{15}{20\sqrt{2\pi}} \int_{-\infty}^{100} Q e^{-\frac{1}{2}(\frac{Q-120}{20})^2} dQ + \int_{100}^{+\infty} \frac{1500}{20\sqrt{2\pi}} e^{-\frac{1}{2}(\frac{Q-120}{20})^2} dQ$$
$$= 200 + 213.6 + 1\,261 = 1\,675.1 (\text{万元})$$

方案丙的成本为
$$TC_丙 = \begin{cases} 600 + 10Q & \text{当需求量 } Q \leq 160 \text{ 时} \\ 600 + 10 \times 160 & \text{当需求量 } Q > 160 \text{ 时} \end{cases}$$

期望成本为
$$ETC_丙 = 600 + \int_{-\infty}^{160} \frac{10Q}{20\sqrt{2\pi}} e^{-\frac{1}{2}(\frac{Q-120}{20})^2} dQ + \int_{160}^{+\infty} \frac{1\,600}{20\sqrt{2\pi}} e^{-\frac{1}{2}(\frac{Q-120}{20})^2} dQ$$
$$= 600 + 1\,161.9 + 36.8 = 1\,798.7 (\text{万元})$$

§23.5 实现最低成本的可能性计算

首先将三种方案的成本直线绘制在同一图形上,如图 23-1 所示。$TC_乙$ 与 $TC_甲$ 相交于 A 点,故在交点 A 处有
$$TC_乙 = TC_甲$$
$$F_乙 + C_{v乙} Q = F_甲 + C_{v甲} Q$$

即
$$Q_A = \frac{F_甲 - F_乙}{C_{v乙} - C_{v甲}} = \frac{400 - 200}{15 - 11.5} = \frac{200}{3.5} = 57.14 \text{ (万件)}$$

成本线 $TC_甲$ 与 $TC_丙$ 相交于 B 点,故在点 B 处有

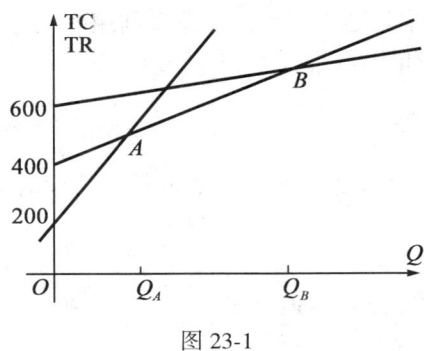

图 23-1

$$TC_甲 = TC_丙$$

即
$$400 + 11.5Q = 600 + 10Q$$

于是
$$Q_B = \frac{600 - 400}{11.5 - 10} = \frac{200}{1.5} = 133.3 \text{（万件）}$$

上述 Q_A 与 Q_B 将产量分为三部分，从图形上看，当 $Q \leqslant Q_A$ 时，方案乙有最低成本；当 $Q_A < Q < Q_B$ 时，方案甲有最低成本；当 $Q > Q_B$ 时，方案丙有最低成本。实现最低成本的可能性为

[**方案甲**]
$$P(Q_A < Q < Q_B) = P(57.14 < Q < 133.3)$$
$$= \int_{57.14}^{133.3} \frac{1}{20\sqrt{2\pi}} e^{-\frac{1}{2}(\frac{Q-120}{20})^2} dQ = 0.742\,154 - 0.001\,35$$
$$= 0.741$$

[**方案乙**]
$$P(Q < Q_A) = P(Q < 57.14) = \frac{1}{20\sqrt{2\pi}} \int_{-\infty}^{57.14} e^{-\frac{1}{2}(\frac{Q-120}{20})^2} dQ$$
$$= 0.001\,35$$

[**方案丙**]
$$P(Q > Q_B) = P(Q > 133.3) = \int_{133.3}^{+\infty} \frac{1}{20\sqrt{2\pi}} e^{-\frac{1}{2}(\frac{Q-120}{20})^2} dQ$$
$$= 0.257\,8$$

§23.6 设备利用率计算

首先给出设备利用率的计算公式
$$设备利用率 = \frac{生产量}{设备的最大生产能力} = \frac{Q}{Q_{最大}}$$

由于是根据需求而生产，需求是随机变量，故设备利用率也是随机变量，于是可求出它的可能性的大小。现分别计算如下：

1. 设备充分利用的可能性

[**方案甲**] 设备的最大生产能力为每年 130 万件，故设备充分利用的可能性就是需求量不少于 130 万件的可能性

即

$$P(Q \geqslant 130) = P\left(\frac{Q-120}{20} \geqslant \frac{130-120}{20}\right)$$

$$= P\left(\frac{Q-120}{20} \geqslant 0.5\right)$$

$$= 1-\Phi(0.5) = 1-69.1\% = 30.9\%$$

[**方案乙**] 设备的最大生产能力为每年 100 万件，故设备充分利用的可能性为

$$P(Q \geqslant 100) = P\left(\frac{Q-120}{20} \geqslant \frac{100-120}{20}\right)$$

$$= P\left(\frac{Q-120}{20} \geqslant -1\right)$$

$$= \Phi(1) = 84.1\%$$

[**方案丙**] 设备的最大生产能力为每年 160 万件，故设备充分利用的可能性为

$$P(Q \geqslant 160) = P\left(\frac{Q-120}{20} \geqslant \frac{160-120}{20}\right)$$

$$= P\left(\frac{Q-120}{20} \geqslant 2\right)$$

$$= 1-\Phi(2) = 1-97.7\% = 2.3\%$$

2. 设备利用率在 80% 以上的可能性计算

[**方案甲**] 其可能性为

$$P(Q \geqslant 0.8 \times 130) = P(Q \geqslant 104)$$

$$= P\left(\frac{Q-120}{20} \geqslant \frac{104-120}{20}\right)$$

$$= P\left(\frac{Q-120}{20} \geqslant -0.8\right) = \Phi(0.8) = 78.8\%$$

[**方案乙**] 其可能性为

$$P(Q \geqslant 0.8 \times 100) = P(Q \geqslant 80)$$

$$= P\left(\frac{Q-120}{20} \geqslant \frac{80-120}{20}\right)$$

$$= P\left(\frac{Q-120}{20} \geqslant -2\right) = \Phi(2) = 97.7\%$$

[**方案丙**] 其可能性为

$$P(Q \geq 0.8 \times 160) = P(Q \geq 128)$$
$$= P\left(\frac{Q-120}{20} \geq \frac{128-120}{20}\right)$$
$$= P\left(\frac{Q-120}{20} \geq 0.4\right) = 1-\Phi(0.4)$$
$$= 1-65.5\% = 34.5\%$$

§23.7 优化分析

为便于综合分析，将上述计算结果列成表 23.1。

表 23.1

建设方案	最大生产能力（万件/年）	固定成本（万元）	可变成本（元）	利润分析				成本分析		
				期望利润（万元）	盈利的可能性（%）	利润300万元以上的可能性（%）	利润400万元以上的可能性（%）	期望成本（万元）	实现最低成本的可能性（%）	满足需求的可能性（%）
甲	130	400	11.5	586	99.95	97	89.5	1591	74.1	69.1
乙	100	200	15	291	99.99	0	0	1675	0.135	15.9
丙	160	600	10	598	99.86	93.3	84.1	1798	25.8	97.7

建设方案	设备利用率分析	
	充分利用的可能性（%）	利用率在80%以上的可能性%
甲	30.9	78.8
乙	84.1	97.7
丙	2.3	34.5

现以§23.1 提出的优化准则，结合表 23.1 进行全面的分析比较，最后选出最优方案。

1. 利润贡献分析

从表 23.1 的结果看出，三种方案的盈利可能性都在 99% 以上，因而亏损的可能性很小。利润在 300 万元以上的可能性，方案甲为 97%，方案乙为零，方案丙为 93.3%。从期望利润来看，方案甲为每年 586 万元，方案乙为每年 291 万元，方案丙为每年 598 万元，虽然方案丙的期望利润高于方案甲，但差别不大，而方案甲在盈利 300 万元以上的可能性比方案乙、丙都大。因此，认为方案甲最优。

2. 成本分析

从期望成本上看，方案甲有最低的期望成本。实现最低成本生产的可能性 74.1%，而方案乙仅为 0.135%，方案丙为 25.8%。由此看出，方案甲最优。

3. 设备利用率分析

要使设备得到充分利用，需求量必须大于或等于该设备的最大生产能力，因此，规模愈小设备利用率就愈高，不过仅此还不足以确定企业的最优规模。如方案乙的规模小，利用率比方案甲、方案丙都大，但方案乙的可变成本大，因而总成本高，从经济效益上看是不合算的。方案丙虽有最低的可变成本，但投资大，设备利用率低，充分利用的可能性仅 2.3%。方案甲属中等规模，设备充分利用的可能性在 30% 以上，而且利用率在 80% 以上的可能性在 78% 以上，故全面分析比较，方案甲较为合适。

另一方面，从满足需求上看，规模愈大，满足需求的可能性就愈大，但规模愈大，设备利用率低。方案甲满足需求的可能性占 69.1%，即在大多数的情况下基本上可以满足需求。因此方案甲较优。

综合上述分析，方案甲有最低的期望成本，实现最低成本生产的可能性最大，期望利润与方案丙相差无几，但比方案乙好，因此，按优化准则作全面衡量，方案甲是最优方案。

思考与练习

1. 设某种产品的未来需求量服从正态分布，均值为 50 万件，标准差为 5 万，单件售价为 10 元。现有两种建厂方案，建大厂固定资产投资 1 000 万元，生产每件的可变成本为 4 元，建小厂固定资产投资 500 万元，生产每件的可变成本为 6 元。建大厂的年最大生产能力为 60 万件，建小厂的年最大生产能力为 30 万件。决策准则是：①实现最低成本的可能性最大；②期望利润最大；③期望成本最低。问应建大厂还是建小厂？

2. 某种产品的需求分布服从均值为 60，标准差为 5 的正态分布。生产该产品的总收益 TR 满足下述方程

$$TR = 15Q - 0.5Q$$

生产总成本满足

$$TC = 40 - 5Q + 0.5Q^2$$

求盈利的可能性。

3. 若在第一题中的需求分布为均值 30 万件，标准差为 3 万，试问应该建大厂还是建小厂？

第二十四章　主观概率决策

在经济预测与决策中，常遇到各种不确定性对象，如未来的市场状态可能有畅销、平销、滞销三种，又如参加某一竞争性的投标，有中标或失标两种可能。许多经济现象中的不确定性，难以用统计的方法和确切的概率理论去描述，因为它常常不具备历史的统计数据。有些经济现象虽有历史统计数据，但在新的经济环境中，由于新竞争者的介入，经济系统产生了变化，使原有的数据不起作用或者不再适用。有时候，生产管理人员虽然有可能掌握某些同类产品的经验，但他不掌握直接用于作预测的历史数据，如此等等。因此，在经济环境已发生了系统的变化，在缺乏历史统计数据的情况下，掌握好未来事件发生的规律，充分了解它的不确定性，以提高决策的科学性是当前管理决策科学中所面临的重要课题之一。为此，本章将介绍解决此类问题的一些基本方法，即主观概率法及其在经济预测与决策中的应用。

§24.1　主观概率的基本概念

所谓主观概率（Subjective Probability），就是在一定的条件下，对未来事件发生可能性大小的一种主观相信程度或置信程度的度量，它表示个人信任程度的指数。杰姆斯·伯努利（James Bernoulli）在他的《未来的推测》（*Ars Conjectand*，1913）一书中，第一次系统地阐述了对客观概率的主观选择方案，并认为，主观概率是一个人参与不确定事件的可靠程度或者称为置信程度。不过，把主观概率作为一种运算理论的正规概率，是由拉姆西在 1926 年根据雷发理论第一次作出系统论述的。大量的研究成果说明，概率主观估算不仅有效，而且比没有这种估算要更可取得多。因此，主观概率应同客观概率一样被应用，尤其在经济决策、项目决策等问题上，主观概率有其用武之地。

主观概率的度量方法，常常根据人们长期积累的经验以及对预测与决策事件的了解，从而对事件发生的可能性大小所作的一种主观估计。这种估计所表示的置信程度，还取决于一个人的知识和观察判断能力，因此，主观概率是个人置信程度的指数，它的数值在 0 至 1 之间，与客观概率是一致的。

所谓客观概率，是随机事件发生可能性大小的一种客观度量。它的主要特点是可检验性。例如，掷一枚钱币，出现"正面"的概率等于 1/2，这一断定可通过大量的试验来证实。如蒲丰掷钱币 4 040 次，出正面 2 048 次，出现正面的频率为 0.5080，皮尔逊第一次掷钱币 12 000 次，出现正面 6 019 次，出现正面的频率为 0.5019，皮尔逊第二次掷钱币 24 000 次，出现正面 12 012 次，出现正面的频率为 0.5005。由此可见出现正面的频率，随着试验次数的增加，稳定在 1/2 附近，这种频率的稳定性，就是客观概率的统计定义。

主观概率与客观概率一样，必须满足概率的三条基本公理，设 $P(A_i)$ 为事件 A_i 发生的主观概率，则它们满足

(1) $0 \leq P(A_i) \leq 1$

(2) $P(\Omega) = 1$　　Ω 为样本空间

(3) 若 $A_i \cap A_j = \emptyset$，$i \neq j$，$i, j = 1, 2, \cdots$，即 A_i，A_j 为互斥事件

则　　　$P(\sum_{i=1}^{\infty} A_i) = \sum_{i=1}^{\infty} P(A_i)$

主观概率与客观概率的主要区别是，主观概率无法用试验或统计的方法来检验它的正确性。例如，在某项投标中，一个投标者认为他提出的报价中标的可能性是 10%，失标的可能性为 90%；而另一个投标者，在完全相同的情况下，则认为中标的可能性为 20%，失标的可能性为 80%。对于这两种主观概率估计是无法断言哪个正确的，即使中了标也如此。

§24.2　在决策中应用主观概率

主观概率虽不具有客观概率那样的可检验性，但在许多经济项目的预测和决策中，又是不可缺少的一种常用方法，特别是在历史资料既不齐全又不适用的条件下，常常采用主观概率法进行预测和决策。例如某洗衣机厂为了降低洗衣机的成本，决定对外协件实行招标定购，参加投标的厂家多达数十家，彼此开展竞争。若投标厂为了中标，必须对招标厂和彼此竞争的对象作深入的研究与分析，然后采用适当的对策。例如，可以提出三种不同的标价，标价Ⅰ：每件 2.8 元，标价Ⅱ：每件 2.5 元，标价Ⅲ：每件 2.2 元。每种标价均有中标和失标两种可能。这种可能性的大小，无法从历史统计数据中获得，惟一的办法就是由有经验的推销人员进行主观概率的估计。假设其估计结果是，标价Ⅰ中标的可能性为 0.3，失标的可能性为 0.7；标价Ⅱ中标和失标的可能性均为 0.5；标价Ⅲ中标和失标的可能性分别为 0.8 和 0.2。又假定每件的成本为 1.9 元，招标厂需要购 160 000 件。那么，怎样决策？若决策准则是经济效益最高，应确定何种标价？为求出最优的决策方案，必须对各种标价的平均经济效益进行预测。一般的预测公式是

每件的平均获益×总件数＝总平均获益

故标价Ⅰ的总平均获益为

$[(2.8 - 1.9) \times 0.3 + 0 \times 0.7] \times 160\ 000$
$= 43\ 200 (元)$

标价Ⅱ的总平均获益为

$[(2.5 - 1.9) \times 0.5 + 0 \times 0.5] \times 160\ 000$
$= 48\ 000 (元)$

标价Ⅲ的总平均获益为

$[(2.2 - 1.9) \times 0.8 + 0 \times 0.2] \times 160\ 000$
$= 38\ 000 (元)$

由以上预测可知，标价Ⅱ的总平均获益最大，因此，应采用第二种标价。

在决策中应用主观概率，投标仅是一例，在其他领域尚有大量的应用。例如，在项目选择上就广泛地需要主观概率。此外，各种各样的风险分析，期望值、后悔值的估计，凡是在缺乏统计数据或是新产品的开发等课题的决策中都十分需要主观概率。

§24.3 主观概率的求估方法

主观概率与客观概率一样，它的概率分布有离散型和连续型两大类。对于连续型分布，最常见的是均匀分布和正态分布。如何获得主观概率的估计值，是本节研究的重点。下面给出求估方法。

1. 概率转盘法

概率转盘是一种有黑、白两个扇形的圆盘。圆盘中心有一根可旋转的指针，指针可以位于黑扇区也可位于白扇区内，且黑扇的大小可以随意调节，如图 24-1 所示。

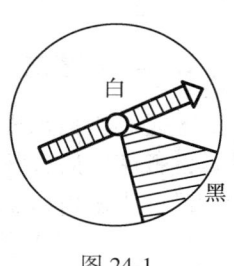

图 24-1

为了帮助有实践经验但缺乏概率知识的专家确定主观概率，决策者可借助概率转盘同专家对话。例如，某企业公司为是否生产某种新产品进行决策时，需对未来市场作出主观概率估计。设未来市场状态有三种可能，即畅销（销量大于 b），滞销（销量小于 a），平销（销量在 (a, b) 之间）等。

首先，决策者将概率转盘设置在黑扇、白扇各占一半的位置上，开始同专家谈话，问专家是愿意打赌新产品年销量在 a 以下，还是愿意打赌指针在旋转后将停在黑扇区内？假定专家的回答是："我想指针停在黑扇区内的把握大一些。"于是决策者调整转盘，将黑扇区缩小至占圆盘的 25%，再问，专家则回答："我仍不改变刚才的看法。"于是决策者又将黑扇区缩小一半，即占圆盘的 12.5%，再提请专家发表意见，专家说："现在，我可确实不愿意在指针上打赌了，同时也不愿意打赌新产品的年销量小于 a。上述两种打赌，我都感到无所谓。"于是决策者就把年销量小于 a 的主观概率定为 12.5%，上述过程归纳成图 24-2。情况说明：打赌新产品的年销量在 a 以下或者打赌指针旋转后落在概率转盘黑区内。

其次，决策者问，年销量在 b 以上的可能性，同样把概率转盘置于黑、白各半的位置上，专家若说：对此问题，我不想打赌，我感到无所谓。于是决策者得到新产品年销量大于 b 的可能性为 50%。那么，销量在 (a, b) 之间的概率即为 $1-0.125-0.5=0.375$。为了检验上述估计的合理性，决策者应将概率转盘调为黑扇区占 37.5%，并询问专家，是否愿意销量在 (a, b) 之间和指针旋转后落在黑扇区内进行打赌，如专家已感到这种打赌是无所谓的，那么询问到此结束，即确定主观概率为 P（销量<a）= 12.5%，P（销量>b）= 50%，P（a<销量<b）= 37.5%；如果专家并不感到无所谓，那么，决策者就应回到开头一系列的询问，以便发现前后不一致的地方。

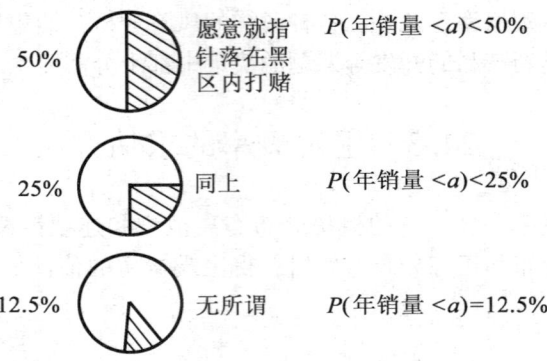

图 24-2

2. 累积概率法

这是利用累积概率曲线进行估计的一种方法。它的做法是,根据主观判断确定一些特殊点的概率以后,画出这条概率曲线,利用它去近似估计其他点的概率。例如,求估某种新产品的未来市场需求量的概率分布时,推销员作了如下的估计:

(1) 最高需求量 2 400 最低为 400,(单位:万斤);
(2) 在 400~1 200 和 1 200~2 400 之间的可能性各占一半;
(3) 当需求小于 1 200 时,需求在 400~900 与 900~1 200 的可能性各半;
(4) 当需求多于 1 200 时,需求在 1 200~1 600 之间与在 1 600~2 400 之间的可能性相等;
(5) 需求多于 1 600 时,需求量在 1 600~1 900 和 1 900~2 400 的可能性相等;
(6) 当需求少于 900 时,需求在 400~700 与 700~900 之间的可能性相等;
(7) 需求量多于 1 900 时,需求在 1 900~2 100 与 2 100~2 400 之间的可能性相等;
(8) 需求少于 700 时,需求量在 400~600 之间与在 600~700 之间的可能性相等。

根据上述 8 个点的主观判断,得到累积概率值如表 24.1。

表 24.1

需求区间	区间中点	累积概率(%)	需求区间的概率(%)
400~600	500	6.25	6.25
600~700	650	12.5	6.25
700~900	800	25	12.5
900~1 200	1 050	50	25
1 200~1 600	1 400	75	25
1 600~1 900	1 750	87.5	12.5
1 900~2 100	2 050	93.75	6.25
2 100~2 400	2 250	100	6.25

将上述累积概率点画成光滑的曲线，如图 24-3 所示，其中，横轴 x 表示需求，纵轴 y 表示累积概率。

根据上述累积概率曲线，即可以近似得到任一需求区间的主观概率。

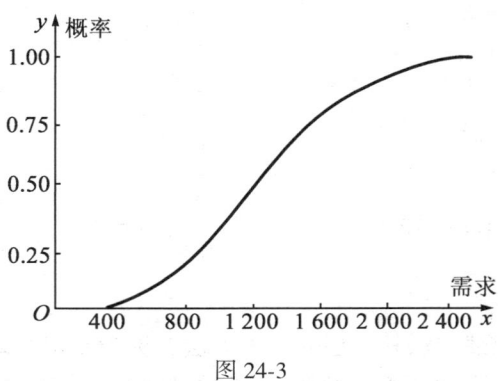

图 24-3

3. 正态分布的主观概率估计

我们知道，正态分布 $N(a, \sigma)$ 由两个参数 a、σ 决定，a 为数学期望值，σ 为均方差。由于正态分布是对称的，期望值是分布的中心，由此就比较容易得到它的主观估计值，而关键的一步是均方差的估计，下面以实例介绍正态概率分布的主观求估方法。

设某项商品未来一年的需求量为 ξ，它服从正态分布，根据有经验的供销人员所作的主观估计，未来一年最可能的需求量为 $a=100$，需求量在 80~120 之间的可能性为 80%，那么，可以认为 $a=100$ 就是数学期望值的主观估计值，需求量在 (80, 120) 之间的可能性为 80%，即

$$P(80<\xi<120) = 80\%$$

又设需求量 ξ 的均方差为 σ，则有

$$P(80<\xi<120) = P(100-20<\xi<100+20)$$
$$= P\left(\frac{-20}{\sigma}<\frac{\xi-100}{\sigma}<\frac{20}{\sigma}\right) = 80\%$$

因为需求量 ξ 服从 $N(a, \sigma)$ 分布，故 $\frac{\xi-a}{\sigma}$ 服从 $N(0, 1)$ 分布，从而有

$$P\left(-\frac{20}{\sigma}<\frac{\xi-100}{\sigma}<\frac{20}{\sigma}\right) = \Phi\left(\frac{20}{\sigma}\right) - \Phi\left(-\frac{20}{\sigma}\right) = 80\%$$

这里 $\Phi(x)$ 是标准正态 $N(0, 1)$ 分布的分布函数，故

$$\Phi\left(\frac{20}{\sigma}\right) - \Phi\left(-\frac{20}{\sigma}\right) = 2\Phi\left(\frac{20}{\sigma}\right) - 1 = 80\%,$$

从而

$$\Phi\left(\frac{20}{\sigma}\right) = 90\%,$$

查正态分布表得到

$$\Phi(1.29) = 90\%$$

所以

$$\frac{20}{\sigma} = 1.29$$

即

$$\sigma = \frac{20}{1.29} \approx 15.5$$

由此得到 σ 的主观估计值为 15.5。

4. 专家咨询法

求估主观概率，除上述方法外，还有一种方法，称为专家咨询法，这种方法类似于特尔斐法，即把要估计的概率和有关的材料，聘请有经验的专家，或有丰富实践经验的经济管理人员进行评估，填写有关的表格。待专家评估后，再作适当的数据处理，把专家估计的结果进行算术平均或加权平均。

§24.4　主观概率估计的修正

由于主观概率是对未来事件发生可能性的一种主观度量，这种主观度量的准确程度，依赖于长期经验的积累和对被估计事件及其环境条件的了解。因此，求估主观概率时，必须聘请有经验的专家担任估计员。例如，对新产品的未来市场作主观概率估计，就要聘请长期从事商品推销工作的推销员负责此项工作。但是，决策者必须明白这种估计值不仅与估计员的经验积累程度和主观判断能力有关，而且预测误差的大小同估计者的思想作风紧密相联。张三处事谨慎小心，思想偏于保守，其估计值可能偏小；李四作风泼辣，办事大刀阔斧，其估计值可能偏大。因此，决策者在使用这些估计值时，必须对估计员的具体情况作全面的了解，并对其估计值作出适当的校正。校正值的大小，通常是对其进行多次的估计、对比估计值与实际值的比率后加以确定。例如，对某种农产品亩产量的估计，估计员观察了每块农田，并估计了每块农田的亩产量，一到收割后即知实际产量。根据多次估计，得到表 24.2 的实际记录。

表 24.2

预测数（估计数）x_i（单位：500g）	实际数 y_i（单位：500g）	$\dfrac{\text{实际数}}{\text{估计数}} = \dfrac{y_i}{x_i} = r_i$
165	175	1.06
203	200	0.98

续表

预测数（估计数）x_i （单位：500g）	实际数 y_i （单位：500g）	$\dfrac{实际数}{估计数} = \dfrac{y_i}{x_i} = r_i$
170	175	1.03
200	205	1.02
185	160	0.86
206	200	0.97
169	170	1.01
190	178	0.93
183	190	1.04
190	180	0.95

表 24.2 的右边一栏记录了实际数与估计数的比率，利用这些比值，可以计算出估计值的偏差程度及平均比率，从而进行校正。这里，平均比率计算公式为

$$\bar{r} = \sum_{i=1}^{n} r_i / n$$

将表 24.2 的数据代入上式，得到平均比率为 0.98，表示实际数等于估计数的 98%，说明了估计数稍为偏高 2%，如经常出现这种情况，那么，决策者就必须校正估计员的估计数，即以每次减去 2% 加以修正。

思考与练习

1. 主观概率同经验有关，那么它的科学性表现在什么地方？
2. 主观概率的适用范围表现在哪几个方面？
3. 确定主观概率有许多方法，试列举之。
4. 如何应用主观概率去进行市场决策或生产决策？试举例说明之。
5. 对某种商品的未来销售量，作了如下的主观概率估计：最可能的销售量为 50，销售量在 40~60 之间的可能性为 90%。又知此种商品的需求分布为正态分布，求此正态分布的参数。

第二十五章　效用理论及其在决策中的应用

在风险型决策中，无论决策者作何种选择，在面对各种不同决策后果的情况下，都要冒一定的风险。对待风险的态度，人们可能不尽相同，有的厌恶，有的喜好，有的采取无所谓的中间态度。这是由于决策者对同一决策后果有不同的价值观和不同的偏好所致，也就是说，同一决策后果，对不同的决策者所产生的效用是不相同的。什么叫效用？如何在决策中使用效用准则？本章将结合具体实例进行介绍。

§25.1　效用的概念

什么叫效用呢？在解释这个概念之前，先从一个例子讲起。假设有两个投资方案供选择：

方案 A：投资 100 万元，有 50% 的把握获利 50 万元，但也有 50% 的可能亏损 20 万元。

方案 B：投资 100 万元，有 100% 的把握盈利 10 万元。

这两个方案哪一个更优呢？不同决策者的标准不一。如按期望决策准则，则有

$$EA = 100 \times 50\% - 20 \times 50\% = 40(万元)$$
$$EB = 10 \times 100\% = 10(万元)$$

有 $EA > EB$，故认为方案 A 优于方案 B，应选择 A。但也有人认为方案 B 优于 A，因为它不必冒风险，就可稳拿 10 万元，而方案 A 则有可能亏损 20 万元，这一决策后果是十分严峻的，因而选择 B 而不选择 A。如果方案 A 是有 85% 的可能性获利 50 万元，只有 15% 的可能性亏损 20 万元，那么，投资者就很可能愿意冒一点点风险来选择 A，因为有 85% 的把握获取 50 万元的高额利润。由此可见，在风险型决策面前，由于决策者的价值观念不同，偏好不同或经济地位不同，因而对待风险的态度也不同，归纳起来，就导致决策的后果对决策者产生的效用不同。

所谓效用，描述性地定义，就是决策者对决策后果的一种感受、反应或倾向，是决策者的价值观和偏好在决策活动中的综合反映。在经济学领域里，效用是指人们在消费一种商品或劳务时所获得的一种满足程度。因此，后果影响效用，而研究后果的效用，就必须把后果的不确定性考虑进去，这种不确定性可作如下的表述。

设 C 表示决策者选择某一方案后，其产生的后果所构成的集合，集合的元素用 $C_1, C_2, \cdots, C_n$ 表示，p_i 是 C_i 发生的概率，$i = 1, 2, \cdots, n$，且 $\sum_{i=1}^{n} p_i = 1$。例如，方案 A 的后果集 C 有两个元素 C_1, C_2，其中 $C_1 = 50$ 万元，$C_2 = -20$ 万元，

$p_1 = 50\%$, $p_2 = 50\%$。以 P 表示后果的概率分布,并记 $P = (p_1, C_1; p_2, C_2; \cdots; p_n, C_n)$ 称 P 为展望。所有的展望构成的集合,称为展望集,以 $\mathscr{F}$ 记之。$\mathscr{F}$ 中的各元素之间有优先关系,例如 P_1 优于 P_2,P_2 优于 P_3,这种优先关系记为

$$P_1 > P_2 > P_3$$

还有一种关系,称为"优于或无差异于"关系,记为"$\geqslant$",例如 P_1 优于或无差异于 P_2,记为

$$P_1 \geqslant P_2$$

则记 $P_1 \sim P_2$ 为 P_1 与 P_2 无差异。

根据上述约定,我们可在展望集 $\mathscr{F}$ 上给出效用函数的定义。

定义:设 u 是定义在集合 $\mathscr{F}$ 上的实值函数,如 u 满足下述两个条件:

1. 函数 u 与在 $\mathscr{F}$ 上的"优于或无差异于"一致,也就是说,对于任意的 P_1,$P_2 \in \mathscr{F}$,当且仅当

$$u(P_1) \geqslant u(P_2) \text{ 时,有}$$
$$P_1 \geqslant P_2$$

这里"$\geqslant$"表示大于或等于。

2. u 在 $\mathscr{F}$ 上是线性函数,即若 P_1,$P_2 \in \mathscr{F}$,$0 \leqslant \lambda \leqslant 1$,有

$$u(\lambda P_1 + (1-\lambda)P_2) = \lambda u(P_1) + (1-\lambda)u(P_2)$$

则称 u 是定义在 $\mathscr{F}$ 上的效用函数。此定义可推广到更一般的情况,即若 $P_i \in \mathscr{F}$,而且 $\lambda_i \geqslant 0$,$i = 1, 2, \cdots, m$,$\sum_{i=1}^{m} \lambda_i = 1$,则有

$$u\left(\sum_{i=1}^{m} \lambda_i P_i\right) = \sum_{i=1}^{m} \lambda_i u(P_i)$$

由此可知,展望 P 的效用函数为

$$u(P) = \sum p_i u(C_i)$$

这里 $u(C_i)$ 为决策后果的效用,p_i 为后果 C_i 发生的概率。根据效用函数定义,$u(P)$ 就是展望效用值,也即期望效用值。显然,如果效用存在而且和决策者对 $\mathscr{F}$ 中各元素的偏好关系一致,也就是当 $P_1 \geqslant P_2$ 时,有 $u(P_1) \geqslant u(P_2)$,这时决策者将采用使期望效用最大者为最优方案。

这里,读者会提出疑问,在什么条件下,效用存在呢?回答的结论是,只有当在 $\mathscr{F}$ 上的优先关系符合下述公理组时,也就是决策者的价值观和偏好与下述公理组相符合时,才存在与决策者认知相一致的效用。这组公理称为理性行为公理。

[**公理 1**] 连通性

如果 P_1,$P_2 \in \mathscr{F}$,则或者 $P_1 > P_2$(P_1 优于 P_2),或者 $P_1 < P_2$(P_1 劣于 P_2),或者 $P_1 \sim P_2$(P_1 与 P_2 无差异),则说在 $\mathscr{F}$ 上的一优先关系是连通的。

[**公理 2**] 传递性

如果 P_1,P_2,$P_3 \in \mathscr{F}$,而且 $P_1 > P_2$,$P_2 > P_3$,必有 $P_1 > P_3$。则说在 $\mathscr{F}$ 上的一优先关系是传递的。

[**公理 3**] 替代性

如果 P_1, P_2, $P_3 \in \mathscr{F}$, 而且 $0<\alpha<1$, α 是参数, 则 $P_1 > P_2$, 当且仅当 $\alpha P_1 + (1-\alpha) P_3 > \alpha P_2 + (1-\alpha) P_3$

[公理4] 连续性

如果 P_1, P_2, $P_3 \in \mathscr{F}$, 而且 $P_1 > P_2 > P_3$, 则存在数 α 和 β, $0<\alpha<1$, $0<\beta<1$, 使下式成立

$$\alpha P_1 + (1-\alpha)P_3 > P_2 > \beta P_1 + (1-\beta)P_3 \tag{23.1-1}$$

上述公理组中的四条公理，每条都有具体的含义。公理1的连通性就是使展望集 $\mathscr{F}$ 中的全部元素都可进行成对比较。公理2的传递性使展望集 $\mathscr{F}$ 中的全部元素均可按一定的优先关系排列次序，如有几个元素彼此无差异，则可排在同一位置上。因此，公理1和公理2合称为次序性公理。公理3说明展望集两个有相同概率分布的展望的优先关系，取决于它们的后果 P_1, P_2 的优先关系。公理4说明没有一种后果绝对好，也没有一种后果绝对坏，在公理4成立的前提下，还可以证明，若 P_1, P_2, $P_3 \in \mathscr{F}$, 且 $P_1 > P_2 > P_3$, 则必存在 r, $0<r<1$, 使 $P_2 \sim rP_1 + (1-r) P_3$。

§25.2 效用测定及效用曲线的制作

效用没有固定的度量单位，因此，要测定效用的绝对值是困难的。例如，一个企业要考察它的经济效益，可用盈利多少元来度量，但要考察它的信誉或信用则难以找到一个合适的度量单位，因为盈利多少元是量的指标，而信誉或信用是一个质的指标，不能用绝对值的大小把两者统一起来的。为此，在使用效用标准时，可以借助于相对估计，测度效用的大小。举例如下：

设某家电公司经营彩电、冰箱和空调等家用电器，售后服务实行三包，并配备了普通维修工和高级维修技师。普通维修工只能排除轻微故障，高级维修技师则可排除一切故障。根据历史统计资料，发生轻微故障的概率为 0.6，发生严重故障的概率为 0.4。现接到用户电话通知，电视机出现了故障，但未知是何种故障，若派人去修，就可能发生下述四种情况之一：

1. 电器出现的是轻微故障，派去的是普通维修工，很快修好，用户满意，所花代价小。

2. 出现的是严重的故障，派去的是高级维修技师，很快修好，用户十分满意，在用户中赢得了信誉，公司认为效用最大。

3. 出现的是轻微故障，但派去的是高级维修技师，很快修好，用户满意，但代价较高，公司认为浪费了人力。

4. 出现的是严重故障，派去的是普通维修工，修不好，只好换高级维修师，虽然修好了，但用户不满意，影响了公司的信誉，公司认为代价最高，效用最小。

对上述四种情况，如何作出综合评价？就其结果看，既包含了公司所付出的物质代价，也包括了公司的信誉。现借助于相对估计方法，对效用值作出相对估计。估计方法是，1表示最大的效用值，0表示最小的效用值。一般以 u 表示，即 $0 \leq u \leq 1$。

现对上例的四种情况作出相对估计如下：第二种情况的效用最大，取 $u=1$，第四种

情况的效用最小，取 $u=0$。第一种的结果也相当好，但比第二种结果差一些，故取 $u=0.8$；第三种情况的结果比第四种结果好，但比第一种差，取 $u=0.5$。这些结果可列成表 25.1。

表 25.1

效用值 \ 故障 \ 维修工等级	严重故障 概率0.4	轻微故障 概率0.6	期望效用值
普通维修工	0	0.8	0.48 =（0×0.4+0.8×0.6）
高级维修师	1	0.5	0.70 =（1×0.4+0.5×0.6）

由表 25.1 可知，派高级维修师去的期望效用最大。

由上例和表 25.1 可知，效用值的大小首先由决策者进行估算，显然会因人而异，因此，在确定效用时，要注意人们对待风险的态度。现在，我们讨论效用函数曲线的制作问题：以直角坐标系的横坐标表示损益值，纵坐标表示效用值。根据决策者对风险的态度所画出的效用曲线，称为效用曲线。由于效用值与决策者对待风险的态度有关，故可采用心理试验的方法，通过问答的形式画出效用曲线，具体步骤如下。

第一步：确定效用的尺度范围。

假定决策者有一幸运机会，可自由选择两种收入方案之一。

方案 A：以 50% 的概率可得到 300 元，50% 的概率得到 0 元。

方案 B：稳拿 50 元。

在这两个方案面前，决策者的最大收益是得到 300 元，效用最大，故取 $u(300)=1$，最小的收益是 0 元，效用最小，故取 $u(0)=0$。

第二步：确定 0 元与 300 元之间的一个点的效用值，并对决策者进行问答，以测定决策者对不同方案的反应。

（1）问：你认为方案 B 比方案 A 稳妥吗？

答：是。

这说明 50 元的效用值大于方案 A 的效用值，即

$$u(50) > u(A)$$

（2）将方案 A 改为以 0.7 的概率得 300 元，以 0.3 的概率得 0 元，方案 B 不变。

问：你还愿意选方案 B 吗？

答：愿意。

这说明 50 元的效用值仍大于方案 A 的效用值。

（3）再将方案 A 改为以 0.8 的概率得 300 元，0.2 的概率得 0 元，方案 B 不变。

问：你愿意选择 A，还是选择 B 呢？

答：无所谓。这意味着 A、B 两方案是等效用的，即 $u(50)=u(A)$，而方案 A 的

期望效用值为
$$0.8 \times u(300) + 0.2 \times u(0) = 0.8 \times 1 + 0.2 \times 0 = 0.8$$
由此得到
$$u(50) = 0.8 \tag{25.2-1}$$

第三步：确定 50 元与 300 元之间的一个点的效用函数值，设计了以下两个方案，以测定决策者的反应。

方案 A：以 0.5 的概率得 50 元，0.5 的概率得 300 元。

方案 B：稳得 100 元。

(1) 问决策者：你作何种选择？

答：选 B。

这说明 100 元的效用值比方案 A 的效用值大，即 $u(100) > u(A)$。

(2) 将方案 A 改为以 0.4 的概率得 50 元，0.6 的概率得 300 元，方案 B 不变，再问决策者。

问：你是选方案 A，还是选方案 B 呢？

答：是 B。

这说明 100 元的效用仍大于方案 A 的效用值，即
$$u(100) > u(A)$$

(3) 继续修改方案 A，将 A 改为以 0.3 的概率得 50 元，0.7 的概率得 300 元，方案 B 不变，再问决策者。

问：你还愿意选 B 吗？

答：选 B 选 A 都一样。

这说明两者的效用值相等，即 $u(100) = u(A)$，而 A 的期望效用值等于
$$0.7 \times u(300) + 0.3 u(50) = 0.7 \times 1 + 0.3 \times 0.8 = 0.94$$
所以
$$u(100) = 0.94$$

第四步：确定 0 元与 50 元之间一个点的效用函数值，对上述两个方案 A、B 作修改后，再对决策者进行问答式测试。

方案 A：以 0.5 的概率得 0 元，以 0.5 的概率得 50 元。

方案 B：稳拿 20 元。

(1) 问决策者：你愿选 A 还是 B 呢？

答：选 B。

这说明方案 B 的效用大于方案 A 的效用，即
$$u(20) > u(A)$$

(2) 将方案 A 改为以 0.3 的概率得 0 元，0.7 的概率得 50 元，方案 B 不变，再对决策者测试。

问：你认为是 A 优于 B 呢，还是 B 优于 A 呢？

答：两者都可以，即 $u(20) = u(A)$。这时，A 的期望效用值为
$$0.3 \times u(0) + 0.7 \times u(50) = 0.7 \times 0.8 = 0.56$$

由此得到
$$u(20) = 0.56$$
对于其他点的效用值,可以继续使用上述心理试验问答的方法求出。至此,我们已得到5个点的效用值:$u(0)=0$,$u(20)=0.56$,$u(50)=0.8$,$u(100)=0.94$,$u(300)=1$,将这些点用线连接起来,并把它光滑化,即得到这位决策者的效用曲线(见图25-1)。

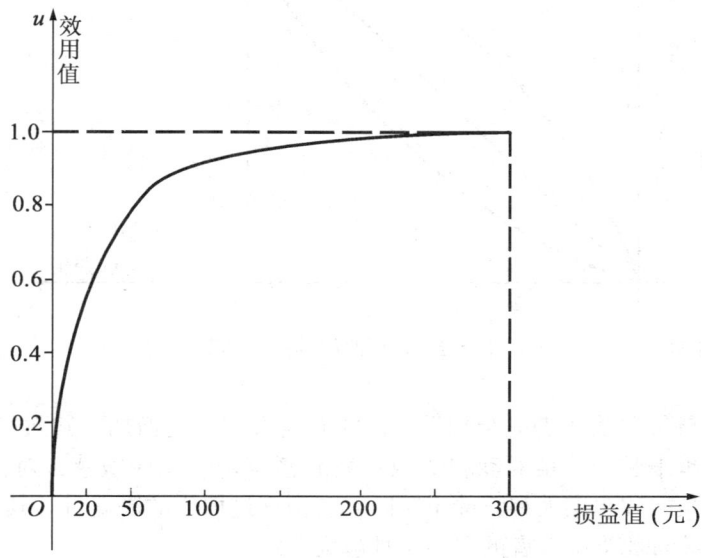

图 25-1　决策者的效用曲线

§25.3　效用曲线的分类及效用决策准则

由于不同的决策者对风险的态度不同,其效用函数不同,故其效用曲线也不相同,但在诸多不同的效用曲线中,可以分成三种类型,如图25-2所示。

A类效用曲线,是一种保守型效用曲线,它表示决策者对货币收入的态度是,效用值随货币收入的增加而递增,但其递增的速度越来越慢。如图25-1所示,决策者对稳得的收益值的效用,大于他对带有风险的相等的期望收益值的效用。这类决策者对可能的损失,反应相当敏感,而对收益的迅速增加,则反应比较迟缓,是一种不求大利,但求稳妥,小心谨慎,避免风险的风险厌恶者。这种效用曲线的特点是曲线的中间部分呈上凸形状,上凸越厉害,表示决策者对风险的厌恶程度越高。

B类效用曲线,是一种风险中立者的效用曲线,其特点是决策者的货币收益效用值是收益的线性函数,其曲线的特点是呈上升直线。此类决策者以期望收益值的大小作为选择方案的标准。因此,他的决策准则就是期望收益最大。这类曲线所代表的决策者,大多数都是循规蹈矩,四平八稳,既不保守,也不去冒险的风险中立者。

C类效用曲线,是一种冒险型的效用曲线,曲线形状是向下凸的,表示决策者在货币

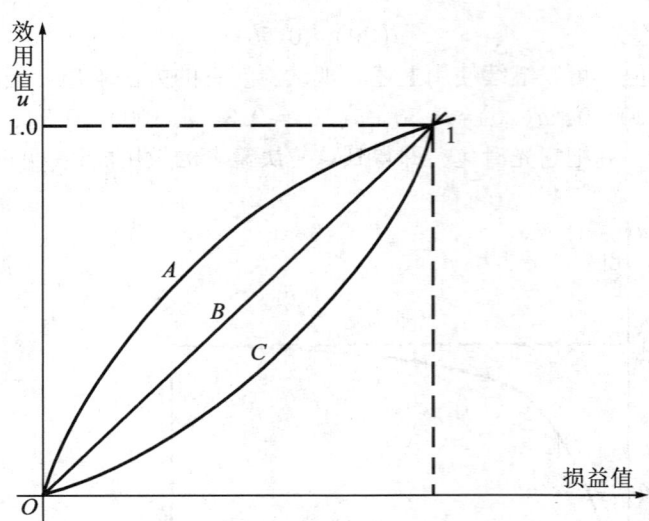

图 25-2 效用曲线的三种类型

收益面前的态度与 A 类决策者完全相反。他随着货币收益的增加,其效用值也跟着递增,而且递增的速度越来越快。他对获得大收益特别感兴趣,反应敏感;对亏损则不十分关心,反应迟缓,是一种想谋大利,敢于冒险,有很强进取心的决策者。其效用曲线中部下凸越厉害,则意味着此类决策者的冒险精神越大。

运用效用曲线进行决策,就是以效用值的大小作为决策标准,效用值最大的方案为最优方案,这就是一般意义上的所谓决策准则。现通过实例介绍如下。

某公司准备经营某类商品,拟订了三种经营方案,未来市场有畅销、平销和滞销三种可能,市场状态和各方案的损益值如表 25.2 所示。试用效用准则求出最优方案。求解步骤如下:

表 25.2   单位:万元

损益值\市场状态\经营方案	畅销 概率0.3	平销 概率0.5	滞销 概率0.2
A	12	6	−10
B	8	3	−2
C	4	4	4

(1) 根据决策者的价值观和对风险所持态度,画出决策者的效用曲线。此三个方案中,收益最大的是 12 万元,最小是 −10 万元。因此,$u(12)=1$,$u(-10)=0$,则用 §25.2 的方法,画出决策者的效用曲线,如图 25-3 所示。

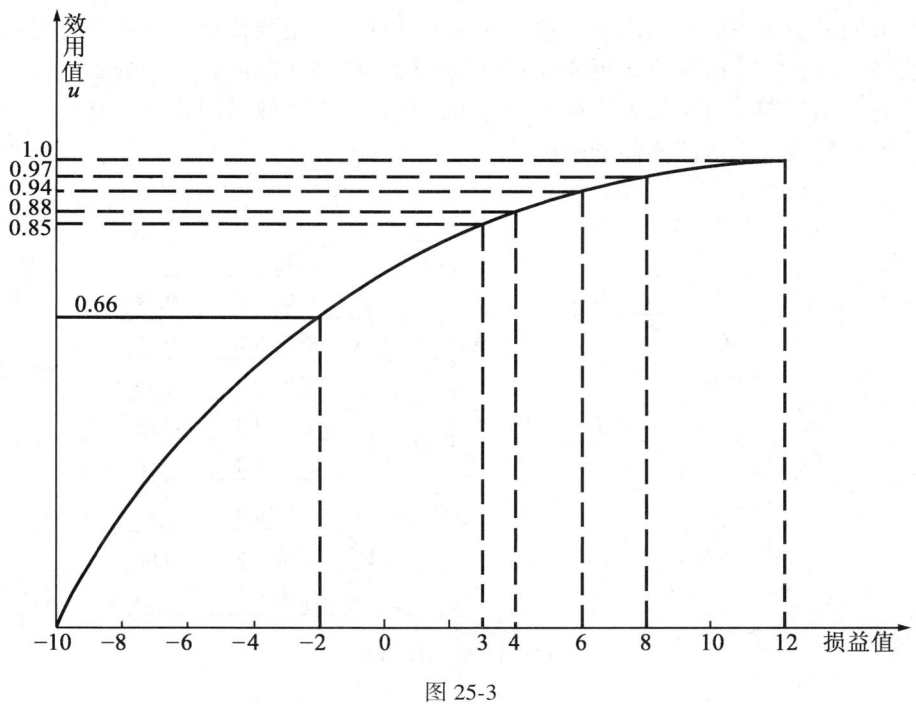

图 25-3

在效用曲线上可找出表 25.2 中各损益值对应的效用值，见表 25.3。

表 25.3　　　　　　　　　　　　　　　　　　　　　　　　　　　　　　　　单位：万元

损益值	−10	−2	3	4	6	8	12
效用值	0	0.66	0.85	0.88	0.94	0.97	1.0

（2）根据表 25.3 中的数据，分别计算出方案 A、B、C 的期望效用值，得到：

方案 A 的期望效用值为

$$u(12) \times 0.3 + u(6) \times 0.5 + u(-10) \times 0.2$$
$$= 1 \times 0.3 + 0.94 \times 0.5 + 0 \times 0.2 = 0.77$$

方案 B 的期望效用值为

$$u(8) \times 0.3 + u(3) \times 0.5 + u(-2) \times 0.2$$
$$= 0.97 \times 0.3 + 0.85 \times 0.5 + 0.66 \times 0.2 = 0.85$$

方案 C 的期望效用值为

$$u(4) \times [0.3 + 0.5 + 0.2] = u(4) = 0.88$$

（3）运用决策树技术进行决策，参见图 25-4，从右至左分别计算出各方案的期望效用值，并填入圆圈内，再进行比较，即选择效用最大的方案为最优方案。本例中方案 C 为最优方案。可见,决策者是保守型的,他厌恶风险,对亏损十分敏感。

在本节的最后,我们对效用决策法作简短的评价:其主要优点是在决策时把决策者的风险态度考虑进去,使决策方案更能反映决策者的意图和实际需要。它的不足之处是制作效用曲线时,不仅需要对决策者作反复的心理测试,甚至在测试问答中,有些问题使决策者难以回答,导致效用曲线不能准确测定。

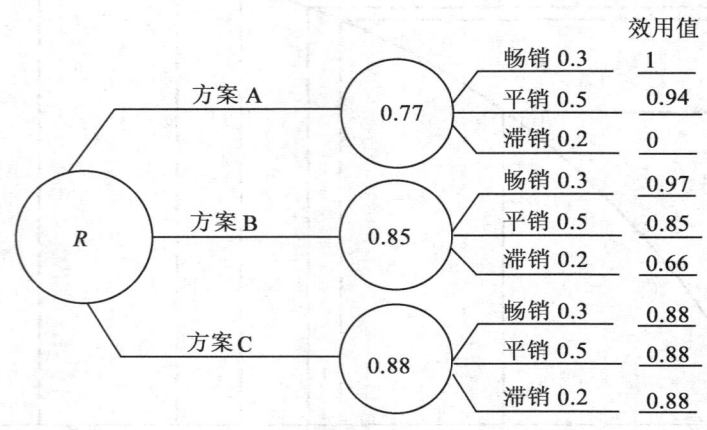

图 25-4　效用决策树

思考与练习

1. 什么是效用?效用值如何测定?

2. 某企业为满足市场需要,准备建立新厂。现有建大厂与建小厂两种方案,面临的市场状态有畅销、平销、滞销三种,它们出现的概率为 0.5, 0.3, 0.2,各方案的损益值如表 25.4 所示。

表 25.4

损益值 方案	市场状态 概率	畅　销 0.5	平　销 0.3	滞　销 0.2
建大厂		100 万元	60 万元	−20 万元
建小厂		35 万元	20 万元	15 万元

该企业的负责人是一位风险爱好者,他的效用曲线如图 25-5 所示,试用效用决策法求出最优的建厂方案。

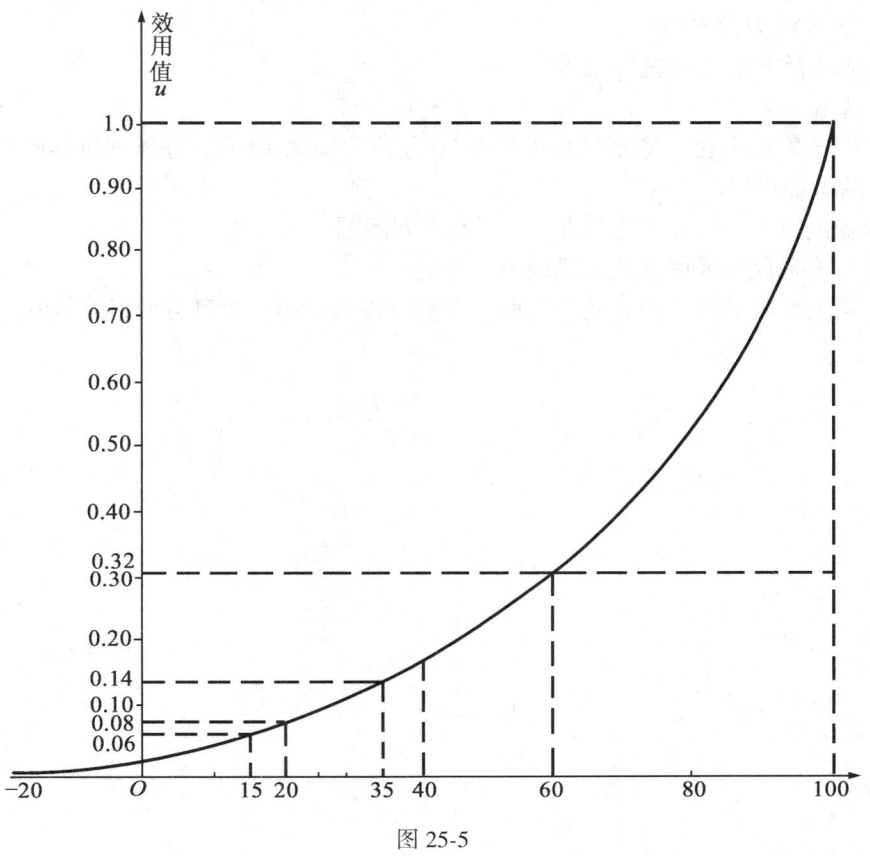

图 25-5

3. 某人有一幸运机会能对两种收入方案作选择。方案 A：以 50% 的可能收入 400 元，50% 的可能亏损 30 元。方案 B：稳拿 130 元。现对某人问答如下，试根据问答情况求出某人的效用曲线。

问：你选择 A 还是 B 呢？

答：选择 A。

问：将方案 B 改为稳拿 150 元以后，你是选 A 还是选 B 呢？

答：选 A。

问：再将方案 B 改为稳拿 200 元以后，你作何种选择呢？

答：无所谓，也就是选 A 与选 B 都一样。

为确定某人的效用曲线，继续问答如下：

问：如果方案 A 是以 75% 的概率可收入 400 元，25% 的概率亏损 30 元。方案 B 是稳拿 200 元，你选择何种方案呢？

答：选择 A。

问：若保持方案 A 不变，将方案 B 改为稳拿 250 元，你认为应如何选择呢？

答：选 A 选 B 都可以，即两个方案等效。

现对 A、B 两方案都作修改。方案 A 改为以 40%的概率可收 400 元，60%的概率亏损 30 元。方案 B 改为稳得 30 元。

问：你选择方案 A 还是方案 B？

答：选 A。

问：若方案 A 不动，将方案 B 由稳拿 30 元改为稳拿 80 元，你作何选择呢？

答：两者都可以。

4. 根据问题 3，画出其效用曲线，回答下列问题：

（1）某人是风险爱好者还是风险中立者呢？

（2）某人在收益与亏损这两个方面，对哪方面最敏感？对哪方面最迟缓？

第二十六章　对策论的基本原理及其应用

对策论（Game Theory）又称博弈论、策略运筹学等，是研究竞争策略运筹的科学，在市场竞争中大有用武之地。对策论的思想，古已有之，我国古代的《孙子兵法》堪称古代的对策论专著，田忌与齐王赛马的故事就是一个经典的博弈事例。不过，现代对策论的形成和发展，则是近几十年的事情。在 20 世纪 80 年代，对策论就已受到世界各国经济与管理学家的广泛重视，并认为对策论是经济理论分析的核心方法，列为西方经济学有关专业学生的一门必修课程。对策论的思想、概念和方法在经济学与管理学杂志上大量涌现，几乎到了不学点对策论，就等于不懂现代经济学和管理学的地步。特别是在 1994 年 10 月瑞典皇家科学院宣布把该年度的诺贝尔经济奖授予美国普林斯顿大学教授约翰·纳什（J. Nash）、加州大学教授约翰·豪尔绍尼（J. Harsanyi）和德国波恩大学教授赖因哈德·泽尔腾（Reinhard Selten），以表彰他们把对策论应用于现代经济分析所作出的突出贡献以后，对策论的名声在世界范围内影响更大，其理论研究及应用研究又掀起新的高潮，不仅经济学家、企业界的巨头，而且许多军事、政府机构都十分关注这门学科的发展，更引起我国正在探索建设社会主义市场经济途径的人们的极大兴趣和关注。由于对策论对于探索我国经济体制改革，建立现代企业制度，发展和完善社会主义市场机制有着很强的现实意义，许多企业家正努力地运用它去寻找市场竞争的策略，以提高产品的竞争地位。因此，企业和经济管理工作者、高等院校的有关学生学点对策论，对于他们开拓新视野，发展新观念，提高竞争素质和科学决策水平是大有裨益的。本章将简明地介绍一些对策论的基本概念、基本方法及其在经济和市场竞争中的应用。

§26.1　对策论的基本概念

对策现象普遍存在，在各种政治、军事、经济和科技领域的竞争中，对策的范例屡见不鲜。虽然对策来源于竞争，但并非所有的竞争都构成对策。例如，两个孩子玩掷一粒骰子的竞赛，出现点数最多者获胜，这只是两人竞争胜负，但不构成对策，而两个孩子玩石头、手帕、剪刀的游戏，就构成对策。因为要构成所谓对策，必须具备对策的基本要素。
构成对策有三个基本要素：

1. 局中人

所谓局中人，就是在一场竞赛或对策中，为了战胜对方，有权决定自己选用何种策略的参加者。例如，在田忌与齐王赛马的故事中，田忌与齐王都是局中人，玩石头、手帕、剪刀游戏的两个孩子都是局中人，参与市场竞争的工商企业家、金融家等也大多是局中人。根据局中人的多少,划分为两人对策或 n 人对策（$n>2$）。

2. 策略及策略集

在每局对策中,参加对策的局中人都有供自己选择的实际可行的完整的行动方案。一种方案称为一个策略,策略的全体就构成策略集（或策略空间）。例如,在玩石头、手帕、剪刀的游戏中,石头、手帕、剪刀都是策略,总共有 3 个策略,就构成策略集。策略集中的策略可以是有限的,也可以是无限的。若所有局中人的策略集均为有限集时,则称此对策为有限对策；否则,为无限对策。例如,田忌与齐王赛马,两个孩子玩石头、手帕、剪刀游戏,均是有限对策。而市场竞争中,因价格变动可能有无限多个值,故可认为是无限对策。

3. 支付函数

支付函数又称赢得函数,是指一局对策结束之后,对一个局中人来说,其结果是胜利或失败,随之而来的是物质或现金的收入或支出,这些统称为得失,常以函数表示。每个局中人在一局对策结束之后的得失,不仅与自己选取的策略有关,而且与对方选取的策略也有密切的关系。我们把局中人在各自策略集中各取的一个策略所构成的策略组称作"局势"。于是,一局的得失就是局势的函数,这个函数就是支付函数,简称支付。如果在某一局势下,某一局中人在其他局中人策略不变的条件下,将自己的策略改为另一策略而不能增加自己的所得时,那么,这种局势对此局中人来说是可以接受的。如果此局势对全体局中人来说都是可以接受的,则称此局势为平衡（或均衡）局势。在平衡局势下,每个局中人所选取的策略称为平衡策略或最优策略。在平衡局势下的支付函数值,称为对策值。如果在每一局势下,全体局中人的得失总和等于零,就称此种对策为零和对策。如果得失总和等于某一固定的常数,则称此种对策为常和（或定常）对策。

现代对策论内容十分丰富,总体上可分为静态对策和动态对策。在静态对策中,由于大多数对策均与局中人的特定行为有关,因此又分为结盟对策与不结盟对策。结盟对策又分为联合对策和合作对策。在不结盟对策中,按策略多少分为有限对策和无限对策；按局中人多少分为 2 人对策和 n 人（$n>2$）对策；按对策值分为零和对策与非零和对策等。

根据以上所述,我们把具备对策三个基本要素的对策现象称为最基础层次的对策模型,模型的一般形式是：$G=\{I, S, P\}$,其中,I 为局中人的集合,S 为策略空间（或策略集）,P 表示支付函数。若 $S^* = (S_1^*, S_2^*, \cdots, S_n^*) \in S$,能使 $P(S_1^*, S_2^*, \cdots, S_n^*)$ 满足某种均衡性质和条件,则称 S^* 为 $G=\{I, S, P\}$ 在此均衡意义下的解,称 S^* 为 S 中的一个均衡点,并称 $P(S_1^*, S_2^*, \cdots, S_n^*)$ 为相应的均衡支付。

§26.2 矩阵对策

两人有限零和对策又称矩阵对策,这种对策的局中人只有两个,可以是两个公司或两个团体,也可以是两个法人。他们各有有限个可供选择的策略。每局对策的结果,双方的得失总和为零。这类对策,我国古代就有光辉的范例,如田忌和齐王赛马,即双方约定参赛方各出上、中、下三个等级的马各一匹进行比赛，每局比赛结果，胜者得千金，败者则失千金。由于在同等马中，齐王的马都比田忌的马强，因而田忌获胜的希望很小。正当齐王以为自己胜券在握，得意洋洋地摆出上、中、下三匹马的出马阵势时，田忌的好友孙膑便为他献上一条良策，让田忌以下等马去迎战齐王的上等马，先输一局，然后再以上等马去应战齐王的中等马，中等马去应战齐王的下等马。由于田忌的上、中等马可以胜齐王的中、下等马，因而在3局比赛中，田忌以两胜一负的战果赢得千金。这是以弱胜强的范例。

本节讨论两种矩阵对策。

1. 有鞍点的对策

在两人零和对策中，一个局中人的赢得或损失，就是另一个局中人的损失或赢得。设A、B表示两个局中人，A有m种策略，以$\alpha_1, \alpha_2, \cdots, \alpha_m$记之，B有$n$种策略，记为$\beta_1, \beta_2, \cdots, \beta_n$。以$S_1$表示A的策略集，$S_2$表示B的策略集，$(\alpha_i, \beta_j)$构成局势，局势的集合以$S$表示，即

$$S = \{(\alpha_i, \beta_j) \mid \alpha_i \in S_1, \beta_j \in S_2, i = 1, 2, \cdots, m, j = 1, 2, \cdots, n\}$$

在局势(α_i, β_j)下，局中人A的支付记为p_{ij}，则矩阵

$$P = \begin{pmatrix} p_{11} & p_{12} & \cdots & p_{1n} \\ p_{21} & p_{22} & \cdots & p_{2n} \\ \vdots & \vdots & & \vdots \\ p_{m1} & p_{m2} & \cdots & p_{mn} \end{pmatrix} \quad (26.2\text{-}1)$$

称为局中人A的支付（或赢得）矩阵。

记$I = \{A, B\}$，$S = \{S_1, S_2\}$，
则 $G = \{I, S, P\}$ 构成矩阵对策模型。为求出对策模型的解，对双方的对策条件需作如下的假设：

（1）对策双方的行为是理智的，对策略的选择不存在任何侥幸心理。
（2）局中人选取策略的目标是收益最大或损失最小。
（3）对策中的有关规定和要求，局中人是知道的。
（4）局中人同时选取各自的行动策略。

在上述假定下，局中人A若选取了策略α_i，$\alpha_i \in S_1$，则A的收入至少是$\min_j p_{ij}$，$i = 1, 2, \cdots, m$；$j = 1, 2, \cdots, n$。但α_i是S_1中任取的一个策略，根据假设条件，A将选择这样的策略α_i，使得他的收益达到最大，即至少可得$\max_i \min_j p_{ij}$，$i = 1, 2, \cdots, m$；$j = 1, 2, \cdots, n$，即A应选取的策略，是各行元素最小元素中的最大者。对于局中人B，他选用的策略β_j时，$\beta_j \in S_2$，他的损失最多是$\max_i p_{ij}$，因此，B在选取他的最优策略β_j时，他的损失应是最小，也就是他的损失最多不超过$\min_j \max_i p_{ij}$，即各列最大元素中的最小者。记局中人A的最优策略为α_{i^*}，B的最优策略为β_{j^*}。则由局势$(\alpha_{i^*}, \beta_{j^*})$所确定的支付为$p_{i^*j^*}$，满足以下不等式

$$p_{ij*} < p_{i*j*} < p_{i*j} \qquad (26.2\text{-}2)$$

其中 $i=1, 2, \cdots, m$；$j=1, 2, \cdots, n$。局势 $(\alpha_{i*}, \beta_{j*})$ 称为对策模型 $G=\{I, S, P\}$ 的最优解，我们称这种对策为有鞍点的对策。容易证明，支付矩阵 P 存在鞍点的充要条件是

$$\max_i \min_j p_{ij} = \min_j \max_i p_{ij} \qquad (26.2\text{-}3)$$

［例1］ 已知甲、乙双方的零和矩阵对策的损益（支付）矩阵如表26.1，试求出甲、乙双方的最优策略和对策值。

表 26.1

甲的支付\乙方策略	β_1	β_2	β_3	β_4	$\min_j p_{ij}$	$\max_i \min_j p_{ij}$
α_1	13	1	24	−9	−9	
α_2	16	3	8	10	3	3
α_3	−3	−1	29	0	−3	
α_4	15	−6	10	6	−6	
$\max_i p_{ij}$	16	3	29	10		
$\min_j \max_i p_{ij}$		3				

根据小中求大及大中求小原理，对表 26.1 中的数据进行计算，计算步骤如下：

(1) 求出 α_i，$i=1, 2, 3, 4$ 各行的最小值，填在 $\min_j p_{ij}$ 这一列内，如表 26.1 中 $\min_j p_{ij}$ 列的 −9，3，−3，−6。然后，对 $\min_j p_{ij}$ 求最大值，得到 $\max\limits_{1\leqslant j \leqslant 4} \min\limits_{1\leqslant i \leqslant 4} p_{ij}=3$。

(2) 对 β_j，$j=1, 2, 3, 4$ 各列求出最大值，分别填入 $\max_j p_{ij}$ 这一行内，即 16，3，29，10。然后，对 $\max_j p_{ij}$ 行内的数值求出最小值，得到 $\min\limits_{1\leqslant i \leqslant 4} \max\limits_{1\leqslant j \leqslant 4} p_{ij}=3$，显然

$$\max_j \min_i p_{ij} = \min_i \max_j p_{ij} = 3$$

说明此对策模型有鞍点存在。由此得到甲的最优策略是 α_2，乙的最优策略是 β_2，对策值等于 3。

在上述计算中需对支付矩阵的所有行和列进行极大极小值或极小极大值的计算。如果矩阵阶数很高，计算量就很大。为减少计算量，可通过优超性原理，降低支付矩阵的阶数。

所谓优超性原理，就是如果支付矩阵 $(p_{ij})_{m \times n}$ 的第 i 行各元素的值都大于或等于第 k 行相应各元素的值，即 $p_{ij} \geqslant p_{kj}$，$j=1, 2, \cdots, n$，则称局中人 A 的策略 α_i 优超于策略 α_k，记为 $\alpha_i > \alpha_k$。这时，无论 B 采用何种策略 β_j 时，A 采用的策略 α_i 总比 α_k 好。与之相反，如果支付矩阵 P 中的第 j 列各元素的值都小于或等于第 l 列相应元素的值，也就是 $p_{ij} \leqslant p_{il}$，$i=1, 2, \cdots, m$，则称 B 的策略 β_j 优超于策略 β_l，记为 $\beta_j > \beta_l$。表示不管 A 采用何种策

略,只要 B 采用 β_j,总比采用 β_l 好。

优超性的主要用处是,在求解对策模型 $G=\{I, S, P\}$ 时,可以降低支付矩阵 P 的阶数。具体的方法是,如果策略 α_i 优于 α_k,则可在策略集 S_1 中,删去策略 α_k,这就相当于把 A 的支付矩阵 P 删去第 k 行。同样,如果策略 β_j 优于策略 β_l,那么,可在 B 的策略集中删去策略 β_l,这就相当于把支付矩阵的第 l 列删去。

2. 无鞍点的对策

若支付矩阵 $P = (p_{ij})_{m\times n}$,且

$$\max_j \min_i p_{ij} \neq \min_i \max_j p_{ij}$$

则称此矩阵对策为无鞍点的对策。因此,竞赛双方就不能固定地采用某种既定的策略,也就是说,局中人找不到各自的最优策略,自然也就求不出最优策略意义下的对策值。为了对此决策模型有直观的了解,先从具体例子讲起。

假设局中人 A、B 双方的零和对策是已知 A 方的支付矩阵如表 26.2,试对此对策模型求解。

表 26.2

A 的策略 \ B 的策略	β_1	β_2
α_1	2	6
α_2	10	-4

据表 26.2 得到此对策模型的支付矩阵

$$P = \begin{pmatrix} p_{11} & p_{12} \\ p_{21} & p_{22} \end{pmatrix} = \begin{pmatrix} 2 & 6 \\ 10 & -4 \end{pmatrix}$$

由于 $\max\limits_j \min\limits_i p_{ij} = 2$,$\min\limits_i \max\limits_j = 6$,两者不相等,因此,为不存在鞍点的对策,即求不出固定的最优策略,因而对策局势是不稳定的,双方都不能依靠采取一个固定的策略来达到收益最大或损失最小的目标,而必须经常变更策略,时而采用这一策略,时而采取另一策略,这种策略即为混合策略。理论上可以证明,无鞍点的对策虽不存在稳定的最优策略,但可求出采用各种策略的概率。

设给定的对策模型为 $G = \{I, S, P\}$,其中 $I = \{A, B\}$,$S = \{S_1, S_2\}$,$S_1 = (\alpha_1, \alpha_2, \cdots, \alpha_m)$,$S_2 = (\beta_1, \beta_2, \cdots, \beta_n)$,$P = (p_{ij})_{m\times n}$ 是 A 的支付矩阵,A、B 是局中人,且为零和对策。又设 x_i 是局中人 A 采用策略 α_i 的概率,$i = 1, 2, \cdots, m$,$\sum\limits_{i=1}^{m} x_i = 1$,$y_j$ 是局中人 B 采用策略 β_j 的概率,$j = 1, 2, \cdots, n$,$\sum\limits_{j=1}^{n} y_j = 1$,在策略集 S_1 上的策略概率向量

记为 $x = (x_1, x_2, \cdots x_m)^\tau$，在 S_2 上的策略概率向量记为 $y = (y_1, y_2, \cdots, y_n)^\tau$，A、B 的混合策略集分别用 S_1^* 与 S_2^* 表示

$$S_1^* = \{x = (x_1, x_2, \cdots, x_m)^\tau \mid x_i \geq 0, i = 1, 2, \cdots, m, \sum_{i=1}^m x_i = 1\}$$

$$S_2^* = \{y = (y_1, y_2, \cdots, y_n)^\tau \mid y_j \geq 0, j = 1, 2, \cdots, n, \sum_{j=1}^n y_j = 1\}$$

则称 (x, y)，$x \in S_1^*$，$y \in S_2^*$，为混合局势。

在实际的对策中，由于局中人 A 采用策略 α_i 的概率为 x_i，B 采用策略 β_j 的概率是 y_j，故 A、B 分别采用 α_i、β_j 是一随机事件，因而混合局势 (α_i, β_j) 出现的概率为 $x_i y_j$。在此混合局势的情况下，局中人 A 的期望支付或称对策值是

$$E = E(x, y) = \sum_{i=1}^m \sum_{j=1}^n p_{ij} x_i y_j = x^\tau P y \tag{26.2-4}$$

由于是两个人的零和对策，故局中人 B 的期望支付是 $-E$。由此可见，$E(x, y)$ 是混合局势的函数。记 $S^* = \{S_1^*, S_2^*\}$ 称为混合策略空间，则称 $G^* = \{I, S^*, E\}$ 为原对策模型 $G = \{I, S, P\}$ 的混合扩充对策模型。

设 G^* 是 G 的混合扩充对策模型，如果存在混合局势 (x^*, y^*) 使下述不等式成立

$$E(x, y^*) \leq E(x^*, y^*) \leq E(x^*, y) \tag{26.2-5}$$

其中 $x \in S_1^*$，$y \in S_2^*$，则称 (x^*, y^*) 为 G 在混合策略下的解，x^*、y^* 分别称为局中人 A、B 的最优混合策略，期望支付 $E(x^*, y^*)$ 称为局中人 A 在混合策略下的对策值。在理论上可以证明，对策模型 $G = \{I, S, P\}$ 在混合策略意义下有解的充分必要条件是

$$\min_{y \in S_2^*} \max_{x \in S_1^*} E(x, y) = \max_{x \in S_1^*} \min_{y \in S_2^*} E(x, y) \tag{26.2-6}$$

现给出矩阵对策模型的线性规划解法。由于对策值 E 存在，局中人 A 寻求的策略是 $x = (x_1, x_2, \cdots, x_m)$，满足

$$\begin{cases} \sum_{i=1}^m p_{ij} x_i \geq E, & j = 1, 2, \cdots, n, \\ \sum_{i=1}^m x_i = 1, \; x_i \geq 0, & i = 1, 2, \cdots, m \end{cases} \tag{26.2-7}$$

由于 $E = \max_{x \in S_1^*} \min_{1 \leq j \leq n} \sum_{i=1}^m p_{ij} x_i$，假定 $E > 0$，可作如下变换，令 $x_i' = \dfrac{x_i}{E}$，$i = 1, 2, \cdots, m$，则 (26.2-7) 式可改写成

$$\begin{cases} \sum_{i=1}^m p_{ij} x_i' \geq 1, & j = 1, 2, \cdots, n, \\ \sum_{i=1}^m x_i' = \dfrac{1}{E}, \; x_i' \geq 0, & i = 1, 2, \cdots, m \end{cases} \tag{26.2-8}$$

由于局中人 A 欲使 E 达到最大，也就是使目标函数 $\sum_{i=1}^m x_i'$ 达到最小，那么，A 寻求的最优混合策略 $x = (x_1, x_2, \cdots, x_m)$ 就相当于解线性规划

$$\begin{cases} \sum_{i=1}^{m} x_i' = \min \\ \text{s.t.} \sum_{i=1}^{m} p_{ij} x_i' \geq 1, \quad j = 1, 2, \cdots, n \\ x_i' \geq 0, \quad i = 1, 2, \cdots, m \end{cases} \quad (26.2\text{-}9)$$

类似地可求出 B 的最优混合策略，即相当于解线性规划

$$\begin{cases} \sum_{j=1}^{n} y_j' = \max \\ \text{s.t.} \sum_{j=1}^{n} p_{ij} y_j' \leq 1, \quad i = 1, 2, \cdots, m, \\ y_j' \geq 0, \quad j = 1, 2, \cdots, n \end{cases} \quad (26.2\text{-}10)$$

其中 $y_j' = \dfrac{y_j}{E}$, $j = 1, 2, \cdots, n$。

线性规划的求解方法很多，通常是使用单纯形法。如果 $m=2$, $n=2$，则可用图解法。

§26.3　二人非零和对策

所谓二人非零和对策，就是每局对策的结果，双方得失的总和不为零，也不等于某个常数，而是将对策的结果以一对数字表示，例如 (1, 3)。本节介绍的非零和对策模型，在经济或市场竞争中有十分重要的应用。

1. 囚徒困境模型

所谓囚徒困境，说的是警察抓住了两个藏有被盗品的犯罪嫌疑人，但没有足够的证据证明是他们所盗，为防止他们串通搞攻守同盟，将他们分开关押。他们面临的两种选择是："坦白"和"不坦白"。如果两人均"不坦白"，由于没有充足的证据证明是他们盗窃的，只能以窝赃罪各判 1 年徒刑。如果两人中有一人坦白认罪，另一人拒不坦白，则坦白者立功受奖，立即释放，拒不坦白者则重判 9 年徒刑。如果两人都同时坦白认罪，则从宽处理，每人只判 4 年徒刑。现用 –1、–4、–9 分别表示判刑 1 年、4 年和 9 年，用 0 表示立即释放，那么，两囚徒的选择及其结果如表 26.3 所示。表中的四对数字，就构成了囚徒 1 与囚徒 2 的非零和对策的赢得矩阵。

表 26.3

双方获得＼囚徒 2　囚徒 1	坦　白	不　坦　白
坦　白	–4, –4	0, –9
不　坦　白	–9, 0	–1, –1

记赢得矩阵为

$$\begin{pmatrix} -4, -4 & 0, -9 \\ -9, 0 & -1, -1 \end{pmatrix} \quad (26.3\text{-}1)$$

由此得到两囚徒的各种选择及其可能的结果，构成一个非零和对策模型。

在这个对策模型中，每个局中人，不论他作出何种选择，都要考虑到对方的实际选择。尽管他不可能知道对方所作出的实际选择，因为他们各方的利益不仅由自己的选择决定，而且也由对方作出的选择决定。例如，囚徒1选择了"不坦白"，如果囚徒2也选择了"不坦白"，则双方均只被判刑1年；否则，囚徒2选择了"坦白"，那么囚徒1就会被认定是抗拒认罪，将获判9年徒刑，而囚徒2则被认定有立功表现，获得立即释放。如果囚徒1选择了"坦白"，则囚徒2也有"坦白"与"不坦白"两种选择，如囚徒2选择了"坦白"，则两人均获4年徒刑；否则，囚徒2选了"不坦白"，他将被判9年监禁，这时囚徒1立功受奖，立即释放。因此，对策双方在作出选择时，务必根据自身的利益最大化的原则行事，慎重地作出作好自己的选择。

在实际的选择中，不论是囚徒1，还是囚徒2，都将面临"坦白"与"不坦白"的两种选择，每种选择都有两种可能的"获益"。"坦白"的可能"获益"是-4或0，"不坦白"的可能"获益"是-9或-1。根据利益最大化的原则，首选应是"坦白"，另一方的思路也是这样。因此，对策的结果是双方均选择"坦白"，即囚徒1与囚徒2均被判处4年徒刑。这个结果，称为囚徒困境模型的解。

在这个对策模型中，不论是对这两个囚徒的总体来讲，还是对他们各人来讲，最佳的结果都不是同时"坦白"，各人获判4年徒刑，因为他们都拒不坦白的话，每人只被判1年，比都被判4年要好得多。由于他们被隔离关押，不能串通和结成攻守同盟，以及彼此都追求利益最大化，彼此都不敢冒可能被判9年监禁的风险，因此，只能实现这个不够理想的结果。由于这个结果从逻辑上讲很难回避，具有一定的必然性，故称此模型为囚徒困境模型。尽管这种结果对这两个囚徒来说不是理想的，但对社会来说，罪犯得到了应有的惩罚，不仅是合法的，而且也合情合理的，既伸张了正义，又维护了法律的尊严。

2. 寡头削价竞争

囚徒困境模型在市场竞争中的应用是双寡头的削价竞争。我国自实行市场经济制度以来，商家们通过降价的手段去争夺市场的行为十分普遍，但这并不一定都是成功的策略，有时候仍存在较大的风险。

假设某市有甲、乙两家百货超市，经营相同种类的商品，假定在无其他竞争者的情况下，这两家公司均可使用降价或维持原价这两种销售策略。其盈利情况是，当双方均维持原价时，每方的利润是10万元；如甲方降价，乙方原价，则甲方销量迅速上升，利润升至15万元，乙方销量下降，利润下降至3万元；反之，若甲方原价，乙方降价，则甲、乙两方的利润分别是3万元和15万元；如果双方都降价，则双方利润均是7万元。由此得到甲、乙两方的得益情况如表26.4所示。

表 26.4　　　　　　　　　　　　　　　　　　　　　　　　　　　　　单位：万元

甲、乙利润　　　乙公司 甲公司	维持原价	降　价
维持原价	10，10	3，15
降　价	15，3	7，7

甲、乙两方的赢得矩阵为

$$\begin{pmatrix} 10,10 & 3,15 \\ 15,3 & 7,7 \end{pmatrix} \qquad (26.3\text{-}2)$$

从上述赢得矩阵分析，如果甲方维持原价，那么乙方有维持原价和降价两种选择，维持原价可获利 10 万元，但降价可获利 15 万元。因此，乙方从获利最大化出发，选择降价。如果甲方采用的是降价策略，那么，乙方维持原价的话，其得益仅是 3 万元若采取降价策略的话，则将获利 7 万元，因此，乙方也应采用降价策略。同样的方法可分析到甲方的情况，不管乙方选择什么策略，甲方都应选择降价策略，最终的对策结果是双方都采取降价策略，各方均获利 7 万元。如任何一方不愿降价，而改为维持原价，则其利润将下降至 3 万元。因此，双方都降价是一种均衡解。这是由于双方是竞争对手，都无法信任对方，都有防备对方利用自己的信任，去抢占市场份额，谋取利益。因而双方都会采用"低价"策略，这就是竞争有助于公平价格形成的市场机制。

§26.4　对策论在经济领域中的应用

1. 产品决策

某地的彩电总需求量为 10 000 台，有 A、B 两家企业在该地进行销售竞争，A 企业设计了三种不同质级的彩电，以 α_1、α_2、α_3 记之；B 企业设计了四种不同质级的彩电，以 β_1、β_2、β_3、β_4 记之。A 企业对市场需求与销售量作了市场调查并进行了市场预测，结果如表 26.5 所示。试求出 A、B 两家企业的最优生产销售策略，也就是 A、B 两家企业各应生产销售何种质级的彩电才能占有最好的市场份额。

表 26.5　　　　　　　　　　　　　　　　　　　　　　　　　　　　　单位：台

企业A 销售量 企业B 企业 A	β_1	β_2	β_3	β_4
α_1	7 000	2 500	5 000	8 000
α_2	2 800	4 000	5 500	6 000
α_3	7 500	7 200	6 000	6 800

表 26.5 中的数字说明，当企业 A 生产销售质量级 α_1 的彩电时，若企业 B 生产质级 β_1 的彩电，则企业 A 的销售量为 7 000 台，那么，企业 B 的销售量只有 3 000 台；若企业 B 生产销售质级 β_2 的彩电，则企业 A 的销售量只有 2 500 台，相应地，企业 B 的销售量为 7 500 台；若企业 B 生产销售 β_3 质级的彩电，则企业 A 的销售量为 5 000 台，相应地，企业 B 的销售量也为 5 000 台；若企业 B 产销质级 β_4 的彩电，则企业 A 的销售量为 8 000 台，企业 B 的销售量就只有 2 000 台了。同理可类推出企业 A、B 的其他质级彩电相应的销售情况。

上述对策是两人定值对策的类型，双方销售总数为 10 000 台，若企业 A 的销售量多了，则企业 B 的销售量就少，彼此的利益是冲突的，为一种不结盟的对策。这类对策存在着一种局势，使其相应的策略对双方来说都是最优的。下面介绍求解方法。

根据表 26.5 的数据，首先求出 α_1，α_2，α_3 各行的最小值，它们分别是 (2 500, 2 800, 6 000)，然后，求这些最小值的最大值，即

$$\max(2\,500, 2\,800, 6\,000) = 6\,000(台)$$

其次，求出 β_1，β_2，β_3，β_4 各列的最大值，它们分别是 (7 500, 7 200, 6 000, 8 000)，再求出这些最大值的最小值，即

$$\min(7\,500, 7\,200, 6\,000, 8\,000) = 6\,000(台)$$

由有鞍点的对策理论可知，由于二者的最大最小值与最小最大值相等，均等于 6 000，此点即为鞍点，鞍点所对应的策略 (α_3, β_3) 即为最优策略，也就是企业 A 生产销售质级 α_3，企业 B 生产销售质级 β_3 的彩电，企业 A 的销售量为 6 000 台，企业 B 的销售量为 10 000 台 − 6 000 台 = 4 000 台。如果企业 B 不生产销售质级 β_3 的彩电，而改其他质级的彩电，则其市场份额将比 4 000 台少。由此可见 β_3 是企业 B 的最优策略。

2. 价格决策

由于市场容量是有限的，因此，在一定价格水平上销售出去的产品数量也是有限的。如果投放市场的产品数量超过了容量，那就必须降价才能销完。假定面包市场每天容量为 2 000 个，甲、乙两家面包商以同样的生产设备和生产工艺，向其所在的城镇供应面包，其品种、价格相同，服务质量也相同，因此，他们几乎平分销售份额和销售利润，不论哪方想扩大市场份额，只有降价销售方能实现。假设甲、乙两家均有独立的价格决策权，面包的售价最低是 1 元/个，最高不得超过 1.3 元/个，因此两家面包商的面包价格只能在 1 元/个和 1.3 元/个之间选择。已知两面包商的盈利情况如表 26.6 所示。

表 26.6　　　　　　　　　　　　　　　　　　　　　　　　　　　单位：台

双方盈利／甲商价格	乙商价格 1元/个	1.3元/个
1元/个	0, 0	1 700, 300
1.3元/个	300, 1 700	1 200, 1 200

面包商为了取得较好的销售利润，根据市场行情，灵活掌握销售价格，面包商甲以概率 p 的机会卖价 1 元/个，又以 $1-p$ 的机会卖价 1.3 元/个，面包商乙也采用同样的销售价格策略，销售他的产品。这种竞争双方的产品相同、价格策略相同，自然会导致相同的期望效益，即卖价 1 元/个的期望效益与卖价 1.3 元/个的期望效益相同，根据表 26.6 的数据，可得到期效益方程如下：

$$0 \cdot p + 1\,700(1-p) = 300p + 1\,200(1-p)$$

解此方程得

$$p = \frac{5}{8},\quad (1-p) = \frac{3}{8}$$

由此，得到甲、乙两家面包商的最优销售策略是，以 5/8 的概率向市场提供 1 元/个的面包，以 3/8 的概率向市场投放 1.3 元/个的面包。这是一种混合的价格策略，由此，可计算出各家面包商每天的期望利润为：

$$R = 0 \times \frac{5 \times 5}{8 \times 8} + (1\,700 + 300)\frac{5 \times 3}{8 \times 8} + (300 + 1\,700)\frac{3 \times 5}{8 \times 8} + (1\,200 + 1\,200)\frac{3 \times 3}{8 \times 8} = \frac{81\,600}{64} = 1\,275 (元)$$

3. 降价竞争

降价竞争由于双方竞争者所处的环境条件不同，很可能有不同的结果，其盈亏可能有如下四种情况，例如，当双方都维持原价时，均有微利各 3 万元，若双方同时降价竞争，则均发生亏损，各亏 1 万元；若甲维持原价，乙降价，则乙公司实现薄利多销，利润上升至 8 万元，而甲公司因销售减少，利润降为零元；若甲公司降价，乙公司维持原价，则甲公司利润上升至 8 万元，乙公司利润降至零元。两公司的销售竞争对策损益情况如表 26.7 所示。

表 26.7　　　　　　　　　　　　　　　　　　　　　　　　　　　　　单位：万元

双方盈亏　乙公司　甲公司	维持原价	降　价
维持原价	3, 3	0, 8
降　价	8, 0	−1, −1

上表称为两人非零和对策的赢得矩阵，记为

$$\begin{pmatrix} 3,3 & 0,8 \\ 8,0 & -1,-1 \end{pmatrix} \tag{26.4-1}$$

这种对策与零和对策和囚徒困境模型不同之处，在于甲、乙双方的利益未必就是对抗的，因为在市场竞争中，他们除去竞争外，也可以通过协商，进行合作，共享利益，达到双赢的目的。

通过对赢得矩阵 (26.4-1) 的分析，可导致如下不同的结果：若双方维持原价，双方均有微利，这是最为安全的，称这种解为安全解。若双方能达成君子协定，轮流降价，即第1个月甲公司降价，乙公司维持原价，第2个月甲公司维持原价，乙公司降价，则双方均可获月平均利润$(8+0)/2=4$(万元)，比双方都维持原价时提高利润33.3%，双方都有利，则称这种解为合作(或协商)解。不过，这种协作能维持多久，要视双方的各种因素和条件而定。如果有一方的实力特别雄厚，大大压倒对方，则很可能产生威胁解，出现大鱼吃小鱼的情况。不过在具体的对策过程中，若实力大的一方仅凭自身的实力，总是以大欺小，而不讲究策略，则对策的结果，取胜者未必就是实力大的一方。因为商战如兵战，关键在于策略的运筹和智谋的运用。例如，在20世纪80年代初，我国为扩大对外贸易，将某公司生产的汽车部分出口外销。为打开局面，决定让利降价销售。正好国外某大汽车公司也在该市推销同类汽车，当得知我方降价销售时，就凭其经济实力雄厚，大张其鼓地实行降价，而且降价幅度较大，大有压倒我方之势。当我方知道对方的意图，而且当对方的降价已低于成本线时，我方不与之硬拼，而是实行迂回战术，即以另一公司的名义，将对方降至成本线以下的汽车全部买过来，转为进口，供国内需要进口汽车的企业使用。当对方察觉我方的行动时，已为时过晚，败局无可挽回。

在国际贸易中，每家公司或每个国家都有它自身的利益，同时公司间或国家间又可能有彼此共同的利益。在国内的市场竞争中亦是如此。因此，在一定的条件下，通过谈判协商，可协调彼此的利益以达到互利的目的。例如，美国某市的一条街，有两家百货商店，销售同类型的日用百货。人们发现这两家商店的店员经常吵架，昨天是甲店降价销售，乙店的员工前来争吵，批评甲店不该如此低价倾销，因此引来大批顾客，乘机购买降价的商品。因此，甲店的销售量与利润均大幅度增加。过了几天，乙店实行降价销售，甲店的员工也去该店争吵，指责乙店的不是。于是，又招来大批顾客。最终结果是甲、乙两家商店销售量与利润达到同步增长。后经调查发现，这两家商店的老板是亲兄弟，他们经过协商，达成了轮流降价的协议，上述闹剧不过是一种促销手段而已。

对策论的思想与方法在市场营销中的应用远不止这些，再举数例，以供参考。

[例1] 玩具反斗城的营销策略。

玩具商为了推销玩具反斗城，通过广告向顾客宣布，该商品是本市价格最低的，如果顾客购买后一周内发现有其他更便宜的，可要求退还其差价。这是一则策略十分高明的广告，其目的不仅是为了吸引广大顾客，而且是间接告诉竞争者，不要降价竞争，因为顾客会受到利益的驱动，把竞争对手降价竞争的信息反馈给反斗城。由此，反斗城会获得有用的市场信息。

[例2] 在国际市场竞争中，常常遇到各种各样的竞争对手，需寻求对策。如在20世纪60年代，中国味精在东南亚一带的市场上占有很大的份额。此时，某外国公司用化学合成的方法，生产出一种味道更鲜、价格更廉的新产品，但又苦于无法打开销路。为此，他们采取对策：花巨资登广告。广告的内容是："买一包××味精，送两包中国味精。"许多顾客受到利益的诱惑，纷纷购买该品牌味精。经过对比，顾客发现该味精确实味道鲜、价格低。于是，中国味精市场的占有份额大幅度下降。对此，中方研制出品质更好的新味精，并刊登宣传中国新味精的广告，内容是："中国新味精是采用天然新原料精制而成的，长期食用有益于健康，不像某些化学合成味精，长期食用，容易致癌。"没多久，中国新味精又重新占领了市场。

对策论不仅成功地运用于市场销售竞争，而且也可以用于宏观调控。例如，经济生活中的参与者为了实现自己的目标，都在制定各自的对策。竞争的各方虽然互为对手，但最终都是向着一种平衡的结局发展。比如，在国家出现通货膨胀时，中央银行为稳定物价，决定实行紧缩银根的政策，并采取措施，防止工资总额增长过快而冲击物价。但是，为了保持社会的稳定，地方政府和企业的劳资双方都认为，为保持相对稳定的就业，需要保留和允许一定幅度的通货膨胀，希望中央银行能适度增加货币的供应量。中央银行为了社会稳定的需要，努力保持一定的就业水平，放宽通货膨胀的限制幅度，结果物价上涨和就业之间实现了稳定的平衡关系。

思考与练习

1. 构成对策的有哪三个基本要素？
2. 何谓局势？何谓对策值？
3. 求矩阵对策 $G=\{I, S=(S_1, S_2), P\}$ 的最优策略和对策值。

(1) $P = \begin{pmatrix} 2 & -1 & 6 \\ 3 & -3 & 8 \\ 2 & 0 & 3 \end{pmatrix}$

(2) $P = \begin{pmatrix} 6 & 5 & 6 & 5 \\ 1 & 4 & 2 & -1 \\ 8 & 5 & 7 & 5 \\ 0 & 2 & 6 & 2 \end{pmatrix}$

4. 设甲、乙两人进行零和对策，甲的支付矩阵为

$$P = \begin{pmatrix} 3 & 6 \\ 5 & 4 \end{pmatrix}$$

试验证策略 $x^* = \left(\dfrac{1}{4}, \dfrac{3}{4}\right)$，$y^* = \left(\dfrac{1}{2}, \dfrac{1}{2}\right)$ 是最优的混合策略。

5. 设甲、乙两公司同时生产两种同类商品在市场上进行销售竞争，甲、乙两公司各自采用自己的推销策略。甲的市场占有率如下表所示，试求甲、乙两公司的最优策略。

甲公司市场份额 \ 乙公司策略	β_1	β_2	β_3
α_1	0.20	0.25	0.20
α_2	0.20	0.20	0.25
α_3	0.10	0.22	0.22

6. 试举出在现实中囚徒困境的具体例子。
7. 你学了对策论之后有何体会？在现实中你有何应用？

附录 统 计 表[①]

I. 正态分布表

均值为 0、方差为 1 的正态分布,即标准正态分布,其分布函数是

$$\Phi(x) = \frac{1}{\sqrt{2\pi}} \int_{-\infty}^{x} e^{-t^2/2} dt, \quad -\infty < x < +\infty.$$

表 I 分两部分:I_A,由 x 查 $\Phi(x)$,范围是 $0(0.01)-3.99$;I_B,由 $\Phi(x)$ 查 x,范围是 $0.50(0.01)0.90(0.05)0.99(0.001)0.999(0.0001)0.9999$。

表中的值给到小数点后第 4 位,表示最大误差不超过 $\frac{1}{2} \times 0.0001$。例如,由表 I_A 得

$$\Phi(0.54) = 0.7054$$

也就是说,$\Phi(0.54)$ 的精确值在 0.70535 到 0.70545 之间。

在应用本表时注意以下几点:

1. 对表上没有的值,可使用线性插值法,例如,要求 $\Phi(0.5825)$,则先从表上查出

$$\Phi(0.58) = 0.7190, \quad \Phi(0.59) = 0.7224$$

因而

$$\Phi(0.5825) = 0.7190 + \frac{0.5825 - 0.58}{0.59 - 0.58} \times (0.7224 - 0.7190) = 0.7198$$

这样做的误差很小。例如,从表上查得

$$\Phi(0.60) = 0.7257, \quad \Phi(0.63) = 0.7357$$

如果根据这两个值用线性插值法求 $\Phi(0.61)$,则将有

$$\Phi(0.61) \approx 0.7257 + \frac{0.61 - 0.60}{0.63 - 0.60} \times (0.7357 - 0.7257) = 0.7290$$

而从表上查出 $\Phi(0.61) = 0.7291$。用本表进行线性插值的结果其精确度在 10^{-4} 的数量级。表 I_B 线性插值的精确度略差些,但误差一般小于 0.1%。

[①] 选自中国科技大学编印的统计表。

2. 对于 x 的负值，可用关系式 $\Phi(x) = 1-\Phi(-x)$ 处理。例如，求 $\Phi(-0.763)$，先求出 $\Phi(0.763)$。用线性插值法

$$\Phi(0.763) = 0.7764 + \frac{0.763-0.76}{0.77-0.76} \times (0.7794-0.7764) = 0.7773$$

于是

$$\Phi(-0.763) = 1-\Phi(0.763) = 0.2227$$

对表 I_B 按类似的方式处理，例如，要求使等式

$$\Phi(x) = 0.275$$

成立的 x。因 $0.275 < 0.5$，从表 I_B 上不能直接查得，则先找出 y，即令 $\Phi(y) = 1-0.275 = 0.725$，使用对表 I_B 用插值法得到

$$y = 0.5828 + \frac{0.725-0.72}{0.73-0.72}(0.6128-0.5828) = 0.5978$$

而所求的 x 为

$$x = -y = -0.5978$$

3. 对于非标准正态分布，可以先转化为标准正态分布后再查表。

例如，设 x 服从均值为 1、方差为 9 的正态分布，要计算 $p = P\{0 \leq \zeta \leq 2\}$。作变换 $\eta = \frac{\zeta-1}{3}$，则 $\eta \sim N(0, 1)$，

而

$$p = P\{0 \leq \zeta \leq 2\} = P\left\{-\frac{1}{3} \leq \eta \leq \frac{1}{3}\right\}$$

$$= \Phi\left(\frac{1}{3}\right) - \Phi\left(-\frac{1}{3}\right) = 2\Phi\left(\frac{1}{3}\right) - 1$$

用线性插值法得

$$\Phi\left(\frac{1}{3}\right) = 0.6293 + \frac{1}{3}(0.6331-0.6293) = 0.6306$$

所以

$$p = 2 \times 0.6306 - 1 = 0.2612$$

表 I_A 由 x 求 $\Phi(x)$

x	$\Phi(x)$	x	$\Phi(x)$	x	$\Phi(x)$	x	$\Phi(x)$
0.00	0.5000	0.30	0.6179	0.60	0.7257	0.90	0.8159
0.01	0.5040	0.31	0.6217	0.61	0.7291	0.91	0.8186
0.02	0.5080	0.32	0.6255	0.62	0.7324	0.92	0.8212
0.03	0.5120	0.33	0.6293	0.63	0.7357	0.93	0.8238
0.04	0.5160	0.34	0.6331	0.64	0.7389	0.94	0.8264
0.05	0.5200	0.35	0.6368	0.65	0.7422	0.95	0.8289
0.06	0.5239	0.36	0.6406	0.66	0.7454	0.96	0.8315
0.07	0.5279	0.37	0.6443	0.67	0.7486	0.97	0.8340
0.08	0.5319	0.38	0.6480	0.68	0.7517	0.98	0.8365
0.09	0.5359	0.39	0.6517	0.69	0.7549	0.99	0.8389
0.10	0.5398	0.40	0.6554	0.70	0.7580	1.00	0.8413
0.11	0.5438	0.41	0.6591	0.71	0.7611	1.01	0.8438
0.12	0.5478	0.42	0.6628	0.72	0.7642	1.02	0.8461
0.13	0.5517	0.43	0.6664	0.73	0.7673	1.03	0.8485
0.14	0.5557	0.44	0.6700	0.74	0.7704	1.04	0.8508
0.15	0.5596	0.45	0.6736	0.75	0.7734	1.05	0.8531
0.16	0.5636	0.46	0.6772	0.76	0.7764	1.06	0.8554
0.17	0.5675	0.47	0.6808	0.77	0.7794	1.07	0.8577
0.18	0.5714	0.48	0.6844	0.78	0.7823	1.08	0.8599
0.19	0.5753	0.49	0.6879	0.79	0.7842	1.09	0.8621
0.20	0.5793	0.50	0.6915	0.80	0.7881	1.10	0.8643
0.21	0.5832	0.51	0.6950	0.81	0.7910	1.11	0.8665
0.22	0.5871	0.52	0.6985	0.82	0.7939	1.12	0.8686
0.23	0.5910	0.53	0.7019	0.83	0.7967	1.13	0.8708
0.24	0.5948	0.54	0.7054	0.84	0.7995	1.14	0.8729
0.25	0.5987	0.55	0.7088	0.85	0.8023	1.15	0.8749
0.26	0.6026	0.56	0.7123	0.86	0.8051	1.16	0.8770
0.27	0.6064	0.57	0.7157	0.87	0.8079	1.17	0.8790
0.28	0.6103	0.58	0.7190	0.88	0.8106	1.18	0.8810
0.29	0.6141	0.59	0.7224	0.89	0.8133	1.19	0.8830

续表 $I_A(1)$

x	$\Phi(x)$	x	$\Phi(x)$	x	$\Phi(x)$	x	$\Phi(x)$
1.20	0.8849	1.50	0.9332	1.80	0.9641	2.10	0.9821
1.21	0.8869	1.51	0.9345	1.81	0.9649	2.11	0.9826
1.22	0.8888	1.52	0.9357	1.82	0.9656	2.12	0.9830
1.23	0.8907	1.53	0.9370	1.83	0.9664	2.13	0.9834
1.24	0.8925	1.54	0.9382	1.84	0.9671	2.14	0.9838
1.25	0.8944	1.55	0.9394	1.85	0.9678	2.15	0.9842
1.26	0.8962	1.56	0.9406	1.86	0.9686	2.16	0.9846
1.27	0.8980	1.57	0.9418	1.87	0.9693	2.17	0.9850
1.28	0.8997	1.58	0.9429	1.88	0.9699	2.18	0.9854
1.29	0.9015	1.59	0.9441	1.89	0.9796	2.19	0.9857
1.30	0.9032	1.60	0.9452	1.90	0.9713	2.20	0.9861
1.31	0.9049	1.61	0.9463	1.91	0.9719	2.21	0.9864
1.32	0.9066	1.62	0.9474	1.92	0.9726	2.22	0.9868
1.33	0.9082	1.63	0.9484	1.93	0.9732	2.23	0.9871
1.34	0.9099	1.64	0.9495	1.94	0.9738	2.24	0.9875
1.35	0.9115	1.65	0.9505	1.95	0.9744	2.25	0.9878
1.36	0.9131	1.66	0.9515	1.96	0.9750	2.26	0.9881
1.37	0.9147	1.67	0.9525	1.97	0.9756	2.27	0.9884
1.38	0.9162	1.68	0.9535	1.98	0.9761	2.28	0.9887
1.39	0.9177	1.69	0.9545	1.99	0.9767	2.29	0.9890
1.40	0.9192	1.70	0.9554	2.00	0.9773	2.30	0.9893
1.41	0.9207	1.71	0.9564	2.01	0.9778	2.31	0.9896
1.42	0.9222	1.72	0.9573	2.02	0.9783	2.32	0.9898
1.43	0.9236	1.73	0.9582	2.03	0.9788	2.33	0.9901
1.44	0.9251	1.74	0.9591	2.04	0.9793	2.34	0.9904
1.45	0.9265	1.75	0.9599	2.05	0.9798	2.35	0.9906
1.46	0.9279	1.76	0.9608	2.06	0.9803	2.36	0.9909
1.47	0.9292	1.77	0.9616	2.07	0.9808	2.37	0.9911
1.48	0.9306	1.78	0.9625	2.08	0.9812	2.38	0.9913
1.49	0.9319	1.79	0.9633	2.09	0.9817	2.39	0.9916

续表 $I_A(2)$

x	$\Phi(x)$	x	$\Phi(x)$	x	$\Phi(x)$	x	$\Phi(x)$
2.40	0.9918	2.70	0.9965	3.00	0.9987	3.30	0.9995
2.41	0.9920	2.71	0.9966	3.01	0.9987	3.31	0.9995
2.42	0.9922	2.72	0.9967	3.02	0.9987	3.32	0.9996
2.43	0.9925	2.73	0.9968	3.03	0.9988	3.33	0.9996
2.44	0.9927	2.74	0.9969	3.04	0.9988	3.34	0.9996
2.45	0.9929	2.75	0.9970	3.05	0.9989	3.35	0.9996
2.46	0.9931	2.76	0.9971	3.06	0.9989	3.36	0.9996
2.47	0.9932	2.77	0.9972	3.07	0.9989	3.37	0.9996
2.48	0.9934	2.78	0.9973	3.08	0.9990	3.38	0.9996
2.49	0.9936	2.79	0.9974	3.09	9.9990	3.39	0.9997
2.50	0.9938	2.80	0.9974	3.10	0.9990	3.40	0.9997
2.51	0.9940	2.81	0.9975	3.11	0.9991	3.41	0.9997
2.52	0.9941	2.82	0.9976	3.12	0.9991	3.42	0.9997
2.53	0.9943	2.83	0.9977	3.13	0.9991	3.43	0.9997
2.54	0.9945	2.84	0.9977	3.14	0.9992	3.44	0.9997
2.55	0.9946	2.85	0.9978	3.15	0.9992	3.45	0.9997
2.56	0.9948	2.86	0.9979	3.16	0.9992	3.46	0.9997
2.57	0.9949	2.87	0.9979	3.17	0.9993	3.47	0.9997
2.58	0.9951	2.88	0.9980	3.18	0.9993	3.48	0.9997
2.59	0.9952	2.89	0.9981	3.19	0.9993	3.49	0.9998
2.60	0.9953	2.90	0.9981	3.20	0.9993	3.50	0.9998
2.61	0.9955	2.91	0.9982	3.21	0.9993	3.51	0.9998
2.62	0.9956	2.92	0.9983	3.22	0.9994	3.52	0.9998
2.63	0.9957	2.93	0.9983	3.23	0.9994	3.53	0.9998
2.64	0.9959	2.94	0.9984	3.24	0.9994	3.54	0.9998
2.65	0.9960	2.95	0.9984	3.25	0.9994	3.55	0.9998
2.66	0.9961	2.96	0.9985	3.26	0.9994	3.56	0.9998
2.67	0.9962	2.97	0.9985	3.27	0.9995	3.57	0.9998
2.68	0.9963	2.98	0.9986	3.28	0.9995	3.58	0.9998
2.69	0.9964	2.99	0.9986	3.29	0.9995	3.59	0.9998

续表 $I_A(3)$

$\Phi(x)$	x	$\Phi(x)$	x	$\Phi(x)$	x	$\Phi(x)$	x
3.60	0.9998	3.70	0.9999	3.80	0.9999	3.90	1.0000
3.61	0.9698	3.71	0.9999	3.81	0.9999	3.91	1.0000
3.62	0.9999	3.72	0.9999	3.82	0.9999	3.92	1.0000
3.63	0.9999	3.73	0.9999	3.83	0.9999	3.93	1.0000
3.64	0.9999	3.74	0.9999	3.84	0.9999	3.94	1.0000
3.65	0.9999	3.75	0.9999	3.85	0.9999	3.95	1.0000
3.66	0.9999	3.76	0.9999	3.86	0.9999	3.96	1.0000
3.67	0.9999	3.77	0.9999	3.87	0.9999	3.97	1.0000
3.68	0.9999	3.78	0.9999	3.88	0.9999	3.98	1.0000
3.69	0.9999	3.79	0.9999	3.89	1.0000	3.99	1.0000

表 I_B 由 $\Phi(x)$ 求 x

$\Phi(x)$	x	$\Phi(x)$	x	$\Phi(x)$	x	$\Phi(x)$	x
0.50	0.0000	0.70	0.5244	0.900	1.2816	0.991	2.3656
0.51	0.0251	0.71	0.5534	0.905	1.3106	0.992	2.4089
0.52	0.0502	0.72	0.5828	0.910	1.3408	0.993	2.4573
0.53	0.0753	0.73	0.6128	0.915	1.3722	0.994	2.5121
0.54	0.1004	0.74	0.6434	0.920	1.4051	0.995	2.5758
0.55	0.1257	0.75	0.6745	0.925	1.4395	0.996	2.6521
0.56	0.1510	0.76	0.7063	0.930	1.4758	0.997	2.7478
0.57	0.1764	0.77	0.7389	0.935	1.5141	0.998	2.8782
0.58	0.2019	0.78	0.7722	0.940	1.5548	0.999	2.0902
0.59	0.2275	0.79	0.8064	0.945	1.5982		
0.60	0.2534	0.80	0.8416	0.950	1.6449	0.9991	3.1214
0.61	0.2793	0.81	0.8779	0.955	1.6954	0.9992	3.1559
0.62	0.3055	0.82	0.9154	0.960	1.7507	0.9993	3.1947
0.63	0.3319	0.83	0.9542	0.965	1.8119	0.9994	3.2389
0.64	0.3585	0.84	0.9945	0.970	1.8808	0.9995	3.2905
0.65	0.3853	0.85	1.0364	0.975	1.9600	0.9996	3.3528
0.66	0.4125	0.86	1.0803	0.980	2.0538	0.9997	3.4316
0.67	0.4399	0.87	1.1264	0.985	2.1701	0.9998	3.5401
0.68	0.4677	0.88	1.1750	0.990	2.3264	0.9999	3.7190
0.69	0.4959	0.89	1.2265				

Ⅱ. t-分布表

自由度为 n 的 t-分布密度函数为

$$p(x) = \frac{\Gamma\left(\frac{n+1}{2}\right)}{\sqrt{n\pi}\,\Gamma\left(\frac{n}{2}\right)}\left(\frac{x^2}{n}+1\right)^{-(n+1)/2} \qquad -\infty < x < +\infty$$

这里 $\qquad \Gamma(x) = \int_0^{+\infty} e^{-t} t^{x-1} dt \qquad 0 < x < +\infty$

由于 t_- 分布密度关于 $x = 0$ 对称，故

$$P(|\zeta| \geq t_\alpha) = 2\int_{t_\alpha}^{+\infty} p(x)dx = \alpha$$

置信限 t_α 与自由度 n 和信度 α 都有关，查表时必须注意到这一点。例如 $n = 8$，信度 $\alpha = 0.05$，查表Ⅱ，$n = 8$ 这一行以及 $\alpha = 0.05$ 这一列所对应的数 2.31 即是 t_α 的值。所谓 $n = +\infty$，就是说 t-分布转化为标准正态分布。

表Ⅱ 置信限 t_α 的数值表（n-自由度；α-信度）

n \ α	0.10	0.05	0.02	0.01	0.001
1	6.31	12.71	31.82	63.66	636.62
2	2.92	4.30	6.97	9.93	31.60
3	2.35	3.18	4.54	5.84	12.94
4	2.13	2.78	3.75	4.60	8.61
5	2.02	2.57	3.37	4.03	6.86
6	1.94	2.45	3.14	3.71	5.96
7	1.90	2.37	3.00	3.50	5.41
8	1.86	2.31	2.90	3.36	5.04
9	1.83	2.26	2.82	3.25	4.78
10	1.81	2.23	2.76	3.17	4.59
11	1.80	2.20	2.72	3.11	4.44
12	1.78	2.18	2.68	3.06	4.32
13	1.77	2.16	2.65	3.01	4.22
14	1.76	2.15	2.62	2.98	4.14
15	1.75	2.13	2.60	2.95	4.07

续表 II

n \ α	0.10	0.05	0.02	0.01	0.001
16	1.75	2.12	2.58	2.92	4.02
17	1.74	2.11	2.57	2.90	3.97
18	1.73	2.10	2.55	2.88	3.92
19	1.73	2.09	2.54	2.86	3.88
20	1.73	2.09	2.53	2.85	3.85
21	1.72	2.08	2.52	2.83	3.82
22	1.72	2.07	2.51	2.82	3.79
23	1.71	2.07	2.50	2.81	3.77
24	1.71	2.06	2.49	2.80	3.75
25	1.71	2.06	2.48	2.79	3.73
26	1.71	2.06	2.48	2.78	3.71
27	1.70	2.05	2.47	2.77	3.69
28	1.70	2.05	2.47	2.76	3.67
29	1.70	2.04	2.46	2.76	3.66
30	1.70	2.04	2.46	2.75	3.65
40	1.68	2.02	2.42	2.70	3.55
60	1.67	2.00	2.39	2.66	3.46
120	1.66	1.98	2.36	2.62	3.37
∞	1.65	1.96	2.33	2.58	3.29

III. χ^2-分布表

自由度为 n 的 χ^2-分布的密度函数为

$$p(x) = \begin{cases} \dfrac{1}{2^{n/2}\Gamma\left(\dfrac{n}{2}\right)} x^{(n/2)-1} e^{-x/2} & x>0, \\ 0 & x \leqslant 0 \end{cases}$$

其分布函数为

$$F(x) = \int_{-\infty}^{x} p(t)\,dt,$$

这里 $F(x)$ 同自由度 n 有关。在统计检验中，常常要用到

$$P(\xi \geqslant \chi_\alpha^2) = \int_{\chi_\alpha^2}^{+\infty} p(\chi)\,d\chi = a$$

和

$$P(\xi < \chi_{1-\alpha}^2) = a$$

对于给定的信度 α 和自由度 n，可求出置信限 χ^2_α 和 $\chi^2_{1-\alpha}$。

例如：信度 $\alpha=0.05$，自由度 $n=21$，求 $\chi^2_{0.05}$ 和 $\chi^2_{0.95}$。查表Ⅲ自由度 $n=21$ 这一行及信度 $\alpha=0.05$ 这一列所对应的数 32.7，即为所求的 $\chi^2_{0.05}$。查 $n=21$ 这一行及 $\alpha=0.95$ 这一列所对应的数 11.6，即为所求的 $\chi^2_{0.95}$。

对于 $n>30$ 的情况，可以利用正态逼近，即 $\dfrac{\xi-n}{\sqrt{2n}}$ 渐近于 $N(0,1)$。

表Ⅲ　　　　　　　　　置信限 χ^2_α 的数值表　　　　（n—自由度；α—信度）

n \ α	0.995	0.975	0.95	0.05	0.025	0.01	0.005	0.001
1	0.0000393	0.000982	0.004	3.84	5.02	6.63	7.88	10.8
2	0.0100	0.0506	0.103	5.99	7.38	9.21	10.6	13.8
3	0.0717	0.216	0.352	7.81	9.35	11.3	12.8	16.3
4	0.207	0.484	0.711	9.49	11.1	13.3	14.9	18.5
5	0.412	0.831	1.15	11.1	12.8	15.1	16.7	20.5
6	0.676	1.24	1.64	12.6	14.4	16.8	18.5	22.5
7	0.989	1.69	2.17	14.1	16.0	18.5	20.3	24.3
8	1.34	2.18	2.73	15.5	17.5	20.1	22.0	26.1
9	1.73	2.70	3.33	16.9	19.0	21.7	23.6	27.9
10	2.16	3.25	3.94	18.3	20.5	23.2	25.2	29.6
11	2.60	3.82	4.57	19.7	21.9	24.7	26.8	31.3
12	3.07	4.40	5.23	21.0	23.3	26.2	28.3	32.9
13	3.57	5.01	5.89	22.4	24.7	27.7	29.8	34.5
14	4.07	5.63	6.57	23.7	26.1	29.1	31.3	36.1
15	4.60	6.26	7.26	25.0	27.5	30.6	32.8	37.7
16	5.14	6.91	7.96	26.3	28.8	32.0	34.3	39.3
17	5.70	7.56	8.67	27.6	30.2	33.4	35.7	40.8
18	6.26	8.23	9.39	28.9	31.5	34.8	37.2	42.3
19	6.84	8.91	10.1	30.1	32.9	36.2	38.6	43.8
20	7.43	9.59	10.9	31.4	34.2	37.6	40.0	45.3
21	8.03	10.3	11.6	32.7	35.5	38.9	41.4	46.8
22	8.64	11.0	12.3	33.9	36.8	40.3	42.8	48.3
23	9.26	11.7	13.1	35.2	38.1	41.6	44.2	49.7
24	9.89	12.4	13.9	36.4	39.1	43.0	45.6	51.2
25	10.5	13.1	14.6	37.7	40.6	44.3	46.9	52.6

续表

α \ n	0.995	0.975	0.95	0.05	0.025	0.01	0.005	0.001
26	11.2	13.8	15.4	38.9	41.9	45.6	48.3	54.1
27	11.8	14.6	16.2	40.1	43.2	47.0	49.6	55.5
28	12.5	15.3	16.9	41.3	44.5	48.0	51.0	56.9
29	13.1	16.0	17.7	42.6	45.7	49.6	52.3	58.3
30	13.8	16.8	18.5	43.8	47.0	50.9	53.7	59.7

Ⅳ. F-分布表

自由度为 m 和 n 的 F-分布密度函数为

$$p(x) = \begin{cases} \dfrac{\Gamma\left(\dfrac{m+n}{2}\right)}{\Gamma\left(\dfrac{m}{2}\right)\Gamma\left(\dfrac{n}{2}\right)} m^{m/2} n^{n/2} x^{m/2-1} (mx+n)^{-(m+n)/2} & x > 0, \\ 0 & x \leqslant 0, \end{cases}$$

其分布函数记为 $$F_{mn}(x) = \int_{-\infty}^{x} p(t)\,\mathrm{d}t$$

这个分布函数同自由度有关,自由度 m 和 n 的次序不能错乱,m 称为第一自由度,n 称为第二自由度。

在统计检验中,常常要对给定的自由度 m 和 n,以及信度 α,求出置信限 F_α 和 $F_{1-\alpha}$,使

$$P(\xi \geqslant F_\alpha) = \int_{F_\alpha}^{+\infty} p(x)\,\mathrm{d}x = \alpha,$$

$$P(\xi < F_{1-\alpha}) = \int_{-\infty}^{F_{1-\alpha}} p(x)\,\mathrm{d}x = \alpha$$

这里,F_α 不但同 α 有关,还同自由度 m 和 n 有关,记为 $F_\alpha(m, n)$。F_α 与 $F_{1-\alpha}$ 有以下关系

$$F_{1-\alpha}(m, n) = \frac{1}{F_\alpha(n, m)} \tag{1}$$

$F_{1-\alpha}(m, n)$ 本表查不到,可由公式(1)进行推算。

例:已知 $m = 5$,$n = 8$,信度 $\alpha = 0.05$,求置信限 $F_{0.05}(5, 8)$ 和 $F_{0.95}(5, 8)$。

查 F-分布表 $\alpha = 0.05$ 这一部分、$m = 5$ 这一列及 $n = 8$ 这一行所对应的数 3.69,就是 $F_{0.05}(5, 8)$。同样,可求出 $F_{0.95}(8, 5) = 4.82$,故

$$F_{0.95}(5, 8) = \frac{1}{F_{0.05}(8, 5)} = \frac{1}{4.82} = 0.228$$

本表分 $\alpha = 0.1$ 和 $\alpha = 0.05$ 两种信度,并给出了置信限 F_α 的数值。

置信限 $F_\alpha(m, n)$ 的数值表

(m—第一自由度；n—第二自由度；α—信度)

表Ⅳ—1　　　　　　　　　　　　　　　　　　　　　　　　　　　$\alpha = 0.05$

n \ m	1	2	3	4	5	6	7	8	9
1	161	200	216	225	230	234	237	239	241
2	18.5	19.0	19.2	19.2	19.3	19.3	19.4	19.4	19.4
3	10.1	9.55	9.28	9.12	9.01	8.94	8.89	8.85	8.81
4	7.71	6.94	6.59	6.39	6.26	6.16	6.09	6.04	6.00
5	6.61	5.79	5.41	5.19	5.05	4.95	4.88	4.82	4.77
6	5.99	5.14	4.76	4.53	4.39	4.28	4.21	4.15	4.10
7	5.59	4.74	4.35	4.12	3.97	3.87	3.79	3.73	3.68
8	5.32	4.46	4.07	3.84	3.69	3.58	3.50	3.44	3.39
9	5.12	4.26	3.86	3.63	3.48	3.37	3.29	3.23	3.18
10	4.96	4.10	3.71	3.48	3.33	3.22	3.14	3.07	3.02
11	4.84	3.98	3.59	3.36	3.20	3.09	3.01	2.95	2.90
12	4.75	3.89	3.49	3.26	3.11	3.00	2.91	2.85	2.80
13	4.67	3.81	3.41	3.18	3.03	2.92	2.83	2.77	2.71
14	4.60	3.74	3.34	3.11	2.96	2.85	2.76	2.70	2.65
15	4.54	3.68	3.29	3.06	2.90	2.79	2.71	2.64	2.59
16	4.49	3.63	3.24	3.01	2.85	2.74	2.66	2.59	2.54
17	4.45	3.59	3.20	2.96	2.81	2.70	2.61	2.55	2.49
18	4.41	3.55	3.16	2.93	2.77	2.66	2.58	2.51	2.46
19	4.38	3.52	3.13	2.90	2.74	2.63	2.54	2.48	2.42
20	4.35	3.49	3.10	2.87	2.71	2.60	2.51	2.45	2.39
21	4.32	3.47	3.07	2.84	2.68	2.57	2.49	2.42	2.37
22	4.30	3.44	3.05	2.82	2.66	2.55	2.46	2.40	2.34
23	4.28	3.42	3.03	2.80	2.64	2.53	2.44	2.37	2.32
24	4.26	3.40	3.01	2.78	2.62	2.51	2.42	2.36	2.30
25	4.24	3.39	2.99	2.76	2.60	2.49	2.40	2.34	2.28
26	4.23	3.37	2.98	2.74	2.59	2.47	2.39	2.32	2.27
27	4.21	3.35	2.96	2.73	2.57	2.46	2.37	2.31	2.25
28	4.20	3.34	2.95	2.71	2.56	2.45	2.36	2.29	2.24
29	4.18	3.33	2.93	2.70	2.55	2.43	2.35	2.28	2.22
30	4.17	3.32	2.92	2.69	2.53	2.42	2.33	2.27	2.21
40	4.08	3.23	2.84	2.61	2.45	2.34	2.25	2.18	2.12
60	4.00	3.15	2.76	2.53	2.37	2.25	2.17	2.10	2.04
120	3.92	3.07	2.68	2.45	2.29	2.17	2.09	2.02	1.96
∞	3.84	3.00	2.60	2.37	2.21	2.10	2.01	1.94	1.88

续表 IV—2 $\alpha=0.05$

n \ m	10	12	15	20	24	30	40	60	120
1	242	244	246	248	249	250	251	252	253
2	19.4	19.4	19.4	19.4	19.5	19.5	19.5	19.5	19.5
3	8.79	8.74	8.70	8.66	8.64	8.62	8.59	8.57	8.55
4	5.96	5.91	5.86	5.80	5.77	5.75	5.72	5.69	5.66
5	4.74	4.68	4.62	4.56	4.53	4.50	4.46	4.43	4.40
6	4.06	4.00	3.94	3.87	3.84	3.81	3.77	3.74	3.70
7	3.64	3.57	3.51	3.44	3.41	3.38	3.34	3.30	3.27
8	3.35	3.28	3.22	3.15	3.12	3.08	3.04	3.01	2.97
9	3.14	3.07	3.01	2.94	2.90	2.86	2.83	2.79	2.75
10	2.98	2.91	2.85	2.77	2.74	2.70	2.66	2.62	2.58
11	2.85	2.79	2.72	2.65	2.61	2.57	2.53	2.49	2.45
12	2.75	2.69	2.62	2.54	2.51	2.47	2.43	2.38	2.34
13	2.67	2.60	2.53	2.46	2.42	2.38	2.34	2.30	2.25
14	2.60	2.53	2.46	2.39	2.35	2.31	2.27	2.22	2.18
15	2.54	2.48	2.40	2.33	2.29	2.25	2.20	2.16	2.11
16	2.49	2.42	2.35	2.28	2.24	2.19	2.15	2.11	2.06
17	2.45	2.38	2.31	2.23	2.19	2.15	2.10	2.06	2.01
18	2.41	2.34	2.27	2.19	2.15	2.11	2.06	2.02	1.97
19	2.38	2.31	2.23	2.16	2.11	2.07	2.03	1.98	1.93
20	2.35	2.28	2.20	2.12	2.08	2.04	1.99	1.95	1.90
21	2.32	2.25	2.18	2.10	2.05	2.01	1.96	1.92	1.87
22	2.30	2.23	2.15	2.07	2.03	1.98	1.94	1.89	1.84
23	2.27	2.20	2.13	2.05	2.01	1.96	1.91	1.86	1.81
24	2.25	2.18	2.11	2.03	1.98	1.94	1.89	1.84	1.79
25	2.24	2.16	2.09	2.01	1.96	1.92	1.87	1.82	1.77
26	2.22	2.15	2.07	1.99	1.95	1.90	1.85	1.80	1.75
27	2.20	2.13	2.06	1.97	1.93	1.88	1.84	1.79	1.73
28	2.19	2.12	2.04	1.96	1.91	1.87	1.82	1.77	1.71
29	2.18	2.10	2.03	1.94	1.90	1.85	1.81	1.75	1.70
30	2.16	2.09	2.01	1.93	1.89	1.84	1.79	1.74	1.68
40	2.08	2.00	1.92	1.84	1.79	1.74	1.69	1.64	1.58
60	1.99	1.92	1.84	1.75	1.70	1.65	1.59	1.53	1.47
120	1.91	1.83	1.75	1.66	1.61	1.55	1.50	1.43	1.35
∞	1.83	1.75	1.67	1.57	1.52	1.46	1.39	1.32	1.22

V. 样本相关系数 r 的分布

设 (ξ, η) 避从 $N(a_1, a_2; \sigma_1, \sigma_2, r)$ 分布，$(\xi_1, \xi_2, \cdots, \xi_n; \eta_1, \eta_2, \cdots, \eta_n)$ 是来自总体 (ξ, η) 的样本，其相关系数为

$$r = \frac{\sum_{i=1}^{n}(\xi_i - \bar{\xi})(\eta_i - \bar{\eta})}{\sqrt{\sum_{i=1}^{n}(\xi_i - \bar{\xi})^2 \sum_{i=1}^{n}(\eta_i - \bar{\eta})^2}},$$

其中，$\bar{\xi} = \frac{1}{n}\sum_{i=1}^{n}\xi_i$，$\bar{\eta} = \frac{1}{n}\sum_{i=1}^{n}\eta_i$。

令 $$t = \frac{r\sqrt{n-2}}{\sqrt{1-r^2}}。 \quad (*)$$

如果总体相关系数 $r=0$，则可证明 t 是一个 $T(n-2)$ 变量。当给出信度 α 时，查表 II 得到置信限 t_α，将 r 代入 $(*)$，可算出统计量 t 的值。若 $|t| > t_\alpha$，则认为总体相关系数同 0 有显著差异；否则，认为没有显著差异。但这样使用不方便，故以 t_α 的数值代替 t，由 $(*)$ 解出 r，记为 r_α，称 r_α 为相关系数的临界值，并制成相关系数表，见表 V。

[例 1] 已知样本 $(x_1, x_2, \cdots, x_n; y_1, y_2, \cdots, y_n)$，$n=5$，$r=0.8$，问在 $\alpha=0.05$ 的信度上可否相信总体相关系数为 0？

解：查表 V 中 $\alpha=0.05$ 这一栏、自变量与因变量总数等于 2 这一列及自由度为 5-2=3 这一行，其对应的数 0.878 即为 r_α。由于 $r=0.8<0.878$，故可认为总体相关系数同 0 没有显著差异。

[例 2] 已知 $(x_1, x_2, \cdots, x_n; y_1, y_2, \cdots, y_n)$ 为来自总体 (ξ, η) 的样本，其样本相关系数 $r=0.65$，$n=52$，问在 $\alpha=0.01$ 的信度下，可否相信总体相关系数为 0？

解：查表 V 中 $\alpha=0.01$ 这一栏、自变量和因变量总数等于 2 这一列及自由度等于 52-2=50 这一行，其对应的数 0.354 即为 r_α。由于 $r=0.65>0.354$，故不可相信总体相关系数为 0。

相关系数表

表 V—1

自由度	$\alpha = 5\%$ 自变量和因变量总数			
	2	3	4	5
1	0.997	0.999	0.999	0.999
2	0.950	0.975	0.983	0.987
3	0.878	0.930	0.950	0.961
4	0.811	0.881	0.912	0.930
5	0.754	0.836	0.874	0.898
6	0.707	0.795	0.839	0.867
7	0.666	0.758	0.807	0.838
8	0.632	0.726	0.777	0.811
9	0.602	0.697	0.750	0.786
10	0.576	0.671	0.726	0.763
11	0.553	0.648	0.703	0.741
12	0.532	0.627	0.683	0.722
13	0.514	0.608	0.664	0.703
14	0.497	0.590	0.646	0.686
15	0.482	0.574	0.630	0.670
16	0.468	0.559	0.615	0.655
17	0.456	0.545	0.601	0.641
18	0.444	0.532	0.587	0.628
19	0.433	0.520	0.575	0.615
20	0.423	0.509	0.563	0.604

续表 V—1

自由度	α = 5%			
	自变量和因变量总数			
	2	3	4	5
21	0.413	0.498	0.552	0.592
22	0.404	0.488	0.542	0.582
23	0.396	0.479	0.532	0.572
24	0.388	0.470	0.523	0.562
25	0.381	0.462	0.514	0.553
26	0.374	0.454	0.506	0.545
27	0.367	0.446	0.498	0.536
28	0.361	0.439	0.490	0.529
29	0.355	0.432	0.482	0.521
30	0.349	0.426	0.476	0.514
35	0.325	0.397	0.445	0.482
40	0.304	0.373	0.419	0.455
45	0.288	0.353	0.397	0.432
50	0.273	0.336	0.379	0.412
60	0.250	0.308	0.348	0.380
70	0.232	0.286	0.324	0.354
80	0.217	0.269	0.304	0.332
90	0.205	0.254	0.288	0.315
100	0.195	0.241	0.274	0.300
125	0.174	0.216	0.216	0.269
150	0.159	0.198	0.225	0.247
200	0.138	0.172	0.196	0.215
300	0.113	0.141	0.160	0.176
400	0.098	0.122	0.139	0.153
500	0.088	0.109	0.124	0.137
1000	0.062	0.077	0.088	0.097

VI. 杜宾-瓦特森检验统计量的上限和下限

表VI—1   1%杜宾—瓦特森检验统计量的下界和上界*

	解释变量个数									
n	1		2		3		4		5	
	d_L	d_v	d_L	d_v	d_L	d_v	d_L	d_v	d_L	d_v
15	.81	1.07	.70	1.25	.59	1.46	.49	1.70	.39	1.96
16	.84	1.09	.74	1.25	.63	1.44	.53	1.66	.44	1.90
17	.87	1.10	.77	1.25	.67	1.43	.57	1.63	.48	1.85
18	.90	1.12	.80	1.26	.71	1.42	.61	1.60	.52	1.80
19	.93	1.13	.83	1.26	.74	1.41	.65	1.58	.56	1.77
20	.95	1.15	.86	1.27	.77	1.41	.68	1.57	.60	1.74
21	.97	1.16	.89	1.27	.80	1.41	.72	1.55	.63	1.71
22	1.00	1.17	.91	1.28	.83	1.40	.75	1.54	.66	1.69
23	1.02	1.19	.94	1.29	.86	1.40	.77	1.53	.70	1.67
24	1.04	1.20	.96	1.30	.88	1.41	.80	1.53	.72	1.66
25	1.05	1.21	.98	1.30	.90	1.41	.83	1.52	.75	1.65
26	1.07	1.22	1.00	1.31	.93	1.41	.85	1.52	.78	1.64
27	1.09	1.23	1.02	1.32	.95	1.41	.88	1.51	.81	1.63
28	1.10	1.24	1.04	1.32	.97	1.41	.90	1.51	.83	1.62
29	1.12	1.25	1.05	1.33	.99	1.42	.92	1.51	.85	1.61
30	1.13	1.26	1.07	1.34	1.01	1.42	.94	1.51	.88	1.61
31	1.15	1.27	1.08	1.34	1.02	1.42	.96	1.51	.90	1.60
32	1.16	1.28	1.10	1.35	1.04	1.43	.98	1.51	.92	1.60
33	1.17	1.29	1.11	1.36	1.05	1.43	1.00	1.51	.94	1.59
34	1.18	1.30	1.13	1.36	1.07	1.43	1.01	1.51	.95	1.59
35	1.19	1.31	1.14	1.37	1.08	1.44	1.03	1.51	.97	1.59
36	1.21	1.32	1.15	1.38	1.10	1.44	1.04	1.51	.99	1.59
37	1.22	1.32	1.16	1.38	1.11	1.45	1.06	1.51	1.00	1.59
38	1.23	1.33	1.18	1.39	1.12	1.45	1.07	1.52	1.02	1.58
39	1.24	1.34	1.19	1.39	1.14	1.45	1.09	1.52	1.03	1.58
40	1.25	1.34	1.20	1.40	1.15	1.46	1.10	1.52	1.05	1.58
45	1.29	1.38	1.24	1.42	1.20	1.48	1.16	1.53	1.11	1.58
50	1.32	1.40	1.28	1.45	1.24	1.49	1.20	1.54	1.16	1.59
55	1.36	1.43	1.32	1.47	1.28	1.51	1.25	1.55	1.21	1.59
60	1.38	1.45	1.35	1.48	1.32	1.52	1.28	1.56	1.25	1.60
65	1.41	1.47	1.38	1.50	1.35	1.53	1.31	1.57	1.28	1.61
70	1.43	1.49	1.40	1.52	1.37	1.55	1.34	1.58	1.31	1.61
75	1.45	1.50	1.42	1.53	1.39	1.56	1.37	1.59	1.34	1.62
80	1.47	1.52	1.44	1.54	1.42	1.57	1.39	1.60	1.36	1.62
85	1.48	1.53	1.46	1.55	1.43	1.58	1.41	1.60	1.39	1.63
90	1.50	1.54	1.47	1.56	1.45	1.59	1.43	1.61	1.41	1.64
95	1.51	1.55	1.49	1.57	1.47	1.60	1.45	1.62	1.42	1.64
100	1.52	1.56	1.50	1.58	1.48	1.60	1.46	1.63	1.44	1.65

* 所示界限(假定回归包含常数项)是指对扰动正值自相关的单尾检验。

表Ⅵ—2　　1%杜宾—瓦特森检验统计量的下界和上界*

n	解释变量个数									
	1		2		3		4		5	
	d_L	d_v	d_L	d_v	d_L	d_v	d_L	d_v	d_L	d_v
15	1.08	1.36	.95	1.54	.82	1.75	.69	1.97	.56	2.21
16	1.10	1.37	.98	1.54	.86	1.73	.74	1.93	.62	2.15
17	1.13	1.38	1.02	1.54	.90	1.71	.78	1.90	.67	2.10
18	1.16	1.39	1.05	1.53	.93	1.69	.82	1.87	.71	2.06
19	1.18	1.40	1.08	1.53	.97	1.68	.86	1.85	.75	2.02
20	1.20	1.41	1.10	1.54	1.00	1.68	.90	1.83	.79	1.99
21	1.22	1.42	1.13	1.54	1.03	1.67	.93	1.81	.83	1.96
22	1.24	1.43	1.15	1.54	1.05	1.66	.96	1.80	.86	1.94
23	1.26	1.44	1.17	1.54	1.08	1.66	.99	1.79	.90	1.92
24	1.27	1.45	1.19	1.55	1.10	1.66	1.01	1.78	.90	1.90
25	1.29	1.45	1.21	1.55	1.12	1.66	1.04	1.77	.95	1.89
26	1.30	1.46	1.22	1.55	1.14	1.65	1.06	1.76	.98	1.88
27	1.32	1.47	1.24	1.56	1.16	1.65	1.08	1.76	1.01	1.86
28	1.33	1.48	1.26	1.56	1.18	1.65	1.10	1.75	1.03	1.85
29	1.34	1.48	1.27	1.56	1.20	1.65	1.12	1.74	1.05	1.84
30	1.35	1.49	1.28	1.57	1.21	1.65	1.14	1.74	1.07	1.83
31	1.36	1.50	1.30	1.57	1.23	1.65	1.16	1.74	1.09	1.83
32	1.37	1.50	1.31	1.57	1.24	1.65	1.18	1.73	1.11	1.82
33	1.38	1.51	1.32	1.58	1.26	1.65	1.19	1.73	1.13	1.81
34	1.39	1.51	1.33	1.58	1.27	1.65	1.21	1.73	1.15	1.81
35	1.40	1.52	1.34	1.58	1.28	1.65	1.22	1.73	1.16	1.80
36	1.41	1.52	1.35	1.59	1.29	1.65	1.24	1.73	1.18	1.80
37	1.42	1.53	1.36	1.59	1.31	1.66	1.25	1.72	1.19	1.80
38	1.43	1.54	1.37	1.59	1.32	1.66	1.26	1.72	1.21	1.79
39	1.43	1.54	1.38	1.60	1.33	1.66	1.27	1.72	1.22	1.79
40	1.44	1.54	1.39	1.60	1.34	1.66	1.29	1.72	1.23	1.79
45	1.48	1.57	1.43	1.62	1.38	1.67	1.34	1.72	1.29	1.78
50	1.50	1.59	1.46	1.63	1.42	1.67	1.38	1.72	1.34	1.77
55	1.53	1.60	1.49	1.64	1.45	1.68	1.41	1.72	1.38	1.77
60	1.55	1.62	1.51	1.65	1.48	1.69	1.44	1.73	1.41	1.77
65	1.57	1.63	1.54	1.66	1.50	1.70	1.47	1.73	1.44	1.77
70	1.58	1.64	1.55	1.67	1.52	1.70	1.49	1.74	1.46	1.77
75	1.60	1.65	1.57	1.68	1.54	1.71	1.51	1.74	1.49	1.77
80	1.61	1.66	1.59	1.69	1.56	1.72	1.53	1.74	1.51	1.77
85	1.62	1.67	1.60	1.70	1.57	1.72	1.55	1.75	1.52	1.77
90	1.63	1.68	1.61	1.70	1.59	1.73	1.57	1.75	1.54	1.78
95	1.64	1.69	1.62	1.71	1.60	1.73	1.58	1.75	1.56	1.78
100	1.65	1.69	1.63	1.72	1.61	1.74	1.59	1.76	1.57	1.78

* 所示界限(假定回归包含常数项)是指对扰动正值自相关的单尾检验。

Ⅶ. ADF 分布临界值表

表Ⅶ　　　　　　　　　　　　ADF 分布临界值表

模　型	n	α							
		0.99	0.975	0.95	0.90	0.10	0.05	0.025	0.01
$y_t = y_{t-1} + a_t$	25	2.16	1.70	1.33	0.92	−1.60	−1.95	−2.26	−2.66
	50	1.08	1.66	1.31	0.91	−1.61	−1.95	−2.25	−2.62
	100	2.03	1.64	1.29	0.90	−1.61	−1.95	−2.24	−2.60
	250	2.01	1.63	1.29	0.89	−1.62	−1.95	−2.23	−2.58
	500	2.00	1.62	1.28	0.89	−1.62	−1.95	−2.23	−2.58
	∞	2.00	1.62	1.28	0.89	−1.62	−1.95	−2.23	−2.58
$y_t = \mu + y_{t-1} + a_t$	25	0.72	0.34	0.00	−0.37	−2.63	−3.00	−3.33	−3.75
	50	0.66	0.29	−0.03	−0.40	−2.60	−2.93	−3.22	−3.58
	100	0.63	0.26	−0.05	−0.42	−2.58	−2.89	−3.17	−3.51
	250	0.62	0.24	−0.06	−0.42	−2.57	−2.88	−3.14	−3.46
	500	0.61	0.24	−0.07	−0.43	−2.57	−2.87	−3.13	−3.44
	∞	0.60	0.23	−0.07	−0.44	−2.57	−2.86	−3.12	−3.43
$y_t = \mu + \beta t + y_{t-1} + a_t$	25	−0.15	−0.50	−0.80	−1.14	−3.24	−3.60	−3.95	−4.38
	50	−0.24	−0.58	−0.87	−1.19	−3.18	−3.50	−3.80	−4.15
	100	−0.28	−0.62	−0.90	−1.22	−3.15	−3.45	−3.73	−4.04
	250	−0.31	−0.64	−0.92	−1.23	−3.13	−3.43	−3.69	−3.99
	500	−0.32	−0.65	−0.93	−1.24	−3.13	−3.42	−3.68	−3.98
	∞	−0.33	−0.66	−0.94	−1.25	−3.12	−3.41	−3.66	−3.96

注：表中的数据为统计量 τ 的临界值，n 为样本容量，α 为显著性水平。

参 考 文 献

[1] 乌家培. 乌家培文库. 北京：中国计划出版社，2010.

[2] 张守一. 市场经济与经济预测. 北京：社会科学文献出版社，2000.

[3] 刘树成. 中国经济周期波动的新阶段. 上海：上海远东出版社，1996.

[4] 维克托·迈尔-舍恩伯格，肯尼思·库克耶. 大数据时代：生活、工作与思维的大变革. 周涛，等. 译. 杭州：浙江人民出版社，2013.

[5] 埃里克·西格尔. 大数据预测：告诉你谁会点击、购买、死去或撒谎. 周昕. 译. 北京：中信出版社，2014.

[6] 伊恩·艾瑞斯. 大数据思维与决策. 宫相真，译. 北京：人民邮电出版社，2014.

[7] Pang-Ning Tan, Michael Steinbach, Vipin Kumar. 数据挖掘导论. 范明，范宏建. 译. 北京：人民邮电出版社，2006.

[8] 吴信东，库玛尔. 数据挖掘十大算法. 李文波，吴素研，译. 北京：清华大学出版社，2013.

[9] 拉尔夫·L. 基尼. 创造性思维——实现核心价值的决策模式. 叶腾年，叶隽，等. 译. 北京：新华出版社，2003.

[10] 詹姆斯·D. 汉密尔顿. 时间序列分析. 夏晓华. 译. 北京：中国社会科学出版社，1999.

[11] 张占斌. 中国经济新常态的提出及背景[EB/OL]. http：//economy. gmw. cn/2016-01/09/content_18428508. htm，2016.

[12] M. P. 柯莱蒙兹，D. F. 韩德瑞，陆懋祖，等. 预测经济时间序列. 北京：北京大学出版社，2008.

[13] 罗杰·B. 迈尔森. 经济决策概率模型. 董志强，等. 译. 北京：机械工业出版社，2009.

[14] 张寅. 分析的力量. 北京：中信出版社，2015.

[15] 赵国栋，等. 大数据时代的历史机遇：产业变革与数据科学. 北京：清华大学出版社，2013.

[16] 王星，等. 大数据分析：方法与应用. 北京：清华大学出版社，2013.

[17] 孙敬水，等. 计量经济学. 北京：清华大学出版社，2004.

[18] 谢识予，等. 经济博弈论. 上海：复旦大学出版社，2004.

[19] 冯文权，等. 经济预测的原理与方法. 武汉：武汉大学出版社，1986.

[20] 冯文权. 国际预测活动概况与预测评价. 预测，1990(1)-(2).

[21] 冯文权. 追踪决策的一个范例. 科学决策，1994(4)：39-41.

[22] Viktor Mayer-Schonberger, Kenneth Cukier. Big Data: *A Revolution That Will Transform How We Live, Work, and Think*. Hodder & Stoughton, 2013.

[23] Eric Siegel, Thomas H. Davenport. *Predictive Analytics: The Power to Predict Who Will Click, Buy, Lie, or Die*. John Wiley & Sons, 2013.

[24] Ian Ayres. *Super Crunchers: Why Thinking by Numbers Is the New Way to Be Smart*. Bantam Books, 2007.

[25] Pang-Ning Tan, Michael Steinbach, Vipin Kumar. *Introfduction to Data Mining*. Pearson, 2005.

[26] Xindong Wu, Vipin Kumar. *The Top Ten Algorithms In Data Mining*. Chapman & Hall/CRC, 2009.

[27] Qiang Yang, Xindong Wu. 10 Challenging Problems in Data Mining Research. *International Journal of Information Technology & Decision Making*, 2006, Vol. 5, No. 4: 597-604.

[28] David S. Williams. *Connected CRM: Implementing a Data-Driven, Customer-Centric Business Strategy*. John Wiley & Sons, 2014.

[29] Spyros G. Makridakis, Steven C. Wheelwright. *Forecasting: Methods and Applications*. 2nd ed. John Wiley & Sons, 1983.

[30] Walter Vandaele. *Applied Time Series and Box-Jenkins Models*. Academic Press, 1983.

[31] *Journal of Forecasting*, 1995, Vol. 14, No. 1-4.

[32] Spyros G. Makridakis, Steven C. Wheelwright. *Forecasting methods for management*. 4th ed. John Wiley & Sons, 1984.

[33] Charles W. Gross, Robin T. Peterson. *Business Forecasting*. 2nd ed. Houghton Mifflin Company, 1983.

[34] Dale G. Bails, Larry C. Peppers. *Business Fluctuations: Forecasting Techniques and Applications*. Prentice Hall Inc, 1982.

21世纪经济学管理学系列教材

- 政治经济学概论
- 政治经济学（社会主义部分）
- 技术经济学
- 财政学
- 计量经济学
- 国际贸易学
- 管理信息系统
- 国际投资学
- 宏观经济管理学
- 跨国企业管理
- 信息管理概论
- 运筹学高级教程
- 统计学
- 经济预测与决策技术
- 会计学
- 人力资源管理
- 物流管理学
- 管理运筹学
- 经济法
- 消费者行为学
- 管理学
- 生产与运营管理
- 战略管理
- 国际企业管理
- 公共管理学
- 税法
- 组织行为学

图书在版编目(CIP)数据

经济预测与决策技术/冯文权,傅征编著.—6版.—武汉:武汉大学出版社,2018.1(2024.1重印)
全国普通高等学校优秀教材一等奖
21世纪经济学管理学系列教材
 ISBN 978-7-307-19761-9

Ⅰ.经… Ⅱ.①冯… ②傅… Ⅲ.①经济预测—高等学校—教材 ②经济决策—高等学校—教材 Ⅳ.①F201 ②F202

中国版本图书馆CIP数据核字(2017)第247893号

责任编辑:范绪泉　　责任校对:李孟潇　　版式设计:汪冰滢

出版发行:**武汉大学出版社**　　(430072　武昌　珞珈山)
　　　　　(电子邮箱:cbs22@whu.edu.cn　网址:www.wdp.com.cn)
印刷:武汉科源印刷设计有限公司
开本:787×1092　1/16　印张:26.75　字数:633千字　插页:1
版次:1983年11月第1版　1990年2月第2版
　　　1994年4月第3版　2002年3月第4版
　　　2008年4月第5版　2018年1月第6版
　　　2024年1月第6版第3次印刷
ISBN 978-7-307-19761-9　　定价:58.00元

版权所有,不得翻印;凡购我社的图书,如有质量问题,请与当地图书销售部门联系调换。